W0257575

Die Informatisierung des Alltags

Friedemann Mattern (Hrsg.)

Die Informatisierung des Alltags

Leben in smarten Umgebungen

Mit 93 Abbildungen

 Springer

Professor Dr. Friedemann Mattern
Department of Computer Science
Institute for Pervasive Computing
ETH Zurich (Swiss Federal Institute of Technology)
CH-8092 Zurich
Switzerland
mattern@inf.ethz.ch

Bibliografische Information der Deutschen Nationalbibliothek
Die Deutsche Nationalbibliothek verzeichnet diese Publikation in der Deutschen
Nationalbibliografie; detaillierte bibliografische Daten sind im Internet über
http://dnb.d-nb.de abrufbar.

ISBN   978-3-540-71454-5   Springer Berlin Heidelberg New York

Springer ist ein Unternehmen von Springer Science+Business Media
springer.de

Satz: Druckfertige Daten der Autoren
Herstellung: LE-TeX, Jelonek, Schmidt & Vöckler GbR, Leipzig
Umschlaggestaltung: KünkelLopka Werbeagentur, Heidelberg
Gedruckt auf säurefreiem Papier   33/3142 YL   –   5 4 3 2 1 0

Vorwort

Computer sind bereits in viele Bereiche unseres Lebens vorgestoßen, doch in Zukunft werden sie unseren Alltag noch weitaus intensiver durchdringen als bisher. Denn hält der seit langem zu beobachtende Trend der Informationstechnologie weiter an – mit immer noch kleineren, billigeren, leistungsfähigeren und energiebewussteren Prozessoren, Datenspeichern und Kommunikationseinheiten –, dann steht uns bald eine neue Epoche des Informationszeitalters bevor: Die Welt wird geradezu durchsetzt sein von unsichtbaren und zugleich allgegenwärtigen Computersystemen, die dank kommunizierender Sensoren die Umgebung erfassen und interpretieren. Damit würden sich auch unsere Möglichkeiten, die Welt zu erfahren und mit ihr umzugehen, in drastischer Weise erweitern.

Multimediafähige Handys, Chips in Kreditkarten und Ausweispapieren sowie Funketiketten auf RFID-Basis sind wohl nur die ersten Vorboten des „Ubiquitous" oder „Pervasive Computing" – Begriffe, die die nächste Generation von Informationstechnologien bezeichnen, welche mit alltäglichen Arbeitsumgebungen verschmelzen, in Gebrauchsgegenstände integriert sind und Lebensräume realisieren, die „intelligent" auf die Gegenwart des Menschen, seine Gewohnheiten und seine jeweilige Situation reagieren. Damit werden Computer auch quasi unsichtbar: Ihre Funktion materialisiert sich nicht mehr in speziellen Geräten, sondern wird gebildet durch die Summe miteinander vernetzter Gegenstände, Fahrzeuge, Arbeits- und Wohnräume oder sogar Kleidungsstücke. Indem Informationstechnologie in Dinge und Räume eindringt, reichert sie Artefakte um nützliche Zusatzfunktionalität an und realisiert so eine den Menschen unterstützende Hintergrundassistenz, die proaktiv und kontextbezogen agiert.

Die zunehmende Informatisierung des Alltags ist allerdings ein schleichender Prozess, den wir kaum wahrnehmen. Tatsächlich interagieren wir bereits heute, im Zeitalter von Mobiltelefonen, computergesteuerten Haushaltsgeräten, „smarten" Fahrzeugen und digitaler Unterhaltungselektronik, täglich mit Hunderten von Computern, ohne dass wir uns dieser Tatsache wirklich bewusst sind: Wir fahren Auto, waschen Wäsche, machen Kaffee, verwenden Aufzüge, hören Musik oder telefonieren; und jedes Mal nutzen wir dabei „versteckte" Computersysteme, die uns diese Tätigkeiten bequemer und sicherer durchführen lassen als früher.

Da die zugrunde liegenden Trends weiter anhalten, betreffen die durch die Informationstechnologie induzierten Veränderungen immer größere Teilbereiche des täglichen Lebens. Die langfristigen Konsequenzen sind indes noch nicht klar abzusehen. Welchen Effekt könnten etwa Alltagsdinge haben, die aufmerksam sind, über ein Gedächtnis verfügen und miteinander kooperieren? Werden wir alles Verlorene – einschließlich entlaufener Katzen, vermisster Kinder und abtrünniger Ehepartner – wiederfinden, weil schlaue Dinge wissen und verraten, wo sie sind? Und wird die Welt gerechter – oder vielleicht nur komplizierter und anstrengender –, wenn Dienstleistungen viel genauer als bisher abgerechnet werden können?

Offenbar handelt es sich bei der Informatisierung des Alltags um einen mächtigen, aber ambivalenten Techniktrend. Die Einen sehen darin die Lösung zahlreicher Probleme: Logistikketten werden optimiert, der Verkehr wird durch intelligente Autos, Straßen und Züge gefahrloser, ressourcenschonender und stressfreier; die Umwelt wird entlastet; Behinderte gewinnen an Lebensqualität; chronisch Kranke und Senioren können aus der Ferne betreut werden; Kinder leben sicherer und Eltern sorgenfreier. Andere dagegen erheben warnend den Zeigefinger: Die Privatsphäre gerate durch die zunehmend lückenlosere Überwachung in Gefahr; der Mensch könnte entmündigt werden, wenn selbst die einfachsten Entscheidungen von Systemen mit „Ambient Intelligence" getroffen würden; und eine Gesellschaft, die sich immer mehr von der korrekten Funktionsweise der Computer abhängig mache, würde im Chaos versinken, wenn diese ihre Dienste verweigerten.

Bei derart unterschiedlichen Erwartungen, Befürchtungen und Prognosen zu unserer Zukunft bleibt offen, wo auf dem fraktalen Grat zwischen Hölle und Paradies ein Leben in smarten Umgebungen anzusiedeln ist. Um so deutlicher wird allerdings, dass die Informatisierung des Alltags nicht nur eine kolossale technische Herausforderung darstellt, sondern vor allem auch ernst zu nehmende gesellschaftliche, wirtschaftliche und rechtliche Fragestellungen aufwirft.

Diesen spannenden Herausforderungen und Fragen widmen sich die 18 Beiträge in diesem Band. Sie behandeln ein breites Themenspektrum: Von den Visionen und Technologien über die wirtschaftlichen Auswirkungen bis hin zu den gesellschaftlichen Konsequenzen. Den Anstoß zu diesem Buch gab das von der Gottlieb Daimler- und Karl Benz-Stiftung über mehrere Jahre geförderte Forschungskolleg *Leben in einer smarten Umgebung – Auswirkungen des Ubiquitous Computing*, in dem sich eine interdisziplinäre Gruppe von Wissenschaftlern zur Untersuchung dieser Aspekte zusammengefunden hatte. Anlässlich des Symposiums *Der Computer im 21. Jahrhundert – Die Informatisierung des Alltags: Perspektiven, Technologien, Auswirkungen*, das im Rahmen der 150-Jahr-Feierlichkeiten der ETH Zürich veranstaltet wurde, konnten die Resultate zusammengetragen und diskutiert werden. Der vorliegende Band enthält jedoch nicht nur die sorgsam ausgearbeiteten und ergänzten Symposiumsbeiträge, sondern zudem auch weitere eigens erstellte und ausgewählte Aufsätze anerkannter Experten. Das Buch stellt damit einen aktuellen Querschnitt zu den Ansichten und Erkenntnissen dieses wichtigen Gebietes dar.

Wir hoffen, mit diesem Buch sowohl umfassend und sachgerecht informieren zu können, als auch zu einer ausgewogenen Diskussion von Chancen und Risiken der zunehmenden Alltagsinformatisierung beitragen zu können. Neben den Autorinnen und Autoren der einzelnen Beiträge gilt unser Dank auch Herrn Christof Roduner für die Aufbereitung der Manuskripte. Wir danken ferner dem Springer-Verlag für die angenehme Zusammenarbeit bei der Herausgabe des Buches.

Im Mai 2007   *Rainer Dietrich, Gisbert Frhr. zu Putlitz, Diethard Schade*
Vorstand der Gottlieb Daimler- und Karl Benz-Stiftung

Friedemann Mattern
ETH Zürich

Inhaltsverzeichnis

I. Visionen

Pervasive Computing:
connected > aware > smart

Alois Ferscha

Institut für Pervasive Computing, Johannes-Kepler-Universität Linz

> *The most profound technologies are those that disappear. They weave themselves*
> *into the fabric of everyday life until they are indistinguishable from it.*
> *Mark Weiser*

Kurzfassung. Eine neue Epoche des Informationszeitalters steht uns bevor: Die Welt wird in absehbarer Zukunft von unsichtbaren und zugleich allgegenwärtigen Computersystemen durchsetzt sein, die dank kommunizierender Sensoren die Umwelt erfassen und selbständige Aktionen ausführen. Das erste Quantum in dieser Epoche, „die Vernetzung aller Dinge" („Connectedness") ist aus technologischer Sicht bereits weit fortgeschritten. Als Herausforderung bleibt die „Awareness" – das gegenseitige Einander-Bewusstmachen von Menschen und Dingen, bzw. von vernetzten Dingen untereinander – und in der Folge die „Smartness", das unsichtbare, unaufdringliche, intelligente Handeln vernetzter Dinge. Die radikale Verdrängung von Computertechnologie in den Hintergrund, eingebettet und versteckt in Alltagsgegenständen sowie zur Übernahme von Routinetätigkeit kultiviert, wahrt die Hoffnung auf Rückeroberung „menschlicher Lebensstile" durch Pervasive Computing – zumindest aus technologischer Sicht.

Die neue Informatik

Der sich in den letzten Jahren aus der Integration traditioneller Informatik-Kernfächer herausbildende Begriff des „Pervasive Computing" bezeichnet die nächste Generation innovativer Informationstechnologien, die mit alltäglichen Arbeitsumgebungen verschmelzen, in Gebrauchsgegenstände unsichtbar integriert sind bzw. Lebensräume realisieren, die intelligent auf die Gegenwart des Menschen und seine Gewohnheiten, Absichten und Emotionen reagieren. Die technologischen Grundlagen für diese Gebiete bilden eingebettete Systeme, verteilte und Echtzeit-Systeme, drahtlose Kommunikationssysteme, Sensor-/Aktuatorsysteme, Multimedia, Informationslogistik und insbesondere Mobile Computing [Sat01].

Pervasive-Computing-Technologien werden die traditionellen Informationstechnologien (wie etwa das Desktop-Computing) durch die Bereitstellung kleins-

---

Eine frühere Version dieses Beitrags erschien im Tagungsband der Academia Engelberg, 2nd Dialogue on Science.

ter, eingebetteter, spontan vernetzter und drahtlos kommunizierender Systeme, die inputseitig nicht mehr nur über klassische Technologien (Tastatur und Bildschirm), sondern über Sensoren, bzw. outputseitig über Aktuatoren betrieben werden, radikal verändern. Sowohl die Trends in den Forschungsausrichtungen wie auch industrielle und wirtschaftliche Innovationsbarometer zeigen eindeutig in die Richtung der Bereitstellung einer „ubiquitären Umgebungsintelligenz" als die nächste Herausforderung der Informations- und Kommunikationstechnologien [BCLM03].

Einbettung und drahtlose Kommunikation

Kaum ein Bereich in der Informatik hat über die letzten Jahre signifikantere Innovationsschübe bewirkt und Technologiepotenziale hervorgebracht als der der verteilten, eingebetteten, mobilen, multimedialen, interaktiven und allgemein zugänglichen Mehrbenutzersysteme, und kein anderer Bereich stellt heute höhere Integrationsanforderungen an die verschiedenen tradierten Informatik-Kernfächer als dieser. Waren es bisher wohl-abgegrenzte Einzelprozessorsysteme (PCs, Workstations), mit denen der Benutzer über Tastatur und Monitor bei relativ geringen Anforderungen an das zeitliche Systemverhalten interagierte, so sind es heute zunehmend eingebettete, drahtlos vernetzte informationsverarbeitende Systeme, also Hardware-/Softwaresysteme, die inputseitig neben oder anstatt klassischer Inputgeräte über Sensoren (hauptsächlich elektronische, aber auch optische, akustische, magnetische, chemische, biometrische, physiognomische etc.) und outputseitig über Aktuatoren (Mikrocontroller, Multimedia-Emitter, Überwachungs- und Steuerungseinheiten, Motoren etc.) in eine Informationsverarbeitungsumgebung „eingebettet" sind. Sie nehmen Signale unterschiedlicher Medientypen auf, verarbeiten diese – oft unter Einhaltung strenger Zeitvorgaben – und beeinflussen oder kontrollieren ihre Umgebung entsprechend. An die Stelle der Ausführung einer Berechnungsaufgabe eines herkömmlichen „Programms" treten bei eingebetteten Systemen zunehmend Überwachungs-, Steuerungs- oder Regelungsaufgaben. Durch die Verarbeitung wird nicht vordergründig eine Input-Datenmenge in Output-Daten transformiert, sondern eine Menge von Eingabeereignissen (deren zeitliches Auftreten oft nicht vorhersehbar ist) in Ausgabeereignisse umgesetzt.

Gerade im Lichte neuer Informationstechnologien wie der drahtlosen Kommunikation (basierend etwa auf Ultraschall-, Infrarot- oder Richtfunktechnologien), neuer optischer, akustischer, biometrischer und (traditionell) elektromagnetischer Sensoren, innovativer Outputtechnologien und extrem hoher Packungsdichten elektronischer Schaltkreise werden die Potenziale eingebetteter Informationssysteme wissenschaftlich wie wirtschaftlich fast täglich höher bewertet. Weiter ausgedehnt wird das Spektrum technologischer Machbarkeit durch Spezialisierung (ASICs, PLDs und FPLDs, Custom-ICs, Gate Arrays etc.) und Miniaturisierung (Submicrontechnologien) im Mikroprozessorbau, der digitalen Signalverarbeitung bzw. einer breiten Verfügbarkeit ausgereifter Speichertechnologien (SRAM,

EPROM, Antifuse), durch die entstehende Vielfalt mobiler Endgeräte (PDAs, Smartphones, Active Badges, Smartcards, Tablets, NetBooks, Wearable Computers etc.), durch die massive Verbreitung neuer Mobilkommunikationstechnologien (mobile IP, GSM, GPRS, UMTS), durch den zunehmenden Einsatz multisensorischer und haptischer Input-/Outputdevices (magnetische und optische Trackingsysteme, Augmented-Reality-Systeme), durch die Verfügbarkeit globaler Positionierungstechnologien (GSM, GPS, dGPS), und nicht zuletzt durch die Etablierung verteilter Softwarearchitekturen und Middlewarelösungen (EJB, CORBA etc.). So ergibt sich eine bisher nicht beobachtete „Durchdringung" von Informationstechnologien in nahezu alle Lebensräume und -bereiche.

Intelligente Informationstechnologien

Diese nicht notwendigerweise augenfällige, aber allgegenwärtige Präsenz von Informationstechnologie ist Gegenstand einer sich in der Literatur unter verschiedenen Titeln wie „Pervasive Computing", „Ubiquitous Computing", „Calm Computing", „Invisible Computing", „Hidden Computing", „Ambient Intelligence" etc. gegenwärtig kristallisierenden Forschungsherausforderung. In dieser Begriffsvielfalt vermag „Pervasive Computing" am besten den Leitgrundsatz zu vermitteln: auf die Funktion reduzierte, vom Gerät entkoppelte, intelligente Informationstechnologie, die als Technologie nicht mehr erkennbar ist, sondern als eine unterstützende Hintergrundassistenz proaktiv und weitgehend autonom agiert. Während „Mobile Computing" noch mit der Unterstützung geographisch mobiler Benutzer und mobiler Endgeräte motiviert ist, sieht sich „Pervasive Computing" mit einer Allgegenwart sehr heterogener Kommunikations- oder Informationsmittel konfrontiert, aus der heraus „mobile Services" zur Verfügung gestellt werden. Im Vordergrund steht dabei die Vernetzung von Komponenten und Services, die Interaktion der Komponenten (und Benutzer) untereinander und die Kontrolle bzw. Koordination dieser Interaktionen – im hardware- und softwaretechnischen Detail dann entsprechend auch die Identität und Authentifizierung der Komponenten, das Anbieten und Auffinden von Services, die Koordination lokaler Aktivitäten, die Ausfallsicherheit, Skalierbarkeit, Sicherheit, Selbstkonfigurierbarkeit, Adaptivität, Umgebungskenntnis und Kontextbezogenheit, Autonomie, Souveränität, Interaktionsbereitschaft, Triggermöglichkeit etc. Gewaltige Anforderungen stellen diese Technologien an die Leistungsfähigkeit der Software und deren Entwicklungsmethoden: Die neue Software-Generation muss auf Komponententechnologie aufgebaut sein, um die Anforderungen bezüglich Qualität, Verfügbarkeit, Verlässlichkeit, Time-to-Market, Wartbarkeit und Portabilität mit vernünftigem ökonomischen Mitteleinsatz zu gewährleisten. Die Fragen der Selbstorganisation, der Deduktion und Planung, der (eigenständigen) Lernfähigkeit, der Wissensrepräsentation und des Wissensmanagements, des heuristischen Problemlösens, der unscharfen Methoden und Algorithmen, der Entscheidungen unter Unsicherheit bzw. der Prozessentwicklung und -optimierung spielen hinsichtlich der Gestaltung intelligenter Informationstechnologie eine zentrale Rolle.

Maschinelle Wahrnehmung

Essentielle Voraussetzung für die Gestaltung und Realisierung intelligenter Systeme und Umgebungen ist die Fähigkeit zur Erkennung, Lokalisierung, Wahrnehmung und Vorhersage der Aktivitäten und des Verhaltens von Akteuren oder Objekten. Um bislang dem Menschen vorbehaltene kognitive Fähigkeiten auch auf Informationsverarbeitungssysteme abbilden, in industrielle oder wirtschaftliche Prozesse einbetten bzw. in technische Systeme integrieren zu können, bedarf es einer Formalisierung der menschlichen Wahrnehmungsprozesse und der Bereitstellung eines entsprechenden methodischen und technologischen Apparates. Maschinelles Sehen [CCB00] bzw. Sprachverstehen sind zweifellos die wichtigsten Beispiele für die informationstechnologische Implementierung künstlicher kognitiver Leistungen in technischen Systemen, auch ist die Forschung in diesen Gebieten am weitesten fortgeschritten. Darüber hinaus sind multisensorische Wahrnehmungssysteme, welche neben visuellen und auditiven Reizen auch auf kinästhetische, olfaktorische und atmosphärische Wahrnehmung ausgerichtet sind, Gegenstand der „Computational Perception"-Forschung.

Die Art und die Qualität, wie wir in Zukunft mit Computersystemen interagieren werden, hängt wesentlich davon ab, wie Maschinen oder Programme die Welt wahrnehmen und wie sie mit dieser Wahrnehmung weiter verfahren. Das Ziel sogenannter „kontextbasierter" Anwendungen ist die Einbeziehung aller mittels multimodaler Sensorik erfassbarer Information über die Umgebung, und die Verwendung dieser Kontextinformation zur Steuerung und Kontrolle des Verhaltens des Systems selbst. Kontextbasierte Anwendungen setzen die Integration profunder Methoden maschineller Wahrnehmung (Computer Vision, Akustik- und Spracherkennung, Orts- und Zeitwahrnehmung, Geruchs-, Temperatur-, Bewegungs- und Beschleunigungswahrnehmung) voraus und werden heutige Formen eingebetteter Computersysteme, der Mensch-Maschinen-Interaktion und traditioneller autonomer Systeme in der Robotik ablösen.

Kontextsensitivität

Die Fähigkeit eines Systems, Objekte sowie handelnde Personen und deren Absichten zu erkennen und bestimmen zu können, bezeichnet man als Kontextsensitivität (Context Awareness). Der Kontext einer Anwendung ist dabei in der Literatur definiert als jegliche Information, die zur Charakterisierung der Situation einer Entität dienen kann [Dey01]. Eine Entität kann dabei eine Person, ein Ort oder ein Objekt sein, das für die Interaktion zwischen dem Benutzer und der Applikation als relevant erachtet wird, der Benutzer oder die Applikation selbst eingeschlossen. Ein grundlegendes Gestaltungsprinzip bei der Entwicklung kontextbasierter Anwendungen ist dabei die Erfassung, Sammlung, Aggregation und Interpretation von Sensordaten sowie die geeignete Aufbereitung und Bereitstellung der aus den Daten gewonnenen Information für die Anwendung.

Neben den rein informationslogistischen Fragen (die „richtigen Daten" zur „richtigen Zeit" im „richtigen Umfang" am „richtigen Ort" bereitzustellen) ergeben sich aus der Sicht der Modellierung und des Datenmanagements neue Herausforderungen. Bezogen auf die typische Architektur kontextsensitiver Anwendungen müssen auf der Ebene der Sensorhardware im Allgemeinen weit dislozierte lokal erfasste Daten zu (im Sinne der jeweiligen Anwendung) interpretierbaren Daten verdichtet werden. Technische Schwierigkeiten in der Erfassung von Sensordaten liegen in der oft sehr starken Ressourcenbeschränkung der Sensoren (Speicherkapazität, Rechenleistung, Kommunikationsmittel und -bandbreite etc.), in der Beherrschung unterschiedlich hoher Datenraten, dem unterschiedlichen Niveau der Daten, der Ausfallsanfälligkeit von Sensorknoten (z.B. bei eigener Energieversorgung), der Mobilität der Sensoren, der Synchronisation von Sensordatenströmen aus unterschiedlichen Quellen und der Integration von zeit- und ereignisgesteuerten Sensordaten. Für das Sensordatenmanagement kommen sowohl push- als auch pull-basierte Ansätze in Frage. Eine Modellierungsherausforderung liegt in der Interpretation der Sensordaten im Sinne der Semantik der Applikation, in der Literatur oft als „Kontextmodellierung" referenziert. Während frühe Ansätze Kontexte mittels einfacher Schlüsselwerte modellierten, verwenden neuere Arbeiten Metadatenauszeichnung (z.B. ConteXtML, RDF [LS99]), objektorientierte Modelle (z.B. das Person/Place/Thing-Paradigma [KBM00]) oder logikorientierte Ansätze, in denen Kontext als Fakten in regelbasierten Systemen dargestellt und verarbeitet wird. Erschwerend kommt die potenziell große Vielfalt zu modellierender Kontexte (geographischer Kontext für z.B. „location based service", zeitlicher Kontext, physischer Kontext, sozialer Kontext, organisatorischer Kontext, Benutzerkontext usw.) mit sehr unterschiedlichen Anforderungen an die entsprechenden Datenmodelle hinzu.

An die Wahl der Kontextrepräsentationen und des Speichermodelles knüpft sich die Frage der Kontextdissemination, für die sich aufgrund der Dislozierung nicht nur der Sensoren, sondern auch der Aktuatoren (die steuernd auf das Gesamtsystem einwirken) Peer-to-Peer-Strategien anbieten. Um proaktives kontextbasiertes Systemverhalten implementieren zu können, d.h. Applikationen realisieren zu können, die sich auf absehbare zukünftige Situationen einstellen, bietet sich für zustandsbasierte Kontextmodelle eine Vorhersagekomponente für erwartete Kontextzustände an. Die Systemkontrolle basiert in diesem Falle nicht auf dem zuletzt identifizierten Kontextzustand (reaktiv), sondern auf einem in der Zukunft liegenden, aber bereits jetzt absehbaren Kontextzustand (proaktiv). Kontextsensitive Softwareframeworks realisieren die Kontrolle der Aktuatoren zumeist über regelbasierte Systeme (ECA-Regelsysteme) oder aktive Datenbanken.

Smart Things – Smart Spaces

Die technologischen Möglichkeiten von Endgeräten vielfältigster Form und Funktion zur Kommunikation, Interaktion, Wissensspeicherung und -wiedergabe stellen eine spezielle Vertiefung des „Pervasive Computing" dar. Dabei wird entlang der Kategorien „Smart Things" (portable, mobile Endgeräte mit Spezialfunktion) bzw. „Smart Spaces" (feste Installation, die eine intelligente Hintergrundassistenz realisieren) vorgegangen. Untersuchungsgegenstände sind hier Smartphones und Organizers, Smart Gadgets, Universal Information Appliances, Mobile Internet Appliances, Embedded Web Servers und Browser, Smart Displays, Walls und Rooms, Smart Home und Home Networking, bis zu Ansätzen des Wearable Computings, der E-Textiles und des Smart Clothings [SL01]. Neueste Ergebnisse aus dem Bereich der Materialforschung (lichtemittierende Polymere, piezo- und pyro-elektrische Materialien) bzw. die hochgradige Miniaturisierung von Funkmodulen (Bluetooth als Vorreiter) ermutigen zu einer räumlich noch engeren Fassung des „Personal Area"-Netzwerkbegriffs (gegenüber beispielsweise dem IEEE 802.15-Standard): Körpernahe Kommunikationsinfrastrukturen („Near Body Networks") stellen neue Herausforderungen und Potenziale für implizite Personen-zu-Personen-Kooperationssysteme dar. In der softwaretechnischen Realisierung solcher Systeme treten zunehmend konzeptionelle Fragen der Interaktion [Mil93, Weg97] bzw. Koordination in den Vordergrund.

Everywhere Interfaces, natürliche Interfaces

Die konsequente Einbeziehung der menschlichen Sinne, die außerhalb des audio-visuellen Wahrnehmungsvermögens liegen – und damit die Ablöse traditioneller Interaktionsmittel (Tastatur, Maus, Bildschirm) – sind die zentrale Herausforderung dieser Vertiefungsrichtung. Selbst die Sprachverarbeitung und die Erkennung und Verarbeitung von Bilddaten bedecken in kontextbasierten Anwendungen nur einen Teil des möglichen Mensch-Maschine-Interaktionsspektrums. Hinzu kommen Gestik und Mimik, Emotion, Gewohnheit, Vergessen und Force-Feedback. Benutzerschnittstellen, die in die Infrastruktur eingebettet sind (Everywhere Interfaces), an greifbare Gegenstände gekoppelt sind, die physische und virtuelle Artefakte integrieren (Tangible Interfaces, Graspable User Interfaces) [GOI98] bzw. digitale Information auf berühr- und manipulierbare Gegenstände des täglichen Lebens abbilden, eröffnen neue Möglichkeiten der Interaktion mit kooperativen Anwendungen. Unsere Vorarbeiten zeigen, dass eine Entkopplung der Systemein- und -ausgabe von traditionellen I/O-Geräten nicht nur möglich, sondern über Tangible Interfaces realisiertes implizites I/O oft sogar effizienter als explizites I/O ist.

Der Mensch im Vordergrund – Informationstechnologie im Hintergrund

Das Ziel von Pervasive Computing ist die Konzeption, der Entwurf und die Entwicklung von Systemen, die den Menschen in jeder Situation seines Alltags um die Möglichkeiten der digitalen Informationswelt, die ihn unsichtbar umgibt, und in seinen Handlungsmöglichkeiten bereichern. Die Herausforderung dabei liegt in der Anreicherung von Artefakten – z.B. Gegenständen des täglichen Gebrauchs – mit Zusatzfunktionalität, die einfach nutzbar und intuitiv bedienbar ist, bzw. autonom, intelligent und situationsbezogen auf den Menschen reagiert. Die Realisierung von Gegenständen und Umgebungen, die dem Menschen die ihn umgebenden digitalen Ressourcen erschließen, induziert eine Reihe von Herausforderungen:

Allgegenwärtiger Zugriff: Gewährleistung eines zeit- und ortsunabhängigen Zugriffs auf relevante Informationsinhalte auf Basis drahtloser Kommunikationstechnologien.

Kontextsensitivität: Systemverhalten, das die gegenwärtige und ggf. auch erwartete zukünftige Situation eines Artefaktes oder des Benutzers berücksichtigt und entsprechend planbasiert (intelligent) handelt.

Sicherheit und Privatheit: In den zukünftigen Anwendungsformen des Pervasive Computing werden Systeme zunehmend autonom (und ohne aktive Veranlassung durch den Benutzer) ihre Umgebung sensorisch erfassen. Bereits jetzt fordert die Technikethik nach Verfahren und Methoden, die den Datenzugriff in die Souveränität des Datenbesitzers legen und Daten sicher handhabbar machen.

Natürliche Interaktion: Miniaturisierung und unsichtbare Integration von Technologie zur Gestaltung von Artefakten, die sowohl Repräsentation als auch Kontroll- und Steuerungsmechanismus für die damit assoziierte digitale Information sind. Die natürliche Interaktion mit einem Artefakt muss gleichzeitig die Manipulation der dadurch repräsentierten Daten bewirken [WMG93].

Literatur

[BCLM03] Bohn J, Coroama V, Langheinrich M, Mattern F, Rohs M (2003) Allgegenwart und Verschwinden des Computers – Leben in einer Welt smarter Alltagsdinge. In: Ralf Grötker (Hrsg.): Privat! Kontrollierte Freiheit in einer vernetzten Welt. Heise-Verlag, 195–245

[CCB00] Crowley JL, Coutaz J, Berard F (2000) Perceptual User Interfaces: Things That See. Communications of the ACM 43(3), 54–64

[Dey01] Dey AK (2001) Understanding and Using Context. Personal and Ubiquitous Computing 5(1)

[GOI98] Gorbet MG, Orth M, Ishii M (1998) Triangles: Tangible Interface for Manipulation and Exploration of Digital Information Topography. CHI 1998, 49–56

[KBM00] Kindberg T, Barton J, Morgan J, Becker G, Bedner I, Caswell D, Debaty P, Gopal G, Frid M, Krishnan V, Morris H, Schettino J, Serra B, Spasojevic M (2000) People, Places, Things: Web Presence for the Real World. WWW'2000

[LS99] Lassila O, Swick RR (1999) Resource Description Framework (RDF): Model and Syntax Specification. Recommendation, World Wide Web Consortium, www.w3c.org/TR/REC-rdf-syntax/

[Mil93] Milner R (1993) Elements of Interaction: Turing Award Lecture. Communications of the ACM 36(1), 78–89

[Sat01] Satyanarayanan M (2001) Pervasive Computing: Vision and Challenges. IEEE Personal Communications, 10–17

[SL01] Schmidt A, Laerhoven K (2001) How to Build Smart Appliances? IEEE Personal Communications 8(4), 66–71

[Weg97] Wegner P (1997) Why interaction is more powerful than algorithms. Communications of the ACM 40(5), 80–91

[Wei91] Weiser M (1991) The Computer of the Twenty-First Century. Scientific American 265(3), 66–75, 94–100

[WMG93] Wellner P, Mackay W, Gold R (1993) Computer Augmented Environments: Back to the Real World. Communications of the ACM 36(7)

Univ. Prof. Dr. Alois Ferscha ist Vorstand des Instituts für Pervasive Computing und Leiter des Exzellenzschwerpunktes „Pervasive Computing" an der Johannes-Kepler-Universität Linz. Er beschäftigt sich mit vernetzten eingebetteten Systemen und innovativen Informationstechnologien, die mit alltäglichen Umgebungen verschmelzen (Smart Spaces), in Gebrauchsgegenstände unsichtbar integriert sind (Smart Things) bzw. Lebensräume realisieren, die intelligent auf die Gegenwart des Menschen reagieren. Gegenwärtige Forschungsarbeiten behandeln Fragen der Identifikation, der Lokalisierung und Objektverfolgung, der Koordination von Aktivitäten und mobilen Endgeräten in drahtlos vernetzten Systemen bzw. Middlewarelösungen in drahtlosen Ad-hoc-Netzen. Zu den von seiner Arbeitsgruppe entwickelten Technologiedemonstratoren zählen sowohl Smart Things wie z.B. Echtzeit-SMS-Notifikation vom Laufschuh (Wienmarathon, Berlinmarathon), Kontextarchitekturen und kontextbasierte Dienste („Activity Tracking", „Power Saver"), P2P-Koordinationsarchitekturen („Peer-It"), die Mehrbenutzerinteraktion auf „virtuellen Walls", Ad-hoc-Interaktion auf Basis einer „digitalen Aura" („Smart Shopwindow"), eingebettete Interaktion in Form von gegenständlichen Benutzerschnittstellen („Cube Interface") bzw. Smart Spaces wie z.B. Team-Awareness in WLANs („Wireless Campus Space", „Mobi-Learn"), Embedded Webservices („Internetkoffer"), Mixed-Reality-Systeme für die Personen- und Fahrzeugnavigation („INSTAR") sowie ortsbasierte Dienste („Digital Graffiti").

Alois Ferscha ist Autor zahlreicher wissenschaftlicher Publikationen in internationalen Journalen bzw. Konferenzbänden in den Bereichen verteilte Systeme und verteilte Softwareentwicklung, Pervasive Computing, Mehrbenutzerinteraktion, drahtlose Kommunikationssysteme, verteilte diskrete Ereignissimulation sowie Leistungsmodellierung und Analyse. Er war als Gastforscher an den Universitäten Turin und Genua sowie an der University of Maryland at College Park und der University of Oregon tätig. Er war Mitglied zahlreicher wissenschaftlicher Programmkomitees wie etwa für WWW, PADS, DIS-RT, SIGMETRICS, MASCOTS, TOOLS, PNPM, ICS, MSWiM, QShine, ICMB, ARCS, UBICOMP, PERVASIVE sowie Programmkomiteevorsitzender der PADS'98, MASCOTS'99, WWW'2002 („Vice-Chair") und der PERVASIVE 2004. Alois Ferscha ist Träger des Heinz-Zemanek-Preises für hervorragende Beiträge in der Informatik.

Acht Thesen zur Informatisierung des Alltags

Friedemann Mattern

Institut für Pervasive Computing, ETH Zürich

Kurzfassung. Die Informations- und Kommunikationstechnologien werden unseren Alltag in Zukunft noch weitaus intensiver durchdringen als bisher schon. Dabei sind viele Entwicklungsmöglichkeiten heute bereits absehbar, beispielsweise wird der Bereich Smart Objects stark an Bedeutung gewinnen, und moderne Technologie wird die Kommunikation mit Alltagsgegenständen möglich machen. Mit der Informatisierung des Alltags sind viele interessante Einsatzmöglichkeiten denkbar, die technischen Neuerungen haben aber auch Einfluss auf unsere Gesellschaft und werden in vielen Bereichen ein Umdenken erfordern. In acht Thesen werden die Perspektiven angerissen.

Der Mensch im Zentrum

Begriffe wie „Ambient Intelligence" oder „Ubiquitous Computing" verkünden eine grundsätzlich neue Qualität von Informationsverarbeitung und Computereinsatz. Dahinter steht die Vision von intelligenten Umgebungen und smarten Alltagsgegenständen, welche mit digitaler Logik, Sensorik und der Möglichkeit zur drahtlosen Vernetzung ausgestattet ein „Internet der Dinge" bilden, in dem der Computer als eigenständiges Gerät verschwindet und in den Objekten der physischen Welt aufgeht.

War zu Zeiten des Mainframe und des PCs Rechenkapazität noch eine knappe Ressource, so versprechen neue Technologien und anhaltende Fortschritte im Bereich Information und Kommunikation (IuK) eine allgegenwärtige Verfügbarkeit von Informationen und Diensten, in deren Zentrum nicht mehr die Maschine mit ihren technischen Möglichkeiten und Grenzen, sondern der Mensch mit seinen individuellen Anforderungen und Wünschen steht. Der Rechner wirkt nur noch im Hintergrund als unaufdringliche, aber stets verfügbare elektronische Assistenz.

Auch wenn die Auswirkungen des technologischen Fortschritts im Detail unklar sind, scheint jedenfalls unbestritten zu sein, dass die durch die Entwicklung der IuK-Technologie induzierten Veränderungen immer größere Teilbereiche des täglichen Lebens betreffen; der allgemeine Technologietrend zeigt dabei in Richtung einer umfassenden Informatisierung des Alltags. Während sich die Vordenker des Ubiquitous Computing noch vor wenigen Jahren den Vorwurf des Utopismus gefallen lassen mussten, rückt die technische Machbarkeit der damit verbundenen Visionen aufgrund der rasanten Miniaturisierung und des Preisverfalls mikroelektronischer Komponenten mehr und mehr in greifbare Nähe. Die sich daraus ergebenden Perspektiven werden nachfolgend in Form von acht pointiert formulierten Thesen dargelegt.

These 1

Viele Entwicklungen der IuK-Technologie, die in der Vergangenheit zunächst für den Einsatz im industriellen Bereich entwickelt wurden, fanden Jahre später Einzug in den Alltag. Dies wird auch in Zukunft der Fall sein, der Alltag wird von noch viel mehr IuK-Technologien und darauf aufbauenden Anwendungen und Diensten durchdrungen werden.

Computer waren anfangs raumfüllende Geräte, die viele Millionen kosteten. Erst vor gut 20 Jahren wurden sie so klein und billig, dass sich auch Privatleute einen „persönlichen" Computer leisten konnten. Heute sind nicht nur PCs allgegenwärtig, sondern Mikroprozessoren leisten wertvolle Dienste in Handys, CD-Spielern und vielen Haushaltsgeräten. Auch das milliardenteure satellitenbasierte GPS-Positionierungssystem war anfangs nicht für den zivilen oder gar „populären" Einsatz gedacht. Inzwischen sind aber viele Autos damit ausgestattet, und für spezielle Gruppen (z.B. Trekking-Liebhaber) gibt es seit einiger Zeit bereits Lokationssysteme in Form von persönlichen digitalen Assistenten (PDAs) – bald werden auch viele Mobiltelefone eine Lokalisierungsfunktion besitzen. Funktechnologie (Handys) und Laser (z.B. in CD-Playern) sind weitere Beispiele für Basistechnologien, die erst im Laufe der Zeit Einzug in den Alltag gehalten haben.

Entsprechend darf man erwarten, dass beispielsweise die RFID-Technik (in der Form von Funketiketten) oder die Sensortechnik bald nicht mehr nur im industriellen Umfeld oder im Logistikbereich verwendet wird, sondern vielfältige Anwendungsmöglichkeiten im Alltag finden wird. Längerfristig dürften auch die Nanotechnik und die Robotik im Alltag einen großen Nutzen stiften.

These 2

Viele Entwicklungen im IuK-Bereich werden durch den steten technischen Fortschritt vorangetrieben. Die zugrunde liegenden langfristigen Trends dürften auch in Zukunft anhalten. Damit ist grob abschätzbar, was in absehbarer Zeit in technischer Hinsicht möglich sein wird.

Mit erstaunlicher Präzision gilt auch heute noch das bereits Mitte der 1960er-Jahre von Gordon Moore aufgestellte „Gesetz", welches besagt, dass sich die Zahl der auf einen Chip integrierbaren Transistoren alle 18 bis 24 Monate verdoppelt. Mikroprozessoren werden so laufend schneller, Speicherkomponenten verdoppeln etwa alle zwei Jahre ihre Kapazität, wobei die Preise rückläufig sind.

Der seit Jahrzehnten zu beobachtende Fortschritt der Mikroelektronik und Informationstechnologie hält weiter an und dürfte bald einen Punkt erreichen, der eine neue Qualität in der Computeranwendung ermöglicht: Prozessoren, Speicherbausteine, Kommunikationsmodule und Sensoren können dann aufgrund ihrer winzigen Größe, ihres geringen Energiebedarfs und ihres fast vernachlässigbaren Preises in viele Alltagsdinge eingebaut werden. Damit sind die technischen Voraussetzungen für die Kooperationsfähigkeit „smarter" Dinge untereinander und das Entstehen eines „Internets der Dinge" gegeben.

These 3

Viele Alltagsgegenstände werden „smart", indem sie mit Informationstechnologie zum Sammeln, Speichern, Verarbeiten und Kommunizieren von Daten ausgestattet werden. Sie erhalten so eine gegenüber ihrem ursprünglichen Zweck erweiterte Funktionalität und damit eine neue, zusätzliche Qualität.

Beispiele für smarte Dinge sind Autoreifen, die den Fahrer benachrichtigen, wenn der Luftdruck abnimmt, oder Medikamente, die sich rechtzeitig bemerkbar machen, bevor ihr Haltbarkeitsdatum abläuft. Dabei erscheint der informationsverarbeitende Anteil eines smarten Dings dem Nutzer als in den Gegenstand und seine herkömmliche Funktionalität integriert, bietet aber darüber hinausgehende Eigenschaften. Idealerweise können smarte Dinge nicht nur mit Menschen und anderen smarten Gegenständen in geeigneter Weise kommunizieren, sondern zum Beispiel auch erfahren, wo sie sich befinden, welche anderen Gegenstände in der Nähe sind, was in ihrer Umgebung los ist, sowie drahtlos auf externe Datenbanken zugreifen und passende Internet-basierte Services nutzen.

Die Zweckmäßigkeit konkreter Anwendungen smarter Dinge einzuschätzen, ist derzeit noch schwierig. Absehbar ist die Verwendung im medizinischen Bereich, beispielsweise in der Form von Unterwäsche, die kritische Vitalwerte registriert und im Notfall weitermeldet. Aber auch eher banale Gegenstände könnten profitieren. So gewinnt offenbar ein automatischer Rasensprinkler nicht nur durch eine Vernetzung mit Feuchtigkeitssensoren im Boden an Effizienz, sondern auch durch die Konsultation der Wetterprognose im Internet. Und wenn ein Auto der Versicherung meldet, wie viele Kilometer und wie schnell es gefahren wird und wo es nachts abgestellt wird, kann die Haftpflichtprämie individuell berechnet werden.

These 4

Die Lokalisierung von Dingen wird immer einfacher, billiger und genauer. Nicht nur GPS und Galileo werden weiterentwickelt, sondern auch eine Reihe anderer Technologien steht hierfür bereit. Die aus der Ferne mögliche Ortsbestimmung eines Gegenstandes wird vielfältige Verwendungsmöglichkeiten haben – aber

auch ethische und rechtliche Fragen aufwerfen, wenn damit auf den Aufenthalts-
ort von Personen geschlossen werden kann.

Verbesserte Möglichkeiten zur Positionsbestimmung mobiler Objekte werden derzeit intensiv erforscht. Neben einer Erhöhung der Genauigkeit (derzeit einige Meter beim GPS-System) besteht das Ziel vor allem in einer deutlichen Verkleinerung der Module, einer Reduktion des Energiebedarfs sowie der Entwicklung von Techniken, die auch in geschlossenen Räumen funktionieren. In Zukunft wird man beispielsweise durch hochpräzise Zeitmessungen den Abstand zu WLAN-Zugangspunkten, Mobilfunkantennen und Rundfunksendemasten messen können, deren Standorte bekannt sind. Damit lässt sich die eigene Position auch ohne Sichtkontakt zu einem Satelliten ermitteln.

Je genauer und einfacher der Ort eines kleinen, preiswerten Gerätes ermittelt werden kann, umso vielfältiger und interessanter sind die möglichen Anwendungen. Für wertvolle Dinge wie etwa Mietautos rechnet sich die Verwendung von Lokalisierungstechnologien schon heute, und mit dem Fortschritt der Technik werden nach und nach auch einfachere und kleinere Gegenstände von dieser Möglichkeit profitieren. Nicht nur Schlüssel, Haustiere, Koffer, Postsendungen, Container, Waffen, mautpflichtige Fahrzeuge, diebstahlgefährdete Objekte und umweltschädliche Stoffe können dann lokalisiert werden, sondern auch Eltern könnten es schätzen, wenn Kleidungsstücke der Kinder ihren Aufenthaltsort verraten.

Lokalisierungstechnologien bergen allerdings einiges an sozialem Sprengstoff: Nicht nur, weil damit im privaten Bereich Leuten einfacher hinterherspioniert werden könnte, sondern weil dies in entsprechend disponierten Staaten auch als ein bewusst eingesetztes Kontrollinstrument genutzt werden könnte. Der „location privacy" dürfte in Zukunft daher große Beachtung zukommen.

These 5

Smarte Alltagsgegenstände, „Ambient Intelligence" und ein „Internet der Dinge"
können einen hohen Nutzen stiften.

Klassische persönliche und portable Geräte mit IuK-Technologie stillen, wenn sie nicht der reinen Unterhaltung dienen (MP3-Player), das allgemeine Informationsbedürfnis (Transistorradio) und das zwischenmenschliche Kommunikationsbedürfnis (Handy). Mit zukünftiger persönlicher IuK-Technologie wird zum einen die Information individueller und zum anderen die Kommunikation auf Dinge erweitert: Ein Nutzer kann dann (z.B. über sein Mobiltelefon) direkt mit Gegenständen kommunizieren und von ihnen gezielt Auskunft erhalten, und er kann unmittelbar Dienstleistungen nutzen, die mit den Dingen verbunden sind – so als wäre die Welt eine Webseite, auf der die Dinge „angeklickt" werden können. Hierfür notwendige intuitive Interaktionstechnologien werden derzeit erprobt.

Langfristig verbindet man mit der Informatisierung des Alltags weitere Erwartungen: Ein mit „Ambient Intelligence" ausgestattetes Haus erhöht den Komfort und die Sicherheit, es trägt zur automatischen Energieeinsparung bei, informiert sanft über relevante Ereignisse und verbindet uns über geeignete Telekommunikationsmedien mit anderen Menschen. Der Verkehr wird durch intelligente Autos, Straßen und Züge sicherer, ressourcenschonender und stressfreier, und im Bürobereich wird die Arbeitseffizienz durch eine aufmerksame, lernfähige und personalisierte Hintergrundassistenz gesteigert.

These 6

Mit drahtlosen Sensornetzen wird es möglich, vielfältige Phänomene der Welt in bisher nie da gewesener Genauigkeit zu beobachten. Indem kommunizierende Sensoren großflächig in die Umwelt eingebracht werden, erhält man dichte Überwachungsnetze für unterschiedlichste Zwecke.

Nicht nur Mikroprozessoren und ganze Computer werden immer leistungsfähiger, kleiner und preiswerter, sondern bald lassen sich durch Fortschritte in der Mikrosystemtechnik und Nanotechnik auch über Funk miteinander kommunizierende Sensoren, die ihre Umgebung erfassen, sehr billig in miniaturisierter Form herstellen. Verarbeitete man mit Computern bisher Daten, die typischerweise manuell eingegeben wurden, so erfasst man dann, wenn Computer gewissermaßen Augen, Ohren und andere Sinnesorgane bekommen, die physischen Phänomene unmittelbar – und zwar automatisch, online und in Realzeit.

Von ganzen Netzen kaum sichtbarer Sensoren erwartet man in Zukunft Gewaltiges: Statt Experimente in einem Labor voller Instrumente durchzuführen, soll es dann – quasi umgekehrt – oft möglich sein, die extrem miniaturisierten und energieeffizienten Beobachtungsinstrumente am Vorgang in der Natur selbst anzubringen. Ökosysteme beispielsweise sollten sich so viel leichter und umfassender beobachten lassen. Allgemein dürften die stark sinkenden Kosten der Überwachung und Informationsgewinnung viele Anwendungen ermöglichen, die bisher unwirtschaftlich gewesen wären, etwa wenn vernetzte Sensoren zu Wartungszwecken vorsorglich in physische Strukturen wie Brücken, Straßen oder Wasserversorgungssysteme eingebracht werden.

These 7

Das „wearable computing" – miniaturisierte Elektronik am Körper, eingearbeitet in Armbanduhren und Accessoires, eingewoben in smarte Kleidung oder eingebaut in Implantate – führt zu einer Erweiterung der menschlichen Sinne und revolutioniert Teilbereiche der Medizin.

Beim „wearable computing" geht es weniger darum, medienwirksame Cyborg-Phantasien oder Jacken mit eingebautem MP3-Player zu realisieren, als durch unaufdringliche, ständig verfügbare Sensorik und Kommunikationstechnik dem einzelnen Menschen in persönlicher Weise zu dienen: Seinen Gesundheitszustand zu überwachen, ihn jederzeit an informations- und sensordatenverarbeitende Dienste im Hintergrund anzubinden, seine Sinne zu schärfen und ihn mit aktuellen Informationen zu versorgen; ihn also sicherer und mächtiger zu machen – zwei bedeutende Triebkräfte!

Auch Teile der Medizin und vor allem der Pflegebereich werden langfristig durch die Technik des „wearable computing" revolutioniert – diskrete Sensoren, in die Kleidung eingearbeitet oder direkt am Körper getragen, erstellen Langzeitdiagnosen oder geben Hinweise zu einer gesunden Lebensführung, und kommunikationsfähige Implantate passen sich der aktuellen Situation an.

These 8

Die Informatisierung des Alltags stellt eine enorme Herausforderung dar – nicht nur in technischer und wirtschaftlicher, sondern auch in gesellschaftlicher Hinsicht.

Die langfristigen Auswirkungen einer tiefgreifenden Integration von Informationstechnologie in unseren Alltag und einer durch smarte Dinge geschaffenen „erweiterten Realität" sind gewaltig. Einen wichtigen Aspekt stellt dabei der Schutz der Privatsphäre dar, denn smarte Gegenstände und sensorbestückte Umgebungen häufen potentiell eine große Menge teilweise sensibler und intimer Daten an.

Auch Auswirkungen auf das Wirtschaftsgefüge sind zu beachten: Smarte Produkte könnten beispielsweise Produzenten und Dienstanbieter mit viel mehr und präziseren Informationen versorgen als es heute möglich ist, so dass nicht nur ein zielgruppengenaues, sondern sogar ein käufergenaues Eins-zu-eins-Marketing möglich wird – unter Umständen mit personenbezogener Preisdifferenzierung. Und wenn in Zukunft vernetzte und „schlaue" Alltagsdinge Information von sich geben, physische Dinge also quasi selbst zu Medien werden, dann stellt sich auch die Frage, wer eigentlich über den Inhalt bestimmen darf und wer die Objektivität und Richtigkeit von „Aussagen" smarter Objekte garantiert.

Damit ein Internet der Dinge und eine von Informationstechnik durchdrungene Welt wirklich Nutzen stiften, bedarf es daher mehr als nur mikroelektronisch aufgerüsteter und miteinander kooperierender Gegenstände. Ebenso nötig sind sichere und verlässliche IuK-Infrastrukturen, geeignete ökonomische und rechtliche Rahmenbedingungen sowie ein gesellschaftlicher Konsens darüber, wie die technischen Möglichkeiten verwendet werden sollen.

Prof. Dr. Friedemann Mattern ist an der ETH Zürich tätig. Nähere Angaben zu ihm finden sich am Ende dieses Bandes.

Smarte Umgebungen – Vision, Chancen und Herausforderungen

Steve Wright[1], Alan Steventon[2]
[1] Strategic Research, BT
[2] Judal Associates Ltd.

Kurzfassung. Anhaltende Miniaturisierung, Leistungssteigerung und Kommunikationsfähigkeit von Hardware-Elementen sorgen dafür, dass die Informationstechnologie zunehmend in die Alltagswelt eindringt. Dies führt letztendlich zu „smarten Umgebungen", bei denen Daten über die physikalische Welt automatisch gewonnen und interpretiert werden. Damit werden sich unsere Möglichkeiten, die Welt zu erfahren und mit ihr umzugehen, in drastischer Weise erweitern. Der Beitrag diskutiert bezüglich der Vision „intelligenter", von Informationstechnik durchdrungener Umgebungen mögliche Anwendungen, relevante Technologiebereiche sowie die sich ergebenden Herausforderungen in technischer und gesellschaftlicher Hinsicht.

Die Vision smarter Umgebungen

In diesem Beitrag soll die Vision einer Welt diskutiert werden, in der sich die Informations- und Kommunikationstechnologie vom PC auf dem Schreibtisch emanzipiert und in der physischen Umgebung aufgeht und allgegenwärtig wird. In dieser von Informationstechnologie durchdrungenen Welt sind physische Objekte und Räume mit der digitalen Welt verbunden, und Informationen über die reale Welt können dazu genutzt werden, die Möglichkeiten und Erfahrungen des Menschen zu erweitern und anzureichern. In ihrem Bestreben, unsere Aktivitäten zu unterstützen, könnte die Welt um uns herum sogar den Eindruck von Intelligenz erwecken. Diese Vision ähnelt damit derjenigen, wie sie von Mark Weiser und anderen [MIT, End, CIT, Amb] beschrieben wurde, obwohl wir hier den Begriff „intelligente Umgebungen" oder „iSpaces" bevorzugen.

Wir bauen hier auf den in früheren Veröffentlichungen [Wei99] beschriebenen Visionen auf, die wir auch verwendet haben, um unser Forschungsprogramm bei BT zu begründen. Damit stehen wir nicht alleine; beispielsweise wurde eine sehr ähnliche Vision („ambient intelligence") dazu benutzt, die Forschungsaktivitäten

Die englischsprachige Originalversion dieses Beitrags ist im Buch „Intelligent Spaces – The Application of Pervasive ICT", herausgegeben von Alan Steventon und Steve Wright (Springer-Verlag, 2006), unter dem Titel „Intelligent Spaces – The Vision, the Opportunities, and the Barriers" erschienen. Übertragung ins Deutsche durch R. Adelmann und F. Mattern.

im Rahmen des sechsten Rahmenprogramms der EU [Amb] zu motivieren. Aufgrund großer technologischer Fortschritte in einer Vielzahl von Gebieten stellen sich die Visionen in zunehmendem Maße als realisierbar heraus. Diese Fortschritte (welche weiter unten ausführlicher beschrieben werden) bringen die Informations- und Kommunikationstechnologie in die reale Welt. Ermöglicht wird dies aufgrund folgender Aspekte:

- *Einbetten digitaler Verweise in die physische Welt.* Wir können die physische und digitale Welt immer besser miteinander verbinden. So ist es z.B. möglich, statische Information oder Identitätsangaben in reale Objekte einzubetten, etwa mittels RFID-Tags. Des Weiteren werden zunehmend ausgeklügeltere Sensorsysteme entwickelt, womit dynamische Parameter oder Ereignisse der realen Welt in digitale Information umgewandelt werden können.
- *Kommunikation physischer Zustände an beliebige Orte.* Wir sind in der Lage, drahtlose Kommunikationsmöglichkeiten sogar in kleinste physische Objekte zu integrieren. Zustände oder Ereignisse der realen Welt können lokal und global kommuniziert werden. Dies wird es uns in zunehmendem Maße ermöglichen, auf reichhaltige und vielfältige dynamische Daten aus der physischen Welt um uns herum zuzugreifen.
- *Verarbeiten und Auswerten „physischer" Daten.* Bereits heute generieren wir enorme Datenmengen innerhalb der digitalen Welt. In zunehmendem Maße werden dynamische Daten über die physische Welt hinzukommen. Dies kann gewaltige Vorteile nach sich ziehen – allerdings nur insoweit, als wir dann auch in der Lage sind, Erkenntnisse aus diesen Daten zu gewinnen sowie sinnvolle Schlüsse daraus zu ziehen.

Zusammengenommen stellen diese Aspekte mächtige neue Möglichkeiten für Systementwickler dar. Sie können dazu genutzt werden, unsere Fähigkeiten zu verbessern, die physische Welt um uns herum geeignet wahrzunehmen sowie diese Wahrnehmung sinnvoll einzuordnen. Mit dem so gewonnenen zusätzlichen Wissen werden auch unsere Möglichkeiten, mit der Welt umzugehen und sie zu erleben, erweitert. Dies ist in Abbildung 1 veranschaulicht, welche ein System darstellt, das in der Lage ist, eine Reihe von Parametern der physischen Welt zu erfassen, Schlüsse aus den Daten zu ziehen und Aktionen in der physischen Welt vorzuschlagen oder sogar selbst durchzuführen.

Im Laufe der nächsten anderthalb Jahrzehnte werden aus den Milliarden eingebetteter Mikroprozessoren, die derzeit schon existieren, mehrere Billionen werden. Viele erhalten die Fähigkeit zur drahtlosen Kommunikation im Nahbereich und werden sich dann entweder direkt, oder über Mittelsstationen, mit dem Internet verbinden, was bis zum Jahre 2020 eine Billion global kommunizierender intelligenter Objekte zur Folge hat. Diese werden eine Vielzahl von Informationen und Sensordaten über die physische Welt zur Verfügung stellen. Eine Anwendung wird Daten zum Erfüllen ihrer Aufgabe direkt aus geeigneten Quellen beziehen können. Sie kann dann ihrerseits Daten oder Steuersignale generieren, um die gewünschten Wirkungen in der physischen Welt zu initiieren. Diese Technologie dürfte einen erheblichen nutzbringenden Einfluss auf nahezu alle Bereiche menschlicher Aktivitäten haben, vorausgesetzt, sie wird so angewendet und umgesetzt, dass die Bedürfnisse ihrer Nutzer und der Gesellschaft insgesamt berücksichtigt werden.

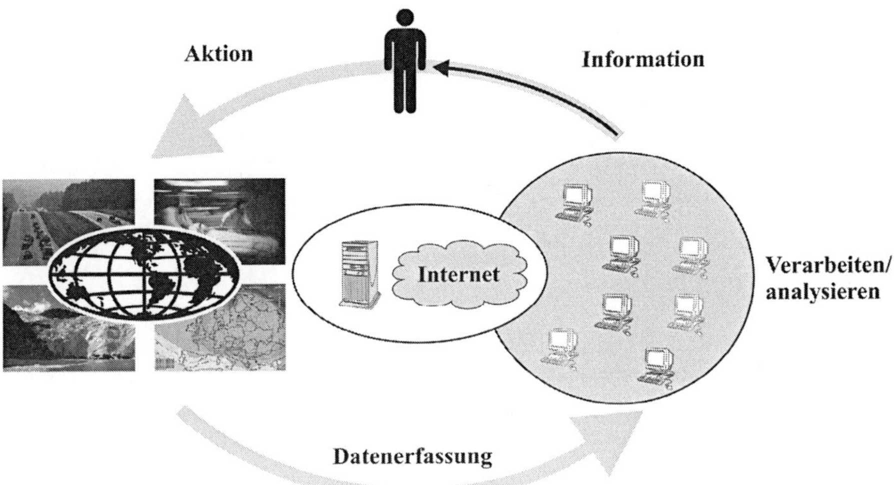

Abb. 1. Schematische Funktionsweise eines generischen iSpace-Systems

Das iSpace-Technologiekonzept ist das des „verschwindenden Computers". Dabei ist die Inanspruchnahme des Benutzers durch das System vollkommen unaufdringlich und die Schnittstellen sind so intuitiv, dass sie schlicht nicht wahrgenommen werden. Praktisch bedeutet dies, dass die Nutzerinteraktion über Schnittstellen in passiver und impliziter Weise durchführt wird; die Interaktion aber natürlich jederzeit auch direkt durch Menschen erfolgen kann. Da die Technologie in der Lage ist, Daten personenbezogen und kontextabhängig zu erfassen, zu interpretieren und daraus Schlussfolgerungen zu ziehen, kann sie nahezu jeden unterstützen, indem sie die jeweiligen spezifischen Fähigkeiten eines Menschen berücksichtigt. Sie bringt uns damit dem digitalen Zugang für alle näher.

Dies ist eine großartige und vielversprechende Vision, aber es ist auch eine Vision, die das Potenzial einer Polarisierung in sich trägt. Viele Leute stehen dem zunehmenden Einzug von Technologie in unser Leben und den damit einhergehenden Gefahren für die Grundrechte und persönliche Freiheit skeptisch gegenüber. Tatsächlich gibt es diesbezüglich Grund für berechtigte Vorbehalte – auch wenn festgehalten werden darf, dass das Maß an öffentlicher Besorgnis oft die realen Möglichkeiten übersteigt, sowohl die des technisch Machbaren als auch die des ökonomisch Sinnvollen. In denjenigen Bereichen, in denen diese Technologie zur Anwendung kommen kann, wird die Gesellschaft die zu erwartenden Vor- und Nachteile in Einklang zueinander bringen müssen, sei es durch Marktmechanismen oder durch gesetzgeberische Maßnahmen.

Anwendungen

Im Großen und Ganzen meinen wir, dass es sich bei der oben beschriebenen Vision nicht um eine ferne und utopische Welt handelt, sondern um eine Welt, die Schritt für Schritt Realität wird. Sie entwickelt sich in denjenigen Bereichen am schnellsten, in denen der Nutzen die Kosten klar übertrifft und in denen ein deutlicher Mehrwert für alle Beteiligten entlang der Wertschöpfungskette (bzw. des Wertschöpfungsnetzes) zu erwarten ist. Wir werden dies anhand einer Reihe von sowohl aktuellen, als auch zukünftig potenziell möglichen Beispielanwendungen verdeutlichen.

Beispielanwendungen

Lieferkette. RFID-Tags sind elektronische Etiketten, die an Objekten befestigt werden können, um ihnen eine digitale Identität zu verleihen. Diese kann dann an verschiedenen Stellen innerhalb der Lieferkette einfach ausgelesen werden [RFI, Luc06]. Diese Anwendung bietet den Teilnehmern entlang der Lieferkette einen hohen Mehrwert und besitzt das Potenzial zur Effizienzsteigerung der gesamten Kette. Sie kommt bereits vielfach bei aggregierten Produkten, bis hinunter zur Paletten-Ebene, zur Anwendung. In den letzten Jahren hat eine Reihe einflussreicher Einzelhandelsketten ihren Zulieferern die Absicht mitgeteilt, diese Technik in ihrem Bereich einzuführen. Das Ziel besteht dabei darin, die Effizienz zu erhöhen, sowohl was den Zeitaufwand der Mitarbeiter, die Verbesserung der Bestandskontrolle, als auch die Reduktion entgangener Verkaufsgelegenheiten aufgrund von Lieferengpässen betrifft.

Umweltmonitoring. Die Überwachung von Umweltparametern wird mit einer viel höheren Präzision und Granularität möglich, als dies bisherige Technologien erlauben. Erste Forschungsprojekte werden im Umfeld von Küstenerosionen, Überschwemmungen und Gletscherbewegungen durchgeführt [Env, MWT, Mar06]. Es ist gut möglich, dass die Verfügbarkeit von aussagekräftigeren und präziseren Daten klassische Modelle und Theorien zugrunde liegender Prozesse in Frage stellt. Ebenso kann man sich Auswirkungen verbesserter Vorhersagemöglichkeiten auf die Landwirtschaft, auf staatliche Regulierungsprozesse und die Versicherungswirtschaft vorstellen.

Freizeitbereich. Eine Reihe sehr interessanter Versuche nutzt die neue Technologie, um informativere und interaktivere Museums- oder Stadtführer zu gestalten [Equ, Cit]. In den richtigen Situationen eingesetzt und mit dem richtigen Inhalt versehen, haben sich diese als recht erfolgreich erwiesen. Mehr noch, diese oder ähnliche Systeme können dazu genutzt werden, ganz neue Typen von Freizeitaktivitäten (z.B. situationsabhängige Spiele) und Kunstformen hervorzubringen. Dies ist ein Anwendungsbereich, bei dem wir noch spannende Entwicklungen und Experimente erwarten dürfen.

Gesundheitsvorsorge. Im Gesundheitsbereich gibt es eine ganze Reihe potenzieller Anwendungen. In der Entwicklung am weitesten fortgeschritten ist die Überwachung des Gesundheitszustandes von kranken oder behinderten Personen, sowohl für diagnostische als auch für präventive Zwecke. Es gibt z.B. ein starkes Interesse an der kontinuierlichen Überwachung von gebrechlichen, älteren Personen, mit dem Ziel, es ihnen zu ermöglichen, weiter in ihren eigenen Wohnungen zu leben, und so die Pflegekosten erheblich zu senken [Bro06]. Auch im Rahmen der angestrebten intelligenten Krankenhäuser [Ubi] gibt es zahlreiche Möglichkeiten, das Personal im Gesundheitswesen bei verschiedensten Tätigkeiten zu unterstützen.

Notfälle. In Notfallsituationen kann Leben gerettet werden, falls die richtige Information zum richtigen Zeitpunkt verfügbar ist (beispielsweise bei Unfällen, Rettungsaktionen oder medizinischen Notfällen). Dabei kann es sich um Wegfindung, diagnostische Anleitung oder um die Warnung vor Risiken handeln. Die Information sollte hierbei so zur Verfügung gestellt werden, dass sie nicht verwirrt oder gar stört.

Intelligentes Auto. Als Beispiel dafür, was bereits heutzutage möglich ist, denke man an die Technologie in einem Auto der High-End-Klasse. Mit seinen über hundert Mikroprozessoren, die Motor-, Kontroll-, Sicherheits- und Fahrerinformationssysteme ermöglichen, stellt ein solches Auto momentan wohl das System dar, das einem iSpace am nächsten kommt. Zurzeit handelt es sich dabei um ein nahezu geschlossenes System mit extensiver On-Board-Kommunikation zwischen den hundert Mikroprozessoren. Lediglich Radio, Mobiltelefon und Navigations- bzw. Trackingsystem erstrecken sich dabei in nennenswerter Weise über die Fahrzeuggrenzen hinweg. Die Automobilhersteller haben zahlreiche Features sehr sorgfältig entworfen und behutsam weiterentwickelt, immer mit dem Ziel vor Augen, das Fahrerlebnis zu verbessern und nicht, es zu ersetzen. Das Ergebnis war nicht nur eine hohe Akzeptanz seitens der Kunden, sondern auch ein erstklassiges Produkt, welches zu einem Spitzenpreis verkauft werden kann. Unsere Erwartung ist, dass letztendlich viele andere Bereiche ein ähnliches Niveau an eingebauter Intelligenz erreichen und die verschiedenen Anwendungsfelder zunehmend von Informations- und Kommunikationstechnik durchdrungen werden. Die Sorgfalt beim Entwurf, beim Einbeziehen der Nutzer und bei der Marktentwicklung, die die Automobilhersteller haben walten lassen, wird zweifellos auch in anderen Anwendungsfeldern benötigt werden, falls diese erfolgreich sein sollen.

Ein Rahmen für Anwendungen

Bezüglich ihrer Eigenschaften decken die beschriebenen Beispiele zwar einen großen Bereich ab, aber sie entsprechen alle dem in Abbildung 1 dargestellten Modell. Eine andere Möglichkeit, die verschiedenen Arten von Anwendungen zu klassifizieren, stellt das in Abbildung 2 skizzierte Modell dar.

Auf der einen Seite (B) finden sich diejenigen Anwendungen, deren Vorteil in der verbesserten und feinmaschigen Überwachung der realen Welt liegt (Lieferkette, Umweltmonitoring, Verkehrsmanagement und Telecare). Allgegenwärtige Informations- und Kommunikationstechnik wird es Unternehmen, bedingt durch billiges, integriertes „Tagging", Nachverfolgung oder sensorgestützte Datenerfassung ermöglichen, Bestände und Prozesse mit einer bislang nicht erreichbaren Genauigkeit und Granularität in Echtzeit zu überwachen. Ein Mehrwert ergibt sich hierbei aus der Verfügbarkeit dieser Daten sowie der Möglichkeit, diese nach relevanten Informationen zu durchsuchen und zu interpretieren. In den meisten Fällen beutet dies, dass die Daten für die Informationssuche und für die Interpretation in einer zentralisierten Architektur zusammengeführt werden müssen, und sei es nur virtuell. Im Allgemeinen sind es diese Anwendungsarten, bei denen die größten Sorgen hinsichtlich des Schutzes persönlicher Daten bestehen.

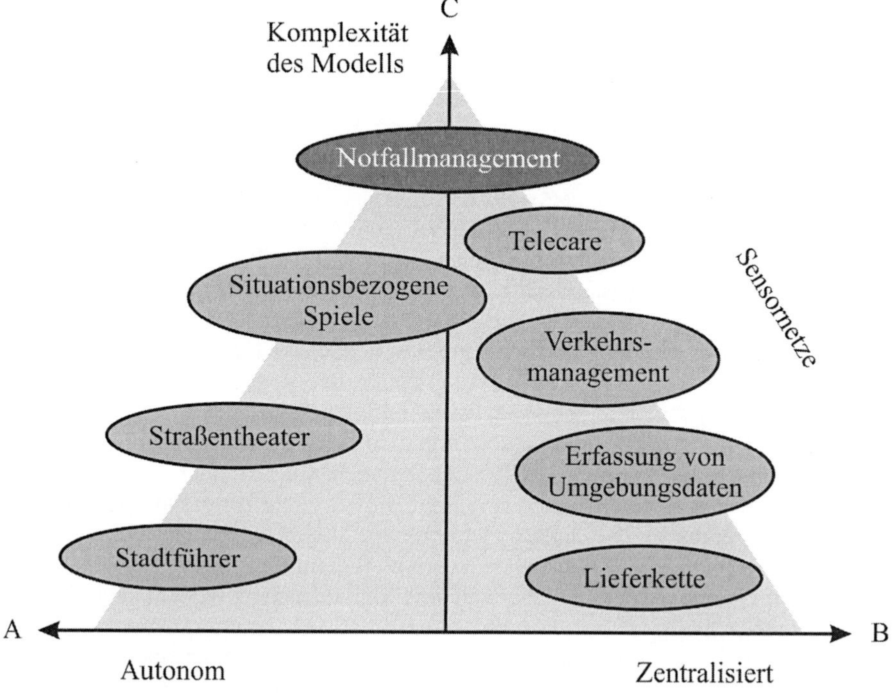

Abb. 2. Die verschiedenen Grade an Autonomie und Komplexität in iSpace-Anwendungsfeldern

Auf der anderen Seite (A) befindet sich eine Klasse von Anwendungen, deren Nutzen in der Verfügbarkeit von lokalen Informationen (zusätzlichen Daten aus der digitalen Welt über den physikalischen Kontext eines Benutzers) begründet ist.

Repräsentanten dieser Klasse sind Anwendungen wie z.B. historische Stadtführer oder digital angereicherte Kunstdarbietungen und Museumsgestaltungen. Diese können oft mittels einer autonomen Architektur implementiert werden, die es den Benutzern erlaubt, auf Information und Wissen zuzugreifen, ohne ihren eigenen Kontext dabei irgendjemand anderem preisgeben zu müssen.

Bei beiden handelt es sich um interessante Klassen von Anwendungen im Bereich der allgegenwärtigen Informations- und Kommunikationstechnologie, und die ersten echten Applikationen beider Klassen zeichnen sich bereits ab. Selbst in ihrer einfachsten Form sind dies Anwendungen, die unser Leben reichhaltiger und interessanter machen oder unsere Produktivität steigern. Sie stellen damit erste Schritte hin zu smarten Umgebungen dar. Wir glauben allerdings, dass die interessantesten und überzeugendsten Beispiele smarter Umgebungen im Bereich von Punkt (C) aufkommen werden. Diese Entwicklung geht einher mit reichhaltigeren und subtileren Möglichkeiten, die Interaktion von Menschen mit der physischen Welt zu erfassen und zu modellieren, sowie der Bereitstellung adäquater Interaktionsformen zwischen Mensch und Maschine und einem geeigneten Zusammenspiel zwischen autonomer Aktion und globaler Wirkung. Derartige Aspekte lassen sich bereits bei aktuellen Forschungsprojekten erkennen, wo es darum geht, Rettungsteams oder gar Kampftruppen in stressreichen und lebensbedrohlichen Situationen zu unterstützen.

Aufgrund von Fortschritten und Kostenreduktionen in allen relevanten Technologiebereichen und einem klareren Verständnis der noch vorhandenen Forschungs- und Entwicklungslücken sind wir davon überzeugt, dass sich die iSpace-Technologie nun kurz vor dem Durchbruch befindet. Wir können uns mittlerweile, trotz der enormen Komplexität der Systeme, integrierte Lösungen in einer Reihe von Realweltanwendungen vorstellen.

Technologische Möglichkeiten

Eine typische Anwendung, wie sie etwa durch das oben erwähnte intelligente Auto verkörpert wird, ist ein komplexer, dynamischer und im Allgemeinen heterogener Zusammenschluss aus folgenden Bestandteilen:

- Hardware: Labels, Sensoren, Aktuatoren, Prozessoren;
- Software: generische Systeme, künstliche Intelligenz, maschinelle Lern- und Analysesysteme, anwendungsspezifische Systeme;
- Modelle des Anwendungsbereichs;
- Kommunikationssysteme.

In Abbildung 3 ist schematisch die typische Systemarchitektur eines iSpace dargestellt.

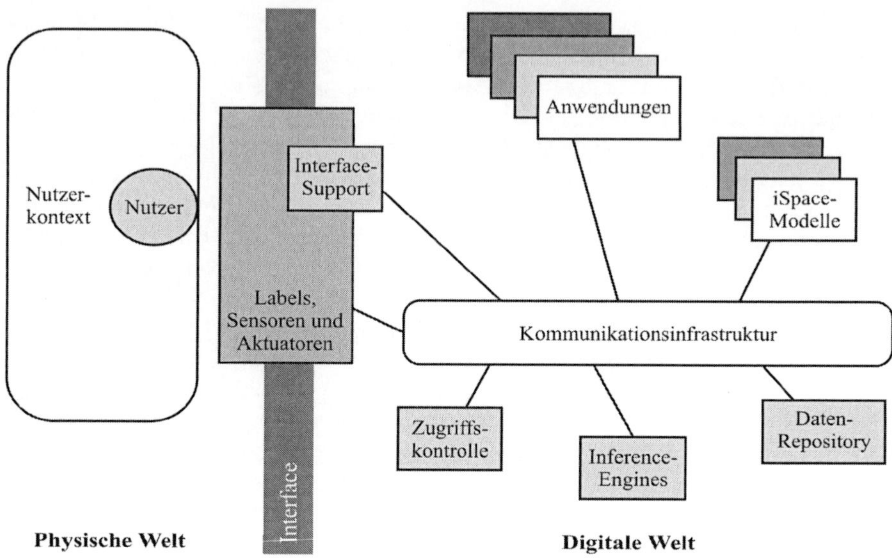

Abb. 3. Generische iSpace-Architektur mit den benötigten Hardware- und Softwarefunktionalitäten

Wir werden uns auf drei Klassen von physikalischen Dingen in der Welt des iSpace beziehen, die mit Hilfe von Abbildung 4 näher beschrieben werden können.

- *Interfaces: Labels, Sensoren und Aktuatoren.* Dies sind Komponenten, welche die physische und die digitale Welt miteinander verbinden. Das einfachste Beispiel könnte ein Schalter oder eine Tastatur sein, allerdings umfasst diese Klasse beispielsweise auch eine Videokamera.
- *iSpaces: smarte Umgebungen.* Eine Menge von Labels, Sensoren und Aktuatoren mit Informationsverarbeitungsfähigkeit, die zusammen ein System bilden, das Parameter der physikalischen Welt erfasst, Schlüsse aus diesen Daten ziehen kann und eine Aktion in der physischen Welt vorschlagen (oder sogar selbst durchführen) kann. Wir stellen uns einen iSpace als ein umfassendes System vor, das ein wie auch immer geartetes Modell der „Umgebung" und eine Reihe von Anwendungen enthält. Diese Anwendungen verbessern unsere Fähigkeit, die physikalische Welt um uns herum wahrzunehmen und zu begreifen, und sie nutzen ihr Wissen, um unsere Handlungsmöglichkeiten in der Welt zu erweitern oder das Erleben der Welt für uns reichhaltiger zu machen.
- *iThings: smarte Gegenstände.* Einige Komponenten des iSpace werden direkt in physischen Dingen innerhalb des iSpace realisiert werden, und andere wiederum können in entfernten Infrastrukturen implementiert sein. Mit „iThings" bezeichnen wir „smarte" Subsysteme eines iSpace, die im iSpace selbst vorhanden sind.

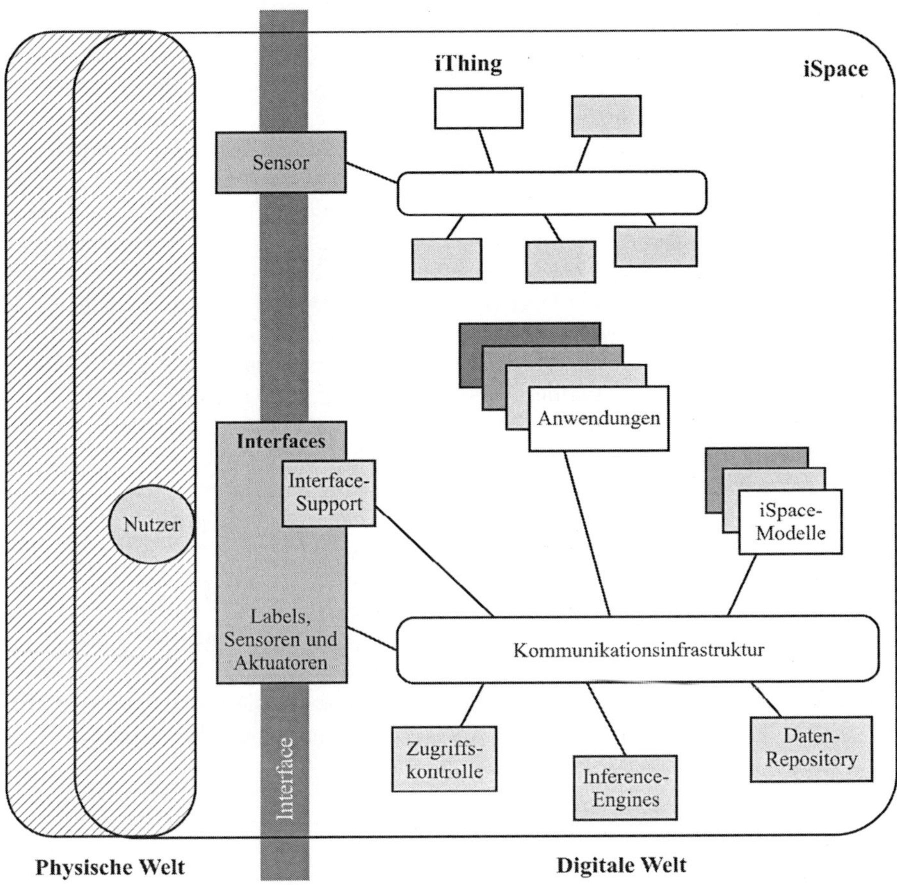

Abb. 4. Die Komponenten einer smarten Umgebung (iSpace)

Hardwarefortschritte

Payne und MacDonald [PaM06] nennen u.a. folgende relevanten Hardwarefortschritte:

- *Billige, leistungsfähige Chips, eingebettetes Silizium, anhaltende Kostenreduktion.* Die durch das Mooresche Gesetz beschriebene anhaltende Zunahme der Rechenleistung wird zunehmend komplexere Berechnungen ermöglichen; sei es um Daten zu analysieren oder um eine automatisch generierte Handlungsanweisung oder Aktion zu optimieren. Insbesondere wird dies die komplexe Analyse von Video- und Bilddaten eingebetteter Sensoren ermöglichen (für genauere Angaben sei an dieser Stelle auf [Xul06, Bam06, OyS06] verwiesen). Auf alle Fälle wird der Fortschritt der Siliziumtechnologie zu sinkenden Kosten eingebetteter Chips geringer Komplexität führen. Im Forschungsstadium befinden sich neue Technologien, die es ermöglichen, gedruckte elektronische Schaltungen um druckbare aktive Elemente zu erweitern [Pol]. Diese Schaltungen mögen nur eine sehr geringe Rechenleistung haben und mit sehr geringen Geschwindigkeiten arbeiten, aber mehr wird für die allerersten Komponenten im iSpace nicht benötigt. Das heißt, dass einerseits Mikrochips mit einer Milliarde Transistoren produziert werden und Fortschritte im Bereich der Modellierung und der künstlichen Intelligenz ermöglichen, und andererseits könnten Chips (wie sie bereits heute an manchen Einzelhandelswaren angebracht sind) äußerst billig und in sehr großen Mengen verfügbar werden. Das Drucken elektronischer Schaltungen auf Etiketten, Verpackungen und Textilien befindet sich noch im Forschungsstadium. Es bestätigt allerdings den Trend, eingebettete Intelligenz in zunehmend weniger wertvolle Güter zu integrieren, einschließlich Wegwerf- und Verbrauchsgüter.

- *Miniaturisierung.* Die Miniaturisierung von Chips, intelligenten Sensoren und, wenn auch in geringerem Maße, Aktuatoren, ermöglicht die einfache Ausstattung einer Vielzahl von Gegenständen mit „smarten" Eigenschaften. Geringe Größe geht nicht nur mit der Möglichkeit einher, dies nahezu unsichtbar zu machen und immer kleinere Gegenstände mit „Intelligenz" auszustatten, sondern auch mit zunehmend einfacheren Möglichkeiten, die elektronischen Komponenten an Alltagsdingen anzubringen. Die verwendeten Verfahren stellen ausschlaggebende Kostenfaktoren für niedrigpreisige Konsumgüter dar. Selbstklebende Etiketten sollten nicht nur Strichcode-ähnliche Merkmale oder RFID-Tags enthalten, sondern auch Sensoren, um die Produkthistorie und den Produktzustand (etwa unerwünschte Feuchtigkeit, tiefe/hohe Temperaturen, Produktverfall, usw.) zu erfassen, Intelligenz sowie die Fähigkeit zur Kommunikation. Das „Smart Dust"-Konzept der Universität von Kalifornien in Berkeley ist hierfür ein ausgezeichnetes Beispiel [End]. Pisters Ansichten zu den Auswirkungen der Smart-Dust-Technologie bis 2020 [Pis] sind in diesem Zusammenhang ebenfalls interessant.

- *Bereitstellung von Energie.* Die Verfügbarkeit von Energie wurde hauptsächlich aufgrund von vier Entwicklungen verbessert [Pis]: (a) Die immer kleiner werdenden Transistorgates tragen einerseits zum Mooreschen Gesetz bei, ermöglichen andererseits aber auch eine Reduzierung von Spannung und Stromverbrauch von Schaltungen – was einer echten Win-Win-Situation gleichkommt. (b) Es gab in letzter Zeit große Fortschritte im Bereich des aktiven Energiemanagements von Chips, bzw. von Bereichen eines Chips, so dass Schaltungen nur noch dann mit Energie versorgt werden, wenn diese auch wirklich benötigt werden. (c) Die Batterietechnologie hat sich dramatisch verbessert. (d) Das „power scavenging" macht Fortschritte und entwickelt sich rasch über den Einsatz von Solartechnologie hinaus – unter diese Kategorie würden auch Verfahren fallen, in denen das Lesesignal bereits die nötige Energie für die auszulösende Reaktion liefert. Passive RFID-Tags und optisch ausgelesene Sensoren sind Beispiele hierfür, aber Erweiterungen dieses Ansatzes sind abzusehen.

Universelle Konnektivität

Smarte Umgebungen können alle zur Verfügung stehenden Kommunikationswege nutzen. Dies wird zweifellos sowohl zu einer deutlichen Erhöhung der Kommunikationskomplexität, als auch zu einer Änderung des Kommunikationsverhaltens bzw. der Kommunikationsmuster führen und dadurch neue Fragen bezüglich der Kommunikationsnetze aufwerfen [Bri06]. Sie werden von der zunehmenden Möglichkeit profitieren, eine vielfältige Menge drahtloser (funkbasierter, optischer oder akustischer) Verbindungen mittels einer sehr heterogenen Menge an Technologien und Protokollen mit einer festen Infrastruktur verbinden zu können. Die Kommunikationsverbindungen werden das ganze Spektrum von sehr kurzer Distanz bis hin zu globaler Reichweite umfassen.

- *Web-Präsenz.* Die universelle Konnektivität wird eine Web-Präsenz von nahezu jedem Gerät, unabhängig von seinem Ort, ermöglichen und somit den umfassenden Zugriff auf Informationen und Ressourcen möglich machen.
- *Grid-Technologie.* Für viele iSpace-Anwendungen genügen verteilte, integrierte oder über Netzwerke verbundene Prozessoren den Anforderungen; allerdings können auch sehr große Mengen an Daten anfallen, welche sehr leistungsfähige Echtzeitberechnungen erfordern. Dies ist z.B. bei Systemen im Gesundheitsbereich und bei sicherheitsrelevanten Systemen der Fall. Die Grid-Technologie scheint für diese Art von Problemen ausgesprochen gut geeignet zu sein.

Software-Techniken

Es ist klar, dass ein erheblicher Bedarf an komplexer und innovativer Software besteht, um die oben skizzierten Aufgaben zu erfüllen. Glücklicherweise bieten dabei bereits viele Innovationen, die durch die Anforderungen heutiger Informationstechnologie motiviert sind, eine gute Grundlage für Lösungen im Umfeld von smarten Umgebungen (iSpaces). Dazu gehören Bereiche wie Wissensmanagement, Spracherkennung und -synthese, Bilderkennung, Analyse von Videodaten, Data-Mining, intelligente Datenanalyse, Data-Fusion, Scheduling und Computerlinguistik. Hinzu kommt, dass wir uns hinsichtlich dieser Technologien immer mehr einem Maß an Rechenleistung und Verständnis nähern, das für eine natürliche Interaktion mit Menschen notwendig ist. So ermöglicht z.B. das Soft-Computing [Zad96, Azv96] den digitalen Technologien, mit den dem Menschen eigenen Ungenauigkeiten, Unklarheiten und Mehrdeutigkeiten umzugehen. Der Softwarebereich stellt somit bereits heute viele Werkzeuge bereit, welche die Realisierung geeigneter Lösungen zu ausgewählten Beispielen der iSpace-Vision ermöglichen. Die große Masse an Anwendungen wird jedoch noch weiterer Forschung bedürfen, um in der Lage zu sein, die verschiedenen Technologieelemente zu lauffähigen Systemen zu integrieren, und um den zahlreichen neuen Herausforderungen gewachsen zu sein.

Von der Vision zur Realität

Wir haben die Vision einer smarten Umgebung beschrieben, in der uns die Welt um uns herum intelligente und zu unserem jeweiligen Kontext passende Unterstützung bietet. Hinter dem Vorhaben, die Informations- und Kommunikationstechnik hinaus in die reale Welt zu tragen, steht die generelle Absicht, unser Leben zu verbessern. Es ist eine herausfordernde Vision, und auf dem Weg zu ihrer Umsetzung liegen zahlreiche Hindernisse. Viele dieser Hindernisse sind technischer Natur, aber es gibt auch viele wichtige (und vielleicht sogar entscheidendere) menschliche und wirtschaftliche Aspekte. Diese lassen sich unter den folgenden drei Punkten zusammenfassen:

- *Worin besteht der Mehrwert?* Was sind die überzeugenden Produkte und Dienstleistungen, die durch diese Technologie ermöglicht werden und die einen bedeutsamen Wert für die Welt generieren werden?
- *Können wir diesen Mehrwert realisieren?* Sind wir in der Lage, entsprechende Schnittstellen zu unserer Umgebung zu entwickeln, welche es uns erlauben, die in die Umwelt eingebettete Intelligenz zu nutzen? Können wir überhaupt ausreichend aussagekräftige Modelle entwickeln, die es uns ermöglichen, die menschlichen Fähigkeiten in Situationen zu verbessern, die über triviale und begrenzte Beispiele hinausgehen? Sind wir bereit, die Kontrolle an leblose Intelligenz abzugeben? Und sind wir dazu bereit, unsere Taten und Wünsche einer unpersönlichen Infrastruktur zu offenbaren?
- *Wie setzen wir den Mehrwert um?* Wie wird die Infrastruktur aufgebaut, und wie wird sie unterhalten? Wie sehen die nachhaltigen Wirtschaftssysteme aus, welche diese Dienste anbieten werden?

Dies sind ziemlich schwierige Fragen, und es gibt keine offensichtliche und überzeugende „Killer-Anwendung" mit genug Potenzial, um die für eine allgegenwärtige Infrastruktur notwendigen Investitionen zu rechtfertigen. Andererseits finden derzeit einige Experimente und Realisierungen statt; diese legen nahe, dass in einer Reihe spezifischer Anwendungsbereiche durchaus ein Mehrwert gegeben ist.

So führen z.B. mehrere Unternehmen Pilotprojekte durch, die den Einsatz von RFID in der Bestandskontrolle betreffen, insbesondere im Rahmen des Lieferketten-Managements im Einzelhandelsbereich (siehe Abbildung 5) [Sta]. Man erwartet, dass sich diese Investitionen in Form von Effizienz- und Umsatzsteigerungen (aufgrund der Verringerung von entgangenen Verkäufen durch eine unzureichende Bestandskontrolle) von selbst tragen. Dies ist ein Beispiel eines zentralisierten Systems zur umfassenden Überwachung, das – aufgrund seiner Beschränkung auf die Lieferkette – die Privatsphäre von Personen nicht gefährdet. In ähnlicher Form hat es auch einige Experimente mit historischen Stadtführern und Museumsführern gegeben.

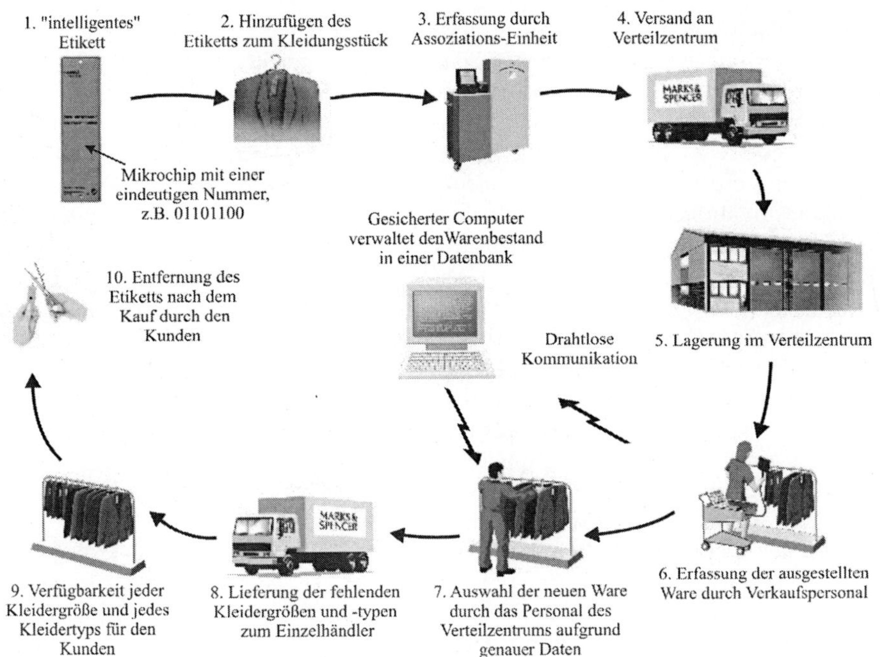

Abb. 5. Prototypisches System der Verwendung von RFID-Labels zur Optimierung der Einzelhandelslieferkette

Mit der Erweiterung der Funktionalität von Handheld-Geräten und der zunehmenden Verfügbarkeit mobiler Bandbreite tendiert der Nutzen und Mehrwert für die Anwender dazu, ebenfalls stark zuzunehmen; insbesondere dann, wenn die Qualität der Inhalte ausreichend berücksichtigt wird [Fle02, Nod]. Vorstellbar sind individuellere und interaktivere Reiseführer, neue situations- bzw. ortsbezogene Events sowie neue Generationen an situationsbezogenen Spielen. Wir erwarten einen kontinuierlichen Fortschritt in der Evolution smarter Umgebungen im Bereich neuer Freizeitaktivitäten und künstlerischer Tätigkeiten, was durch die zunehmende Verfügbarkeit von mobilem Breitbandzugriff auf das Internet mittels WiFi-Zugangspunkten noch beschleunigt wird.

Darüber hinaus sind in großer Zahl in die Umwelt eingebrachte Sensornetze vorstellbar, die wertvolle Informationen liefern, ohne dabei Fragen hinsichtlich der individuellen Privatsphäre aufzuwerfen. Dies deswegen, weil die einzelnen gesammelten Daten anonym sind und ein Mehrwert erst durch die Aggregation der Informationseinheiten entsteht. Das beste Beispiel hierfür sind Verkehrsinformationen, bei denen die zusammengeführten Daten von proprietären Sensoren entlang von Straßen die Grundlage für eine ganze Palette an verkehrsbezogenen Mehrwertdiensten bilden [Tra].

Die Frage ist nun, ob dies alles eigenständige und getrennte Anwendungsbereiche bleiben werden, oder ob sie eine Grundlage für darauf aufbauende Entwicklungen darstellen können. Wird die Vision von smarten Umgebungen lediglich zur

Entwicklung von einigen wenigen besonders einträglichen isolierten Anwendungen führen, oder wird sich dies zu einer allgemeinen, heterogenen Infrastruktur weiterentwickeln, die eine reichhaltige Menge an Mehrwert-generierenden Anwendungen fördert und unterstützt?

Ein möglicher Entwicklungspfad lässt sich anhand eines konkreten Beispiels erläutern – die Verkehrsinformationen. Neben der Nutzung von aggregierten Verkehrsinformationen besteht auch die Möglichkeit, einzelne Fahrzeuge mittels einer Reihe von Technologien zu überwachen oder zu verfolgen. In London gibt es etwa ein System, das es ermöglicht, die Verkehrsbelastungen in Rechnung zu stellen; und viele europäische Regierungen werden bald Systeme zur Bezahlung der LKW-Straßennutzung (Schwerverkehrsabgabe) vorstellen [HMC]. Jedes dieser Beispiele ist eine eigenständige Lösung, eingeführt und motiviert durch ein spezifisches Geschäftsmodell; allerdings kann jede Anwendung auch eine große Anzahl an Daten generieren, die, falls sie aggregiert oder mit entsprechenden Maßnahmen zum Schutz der Privatsphäre versehen würden, als eine Plattform für eine reichhaltige Menge an Mehrwertdiensten im Verkehrs- und Reiseumfeld dienen könnten. Wenn man die Schwerverkehrsabgabe als Beispiel betrachtet, so ist es einerseits möglich, lediglich ein System zur Erzeugung von Steuereinnahmen einzuführen. Falls dies auf der anderen Seite jedoch als ein offenes Informationssystem implementiert wird, so dass die gesammelten Daten durch weitere Parteien genutzt werden können (mit entsprechenden Kontrollmaßnahmen und Kostenbeteiligungen), um Dienste im Verkehrs- und Reiseumfeld mit entsprechendem Mehrwert anzubieten, so wäre wahrscheinlich eine viel größere Wirkung hinsichtlich der Effizienz des Straßennetzes und der Wirtschaft insgesamt zu erzielen.

Wir meinen, dass dies ein gutes Beispiel dafür ist, wie smarte Umgebungen und Services entstehen können. Immer wenn eine lokale oder nationale Behörde bzw. Regierung ein Datenverarbeitungssystem einführt, insbesondere eines, das stark und umfassend in die Prozesse der realen Welt hineinwirkt, besteht oft auch die Gelegenheit zur Schaffung eines offenen Informationssystems und einer Wertschöpfungsplattform. Dies könnte sogar durch entsprechende staatliche Maßnahmen gefördert werden [Dep1]. Obige Diskussion legt einen Entwicklungspfad nahe, dem die iSpace-Technologie folgen könnte:

- *Domänen-spezifische Lösungen:* Einsatz der Technologie in einer Reihe lohnender Anwendungen (Lieferkette, Verkehrsmanagement, Freizeitbereich, etc.) und proprietäre oder auf Standards basierende Systeme.

- *Offene Systeme:* Selektives Öffnen von Schnittstellen in einigen Anwendungen, um es Drittanbietern zu ermöglichen, eine vielfältige Menge an Diensten anzubieten (eine Explosion an konkurrierenden Architekturen und Schnittstellendefinitionen).

- *Umfassend und heterogen:* Auf der einen Seite bereinigen Wettbewerb und Standardisierung das Feld, während auf der anderen Seite ein Überfluss an Geräten, Diensten, Anwendungen oder Märkten herrscht; iThings müssen viel „intelligenter" und adaptiver werden, wobei jedoch mit zunehmendem Grad an Komplexität Aspekten wie Vertrauen, Abhängigkeit und Zuverlässigkeit eine entscheidende Bedeutung zukommt.

Herausforderungen für die Forschung

Aktuelle Forschungsthemen

Das vom britischen Department of Trade & Industry geförderte „Next Wave Markets and Technologies"-Programm [Dep2] ermöglicht es, einen guten Einblick in die auf die aktuelle Generation von Individuallösungen hin ausgerichtete Forschung zu gewinnen. An diesem Programm sind mehrere Forschungszentren beteiligt, wobei jedes auf einen spezifischen Anwendungsbereich fokussiert ist. In jedem dieser Bereiche tauchen natürlich Forschungsfragen auf, die sich mit dem „Wo und Wie" der Wertschöpfung beschäftigen. Darüber hinaus gibt es aber auch einige spezifische Fragestellungen und Themen, die in den meisten der Zentren gleichermaßen auftreten:

- Erkennen und Sammeln bedeutungstragender Daten über Aktivitäten von Menschen;
- Entwerfen von Modellen für Realwelt-Anwendungen;
- Datenanalyse;
- Anwendung der Software-Agenten-Technologie;
- Middleware;
- geeignete, unaufdringliche Schnittstellen;
- Sicherheit, Privatsphäre und Vertrauen;
- menschliche Faktoren und soziale Auswirkungen;
- Low-Power-Knoten;
- dynamische Kommunikationsnetze;
- Entwicklung komplexer Marktverbünde.

Bei all diesen Punkten handelt es sich um offene Fragestellungen, aber es scheint deutlich zu werden, dass es keine gravierenden technischen Hindernisse gibt, die der Realisierung der iSpace-Vision im Wege stehen; zumindest nicht einer Realisierung in der Form von eigenständigen Applikationen in einer Reihe von Anwendungsfeldern. Aber natürlich gibt es viele Bereiche, in denen weitere Entwicklungen und Verbesserungen in der Hardware- und Softwaretechnologie großen Einfluss auf Nutzen, Handhabbarkeit und den allgemeinen Wert der Anwendungen haben.

Forschungsfragen im Hinblick auf den umfassenden Einsatz

Bevor man die Implementierung eines mit der Welt verwobenen, heterogenen und offenen Informations- und Kommunikationssystems von nicht-trivialer Komplexität und Größe angehen kann, müssen noch viele Forschungsfragen geklärt werden. Sowohl hinsichtlich der Komponenten eines solchen Systems, als auch der gesamten Systemarchitektur und Struktur gibt es große Herausforderungen. Auf einige davon wird im Folgenden näher eingegangen.

Architekturen und Schnittstellen

Die Welt des „Pervasive Computing" ist eine Welt aus Milliarden von verbundenen Dingen, die auf dynamische, aber noch zu definierende Weise miteinander und mit der physischen Welt kommunizieren. Was die Implementierung von Anwendungen angeht, so befinden wir uns momentan noch im Prototypenstadium. Ab einer bestimmten Phase der Entwicklung, und zwar dann, wenn wir uns hin zu einem offeneren Systemmodell bewegen, werden Fragen bezüglich des kompatiblen Zusammenwirkens und offener Schnittstellen berücksichtigt werden müssen. Wahrscheinlich werden einige Aspekte die heute verfügbaren Lösungsansätze, etwa im Bereich der Web Services, überfordern. Ein Beispiel hierfür ist die beschränkte Rechenkapazität vieler iThings (weitere Details hierzu finden sich bei Soppera und Burbridge [SoB06]).

Komplexität und Umfang

Die von uns antizipierten Systeme werden in der Lage sein müssen, mit neuen Größenordnungen hinsichtlich Umfang, Komplexität, Heterogenität und Dynamik umzugehen. Sie werden aus Kombinationen und Permutationen von Softwarebausteinen und Objekten bestehen, die für jede spezifische Implementierung neu zusammengestellt werden (darunter auch für den Fall des einmaligen Gebrauchs und der daraus folgenden On-demand-Softwareerstellung).

Man kann erwarten, dass eine steigende Nachfrage nach personalisierten und kontextbasierten Serviceangeboten auch zu einem Bedarf an wesentlich dynamischeren Systemfunktionen führen wird. Aus Nutzersicht erfordert dies neue Systemlösungen, welche in der Lage sind, die ganze Komplexität und Dynamik zu verbergen, die aber trotzdem die Fähigkeit besitzen, sofort bedarfsgerecht zu reagieren. Im Prinzip adressiert die Open Services Gateway Initiative (OSGi) Aspekte dieses Problems, allerdings könnten sich die vorhandenen Lösungen als zu statisch und zu spezialisiert herausstellen; insbesondere für eine Umgebung, in der alle Nutzer in ihrem jeweiligen Kontext, Zeitraum und Ort individuell unterschiedliche dynamische Profile haben können.

Eine Reihe interessanter, von der Natur inspirierter Entwicklungen [Sha06, Saf06] zeigt eine größere Robustheit gegenüber Heterogenität und Dynamik, einschließlich Fehlern, Ausfällen und den Konsequenzen aus böswilligem Verhalten. Selbstorganisierende Systeme können eine Vielzahl interessanter Eigenschaften in sich vereinen, welche den Betrieb individueller iSpaces über größere Zeiträume und für verschiedenste Einsatzzwecke erleichtern sowie die durch die Systemgröße induzierten Probleme reduzieren.

Kommunikationssysteme

Man erwartet, dass smarte Umgebungen eine Vielzahl sehr unterschiedlicher Kommunikationstechnologien nutzen werden. Diese werden typischerweise durch viele verschiedene Hersteller zur Verfügung gestellt werden und sich über längere Zeiträume hinweg entwickeln. Folglich wird es eine große Anzahl an Systemen und Protokollen geben, und verschiedene Kommunikationsinstanzen werden auf eine Vielzahl unterschiedlicher Implementierungen und Schnittstellen konkreter Systeme und Protokolle zurückgreifen können. Der jeweils verwendete Typ kann dabei vom Ort, vom Kontext, von der konkreten Anwendung und von der Zeit abhängig sein. Darüber hinaus werden sich die Verkehrsmuster und Statistiken des Kommunikationsaufkommens wahrscheinlich sehr stark von denjenigen unterscheiden, für die heutige Systeme ausgelegt sind, und sich abhängig von der Popularität dominanter Anwendungen weiter verändern. Es wird eine Erhöhung der Zahl kleinster Informationspakete geben, die für das Erfassen elementarer Sensordaten genutzt werden (Tür offen/zu, Raumtemperatur, Wasserstand, Druck etc.), aber auch eine Zunahme verschiedener Arten von Datenströmen für die Videoüberwachung sowie für komplexe humanzentrierte Modellierungszwecke. Damit bringt die schiere Anzahl, Komplexität, Heterogenität und Dynamik der zukünftigen Netze die gegenwärtige Technologie an ihre Grenzen. Briscoe [Bri06] weist darauf hin, dass die offensichtlicheren Aspekte bereits in der Internet-Architektur berücksichtigt wurden, als die Idee des „IP over everything" konzipiert wurde.

Benutzungsschnittstellen

Um die Vision vom echten Verstehen des Menschen in allen seinen Sinnen durch den Computer realisieren zu können, sind noch große Fortschritte nötig. Obwohl die Fähigkeiten aktueller Software bereits hochinteressante Funktionen für iSpaces ermöglichen, besteht der Wunsch nach weit umfangreicheren Möglichkeiten, etwa um die Genauigkeit von iSpace-Reaktionen auf Eingaben zu erhöhen, die Bedienbarkeit zu verbessern oder um bei Schnittstellen die Anforderungen an den Menschen zu reduzieren.

Die Verwirklichung der Vision setzt grundlegende Fortschritte der automatischen Erkennung nicht nur in den Bereichen Schrift, Sprache und Bildern, sondern letztendlich auf allen Gebieten der menschlichen Wahrnehmung voraus. In jedem Bereich besteht auch Bedarf an einer gewissen Form der Synthese. Alle Systeminteraktionen sollten über „unsichtbarer Schnittstellen" entweder gänzlich unaufdringlich oder zumindest sehr einfach erfassbar und durchführbar sein. Auch wenn dies eine wichtige und erstrebenswerte „Wunschliste" darstellt, sind die derzeitigen Möglichkeiten doch noch nicht ausreichend, um mit der Umsetzung der umfassenden Vision zu beginnen.

Obwohl es vielversprechende Fortschritte gegeben hat, was die Nutzung diverser menschlicher Sinne für die Interaktion betrifft, besonders die des Tastsinns, ist dieser Aspekt noch immer sehr wenig erforscht. Dabei könnte dies das Gefühl der Involviertheit erheblich verbessern. Dies gilt im Besonderen für den nicht unerheblichen Teil der Bevölkerung, der unter den verschiedensten Sinneseinschränkungen zu leiden hat. Fortschritte in der iSpace-Technologie sollten es hier ermöglichen, die Zugänglichkeit wesentlich zu verbessern.

Sicherheit, Privatsphäre und Vertrauen

Was Schutzmaßnahmen betrifft, vertrauen traditionelle Sicherheitssysteme auf physische Sicherheit, Benutzerauthentifizierung und Zugriffskontrollen. Smarte Umgebungen hingegen sind dynamische Zusammenschlüsse einer großen Zahl einfachster Elemente mit jeweils sehr beschränkter Rechenleistung sowie einigen leistungsfähigeren eingebetteten oder expliziten Prozessoren. Viele Komponenten werden sich an physikalisch unsicheren Orten befinden und sind somit verwundbar gegenüber Angriffen. Die einzelne gesammelte Information an sich ist oft trivial, falls sie aber mit weiteren Daten aus verteilten Quellen kombiniert wird, kann sie in Bezug auf eine Person heikel oder kommerziell wertvoll werden.

Die Heterogenität der Systeme und Komponententypen, zusammen mit ihrer logisch wie geographisch verteilten Natur, machen es unmöglich, völlige Sicherheit zu garantieren. Zukünftige Anwendungen werden jedenfalls eine breite Palette unterschiedlicher Sicherheitsanforderungen haben, und sie zu erfüllen, bedarf weiterer Forschungsanstrengungen, etwa hinsichtlich verifizierbarer Standorte oder des Schutzes von Hardware mit beschränkter Rechenleistung gegenüber Manipulationen [Bri06].

Vertrauen benötigt Sicherheit über den Inhalt der Daten, die Verlässlichkeit der Quelle und über den Zweck, für den die Information genutzt wird. Vertrauen wird zwischen Individuen und Organisationen benötigt, die aus irgendeinem Grund miteinander kooperieren wollen. „Trust" wurde definiert als „... a measure of willingness of a responder to satisfy an inquiry of a requestor for an action that may place all involved parties at risk of harm ...". Vertrauen wird gefährdet durch einen Verlust an Privatsphäre und einen Mangel an Integrität. Für den Fall, dass die Assoziation von Geräten und Informationen unterminiert ist, ergeben sich zusätzliche Auswirkungen. Generell schaffen die in iSpaces vorkommende Heterogenität, Verteiltheit und Dynamik einen erheblichen Bedarf zur Entwicklung eines neuen Verständnisses von Vertrauen sowie neuen, flexiblen Methoden, um dies umzusetzen [Sel06].

Privatsphäre bzw. „privacy" (in Bezug auf Information) wurde definiert als: „... the claims of individuals, groups or institutions to determine for themselves when, how and to what extent information about them is communicated to the others ..." [Wes67]. Eine Verletzung der Privatsphäre kann sich gegen Privatpersonen oder Unternehmen richten (oder von ihnen verursacht werden), z.B. in Form von kriminellen Aktivitäten oder Industriespionage. Gegenwärtige iSpaces sind lediglich dafür ausgelegt, die Privatsphäre dadurch zu schützen, dass sie die Betroffenen, z.B. über die Absicht, Informationen zu sammeln, aufklären und ihnen die Möglichkeit bieten, diesem zuzustimmen oder es abzulehnen bzw. Zugriff auf die erhobenen Daten zu geben; selbst das aber auch nur, falls die Entwickler dies vorausschauend in das System integriert haben. Offene Systeme werden, individuell oder gemeinschaftlich, neue Methoden entwickeln müssen, um einem iThing-

Äquivalent zu entsprechen, das dem Prinzip der fairen Informationspraxis im Sinne der EU-Datenschutzbestimmung 95/46/EC nahe kommt. Bezüglich der vielen, von allgegenwärtigen und überall eindringenden Netzwerken aufgeworfenen Fragen hinsichtlich der Privatsphäre sei auf [SoB06] verwiesen, bezüglich RFID-basierter Systeme im Speziellen auf [Sop06].

Zugänglichkeit

Eine utopische Einschätzung der iSpace-Technologie ist, dass sie die Bedürfnisse aller zu befriedigen vermag, unabhängig von den Fähigkeiten oder Unzulänglichkeiten Einzelner. Obwohl dies so nicht der Fall ist, wird diese Technologie die Zugänglichkeit doch auf eine wesentlich umfangreichere Nutzergruppe ausweiten, als dies jede derzeit existierende Technologie vermag; vorausgesetzt, sie wird in einer nutzerzentrierten Art und Weise entwickelt und mit umfassenden Möglichkeiten der Kontextualisierung ausgestattet. Das zugrunde liegende Konzept entspricht dem des „verschwindenden Computers", bei dem die notwendige Inanspruchnahme des Benutzers durch das System gänzlich unaufdringlich ist und Schnittstellen so intuitiv sind, dass sie kaum wahrgenommen werden. Praktisch bedeutet dies, dass das System mit seinen Schnittstellen entweder auf die passive Interaktion mit Menschen angewiesen ist, oder aber auf Interaktionsformen, die auf angeborenen, nicht-erworbenen Fähigkeiten basieren, wie z.B. dem Sehen oder dem Erzeugen und Wahrnehmen von Geräuschen.

Es ist möglich, dass der gewünschte Effekt mittels umfangreicher Anthropomorphisierung von Gegenständen, etwa durch den Gebrauch von Softwareagenten zur Repräsentation von Objekten und Informationen, erzielt werden kann. Dies setzt jedoch den Willen der Menschen voraus, die damit einhergehenden Veränderungen zu gestalten und zu akzeptieren. Aber selbst ohne diese Bereitschaft werden Umsetzungen des iSpace in kleinerem Maßstab die Vorteile sehr vielen Leuten zugänglich machen.

Zusammenfassung

Unsere Vision von smarten Umgebungen umfasst mehr als die Entwicklung vieler eigenständiger oder bereichsspezifischer Lösungen. Wir sehen in ihr vielmehr eine Integration mehrerer Teilsysteme, die alle die Fähigkeit besitzen, Informationen in unaufdringlicher Weise zu sammeln sowie daraus Schlussfolgerungen zu ziehen und in kontextspezifischer Weise menschliche Bedürfnisse zu erfüllen. Kostenreduktion und Leistungssteigerung von Hard- und Software lassen dies als eine realisierbare Vision erscheinen. Die Anwendungsmöglichkeiten sind gewaltig und umfassen zweifellos nahezu alle Bereiche menschlicher Aktivitäten. Die Vorteile werden jedoch normalerweise als auf mehrere Aspekte verteilt wahrgenommen, und das Finden von „Killerapplikationen" in einem so heterogenen und vielfältigen Bereich an Chancen und Vorteilen bedarf einiger Fantasie. Die Komplexität der Systeme wird auch die Markteintrittsschranken anheben, da vielfach zunächst eine aufwendige und teure Roll-out-Phase notwendig ist, bevor sich die Vorteile bezahlt machen. Glücklicherweise gibt es jedoch auch einige Anwendungen, bei denen sich der Nutzen kontinuierlich ansammeln kann, was zu einem iSpace-Entwicklungspfad führt, der graduelle Wachstumsmöglichkeiten aufzeigt.

Die technologischen Fragestellungen werden als lösbar eingeschätzt. Die wirtschaftlichen Aspekte und die „business issues" sind anspruchsvoll, aber die Technologie wird bereits im Rahmen von Pilotprojekten eingeführt. Sie ist in der Lage, einer großen Gruppe von Menschen erhebliche Vorteile zu bieten und kann zu bedeutenden Verbesserungen der Lebensumstände Vieler beitragen, einschließlich derjenigen, deren Lebensqualität eingeschränkt ist, sei es durch Altersgebrechen oder andere Behinderungen. Jedoch kann sie, wie jede Technologie, missbraucht werden, und Themen wie Privatsphäre, Datenschutz, Vertrauen und Verlässlichkeit müssen öffentlich diskutiert werden, um sicherzustellen, dass sich die richtigen Kontrollmechanismen und Freiheitsrechte entwickeln.

Die Zeit ist reif für die Entwicklung praktischer und sinnvoller iSpace-Anwendungen und ihren Einsatz in Bereichen, wo der Nutzen die Nachteile überwiegt. Diese werden wahrscheinlich von anfänglich einfachen, aber groß angelegten Implementationen, wie RFID-basierten Systemen für Optimierungen im Bereich der Einzelhandelslieferketten, bis hin zu begrenzteren Systemen für die Unterstützung und Automation einiger Aspekte im Bereich von Pflegedienstleistungen reichen, in dem die individuellen Interaktionsformen berechnungstechnisch viel komplexer sind, die Datenschutzaspekte aber noch überschaubar sind.

Literatur

[Amb] Ambient Intelligence, www.cordis.lu/ist/istag.htm

[Azv96] Azvine B et al. (1996) Soft Computing – A Tool for Building Intelligent Systems. BT Technol J, 14(4): 37–45

[Bam06] Bamidele A et al. (2006) An Attention-based Approach to Content-based Image Retrieval. In: Wright S, Steventon A (Hrsg.) Intelligent Spaces: The Application of Pervasive ICT. Springer-Verlag, pp 257–272

[Bri06] Briscoe R (2006) The Implications of Pervasive Computing on Network Design. In: Wright S, Steventon A (Hrsg.) Intelligent Spaces: The Application of Pervasive ICT. Springer-Verlag, pp 287–322

[Bro06] Brown S et al. (2006) Care in the Community. In: Wright S, Steventon A (Hrsg.) Intelligent Spaces: The Application of Pervasive ICT. Springer-Verlag, pp 65–80

[CIT] CITRIS, www.citris.berkeley.edu

[Cit] City and Buildings Centre, www.nextwave.org.uk/centres/buildings.htm

[Dep1] Department of Trade & Industry, www.dti.gov.uk/innovationreport/innovation-report-full.pdf

[Dep2] Department of Trade & Industry, www.nextwave.org.uk

[End] Endeavour, http://endeavour.cs.berkeley.edu

[Env] Envisense Centre, http://envisense.org

[Equ] Equator Project, www.equator.ac.uk

[Fle02] Fleck M et al. (2002) From Informing to Remembering: Deploying a Ubiquitous System in an Interactive Science Museum. IEEE Pervasive Computing, April-June 1(2): 13–21

[HMC] HM Customs and Excise, www.hmce.gov.uk/business/othertaxes/lruc.htm

[Luc06] Luckett D (2006) The Supply Chain. In: Wright S, Steventon A (Hrsg.) Intelligent Spaces: The Application of Pervasive ICT. Springer-Verlag, pp 55–63

[Mar06] Martinez K et al. (2006) A Sensor Network for Glaciers. In: Wright S, Steventon A (Hrsg.) Intelligent Spaces: The Application of Pervasive ICT. Springer-Verlag, pp 125–139

[MIT] MIT Project Oxygen, http://oxygen.lcs.mit.edu

[MWT] MWTN, www.nextwave.org.uk

[Nod] Node explore, www.nodeexplore.com

[OyS06] Oyekoya OK, Stentiford FWM (2006) Eye Tracking as a New Interface for Image Retrieval. In: Wright S, Steventon A (Hrsg.) Intelligent Spaces: The Application of Pervasive ICT. Springer-Verlag, pp 273–286

[PaM06] Payne R, MacDonald B (2006) Ambient Technology – Now You See It, Now You Don't. In: Wright S, Steventon A (Hrsg.) Intelligent Spaces: The Application of Pervasive ICT. Springer-Verlag, pp 199–217

[Pis] Pister K, http://robotics.eecs.berkeley.edu/~pister/SmartDust

[Pol] PolymerVision, www.polymervision.nl

[RFI] RFID Journal, www.rfidjournal.com

[Saf06] Saffre F et al. (2006) Intelligent Data Analysis for Detecting Behaviour Patterns in iSpaces. In: Wright S, Steventon A (Hrsg.) Intelligent Spaces: The Application of Pervasive ICT. Springer-Verlag, pp 337–349

[Sel06] Seleznyov A et al. (2006) Co-operation in the Digital Age – Engendering Trust in Electronic Environments. In: Wright S, Steventon A (Hrsg.) Intelligent Spaces: The Application of Pervasive ICT. Springer-Verlag, pp 141–156

[Sha06] Shackleton M et al. (2006) Autonomic Computing for Pervasive ICT – A Whole-System Perspective. In Wright S, Steventon A (Hrsg.) Intelligent Spaces: The Application of Pervasive ICT. Springer-Verlag, pp 323–335

[SoB06] Soppera A, Burbridge T (2006) Maintaining Privacy in Pervasive Computing – Enabling Acceptance of Sensor-based Services. In: Wright S, Steventon A (Hrsg.) Intelligent Spaces: The Application of Pervasive ICT. Springer-Verlag, pp 157–177

[Sop06] Soppera A et al. (2006) RFID Security and Privacy – Issues, Standards and Solutions. In: Wright S, Steventon A (Hrsg.) Intelligent Spaces: The Application of Pervasive ICT. Springer-Verlag, pp 179–198

[Sta] Stafford J, Centre for Information on the Move, www.ipi-uk.com/cims.htm

[Tra] Trafficmaster, www.trafficmaster.co.uk

[Ubi] UbiCare Project, www.ubicare.org/index.shtml

[Wei99] Weiser M (1991) The Computer for the Twenty-First Century. In: Scientific American 256(3): 94–104

[Wes67] Westin A (1967) Privacy and Freedom. Atheneum, New York

[Xul06] Xu L-Q et al. (2006) Segmentation and Tracking of Multiple Moving Objects for Intelligent Video Analysis. In: Wright S, Steventon A (Hrsg.) Intelligent Spaces: The Application of Pervasive ICT. Springer-Verlag, pp 239–255

[Zad96] Zadeh L (1996) The Roles of Fuzzy Logic and Soft Computing in the Conception, Design and Deployment of Intelligent Systems. BT Technol J, 14(4): 32–36

Dr. Steve Wright erkundet als Leiter des Ressorts „Strategic Research" von BT zusammen mit seinem Team aus Fachexperten und Wissenschaftlern nutzbringende Zukunftschancen für BT. Dabei genießt er die Herausforderung, Visionen zu entwickeln, die aufzeigen, in welcher Weise neue Technologie die Welt verändern wird und wie BT ihr spezifisches Portfolio an geistigem Kapital ausbauen kann, um diese Veränderungen zu meistern. Steve Wright machte seinen Abschluss in Elektrotechnik an der Universität Cambridge und promovierte am University College London. Bevor er im Jahr 2003 zu BT kam, war er in der akademischen und industriellen Forschung im Kommunikations- und IT-Bereich tätig. In seiner letzten Position bei den HP Laboratories in Bristol leitete er Forschungsaktivitäten in den Gebieten Pervasive Computing, Content Delivery, Mobilität, Internettechnologie und -ökonomie sowie LAN-Technologie.

Dr. Alan Steventon hat einen BSc-, MTech- und PhD-Abschluss und ist derzeit Geschäftsführer der Forschungsberatung Judal Associates Ltd. Davor war er 32 Jahre lang bei BT als Programmleiter für die langfristige Forschung verantwortlich und als Forschungsgruppenleiter in den Bereichen intelligente Systeme, komplexe Systeme sowie Glasfasertechnologie tätig. Für seine Arbeit, die zahlreiche wissenschaftliche Beiträge und Patente hervorbrachte, wurde er mit mehreren nationalen und internationalen Preisen ausgezeichnet. Steventon hat umfassend publiziert, war Berater einer Reihe von britischen Universitäten sowie Experte bei europäischen, britischen, niederländischen und australischen Forschungsprogrammen.

II. Technologien

Drahtlose Sensornetze – Fenster zur Realwelt

Jörg Hähner[1], Christian Becker[2], Pedro José Marrón[1], Kurt Rothermel[1]
[1] Institut für Parallele und Verteile Systeme, Universität Stuttgart
[2] Wirtschaftsinformatik II, Universität Mannheim

Kurzfassung. Sensornetze stellen eine technische Lösung für die Erfassung und Verarbeitung von Informationen der physischen Welt dar. Dabei handelt es sich um eine Menge sogenannter Sensorknoten, die – meist drahtlos – miteinander kommunizieren können. Sensorknoten sind miniaturisierte Computer, die – neben einem Mikroprozessor und einer Kommunikationsschnittstelle – mit Sensoren ausgestattet sind. Diese Sensoren erlauben es, physikalische Größen in der Umgebung des Knotens zu messen. Mit Hilfe des Mikroprozessors können diese Messwerte verarbeitet und über die Kommunikationsschnittstelle an andere Sensorknoten verschickt werden. In diesem Beitrag werden zunächst verschiedene Einsatzgebiete von Sensornetzen vorgestellt. Danach werden technische Eigenschaften von Sensornetzen anhand exemplarischer Sensorknoten diskutiert. Neue wissenschaftliche Herausforderungen werden beispielhaft anhand des Gebiets der Datenverwaltung in Sensornetzen vorgestellt.

Einleitung – Informationsgewinnung mit Sensoren

Zur Lösung vieler Aufgaben werden Informationen benötigt, die den Zustand von Objekten in der physischen Welt beschreiben. Um beispielsweise bei der Instandhaltung von Bauwerken entscheiden zu können, ob Reparaturen notwendig sind, müssen Informationen über den aktuellen baulichen Zustand des Objektes vorliegen. Statt solche Informationen mittels Inspektionen vor Ort durch Wartungspersonal zu gewinnen, können automatisch Daten an strukturell wichtigen Punkten des Gebäudes erfasst und an eine zentrale Stelle übermittelt werden.

Die Erfassung von Straßenverkehrsdaten ist ein weiteres Anwendungsfeld, bei dem Informationen der physischen Welt erfasst und dann als Basis für Entscheidungen eines Informationssystems genutzt werden. Aus aktuellen Informationen können hier beispielsweise Stauprognosen errechnet und Umleitungsempfehlungen gegeben werden. Sensorknoten können etwa in Fahrzeuge integriert werden, dort die aktuelle Geschwindigkeit messen und mit den Fahrzeugen, die sich in der Nähe befinden, austauschen. Eine Aggregation dieser Informationen kann die Aussagekraft der erfassten Daten erhöhen. Stehen zum Beispiel alle Fahrzeuge auf einem Streckenabschnitt nahezu still, kann auf einen Verkehrsstau geschlossen werden. Unfälle können durch das Auslösen des Airbags im Fahrzeug automatisch erkannt und an nachfolgende Fahrzeuge gemeldet werden, um diese vor der Gefahrenquelle zu warnen.

Wie an diesen Beispielen zu sehen ist, bilden Sensornetze eine Schnittstelle zwischen herkömmlichen Informationssystemen und der physischen Welt. Anwendungen können so „Einblick" in die physische Welt nehmen.

Anwendungsbeispiele

Die im Folgenden vorgestellten Beispiele stellen eine Auswahl aus einem breiten Spektrum von Anwendungen für Sensornetze dar. Sie zeigen beispielhaft, welche Aufgaben mit Sensornetzen gelöst werden können. Die sich aus den unterschiedlichen Aufgaben ergebenden Anforderungen werden in einem abschließenden Vergleich diskutiert.

Überwachen von Brücken

Bei Brücken handelt es sich um Bauwerke, die über Jahrzehnte hinweg enormen Belastungen ausgesetzt sind. Über stark genutzte Brücken fahren beispielsweise einige zehntausend Fahrzeuge pro Tag. Zusätzlich zu den Belastungen durch Fahrzeuge wirken auf solche Bauwerke starke Temperaturschwankungen und enorme Kräfte, beispielsweise durch Wind, ein. Damit trotz dieser starken Belastungen die Stabilität der Brücken und somit die Sicherheit der Nutzer gewährleistet ist, müssen diese Bauwerke regelmäßig überprüft und instand gehalten werden. Bisher werden diese Überprüfungen in den meisten Fällen durch Wartungspersonal in Abständen von Monaten oder Jahren manuell durchgeführt. Diese Überprüfung ist jedoch teuer und durch die langen Wartungsintervalle kann es passieren, dass Mängel an den Bauwerken erst spät entdeckt werden.

Um die Kosten der Überwachung zu senken und um Schäden möglichst früh zu erkennen, wird in einigen Forschungsprojekten der Einsatz von drahtlosen Sensornetzen für die Überwachung von Bauwerken untersucht [KGr04, SHM]. Dazu werden Sensorknoten in regelmäßigen Abständen an den Bauwerken befestigt, um damit verschiedene physikalische Größen zu messen, beispielsweise Temperatur, Beschleunigung oder Schallsignale. Das Messen von Schallsignalen dient als Grundlage für die sogenannte Schallemissionsanalyse. Dabei werden zunächst Schallereignisse, welche in der Struktur des Bauwerkes auftreten, erfasst und analysiert. Aus der Fülle von auftretenden Schallereignissen müssen diejenigen herausgefiltert und lokalisiert werden, die potenziell durch neu aufgetretene Schäden am Bauwerk hervorgerufen wurden. In der Regel werden dafür die Informationen von mehreren Sensorknoten benötigt, um mittels Triangulation den Ursprung des Ereignisses festzustellen. Dabei werden die Zeitpunkte bestimmt, zu denen die verschiedenen Sensorknoten das Ereignis erfassen. Aufgrund der bekannten Positionen der einzelnen Knoten und der Ausbreitungsgeschwindigkeit des Schalls im

Bauwerk[1] können Rückschlüsse auf den Ursprung ermittelt werden. Im Allgemeinen werden im dreidimensionalen Raum mindestens drei verschiedene Orte und die dazu gehörenden Ankunftszeiten des Schalls benötigt, um die Position des Ursprungs eindeutig zu bestimmen. Ein Schallereignis, welches auf diese Weise erfasst, klassifiziert und lokalisiert wurde, kann nun im Netzwerk an eine Basisstation[2] weitergeleitet werden, um dort je nach Anwendung gespeichert und weiterverarbeitet zu werden. Diese permanente und automatische Überwachung erlaubt also das zeitnahe Erkennen von strukturellen Änderungen im Bauwerk ohne Personaleinsatz.

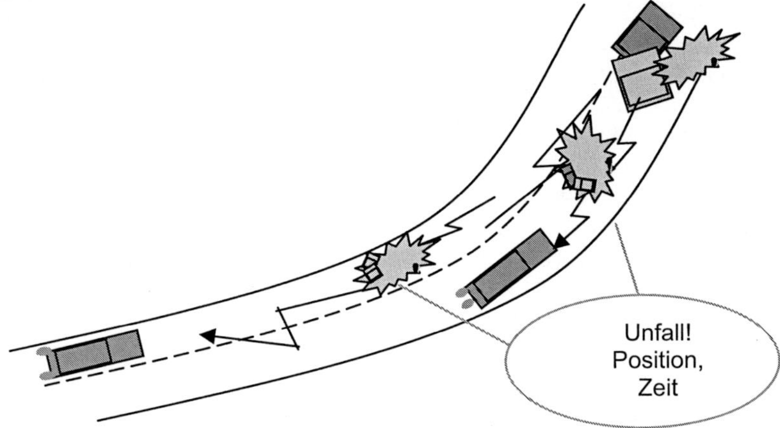

Abb. 1. Ein Unfall wird an nachfolgende Fahrzeuge gemeldet, um diese zu warnen

Fahrerassistenzsysteme

Unsere Straßen sind häufig überlastet. Viele Autofahrer verlieren somit im dichten Verkehr oder sogar im Stau wertvolle Zeit. Verkehrsdichteinformationen zur Bestimmung bzw. Prognose von Staus werden nur teilweise automatisch erfasst und zentral gesammelt. Umleitungsempfehlungen werden dann typischerweise von Rundfunkstationen im Rahmen von Verkehrsmeldungen, etwa alle 30 Minuten, oder auf Internetseiten bekannt gegeben. Problematisch ist hierbei jedoch, dass vom Erfassen bis zum Veröffentlichen der Informationen viel Zeit vergehen kann und somit Fahrer nicht rechtzeitig über einen Stau informiert werden können.

Für die automatische Erfassung von Verkehrsdichteinformationen haben Forscher verschiedener Universitäten und Automobilhersteller den Einsatz der direkten Kommunikation zwischen Fahrzeugen untersucht [RMM02]. Hiermit können

---

[1] Bei einer Temperatur von 20°C legt der Schall in Stahl ca. 4900 m/s, in Beton ca. 3100 m/s und in der Luft ca. 343 m/s zurück.

[2] Als Basisstation wird im Allgemeinen ein Knoten im Sensornetz bezeichnet, welcher ausgezeichnete Aufgaben bezüglich der Kommunikation übernimmt. Dazu gehört beispielsweise die Weiterleitung von Informationen über das Internet.

die Bordcomputer von verschiedenen Autos über Entfernungen von einigen hundert Metern hinweg direkt miteinander kommunizieren und Sensordaten, wie Geschwindigkeit und Position, austauschen und so ein Sensornetz bilden. Mit diesem Sensornetz können die Informationen gesammelt und verdichtet werden.

Stehen alle Fahrzeuge auf einem Autobahnabschnitt still, so kann auf einen Stau geschlossen werden. Diese Information wird zunächst am Ort ihres Auftretens – auf dem Straßenabschnitt – erfasst und verarbeitet. Sie kann dann über Mobilfunk an eine Verkehrszentrale weitergeleitet werden. Ebenso kann die Information direkt an nachfolgende Fahrzeuge kommuniziert werden. Wenn eine hinreichend große Zahl von Fahrzeugen mit entsprechender Technologie ausgestattet wird, können in Zukunft Verkehrsdichteinformationen schnell und automatisch erfasst und ohne Infrastruktur zwischen Fahrzeugen ausgetauscht werden.

Eine weitere Anwendung einer solchen Fahrzeug-zu-Fahrzeug-Kommunikation ist das automatische Aussenden von Informationen über Gefahrensituationen an nachfolgende Fahrzeuge, beispielsweise die Information über ein Stauende hinter einer Kurve oder aber ein elektronisches Warndreieck, das vor einem liegen gebliebenen Fahrzeug warnt. Zusätzlich können die Fahrer durch die gesammelten Informationen bei verschiedenen anderen Aufgaben, wie etwa dem Spurwechsel, unterstützt werden.

Beobachten von Tieren

Biologen möchten das Verhalten von Tieren oft in deren natürlichen Lebensumgebungen studieren. Um die Ergebnisse nicht zu verfälschen, ist es dabei wichtig, dass die Wissenschaftler bei ihren Beobachtungen das natürliche Verhalten der Tiere möglichst nicht beeinflussen. Insbesondere bei lange andauernden Beobachtungsexperimenten ist es schwierig, eine gleich bleibende Beobachtungsqualität zu gewährleisten. Aus diesem Grund nutzten beispielsweise Wissenschaftler der Universität von Kalifornien und des „College of the Atlantic" im amerikanischen Bundesstaat Maine ein drahtloses Sensornetz, um die Nutzungsgewohnheiten von Bruthöhlen durch die darin brütenden Vögel zu untersuchen [MCP02]. Auf der Insel „Great Duck Island" im Bundesstaat Maine brachten sie dazu im Jahr 2002 insgesamt 32 Sensorknoten aus. Von diesen waren neun Knoten in verschiedenen Bruthöhlen der dort brütenden Sturmvögel eingebracht, um die Zeiten bestimmen zu können, in denen die Vogeleltern anwesend waren. Dazu wurde die Temperatur innerhalb des Nestes gemessen. Durch die gemessenen Temperaturschwankungen konnte bestimmt werden, wann die Vogeleltern in der Höhle waren. Zusätzlich zu den Sensorknoten in den Bruthöhlen wurden weitere Sensorplattformen in verschiedenen Bereichen um die Höhlen verteilt. Durch diese konnten die Witterungsbedingungen (Lufttemperatur und -feuchtigkeit) erfasst werden, zusätzlich dienten diese Knoten der Nachrichtenweiterleitung.

Tabelle 1. Ausgewählte Anforderungen der Anwendungen

		Anwendungen	
Anforderungen	Brücken	Fahrerassistenz	Tierbeobachtung
Energiebedarf	sehr wichtig	mittel	mittel
Mobilität	nicht wichtig	sehr wichtig	nicht wichtig
Echtzeitfähigkeit	sehr wichtig	mittel	nicht wichtig
Rekonfiguration	mittel	mittel	mittel

○ Nicht wichtig ◑ mittel ● sehr wichtig

Anwendungen im Vergleich

Im Folgenden werden die beschriebenen Anwendungen bezüglich ihrer Anforderungen beispielhaft in verschiedenen Bereichen verglichen (Tabelle 1). Schon bei den wenigen betrachteten Anforderungen fällt die große Heterogenität unterschiedlicher Sensornetze auf. Diese Heterogenität spiegelt direkt das breite Spektrum wider, in dem Sensornetze zum Einsatz kommen – sowohl in Hinblick auf die Gebiete, in denen sie ausgebracht werden, als auch die Anforderungen, die Anwendungen stellen. In der aktuellen Forschung wird dies beispielsweise in Verfahren zur Anpassung von Systemsoftware an die Anwendungsanforderungen sowie in flexiblen Datenverwaltungsverfahren und adaptiven Protokolle für die Kommunikation reflektiert.

Der *Energiebedarf* spielt in vielen Anwendungen eine Rolle, da Sensorknoten typischerweise mit Batterien betrieben werden. Deren Kapazität und die gewünschte Lebensdauer von Sensorknoten bestimmen die Auslegung von Protokollen zur Verarbeitung und Kommunikation von Daten. Während Fahrerassistenzsysteme auf den Generator des Fahrzeugs, der die Batterie immer wieder auflädt, zurückgreifen können, müssen Brückenüberwachungssysteme möglichst jahrelang ohne Batteriewechsel funktionieren.

Die Berücksichtigung der *Mobilität* von Sensorknoten spielt offensichtlich bei den Fahrerassistenzsystemen eine sehr wichtige Rolle, d.h. Verfahren, die hier verwendet werden, müssen häufige Änderungen der Netztopologie tolerieren. Im Gegensatz dazu sind die Knoten in den beiden anderen Anwendungsklassen typischerweise stationär.

Die *Echtzeitfähigkeit* einer Anwendung ist dadurch definiert, dass die Anwendung zu jeder Zeit die anfallenden Daten verarbeiten kann und Verarbeitungsergebnisse innerhalb einer vorgegebenen Zeitschranke verfügbar sind. In der Brückenanwendung spielt die Echtzeitfähigkeit eine wichtige Rolle, um beispielsweise Schallereignisse korrekt lokalisieren zu können. Die hierfür nötigen Zeitschranken sind sehr klein und stellen damit hohe Anforderungen an die Leistungsfähigkeit der Kommunikation. Die bei der Tierbeobachtung erfassten Daten, beispielsweise die Temperatur in der Bruthöhle, verändern sich vergleichsweise langsam, so dass hier die Echtzeitfähigkeit eine untergeordnete Rolle spielt. Die Zeitschranken, die bei den Fahrerassistenzsystemen eingehalten werden müssen, unterscheiden sich bei den verschiedenen Teilanwendungen deutlich. Eine Unfallwarnung für nachfolgende Fahrzeuge unterliegt beispielsweise höheren Anforderungen an die Verarbeitungszeit – da diese sich bereits nah an dem Ereignis befinden –, als das Versenden von Stauinformationen an Fahrzeuge, die noch einige Kilometer vom Ende des Staus entfernt sind.

Die *Rekonfiguration* der Anwendung und der Systemsoftware zur Laufzeit spielt beispielsweise bei den Fahrerassistenzsystemen eine wichtige Rolle. Wie bereits erwähnt, unterliegen die unterschiedlichen Informationen anderen Anforderungen an ihre Verbreitung in Bezug auf zeitliche Schranken. Weiterhin erfordert die sich ständig ändernde Topologie des Sensornetzes, die durch die hohe Mobilität der Fahrzeuge geprägt ist, anpassbare Kommunikationsverfahren.

Abb. 2. Beispiel eines Sensorknotens: der Mica2 Mote von Crossbow Technology

Sensornetze

Die technische Basis für die zuvor beschriebenen Anwendungen sind Sensornetze, die aus einzelnen Sensorknoten bestehen. Sensorknoten sind mit geeigneten Kommunikationstechnologien ausgestattet und untereinander vernetzt. Im Folgenden werden zunächst die Eigenschaften einzelner Sensorknoten dargestellt und dann die Möglichkeiten der Vernetzung solcher Sensorknoten zu einem Sensornetz beschrieben. Diese Netze dienen als Basis für die Ausführung von Anwendungsprogrammen.

Sensorknoten

Bei einem einzelnen Knoten eines Sensornetzes handelt es sich in der Regel um einen kleinen Computer, der aus einem Prozessor mit Speicher zur Verarbeitung von Informationen, einem oder mehreren Sensoren zur Erfassung von Informationen, einer (drahtlosen) Kommunikationsschnittstelle und einer Stromversorgung für den Betrieb des Rechners besteht. Abbildung 2 zeigt beispielhaft einen Sensorknoten der Firma Crossbow Technology, der mit zwei handelsüblichen Batterien betrieben wird. Die Rechenleistung, d.h. die Geschwindigkeit, mit der der Prozessor Programme abarbeiten kann, ist bei Sensorknoten, wie sie in verschiedenen Forschungsprototypen eingesetzt werden, etwa mit der eines Heimcomputers der frühen 1980er Jahre, z.B. einem Commodore C64, vergleichbar. Der Speicherplatz, welcher für Anwendungen auf Sensorknoten zur Verfügung steht, besteht in der Regel aus einem kleinen und schnell zugreifbaren flüchtigen Speicher (RAM) und einem größeren, vergleichsweise langsamen, nichtflüchtigen Speicher (EEPROM). Die Größe des RAM liegt dabei bei aktuellen Sensorknoten im Bereich von wenigen Kilobyte und dient dem Ablegen von Ergebnissen bei der Programmausführung. Das EEPROM dient der Speicherung des Betriebssystems und der Anwendungsprogramme sowie der Speicherung von Rechenergebnissen, welche über eine längere Zeit erhalten werden sollen. Die Art und Anzahl der in einem solchen Knoten verwendeten Sensoren ist stark von der Anwendung abhängig, welche auf einem Knoten zur Ausführung kommen soll. Typische in den beschriebenen Anwendungsbeispielen verwendete Sensoren sind Temperatur-, Beschleunigungs- und Helligkeitssensoren. Die im Sensorknoten verwendete Kommunikationsschnittstelle basiert in den meisten zurzeit verfügbaren Sensorknoten auf der Übertragung von Informationen mit elektromagnetischen Wellen (Funkwellen), es wird jedoch auch die Kommunikation unter Verwendung von Licht im Bereich der Sensornetze untersucht und diskutiert [KKP99]. Die Übertragungsraten für Daten über solche Kommunikationsschnittstellen in Sensornetzen liegen momentan meist im Bereich von wenigen Kilobit bis zu einigen hundert Kilobit pro Sekunde. Die für einen Sensorknoten zur Verfügung stehende Energie ist in der Regel gering, da zur Energieversorgung meist Batterien oder Solarzellen zum Einsatz kommen. Das hat zu Folge, dass ein sparsamer Umgang mit der verfügbaren Energie notwendig ist, um eine akzeptable Laufzeit eines Sensorknotens zu gewährleisten. Dies kann beispielsweise durch ein automatisches Abschalten des Prozessors oder der Kommunikationsschnittstelle erreicht werden, wenn diese nicht benötigt werden.

Die Betriebssysteme, die auf solchen Sensorknoten zum Einsatz kommen, stellen einen Rahmen für Anwendungen zur Verfügung und werden oft an die Aufgaben der Anwendungen angepasst. Ein populäres und zur Zeit weit verbreitetes Beispiel für ein Betriebssystem in Sensornetzen ist TinyOS [HSW00]. Eine TinyOS-Anwendung ist modular aus sogenannten Software-Komponenten aufgebaut, die vom Programmierer bei der Programmentwicklung miteinander verknüpft werden. Im Gegensatz zu klassischen Betriebssystemen auf PCs laufen bei TinyOS alle Komponenten gleichberechtigt ab. Es werden keine Komponenten als Betriebssystemkern im klassischen Sinn besonders geschützt. Jede Komponente ist ein Stück des Programms und enthält konzeptionell drei verschiedene Abstraktionen: Kommandos (commands), Ereignisse (events) und Aufgaben (tasks). Durch das Aufrufen von *Kommandos* können jeweils festgelegte Funktionalitäten einer Komponente von anderen Komponenten ausgelöst werden. *Ereignisse* sind Teile einer Komponente, die abgearbeitet werden, wenn einer Komponente etwas signalisiert wird. Ein solches Signal kann entweder von einer anderen Komponente gesandt werden, beispielsweise wenn diese eine Berechnung abgeschlossen hat, oder ausgelöst werden, wenn ein externes Ereignis von einem Sensor erfasst wurde. Eine *Aufgabe* bezeichnet einen Teil einer Anwendung, der eine länger andauernde Berechnung innerhalb einer Komponente ausführt und von Ereignissen unterbrochen werden kann. Eine Komponente kann beispielsweise für das Auslesen und Auswerten eines Sensors zuständig sein. Dabei wird das Auswerten von einer anderen Komponente durch das Aufrufen eines Kommandos gestartet. Dieses Kommando startet im Folgenden eine Aufgabe, die mit dem Auslesen und Verarbeiten der aktuellen Sensorwerte beginnt. Wenn die Verarbeitung abgeschlossen ist, schickt die Aufgabe ein Ereignis, welches die neuen Sensorwerte für andere Komponenten verfügbar macht.

Sensornetze: Vernetzung von Sensorknoten

Viele Anwendungen von Sensornetzen verlangen eine flexible Vernetzung von Sensorknoten, da ein einzelner Sensorknoten normalerweise nicht ausreicht, um die Aufgabe zu realisieren. Für die Vernetzung kommen typischerweise drahtlose Kommunikationstechnologien zum Einsatz. Beim Entwurf von Kommunikationsprotokollen für Sensornetze muss neben der allgemeinen Anforderung nach einem sparsamen Umgang mit Energie besonders auf die effiziente Nutzung des drahtlosen Kommunikationskanals geachtet werden. Beim klassischen Entwurf werden Kommunikationsprotokolle als sogenannte *Stapel* in einer Schichtenarchitektur entworfen, wobei jedes Protokoll einer Schicht des Stapels zugeordnet wird. Die Kommunikation erfolgt dabei strikt entlang der Schichten, und übergreifende Interaktion zwischen nicht benachbarten Schichten ist nicht vorgesehen. Dies dient im Wesentlichen der Vereinfachung von Kommunikationsaufgaben und erlaubt es dem Programmierer, sich auf eine schichtenbezogene Aufgabe zu konzentrieren.

Die Abstraktionen eines Protokollstapels sind auch bei Sensornetzen nützlich, um die Komplexität der Kommunikation zwischen Sensorknoten bei der Anwendungsentwicklung zu reduzieren. Insbesondere die Abstraktionen, die von den unteren Schichten des Internet-Protokollstapels – von der physikalischen Schicht[3] bis zur Netzwerkschicht[4] – gemacht werden, kommen auch in den meisten Sensornetzen zur Anwendung. In manchen Fällen wird jedoch die strikte Trennung zwischen den Schichten des Stapels bewusst zu Gunsten einer höheren Effizienz der Gesamtanwendung aufgehoben. In diesen Fällen spricht man von einer schichtenübergreifenden Architektur [GWi02]. In solchen Architekturen werden die Protokolle der einzelnen Schichten nicht mehr als geschlossene Einheiten implementiert. Informationen, die in einer Schicht erfasst werden, können jetzt prinzipiell nicht nur in einer direkt angrenzenden Schicht, sondern in jeder anderen Schicht verwendet werden. So kann beispielsweise die Sicherungsschicht[5] die

---

[3] Die physikalische Schicht ist für die Kodierung der Daten auf dem Kommunikationsmedium zuständig.

[4] Die Netzwerkschicht ermöglicht prinzipiell die Kommunikation zwischen beliebigen Knoten im Netz.

[5] Die Sicherungsschicht ermöglicht die Kommunikation zwischen direkt benachbarten Knoten im Netz.

Sendeleistung und das Kodierungsverfahren bei der Datenübertragung explizit und direkt auf die Anforderungen der Anwendung anpassen, um Energie einzusparen. Im Folgenden wollen wir aufbauend auf der Kommunikation zwischen Sensorknoten verschiedene Aspekte der Datenverwaltung diskutieren.

Datenverwaltung in Sensornetzen

Sensornetzanwendungen dienen in der Regel der Erfassung, Verwaltung und Verarbeitung von Daten, die durch die Sensoren ermittelt werden. Um die besondere Rolle der Datenerfassung und -verarbeitung innerhalb dieser Systeme zu charakterisieren, werden die in Sensornetzen verwendeten Verfahren oft als *datenzentrisch* bezeichnet. Neben den beschriebenen Einschränkungen von Ressourcen ist dies ein grundlegender Unterschied, der die Sensornetze von universellen Netzwerken, wie beispielsweise dem Internet, unterscheidet. Dabei können drei unterschiedliche Ansätze der Datenverwaltung in solchen Netzen unterschieden werden, die im Folgenden kurz vorgestellt werden (vgl. Abbildung 3).

Lösungsansätze für datenzentrische Algorithmen

Im ersten Ansatz wird ein Sensornetz nur zur Erfassung und Weiterleitung von Sensorwerten zu einer Basisstation verwendet, um diese dort weiterzuverarbeiten. Dieser Ansatz bietet den Vorteil, dass das Netz lediglich eine Transportfunktionalität für Daten bieten muss. Nachteilig wirken sich bei diesem Ansatz jedoch die in vielen Fällen hohen Kommunikationskosten aus. Diese können beispielsweise dadurch entstehen, dass Sensordaten von verschiedenen Sensorknoten an die Basisstation geschickt werden, obwohl eine Benachrichtigung der Basisstation durch einen der Sensorknoten reichen würde.

Um eine effizientere Kommunikation innerhalb des Netzes zu erreichen, empfiehlt sich bei vielen Anwendungen ein anderer Ansatz für die Datenverwaltung. Bei diesem Ansatz werden die erfassten Sensordaten nicht direkt zur Basisstation geschickt, sondern bereits „im Netz" auf den Sensorknoten verarbeitet. Dies bedeutet, dass die benötigte Software auf den Sensorknoten komplexer wird. Der Ansatz ermöglicht es aber unter anderem, das redundante Verschicken von Daten zu vermeiden. Allgemein betrachtet handelt es sich hierbei um eine Aggregation der im Netz anfallenden Daten. Das bedeutet, dass auch der mit der Verdichtung verbundene Kommunikationsaufwand auf einen Teilbereich des Netzes beschränkt bleibt und nur das verdichtete Ergebnis an eine Basisstation weitergeleitet wird.

In der dritten Ausprägung übernimmt das Sensornetz nicht nur die Kommunikation und die Vorverarbeitung der erfassten Sensorwerte, sondern zusätzlich auch die Speicherung dieser Ergebnisse. Informationen werden hierbei auf einem oder mehreren Sensorknoten gespeichert und können dort von anderen Knoten abgefragt werden. Damit findet eine Entkopplung zwischen den Quellen und Senken der Daten statt. In großen Netzen kann damit bei geeigneter Auswahl der speichernden Knoten zusätzlich der Kommunikationsaufwand für Anfragen weiter optimiert werden, da Anfragen nur an den nächstgelegenen Knoten gestellt werden müssen, der die benötigten Daten speichert.

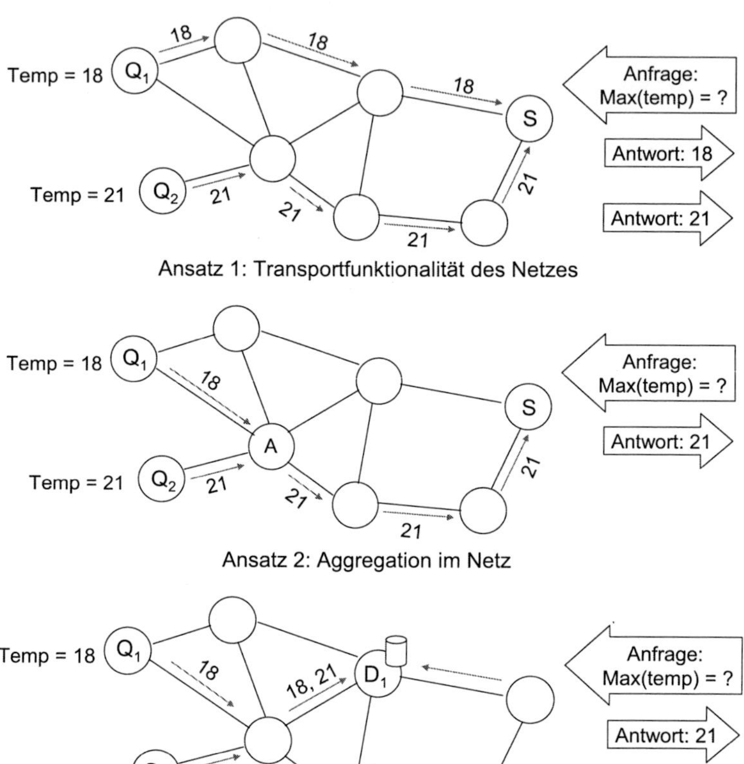

Abb. 3. Beispiele zum Ermitteln der maximalen Temperatur

Als einfaches Beispiel für die Anwendung der verschiedenen Ansätze dient im Folgenden die Ermittlung der maximalen Temperatur in einem Sensornetz mit zwei Temperatursensoren. Das für die verschiedenen Ansätze in Abbildung 3 dargestellte Netz besteht aus 8 Sensorknoten. Die Knoten Q_1 und Q_2 sind mit Temperatursensoren ausgestattet. An den Knoten S wird jeweils die Anfrage nach der maximalen Temperatur gestellt. Eine Kante zwischen einem Paar von Knoten bedeutet, dass die beiden Knoten miteinander direkt kommunizieren können. Die Pfeile repräsentieren Nachrichten, die für die Beantwortung der Anfrage versandt werden, d.h. die Verteilung der Anfrage im Netz wird hier nicht dargestellt.

Bei der Anwendung des ersten Ansatzes schicken die beiden Sensoren ihre Temperaturwerte von 18 und 21 unabhängig voneinander an den Knoten S, wo dann vom Anfragenden das Maximum aus allen erhaltenen Werten berechnet werden kann. Im Vergleich dazu wird von Knoten A im zweiten Ansatz eine Aggregation im Netz durchgeführt. Knoten A empfängt dazu die Temperaturwerte der beiden Sensoren, berechnet deren Maximum und leitet dieses weiter. Der Vergleich dieser beiden Ansätze zeigt, dass durch die Aggregation im Netz insgesamt weniger Nachrichten verschickt werden müssen, um die Anfrage zu beantworten. Der dritte Ansatz, bei dem im Beispiel die erfassten Temperaturwerte auf den Knoten D_1 und D_2 gespeichert werden, bietet zusätzlich den Vorteil, dass Anfragen an den nächsten verfügbaren Knoten gestellt werden können, der die Informationen speichert.

Speicherung von Daten: Wo und wie oft?

Der Bedarf an Energie und Zeit bei längeren Kommunikationsdistanzen in einem Sensornetz muss bei der Datenverwaltung berücksichtigt werden. Sind beispielsweise die benötigten Daten bereits auf dem Sensorknoten gespeichert, auf dem die Anfrage gestellt wird, so kann die Antwort für die Anfrage sehr schnell erzeugt werden. Im Gegensatz dazu dauert die Beantwortung natürlich länger, wenn die Daten auf weit entfernten Knoten gespeichert sind, da sich hier tatsächlich die Entfernung in einer größeren Zahl von Kommunikationsteilstrecken widerspiegelt, über die die Daten übertragen werden müssen. Wenn also von vornherein durch die Anwendung festgelegt wird, welche Anfragen an welchen Sensorknoten gestellt werden, kann prinzipiell auch festgelegt werden, welche Daten auf welchem Knoten gespeichert werden müssen.[6] Bei manchen Anwendungen steht dies jedoch nicht von Anfang an fest. Das heißt beispielsweise, dass Anfragen von verschiedenen (vorher nicht bekannten) Knoten gestellt werden können oder Knoten mobil sein können und deshalb dieselbe Anfrage von verschiedenen Positionen aus gestellt wird. Ebenso ist es möglich, dass verschiedene Anfragen das Speichern von Daten auf unterschiedlichen Knoten verlangen, damit alle möglichst schnell beantwortet werden können. Um zu entscheiden, auf welchem Knoten beispielsweise die Informationen zu einem bestimmten Objekt gespeichert werden sollten, kommen häufig einige Basisverfahren – die natürlich nicht nur in Sensornetzen verwendet werden – zur Anwendung. Eine grundsätzliche Frage ist also: Welches Datenobjekt soll wo, d.h. auf welchem Knoten, gespeichert werden? Es wird hierfür eine mathematische Funktion benötigt, die aus einer Objektidentität eine Knotenidentität berechnet. Um den Inhalt eines Objektes zu lesen oder zu ändern, kann mit Hilfe dieser Funktion berechnet werden, wo das Objekt gespeichert ist, um dann darauf zuzugreifen. Die Kriterien, die eine solche Funktion erfüllen muss, damit der Zugriff auf die Daten schnell ist, sind vielfältig und müssen auf die Anwendung abgestimmt werden. Eine besondere Möglichkeit, diese

---

[6] Erschwerend müssen in der Praxis natürlich auch Faktoren wie defekte Knoten und gestörte Kommunikation berücksichtigt werden.

Funktionen speziell in Sensornetzen festzulegen, sind die sogenannten *geographischen Hashtabellen* (GHT) [RKS03]. Die Besonderheit dabei ist eine „Zwischenstufe" bei der Auswahl desjenigen Knotens, auf dem ein Objekt gespeichert werden soll. Dazu wird aus der Objektidentität zunächst eine geographische Position berechnet, um dann die Objektdaten auf dem Knoten zu speichern oder zu lesen, der sich am nächsten an der berechneten Position befindet. Das bedeutet, dass die Objektdaten jetzt unabhängig von der möglichen Mobilität der Knoten quasi an einem „festen" Ort zu finden sind.

In den meisten Fällen gibt es nicht einen einzigen Knoten im Netz, der für die Speicherung von bestimmten Daten am besten geeignet ist. Das liegt wesentlich daran, dass verschiedene Anfragen auf gleiche Daten zugreifen können und für jede dieser Anfragen ein anderer Speicherort optimal ist. In Sensornetzen kommt hinzu, dass ein bestimmter Knoten ausfallen kann oder nicht immer erreichbar ist. Deshalb stellt sich zusätzlich die Frage, wie viele Kopien desselben Objektes im Netz gespeichert werden sollen, um die Daten möglichst immer und möglichst schnell für Anfragen verfügbar zu machen. Bei den Ansätzen, bei denen mehrere Kopien desselben Objektes gespeichert werden, spricht man auch von *Replikation.* Neben der Frage, wo jede einzelne Kopie gespeichert wird, muss vor allem entschieden werden, wie viele Kopien erstellt werden und welches Replikationsverfahren verwendet wird.

Datenkonsistenz und chronologische Ordnung

Mit dem Begriff Datenkonsistenz wird in der Informatik allgemein die *Widerspruchsfreiheit* einer Datenmenge bezeichnet. Bezogen auf die Daten in einem Sensornetz können Widersprüche beispielsweise auftreten, wenn mehrere Kopien desselben Datenobjekts auf verschiedenen Knoten gespeichert werden. Aufgrund der Eigenschaften von Sensornetzen können sogenannte strikte Konsistenzanforderungen aus dem Bereich der klassischen Datenbanksysteme nicht durchgesetzt werden. Stattdessen werden in der Regel sogenannte schwache Konsistenzmodelle verwendet, um die Widerspruchsfreiheit der Daten zu beschreiben. Hierbei wird durch die verwendeten Verfahren garantiert, dass alle Kopien eines Datenobjektes in einen gemeinsamen Zustand konvergieren. Diese Forderung reicht jedoch oft nicht aus. Wenn beispielsweise die Folge von Schreiboperationen auf einem Objekt dazu dient, gemessene Temperaturänderungen an einer Brücke zu speichern, dann ist es wichtig, dass diese Änderungen auch in der Reihenfolge gespeichert werden, in der sie tatsächlich aufgetreten sind, d.h. in chronologischer Ordnung. Wird bei der Ausführung der Operationen die chronologische Ordnung eingehalten, dann kann durch das Lesen des Datenobjekts zum Beispiel festgestellt werden, ob die Temperatur gestiegen oder gefallen ist. Werden die Änderungen der Temperatur nicht in chronologischer Ordnung gespeichert, so ist es nicht möglich, diese Schlüsse korrekt zu ziehen.

Als Nächstes wird ein Konsistenzmodell vorgestellt, welches die chronologische Reihenfolge von Aktualisierungen berücksichtigt. Der dann beschriebene

Replikationsalgorithmus garantiert, dass das diskutierte Modell der Datenkonsistenz eingehalten wird.

Konsistenzmodell: Update-Linearisierbarkeit

In dem im Folgenden vorgestellten Konsistenzmodell [HRB04] können die beteiligten Sensorknoten eine oder mehrere der folgenden Rollen annehmen: Beobachter, Datenbankknoten und Klienten. Die Aufgabe von *Beobachtern* ist es, den Zustand von Objekten der physischen Welt mittels geeigneter Sensorik zu erfassen. Dazu müssen die Objekte eindeutig identifizierbar sein. Dies kann beispielsweise durch die Verwendung von elektronischen Etiketten (RFID-Tags) wie etwa dem elektronischen Produktcode (EPC[7]) realisiert werden. Wenn ein Beobachter eine Zustandsänderung eines Objektes erfasst, dann erzeugt er eine sogenannte Aktualisierungsanforderung (update-request), welche die Identität und den neuen Zustand des entsprechenden Objektes enthält. Diese Aktualisierungsanforderung wird dann vom Beobachter an alle in der Nähe befindlichen Datenbankknoten versandt. Die *Datenbankknoten* (kurz DB-Knoten) sind im Folgenden dafür verantwortlich, den jeweils aktuellsten Zustand von jedem Objekt im Sinne der chronologischen Ordnung zu verwalten. Zur Beantwortung von Anfragen halten sie eine Kopie des Zustands von jedem Objekt. Somit können Anfragen von jedem DB-Knoten direkt beantwortet werden. *Klienten* sind Anwendungen, die ausschließlich Leseoperationen auf den erfassten Zustandsinformationen ausführen.

Da es in verteilten Systemen keine exakte globale Zeit gibt, können Beobachtungen verschiedener Beobachter nur mit begrenzter Genauigkeit geordnet werden. Aus diesem Grund wird die sogenannte *geschieht-vor*-Relation (occurredbefore) definiert, um Aussagen über die chronologische Ordnung von Operationen machen zu können:

Definition 1 (geschieht-vor): Seien u und u' zwei Aktualisierungsanforderungen. Definitionsgemäß gilt: u *geschieht-vor* u', genau dann wenn $t_{obs}(u') - t_{obs}(u) > \delta$ mit $\delta > 0$. Die Zeit $t_{obs}(u)$ bezeichnet dabei den Zeitpunkt, zu dem die Beobachtung u gemacht wurde, welche in u beschrieben ist.

In dieser Definition ist der Parameter δ ein Systemparameter, der die mögliche Genauigkeit der chronologischen Ordnung von zwei Aktualisierungsanforderungen angibt. Je kleiner δ ist, umso genauer ist die *geschieht-vor*-Relation, da nur solche Aktualisierungsanforderungen geordnet werden können, die mindestens δ Zeiteinheiten auseinanderliegen. Wenn zwei Aktualisierungsanforderungen weniger als δ auseinanderliegen, dann spricht man von nebenläufigen Anforderungen. Diese Nebenläufigkeit wird als u || u' notiert.

Das Konsistenzmodell *Update-Linearisierbarkeit* ordnet die Aktualisierungsanforderungen aller Beobachter auf der Basis der *geschieht-vor*-Relation. Informell ausgedrückt wird garantiert, dass ein Klient, der einmal den Zustand eines Objek-

---

[7] www.epcglobalinc.org

tes gelesen hat, bei einer folgenden Leseoperation entweder denselben Zustand liest oder einen aktuelleren im Sinne der *geschieht-vor*-Relation. Die formale Definition der Update-Linearisierbarkeit beruht auf der Existenz sogenannter Serialisierungen der verteilten Ausführung von Aktualisierungsanforderungen und Leseoperationen und ist wie folgt definiert.

Definition 2 (Update-Linearisierbarkeit): Eine Ausführung von Leseoperationen und Aktualisierungsanforderungen ist konsistent, wenn es eine Serialisierung S dieser Ausführung gibt, die folgende Bedingungen erfüllt:
(*C1*) Alle Leseoperationen eines einzelnen Klienten auf einem einzelnen Objekt sind in S gemäß der Programmordnung des Klienten geordnet. Für jedes Objekt x und jedes Paar von Aktualisierungsanforderungen $u[x]$ und $u'[x]$ auf x in S gilt: $u'[x]$ ist ein (direkter oder indirekter) Nachfolger von $u[x]$ in S, genau dann wenn $u[x]$ *geschieht-vor* $u'[x]$ oder $u[x] \parallel u'[x]$ gilt.
(*C2*) Für jedes Objekt x in der Datenbank hält S die Spezifikation einer einzigen Kopie von x ein.

Die Update-Linearisierbarkeit sichert zu, dass Klienten, die Kopien eines Objektes lesen, die Sicht auf ein einzelnes Objekt – eine logische Kopie – erhalten. Die Definition verlangt, dass auf dieser logischen Kopie der Datenbank alle Aktualisierungsanforderungen gemäß der *geschieht-vor*-Relation ausgeführt werden. Basierend auf dem vorgestellten formalen Konsistenzmodell beschreiben wir im Folgenden nun einen Replikationsalgorithmus, welcher die Einhaltung der Update-Linearisierbarkeit garantiert.

Konsistente Datenreplikation

Der im Folgenden beschriebene Replikationsalgorithmus [HRB04] dient dazu, den Zustand von jedem beobachteten Objekt auf allen DB-Knoten zu replizieren. Das zugrunde liegende Sensornetz besteht aus Knoten, die mobil sein können und die Rollen von Beobachtern, DB-Knoten oder Klienten einnehmen. Jeder Knoten, der die Rolle eines Klienten innehat, nimmt automatisch auch die Rolle eines DB-Knotens wahr. Damit ist es einerseits möglich, dass Klienten ihre Leseoperationen lokal, d.h. ohne Kommunikation über das Netz, ausführen können. Auf der anderen Seite müssen Aktualisierungen an alle DB-Knoten verteilt werden. Die Rolle des Beobachters kann von einem Knoten entweder exklusiv wahrgenommen werden oder mit der Rolle des DB-Knotens kombiniert werden. Der Replikationsalgorithmus ordnet Aktualisierungsanforderungen basierend auf den Zeitpunkten, zu denen sie von DB-Knoten in direkter Kommunikationsreichweite der erzeugenden Beobachter empfangen werden. Daher ist der Wert des Parameters δ aus der Definition der *geschieht-vor*-Relation von der maximalen Schwankung (Jitter) der Kommunikationsverzögerung auf einer einzigen Teilstrecke (single-hop) im Netz abhängig. Wird für den Parameter δ das Zweifache der maximalen Schwankung auf einer Teilstrecke gewählt (dargestellt in Abbildung 4), so kann anhand der Empfangszeitpunkte die Ordnung der Aktualisierungsanforderungen nach der *geschieht-vor*-Relation bestimmt werden. Knoten, welche die Rolle eines DB-

Knotens innehaben, benötigen physische Uhren, die jedoch nur der lokalen Zeit-
messung dienen und deshalb nicht untereinander synchronisiert sein müssen.

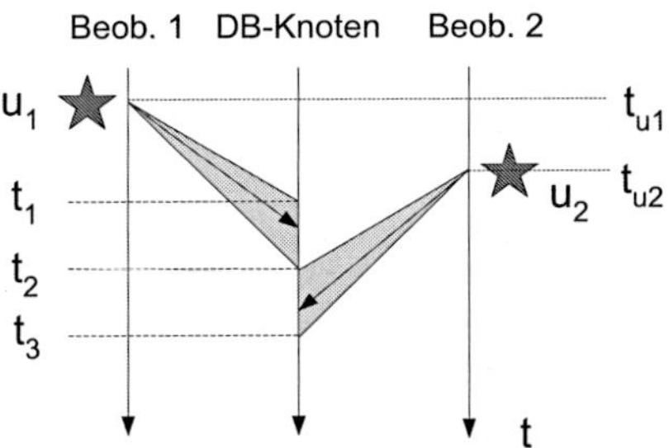

Abb. 4. Zwei Aktualisierungsanforderungen mit maximalem Jitter (grau schattiert)

Der Zustand einzelner Objekte wird von Beobachtern in Aktualisierungsanforderungen abgespeichert. Eine Aktualisierungsanforderung ist ein 4-Tupel (*Obj*,
State, *Obs*, *SN*) und enthält Informationen über ein Objekt mit der Identität *Obj*.
Der gespeicherte Zustand des Objektes wird als *State* bezeichnet und wurde von
dem Beobachter *Obs* erfasst und versandt. Zu jeder Aktualisierungsanforderung
vergibt der Beobachter eine streng monoton wachsende Sequenznummer SN.
Damit kann die Ordnung von Aktualisierungsanforderungen desselben Beobachters gemäß der *geschieht-vor*-Relation anhand der jeweiligen Sequenznummern
festgestellt werden. Um die Relation zwischen Aktualisierungsanforderungen von
verschiedenen Beobachtern ableiten zu können, müssen zusätzliche Ordnungsinformationen erfasst und verwaltet werden. Dazu wird ein sogenannter Ordnungsgraph verwendet. Jeder Knoten in diesem Graph stellt eine lokal bekannte Aktualisierungsanforderung dar. Die gerichteten Kanten zwischen den Knoten repräsentieren Elemente der *geschieht-vor*-Relation. Wenn eine Kante (*u*, *u'*) zwischen
zwei Aktualisierungsanforderungen *u* und *u'* im Graphen existiert, dann heißt das,
dass *u* vor *u'* in der *geschieht-vor*-Relation liegt.

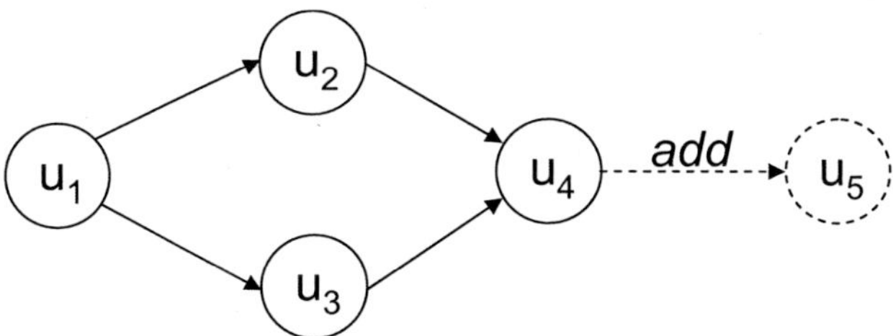

Abb. 5. Beispiel eines Ordnungsgraphen

Abbildung 5 zeigt ein Beispiel eines Ordnungsgraphen, in dem zunächst die Aktu-
alisierungsnachrichten u_1 bis u_4 enthalten sind. Aus diesem Graph lässt sich able-
sen, dass u_1 das kleinste Element gemäß der *geschieht-vor*-Relation in diesem
Graphen ist. Das heißt, bei u_1 handelt es sich in der chronologischen Ordnung um

die älteste bekannte Aktualisierungsanforderung. Die Aktualisierungen u_2 und u_3 sind in der chronologischen Ordnung jünger als u_1, können aber untereinander nicht verglichen werden. Die Anforderung u_4 ist gemäß der dargestellten Ordnung jünger als u_2 und u_3 und damit auch jünger als u_1.

Zusätzlich zum Ordnungsgraphen sind die Operationen *add* und *join* definiert, die es ermöglichen, Ordnungsgraphen zu verarbeiten und aus ihnen Schlüsse über die *geschieht-vor*-Relation zwischen Aktualisierungsanforderungen unterschiedlicher Beobachter zu ziehen. Die *add*-Operation dient dazu, eine neue Aktualisierungsanforderung in den Graphen einzuordnen, d.h. einen neuen Knoten mit neuen Kanten in einen bestehenden Graphen einzufügen. Damit die so erzeugte Ordnungsinformation konsistent mit der Beobachtungsreihenfolge in der physischen Welt ist, wird die *add*-Operation nur angewandt, wenn die beiden folgenden Bedingungen erfüllt sind. Basierend auf der Diskussion des Parameters δ muss die Aktualisierungsanforderung auf einem DB-Knoten direkt[8] von einem Beobachter empfangen werden. Zusätzlich darf in der Zeitspanne der Länge δ vor dem Empfang der Aktualisierungsnachricht keine weitere Aktualisierungsnachricht von einem anderen Beobachter für dasselbe Objekt empfangen worden sein. In Abbildung 5 wird die Anwendung der *add*-Operation anhand der Aktualisierungsanforderung u_5 veranschaulicht.

Die *join*-Operation dient dazu, Ordnungsinformationen, die von unterschiedlichen DB-Knoten erfasst wurden, konsistent zu vereinigen. Dazu werden die Knoten- und die Kantenmengen der beiden Graphen vereinigt. Sowohl die *add*- als auch die *join*-Operation enthalten darüber hinaus Optimierungen, welche die Größe der Graphen reduzieren. Die Reduktion garantiert, dass ein Graph maximal einen Knoten pro Beobachter – den jeweils aktuellsten – enthält.

Der Replikationsalgorithmus, der im Folgenden vorgestellt wird, garantiert zu jeder Zeit die Einhaltung der Update-Linearisierbarkeit. Ein DB-Knoten, der eine Aktualisierungsanforderung für ein Objekt x direkt von einem Beobachter empfängt, überprüft zunächst die oben beschriebenen Voraussetzungen für die Anwendung der *add*-Operation. Wenn möglich, wird die *add*-Operation auf den lokal gespeicherten Ordnungsgraphen für das Objekt x angewandt und der bisher gespeicherte Zustand des Objektes durch den neu empfangenen Zustand ersetzt. Nachdem dies durchgeführt wurde, wird die Aktualisierungsanforderung zusammen mit einer Kopie des zugehörigen lokalen Ordnungsgraphen an alle direkt benachbarten DB-Knoten verschickt.

Empfängt ein DB-Knoten eine Aktualisierungsanforderung für ein Objekt x zusammen mit einem Ordnungsgraphen, wird im Algorithmus zunächst das Resultat der *join*-Operation – angewandt auf den empfangenen und den lokal gespeicherten Graphen – gespeichert. Damit erhält der DB-Knoten neue Ordnungsinformationen. Als Nächstes muss der Algorithmus entscheiden, ob die empfangene Aktualisierungsanforderung gespeichert, und damit der bisher gespeicherte Zustand des Objekts x überschrieben werden soll. Anders formuliert muss nun überprüft werden, ob der empfangene Objektzustand – enthalten in der Aktualisierungsanforderung – aktueller ist als der bisher gespeicherte. Dazu müssen im Algorithmus drei

---

[8] Direkt heißt hier: über eine einzige Teilstrecke übertragen.

Fälle unterschieden werden. Wenn das Objekt x bisher unbekannt war, d.h. es wurde bisher keine Aktualisierungsanforderung für x empfangen, dann kann der Zustand angenommen werden. In dem Fall, in dem sowohl der momentan gespeicherte Zustand als auch der empfangene Zustand von x von demselben Beobachter erfasst wurde, kann über einen Vergleich der Sequenznummern in den dazugehörigen Aktualisierungsanforderungen entschieden werden, welcher von beiden Zuständen aktueller ist. Im dritten Fall, wenn die empfangene und die bereits gespeicherte Aktualisierungsanforderung von unterschiedlichen Beobachtern stammen, wird der Ordnungsgraph von x verwendet, um über die Speicherung der empfangenen Informationen zu entscheiden.

Leistungsbewertung

Im Folgenden werden ausgewählte Ergebnisse von Simulationsexperimenten präsentiert, welche die Leistungsfähigkeit des Replikationsalgorithmus veranschaulichen. Hierzu sollen insbesondere zwei wichtige Metriken, die Aktualisierungslatenz und die sogenannte Lückengröße zwischen zwei auf einer physischen Kopie durchgeführten Aktualisierungen, betrachtet werden.

Die *Aktualisierungslatenz* beschreibt die Zeit, die zwischen dem Versenden einer Aktualisierungsanforderung durch einen Beobachter und dem Empfang derselben Anforderung auf einem DB-Knoten vergeht. Dabei werden nur solche Anforderungen betrachtet, die tatsächlich zur Ausführung kommen, d.h. in diesen Fällen kann eindeutig entschieden werden, dass die empfangene Anforderung einen aktuelleren Zustand enthält als der momentan auf dem DB-Knoten gespeicherte Zustand. Zur Laufzeit kann es zu Situationen kommen, in denen Nachrichten nicht bei allen DB-Knoten ankommen. Dieser Fall tritt beispielsweise ein, wenn das Netz durch die Bewegung mobiler Knoten zeitweise partitioniert wird. So kann es dazu kommen, dass ein DB-Knoten eine Aktualisierungsanforderung nicht ausführt, obwohl der darin enthaltene Zustand aktueller im Sinne der *geschieht-vor*-Relation ist als der momentan gespeicherte. In diesen Fällen entsteht eine sogenannte *Lücke*, d.h. der DB-Knoten hätte mit vollständigem Wissen einen aktuelleren Zustand gespeichert. Die *Lückengröße* gibt an, wie viele solcher Aktualisierungsanforderungen hintereinander auf einem DB-Knoten nicht zur Ausführung kamen und ist damit eine Metrik für die Aktualität der auf DB-Knoten gespeicherten Informationen. Lücken der Größe 0 werden bei den folgenden Darstellungen nicht berücksichtigt, woraus sich ergibt, dass die betrachtete Lückengröße nicht kleiner als 1 sein kann.

Die Messungen der beschriebenen Metriken wurden im *Network Simulator ns2*[9] durchgeführt. Es wird eine quadratische Fläche mit einer Kantenlänge von 875 m angenommen, auf der 36 Beobachter in einem regelmäßigen Gitter angeordnet platziert sind. Zusätzlich wird eine variable Anzahl zwischen 50 und 250 DB-Knoten simuliert. Die Beobachter sind in allen Experimenten stationär, während sich die DB-Knoten etwa mit der Geschwindigkeit eines Fußgängers bewegen. Die beobachtbaren Objekte bewegen sich im Verlauf der Simulation zufällig von

---

[9] www.isi.edu/nsnam/ns/

einem Beobachter zum nächsten. Dazu wurden im Abstand von 5 s Aktualisierungsanforderungen in einem *Sendeintervall* von 0,5 s erzeugt und verschickt. Zusätzlich wird in den verschiedenen Experimenten eine variable Anzahl von weiteren Aktualisierungsanforderungen für unterschiedliche beobachtbare Objekte erzeugt, um Hintergrundlast zu generieren. Alle Knoten haben eine angenommene Sendereichweite von 250 m.

Abbildung 6 (links) zeigt Ergebnisse für die durchschnittliche Aktualisierungslatenz mit jeweils verschieden starker Hintergrundlast von 0, 7,5 und 15 zusätzlichen Aktualisierungsanforderungen pro Sendeintervall. Bei einer steigenden Zahl von DB-Knoten ist in allen drei Fällen ein Anstieg der Latenz festzustellen. In kleinen Netzen mit 50 DB-Knoten (zusätzlich zu den 36 Beobachtern) ist die durchschnittliche Latenz zwischen etwa 3 und 6 ms sehr gering. Diese Ergebnisse werden vor allem von der geringen räumlichen Dichte der DB-Knoten auf der zugrunde liegenden Fläche verursacht. In diesen Fällen ist die Auslastung des Kommunikationsmediums auch bei 15 zusätzlichen Aktualisierungsanforderungen gering (notiert als „15 Hintergr." in den Abbildungen). Steigt die Zahl der DB-Knoten auf 250, so hat die Zahl der Aktualisierungsanforderungen pro Sendeintervall durch die größere räumliche Dichte der DB-Knoten und den damit steigenden Kommunikationsaufwand einen wesentlich höheren Einfluss auf die Latenz. Diese liegt bei 250 DB-Knoten durchschnittlich bei etwa 7 ms ohne zusätzliche Aktualisierungsanforderungen und steigt bis auf etwa 180 ms mit 15 zusätzlichen Aktualisierungsanforderungen pro Sendeintervall. Der rechte Graph zeigt Ergebnisse für die durchschnittliche Lückengröße in denselben Experimenten. Mit steigender Anzahl von DB-Knoten ist ein leichter Anstieg der Lückengröße zu beobachten. Jedoch hat auch hier die steigende Hintergrundlast den überwiegenden Anteil an der steigenden Lückengröße.

Die präsentierten Ergebnisse zeigen, dass die im Netz verfügbaren Replikate selbst in Netzen mit 250 DB-Knoten und 36 Beobachtern im Durchschnitt maximal 1,9 Aktualisierungsanforderungen hinter dem global aktuellsten Zustand zurückliegen. Bei der untersuchten Aktualisierungsrate von einer Aktualisierung pro 5 s ist damit das durchschnittliche Alter der gespeicherten Informationen kleiner als 10 s, wenn es zu Lücken kommt.

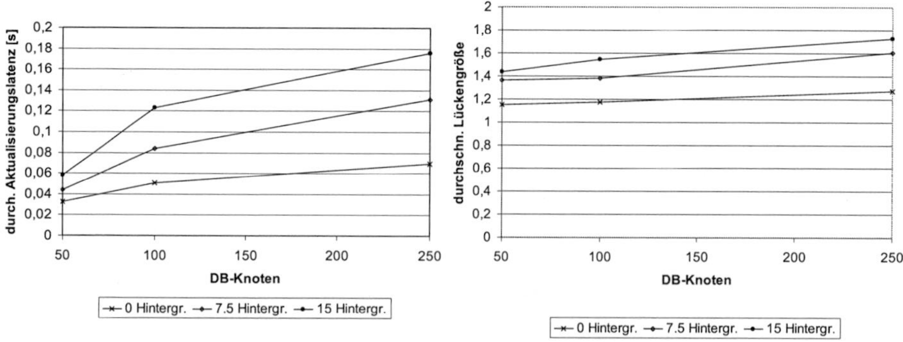

Abb. 6. Durchschnittliche Aktualisierungslatenz (links) und durchschnittliche Lückengröße (rechts) in Abhängigkeit von der Zahl der DB-Knoten

Zusammenfassung

Durch die Erfassung von Informationen der physischen Welt wird eine Reihe von innovativen Anwendungen, wie Fahrerassistenzsysteme oder Gebäudeüberwachung, möglich. Sensornetze stellen dabei ein wesentliches Werkzeug für die Gewinnung und Verbreitung solcher Informationen dar. Diese werden durch den Zusammenschluss hoch miniaturisierter Sensorplattformen durch typischerweise drahtlose Kommunikation gebildet.

Aktuelle Forschungsfragen beschäftigen sich insbesondere mit der Verwaltung und Speicherung von Daten sowie mit adaptiven Systemstrukturen. Unterschiedliche Anwendungsanforderungen und wechselnde Umgebungen, in denen Sensornetze ausgebracht werden, benötigen jeweils Verfahren, die auf eine Anwendung in einer Umgebung optimiert sind. Bei der Verwaltung und Speicherung von Daten ist die Konsistenz der erfassten Daten bezüglich der chronologischen Ordnung ihres Auftretens in der physischen Welt von großer Bedeutung, damit Anwendungen konform zu den beobachteten Phänomenen reagieren können.

Für die Zukunft ist zu erwarten, dass die Zahl der Sensorknoten in unserer alltäglichen Umgebung stark ansteigen wird. Die dadurch zur Verfügung stehende Informationsmenge wird eine Vielzahl neuer Anwendungsszenarien ermöglichen. Eine der wichtigsten Aufgaben für die effiziente Realisierung konkreter Anwendungen, die auf der zugrunde liegenden Datenmenge operieren werden, wird deshalb die Fortführung der Entwicklung von flexibler Systemsoftware und von effizienten Datenverwaltungsverfahren sein.

Literatur

[GWi02] Goldsmith AJ; Wicker SB (2002) Design Challenges for Energy-Constrained Ad Hoc Wireless Networks. IEEE Wireless Communication 9(4): 8–27

[HRB04] Hähner J, Rothermel K, Becker C (2004) Update-Linearizability: A Consistency Concept for the Chronological Ordering of Events in MANETs. In Proceedings of the First IEEE International Conference on Mobile Ad Hoc and Sensor Systems (MASS'04), Fort Lauderdale, USA: 1–10

[HSW00] Hill J, Szewczyk R, Woo A, Hollar S, Culler D, Pister K (2000) System architecture directions for networked sensors. In: Proceedings of the Ninth International Conference on Architectural Support for Programming Languages and Operating Systems ASPLOS-IX, Cambridge, USA: 93–104

[KGr04] Krüger M, Große CU (2004) Structural Health Monitoring with Wireless Sensor Networks. Otto Graf Journal 15: 77–90

[KKP99] Kahn JM, Katz RH, Pister K (1999) Next Century Challenges: Mobile Networking for Smart Dust. In: Proceedings of the Fifth ACM/IEEE International Conference on Mobile Computing and Networking, Seattle, USA: 271–278

[MCP02] Mainwaring A, Culler D, Polastre J, Szewczyk R, Anderson J (2002) Wireless Sensor networks for Habitat Monitoring. In: Proc. 1st ACM International Workshop on Wireless Sensor Networks and Applications WSNA'02, Atlanta, USA: 88–97

[RKS03] Ratnasamy S, Karp B, Shenker S, Estrin D, Govindan R, Yin L, Yu F (2003) Data-Centric Storage in Sensornets with GHT, a Geographic Hash Table. Kluwer Mobile Networks and Applications (MONET) 8(4): 427–442

[RMM02] Reichardt D, Maglietta M, Moretti L, Morsink P, Schulz W (2002) Safe and comfortable driving based upon inter-vehicle-communication. In: Proceedings of the IEEE Intelligent Vehicle Symposium IV'2002, Versailles, Frankreich: 545–550

[SHM] Structural Health Monitoring of the Golden Gate Bridge, online, www.cs.berkeley. edu/~binetude/ggb/

Jörg Hähner studierte Informatik an der Technischen Universität Darmstadt und ist seit Juli 2001 als wissenschaftlicher Mitarbeiter am Institut für Parallele und Verteilte Systeme der Universität Stuttgart beschäftigt. Seine Forschungsinteressen konzentrieren sich auf den Bereich mobiler Ad-hoc- und Sensornetze. Er nahm am Ladenburger Kolleg „Leben in einer smarten Umgebung" teil, das von 2002 bis 2004 mögliche Auswirkungen des Ubiquitous Computing untersuchte.

Prof. Dr. Christian Becker studierte Informatik an den Universitäten Karlsruhe und Kaiserslautern. Nach der Promotion an der Universität Frankfurt (2001) folgte die Habilitation für Informatik an der Universität Stuttgart (2004). Seit September 2006 bekleidet er eine Professur für Wirtschaftsinformatik an der Universität Mannheim. Seine Forschungsinteressen sind kontextbezogene Systeme und Systemunterstützung für Pervasive Computing.

Dr. Pedro José Marrón hat Computer Engineering an der University of Michigan in Ann Arbor studiert und mit dem Master abgeschlossen. Während seiner Zeit in Michigan arbeitete er dort auch als Forschungsassistent auf den Gebieten Datenbanken, Compilerbau und verteilte Systeme. Im Jahre 2001 promovierte er zum Dr. rer.nat. an der Universität Freiburg. Seit 2003 ist er als Assistent an der Universität Stuttgart tätig, wo er die Gruppen „Mobile Datenverwaltung" und „Sensornetze" leitet und im Jahr 2005 habilitierte. Seine Forschungsinteressen liegen auf den Gebieten verteilte Systeme, mobile Datenverwaltungsalgorithmen, lokationsbezogene Systeme und Sensornetze.

Prof. Dr. Kurt Rothermel studierte Informatik an der Universität Stuttgart. Im Jahre 1985 promovierte er zum Dr. rer.nat. über ein Thema aus dem Bereich der verteilten Rechensysteme. Anschließend folgten Tätigkeiten als Post-Doctoral Fellow im IBM Almaden Research Center in San Jose, USA, wo er an der Entwicklung eines verteilten Datenbanksystems mitwirkte. Bei der IBM Deutschland arbeitete er zunächst im LILOG-Projekt und dann am European Networking Center in Heidelberg und leitete verschiedene Projekte im Bereich der verteilten Anwendersysteme. Seit 1991 hat er eine Professur an der Fakultät Informatik der Universität Stuttgart inne und leitet die Abteilung „Verteilte Systeme" am Institut für Parallele und Verteilte Systeme. Seit Januar 2003 ist er Sprecher des DFG-Sonderforschungsbereichs „Digitale Weltmodelle für mobile kontextbezogene Systeme", eines großen interdisziplinären Forschungsverbunds an der Universität Stuttgart. Seine Forschungsinteressen sind verteilte Systeme, Sensornetze und Mobile Computing.

Prozessoren in Prozessen: Hardware und Dienste für allgegenwärtiges Rechnen

Dirk Timmermann[1], Michael Beigl[2], Matthias Handy[1]

[1] Institut für Angewandte Mikroelektronik und Datentechnik, Universität Rostock

[2] Institut für Betriebssysteme und Rechnerverbund, TU Braunschweig

Kurzfassung. Aktuelle Entwicklungstendenzen im Hardwarebereich bilden das Fundament von Basistechnologien und neuartigen Anwendungen des Ubiquitous Computing. Moores Gesetz von der Verdopplung der Transistordichte auf Mikrochips lässt sich – abgesehen von der Energiedichte von Energiequellen wie zum Beispiel Batterien – auf viele andere Leistungsparameter technischer Systeme ausweiten. Dieser Trend führt – zusammen mit der Entwicklung neuer Werkstoffe und Fertigungsverfahren – zu immer kleineren und leistungsfähigeren Prozessoren, Sensoren, Aktoren und Kommunikationseinrichtungen und damit, als Verbund der Einzelkomponenten, zu miniaturisierten drahtlosen Sensorknoten. Neue selbstorganisierende Ansätze in der Softwaretechnik erlauben es, eine Vielzahl dieser Sensorknoten zu lokalisieren, zu vernetzen und kooperativ zur Bewältigung von Überwachungs- und Steuerungsaufgaben einzusetzen.

Ein derartiges Sensornetz soll dazu dienen, Phänomene der realen Welt besser zu erfassen, auszuwerten und zu deuten – anders ausgedrückt: Prozessoren in Prozesse „einzuweben" (M. Weiser). Spezialisierte Dienste wie verteilte Datenfusionsalgorithmen oder ressourcenschonende Kommunikationsmodelle helfen dabei, gewünschte Informationen zur richtigen Zeit am richtigen Ort in der richtigen Form bereitzustellen. Drahtlose Sensornetze ermöglichen durch ihre spezifischen Eigenschaften eine Vielzahl neuartiger Anwendungen. Das Spektrum möglicher Applikationen reicht dabei von der Optimierung wirtschaftlicher Prozesse über eine Unterstützung bei Katastrophenprävention und Katastrophenmanagement bis hin zur Erhöhung der Lebensqualität für den Menschen.

Prozessoren und Prozesse

Die Überwachung technischer und natürlicher Prozesse gestaltet sich seit jeher gerade dann besonders aufwendig, wenn die Überwachung zeitlich oder räumlich lückenlos erfolgen soll. Besonders der hohe Aufwand für Installation, Wartung und Pflege sowie der Materialeinsatz für derartige Anlagen treiben die Kosten in die Höhe. Hinzu kommt die Beeinflussung des beobachteten Gegenstandes durch den Beobachter, die umso größer ist, je aufwendiger die Installation ist. Das Gesetz von Moore [Moo65] besagt, dass sich die Anzahl der Transistoren auf einem Chip bei konstanter Chipfläche in ungefähr 18 Monaten verdoppelt. Es lässt sich unter anderem wie folgt interpretieren: Ein Chip wird bei gleichbleibender Transistoranzahl im Verlauf der Zeit immer kleiner. Andererseits ist festzustellen, dass die Leistung eines Chips bei konstanter Chipfläche im Verlauf der Zeit immer größer wird. Eine derartige Miniaturisierung führt dazu, dass Prozessoren näher an Prozesse heranrücken können und die Beeinflussung der Prozesse, bedingt durch die schwindende Größe der Prozessoren, immer geringer wird.

Allgegenwärtiges Rechnen ist nicht möglich ohne leistungsfähige, miniaturisierte, energieeffiziente und unempfindliche Hardware. Neuartige Prozessoren sind jedoch nicht die einzige Voraussetzung für die Realisierung der Technikvision des Ubiquitous Computing. Hinzukommen müssen insbesondere anhaltende Fortschritte bei der drahtlosen Kommunikation, bei der Energieversorgung sowie bei der Entwicklung neuartiger Sensoren und Materialien. Dieser Aufsatz beschreibt Trends in der Hardware-Entwicklung, stellt entsprechende Prototypen vor, beschreibt damit möglich werdende Dienste für allgegenwärtiges Rechnen und nennt makroskopische Anwendungen dieser Dienste. Abschließend diskutiert der Aufsatz heutige und absehbare zukünftige technologische Engpässe, die eine Verwirklichung der beschriebenen Zukunftsbilder erschweren könnten.

Hardwareplattformen für allgegenwärtiges Rechnen

Sensoren und Aktuatoren

Neben der Mobilität und geringen Abmessungen unterscheiden sich Sensorknoten auch durch den massiven Einsatz von Sensoren und Aktoren im Computersystem selbst. In den Sensorknoten werden energiesparende, kleine, einfache und preiswerte Hardwarekomponenten verwendet. Dies ermöglicht eine einfache Anbindung an die restliche Software und Hardware der Sensorknoten und erlaubt so, die Komplexität für das gesamte System – und damit verbunden Energieverbrauch und Preis – niedrig zu halten.

Sensoren

Bedingt durch das Einsatzgebiet und die oben genannten Rahmenbedingungen werden im Bereich Sensornetze insbesondere Sensoren mittlerer Präzision eingesetzt. Um in bestimmten Anwendungsfällen dennoch Daten ausreichender Güte zur Verfügung zu stellen, werden redundante Messungen und Abgleiche vorgenommen, die sich durch die Verteilung der Knoten in der Umgebung anbieten. Durch die Vor-Ort-Durchführung von Messungen auch an unzugänglichen Stellen können so durchaus gleichwertige oder im Einzelfall sogar bessere Ergebnisse ermittelt werden, als dies bei entfernter Messung mit präziseren Sensoren möglich wäre. Im Bereich der Sensornetze wird eine ganze Reihe sehr verschiedener Sensoren eingesetzt. Da sich bei einigen Sensoren der Nutzen für einen größeren Anwendungsbereich gezeigt hat [Bei04], sind diese zum Teil auch schon standardmäßig in kommerziell verfügbare Systeme integriert. Dazu zählen insbesondere Temperatur-, Licht- und Bewegungssensoren. Oft finden auch Beschleunigungs-, Drehungs-, Magnetfeld-, Feuchtigkeits- und Audiosensoren Anwendung. Eine Nebenrolle für spezielle Anwendungen spielen etwa Gassensoren oder medizinische Sensoren. Neben klassischer Sensortechnologie finden immer mehr sogenannte MEMS-Sensoren Anwendung. Der Einsatz dieser Technologie, bei der mechanische und elektronische Komponenten auf einem einzigen Chip kombiniert werden, erlaubt den Aufbau sehr kleiner und preiswerter Sensorik und ist deshalb für den Einsatz in batteriegespeisten Miniatursystemen prädestiniert.

Aktuatoren

In einigen Anwendungsfällen werden die gesammelten Informationen in einem Sensornetz nicht (nur) anderen Computersystemen – etwa Enterprise-Systemen – zur Verfügung gestellt, sondern lösen direkt vor Ort Reaktionen aus. Zu diesem Zweck kann an die vorhandenen Sensorknoten auch Aktuatorik angeschlossen werden. Neben einfachen Aktuatoren wie LEDs, die in der Regel der Überwachung des Betriebs des Sensorknotens dienen, können auch LCD-Anzeigen oder Audio-Ausgaben ermöglicht werden. Weitere Aktuatoren sind Regler, wie etwa Spannungsregler für elektrischen Strom (z.B. zur Lampensteuerung) oder Durchflussregler für Flüssigkeiten. Die LCD- oder Audio-Ausgabe genügt in der Regel keinen Multimedia-Anforderungen, typischerweise werden Displays bis zu 100 × 100 Pixel bei geringer Refresh-Rate oder monophone Audioausgabe bzw. Ausgabe vorgespeicherter Sprachelemente angeboten.

Sensorknoten und Sensornetze

Das Ziel von Sensorknoten und -netzen ist die nahtlose Integration von Computertechnologie mit autonomem, eigenreaktivem Verhalten in alltägliche Objekte oder die Umgebung. Derzeit werden mehrere Typen dieser Sensorknoten kommerziell oder als Entwicklungsversionen angeboten. Fast alle diese Systeme entspringen der universitären Forschung, sind aber zum Teil inzwischen ausgereift und oft kommerziell verfügbar. Das Prinzip ist bei allen Systemen ähnlich. Im Kern bestehen sie aus einem kleinen Hardwarebaustein und integrierter Software, die die Betriebseigenschaften festlegt. Diese Sensorknoten sind batteriebetrieben, können über Funk miteinander kommunizieren und ihre Informationen auch anderen Computersystemen – etwa PCs oder PDAs – mitteilen. Die Sensorknoten verbinden sich – in der Regel spontan – zu einem Sensornetz, um Informationen auszutauschen. Integrierte Sensorik erlaubt diesen Rechnersystemen, physikalische Phänomene zu erfassen und so mit ihrer Umwelt in Interaktion zu treten.

Sensornetze

Vorrangiger Zweck von Sensorknoten ist es, mit Hilfe von Sensorik und entsprechender Software bestimmte Abläufe in der Umwelt zu erkennen und diese Information zu verarbeiten, um sie dann an andere Systeme weiterzukommunizieren. Dazu wird eine Reihe von Sensorsystemen in der Umgebung ausgebracht oder installiert, die dann spontan, d.h. ohne Konfiguration oder sonstigen manuellen Eingriff, ein Sensornetz aufbaut. Da typischerweise einige oder alle Knoten in mobilen Objekten untergebracht sind, spielen bei diesen Netzwerken dynamische Adaption und Weiterleitung von Information eine wichtige Rolle. Weniger wichtig sind dagegen Aspekte wie hohe Durchsatzraten oder Optimierung für Übertragung von Multimediaströmen.

Sensorknoten

Das Innenleben der Sensorknoten selbst besteht aus einem Mikroprozessor, eingebautem Speicher, einer Funk-Kommunikationseinheit, Schnittstellen für den Anschluss von Sensoren und schließlich mehreren Sensoren und Aktuatoren. Der Leistungsumfang solcher Systeme ist beschränkt (siehe Tabelle 1), insbesondere auch, um den Energieverbrauch niedrig halten zu können. Je nach Typ eines Sensorknotens, eingesetzter Batterie und Anwendung ergeben sich Laufzeiten von mehreren Tagen bis zu mehreren Jahren. Um die Einbettung der Systeme zu ermöglichen, sind Sensorknoten typischerweise klein – bis zu einer Größe von einem Kubikzentimeter. Sensorik ermöglicht es diesen Knoten, physikalische Phänomene in der Umgebung zu messen. Diese Information wird dann vom Programm des Sensorknotens weiterverarbeitet und – falls Bedarf besteht – an andere Computersysteme oder Sensorknoten kommuniziert.

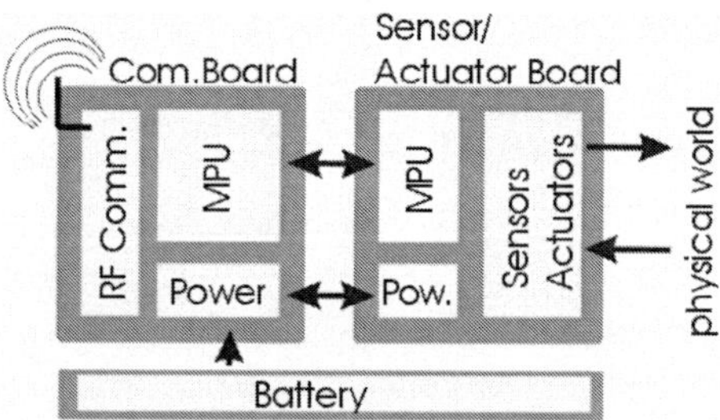

Abb. 1. Typischer Aufbau eines Sensorknotens

Da die eingesetzte Sensorik zum Teil sehr anwendungsspezifisch ist, trennen fast alle Systeme die Hardware für Kommunikation und Computer (Communication Board) sowie für die Sensorik und Aktuatorik (Sensor / Actuator Board, siehe Abbildung 1) mit Hilfe eines Bus-Systems. Durch diesen Ansatz lassen sich Sensorknoten flexibel mit benötigten Sensoren und Aktuatoren ausstatten beziehungsweise erweitern. Allerdings sind die aktuell in den unterschiedlichen Implementierungen verwendeten Bus-Systeme nicht miteinander kompatibel, so dass die entwickelten Sensorboards nicht zwischen den Systemen ausgetauscht werden können. Um noch kleinere Abmessungen erreichen zu können, wurden Chipbasierte Lösungen entwickelt, die im Gegensatz zu obigen Platinen-basierten Lösungen aber nicht kommerziell verfügbar sind. Beispiele dafür sind die an der Universität Berkeley entwickelten Smart-Dust- sowie Spec-Systeme. Smart Dust enthält integriert sowohl Sensorik und Mikroprozessor als auch Kommunikation via Lichtreflexion und Stromversorgung über Solarzellen bei einer Abmessung von nur ca. 2 x 2 mm. Bei ähnlicher Größe enthält Spec ebenfalls einen Mikroprozessor sowie Funkkommunikation und integriert verschiedene Ein- / Ausgabeschnittstellen.

RFID-Systeme

Radio Frequency Identification (RFID) wird als Basistechnologie des Ubiquitous Computing angesehen. Ein RFID-System besteht in seiner einfachsten Form aus einem Lesegerät und aktiven bzw. passiven Transpondern (RFID-Tags) [Fin02]. Ein passiver Transponder besteht üblicherweise aus einem Mikrochip (RFID-Chip) und einem Koppelelement (Antennenspule und Kondensator). Die erforderliche Energie wird bei passiven Transpondern dem magnetischen Wechselfeld bzw. den elektromagnetischen Wellen des Lesegerätes entzogen. Es ist folglich im Gegensatz zu den vorgestellten Sensorknoten keine Batterie oder sonstige Energiequelle erforderlich. Die Anzahl der integrierbaren logischen Funktionen auf einem passiven RFID-Chip ist deshalb jedoch stark begrenzt. Abbildung 2 zeigt das Kommunikationsmodell für passive RFID-Systeme. Aktive RFID-Systeme sind mit einer eigenen Energiequelle ausgestattet. Dadurch ist es möglich, auch komplexe integrierte Schaltungen auf dem Transponder unterzubringen. Überdies kann eine eigene Energieversorgung dafür genutzt werden, zusätzliche periphere Hardware an den Transponder anzuschließen. Dies können z.B. Sensoren, Analog-Digital-Wandler oder Mikrocontroller sein.

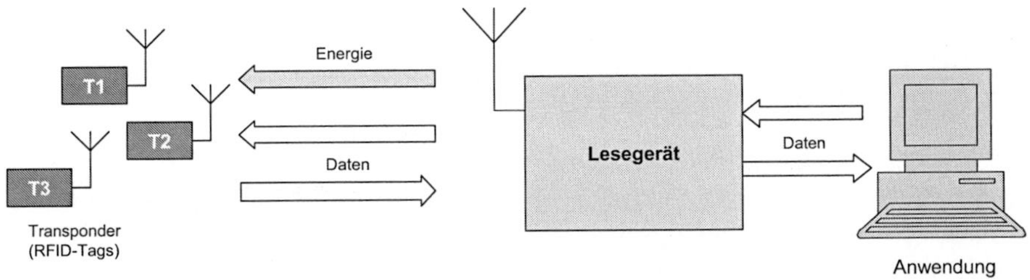

Abb. 2. Kommunikationsmodell eines passiven RFID-Systems

RFID-Lesegeräte setzen sich aus einer Steuerungseinheit und einer Hochfrequenzeinheit zusammen. Die Steuerungseinheit koordiniert und überwacht den Kommunikationsablauf mit dem Transponder, ist für die Signalcodierung und -decodierung verantwortlich und kommuniziert bei Bedarf mit einer Applikationssoftware auf einem angeschlossenen PC. Überdies wird die Steuerungseinheit zur Durchführung von Sicherheits- und Antikollisionsverfahren verwendet. Das HF-Interface erzeugt eine hochfrequente Trägerfrequenz und übernimmt die Aufgabe der Modulation bzw. Demodulation.

Bezüglich der Reichweite klassifiziert man RFID-Systeme nach enggekoppelten, ferngekoppelten und Long-Range-Systemen. Enggekoppelte Systeme haben eine Reichweite von bis zu 1 cm. Ferngekoppelte Systeme können Entfernungen bis zu 5 m überbrücken. Bei Long-Range-Systemen beträgt die Reichweite 10 m oder mehr. Transponder für Long-Range-Systeme kommen nicht mehr ohne eigene Energiequelle aus und sind daher üblicherweise mit einer Batterie ausgestattet.

Ein-Chip-Lösungen

Der technologische Fortschritt ermöglicht es, immer mehr Funktionen auf einem einzigen Chip zu integrieren. Zwei interessante Beispiele für Ein-Chip-Lösungen sollen hier etwas genauer betrachtet werden: der Hitachi μChip sowie der oben bereits erwähnte Spec-Sensorchip aus dem Smart-Dust-Projekt.

Im Juli 2001 stellte Hitachi die erste Version des μChip vor [Tak01]. Er bietet vielfältige Einsatzmöglichkeiten, darunter die Echtheitsprüfung von Geldscheinen, Dokumenten, Eintrittskarten oder Markenprodukten. Der μChip ist ein vollwertiger RFID-Chip auf einer Fläche von 0,4 mm x 0,4 mm und einer Dicke von 0,06 mm. Er speichert eine 128-bit-Kennung und sendet diese auf Anfragen eines entsprechenden Lesegerätes aus. Die Kennung wird bei der Herstellung auf den Chip geschrieben und kann nachträglich nicht verändert werden. Die Arbeitsfrequenz des μChip liegt bei 2,45 GHz. Angeschlossen an eine externe Antenne kann der μChip aus einer Entfernung von maximal 30 cm ausgelesen werden. Während die erste Generation des μChip noch an eine externe Antenne angeschlossen werden musste, integriert die zweite Generation – bei gleicher Chipfläche – die Antenne bereits auf dem Chip [Usa04]. Die Fläche des zweiten μChip ohne Antenne umfasst lediglich 0,3 mm x 0,3 mm. Die maximale Kommunikationsdistanz des μChip mit integrierter Antenne beträgt 1,2 mm. Für viele der geplanten Anwendungen ist dies völlig ausreichend. Der μChip-2 kann wie sein Vorgänger an eine externe Antenne angeschlossen werden, wodurch die Kommunikationsdistanz auf bis zu 30 cm gesteigert werden kann. Die optimale externe Antenne hat Abmessungen von 56 mm x 2 mm.

Der Spec-Sensorchip[1] ist das Herzstück der jüngsten Generation von Sensorknoten aus dem Smart-Dust-Projekt, das sich zum Ziel gesetzt hat, Sensorknoten von der Größe eines Staubkorns zu entwickeln. Der Spec-Chip vereint einen Radio-Transceiver, einen AD-Wandler, einen Temperatursensor sowie einen Mikroprozessor auf einer Fläche von 5 mm^2. Unter Laborbedingungen sendet Spec Funksignale auf einer Frequenz von 902 MHz über eine Entfernung von mehr als 10 m. Der Chip kommt jedoch im Gegensatz zum μChip nicht ohne externe Komponenten aus. Für den Betrieb werden zusätzlich eine Antenne, eine Batterie als Energieversorgung, eine Induktivität sowie ein 32-kHz-Quarz benötigt. Die Entwickler geben die Kosten je Spec-Chip bei Abnahme in großen Mengen mit 0,3 USD an. Die externen Komponenten erhöhen den Preis entsprechend. Auf dem Mikroprozessorkern des Spec-Chips läuft das Sensorknoten-Betriebssystem TinyOS [Hil00].

---

[1] www.jlhlabs.com/jhill_cs/spec

Tabelle 1. Auszug technischer Eigenschaften einiger typischer Sensorknoten

Sensorknoten	Motes	Particle	µPart	BT-Nodes	EYES (µNode)	Telos	Imote
Ursprung	U. Berkeley / Crossbow	U. Karlsruhe	U. Karlsruhe	ETH Zürich	U. Twente / Ambient Systems	MoteIV	Intel
Prozessor	Atmel ATMega128L	Microchip PIC 16F6720	Microchip PIC 12F675	Atmel ATMega128L	TI MSP 430	TI MSP 430	ARM 7
RAM	4 KB	4 KB	64 Byte	4 KB	10 KB	10 KB	64 KB
DATA-RAM	512 KB Flash	512 KB Flash	0	180 KB SRAM	512 KB Flash	512 KB	
Programm-Flash	128 KB	128 KB	1,8 KB	128 KB	48 KB	48 KB	512 KB
Radio	CC1000	TR1001 oder CC2420	integriert	CC1000 und Zeevo ZV4002	CC1010	CC2420	Zeevo
Frequenz	310-915 MHz	868,35 oder 2,4 GHz	310-915 MHz	868 MHz oder 2,5 GHz	310-915 MHz	2,4 GHz	2,4 GHz
Datenrate (Radio)	38,4 kbit/s, 250 kbit/s	125 kbit/s, 250 kbit/s	19,2 kbit/s	76,4 kbit/s, 1 Mbit/s	76,4 kbit/s	250 kbit/s	460 kbit/s
Integrierte Aktuatoren	3 LED	Lautsprecher, 2 LED	1 LED	4 LED	4 LED, LCD	3 LED, 2 Schalter	LEDs
Integrierte Sensoren		Ballschalter	Diverse		Temperatur	Feuchtigkeit, Temperatur, Licht	
Abmessungen	58×32 mm	45×18 mm	8×11 mm (1 cm³)	55×30 mm	40×50 mm	33×66 mm	30×30 mm

Spezifische Dienste in Sensornetzen

Routing

Bei der Kommunikation in Sensornetzen stehen Fragestellungen aus zwei Bereichen im Vordergrund: Aufbau und Betrieb eines adaptiven aber autonomen Netzwerks ohne die Notwendigkeit menschlicher Eingriffe sowie der Betrieb des Netzwerks unter erheblichen Ressourcenbeschränkungen. Im Bereich der standardisierten Protokolle für den Aufbau solcher Netzwerke sind insbesondere Bluetooth und IEEE 802.15.4 sowie das darauf aufbauende ZigBee zu nennen. Bluetooth eignet sich vor allem für die Anbindung von Geräten mit höheren Bandbreiten bis zu einem Megabit pro Sekunde, benötigt deshalb aber auch Systeme, die mehr Ressourcen, insbesondere mehr Energieressourcen, zur Verfügung stellen. Im Gegensatz dazu kommt der Standard IEEE 802.15.4 mit geringerer Energie, aber auch durch vergleichsweise einfache Protokolle mit geringeren Rechen- und Speicherressourcen aus. Übertragungsgeschwindigkeiten von bis zu 250 kbit/s und in das Protokoll integrierte Ansätze zum Einsparen von Energie prädestinieren das Protokoll als zukünftigen Standard für Sensornetze. Auf IEEE 802.15.4 aufsetzend wurde von der Industrie ZigBee als Standard für die Vermittlung von Information im Sensornetz sowie das Anbieten von Diensten spezifiziert.

Weiterführende Protokolle werden in zahlreichen Forschungslabors entwickelt. Da in vielen Anwendungen ein Großteil der Energie für die Kommunikation verwendet wird, richtet sich das Augenmerk der Forschung vor allem auf diesen Bereich. Wegen des oft unbestätigten und ungesicherten Datenverkehrs sind auch Parameter wie die Kollisionsrate wichtig. Fast alle der in Tabelle 1 genannten Hardwareknoten enthalten deshalb spezielle Protokolle, die gegenüber den Standard-Protokollen erhebliche Verbesserungen beinhalten, was den unüberwachten Anwendungsablauf und den Energieverbrauch betrifft.

Auch die Vermittlung von Information ist noch Gegenstand der Forschung, wobei hier Verfahren gesucht sind, die auch bei Netzwerken mit einer großen Anzahl von Teilnehmern (>>100) und häufiger Veränderung der Lage der Teilnehmer zueinander unüberwacht arbeiten können. Man unterscheidet zwei Arten der Vermittlung in solchen ad-hoc organisierten Netzwerken: proaktive Vermittlung sowie reaktive Vermittlung von Information. Bei *proaktiver Vermittlung* (z.B. OLSR [Cla03]) werden vor einem konkreten Kommunikationswunsch Verbindungen aufgebaut und verwaltet. Diese Strategie hat insbesondere dort Vorteile, wo ein zentraler Knoten, z.B. der Übergang in ein kabelgebundenes Netzwerk oder das Internet, ständig Informationen von den Sensorknoten erhält und mindestens ein Teil der am Netzwerk beteiligten Knoten nicht mobil ist. *Reaktive Routingalgorithmen* (z.B. AODV [Per03] und DSR [Joh03]) ermöglichen dagegen die effiziente Weiterleitung von Informationen im Falle spontaner und sporadischer Kommunikation beliebiger Knoten untereinander, während hybride Ansätze (z.B. Zone Routing [Haa97]) versuchen, beide Vorteile zu kombinieren.

Die oben genannten Algorithmen gehen davon aus, dass der Sender den oder die Empfänger kennt. Dies ist beispielsweise bei IP-basierten Anwendungen der

Fall. In ubiquitären Netzwerken ist diese Annahme oft nicht zutreffend, da dort die Computersysteme in unbekannter Umgebung mit ihnen unbekannten Geräten spontan kommunizieren müssen. Hier kommen Verbreitungsmethoden zum Einsatz, die durch Auswertung zusätzlicher Informationen – etwa der Anwendungsdaten oder der Lokationsinformation des Knotens – eine sinnvolle und möglichst energiesparende Verbreitung von Sensorinformation ermöglichen. Zu den Netzwerken, die den Datenteil eines Paketes zur Auslieferung verwenden, gehören das SPIN-Protokoll des MIT [Kul99] und Direct Diffusion [Int00]. In anderen Protokollen werden Lokationsinformationen verwendet, um Pfade mit kleiner Verzögerung zu finden sowie möglichst wenig Energie für die Weiterleitung von Informationen zu verbrauchen (z.B. GPSR [Kar00] und GAF [Xu01]).

Sicherheit

Entwickler von Software für Sensornetze müssen vor allem das knappe Ressourcenangebot einkalkulieren. Die Kausalkette beginnt bei der von vielen Anwendungen diktierten geringen Größe der Sensorknoten. Die größte Komponente und damit erster Angriffspunkt für eine Reduktion der Abmessungen ist – von der Antenne einmal abgesehen – die Energieversorgung. Bei gegebener und absehbar langsam steigender Energiedichte aktuell verfügbarer Batterien bedeutet eine Verringerung der Batteriegröße direkt eine Verringerung der Lebensdauer eines Sensorknotens. Bei gegebener Batteriekapazität kann die Lebensdauer dagegen nur erhöht werden, wenn die Leistungsaufnahme des Sensorknotens reduziert wird. Die Umsetzung von Sicherheitskonzepten wie Authentifizierung und Verschlüsselung erhöht jedoch die Leistungsaufnahme eines Sensorknotens erheblich: Schlüssel müssen generiert, gespeichert und mit anderen Knoten ausgetauscht werden, gegenseitige Authentifizierung und Autorisierung erfordern einen zusätzlichen Kommunikationsaufwand. Sicherheitsprotokolle für Sensornetze müssen folglich einen schwierigen Spagat vollführen: Sie müssen einerseits so viel Sicherheit bieten, wie es die Anwendung erfordert. Andererseits sollen sie nicht mehr Ressourcen beanspruchen als unbedingt notwendig.

Chan und Perrig zeigen in [Cha03], welche potenziellen Sicherheitsgefährdungen für Sensornetze entstehen können. So könnten etwa einzelne Sensorknoten von einem Angreifer kompromittiert werden und anschließend das Sensornetz sabotieren, indem sie gefälschte Sensordaten aussenden oder den Routingmechanismus blockieren. Eindämmend gegen einen derartigen Angriff wirken Verfahren wie Knoten-zu-Knoten-Authentifizierung oder das sogenannte *Node Revocation*, bei dem kompromittierte Sensorknoten aus dem Netz ausgeschlossen werden. Eine weitere Angriffsmöglichkeit ist das Abhören der Sensorknoten-Kommunikation. Gegen Abhören hilft bekanntlich Verschlüsselung, allerdings stellt ein drahtloses Sensornetz besondere Anforderungen an einen Schlüsselaustausch- und -verteilungs-Mechanismus. Dieser sollte möglichst robust und einfach anzuwenden sein. Auch sollte er Vertraulichkeit für den Rest eines Sensornetzes garantieren, wenn bereits einzelne Sensorknoten kompromittiert und deren geheime Schlüssel aufgedeckt wurden. Eine weitere Gefährdung geht von Denial-of-Service-Angriffen aus. Diese können auf mehreren Ebenen stattfinden: Sensorknoten könnten einfach physisch zerstört werden, auf der physikalischen Schicht könnte ein Jamming-Angriff die Funkkommunikation komplett unterbinden, oder das Netz könnte durch gezielt eingebrachte nutzfreie Nachrichten überlastet und die Batterien der Sensorknoten dadurch frühzeitig entleert werden. Kompromittierte Sensorknoten könnten Routing-Schleifen erzeugen und damit allen Knoten in dieser Schleife Energie rauben.

Ein Beispiel für die ressourcenschonende Umsetzung von Sicherheitskonzepten in drahtlosen Sensornetzen sind die SPINS-Protokolle[2] [Per01]. SPINS umfasst µTESLA[3] und SNEP[4]. Das µTESLA-Protokoll ermöglicht authentifizierten Broadcast, SNEP garantiert Vertraulichkeit sowie Aktualität der übertragenen Daten und ermöglicht darüber hinaus die gegenseitige Authentifizierung bei der Unicast-Kommunikation. SNEP erzeugt einen sehr geringen Kommunikations-Overhead: An jede Nachricht werden maximal 8 Byte angehängt. Wie viele andere kryptographische Protokolle nutzt SNEP einen Zähler. Der Zählerwert wird jedoch nicht gesendet, da an beiden Endpunkten eines Übertragungskanals der Zählerstand überwacht wird. SNEP bietet überdies semantische Sicherheit: Einem Angreifer ist es nicht möglich, aus einer oder mehreren abgehörten verschlüsselten Nachrichten Klartexte zu generieren.

Lokalisierung

Sensordaten aus einem Sensornetz sind in vielen Anwendungen lediglich dann aussagekräftig, wenn sie mit der Position verknüpft werden können, an der sie gemessen wurden. Man nehme als Beispiel die großräumige Überwachung von Umweltphänomenen oder die Verfolgung von Bewegungen durch ein Sensornetz. In beiden Fällen ist die Auswertung der durch Sensorknoten aufgenommenen Messwerte nur sinnvoll möglich, wenn zumindest die Basisstation als zentraler Sammelpunkt die Positionen der Knoten kennt. Die Positionsbestimmung in Sensornetzen lässt sich in zwei Teilbereiche gliedern: die exakte und die approximative Positionsbestimmung. Die *exakte Positionsbestimmung* zeichnet sich durch sehr präzise Ergebnisse mit einem sehr geringen Lokalisierungsfehler (<5%) aus [Sav01]. Der wesentliche Nachteil der exakten Positionsbestimmung besteht in dem hohen Aufwand für Berechnung und Kommunikation. Weiterhin werden zumeist hohe Anforderungen an die Qualität der einer exakten Positionsbestimmung zugrunde liegenden Eingangsdaten (z.B. Feldstärkemessungen) gestellt, die sich in der Praxis als unrealistisch erweisen. Die *approximative Positionsbestimmung* unterscheidet sich von exakten Ermittlungsmethoden durch einfachere Modelle, geringeren Kommunikationsaufwand und schnellere Berechnung. Der Nachteil

---

[2] SPINS: Security Protocols for Sensor Networks.
[3] µTESLA: Mikroversion des Timed Efficient Streaming Loss-tolerant Authentication Protokolls.
[4] SNEP: Secure Network Encryption Protocol.

besteht in den größeren Lokalisierungsfehlern, die zwischen 5 und 20% liegen, aber für die meisten Anwendungen in Sensornetzen genügen.

In [Blu04] wurde ein optimiertes approximatives Verfahren vorgestellt. Dabei bestimmt jeder am Netzwerk beteiligte Sensorknoten seine Position eigenständig durch Näherungsmessungen zu festen Basisstationen. Auf diesen gegenüber den Sensorknoten leistungsfähigeren Basisstationen ist ein Lokalisierungssystem wie z.B. GPS integriert, oder ihre Position ist bekannt. Mehrere Basisstationen sind mit gleichen Abständen zueinander netzartig angeordnet und senden die eigenen Standortkoordinaten an alle in Reichweite liegenden Sensorknoten. Das Ergebnis der Methode ist eine analytische Lösung zur Berechnung der optimalen Sendereichweite, anhand derer die entsprechende Sendeleistung im Übertragungsmodul der Basisstation optimal eingestellt werden kann. Ein weiterer Vorteil besteht darin, dass die ressourcenarmen Sensorknoten zur Lokalisierung nur den Empfangsmodus nutzen und keine Daten senden müssen, wie es bei zahlreichen anderen Lokalisierungsverfahren der Fall ist. Der entwickelte Algorithmus zeichnet sich durch einen geringen Rechenaufwand aus, wodurch die Lebensdauer von Sensornetzen deutlich erhöht wird.

Datenaggregation und Datenfusion

Um die Menge der zu verarbeitenden und zu übertragenden Daten in einem Sensornetz zu begrenzen, setzt man Methoden zur Aggregation und Fusion von (Sensor-)Daten ein. Lokal auf einem Sensorknoten werden solche Algorithmen verwendet, um aus Rohdaten wie z.B. den Messwerten eines Sensors abstraktere Informationen – oft Kontexte genannt – zu gewinnen. Eine solche Kontexterkennung kann dabei als einstufiger oder mehrstufiger Prozess implementiert werden. Im mehrstufigen Prozess wird zunächst versucht, aus den elektrischen Signalen der Sensoren einfache situationsbezogene Informationen abzuleiten, diese Information dann in mehreren Schritten zu fusionieren, um so abstraktere Situationsbeschreibungen gewinnen zu können [Che99]. Hierbei werden verschiedene Verfahren aus dem Bereich der Mustererkennung eingesetzt. Der Vorteil dieser Verfahren ist, dass in jeder Stufe Wissen über die Charakteristik der Signale und deren Bedeutung verwendet und so die Erkennungsrate verbessert werden kann. Einstufige Verfahren dagegen haben den Vorteil, dass genau dieses Wissen über Anwendung und Einsatzfeld nicht vorhanden sein muss. Hier werden verschiedene Mustererkennungsverfahren angewendet, etwa Hidden-Markov-Modelle, neuronale Netzwerke oder Bayes-Netzwerke.

Darüber hinaus können Effizienzgewinne auch durch die Fusion von Information auf Kommunikationsebene erreicht werden [Kri02]. Informationen, die von einem Knoten zu einem anderen weiterzureichen sind, werden zuvor zusammengefasst, um damit Datenbandbreite und Energie einzusparen. LEACH [Hei00] ist ein typischer Vertreter für ein solches datenaggregierendes Verfahren. Informationen werden dort innerhalb eines Clusters von einem „Cluster-Head" zusammengefasst und von diesem an den Dienstnehmer weitervermittelt. Die damit einhergehende Reduktion der Information ist zwar anwendungsabhängig und deshalb nicht generell einsetzbar, übertrifft aber die durch verbesserte Routingverfahren erreichbaren Effizienzgewinne erheblich.

Anwendungen

Wesentliche Impulse für die Verwendung von Sensorknoten und Sensornetzen kommen gleich aus mehreren Bereichen. Neben dem Einsatz im militärischen Bereich, der vor allem in den USA gefördert wird, ist die Unterstützung und Überwachung der Lieferkettenverwaltung zu nennen (z.B. [Dec04]). Weitere Anwendungsgebiete ergeben sich bei der Überwachung im freien Feld oder an unzugänglichen Stellen, etwa beim Umweltmonitoring (zum Beispiel www.greatduckisland.net). Verwendung findet die Technologie auch in Bereichen der Medizin, des Sports und der Freizeit, z.B. zur Rettung von Lawinenopfern [Mic03]. Hier werden vor allem physiologische Parameter wie Herzschlag, Blutdruck, aber auch Bewegungsparameter überwacht.

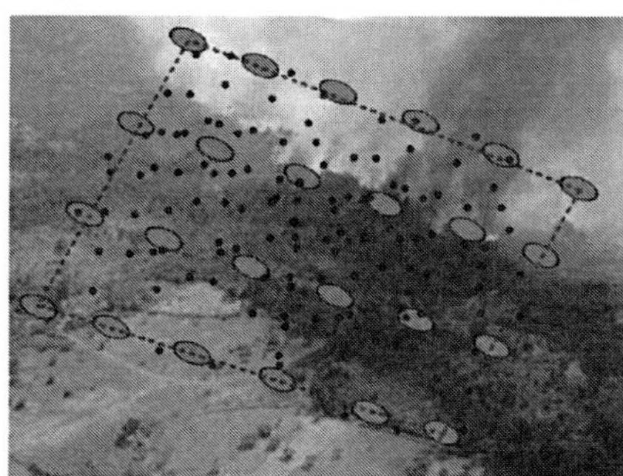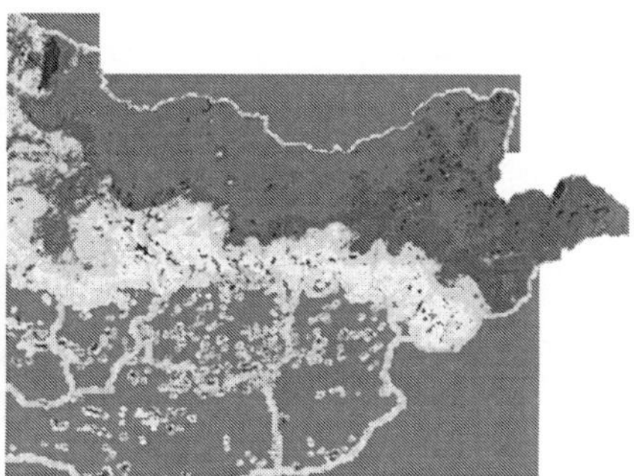

Abb. 3. Links: Schematische Darstellung der Knotenverteilung über einem waldbrandgefährdeten Gebiet. Rechts: Eine mögliche Darstellung der Sensorknotenmesswerte auf einem Basisrechner zur Überwachung des Gebietes. Die unterschiedlichen Schattierungen entsprechen den gemessenen Temperaturen.

Ein weites Anwendungsfeld eröffnet sich für Sensornetze bei der Prävention und dem Management von Naturkatastrophen. So muss etwa bei Waldbränden oft ein großflächiges und schwer erreichbares Areal überwacht werden. Ein drahtloses Sensornetz kann dabei wertvolle Unterstützung leisten. Sensorknoten, von einem Flugzeug über dem Einsatzgebiet abgeworfen, können Sensordaten an eine Einsatzzentrale übermitteln, aus denen sich Ausbreitungsgeschwindigkeit und -richtung sowie Temperaturentwicklung ableiten lassen (vgl. Abbildung 3).
Auch bei der Eindämmung von Hochwassern und Sturmfluten können Sensornetze helfen. Oft werden dabei Deiche, die aus Tausenden von Sandsäcken bestehen, aufgetürmt, um die Fluten unter Kontrolle zu halten. Problematisch ist die Überwachung der künstlichen und natürlichen Deiche. Es ist oft zu spät erkennbar, an welcher Stelle ein Deich bricht. Notwendige Verstärkungsmaßnahmen können dann nicht mehr rechtzeitig eingeleitet werden. Abhilfe können Sensor-

knoten schaffen, die in jeden Sandsack eingesetzt werden und anschließend Feuchtigkeitsmesswerte an eine Basisstation übermitteln [Han04].

Technologische Herausforderungen

Die Szenarien und Visionen des Ubiquitous Computing scheinen in greifbare Nähe gerückt zu sein. Doch auf dem Weg dorthin ist noch manche Klippe zu umschiffen. So gehorchen beispielsweise nicht alle Technologieparameter dem eingangs beschriebenen Moore'schen Gesetz. Zwar lässt sich die Leistungsfähigkeit von Prozessoren noch immer erhöhen, deren Verlustleistung und damit Energieverbrauch steigen jedoch gleichzeitig an. Moderne Desktop-Prozessoren haben bezüglich der Leistungsdichte die Herdplatte schon weit hinter sich gelassen und erreichen bald Regionen, in denen ihnen Nuklearreaktoren und Raketenantriebe Gesellschaft leisten. Erschwerend kommt hinzu, dass im Durchschnitt die Energiedichte von Batterien in 10 Jahren nur um den Faktor 4 zunimmt. Auch die Idee des *Energy Scavenging* oder *Energy Harvesting*, also das Ausnutzen von natürlichen Energiequellen in der Umgebung, kann bisher keinen Ausweg aus der Energieproblematik weisen, da die Leistungsdichten derartiger Systeme noch um einige Größenordnungen unter denjenigen von Batterien oder Brennstoffzellen liegen [Doh01]. Sensorknoten mögen heute bereits die Größe von einem Kubikzentimeter unterschreiten, die Batterien für diese Sensorknoten sind jedoch oft noch einmal so groß. Auch für die Kommunikation wird Energie benötigt. Zwischen der Energie E, die benötigt wird, um von A nach B zu senden, und der Entfernung d zwischen A und B besteht der Zusammenhang $E \sim d^{\lambda}$, wobei λ ein Maß für die Dämpfung ist. Unter idealen Bedingungen ist $\lambda=2$. Unter ungünstigen Bedingungen, wenn sich etwa Gegenstände zwischen Sender und Empfänger befinden, kann λ auch Werte von >4 annehmen [Pis01]. Das Kommunikationsmodul eines Sensorknotens ist bei vielen Prototypen der größte Energieverbraucher.

Eine weitere Herausforderung stellt die Mobilität von Sensorknoten und -netzen dar. Viele Algorithmen und Protokolle arbeiten gut, solange sich Sensorknoten gar nicht oder nur wenig bewegen. Erhöht sich die Mobilität der Knoten, so stoßen viele an ihre Grenzen. Indikator dafür ist, dass viele Publikationen im Bereich drahtloser Sensornetze in ihren Modellannahmen davon ausgehen, dass sich die Sensorknoten kaum bewegen.

Auch die Skalierbarkeit von Software für Sensornetze stellt die Entwickler vor Probleme [BGo04]. So muss schon beim Entwurf berücksichtigt werden, dass Anwendungen verteilt auf Hunderten oder Tausenden von Knoten arbeiten können. Ebenso ist der Test derartiger Anwendungen schwierig: Die Informationen über den internen Zustand der einzelnen Knoten müssen zentral ausgewertet werden, um die korrekte Funktionsweise des Gesamtsystems zu überwachen. Abhilfe kann das Versenden von Zustandsinformationen (Logging) in Entwicklungs- und Testphase schaffen. Systeme mit zusätzlicher Logging- und Debuggingunterstützung beeinflussen aber das Verhalten der Applikation, und das Übertragen von Logging-Nachrichten führt automatisch zur verzögerten Übermittlung anwendungsspezifischer Daten. Besonders in drahtlosen Anwendungen mit begrenzten Ressourcen resultiert dies in einem modifizierten Zeitverhalten sowie einem frühen Ausfall von Knoten durch den erhöhten Kommunikationsaufwand. In einem Netzwerk aus n Knoten nimmt zudem die Kanalkapazität mit $\sqrt{(1/n)}$ ab. Das Transportmedium stellt folglich einen Flaschenhals dar [LiB01]. In Sensornetzen mit Tausenden von Knoten beeinträchtigt dieser Bottleneck-Effekt das Applikationsverhalten erheblich. Die Test- und Steuerungsumgebung SeNeTs [BlH04] erlaubt die Reduzierung des Flaschenhals-Effektes durch Einführung von zwei unabhängigen Kommunikationskanälen: Der primäre Kommunikationskanal entspricht dem originären Kommunikationskanal der verteilten Anwendung. Er wird durch die Sensornetzanwendung definiert und nutzt das primäre Übertragungsverfahren der Sensorknoten (z.B. Bluetooth oder Zigbee). Der sekundäre Kommunikationskanal ist für die Administrierung der SeNeTs-Komponenten vorgesehen. Dieser Kanal überträgt Steuerungs- und Logging-Nachrichten. Er ist unabhängig vom primären Kommunikationskanal und benutzt eine andere Übertragungsmethode, z.B. Ethernet oder Ultraschall. Die Administrierung von verteilten und parallel arbeitenden Anwendungen erfolgt über diesen sekundären Kanal (vgl. Abb. 4).

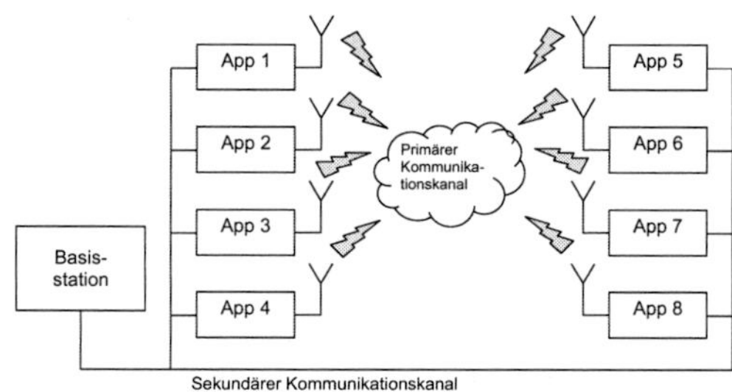

Abb. 4. Kommunikationskanäle der SeNeTs-Steuerungs- und Entwicklungsumgebung

Fazit

Drahtlose Sensornetze – als Ausprägung des Ubiquitous Computing – ermöglichen eine „unaufdringliche" flächendeckende Überwachung natürlicher und technischer Prozesse. Unterstützt werden derartige Anwendungen von Fortschritten bei der Miniaturisierung von Prozessoren, Sensoren und Kommunikationseinrichtung sowie durch neuartige und verfeinerte Dienste wie Lokalisierung, Datenaggregation oder Datenfusion. Das Anwendungsspektrum drahtloser Sensornetze ist außerordentlich breit: Prävention von Katastrophen, Fernüberwachung kranker und alter Menschen sowie Umweltüberwachungen sind nur einige Beispiele aus dem Fächer möglicher Anwendungen. Dennoch sind noch zahlreiche Herausforderungen sowohl im Software- als auch im Hardwarebereich zu meistern, damit Sensornetze endgültig und in großem Maßstab den Schritt heraus aus den Laboren hinein in die reale Welt vollziehen.

Literatur

[Bei04] Beigl M, Krohn A, Zimmer T, Decker C (2004) Typical sensors needed in ubiquitous and pervasive computing. In Proc. of the First International Workshop on Networked Sensing Systems (INSS): 153–158, Tokyo, Japan

[BGo04] Blumenthal J, Golatowski F, Haase M, Handy M (2004) Software development for large-scale wireless sensor networks. In: Zurawski R (Hrsg.) The Industrial Information Technology Handbook, CRC Press, San Francisco, USA

[BlH04] Blumenthal J, Handy M, Reichenbach F, Timmermann D (2004) SeNeTs – Test- und Steuerungsumgebung für Software in großen drahtlosen Sensornetzen. In: 34. Jahrestagung der Gesellschaft für Informatik: 390–394, Ulm, Deutschland

[Blu04] Blumenthal J, Reichenbach F, Handy M, Timmermann D (2004) Low power optimization of the coarse grained localization algorithm in wireless sensor networks, In: Proc. of the 1st Workshop on Positioning, Navigation and Communication: 137–146, Hannover, Deutschland

[Cha03] Chan H, Perrig A (2003) Security and privacy in sensor networks. IEEE Computer 36(10): 103–105

[Che99] Chen D, Schmidt A, Gellersen HW (1999) An architecture for multi-sensor fusion in mobile environments. In: Proc. of the International Conference on Information Fusion, Sunnyvale, USA

[Cla03] Clausen T, Jacquet P (2003) Optimized link state routing protocol. RFC 3626, IETF

[Dec04] Decker C, Beigl M, Krohn A, Kubach U, Robinson P (2004) eSeal – a system for enhanced electronic assertion of authenticity and integrity of sealed items. In: Proc. of Pervasive 2004: 254–268, Wien, Österreich

[Doh01] Doherty L, Warneke BA, Boser B, Pister KS (2001) Energy and performance considerations for smart dust. Parallel Distributed Systems and Networks 4(3): 121–133

[Fin02] Finkenzeller K (2002) RFID-Handbuch. Carl Hanser Verlag, München

[Haa97] Haas ZJ, Pearlman MR (1997) Zone routing protocol. Internet Draft, IETF

[Han04] Handy M, Blumenthal J, Timmermann D (2004) Energy-efficient data collection for bluetooth-based sensor networks. In: Proc. of IEEE Instrumentation and Measurement Technology Conference (1): 76–81, Como, Italien

[Hei00] Heinzelman W, Chandrakasan A, Balakrishnan H (2000) Energy-efficient communication protocol for wireless microsensor networks. In: Proc. of the Hawaii International Conference on Systems Science: 10–19, Hawai, USA

[Hil00] Hill J, Szewczyk R, Woo A, Hollar S, Culler D, Pister KS (2000) System architecture directions for networked sensors. In: Proc. of ASPLOS 2000, Cambridge, USA

[Int00] Intanagonwiwat C, Govindan R, Estrin D (2000) Directed diffusion: a scalable and robust communication paradigm for sensor networks. In: Proc. of the 6th ACM/IEEE Mobicom Conference, Boston, USA

[Joh03] Johnson DB, Maltz DA, Hu YC (2003) The dynamic source routing protocol for mobile ad hoc networks. RFC Draft, IETF

[Kar00] Karp B, Kung HT (2000) Greedy perimeter stateless routing for wireless networks. In: Proc. of the 6th ACM/IEEE MobiCom Conference: 243–254, Boston, USA

[Kri02] Krishnamachari B, Estrin D, Wicker SB (2002) The Impact of Data Aggregation in Wireless Sensor Networks In: Proc. of the 22nd International Conference on Distributed Computing Systems: 575–578, Wien, Österreich

[Kul99] Kulik J, Rabiner W, Balakrishnan H (1999) Adaptive protocols for information dissemination in wireless sensor networks. In: Proc. of the 5th ACM/IEEE Mobicom Conference, Seattle, USA

[LiB01] Li J, Blake C, Couto D, Lee HI, Morris R (2001) Capacity of ad hoc wireless networks. In: Proc. of the 7th ACM/IEEE MobiCom Conference, Rom, Italien

[Mic03] Michahelles F, Matter P, Schmidt A, Schiele B (2003) Applying wearable sensors to avalanche rescue: first experiences with a novel avalanche beacon. Computers & Graphics 27(6)

[Moo65] Moore G (1965) Cramming more components onto integrated circuits. Electronics 38: 114–117

[Per01] Perrig A, Szewczyk R, Wen V, Culler D, Tygar JD (2001) SPINS: security protocols for sensor networks. In: Proc. of the 7th ACM/IEEE MobiCom Conference, Rom, Italien

[Per03] Perkins C, Belding-Royer E, Das S (2003) Ad hoc on-demand distance vector routing. RFC 3561, IETF

[Pis01] Pister K (2001) On the limits and applications of MEMS sensor networks. In: Defense Science Study Group Report of the Inst. for Defense Analysis, Alexandria, USA

[Sav01] Savvides A, Han CC, Srivastava M (2001) Dynamic fine-grained localization in ad-hoc networks of sensors. In: Proc. of the 7th ACM/IEEE MobiCom Conference: 166–179, Rom, Italien

[Tak01] Takaragi K, Usami M, Imura R, Itsuki R, Satoh T (2001) An ultra small individual recognition security chip. IEEE Micro 21(6): 43–49

[Usa04] Usami M (2004) An ultra-small rfid chip: μ-chip. In: Proc. IEEE Asia-Pacific Conference on Advanced System Integrated Circuits, Fukuoka, Japan

[Xu01] Xu Y, Heidemann J, Estrin D (2001) Geography-informed energy conservation for ad hoc routing. In: Proc. of the 7th ACM/IEEE Mobicom Conference: 70–84, Rom, Italien

Prof. Dr. Dirk Timmermann studierte Elektrotechnik an der Universität Dortmund. Nach der Promotion zum Dr.-Ing. an der Universität Duisburg 1990 und langjähriger Tätigkeit am dortigen Fraunhofer-Institut für mikroelektronische Systeme 1993 Ruf auf eine Professur für Datentechnik an der Universität-GHS Paderborn. Seit 1994 C4-Professur an der Universität Rostock, Leiter des Instituts für Angewandte Mikroelektronik und Datentechnik, Fakultät für Informatik und Elektrotechnik. Forschungsinteressen: Low Power, Sensornetze, Algorithmen und Architekturen der Kommunikationstechnik.

Prof. Dr. Michael Beigl schloss sein Studium 1995 an der Universität Karlsruhe als Diplom-Informatiker ab und begann seine Tätigkeit am Telecooperation Office (TecO) der Universität Karlsruhe. Nach der Promotion im Jahr 2000 übernahm er die Leitung des TecO; seit März 2006 ist er Professor an der TU Braunschweig. Seine Forschungsinteressen konzentrieren sich auf Fragen der Kommunikation, Einbettung von Sensor- und Computertechnologie in Gegenstände des Alltags, Kontextsensitivität und Mensch-Maschine-Dialog im Bereich Ubiquitous Computing.

Matthias Handy studierte Wirtschaftsingenieurwesen an der Universität Rostock und ist seit Oktober 2001 als Wissenschaftlicher Mitarbeiter am Institut für Angewandte Mikroelektronik und Datentechnik an der Universität Rostock beschäftigt. Forschungsgebiete: Auswirkungen des Ubiquitous Computing, Sensornetze, drahtlose Kommunikationstechnologien. Er nahm Teil am Ladenburger Kolleg „Leben in einer smarten Umgebung", das von 2002 bis 2004 mögliche Auswirkungen des Ubiquitous Computing untersuchte, und ist Mitautor der im Dezember 2003 erschienenen Studie „Leben in einer smarten Umgebung: Ubiquitous-Computing-Szenarien und Auswirkungen".

Eingebettete Interaktion –
Symbiose von Mensch und Information

Albrecht Schmidt

Bonn-Aachen International Center for Information Technology

Kurzfassung. Computertechnologie ist bereits in viele Bereiche unseres Lebens vorgedrungen, und dieser Trend setzt sich weiter fort. In den letzten Jahren hat der Fortschritt in der Wissenschaft zu neuen Problemlösungen geführt, die eine nahtlose Einbettung von Rechen- und Kommunikationstechnologien in unsere Alltagswelt ermöglichen. Flächendeckende Infrastrukturen und spezialisierte Informationsgeräte sind im Entstehen, was neue Anwendungsfelder der Informatik nach sich zieht. Durch technologische Entwicklungen im Bereich der Sensoren und Aktuatoren eröffnen sich insbesondere neue Möglichkeiten für die Gestaltung von Benutzungsschnittstellen, die in Gegenstände, Kleidung und die Umgebung eingebettet sind. Zentrale Aspekte sind dabei die implizite Interaktion und das Konzept der „greifbaren" Information. Das automatische Erkennen und die Interpretation von Aktionen und Situationen sowie die Nutzung dieser Information als implizite Eingabe erlauben eine an den Kontext angepasste Verhaltensweise eines Systems. Wenn man Daten und Information quasi anfassen kann, wird eine natürliche Interaktion mit abstrakten Konstrukten möglich.

Für die Entwicklung solcher Systeme existieren noch keine klaren Vorgehensmodelle und Richtlinien; Forschungsarbeiten in diesen Bereichen konzentrieren sich auf die Erarbeitung von Grundkonzepten. In den nachfolgend vorgestellten Arbeiten wird insbesondere aus technischer Sicht auf experimentelle Forschung im Bereich der Mensch-Maschine-Interaktion eingegangen. In drei Fallstudien werden Prototypen für spezifische Interaktionsgeräte, für neue Arten der Interaktion und für vernetzte interaktive Systeme vorgestellt. Eine Grundanforderung an interaktive ubiquitäre Systeme ist, dass sich die Interaktion nahtlos in die Tätigkeiten oder Aktionen des Benutzers einfügt. Mit Bezug auf die Forschungsarbeiten wird ein damit begründeter Übergang von der Mensch-Maschine-Interaktion zur Symbiose von Mensch und Information erörtert.

Allgegenwärtige Computer

Aus technischer Sicht sind viele visionäre Szenarien des Ubiquitous Computing schon heute oder in naher Zukunft möglich. Es gibt zwar zahlreiche technische Herausforderungen, jedoch erscheinen diese in den nächsten Jahren lösbar. In diesem Beitrag werden Aspekte der Interaktion des Menschen mit allgegenwärtigen Computern näher beleuchtet. Dabei gibt es eine Vielzahl von offenen Fragestellungen, ohne deren befriedigende Beantwortung eine weitreichende Akzeptanz für diese neue Form der Informations- und Kommunikationstechnologie nur schwer vorstellbar ist. Wir konzentrieren uns nachfolgend auf technische Aspekte der Mensch-Maschine-Interaktion mit allgegenwärtigen Computern.

Ubiquitous Computing – mit der Umwelt verwobene Computer

Ubiquitous Computing wird oft auf eine quantitative Beziehung zwischen Computern und Menschen reduziert: Auf einen einzelnen Menschen kommen viele Computer. Auf den ersten Blick scheint dies noch eine Zukunftsvision zu sein, da selbst in den meisten Industrieländern durchschnittlich noch immer weniger als ein PC pro Einwohner vorhanden ist. Im Zeitalter von Mobiltelefonen, computergesteuerten Haushaltsgeräten, Fahrzeugen mit einer Vielzahl von Prozessoren und vielfältiger computerbasierter Unterhaltungselektronik ist es jedoch eine Tatsache, dass man täglich mit Hunderten von „Computern" interagiert: Wir waschen Wäsche, machen Kaffee, nutzen Aufzüge, fahren Auto, kaufen eine Fahrkarte, hören Musik oder telefonieren, und ohne darüber nachzudenken, bedienen wir dabei jedes Mal ein mehr oder weniger komplexes Computersystem. Wichtige Fortschritte, wie billige und leistungsfähigere Mikrokontroller, große Speicherkapazitäten in kleinen Bauformen, nahezu allgegenwärtige Verfügbarkeit von mobilen Netzwerken und neuartige Displaytechnologien, haben wesentlich zu dieser Entwicklung beigetragen. Betrachtet man jedoch die ursprüngliche Vision des Ubiquitous Computing, wie sie Mark Weiser beschrieben hat, etwas genauer, stellt man fest, dass eine quantitative Beziehung zwischen Nutzer und Computertechnologie zu kurz greift [Wei91].

Eine Grundeigenschaft des Ubiquitous Computing ist die Verwobenheit mit der Umgebung. Dies bezieht sich sowohl auf die technische Einbettung des Computersystems wie auch auf die konzeptuelle Integration in den Nutzungsablauf. Das Ziel sind Technologien, die mit ihrer Umwelt verschmelzen und nicht mehr als solche wahrgenommen werden. Beispiele für ein solches Verschwinden der Technologie finden sich in verschiedenen Bereichen des täglichen Lebens, wo computergestützte Systeme wie selbstverständlich benutzt werden und Menschen diese Geräte nicht als Computer ansehen. Hier zeigt sich aber auch ein Problem: Solange das System korrekt arbeitet, ist der Computer für den Nutzer unsichtbar; wenn aber Systeme nicht mehr funktionieren, wird die Illusion der Verwobenheit zerstört! Solange eine Anzeigetafel die abfahrenden Züge anzeigt, ist es ein Fahrplan. Wenn aber der implementierende Rechner abgestürzt ist, handelt es sich um einen Computer, der defekt ist. Mark Weiser [Wei91] beschreibt die Verwobenheit wie folgt: *„The most profound technologies are those that disappear. They weave themselves into the fabric of everyday life until they are indistinguishable from it."* Und an anderer Stelle meint er: *„... drawing computers out of their electronic shells. The ‚virtuality‘ of computer-readable data [...] is brought into the physical world."*

Um eine wirkliche Verknüpfung von Information aus der virtuellen Welt mit Ereignissen in der physischen Welt zu ermöglichen, sind neuartige Technologien zur Ein- und Ausgabe notwendig. Entwicklungen und Fortschritt im Bereich der

Sensorik erlauben neue Möglichkeiten für die Akquisition von Information – Aktionen des Benutzers, Interaktionen mit der Umwelt, der Aufenthaltsort oder der physiologische Zustand können erfasst werden und somit als Eingabe für einen vernetzten Computer dienen. Die so gewonnene Information wird oft auch als *Kontext* bezeichnet. Die Möglichkeiten für die Darbietung von Information sind durch neue Technologien nicht mehr auf Bildschirm und Lautsprecher beschränkt. Information lässt sich in vielfacher Weise in die Umgebung integrieren. So kommuniziert z.B. eine abgeschlossene Tür sehr klar, dass der Zutritt für eine Person nicht gestattet ist. Es gibt verschiedenste Ausgabetechnologien, die sich mit dem Computer steuern lassen. Durch physische Aktuatoren ergibt sich die Möglichkeit, Kontext zu erzeugen und somit Information in reale Umgebungen nahtlos einzubetten.

Flächendeckende Infrastrukturen inspirieren neue Technologien

Der Begriff Ubiquitous Computing legt nahe, dass Rechentechnologie allgegenwärtig vorhanden und vernetzt ist und als Folge immer und überall auf beliebige Information zugegriffen werden kann. Dies ist in weiten Bereichen aber noch immer ein Wunschtraum. Im Vergleich dazu ist in Industrieländern der Zugriff auf elektrische Energie inzwischen nahezu überall und immer möglich und somit für die Nutzer selbstverständlich. Betrachtet man die historischen Entwicklungen, die mit der Elektrifizierung einhergingen, so lässt sich beobachten, dass der Fortschritt bei primären Technologien wie Glühbirnen und Motoren nicht die einzige Veränderung war, die stattfand. Durch die allgegenwärtige Verfügbarkeit von Energie entstanden viele neue Technologien, die zum Zeitpunkt des Aufbaus der Infrastruktur nicht vorausgesehen wurden. Viele elektrische und elektronische Konsum- und Unterhaltungsgeräte wurden durch das Vorhandensein der Infrastruktur erst ermöglicht. Im Moment wird in vielen Bereichen eine Infrastruktur für Ubiquitous Computing aufgebaut. Insbesondere die globale Verfügbarkeit von Kommunikation und Ortsinformation hat das Potenzial, eine ganze Welle von neuen Anwendungen zu ermöglichen, die nur sehr wenig mit klassischen Produkten der Mobilkommunikation zu tun haben.

Information Appliances – der vernetzte Spezialcomputer

Betrachtet man die Vision des Ubiquitous Computing unter dem Aspekt der Endgeräte, so kann man in verschiedenen Bereichen einen Trend hin zu spezialisierten Geräten erkennen, z.B. Haushaltsgeräte oder Unterhaltungselektronik. Technisch enthalten diese konventionelle Computer- und Kommunikationstechnik, aber nach außen, zum Benutzer hin, erscheinen sie nicht als solche. Sie werden oft als *Information Appliances* bezeichnet [Nor98]. Im Vergleich zu diesen Spezialgeräten ist der PC das Schweizer Taschenmesser, mit dem man zwar alles tun kann, aber sich oft sehr abmühen muss, da das Werkzeug nicht optimal passt. Geräte mit einer spezialisierten und bewusst eingeschränkten Funktionalität sind wie spezialisierte Werkzeuge, die für genau eine Aufgabe optimiert sind. Der Vorteil liegt in ihrer geringeren Komplexität sowohl im Aufbau (Hardware und Software) wie auch in der Bedienung. Der Nachteil von Information Appliances ist, dass mehrere Geräte benötigt werden, was insbesondere in mobilen Nutzungsszenarien in Frage gestellt werden kann. Donald Norman [Nor98] formuliert die Zielvorgabe so: *„The primary motivation behind the information appliance is clear: simplicity. Design the tool to fit the task so well that the tool becomes part of the task."*

Auf der anderen Seite gibt es aber den entgegengesetzten Trend der Gerätekonvergenz, wie bei Mobiltelefonen, welche eine große Vielfalt an Funktionalität (z.B. Telefon, Kamera, Spiele, Adressbuch und Kalender) in einem einzigen Gerät vereinen. Diese Systeme haben eine größere Komplexität und sind dadurch auch komplizierter zu bedienen. Die Verwendung von Kontext und Personalisierung kann eine Brücke zwischen beiden Trends bilden. Erkennt ein Gerät, welches eine große Zahl von Funktionen bietet, den Kontext der Nutzung, und hat es Information über den Benutzer, dann kann es eine für die jeweilige Situation entsprechende Untermenge der Funktionen zur Verfügung stellen und somit gewissermaßen als Information Appliance agieren.

Charakteristika von ubiquitären Informationssystemen

Was ist Ubiquitous Computing? Diese Frage lässt sich nur in oberflächlicher Weise einfach beantworten. Es ist eine Entwicklung, die viele Gebiete der Informatik umfasst. Wesentliche Bereiche schließen Computernetze, Mobile Computing, Mensch-Maschine-Interaktion, Systemarchitektur und Softwareentwicklung ein. Für den Entwurf und Betrieb von Ubiquitous-Computing-Systemen werden in diesen einzelnen Bereichen Vorgehensweisen und Modelle entwickelt. Allgemeiner betrachtet charakterisieren die folgenden Punkte Ubiquitous-Computing-Systeme und beschreiben zentrale Anforderungen:

- Technologien, die keine aktive Aufmerksamkeit des Benutzers benötigen.
- Systeme, die mit der realen Umgebung verwoben sind.
- Computer als Werkzeuge, die vom Benutzer sofort verwendet werden können.

Um dies zu erreichen, sind Kontext, Kontexterkennung, Kontextverarbeitung und Kontextabhängigkeit zentrale Basistechnologien. Weiterhin zeigt sich, dass viele Systemparameter Auswirkungen auf die Benutzung und Benutzbarkeit des Systems haben. Entwurfsentscheidungen auf Netzwerkebene oder in der Systemarchitektur sind somit häufig direkt mit der Benutzbarkeit eines Systems verbunden.

Anwendungsfelder für ubiquitäre Informationssysteme

Ubiquitäre Informationssysteme haben neue Qualitäten und unterscheiden sich in vielerlei Hinsicht vom PC. Es ist daher wichtig zu verstehen, dass die Anwendungsbereiche solcher Systeme größtenteils nicht diejenigen Bereiche sind, in denen heute PCs eingesetzt werden. Es ist insofern unwahrscheinlich, dass Anwendungen, für welche heute PCs optimiert sind (z.B. das Schreiben von Texten oder das Arbeiten mit einer Tabellenkalkulation), in naher Zukunft durch andere Systeme ersetzt werden. Hingegen ist zu erwarten, dass neue Bereiche der Computernutzung entstehen. Dies lässt sich mit dem Schritt von Stapelverarbeitungsrechnern zu interaktiven Computern oder mit dem Wechsel von textbasierten Systemen zu graphischen Benutzungsschnittstellen vergleichen. Trotz der Verfügbarkeit von graphischen Oberflächen existiert noch eine Großzahl von sehr effizient bedienbaren textbasierten Programmen. Auf der anderen Seite entstanden neue Versionen von Programmen, die graphische Oberflächen nutzen und damit unter Umständen weniger flexibel und weniger effizient sind, aber die Bedienung durch Laien erleichtern (z.B. zur Durchführung von Operationen im Dateisystem). Vor diesem Hintergrund werden im nächsten Abschnitt einige relevante Aspekte von Benutzungsschnittstellen vertieft.

Eingebettete Interaktion – Interaktion jenseits von Maus und Bildschirm

Die Möglichkeiten des Menschen zur Interaktion mit seiner Umwelt sind vielfältig. Die menschliche Wahrnehmung ist komplex, und die Ausdrucksmöglichkeiten mittels Sprache, Gestik und Verhalten sind vielschichtig. Im Vergleich dazu sind die Interaktionsmöglichkeiten mit Computersystemen sehr primitiv. Um komplexere Interaktion zwischen Menschen und ihrer „computerisierten" Umwelt zu erlauben, ist es notwendig, diese auf weitere Modalitäten und in die physische Welt hinein auszudehnen. Dies impliziert eine Umstellung der Sichtweise auf die Computerbedienung, weg von einer einzelnen Benutzungsschnittstelle und hin zu einer Arbeits- und Lebensumgebung, die mit Computern durchdrungen ist. In einer solchen Umgebung sind Computer dann sowohl im Vordergrund, sichtbar für den Benutzer, wie auch im Hintergrund zu finden [RSW05].

Neue Ein- und Ausgabemodalitäten

Neue Modalitäten für die Ein- und Ausgabe sind die wichtigsten Bausteine, um eine solche Verschmelzung der physischen und virtuellen Umgebung zu erreichen. Auf der Ausgabeseite liegt bei heutigen Systemen der Schwerpunkt auf visueller Präsentation, die durch Audio unterstützt wird. Die visuelle Präsentation ist meist auf kleine Bildschirmflächen begrenzt, welche auch noch für mehrere Aufgaben geteilt werden. Im Gegensatz dazu verwenden wir in der realen Welt räumliche Anordnung als wichtiges und effektives Organisationskriterium [Kir95]. Neue Modalitäten umfassen großflächige Visualisierung, verteilte visuelle Darstellungen und in die Brille integrierte persönliche Displays.

Ein wesentlicher neuer Bereich für die Informationspräsentation ist die direkte Veränderung der physischen Welt durch Aktuatoren. Betrachtet man moderne

Wohn-, Büro- und Produktionsgebäude, erkennt man eine große Menge an Funktionen, die sich über den Computer steuern lassen. Diese reichen von Heizung, Klima, Beschattung, über Zugangskontrolle, bis hin zur dynamischen Konfiguration und Einteilung von Räumen. Ähnlich vielfältig sind Aktuatoren, die im Bühnen- und Showbereich eingesetzt werden. Auf Basis solcher Technologien lässt sich Information in mannigfaltiger Weise in die Umgebung integrieren und Kontext erzeugen. Information kann somit in expliziter und impliziter Weise an den Benutzer kommuniziert werden und reicht von einer für einen gewissen Zweck funktional erzeugten Umgebung bis hin zum Erzeugen einer bestimmten Stimmung. Darüber hinaus gibt es Forschungen in weiteren Ausgabebereichen, z.B. der taktilen Präsentation.

Ähnlich stellt sich die Eingabe für ubiquitäre Systeme dar. Hier ist ebenfalls eine neue Sichtweise notwendig. In der Interaktion mit anderen Menschen und mit unserer Umwelt wird vieles nur implizit kommuniziert. Ohne zu merken, was „zwischen den Zeilen" vermittelt wird, ist ein angebrachtes oder gar intelligentes Verhalten im Allgemeinen nicht möglich. Die Eingabe bei heutigen Computersystemen findet zum großen Teil mittels Tastatur und Zeigegerät statt; in manchen Bereichen finden auch gesprochene Sprache und Gestik Anwendung. Betrachtet man ubiquitäre Systeme, ergibt sich eine Vielzahl neuer Möglichkeiten, um Information vom Benutzer zu erfassen. Die Verwendung von verschiedenen Sensoren im Umfeld des Benutzers ermöglicht es, Informationen und Wissen über die Situation und das Verhalten zu sammeln. Diese Sensoren können in Kleidung, Alltagsgegenständen, Möbeln, Geräten oder der Umgebung des Benutzers eingebettet sein. Zusätzlich zu den Sensoren sind Prozessoren notwendig, um die Information zu verarbeiten und sinnvolle Abstraktionen, die auch als Kontext bezeichnet werden, zu schaffen. Diese Kontextinformation kann verwendet werden, um Aktionen des Benutzers in der realen Welt als Eingaben für ein System oder eine Anwendung zu interpretieren. Geht ein Benutzer durch eine bestimmte Tür, hält sich eine bestimmte Gruppe von Personen in einem Raum auf oder zeigt sich ein bestimmtes Bewegungsmuster, so lassen sich daraus Kontexte ableiten und mögliche Situationen erkennen. Die Nutzung von abgeleiteten Kontexten als Eingabe ist jedoch im Vergleich zu klassischen Eingaben (z.B. das Drücken einer Schaltfläche) meist nicht eindeutig und die Interpretation der Bedeutung ist nur mit einer gewissen Wahrscheinlichkeit richtig. Dadurch ist das Verwenden von Kontext als zusätzliche Eingabe in einer klassischen Benutzungsschnittstellenarchitektur problematisch und bedarf neuer Konzepte.

Nutzungsschnittstellen, welche in die reale Welt eingebettet sind, ermöglichen es, neue Erfahrungen für den Anwender zu erzeugen. Die Wirkung und Effizienz von neuen physischen Schnittstellen lässt sich ohne experimentelle Untersuchungen nicht vorhersagen, da noch wenig Erfahrungen vorhanden sind. Es existieren noch keine anerkannten Richtlinien und Vorgehensweisen für diese Art von interaktiven Systemen. Ein Beispiel hierfür ist die Informationspräsentation in der Peripherie des Benutzers, im Englischen als „Ambient Media" bezeichnet. Die Grundidee ist, dass der Benutzer Information, die in ästhetischer Form in der peripheren Umgebung präsentiert ist, nebenbei erfasst. Ein einfaches Beispiel hierfür ist ein Springbrunnen, dessen Aktivität die Anzahl der Zugriffe auf eine Webseite widerspiegelt [GSc02]. Die Annahme ist nun, dass diese Information beiläufig und unterschwellig von Benutzern erfasst wird. Die Wirkung eines solchen Systems muss bislang im Einzelfall experimentell überprüft werden, da noch keine allgemeinen Erkenntnisse vorliegen. Ein Beispiel für eine Frage, die praktisch nur experimentell evaluiert werden kann, ist, ob eine bestimmte Art der Informationspräsentation die Motivation der Mitarbeiter erhöht.

Die grundsätzliche Neuerung bei Benutzungsschnittstellen im Ubiquitous Computing ist die entstehende physische Beziehung zwischen Benutzer und Computer. Der Benutzer ist vom Computer umgeben, und seine Aktionen beeinflussen den Computer. Die Welt, die uns umgibt, lässt sich nicht mehr vom Computer trennen. Dies hat weitreichende Konsequenzen für die Umsetzung und den Einsatz dieser Konzepte, insbesondere auch in Hinblick auf die Sicherheit und Privatsphäre der Nutzer.

Interaktion mit Information

Neue technische Möglichkeiten für die Ein- und Ausgabe eröffnen einen neuen Blick auf die Mensch-Computer-Interaktion. Bisher ist diese sehr stark auf Geräte fokussiert, z.B. Interaktion mit mobilen Geräten oder Interaktion mit Geräten auf dem Schreibtisch. Setzt man die Verfügbarkeit einer heterogenen und ausbaubaren Landschaft aus Ein- und Ausgabegeräten voraus, wird eine grundlegende Änderung der Sichtweise hin zur *Interaktion mit Information* möglich. Dies umfasst zwei wesentliche Aspekte: Wo erzeugt der Benutzer Information und wo greift er auf Information zu? Dabei unterscheidet man die Erzeugung und Nutzung in expliziter und impliziter Weise. Betrachtet man die Erzeugung von Information genauer, sind folgende Fragen von Bedeutung:

- Wie kann die erzeugte Information erfasst werden?
- In welcher Form kann die Information repräsentiert, verstanden und gespeichert werden?
- Wie kann die Information an andere Komponenten im System weitergegeben werden?

In gleicher Weise stellen sich die Fragen auch für die Nutzung von Information:

- Wie kann die benötigte Information (proaktiv) dargestellt werden?
- Welche Informationen sollen dargestellt werden und in welcher Form?
- Wann, wie lange und wo soll die Information präsentiert werden?

Diese Fragen sind vergleichbar mit Fragen, die in der klassischen Anforderungsanalyse gestellt werden. Es ist sinnvoll, diese zuerst aus dem Anwendungskontext heraus zu beantworten und dann in einem zweiten Schritt zu entscheiden, welche Technologien diesen Anforderungen gerecht werden.

Implizite Interaktion

Durch neue Technologien weitet sich der Entwurfsraum für interaktive Systeme aus, wie in Abbildung 1 dargestellt wird. Neben den klassischen Formen der expliziten Interaktion gibt es die Möglichkeit, unabhängig von der Modalität auch implizit Information zu sammeln. Die Modalitäten sind vielfältig und in vielen Fällen ergeben sich Nutzungsszenarien, die multimodal sind und sowohl implizite als auch explizite Interaktion beinhalten. Der hell schraffierte Bereich zeigt die vorherrschenden Benutzungsschnittstellen in konventionellen Computersystemen. Hierbei liegt aktuell der Fokus auf graphischen Benutzungsschnittstellen (GUI) mit expliziter Nutzung.

		Interaktionsform	
		explizit	implizit
Modalität	Kommandozeile		z.B. Eingabegeschwindigkeit, verwendete Befehle
	GUI & direkte Manipulation		z.B. Mausbewegungen, Reihenfolge von Aktionen
	Gesten		z.B. Pausen zwischen Gesten, Geschwindigkeit
	Greifbare und physikalische UIs	z.B. Tangible Interfaces	z.B. durch eine Tür gehen, etwas anschauen

Abb. 1. Neuer Entwurfsraum für interaktive Systeme

Unter impliziter Interaktion versteht man implizite Eingabe und implizite Ausgabe. Dabei sind erstere Aktionen und Reaktionen des Benutzers, die primär zur Erfüllung einer Aufgabe durchgeführt werden. Diese werden durch Sensoren vom Computer erfasst, interpretiert und als Eingabe verwendet [Sch00]. Ein Beispiel im Bereich der physischen Modalität ist ein Benutzer, der durch die Eingangstür des Bürogebäudes geht. Dies tut er, um an seinen Arbeitsplatz zu gelangen. Gleichzeitig kann diese Aktion, eine entsprechende Sensorinfrastruktur vorausgesetzt, erfasst und dem Computersystem als Eingabe zur Verfügung gestellt werden. Implizite Eingabe ist aber auch in graphischen Benutzungsschnittstellen möglich. Erfasst man mit dem Computer nicht nur die eigentlichen Eingaben (z.B. das Drücken von Schaltflächen oder ausgefüllte Eingabefelder), sondern auch die Art, wie der Benutzer das tut (z.B. wie lange er braucht, um eine Schaltfläche mit der Maus anzufahren, an welche Stelle in der Schaltfläche gedrückt wird oder wie lange er braucht, um seine E-Mail-Adresse einzugeben), können diese Informationen genutzt werden, um Rückschlüsse auf den Benutzer zu ziehen.

Implizite Ausgaben sind Aktionen und Reaktionen des Computersystems, die nicht direkt mit expliziten Eingaben der Nutzer zusammenhängen und in die Umgebung der Benutzer integriert sind. Ein Beispiel hierfür ist die periphere und proaktive Präsentation von Informationen. Implizite Ausgaben sind so gestaltet, dass keine Interaktion durch den Benutzer gefordert wird.

Die Grenze zwischen expliziter und impliziter Interaktion ist fließend und hat sowohl technische wie psychologische Aspekte. Implizite Interaktion kann auch als transparente Nutzung angesehen werden. Transparenz, also die Unsichtbarkeit, kann ebenfalls aus technischer und psychologischer Sicht betrachtet werden. Aus einer technischen Sicht können Geräte entsprechend ihrer technischen Integration in die Alltagsumgebung unterschieden werden. Dies reicht von klassischen Interaktionsgeräten (z.B. Tastatur) bis hin zu vollständig eingebetteten Sensoren (z.B. eine automatische Tür). In einer alternativen Sichtweise geht es darum, wie die Interaktion vom Benutzer wahrgenommen wird. Es zeigt sich, dass es einerseits Fälle gibt, in denen ein offensichtliches Interaktionsgerät genutzt wird, ohne dass sich der Nutzer über die technischen Hintergründe Gedanken macht. Andererseits ist es nicht ungewöhnlich, dass Benutzer eingebettete und eigentlich unsichtbare Interaktionsgeräte explizit nutzen (z.B. das Aufhalten einer automatischen Tür, indem der Sensor blockiert wird). Allgemein umfasst die Mensch-Maschine-Schnittstelle in ubiquitären Systemen Komponenten aus expliziter und impliziter Interaktion. Dieses generische Interaktionsmodell wird in Abbildung 2 verdeutlicht.

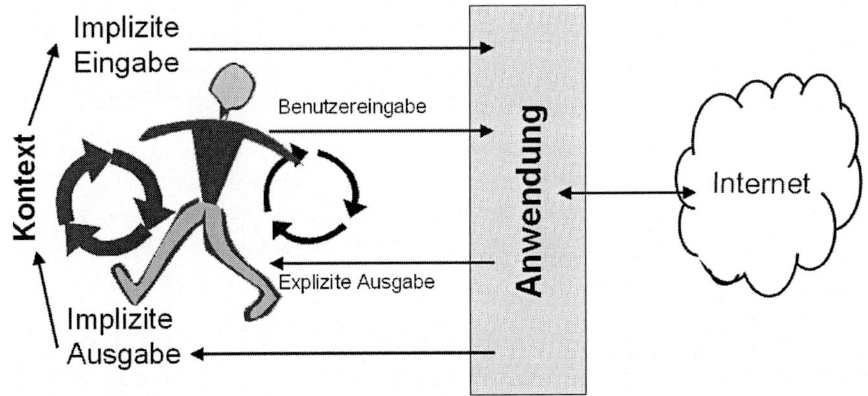

Abb. 2. Modell für implizite und explizite Interaktion

Konzeptuelle Modelle der Interaktion

Für eine sinnvolle und effiziente Interaktion mit einer Maschine oder einem Computer ist es notwendig, dass Benutzer ein angemessenes konzeptuelles Modell haben. Auf Basis eines solchen Modells erklärt sich der Benutzer Reaktionen des Systems und trifft Entscheidungen, wie das System in einer bestimmten Situation zu bedienen ist. Ein solches Modell kann vom Benutzer in verschiedener Weise entwickelt werden. Grundsätzlich kann es erlernt werden oder aus Erfahrungen abgeleitet werden.

Wird das Modell vom Benutzer erlernt, spielt die Komplexität eine große Rolle. Ein sehr komplexes Modell ist schwerer zu verstehen und wird leichter vergessen. Ist das Modell zu einfach, entsteht das Problem, dass Erfahrungen, die der Benutzer mit dem System macht, nicht hinreichend erklärt werden können. In einfachen mechanischen und elektrischen Systemen kann der Benutzer durch Inspektion des Geräts und Ausprobieren der Funktionen ein konzeptionelles Modell entwickeln, da es sich aus der sichtbaren Technik ableiten lässt (z.B. die Funktion eines Türgriffs). In komplexeren traditionellen Systemen wird das konzeptuelle Modell häufig durch ein vermitteltes Grundwissen und ein darauf aufbauendes Ausprobieren erworben.

In ubiquitären Systemen, die in die Umgebung eingewoben sind, ist es für den Benutzer sehr schwer, ein konzeptuelles Modell zu erfassen. Viele Komponenten sind nicht sichtbar (z.B. Sensoren) und somit ist nicht klar, auf welcher Basis das System Entscheidungen trifft. Durch Personalisierung und Nutzung von Kontext wird dieses Problem noch erschwert. Zu verstehen, was beim Drücken eines Knopfes passiert, kann zur Herausforderung werden, wenn dies abhängig von der Person ist, die drückt, von der Tageszeit, von der Anzahl der Personen im Raum und vom vorigen Zustand. Ein Lichtschalter, der mit einer Lampe durch ein Kabel verbunden ist, lässt einfache Rückschlüsse auf die Funktion zu. Hingegen ist ein Lichtschalter, der über Internet mit einer Datenbank verbunden ist, zusammen mit einer Lampe, die ebenfalls über Internet mit der Datenbank verbunden ist, viel flexibler. Die Verkabelung lässt in diesem Fall aber keine Rückschlüsse auf die Funktion zu.

Um diesem *Problem der technischen Freiheit* zu begegnen, ist es zentral, dass Entwickler von ubiquitären Informationssystemen sich dieser Problematik bewusst sind und entsprechende Systeme mit Erklärungskomponenten versehen. Eine solche Erklärungskomponente sollte es dem Benutzer ermöglichen, Verhaltensweisen des Systems nachzuvollziehen und zu verstehen. Insbesondere für personalisierte und kontextabhängige Systeme ist sonst ein Erkunden des Systems zum Erlernen des konzeptuellen Modells nicht oder nur bedingt möglich.

Neue Benutzungsschnittstellen

Im Entwurfsprozess für ubiquitäre Informationssysteme ist die Schnittstelle zwischen Mensch und Computersystem ein zentraler Aspekt, der Auswirkungen auf die gesamte Systemarchitektur und die Implementierung hat. Einerseits bedingen die gewählten Interaktionsmodalitäten, in welcher Form Anwendungen genutzt werden können. Andererseits ergeben sich verschiedenste Anforderungen an die Benutzungsschnittstelle aus dem Nutzungsszenario und dem Anwendungskontext in der realen Welt. Neue Technologien machen es möglich, Benutzungsschnittstellen umzusetzen, die optimal auf eine bestimmte Aufgabe zugeschnitten sind. Im Gegensatz zu traditionellen Computern definieren sich inzwischen Form und Aussehen neuer Informationssysteme weitgehend über die Benutzungsschnittstelle. Zum Beispiel lassen sich Gestalt und Größe von Notebook-Computern direkt aus den Anforderungen an den Bildschirm und die Tastatur ableiten. Mit kleiner werdender Prozessor-, Speicher- und Netzwerktechnologie und neuen Ein- und Ausgabemodalitäten wird dieser Trend im Ubiquitous Computing fortgeschrieben. Benutzungsschnittstellen lassen sich somit heute nahezu vollständig frei wählen.

Forschungsansätze und Technologien zur Ein- und Ausgabe

In der Informatik werden verschiedene Ansätze betrachtet, um Benutzungsschnittstellen für ubiquitäre Systeme zu entwerfen und zu implementieren. Diese Ansätze haben gemein, dass sie neue Modalitäten und Technologien nutzen, um Information besser mit der wirklichen Welt zu verknüpfen.

Die *erweiterte Realität*, engl. *augmented reality*, verbindet in Echtzeit Information mit Objekten in der wirklichen Welt [Azu97]. Ein Beispiel hierfür ist die Projektion von Zusatzinformationen auf ein Objekt. Technisch lässt sich dies auf verschiedene Weise lösen, grundsätzlich ist aber notwendig, dass das Objekt, welchem die Information zu überlagern ist, im dreidimensionalen Raum erkannt und lokalisiert wird. In prototypischen Systemen kommen hierfür oft visuelle Marker zur Anwendung [KBi99]. Ist die Lage und Größe bekannt, wird eine geeignete Technologie zur Darstellung der Zusatzinformation verwendet. Hier kann man grundsätzlich zwei Verfahren unterscheiden. Ein Ansatz ist die Verwendung von Video und das Mischen des Videos der originalen Szene mit der Zusatzinformation (engl. video overlay, video see through). Im anderen Ansatz wird ein transparentes Display verwendet. Ist nun die Position des Objekts und die Position des Benutzers bekannt, so kann auf dem transparenten Display die Information dargestellt werden. Sie erscheint dem Objekt überlagert. Solche Displays können stationär, in Fahrzeugen oder auch in einer Brille eingebaut sein.

Wird die erweiterte Realität mit einer Brille umgesetzt, so kann dies als ein Teilbereich des *wearable computing* betrachtet werden. Die erweiterte Realität ist im allgemeineren Sinne allerdings nicht auf die visuelle Darstellung beschränkt. Ein frühes Beispiel für taktile erweiterte Realität in einem Produkt ist der Spurassistent von Citroen.[1] Hierbei wird dem Autofahrer das Überqueren der Spurbegrenzung durch ein Vibrieren des Sitzes kommuniziert, welches eine Welligkeit in der Begrenzungsmarkierung simuliert. Diese Ausprägung der erweiterten Realität hat bereits große Ähnlichkeit mit greifbaren Benutzungsschnittstellen.

Greifbare Benutzungsschnittstellen (engl. tangible user interfaces) ermöglichen es, Information gewissermaßen anzufassen. Daten bekommen so eine physische Repräsentation, und Manipulationen mit greifbaren Werkzeugen verändern die Daten. Ein Konzeptentwurf eines Anrufbeantworters von D. Bishop [Cra95] verdeutlicht das (vgl. Abbildung 3). Für jeden Anruf, der nicht angenommen wurde, wird vom Anrufbeantworter eine Murmel ausgegeben. Auf dem Anrufbeantworter sind verschiedene Vertiefungen, welche zum Beispiel das Abspielen oder einen Rückruf initiieren. Die Information über den Anruf kann somit vom Benutzer angefasst und manipuliert werden.

---

[1] www.citroen.com/CWW/en-US/TECHNOLOGIES/SECURITY/AFIL/

Die Motivation für greifbare Benutzungsschnittstellen liegt darin, dass die meisten Menschen im Umgang mit physischen Objekten sehr versiert sind, aber den Umgang mit virtuellen Objekten „im Computer" erst mühsam erlernen müssen. Technologien wie RFID, Bildverarbeitung sowie vernetzte Sensoren und Aktuatoren können für die Umsetzung von greifbaren Benutzungsschnittstellen genutzt werden. Konzeptuell kann man dabei unterscheiden, ob die Daten oder die Manipulatoren greifbar sind. Greifbare Benutzungsschnittstellen sind in verschiedenen Kontexten untersucht worden und weisen ein großes Potential auf für Systeme, die mit geringem Lernaufwand bedient werden sollen. Die Grundeigenschaft solcher Benutzungsschnittstellen ist, dass sie speziell für eine Aufgabe konzipiert sind, was Parallelen zum Konzept von Information Appliances als spezialisierte Informationsgeräte aufzeigt. Eine Verallgemeinerung von greifbaren Benutzungsschnittstellen ist ein interessantes wissenschaftliches Problem, zu dem erste Ansätze in [UIJ04] aufgezeigt werden.

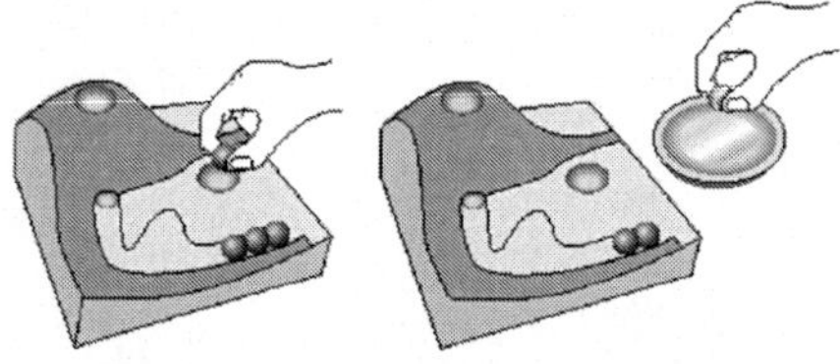

Abb. 3. Konzeptstudie von D. Bishop für eine greifbare Benutzungsschnittstelle für einen Anrufbeantworter[2]

Auch die klassische visuelle Darstellung von Information spielt für neue Benutzungsschnittstellen weiterhin eine wichtige Rolle. Auf der einen Seite geht die technische Entwicklung hin zu kleinen, leistungsstarken und stromsparenden Displays, die neue mobile Geräte ermöglichen. Auf der anderen Seite sind verschiedene Technologien für große Bildschirme, hochauflösende Displays, steuerbare Projektoren und interaktive Wände verfügbar. Der Entwurfsraum für die visuelle Ausgabe von Information in ubiquitären Systemen ist somit sehr vielfältig und unterliegt kaum noch technischen Beschränkungen. In ähnlicher Form haben Entwicklungen im Bereich der akustischen Ausgabe, insbesondere beim räumlichen Audio, zu vielfältigen Möglichkeiten für die Informationsausgabe geführt.

Für den Entwurf von neuen Benutzungsschnittstellen sind die folgenden Technologien von großer Bedeutung:

- Sensoren für das Erfassen von impliziter und expliziter Benutzeraktion in der realen Welt.
- Aktuatoren für die Ausgabe von Information in verschiedenen Kontexten.
- Spezialisierte physische Bedienelemente (z.B. Knöpfe, Regler oder Schalter), die als explizite Bedienelemente genutzt werden.

---

[2] http://courses.interaction-ivrea.it/physical_computing/img/answering_machine.png

- Technologien für die Registrierung von Objekten und für die Positionsbestimmung von Benutzern oder Geräten.
- Diverse Möglichkeiten für visuelle und akustische Ausgabe von Information.

Experimentelle Untersuchung neuer Benutzungsschnittstellen

Die Herausforderung bei der Entwicklung neuer Benutzungsschnittstellen besteht darin, dass ihre Nützlichkeit und Benutzbarkeit nur bedingt vorausgesagt werden können. Einerseits gibt es nur ein unzureichendes Wissen über die Gestaltung und den Aufbau benutzbarer Mensch-Maschine-Schnittstellen im Bereich vernetzter ubiquitärer Systeme. Andererseits ist die Erfahrung, die der Benutzer macht, und im weiteren Sinne das Erlebnis der Bedienung ohne eine konkrete Implementierung nur unzureichend vorherzusagen.

Im Unterschied dazu existieren im Bereich traditioneller graphischer Benutzungsschnittstellen Modelle, mit denen sich verschiedene Parameter in der Bedienung voraussagen lassen. Ein bekanntes Beispiel dafür ist Fitts' Law [Fit54]. Es erlaubt unter anderem Voraussagen über die Zeit, die ein geübter Benutzer braucht, um eine Schaltfläche mit gegebener Größe und gegebenem Abstand zu erreichen. Das Modell wurde experimentell entwickelt und ermöglicht, grundlegende Parameter in graphischen Bedienoberflächen, wie z.B. die sinnvolle Größe und Anordnung von Schaltflächen, zu erklären. Dieses und weitere Modelle wurden für spezifische Anwendungsgebiete den Entwicklern in Form von vielfältigen Richtlinien für die Gestaltung und Umsetzung von Benutzungsschnittstellen zugänglich gemacht. In modernen Entwicklungsumgebungen und in User-Interface-Toolkits sind diese Richtlinien ebenfalls in den Standardgrößen von Bedienelementen und in der Standardanordnung verankert. Somit erstellen Entwickler, wenn sie keine Änderungen an den Standardeinstellungen für die graphischen Elemente vornehmen, Bedienoberflächen, die richtlinienkonform sind. Für Benutzungsschnittstellen im Ubiquitous Computing, welche die Umgebung und Objekte der physischen Welt mit einbeziehen, fehlen solche Modelle, Richtlinien und Toolkits noch weitgehend.

Interaktion mit einem Computer, der in unsere Alltagswelt eingebettet ist, stellt sich ähnlich zur Interaktion mit der natürlichen Umwelt dar und umfasst zusätzlich Aspekte der Mensch-Maschine-Interaktion. Die Bedienung des Computers, die sowohl implizit als auch explizit geschieht, kann nicht klar von der sonstigen sinnlichen Erfahrung, die der Benutzer in einer solchen Umgebung macht, getrennt werden, da die Aktionen und Reaktionen des ubiquitär in die Umwelt eingebetteten Computers maßgeblich dazu beitragen.

Betrachtet man den Bereich der Unterhaltung, so wird durch die Interaktion mit dem Computer ein Erlebnis für den Benutzer erzeugt. Ein solches Gesamterlebnis lässt sicht nur schwer voraussagen. In Abbildung 4 werden zwei interaktive Spiele gezeigt. Das linke Bild zeigt einen Spieler, der einen simulierten Flug in einer 3-dimensionalen Welt durch die Bewegung seines Körpers steuert. Im rechten Bild wird ein Rennspiel mittels eines Sitzkissens ebenfalls über die Bewegung des Körpers gesteuert [HKW05]. Die Parameter solcher Benutzungsschnittstellen lassen sich nur experimentell bestimmen, da noch keine Richtlinien existieren. Für das experimentelle Bestimmen der Parameter ist es offensichtlich, dass ein Prototyp benötigt wird. An diesem Beispiel lässt sich auch erkennen, dass es sehr schwierig ist, die Qualität einer neuen Benutzungsschnittstelle für eine bestimmte Anwendung zu evaluieren. Der Prototyp muss von einer Gruppe von Benutzern tatsächlich getestet werden, um eine qualifizierte Aussage über die Qualität und Anwendbarkeit zu machen. Eine Befragung der Nutzer allein aufgrund einer verbalen und visuellen Beschreibung bringt für grundlegend neue Benutzungsschnittstellen keine befriedigenden Ergebnisse.

Abb. 4. Beispiele für neue Interaktionsgeräte, die experimentell evaluiert werden müssen

Zur Modellbildung und Evaluierung von neuen Benutzungsschnittstellen ist es somit wichtig, experimentelle Untersuchungen durchzuführen und dafür Prototypen zu implementieren. Dieser experimentelle Ansatz ist im Allgemeinen aufwendig, hat aber den Vorteil, dass zusätzlich zu den Erfahrungen aus der Nutzung auch die Erfahrungen aus der Entwicklung gesammelt werden. Die Erwartung besteht darin, dass die gewonnenen Ergebnisse verallgemeinert werden und für zukünftige Systeme als Grundlage dienen. Die Entwicklung von Werkzeugen und Komponenten, welche die Umsetzung von Prototypen vereinfachen, ist ein weiterer wesentlicher Punkt im Bereich der experimentellen Benutzungsschnittstellenforschung.

Verbesserung und Erweiterung von Benutzungsschnittstellen

Neue Technologien ermöglichen es auch, bestehende Benutzungsschnittstellen besser zu verstehen und zu optimieren. Gegenstände des Alltags, Werkzeuge sowie mechanische, elektrische und elektronische Geräte bieten Benutzungsschnittstellen. Viele dieser Schnittstellen in nicht-technischen Geräten (z.B. der Griff einer Tasse) haben eine lange Entwicklung durchlaufen und sind bestens auf die Bedürfnisse des Benutzers und die Verwendung des Objekts angepasst. Im Bereich des Produktdesigns, Industriedesigns und der Ergonomie ist ein umfangreiches Wissen zur Gestaltung solcher Schnittstellen vorhanden. Neue Möglichkeiten, die durch ubiquitäre Technologien entstehen, sind komplementär zu diesen Ansätzen. Durch Sensoren in Objekten lässt sicht die tatsächliche Verwendung von Benutzungsschnittstellen und Geräten messen. Die Ergebnisse einer solchen Analyse können dann in einer neuen Iteration des Designs genutzt werden.

In einem Projekt haben wir die Bedienung einer digitalen Spiegelreflexkamera untersucht [HKG05]. Dazu wurde an die Kamera ein kleines Zusatzgerät mit verschiedenen Sensoren, einem Prozessor und einem Funkmodem angebracht. Die Sensoren registrierten die Orientierung der Kamera (Kompass und Beschleunigung), die Bewegung der Kamera, die Außentemperatur, das Berühren und Drücken des Auslösers und die Lichtverhältnisse im Umfeld der Kamera. Diese Daten wurden über Funk an einen mobilen Rechner geschickt und mit Zeitstempel gespeichert. Somit konnten für die gesamte Nutzungsdauer und insbesondere durch den Abgleich der Zeitstempel für jedes Bild die Sensordaten ausgewertet werden. Daraus ist zum Beispiel ersichtlich, dass sich häufig kurz nach der Aufnahme eines Bildes eine charakteristische Orientierung der Kamera einstellt. Es zeigt sich, dass dies der Moment ist, in dem der Benutzer das soeben gemachte Bild auf dem eingebauten Display betrachtet. Ein Verbesserungsvorschlag für die Bedienung der Kamera, der hieraus resultiert, ist, dass das Bild solange angezeigt wird, wie die Kamera in dieser Orientierung bleibt, und nicht nach einer festen Zeit wieder verschwindet. Ein weiterer interessanter Punkt, der sich in diesem Projekt ergeben hat, ist die Analyse von Nutzungsdaten von Personen mit unterschiedlichem Kenntnisstand. Wir haben dazu die Handhabung der Kamera durch professionelle Fotografen und Amateure verglichen. Dieses Beispiel zeigt, dass durch eine Erweiterung einer Benutzungsschnittstelle neue Erkenntnisse gewonnen werden können.

Baut man in bestehende oder neue Benutzungsschnittstellen Sensor- und Kommunikationstechnologie fest ein, ergeben sich darüber hinaus interessante neue Potenziale, die über die Verbesserung der eigentlichen Benutzungsschnittstelle weit hinausgehen. Durch die Möglichkeit, kontinuierlich die Verwendung eines Werkzeugs oder Objekts zu überwachen, können automatisch Nutzungszeiten und Nutzungsprofile erfasst werden. Dadurch können Wartungsintervalle an die wirkliche Nutzung angepasst werden, und es ergeben sich neue Geschäftsmodelle im Bereich von Leihgeräten. Geht man davon aus, dass Informationen von verschiedenen Objekten und Werkzeugen erfasst werden, lassen sich über räumliche und zeitliche Korrelationen weitere Informationen gewinnen. Ist für einen Arbeitsablauf eine bestimmte Reihenfolge der Arbeitsschritte wichtig, dann ist es möglich, diese Arbeitsschritte anhand der verwendeten Werkzeuge zu erkennen und gegebenenfalls, wenn ein Arbeitsschritt ausgelassen wurde, zu intervenieren. Eine solche Überwachung von Werkzeugen und Objekten birgt natürlich Risiken für die Privatsphäre der Benutzer. Eine Implementierung derartiger Systeme sollte daher geeignete Methoden verwenden, um Information über die Benutzer nicht oder nur in aufbereiteter anonymer Form bereitzustellen.

Ubiquitäre Technologien, insbesondere vernetzte Sensoren, eröffnen neue Möglichkeiten, traditionelle Schnittstellen besser zu verstehen und neue Anwendungen auf Basis der Nutzungsdaten von Werkzeugen oder anderen Objekten zu entwickeln. Hierbei sind besonders die zeitliche und räumliche Korrelation von großem Interesse. Informationen darüber, welche Gegenstände zusammen oder nacheinander verwendet wurden, lassen Rückschlüsse zu, welche aus den Daten eines einzelnen Objekts nicht ersichtlich sind.

Fallstudien: Ubiquitäre Benutzungsschnittstellen

Im Folgenden werden prototypisch implementierte Systeme vorgestellt, an denen sich verschiedene Aspekte von ubiquitären Benutzungsschnittstellen aufzeigen lassen. Diese Prototypen wurden entwickelt, um Probleme beim Bau von ubiquitären Benutzungsschnittstellen zu erkennen, um verschiedene Architekturen zu erproben und Abstraktionsebenen zu identifizieren sowie um Ideen von Benutzungsschnittstellen zusammen mit Benutzern zu evaluieren. Das erste Beispiel (DistScroll) zeigt, wie eine neue Interaktionsform für einen speziellen Anwendungskontext entworfen wurde. Im zweiten Beispiel (InteractiveCube) wird auf die Entwicklung eines neuartigen Interaktionsgeräts eingegangen, und im letzten Beispiel (Rotating Compass) wird gezeigt, wie sich durch Vernetzung von Modalitäten neue Interaktionsmöglichkeiten ergeben.

Benutzungsschnittstelle für spezifische Anforderungen: DistScroll

Im klassischen Entwurf von interaktiven Systemen wird davon ausgegangen, dass die technische Infrastruktur für die Mensch-Maschine-Interaktion aus existierenden Geräten besteht. Häufig wird schon vor der Analyse ein klassischer Computer mit Tastatur, Bildschirm und Maus als gegeben vorausgesetzt. Neuere Ansätze lassen zumindest in der Analysephase noch offen, welche Geräte zur Interaktion verwendet werden. Hier stellt sich dann typischerweise die Frage, ob es sinnvoll ist, in einem gegebenen Kontext einen tragbaren Computer mit Tastatur, einen PDA mit Stifteingabe, ein Mobiltelefon oder ein speziell entwickeltes Gerät einzusetzen. In ubiquitären Systemen wird in der Analyse die Frage nach der Benutzungsschnittstelle grundsätzlicher gestellt: Mit welchen Technologien lassen sich die benötigten Informationen erfassen, und in welcher Form können sie dargestellt werden?

Ein Beispiel ist die Fragestellung, wie sich Anwendungen auf einem mobilen Gerät, etwa einem Mobiltelefon, beim Skifahren sinnvoll bedienen lassen. Die Modalitäten, die kommerziellen Geräten zur Verfügung stehen, sind hierfür nicht optimal. Um kleine Tasten zu drücken, müssen Handschuhe ausgezogen werden, und die Spracherkennung ist im Freien wegen Windgeräuschen nur bedingt einsetzbar. Betrachtet man aktuelle Forschungsarbeiten, so gibt es verschiedene Ansätze, die für diesen Nutzungskontext eine Lösung aufzeigen. Die Verwendung von Sensoren, die den Neigungswinkel nutzen, wurde in [PCS02] für die Texteingabe und in [HPS00] für das Scrollen untersucht. Dies hat bei einem mobilen Gerät jedoch den Nachteil, dass das Display ebenfalls geneigt wird. Im Verlauf der Diskussion und in der Analyse ergaben sich noch weitere Anwendungsbereiche, die ähnliche Anforderungen aufweisen, z.B. im Labor, auf der Baustelle oder in der Produktion.

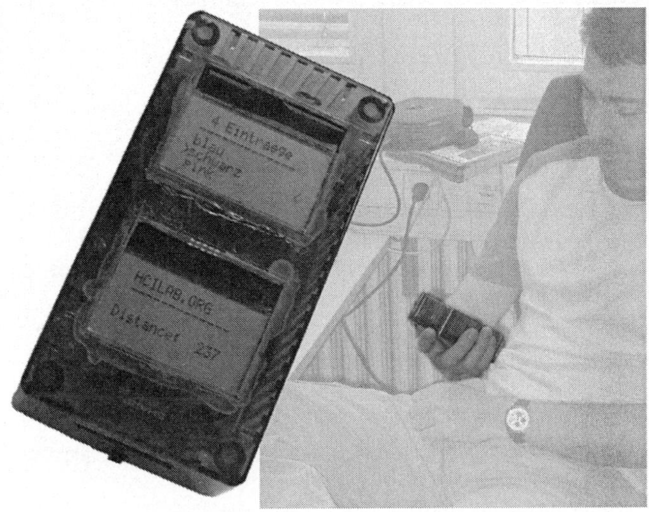

Abb. 5. DistScroll ist ein Eingabegerät für einhändige Interaktion

Im experimentellen Ansatz haben wir DistScroll als eine Benutzungsschnittstelle für diesen Anwendungskontext entworfen und prototypisch entwickelt [KHS05]. Nach einer umfassenden Analyse möglicher Sensorik und möglicher Interaktionsformen haben wir einen ersten Prototyp auf Basis der Smart-Its-Komponenten [GKS04] gebaut, der die Orientierung des Geräts erfassen kann und zusätzlich den Abstand des Geräts zum Körper (oder zu einer Oberfläche) misst. Mit diesem Prototyp ist es möglich, eine neue auf Körperabstand basierende Interaktionsform und die in verwandten Arbeiten vorgeschlagene Interaktion durch Neigung experimentell zu evaluieren. In Abbildung 5 ist die zweite Generation des Geräts abgebildet, die in einer umfassenden Evaluation eingesetzt wird. Dabei werden zentrale Parameter einer solchen Schnittstelle experimentell erfasst, hier insbesondere:

- Was ist der optimale, von den Benutzern als angenehm empfundene Benutzungsabstand?
- Welche Anzahl von Menüeinträgen erlaubt die effizienteste Benutzung?
- Wie lange dauern typische Interaktionen und wie lassen sich daraus Interaktionszeiten für einen Vorgang berechnen?
- Welche Anforderungen an die Genauigkeit des Sensors werden gestellt? Wie ändern sich die Parameter für unterschiedlich präzise Sensoren?

Wenn diese Parameter bestimmt sind, können Richtlinien für die Gestaltung und den Bau von Benutzungsschnittstellen mit dieser Interaktionstechnik erstellt werden. Im Laufe der Evaluation der Interaktionstechnik entsteht Wissen um die mögliche Nutzung. So hatten wir in diesem Beispiel eine Vor- und Zurückbewegung des Geräts als Interaktion angenommen. In den Studien ergab sich aber, dass einige Nutzer das Gerät rotiert haben. Die Rotation hat einen ähnlichen Effekt auf den gemessenen Abstand und ermöglicht somit eine alternative und ähnlich effiziente Interaktionsform. Dies hat sich aber erst im Versuch gezeigt.

Neue Benutzungsschnittstellen: InteractiveCube

Bei diesem Beispiel ging die Motivation nicht von konkreten Anforderungen aus, sondern von dem Wunsch, eine gänzlich neue Schnittstelle zur Interaktion zu schaffen, die von den Nutzern nicht als Computer betrachtet wird. Einfache geometrische Objekte, wie ein Würfel oder eine Kugel, haben interessante Eigenschaften und eignen sich als spielerische Interaktionsobjekte. Eine Suche in der Literatur ergab, dass bereits verschiedene neuere Arbeiten den Würfel als Interaktionsobjekt betrachtet haben [SSK03, LVS03]. Diese Arbeiten richten aber den Fokus darauf, den Würfel lediglich als Eingabemedium zu verwenden. In unserem Ansatz wollten wir den Würfel dagegen als in sich abgeschlossenes Interaktionsobjekt untersuchen.

Für gänzlich neue Interaktionsobjekte gehen wir davon aus, dass mit ubiquitären Systemen und neuen Technologien die Mensch-Maschine-Interaktion in nahezu beliebiger Weise gestaltet werden kann. Eine weitere Annahme ist, dass ein neues Interaktionswerkzeug durch seine spezifischen Eigenschaften zur Ein- und Ausgabe von Information neue Anwendungen und Anwendungsbereiche ermöglichen wird. Dies ist analog zur Einführung graphischer Benutzungsschnittstellen. Diese haben viele neue Anwendungsbereiche und Anwendungen erschlossen, die mit textbasierter Interaktion nicht sinnvoll zu nutzen waren, insbesondere im Bereich des CAD, der Computergraphik und der Bildbearbeitung. Anwendungen, die sich gut durch textbasierte Systeme bedienen ließen, wie z.B. Textsatzsysteme, haben durch graphische Benutzungsschnittstellen nur vergleichsweise wenig Innovation erfahren. Ähnliches erhoffen wir uns von der experimentellen Umsetzung neuer Benutzungsschnittstellen, wo wir eher auf der Suche nach neuen Anwendungsfeldern sind, die durch die Technologie ermöglicht werden, und es zweitrangig ist, herkömmliche Anwendungen besser durch diese Form der Interaktion zu unterstützen.

Der prototypisch implementierte Interaktionswürfel hat auf jeder Seite ein LC-Display und im Inneren Sensoren, welche die Beschleunigung messen. Die gemessene Beschleunigung ergibt sich aus der Bewegung und der Orientierung (Erdbeschleunigung). Das System ist mit Ein- und Ausgabehardware implementiert, die speziell für dieses Projekt entwickelt wurde und auf einem Particle Computer[3] (kleiner stromsparender Microcontroller mit Funk und Speicher) basiert. Dieser Prototyp wurde ebenfalls in mehreren Generationen verfeinert. In der ersten Generation wurde die Hardware in einem Holzgehäuse untergebracht, um grundlegende Erfahrungen in der Bedienung zu sammeln. In einer kleinen Pilot-

---

[3] http://particle.teco.edu

studie haben wir mit Kindern verschiedene Lernspiele erprobt, siehe auch [TKH05] und Abbildung 6 (links). In der nächsten Iteration wurde das Gehäuse durch ein 3D-Design, das ausgedruckt wurde, ersetzt, siehe Abbildung 6 (rechts). Die erste Nutzungserfahrung zeigt, dass sich ein solches Objekt intuitiv bedienen lässt und zur Kooperation einlädt.

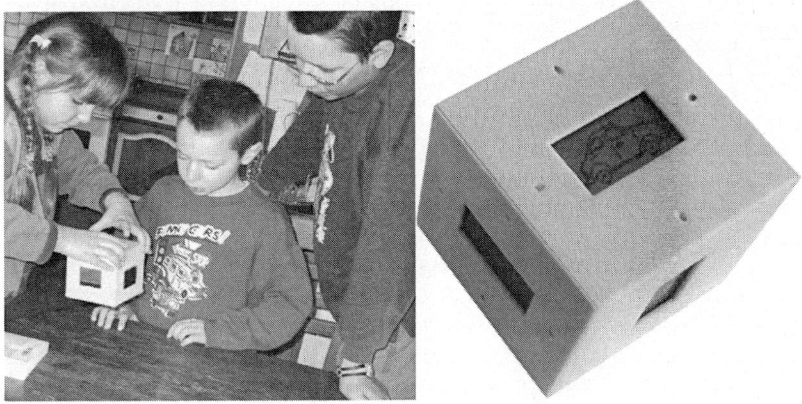

Abb. 6. InteractiveCube ist ein neues und intuitiv zu bedienendes Interaktionsobjekt

Vernetztes Gerät: Rotating Compass

In ubiquitären Systemen ist die Vernetzung von Teilkomponenten und somit auch von Interaktionsgeräten der Regelfall. Vernetzte und verteilte Benutzungsschnittstellen bieten interessante neue Möglichkeiten für die Interaktion. Aber sie stellen gleichzeitig auch ganz neue Anforderungen an den Entwurf interaktiver Systeme. Klassische Konzepte, wie z.B. der Eingabefokus, bei dem eine Anwendung im Vordergrund ist und sich die Interaktion auf diese Anwendung bezieht, sind nicht mehr direkt verwendbar. Der Benutzer befindet sich an einem Ort in der realen Welt, und die Interaktion ist auf diesen Ort oder diese Umgebung fokussiert, aber nicht zwangsläufig auf eine spezifische Anwendung. Aufgrund der Kombination von expliziter und impliziter Interaktion und der gleichzeitigen Interaktion mit verschiedenen Systemen und Anwendungen werden neue Konzepte benötigt. In der im Folgenden vorgestellten Fallstudie werden insbesondere simultane Interaktion und verteilte Einbettung betrachtet.

Der Fallstudie liegt das grundlegende Problem der Navigation in einer komplexen Umgebung zugrunde. Als Beispielszenario dient ein Flughafen oder ein großer Bahnhof, in dem viele Personen gleichzeitig ihren Weg suchen. In der Literatur finden sich verschiedene Ansätze für die Navigation in Innenräumen (z.B. [ACH01]). Der Aufwand für die Infrastruktur für solche oder vergleichbare Systeme in einem realen Gebäude ist aber immer noch sehr groß. Des Weiteren ist die Nutzung von Geräten wie PDAs zur Ausgabe nicht optimal, da der Benutzer das Gerät halten und selbst den Abgleich mit der realen Umgebung durchführen muss. Die Idee für den „Rotating Compass" basiert auf der Beobachtung, dass eine Beschilderung in der Umgebung eine sehr effiziente Form der Navigationshilfe ist. Das Problem mit einer Beschilderung ist jedoch, dass sie nicht beliebig skaliert. Werden zu viele Schilder angebracht, verliert der Benutzer die Übersicht, und die Navigationshilfe ist nutzlos. Bei traditioneller Beschilderung wird dies durch ein hierarchisches Beschilderungskonzept umgangen, z.B. ist am Eingang des Flughafens ein Schild für Terminal 1 und Terminal 2, nicht aber für den Ausgang 7 in Terminal 2. Die Navigation erfordert nun, dass der Benutzer diese Hierarchien auflöst. Im „Rotating Compass"-System übernimmt diese Aufgabe das System.

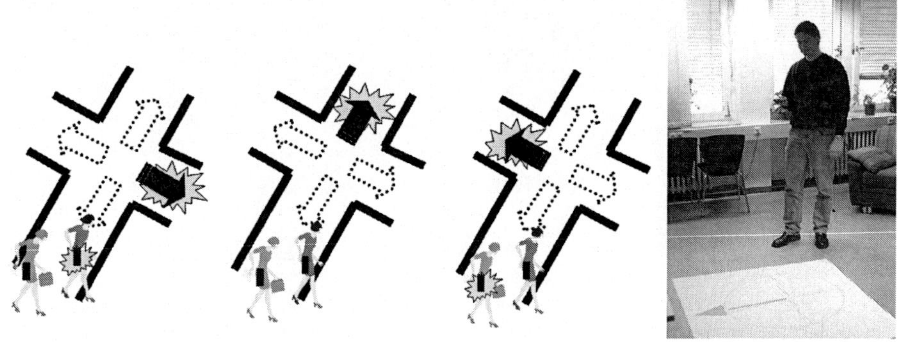

Abb. 7. Der Rotating Compass ist eine Navigationshilfe, die in die Umgebung eingebettet ist und bei der zusätzlich ein persönliches Gerät zur Benachrichtigung verwendet wird

In Abbildung 7 (links) sind schematisch zwei Personen zu sehen, die auf einen Kreuzungspunkt (Entscheidungspunkt) zugehen. Am Kreuzungspunkt wird jede der möglichen Richtungen für einen kurzen Zeitraum hervorgehoben, zum Beispiel durch ein Anleuchten oder durch eine Projektion. Wird die Option, die für einen Benutzer relevant ist, gerade hervorgehoben, so erhält dieser das simultan in sehr einfacher Weise mitgeteilt. Das prototypisch implementierte System besteht aus einer Projektion am Entscheidungspunkt und einem Mobiltelefon für jeden Benutzer. Ein umlaufender Pfeil zeigt abwechselnd in alle möglichen Richtungen. Im Experiment wurden zwei bis vier Sekunden pro Richtung verwendet. Für jeden Benutzer vibriert das Mobiltelefon, wenn gerade die Richtung angezeigt wird, in die er gehen sollte, um sein Ziel zu erreichen. In einem Experiment mit 13 Teilnehmern konnten wir zeigen, dass dieses Navigationskonzept sehr einfach verstanden wurde. Die Teilnehmer sahen in der synchronen Präsentation den Vorteil, dass die Orientierung in der realen Umgebung durch das System explizit angezeigt wurde („der Pfeil zeigt in die Richtung, in die ich gehen muss, und ich muss mir nicht überlegen, was nach rechts gehen bedeutet"). Weiterhin konnte durch die Verwendung von verschiedenen Modalitäten (Vibration für das persönliche Gerät, visuelle Darstellung für die Richtungsanzeige) eine einfache Nutzung ermöglicht werden. Insbesondere die visuelle Darstellung in der Umgebung zusammen mit der nicht visuellen Darstellung der persönlichen Information führt dazu, dass man seine visuelle Aufmerksamkeit auf die Umgebung konzentriert. Weitere Informationen zum Prototyp und zur Studie finden sich in [RSK05].

Lehren aus den Fallstudien

Eine zentrale Lehre, die aus den Fallstudien gezogen werden konnte, ist, dass die prototypische Umsetzung von großer Wichtigkeit für den Erkenntnisgewinn ist. Erst durch eine Implementierung und eine Evaluation mit Benutzern wurden zentrale Kerneigenschaften, aber auch grundlegende Probleme der neuen Benutzungsschnittstellen gefunden. Für den Bau von Prototypen ist es wichtig, nicht jedes Mal von vorne anzufangen und das Rad neu zu erfinden. Werden Prototypen auf Basis vorhandener Hard- und Softwarekomponenten gebaut, kann der Aufwand wesentlich reduziert werden. Ebenfalls hat sich der Einsatz von 3D-Ausdrucken, um den Prototypen das geplante Aussehen und die gewollten Bedieneigenschaften zu geben, als sehr vorteilhaft herausgestellt. Kombiniert man elektronische Hardwaremodule, Softwarekomponenten und 3D-Ausdrucke, so lassen sich funktionale Prototypen, die in Benutzertests eingesetzt werden können, mit vertretbarem zeitlichen und finanziellen Aufwand erstellen. Die iterative Verbesserung von Prototypen in Bezug auf Funktionalität, Aussehen und Handhabung kann den Entwurfsprozess beschleunigen, da schon früh Nutzungserfahrung gesammelt werden kann. Falls sich beim Bau von Prototypen der Aufwand rechtfertigen lässt, ist es sinnvoll, die Funktionalität, die andere in der Literatur beschrieben haben, mit einzubauen. Dies macht den Vergleich mit anderen Arbeiten wesentlich einfacher und erlaubt eine Bestätigung oder das Hinterfragen publizierter Ergebnisse.

Die Erfahrung mit verschiedenen Prototypen unterstreicht die zentrale Rolle von Benutzern im Entwicklungsprozess. In den meisten Projekten haben Benutzer neue Interaktionstechniken angewandt, die vorher nicht geplant waren, aber oft neue und interessante Aspekte für ein Interaktionswerkzeug aufzeigten. Die Akzeptanz für Prototypen mit nicht vollständig implementierter Funktionalität oder einer geringen Zuverlässigkeit ist in unseren Benutzertests sehr hoch gewesen. Wir konnten sogar einen positiven Effekt erkennen, wenn wir Benutzer sehr früh mit neuen Benutzungsschnittstellen konfrontiert haben: Da das Gerät in dieser Phase häufig noch sehr unfertig aussieht, sind Benutzer weniger gehemmt, radikale Änderungsvorschläge zu machen. Bei voll funktionalen Prototypen, die eher einem Produkt gleichen, sind die Benutzer mit Änderungsvorschlägen viel vorsichtiger. Dies zeigt Parallelen zu Erfahrungen mit Prototypen graphischer Benutzungsschnittstellen [BMo03].

In vielen Fällen hat sich eine Verallgemeinerung des Anwendungsbereichs erst nach der Implementierung und der ersten Evaluation mit Benutzern ergeben. Selbst für Geräte, die für eine sehr spezielle Aufgabe gestaltet wurden, lassen sich häufig allgemeine Anwendungsbereiche finden. Die Erfassung der Basisparameter für ein Interaktionsgerät und eine Interaktionsform ist zentral, um ein Wissen über den Prototyp hinaus zur Verfügung zu stellen. Solche Parameter sollten die grundlegenden Eigenschaften beschreiben, damit eine Voraussage über die Nützlichkeit und Effizienz eines Interaktionsgeräts in einem gegebenen Anwendungskontext gemacht werden kann. Darüber hinaus sollten Richtlinien für die technische Umsetzung solcher Interaktionsgeräte extrahiert werden.

Bei der Implementierung und Umsetzung neuer Benutzungsschnittstellen ist es wichtig, Abstraktionsebenen und Schnittstellen zu schaffen. Für die Anwendungsentwicklung und insbesondere für die Wiederverwendbarkeit ist es zentral, solche Abstraktionsebenen zu definieren.

Fazit und Ausblick

In naher Zukunft werden Informations- und Kommunikationstechnologie überall verfügbar sein und unsere Alltagswelt durchdringen. Die Infrastruktur für Kommunikationsdienste und den Informationszugriff wird allgegenwärtig sein. Information Appliances, also Spezialwerkzeuge auf Computerbasis, werden so selbstverständlich genutzt werden wie klassische Werkzeuge. Dem Ubiquitous Computing steht aus rein technischer Sicht nicht viel im Wege. Die sinnvolle Nutzung und breite Akzeptanz solcher Technologien setzt jedoch voraus, dass Menschen darin einen Vorteil für sich sehen. Hierfür ist insbesondere von Bedeutung, dass sie in der Lage sein müssen, solche Systeme einfach und intuitiv zu bedienen und sie zu einem gewissen Grad auch zu verstehen.

Die Anforderungen an die Gestaltung von Benutzungsschnittstellen sind vielfältig. Insbesondere ist relevant, dass die Interaktion in die Umwelt und die Tätigkeit des Nutzers eingebettet ist und mit minimalem Lernaufwand erfolgen kann. Aufgrund der Vielzahl von Geräten, die um die Aufmerksamkeit des Nutzers konkurrieren, ist es wichtig, diese Systeme so zu entwickeln, dass sie ohne Reaktion des Benutzers funktionieren. Ein Beispiel hierfür ist ein dediziertes Informationsdisplay, das Nachrichten anzeigt, aber keiner Interaktion bedarf. Der Benutzer kann die Information zur Kenntnis nehmen oder einfach ignorieren. Eine SMS, die auf ein Mobiltelefon geschickt wird, hat zwar eine ähnliche Funktion, erzwingt aber eine Aktion des Benutzers: Um die Funktion des Telefons zu nutzen, muss zwangsläufig die angekommene SMS explizit behandelt (z.B. gelöscht, gespeichert oder gelesen) werden.

Durch neue Technologien, insbesondere im Bereich der Sensoren und Aktuatoren, ergeben sich neue Möglichkeiten, Benutzungsschnittstellen zu gestalten. Durch das Beobachten des Benutzers mittels Sensorik und durch das Ableiten von Aktivitäten und potenziellen Intentionen lassen sich implizite Formen der Interaktion implementieren. Aktionen des Benutzers, die im Rahmen der ausgeführten Tätigkeit durch das System erkannt wurden, oder allgemeiner Kontext und Wissen über die aktuelle Situation können als zusätzliche Eingabe verwendet werden. Ähnlich kann Sensortechnologie dazu genutzt werden, Benutzungsschnittstellen zu realisieren, welche es ermöglichen, Information greifbar zu machen. Neue Ausgabetechnologien und Aktuatoren erlauben es, Information in die Umgebung des Benutzers zu integrieren. Durch den Einsatz vielfältiger Technologien ist es somit möglich, dem Ideal der *Interaktion mit Information* anstelle der Interaktion mit Geräten näher zu kommen.

Konzeptuelle Modelle für interaktive Systeme sind essentiell, um eine sinnvolle und effiziente Benutzung zu ermöglichen. Selbst für intuitive und natürliche Vorgänge machen sich Menschen ein Modell, mit dem sie sich die Funktion erklären. In vernetzten und eingebetteten Systemen, die auf Kontext reagieren, wird diese Modellbildung für den Benutzer erschwert. Der Aufbau der Systeme kann nicht betrachtet werden und wenn, dann lässt sich daraus kein Rückschluss auf die Funktion ziehen. Das Ausprobieren eines Systems wird durch Personalisierung und Kontextsensitivität ebenfalls erschwert. Gleiche Aktionen führen in unterschiedlichen Kontexten zu verschiedenen Ergebnissen, welche bezogen auf die Situation sinnvoll sind, aber das Nachvollziehen der Funktionalität sehr schwierig machen. Es ist daher zentral, Hilfsmittel zur Modellbildung zur Verfügung zu stellen, z.B. eine Erklärungskomponente, die aufzeigt, auf welcher Basis Entscheidungen getroffen wurden.

Die vorgestellten Arbeiten konzentrieren sich auf zwei wichtige Bereiche: Die experimentelle Erforschung neuer Interaktionsgeräte und Ansätze für die Verbesserung bereits bestehender Systeme. Anhand von verschiedenen Fallstudien wurde gezeigt, wie Aspekte der Benutzungsschnittstellen untersucht werden können. Am Beispiel *DistScroll* ist ersichtlich, wie für ein bestimmtes Anforderungsfeld ein Interaktionsgerät entworfen werden kann und für diese Form der Interaktion Basisparameter experimentell bestimmt werden können. Mit dem *InteractiveCube* haben wir ein Beispiel für eine technologiegetriebene Entwicklung gezeigt. Es wurde ein gänzlich neues Interaktionswerkzeug konzipiert und implementiert. Mit einem funktionalen Prototyp werden nun neue Anwendungsfelder untersucht und die Nützlichkeit des entwickelten Interaktionsobjekts analysiert. Das abschließende Beispiel, der *Rotating Compass*, untersucht in experimenteller Weise Aspekte von neuen vernetzten Benutzungsschnittstellen. Hier wird insbesondere betrachtet, wie die Fähigkeiten des Menschen im Umgang mit mehreren Technologien genutzt werden können, um eine möglichst gute Benutzungsschnittstelle zu erhalten. Bei diesem Beispiel wird auch der Aspekt der Einbettung von Information verdeutlicht. Insgesamt zeigt sich bei den Prototypen und Fallstudien, dass die experimentelle Untersuchung von innovativen Interaktionsformen interessante neue Perspektiven für die Mensch-Maschine-Interaktion und zukünftig für die Mensch-Informations-Interaktion eröffnet. Hierbei ist von besonderem Interesse, dass mittels funktionaler Prototypen Benutzer sehr früh in den Entwurfsprozess mit einbezogen werden.

Wagt man von technologischer Seite einen Blick in die Zukunft, scheint bald eine neue Ära in der Informationstechnologie anzubrechen, welche dadurch gekennzeichnet ist, dass klassische Grenzen und Restriktionen weitgehend verschwinden. Wir bezeichnen diesen Trend als *Überfluss-IT*. Hierbei gehen wir davon aus, dass in Zukunft die Menge an Speicher, Prozessorleistung, Kommunikationsbandbreite und Visualisierungsfläche, die einem Benutzer zur Verfügung stehen, nahezu unbegrenzt ist. Hinsichtlich der Speichermenge lässt sich dieser Trend schon klar erkennen. Beispielsweise wird es bald möglich sein, alles, was man im Leben je gesagt hat, auf einer Festplatte zu speichern, oder es ist vorstellbar, in ca. 10-20 Jahren ein Gerät zu bauen, in dem alle Spielfilme, die je produziert wurden, in DVD-Qualität gespeichert sind. Betrachtet man die Auslastung von Prozessoren in Bürorechnern, kann man ebenfalls sehen, dass diese schon heute meist nicht voll ausgelastet sind. In der Informatik sind bisher viele Anstrengungen in der Entwicklung und Forschung eng mit der Ressourcenbeschränkung verknüpft. Dieser Aspekt wird sicher noch für einzelne Gebiete seine Bedeutung beibehalten, in vielen Bereichen aber in Zukunft zweitrangig sein. Die Implikation der *Überfluss-IT* ist, dass die zentralen Limitierungen der Leistungsfähigkeit eines Systems, das aus Mensch und Maschine besteht, an der Schnittstelle zwischen Mensch und Maschine liegen. Um das volle Potential zukünftiger Entwicklungen zu nutzen, ist es daher von größter Bedeutung, diesen Bereich, unter Betrachtung der sich abzeichnenden neuen Technologien, besser zu verstehen.

Literatur

[ACH01] Addlesee M, Curwen R, Hodges S, Newman J, Steggles P, Ward P and Hopper A (2001) Implementing a Sentient Computing System. IEEE Computer Magazine, Vol. 34, No. 8, Aug. 2001, 50–56

[Azu97] Azuma RT (1997) A Survey of Augmented Reality. Presence: Teleoperators and Virtual Environments, Vol. 6, No. 4, Aug. 1997, 355–385

[BMo03] Van Buskirk R, Moroney BW (2003) Extending Prototyping. IBM Systems Journal, Vol. 42, No. 4, 2003

[Cra95] Crampton-Smith G (1995) The Hand That Rocks the Cradle. ID, May/June 1995, 60–65

[Fit54] Fitts PM (1954) The information capacity of the human motor system in controlling the amplitude of movement. Journal of Experimental Psychology, Vol. 47, No. 6, June 1954, 381–391, reprinted in Journal of Experimental Psychology: General, Vol. 121, No. 3, 1992, 262–269

[GKS04] Gellersen HW, Kortuem G, Schmidt A, Beigl M (2004) Physical Prototyping with Smart-Its. IEEE Pervasive Computing Magazine, Vol. 3, No. 3, July-September 2004, 12–18

[GSc02] Gellersen HW, Schmidt A (2002) Look who's visiting: supporting visitor awareness in the web. International Journal of Human Computer Studies IJHCS, Vol. 56, No. 1, January 2002, 25–46

[HKG05] Holleis P, Kranz M, Gall M, Schmidt A (2005) Adding Context Information to Digital Photos. 5th International Workshop on Smart Appliances and Wearable Computing (IWSAWC), Proc. of IEEE International Conference on Distributed Computing Systems (ICDCS), Columbus, Ohio, USA

[HKW05] Holleis P, Kranz M, Winter A, Schmidt A (2005) Playing with the Real World. Workshop on Pervasive Games (PerGames 2005) held in conjunction with the 3rd International Conference on Pervasive Computing (Pervasive 2005)

[HPS00] Hinckley K, Pierce J, Sinclair M, Horvitz E (2000) Sensing Techniques for Mobile Interaction. ACM UIST 2000 Symposium on User Interface Software & Technology, CHI Letters 2(2), 91–100

[KBi99] Kato H, Billinghurst M (1999) Marker Tracking and HMD Calibration for a Video-based Augmented Reality Conferencing System. Proc. of the IEEE & ACM IWAR '99, 85–94

[KHS05] Kranz M, Holleis P, Schmidt A (2005) DistScroll – A new One-Handed Interaction Device. 5th International Workshop on Smart Appliances and Wearable Computing (IWSAWC), Proc. of IEEE International Conference on Distributed Computing Systems (ICDCS), Columbus, Ohio, USA, 2005

[Kir95] Kirsh D (1995) The intelligent use of space. Artificial Intelligence, Vol. 73, No. 1–2, 31–68

[LVS03] Van Laerhoven K, Villar N, Schmidt A, Kortuem G, Gellersen HW (2003) Using an Autonomous Cube for Basic Navigation and Input. International Conference on Multimodal Interfaces, Vancouver, Canada

[Nor98] Norman DA (1998) The Invisible Computer: Why good products can fail, the personal computer is so complex, and information appliances are the solution. MIT Press, Cambridge

[PCS02] Partridge K, Chatterjee S, Sazawal V, Borriello G, Want R (2002) Tilttype: accelerometer-supported text entry for very small devices. In UIST '02: Proceedings of the 15th annual ACM symposium on user interface software and technology, 201–204

[RSK05] Rukzio E, Schmidt A, Krüger A (2005) The Rotating Compass: A Novel Interaction Technique for Mobile Navigation. CHI '05: Extended abstracts of the 2005 conference on human factors and computing systems, Portland, Oregon, USA

[RSW05] Russell DM, Streitz N, Winograd T (2005) Building disappearing computers. Communications of the ACM, Vol. 48, No. 3, 42–48

[Sch00] Schmidt A (2000) Implicit Human Computer Interaction Through Context. Personal Technologies, Vol. 4, No. 2–3, June 2000, Springer-Verlag, 191–199

[SSK03] Sheridan JG, Short BW, Kortuem G, Van Laerhoven K, Villar N (2003) Exploring Cube Affordance: Towards a Classification of Non-Verbal Dynamics of Physical Interfaces for Wearable Computing. IEE Eurowearable 2003, IEE Press, Birmingham, UK, 113–118

[TKH05] Terrenghi L, Kranz M, Holleis P, Schmidt A (2005) A Cube to Learn: a Tangible User Interface for the Design of a Learning Appliance. The Third International Conference on Appliance Design 2005 (3AD) in Bristol, UK, July 2005

[UIJ04] Ullmer B, Ishii H, Jacob R (2004) Token+constraint interfaces for tangible interaction with digital information. ACM Transactions on Human-Computer Interaction (TOCHI), Vol. 12 , No. 1, March 2005, 81–118

[Wei91] Weiser M (1991) The Computer for the 21st Century. Scientific American, Vol. 265, No. 3, 94–104

Prof. Dr. Albrecht Schmidt ist seit 2006 Professor am Bonn-Aachen International Center for Information Technology. Davor leitete er an der Ludwig-Maximilians-Universität München die durch die Deutsche Forschungsgemeinschaft (DFG) geförderte Nachwuchsforschungsgruppe „Eingebettete Interaktion". Sein Hauptforschungsinteresse liegt im Bereich neuer Benutzungsschnittstellen und Interaktionsformen, welche durch allgegenwärtige und vernetzte Rechensysteme ermöglicht werden. Seine Promotion erfolgte an der Lancaster University in Großbritannien über das Thema „Ubiquitous Computing – Computing in Context". Vorher war er als wissenschaftlicher Mitarbeiter an der Universität Karlsruhe tätig. Albrecht Schmidt erhielt ein Diplom in Informatik von der Universität Ulm und einen MSc in Computing von der Manchester Metropolitan University. Er hat in verschiedenen Projekten das Thema Benutzungsschnittstellen für Pervasive und Ubiquitous Computing untersucht und das Konzept der impliziten Interaktion eingeführt sowie mehrere internationale Konferenzen zu diesen Themen geleitet. Seine Lehrtätigkeit umfasst die Gebiete Medieninformatik, Mensch-Maschine-Interaktion, Anwendungsentwicklung für mobile und verteilte Systeme und Ubiquitous Computing.

Kleidsamer Gesundheitsassistent – Computer am Körper, im Körper

Gerhard Tröster

Wearable Computing Lab, ETH Zürich

Kurzfassung. Was kommt uns näher als unsere Kleidung, die immer bei uns ist, allen unseren Bewegungen folgt und hautnah dasselbe erlebt wie wir? Kleidung schützt uns und bietet uns eine Plattform zur Selbstdarstellung. Können wir diese Funktionalitäten erweitern und Kleidung so sensibilisieren, dass sie uns, unser Verhalten und auch unsere Gesundheit beobachtet, dass sie uns als ein sehr persönlicher Assistent tagtäglich begleitet und hilft, unseren eigenen Gesundheitszustand einzuschätzen und sogar Hinweise gibt, ihn zu verbessern? Wie könnte ein solcher Assistent aussehen?

Übergewicht, Bewegungsmangel, Rauchen und Stress sind dominante Risikofaktoren für Herz-Kreislauf-Erkrankungen. „Intelligente" Fasern, Sensoren in der Kleidung oder direkt in unserem Körper, untereinander durch ein Netzwerk verbunden, messen kontinuierlich Vitalparameter wie EKG, Temperatur und Blutdruck; die Verknüpfung dieser Vitalparameter mit unserem Umfeld wie persönliche Aktivitäten, Ernährung, Stress, Erholung und Formen der sozialen Interaktion zeichnen ein aktuelles Bild unseres physiologischen Zustands. Zu Hause werden die Daten auf unseren Computer überspielt und für uns in einem Gesundheitsindikator, dem „Life Balance Factor" zusammengefasst. Sollte sich dieser in den „roten" Bereich bewegen, empfiehlt der Gesundheitsassistent einen Besuch bei unserem Hausarzt.

Von der „Mainframe"-Gesundheitsversorgung zum persönlichen Gesundheitsassistenten?

In allen entwickelten Ländern können wir über die vergangenen Jahre eine zunehmende wirtschaftliche Belastung durch ansteigende Gesundheitskosten beobachten. Einige Zahlen sollen diesen Trend belegen: Im Jahr 2002 haben US-Bürger und Deutsche 13 Prozent ihres Nationaleinkommens für die Gesundheitsversorgung eingesetzt [HCC02]. Bedingt durch die demographische Entwicklung kann dieser Anteil auf 20 Prozent im Jahre 2020 anwachsen. Der Anteil der über 65-jährigen Personen wächst zudem doppelt so schnell wie derjenige unter 65 Jahre [SB03].

Mit steigendem Lebensalter nehmen altersbedingte Krankheiten und Behinderungen zu. Aufgrund der Krankenhauskosten erzeugt ein siebzigjähriger Patient in

---

Teile dieses Beitrags beruhen auf früheren Veröffentlichungen des Autors.

Deutschland im Durchschnitt fünfmal höhere Kosten als ein zwanzigjähriger. Die amerikanische „Alzheimer Association" hat für die USA eine annähernde Verdopplung der anfallenden Kosten durch die Alzheimerkrankheit innerhalb von 5 Jahren abgeschätzt, von 33 Milliarden US\$ im Jahr 1998 auf 61 Milliarden US\$ im Jahr 2003. Neben der demographischen Entwicklung erhöht die Erwartung der Bevölkerung, eine hochwertige Gesundheitsversorgung einschließlich eines abgesicherten Zugangs zu verbesserten Therapien und Medikamenten zu erhalten, den Kostendruck. Der Umstand, dass im Jahr 2025 anteilsmäßig zwei Berufstätigen einem Rentner gegenüberstehen, stellt unsere etablierten sozialen Sicherungssysteme auf den Prüfstand [DE04].

Diese wenigen Beispiele sollen verdeutlichen, dass sich – herausgefordert durch Qualitätserwartungen und finanzielle Belastung – die Gesundheitssysteme in den entwickelten Ländern grundlegend werden ändern müssen. Andy Grove, einer der Gründer der Firma Intel, hat das System unserer jetzigen Gesundheitsversorgung mit den Mainframe-Computern verglichen, den dominierenden Rechensystemen aus den 1960er-Jahren: Eine kleine Anzahl teurer, für die damalige Zeit sehr leistungsfähiger Maschinen wurde in Rechenzentren von sogenannten Operateuren betreut, die dem Benutzer den Zugang zum Computer ermöglicht haben. Die Ähnlichkeit zu großen Krankenhäusern und deren Ambulanzabteilungen mag verblüffen.

Wie wir in den vergangenen dreißig Jahren miterleben konnten, haben der Personal Computer in den 1980er-Jahren und Mobiltelefone sowie PDAs (Personal Digital Assistant) in den 1990er-Jahren die Großrechner in Anzahl und Leistungsfähigkeit um Größenordnungen überflügelt. Können wir uns eine ähnliche Entwicklung im Gesundheitsbereich vorstellen, von der jetzigen, zentralisierten Gesundheitsversorgung zu einem persönlichen Gesundheitsassistenten PGA, mit dem wir so eigenständig und eigenverantwortlich unsere Gesundheit beobachten und einschätzen können, wie wir heute unser Mobiltelefon oder unseren PC bedienen?

Jüngste Entwicklungen der Mikro- und Nanotechnologie, in der drahtlosen Kommunikation und in der Informationsverarbeitung ebnen den Weg in Richtung mobiler Beobachtungs- und Vorsorgeplattformen für den persönlichen Gesundheitsassistenten PGA [LR04]. Wie können wir uns die Handhabung einer solchen Plattform vorstellen?

Der Life Balance Factor als persönlicher Gesundheitsindikator

Ein Szenario soll uns das Potenzial dieser neuen Technologien veranschaulichen. Wie in diesem Beitrag später ausgeführt, gehen wir davon aus, dass verschiedene „intelligente" Sensoren und Auswerteeinheiten in unsere tägliche Kleidung integriert sind, untereinander verbunden durch ein drahtloses oder drahtgebundenes Netzwerk. Der anziehbare Gesundheitsassistent beobachtet kontinuierlich wichtige Vitalparameter wie Herzschlag, Blutdruck, Temperatur und Bewegung. Die Verknüpfung dieser Vitalparameter mit dem Umfeld des Benutzers wie Aktivitäts- und Schlafdaten, Ernährung, Stress, Erholung und Formen der sozialen Interaktion zeichnet ein aktuelles Bild über unseren physiologischen Zustand.

Als medizinische Laien wären wir überfordert, diese Datenvielfalt zu entschlüsseln und zu bewerten. Eine verständliche und bedienbare Schnittstelle zwischen dem PGA und seinem Benutzer ist notwendig. Wir schlagen dafür den *Life Balance Factor* LBF als einen auch für Nichtmediziner leicht verständlichen Indikator vor. Er kombiniert die verschiedenen Vitalparameter und gibt uns Hinweise über unseren Gesundheitszustand. Natürlich muss dieser LBF auf jeden von uns individuell angepasst und kalibriert werden. Am Ende eines erholsamen Urlaubs könnten wir den LBF messen und als unseren persönlichen Sollwert definieren, von dem wir dann im Alltag möglichst wenig abweichen wollen.

Hier drängt sich wieder die Analogie zu den Großrechenanlagen auf: Die Bedienung dieser Maschinen erforderte detaillierte Kenntnisse über Aufbau und Arbeitsweise. Heute starten wir auf unserem PC oder Smartphone komplexe Anwendungen durch Antippen eines Bildsymbols, ohne wissen zu müssen, wie die Millionen von Einzelbefehlen – ausgelöst durch den Mausklick – im eingebauten Prozessor abgearbeitet werden.

Der elektronische Hausarzt

Wir wollen unser Szenario des Gesundheitsassistenten weiter konkretisieren: Der Gesundheitsassistent, integriert in unserer Kleidung, registriert über den Tag die Gesundheitsdaten und berechnet daraus den LBF. Abends zu Hause überspielen wir die Daten auf unseren PC und beobachten, in welche Richtung sich der LBF entwickelt. Schwankungen um den persönlichen Sollwert indizieren, dass unsere Gesundheit weitgehend im Lot ist und keine weiteren Maßnahmen erfordert. Sollte sich der LBF in den „roten" Bereich bewegen, empfiehlt uns der Gesundheitsassistent einen Besuch bei unserem Hausarzt. Wir laden die Daten der vergangenen Wochen auf einen Memorystick, um sie gemeinsam mit dem Hausarzt zu analysieren. Anhand der Daten kann der Arzt erkennen, wie therapeutisch eingegriffen werden sollte, sei es durch eine gezielte Medikation, sei es durch mehr Bewegung und fettarme Ernährung, um den Cholesterinspiegel zu senken, oder durch längere aktive Erholungsphasen für einen stabilen Blutdruck. Unser kleidsamer Gesundheitsassistent unterstützt uns auch bei der Umsetzung der Therapie. Mit seinen Sensoren misst er unsere Aktivitäten, erkennt Belastungs- sowie Entspannungsphasen und führt Buch über unsere Ernährung; er erinnert uns, wann wir welches Medikament einnehmen müssen und wann wir unsere Rückenmuskulatur – verspannt von der Arbeit am PC – lockern sollten (siehe Abbildung 13).

Der Vergleich dieser Vision des persönlichen Gesundheitsassistenten mit der heutigen medizinischen Versorgung verdeutlicht die Trendwende im Gesundheitssystem. An die Stelle einer zentralisierten medizinischen Versorgung tritt eine individualisierte, präventiv ausgerichtete Versorgung, die jeden Einzelnen in die Verantwortung für die persönliche Gesundheit einbezieht. Die Kostenexplosion im Gesundheitswesen wäre dann zu begrenzen, wenn es durch ein gesteigertes Gesundheitsbewusstsein und kontinuierliche Prävention gelingt, Gesundheitsgefährdungen und Krankheiten frühzeitig zu erkennen und damit eine weniger aufwändige Behandlung zu ermöglichen. Ein einfaches Anreizmodell könnte so aussehen, dass die Krankenkassen die persönliche, tägliche oder wöchentliche Gesundheitskontrolle und den regelmäßigen Kontakt mit dem Hausarzt durch eine Prämienreduktion honorieren.

Prävention von Herz-Kreislauf-Erkrankungen

In Europa sind Herz-Kreislauf-Erkrankungen (Cardio-Vascular Disease CVD) für rund 45 Prozent aller Todesfälle verantwortlich; 20 Prozent der europäischen Bevölkerung leiden unter CVD. Behandlungsaufwand und indirekte Kosten durch Frühinvalidität – hervorgerufen durch CVD – belaufen sich auf mehrere hundert Milliarden Euro pro Jahr. Die wesentlichen Risikofaktoren wie Übergewicht, Bewegungsmangel, erhöhter Cholesterinspiegel, Rauchen, Zucker und Überlastung sind bekannt. Es ist medizinisch akzeptiert, dass Prävention und Frühdiagnose – verbunden mit einem gesunden Lebensstil – Herz-Kreislauf-Erkrankungen und Sterberate markant reduzieren können. Voraussetzungen sind eine kontinuierliche Überwachung am Körper sowie eine permanente Rückmeldung und Kontrolle.

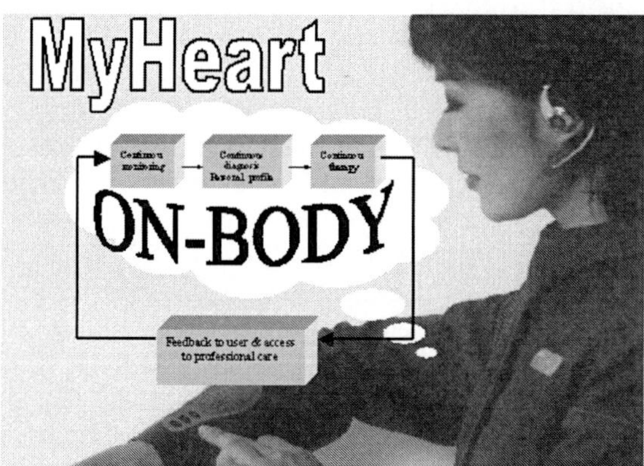

Abb. 1. EU-Projekt MyHeart: Prävention von Herz-Kreislauf-Erkrankungen [MH04]

Das im Jahr 2004 gestartete EU-Projekt MyHeart [MH04] hat sich zum Ziel gesetzt, die technischen und wirtschaftlichen Voraussetzungen zu schaffen, Herz-Kreislauf-Erkrankungen deutlich einzuschränken. Auf der technischen Seite wird „intelligente" Kleidung entwickelt, die mit ihrer eingebetteten Sensorik Vital- und Umweltparameter messen und auswerten kann. Die Datenkommunikation mit dem Hausarzt, mit einem Krankenhaus oder einer Notfallstelle erlaubt eine situationsgerechte Rückmeldung und Gesundheitskontrolle. Das Projekt fokussiert auf fünf Anwendungsgebiete: verbesserte physische Aktivitäten, Ernährung, Schlaf und Entspannung, Stressprävention sowie Frühdiagnose akuter Herz- und Schlaganfälle. Eine einfache Abschätzung soll das Einsparpotential dieses Projektansatzes veranschaulichen. Unter der Annahme, dass (nur) 5 Prozent der europäischen Bevölkerung, also ca. 19 Millionen Bürger, das MyHeart-System benutzen und damit in der Größenordnung 60 000 Herzinfarkte und Schlaganfälle pro Jahr vermieden werden, beläuft sich die jährliche Kostenersparnis auf 12 Milliarden Euro.[1]

Betreuung im Alter und Rehabilitation

Es entspricht dem Wunsch und der Vorstellung von Lebensqualität vieler älterer Mitbürger, möglichst lange sich selbst versorgend in ihrer angestammten und gewohnten Umgebung zu verbleiben. Selbst beginnende Demenz oder Alzheimerkrankheit verhindern nicht ein weitgehend selbstbestimmtes Leben, sofern die Kommunikation mit Verwandten und Bekannten sichergestellt, die medizinische Überwachung rund um die Uhr gewährleistet und Unterstützung in der Bewältigung von Routinetätigkeiten des täglichen Lebens bereitgestellt ist. Der persönliche Gesundheitsassistent fungiert dabei über seine medizinische Unterstützungsfunktion hinaus als Krankenpfleger, Trainer, Physiotherapeut und Kommunikationspartner (Abbildung 2). Die Kostenersparnis dieses Hauspflegebetreuungsmodells ist leicht abzuschätzen. Mit einem Pflegesatz von 30 000 Euro pro Person und Jahr und etwa einer Million älterer Menschen in der Bundesrepublik, für die Wohnen in ihrer vertrauten Umgebung Lebensqualität bedeutet, summiert sich das Einsparpotential auf 30 Milliarden Euro pro Jahr (Abbildung 3). Auf der Investitionsseite sind neben dem Gesundheitsassistenten am Körper je nach Betreuungsintensität auch vernetzte Sensor- und Kommunikationssysteme in der direkten Umgebung zu berücksichtigen, die beispielsweise die Fehlbenutzung von Haushaltsgeräten überwachen oder bei akuten Gesundheitsproblemen von sich aus Hilfe anfordern. Dieses „Smart Home" wäre eine konkrete und nützliche Umsetzung der Vision von Mark Weiser von Computersystemen, die unsichtbar, aber dennoch allgegenwärtig sind [WM91].

Abb. 2. Persönlicher Gesundheitsassistent PGA in der häuslichen Betreuung älterer Mitbürger; als Arzt, Krankenpfleger, Physiotherapeut und Kommunikationspartner

Auch bei akuten Erkrankungen bietet der PGA Hilfe an, z.B. bei der Parkinsonerkrankung. Mehr als drei Prozent der über 65-jährigen Mitbürger leiden an dieser Krankheit. Ein miniaturisierter Sensor am Handgelenk könnte das typische Zittern

---

[1] Krankenkosten einschließlich Belastungen der Sozialversicherungen zu 200 000 Euro je Kranken- / Todesfall angenommen.

von Unterarm und Hand detektieren und eine geeignete Behandlung oder Medikation einleiten [KHG03]. Ein weiteres Betätigungsfeld des PGA: Etwa 15 Prozent aller Schlaganfälle werden durch Herzflimmern hervorgerufen. Der PGA kann – wie in [MH04] angestrebt – Herzflimmern rechtzeitig erkennen und eine sofortige Warnung mit Behandlungsvorschlag, z.B. Medikamenteneinnahme, ausgeben.

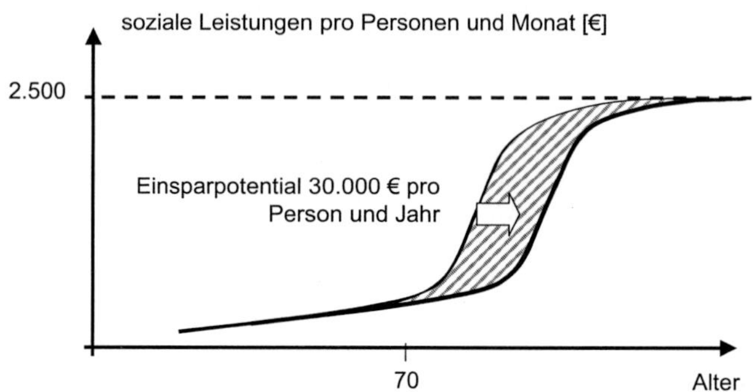

Abb. 3. Einsparungen durch eine verzögerte Betreuung in einem Pflegeheim, Bundesrepublik Deutschland 2003 (Quelle: Philips Research, Aachen)

Rehabilitation, beispielsweise nach einem Hirnschlag, erfordert kontinuierliche Ausführung von vorgegebenen Bewegungen. Der PGA kann zu diesen täglichen Übungen in der vertrauten häuslichen Umgebung ermuntern, Bewegungsmuster beobachten und Korrekturen vorschlagen. Über die Kommunikation mit dem Mobiltelefon können Physiotherapeuten in Kontakt treten, aus der Distanz die Bewegungsübungen verfolgen und direkt intervenieren. Studien gehen davon aus, dass wir alle über kurz oder lang als Patienten mit dieser Form der Telemedizin und Telerehabilitation in Berührung kommen [TAS04].

Das Konzept des Wearable Computing

Die bisherigen Ausführungen skizzierten die wünschbare Funktionalität des persönlichen Gesundheitsassistenten PGA. Das im Folgenden vorgestellte Konzept „Wearable Computing" offeriert das technologische Potenzial für einen PGA. Stand und Entwicklungstrends bei der Messung von Vitalparametern an und in unserem Körper schließen sich an.

Rückblick

Versteht man einen Wearable Computer als einen Apparat, der uns unterstützt und den wir täglich mit uns tragen, dann könnte die erste Erwähnung eines Brillenglases im Jahr 1268 als Geburtsstunde von „wearable"-Systemen datiert werden [RB97]. Die Erfindung der Taschenuhr im Jahr 1762 und der Armbanduhr im Jahr

1907 zeichnet den Trend zu miniaturisierten und mobilen Komponenten. Die Patentierung eines tragbaren, am Kopf montierten (head-mounted) Bildschirms im Jahr 1960 markiert den nächsten Meilenstein. Mit der HP01 Taschenrechneruhr von Hewlett-Packard wurde der erste mobile Kleinrechner im Jahr 1977 kommerzialisiert. Die Verbreitung des Mikroprozessors anfangs der 1970er Jahre hat die Entwicklung zu mobilen Systemen weiter inspiriert. Steve Mann, einer der Pioniere des Wearable Computing, trat im Jahr 1981 mit einem Rucksackcomputer sowie einem Helm mit eingebauter Kamera und Bildschirm an die Öffentlichkeit. Olivetti zeigte 1990 ein aktives „Badge", eine tragbare Plakette zur Identifizierung, ausgestattet mit einer Infrarotschnittstelle. Seit der ersten fachspezifischen Konferenz, dem IEEE International Symposium on Wearable Computers ISWC 1997 in Cambridge, USA, ist der Begriff „Wearable Computing" in der Wissenschaft etabliert. Mittlerweile beschäftigen sich mehr als 25 Forschungslabors mit Wearable Computern.[2] Wie universitäre Forschung auf dem Gebiet Wearable Computing im Spannungsfeld zwischen Grundlagen und Applikation ablaufen kann, ist in [BC05] beschrieben. Nach 15 Jahren Forschung und Entwicklung stehen Wearable Computer jetzt vor der Kommerzialisierung. VDC[3] schätzte schon für 2006 den weltweiten Umsatz mit Wearable Computern zwischen 550 Millionen und 1 Milliarde US$ und prognostiziert einen jährlichen Zuwachs von 50 Prozent.

Erste Vorläufer unseres persönlichen Gesundheitsassistenten lassen sich bereits im achtzehnten Jahrhundert mit dem Hörrohr finden. Das erste elektronische Hörgerät zu Beginn des zwanzigsten Jahrhunderts war noch mit einem Röhrenverstärker in einer separaten Schachtel ausgestattet, gefolgt vom ersten transistorbetriebenen Hörgerät im Jahr 1953. Der implantierbare Herzschrittmacher, in den Jahren 1957/58 durch R. Elmqvist und A. Senning[4] sowie E. Bakken und W. Lillehei[5] eingeführt, ist heute als Gesundheitsassistent mit mehr als einer Million Benutzern nicht mehr wegzudenken.

Merkmale

In der Presse wird der Begriff Wearable Computing häufig mit Personen assoziiert, die sperrige Helmbildschirme und schwergewichtige Behälter mit sich herumtragen. Unsere Vision eines Wearable Computers als ein persönlicher Assistent ist weniger spektakulär, aber besser für die Gesundheitsvorsorge geeignet.

Die Forschergemeinschaft definiert Wearable Computer durch ihre Eigenschaften, durch ihre Komponenten oder durch ihre Anwendung. Für unseren persönlichen Gesundheitsassistenten PGA sind folgende Eigenschaften wünschbar: Wearable Computer sollen kontinuierlich verfügbar und nahtlos in unsere Kleidung integriert sein. Durch ihre Sensoren beobachten sie die Vitalparameter und ermög-

---

[2] www.wearable.ethz.ch/links-research.0.html

[3] www.vdc-corp.com

[4] www.thebakken.org/artifacts/elmqvist.htm

[5] www.ieee.org/organizations/history_center/milestones_photos/pacemaker.html

lichen dem Benutzer eine erweiterte Wahrnehmung der Umwelt. Sie erkennen den aktuellen Benutzerkontext, wo der Benutzer sich aufhält, was er mit wem tut, und stellen vorausschauend hilfreiche Informationen zur Verfügung [LNL03, PE98]. Abbildung 4 skizziert eine mögliche Implementierung eines PGA: Mehrere Sensoren, verteilt in der Kleidung, messen und übermitteln physiologische und Kontextdaten über ein Körpernetzwerk (Body Area Network BAN) zu einer mobilen Recheneinheit, beispielsweise einem PDA (Personal Digital Assistant) oder einem „Smartphone", das die Sensordaten auswertet, den Gesundheitszustand abschätzt und an die umgebenden Netzwerke kommuniziert.

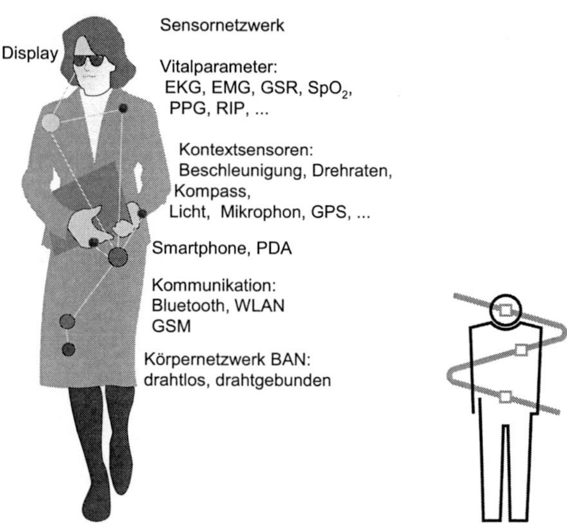

Abb. 4. Persönlicher Gesundheitsassistent PGA, implementiert in unsere tägliche Kleidung

Architektur

Verschiedene Anwendungsfelder von Wearable Computing korrespondieren mit einer Vielzahl von Systemarchitekturen und Komponenten, vom Armbanduhrcomputer [NKR02] bis zur robusten Überlebenskleidung für den Einsatz in der Arktis [RAK00]. Unsere tägliche Kleidung, optimiert über viele Jahrhunderte, zeigt eine hierarchische Struktur: Die Unterwäsche steht in direktem Kontakt zu unserer Haut und hat daher besondere Anforderungen an Hygiene und Komfort zu erfüllen. Die äußeren Kleidungsschichten sind der Umwelt ausgesetzt. Wir wählen sie entsprechend unseren persönlichen Präferenzen aus, passend zu dem jeweiligen Anlass. Das in [LKT04] vorgestellte Integrationskonzept „System-on-Textile" SoT berücksichtigt Struktur und Funktionalität unserer Kleidung. Der Wearable Computer ist dabei auf vier Funktionsebenen partitioniert, nämlich in funktionelle Textilien, eingebettete Mikrosysteme, Zusatzkomponenten und Mobilgeräte, wie in Abbildung 5 dargestellt.

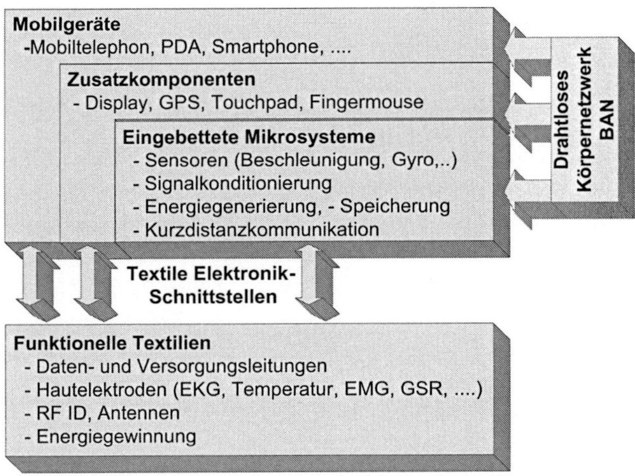

Abb. 5. Integrationsebenen eines Wearable Computers

Funktionelle Textilien

Neben Ernährung und Schutz befriedigt Kleidung ein menschliches Grundbedürf-
nis. Vor ungefähr sechstausend Jahren haben unsere Vorfahren die steifen und
unbequemen tierischen Felle durch selbstgefertigte Textilien ersetzt. Die Schutzfunktion ist dabei durch ästhetische Merkmale ergänzt worden. Zusätzlich zu der
Schutz- und Selbstdarstellungsfunktion kann Kleidung als personalisierte und flexible Informationsplattform fungieren [PJ01], und zwar durch die Übertragung
von Information und Energie, durch sensorische und aktorische Eigenschaften und
durch die Infrastruktur für Mikrosysteme.

Abb. 6. Gewebe mit leitenden Fäden in beide Richtung (Sefar™)

Leitende Textilien

Polyesterfäden, mit Metallpartikeln umhüllt oder mit dünnen Metallfäden umsponnen, lassen sich in Standardverfahren der Textilherstellung wie Stricken oder Weben zu leitenden textilen Flächen verarbeiten, wie beispielsweise in Abbildung 6 gezeigt. Wie Messungen bestätigen, können in diesen Textilien Daten mit einer Bandbreite bis zu 100 Mbit/s über eine Distanz von einem Meter übertragen werden, ausreichend für ein textiles „Körperinternet" [CGT03]. Die Übertragungskapazität bleibt weitgehend unverändert, wenn das Textil gestreckt oder zerknittert wird.

Antennen

Neben der drahtgebundenen Übermittlung sind auch drahtlose Kommunikationskanäle für den Datenaustausch am Körper und mit der Umwelt wünschenswert. Magnetische Induktion mit textilen Spulen überbrückt effizient Distanzen bis zu 2 cm, beispielsweise zwischen Hose und Hemd. Abbildung 7 zeigt als eine Anwendung einen MP3-Player, drahtlos mit dem Ohrhörer in der Jacke verbunden.

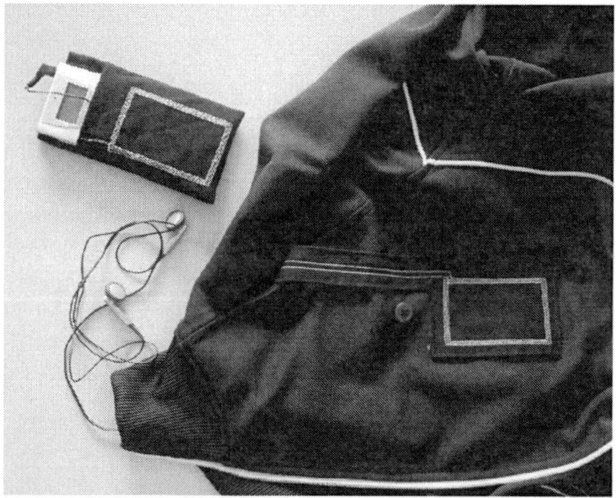

Abb. 7. Drahtlose Verbindung zwischen einem MP3-Player und Kopfhörer über gestickte Textilspulen

Eine ähnliche Architektur wird für textile Transpondersysteme (RFID) vorgeschlagen [KPC03]. Längere Entfernungen lassen sich mit textilen Patch-Antennen überwinden. Die in Abbildung 8 dargestellte „Bluetooth"-Antenne ist aus mehreren leitfähigen und isolierenden textilen Schichten aufgebaut [KLT04]. Die Übertragungseigenschaften ändern sich nur geringfügig, wenn die Antenne gebogen wird; mit einer Dicke von weniger als 5 mm passt sie damit an vielen Stellen unserer Kleidung.

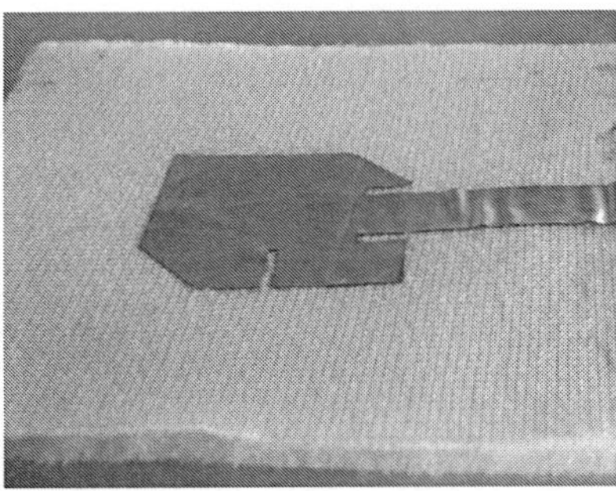

Abb. 8. Textile, zirkular polarisierte Antenne mit einer Mikrostrip-Zuleitung für Bluetooth-Anwendungen; Größe: 48 × 51 mm [KLT04]

Funktionale Fäden

„Smarte" Textilien sind durch ihre Fähigkeit charakterisiert, Umgebungseinflüsse aufzuspüren und darauf zu reagieren. Für die Gesundheitskontrolle sind dehnungssensitive Gewebe hilfreich, die Körperbewegungen oder Herzlungenfunktionen erkennen [PR03]. Textile Drucksensoren (z.B. in [SMC03]) können helfen, Wundliegen von gelähmten Personen zu vermeiden. Textile Touchpads, aufgebaut als Multilayerstruktur oder mit leitenden Flächen, eignen sich als Eingabegerät [ST01]. Fäden, mit aktiven Elektropolymeren überzogen, können sich wie Muskeln zusammenziehen [BCY01]. Mit der funktionalen Elektrostimulation (FES) gelingt es, selektiv Gliedmaßen von rückenmarkverletzten Personen zu Bewegungen anzuregen; mit leitenden Textilen können die Elektroden für die Stimulation direkt in die Kleidung der Patienten integriert werden [JWK04].

Eingebettete Mikrosysteme

Wie bereits erwähnt, benötigt unser Gesundheitsassistent Informationen über unseren Kontext, also wo wir sind, was wir tun, mit wem wir zusammen sind. Auge und Ohr als unsere wichtigsten Wahrnehmungskanäle können durch Kamera und Mikrophon nachempfunden werden, allerdings erfordern Verarbeitung und Interpretation der aufgenommenen Daten eine hohe Rechenleistung. Nur der Zusammenschluss verschiedenartiger Sensoren (Abbildung 4), über den Körper verteilt und untereinander vernetzt, kann die Heterogenität möglicher Kontexte mit geringen Anforderungen an Rechenleistung und Kommunikationsbandbreite bewältigen [LJS02]. Die jeweilige Tätigkeit und das Umfeld bestimmen Sensortyp und Position am Körper. Für die Unterstützung eines Feuerwehrmanns im Einsatz sind beispielsweise seine exakte Lokalisierung in Gebäuden, die Beurteilung des näheren Umfeldes und eine stabile Kommunikation wichtig: Inertialsensoren zur Bewegungsverfolgung, Gas- und Temperatursensoren sowie mehrere verlässliche Antennen müssen dafür in der Schutzkleidung implementiert sein. Um den Bewegungsablauf eines Skilangläufers in jeder Bewegungsphase zu analysieren, sind

Drucksensoren in den Schuhen und Handschuhen, Beschleunigungs- und Drehratensensoren an allen Gelenken und Extremitäten erforderlich.

In mobilen Systemen ist die Nutzungsdauer häufig durch die verfügbare elektrische Energie eingeschränkt. Um einen kontinuierlichen Betrieb zu gewährleisten, muss Energie am Körper über Mikrogeneratoren erzeugt werden. Als Energiequelle bieten sich die Körperwärme und Körperbewegungen an; mit Solarzellen kann Licht in elektrische Energie umgesetzt werden. Folgende Werte skizzieren den Stand der diversen Mikrogeneratortechniken: Eine Solarzelle mit einer Fläche von 50 cm^2, auf der Schulter montiert, generiert im Haus 0,15 - 5 mW, außer Haus 50 - 300 mW; ein thermoelektrisches Element, ebenfalls mit einer Fläche von 50 cm^2, produziert am Körper ca. 1,2 mW, während ein am Knie befestigter mechanischer Generator mit einem Gewicht von 2 Gramm 0,8 mW liefert.

Die Mikrosystemtechnik stellt Technologien zur Miniaturisierung und Einbettung kompletter Sensor- und Aktorsysteme in die Kleidung oder in Kleidungskomponenten zur Verfügung. Abbildung 9 zeigt das Konzept eines autonomen Sensorknopfes, der am ETH Wearable Computing Lab entwickelt wird [BOS04]: Ein Lichtsensor, ein Mikrophon, ein Mikroprozessor und ein Senderbaustein sind in einem Volumen von weniger als 1 cm^3 unterzubringen, einschließlich Pufferbatterie und Solarzelle. Dieser „intelligente" Knopf ist in der Lage, sein Umfeld zu beobachten und die Daten in das Körpernetzwerk einzuspeisen.

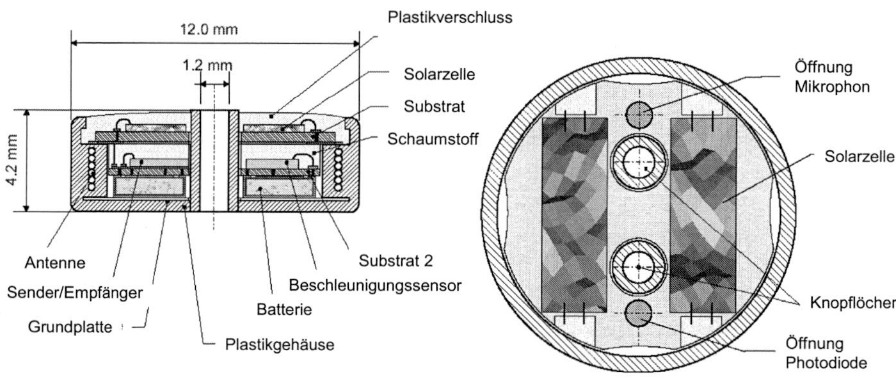

Abb. 9. Autonomes Sensorsystem in einem Knopf [BOS04]

Zusatzkomponenten

Zusatzmodule, die an der Kleidung befestigt die textile Infrastruktur benutzen, können die Funktionalität des Wearable Computers speziellen Benutzerbedürfnissen und -situationen anpassen. Ein GPS-Modul im Bereich der Schulter bestimmt Ortskoordinaten und ermöglicht Bewegungsaufzeichnungen. Als Schnittstelle zum Computer stehen verschiedene Komponenten zur Verfügung. Flexible, auf dem Ärmel befestigte organische Displays können bei abgewinkeltem Unterarm abgelesen werden. Mikrodisplays sind direkt vor dem Auge montierbar, ohne dass der Benutzer seine Aufmerksamkeit von der Umwelt abwenden muss (Abbildung 10).

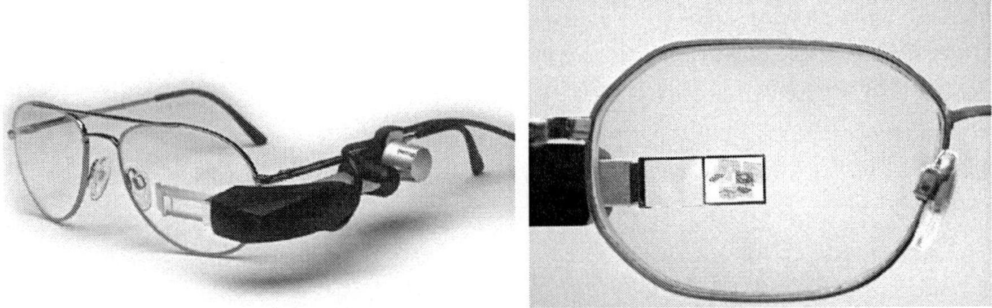

Abb. 10. Mikrodisplay auf einer Brille montiert (von Microoptical Corp.); Blick durch das Brillenglas auf das Display

Ein Handschuh, ausgestattet mit Dehnungssensoren, erkennt die Fingerbewegungen und extrahiert daraus vordefinierte Gesten [RSM99]. Das Fingermauskonzept ersetzt den Handschuh durch eine miniaturisierte Kamera, die, am Gürtel befestigt, Handbewegung interpretieren kann [HLT02]. Erste Ergebnisse wurden präsentiert, Muskelaktivitäten mit einem Elektromyogramm zu bestimmen und als Steuersignale für Computer zu benutzen [WJ03].

Mobilgeräte

Durch die Verschmelzung des Mobiltelefons mit PDA, MP3-Player und Kamera steht eine Schnittstelle zwischen dem persönlichen Kommunikationsbereich und öffentlichen Diensten einschließlich Internet zur Verfügung. Über die Bluetooth-Schnittstelle hat dieses „Smartphone" zudem Zugriff auf das Körpernetzwerk. Smartphones verlangen eine manuelle Bedienung und Fokussierung auf das Display. Entfernt man die sperrigen Schnittstellen und Batterien, können leistungsfähige Rechen- und Kommunikationssysteme auch in Kleidungsstücke eingepasst werden, wie beispielsweise der an der ETH entwickelte QBIC-Rechner [ALO04]: Xscale-Prozessor, 256 MB SRAM sowie die Standardschnittstellen USB, RS-232, VGA und Bluetooth sind in einer Gürtelschnalle untergebracht (Abbildung 11); der Ledergürtel beherbergt die austauschbaren Batterien, Speichererweiterungen und die WLAN-Anbindung. QBIC ist konzipiert als eine mobile und angenehm zu tragende Rechenplattform, die kontinuierlich über den Tag Daten vom Benutzer und der Umwelt aufnimmt, verarbeitet und kommuniziert. Pilotanwendungen kommen aus den Bereichen Gesundheitsüberwachung und industrielle Fertigung.

Kontexterkennung

Umgangssprachlich werden Attribute wie „mobil", „tragbar" oder „wearable" häufig synonym gebraucht. Wir kennzeichnen Wearable Computer durch ihre Fä-

higkeit, „von sich aus" Verhalten und Aktivität des Benutzers wie auch die äußere
Situation zu erkennen und diese Information zu nutzen, um Konfiguration und
Funktionalität des Systems dem jeweiligen Benutzerbedürfnis und der Benutzersi-
tuation anzupassen [ADO98]. Unser Gesundheitsassistent muss diese Fähigkeit
zur Kontexterkennung besitzen: Nur die Verschmelzung der Vitalparameter mit
dem Verhalten und dem Umfeld des Benutzers erlaubt eine umfassende Beurteilung des Gesundheitszustandes.

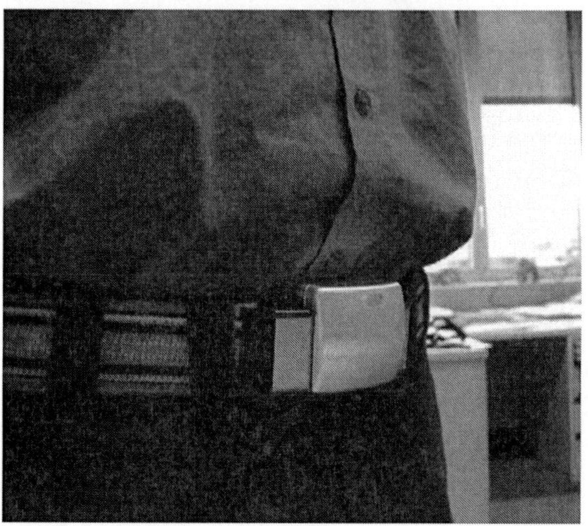

Abb. 11. ETH-QBIC Gürtelcomputer [ALO04]

Kontexterkennung ist auf Sensordaten angewiesen. In [LJS02] sind Empfehlungen zusammengefasst, welcher Sensor oder welche Kombination von Sensoren
geeignet sind, spezifische Kontextkomponenten zu erkennen. Verschiedene Verfahren und Konzepte, wie in Abbildung 12 skizziert, haben sich für die Merk-
malsextraktion und Klassifikation bewährt. Die Bayes'sche Entscheidungstheorie
liefert einen grundlegenden Ansatz für die Mustererkennung (z.B. in [DHS0]).
Nichtparametrische Verfahren wie der kNN-Ansatz erstellen eine Entscheidungs-
funktion basierend nur auf Testmustern. Kalmanfilter oder neuerdings auch die
„Particle Filter" [DFG00] sind geeignet, einzelne Zustände, wie Handgesten in
einer Videosequenz, zu verfolgen. Hidden-Markov-Modelle und der Viterbi-Algo-
rithmus bieten sich an, wenn Sequenzen von Entscheidungen zu verfolgen sind.
Das Lernverhalten qualifiziert neuronale Netzwerke für die Kontexterkennung,
indem wiederholt die Zielfunktion, z.B. Bewegungsmuster, präsentiert werden.

Trotz beachtlicher Erfolge in der Echtzeitkontexterkennung muss eingestanden
werden, dass existierende Systeme bei weitem nicht geeignet sind, beliebige Alltagssituationen zu klassieren. Fortschritte in der multimodalen Signalverarbeitung,
in den kognitiven Wissenschaften und in der künstlichen Intelligenz bahnen den
Weg zu „anziehbaren" Systemen, die unsere Umwelt werden „verstehen" können.

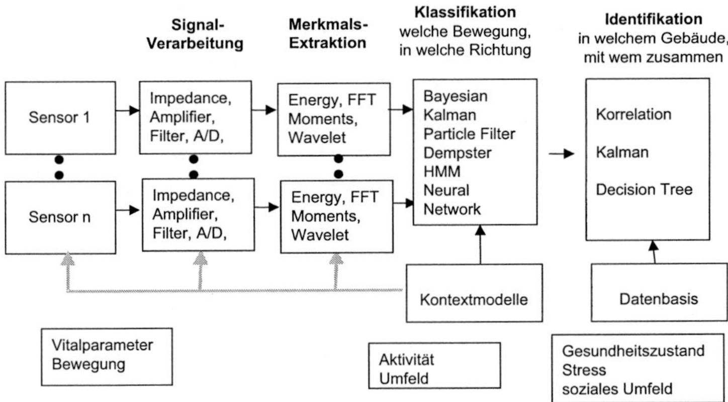

Abb. 12. Datenpfad zur automatisierten Kontexterkennung

Messung von Vitalparametern

Verschiedene physiologische Kenndaten und deren Kombination beschreiben den Gesundheitszustand; korreliert mit Verhaltensmustern kann unser persönlicher Gesundheitsassistent PGA daraus den oben eingeführten Life Balance Factor LBF bestimmen. Die für die Messung erforderlichen Sensoren wollen wir in zwei Klassen einteilen: Anziehbare Sensoren messen außerhalb unseres Körpers, beispielsweise durch Hautelektroden. Implantierbare Systeme arbeiten im Körper und kommunizieren zumeist drahtlos zu den extrakorporalen Kontrolleinheiten.

Anziehbare Sensoren

Die stationäre medizinische Versorgung in Krankenhäusern und Arztpraxen kennt eine Vielzahl hochwertiger und präziser Messsysteme (zu besichtigen beispielsweise auf der weltgrößten Medizinmesse MEDICA[6]). Wir wollen uns auf miniaturisierbare Sensoren konzentrieren, die wir den ganzen Tag über ohne Einbuße an Bewegungskomfort tragen können.

Bewegung

Die Bestimmung von Körperpositionen, Bewegungen und Gesten ist notwendig für die Klassifikation von Aktivitäten, für die Aufbereitung von Biosignalen wie EKG und insgesamt für das Verständnis des physiologischen Zustandes. Beschleunigungsmesser, Drehratensensoren, Kompass, Piezoelemente und GPS werden häufig zur Bewegungsdetektion kombiniert.

---

[6] www.medica.de

Miniaturisierte Beschleunigungssensoren in der Größe von wenigen Kubikmillimeter bieten mehrere Hersteller[7] an, hauptsächlich für den „Airbag" im Automobil. Monolithische Drehratensensoren werden zunehmend verfügbar, sie bemessen sich einschließlich Gehäuse zu $7 \times 7 \times 3$ mm.[8]

Der „Actigraph"-Bewegungsdetektor[9], befestigt an einem Armband, zeichnet über 24 Stunden Aktivitäts- und Schlafmuster auf; Analyseprogramme ermöglichen auf dem PC die zeitliche Zuordnung von Schlaf-Wachrhythmen, Hyperaktivität und Bewegungsstörungen bei Alzheimer-Erkrankungen.

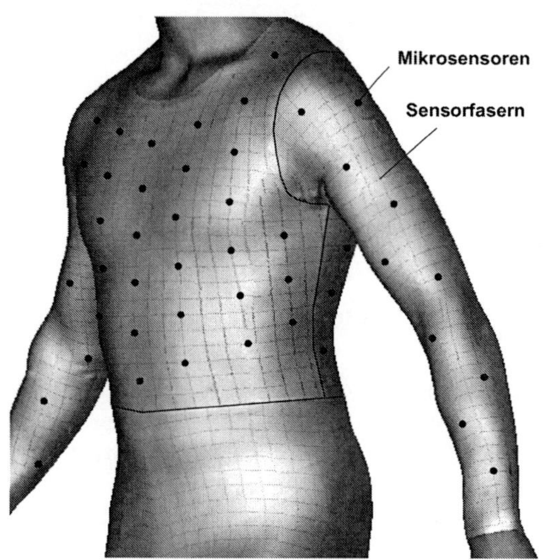

Abb. 13. Sensorhemd als Rückenmanager [KT04]

In Abbildung 13 ist die Vision eines textilen Rückenmanagers dargestellt, konzipiert für den täglichen Gebrauch. Er erkennt Fehlhaltungen und einseitige Belastungen unseres Rückens – beispielsweise beim Sitzen vor dem Bildschirm – und warnt, bevor Komplikationen wie etwa ein Hexenschuss eintreten [KT04].

Herzschlag und EKG

Seit der Einführung des Begriffs „Elektrokardiogramm" (EKG) durch W. Einthoven im Jahr 1893 und dem ersten mobilen, in einem 37 kg schweren Rucksack installierten EKG-Aufzeichnungsgerät im Jahr 1949 wurden EKG-Systeme gerade in den letzten Jahren so weit verkleinert und in ihrer Handhabung vereinfacht,

---

[7] www.silicondesigns.com/, www.st.com/stonline/products/selector/444.htm, www.analog
.com/IST/SelectionTable/?selection_table_id=110

[8] www.analog.com/en/prod/0,2877,764%255F801%255FADXRS300,00.html, www.ssec.
honeywell.com/magnetic/hmc6352.html

[9] www.ambulatory-monitoring.com

dass sie als notwendiges Accessoire für Ausdauersportler[10] gelten. Für die mobile Herzkreislaufüberwachung stehen Geräte zur Verfügung, die das EKG über 72 Stunden aufzeichnen und die Daten per Handyschnittstelle beispielsweise an ein Herzzentrum übermitteln können.[11]

Die Herzschlagvariabilität (HRV), also die zeitliche Veränderung des Herzschlags, ist ein aussagekräftiger Indikator für die Funktion des autonomen Nervensystems und für den allgemeinen Gesundheitszustand. Ein gesundes Herzkreislaufsystem zeichnet sich durch einen hohen HRV-Wert aus, der über Nacht als Zeichen von Erholung ansteigt. Damit ist der HRV-Wert eine wichtige Komponente für unseren Life Balance Factor LBF.

Das EKG-Messverfahren betrachtet das Herz als einen elektrischen Generator, dessen elektrische Potentiale an der Hautoberfläche abgegriffen werden. In den letzten Jahren ist es gelungen, anstelle der bekannten starren Elektroden, die auf die Haut geklebt werden, auch textile Elektroden mit ausreichendem Kontaktwiderstand einzusetzen. Eingewoben in die Unterwäsche, misst ein Array von Elektroden kontinuierlich ohne Einbuße am Tragekomfort die EKG-Signale [MSS04].

Atmung

Unsere Atmung bewirkt eine Veränderung des Brustumfangs und -volumens. Textile Dehnungssensoren können die Änderungen des Umfanges abgreifen. Die induktive Plethysmographie basiert auf zwei textilen Leiterschleifen, die Veränderungen der Selbstinduktivität – hervorgerufen durch Volumenänderungen – detektieren.

Elektromyographie (EMG)

Unter EMG wird die Messung und Aufzeichnung skeletaler Muskelaktivitäten verstanden. Nadeln oder Oberflächenelektroden, vorzugsweise am Muskelbauch platziert, messen die ca. 1,5 mV starken Stimulationssignale. Die Auswertung dieser Signale zeigt die Stärke der Muskelanspannung wie auch Ermüdungserscheinungen [BP01].

Blutdruck

Obwohl der Blutdruck als ein wichtiger Gradmesser für unsere Gesundheit fungiert, gibt es bis heute kein miniaturisiertes Messsystem. Das bekannte Messverfahren beruht auf einer steuerbaren Luftpumpe in einer Manschette, die bis auf eine überdimensionierte Armbanduhrgröße[12] reduziert werden kann. Da diese Größe für eine kontinuierliche Benutzung immer noch zu unhandlich ist, sucht die Forschung nach pumpenfreien Messverfahren. Auswertung und Verknüpfung

---

[10] www.polar.fi
[11] www.schiller.ch
[12] www.omronhealthcare.com

multimodaler Messdaten erlauben eine indirekte Bestimmung des Blutdrucks, beispielsweise die Kombination von Plethysmographie und EKG-Signalen [HZT04].

Blutsauerstoff

Nichtinvasive Messwandler ermöglichen die Bestimmung des Sauerstoffpartialdruckes (PO_2) und der Oxyhämoglobinsättigung (SpO_2) an der Hautoberfläche, zumeist mittels lichtemittierender Infrarotdioden. Reflexion oder Transmission der Infrarotstrahlung an Blutgefäßen sind vom Blutsauerstoff abhängig. Mobilgeräte[13] werden zunehmend verfügbar, die neben der kontinuierlichen Messung auch die anspruchsvolle Datenverarbeitung ausführen.

Haut

Die Haut als unser größtes Organ verschafft uns Zugang zu Körperdaten wie Temperatur, Hautfeuchtigkeit und elektrischer Impedanz. Temperaturempfindliche Materialien in direktem Hautkontakt ermöglichen eine Messgenauigkeit kleiner 0,1 C°. Der elektrische Widerstand, an der Hautoberfläche gemessen, variiert zwischen 1 MΩ und ca. 100 kΩ, abhängig von der Hautfeuchtigkeit. Die Abhängigkeit zwischen Transpiration, dem autonomen Nervensystem und dem physiologischen Zustand qualifiziert den Hautwiderstand oder „Galvanic Skin Response" (GSR) als einen Indikator für Stress, Angst- und Konfliktzustände [HJA00]. Die Korrelation mit anderen Vitalparametern wie Herzschlag und Temperatur liefert Hinweise auf die emotionale Verfassung [LNL03].

Anziehbare Gesundheitsmonitore

Der Gesundheits- und Wellnessmarkt offeriert bereits eine breite Palette von tragbaren Systemen zur kontinuierlichen Überwachung des Gesundheitszustandes; einige Beispiele sollen den derzeitigen Stand reflektieren. Der Brustgurt von Polar[10] verschickt drahtlos ein einkanaliges EKG-Signal an einen Armbandempfänger; die Datenanalyse gibt Hinweise zu Fitness, Gewicht, Energieverbrauch und Trainingszustand. Das Bodymedia HealthWear-Armband[14] wird am Oberarm befestigt. Aus den gemessenen Bewegungen, Wärmefluss, Hauttemperatur und Hautwiderstand lässt sich der Energieverbrauch des Körpers abschätzen. Vivo-Metrics[15] hat ein „LifeShirt"-System vorgestellt, das eine kontinuierliche Beobachtung des Herzkreislaufsystems, gekoppelt mit Aktivitätsmustern, durchführt. Das „Stanford Lifeguard-System"[16] übersteht auch extreme Umweltbedingungen wie Kälte und Hitze. Es misst EKG, Atmung, Blutsauerstoff und Blutdruck.

---

[13] www.novametrix.com/products/2001/2001.htm, www.anestech.org/Publications/Annual_2000/Jopling2.html, www.dolphinmedical.com/faqs/Voyager_210_UCSF_Abstract.pdf
[14] www.bodymedia.com
[15] www.vivometrics.com
[16] http://lifeguard.stanford.edu

Computer unter der Haut

Bereits im Jahr 1960 skizzierten M. Clynes und N. Kline in ihrem Aufsatz „Cyborgs and Space" für die NASA die technologische Aufrüstung des menschlichen Körpers für die Lebensbedingungen im Weltall und prägten dabei den Begriff „Cyborg", eine Kombination aus „cybernetic" und „organism" [CK60]. Diese Vorstellung einer Verschmelzung von Mensch und Maschine hat die Literatur und das Science-Fiction-Publikum seither fasziniert.

Abb. 14. Robocop im Film Terminator (1984) mit A. Schwarzenegger

Mit dem Film „Terminator" wurde im Jahr 1984 diese Symbiose effektvoll in Szene gesetzt (Abbildung 14). Ebenfalls im Jahr 1984 erschien der Science-Fiction-Roman „Neuromancer" von W. Gibson, der den Begriff „Cyberspace" einführt für eine künstliche Intelligenz, die auf das Gehirn der Romanakteure zugreift. R. Kurzweil geht in seiner Vision weiter und stellt in seinem Buch „Homo s@piens" Neuro-Implantate und die vollständige Reproduktion des Menschen durch die Nanotechnik für die Zeit nach 2030 in Aussicht [KR99].

Aus medizinischer Sicht hat die Cyborg-Ära bereits im Jahr 1958 mit der Implantation des ersten Herzschrittmachers begonnen[4,5]. Heute vertrauen mehr als drei Millionen Menschen diesem ausgeklügelten Sensor-, Computer- und Kommunikationssystem in ihrer Brust, das kontextsensitiv in Kooperation mit der natürlichen Herzstimulation das Herz beobachtet und steuert sowie drahtlos Daten mit der Außenwelt austauscht. Neben dem Herzschrittmacher sind weitere Implantate entwickelt worden, die rechnergesteuert den direkten Zugriff auf Körperfunktionen eröffnen, die von außerhalb des Körpers nicht zugänglich sind.

Beim Cochlea-Implantat handelt es sich um eine elektronische Innenohrprothese, die das geschädigte Innenohr überbrückt und die Schallreize in Form elektrischer Signale direkt an den Hörnerv weiterleitet.[17] Weltweit hat im Jahr 2001 dieser Computer im Kopf ca. 30 000 Menschen das Hören wieder ermöglicht. Das Retinal-Implantat als Netzhautersatz steht nach langjährigen Forschungs- und Entwicklungsanstrengungen erst vor dem klinischen Einsatz. Eine miniaturisierte Kamera, auf einer Brille vor dem Auge platziert, nimmt Bilder auf und übermittelt sie auf ein Elektrodenarray auf der Netzhaut. Die Elektroden stimulieren den Sehnerv und vermitteln so das Kamerabild. Das Dobelle-Institut[18] verfolgt einen anderen Ansatz: Anstatt über den Sehnerv wird versucht, direkt im Gehirn die entsprechenden Regionen durch Elektroden zu stimulieren.

Im Gegensatz zu den genannten Therapien versucht die Schmerztherapie durch Implantate, die Weiterleitung von Signalen in Nervenbahnen zu unterbinden. Die Rückenmarkstimulation mittels eines steuerbaren, implantierten Impulsgenerators versucht, durch schwache elektrische Signale die Schmerzausstrahlungen in das Gehirn zu verhindern. Implantierte Schmerzmittelpumpen applizieren Medikamente, z.B. Morphin, über einen Katheder direkt in die Rückenmarksflüssigkeit.[19]

Der Blick in das Innere unseres Körpers, die unmittelbare Beobachtung, wie wir funktionieren, beschäftigt und fasziniert spätestens seit den Menschenstudien von Leonardo da Vinci nicht nur die Medizin. Der Spielfilm „Die phantastische Reise" hat im Jahr 1965 diese Faszination in eindrückliche Bilder umgesetzt, wenn ein miniaturisiertes und bemanntes U-Boot in den Kreislauf eines lebenden Menschen eingeschleust wird, um in dessen Gehirn ein Blutgerinnsel durch eine Laserkanone aufzulösen. Dreißig Jahre später ist diese Vision in Form einer Kamerapille Wirklichkeit geworden: Ausgestattet mit einer Videokamera, Leuchtdioden und einem Sender kann die 26 mal 11 Millimeter große Kapsel wie eine Tablette verschluckt werden.[20] Auf ihrem Weg durch den Dünndarm sendet sie Bewegtbilder zu einem Empfänger außerhalb des Körpers. Auf einem Farbmonitor erlebt der Proband in Echtzeit eine Reise in sich und durch sich hindurch.

Die in diesem Abschnitt erläuterten Verfahren verletzen – mit Zustimmung der Betroffenen – deren körperliche Unversehrtheit. Das Eindringen in den menschlichen Körper wird damit begründet, dass nur ein solcher Eingriff die gewünschte Linderung oder Heilung ermöglicht. Dieses Vorgehen ist in der Öffentlichkeit weitgehend akzeptiert. Kontrovers wird hingegen diskutiert, Informationstechnologie ohne medizinisch nachweisbare Notwendigkeit „unter die Haut" zu lassen, sei es zur Identifikation, um im Notfall wichtige Patientendaten auslesen zu können, oder sei es, um eine direkte Verbindung zwischen Nerven und Computer zu installieren, wie es Keven Warwick mit seinem Projekt „Self implantation of technology in the human body" propagiert hat.[21]

---

[17] www.best-med-link.de/d/behandlung/b04hoergeraete_cochlea.htm

[18] www.dobelle.com/index.html

[19] www.schmerzzentrum.ch/konzept/medikamentenpumpen.php

[20] www.innovations-report.de/html/berichte/medizin_gesundheit/bericht-21284.html

[21] www.kevinwarwick.com

Ausblick

Technologische und gesundheitspolitische Entwicklungen deuten darauf hin, dass mit dem persönlichen und anziehbaren Gesundheitsassistenten PGA ein Gebrauchsgegenstand in unser tägliches Leben einziehen wird, der unser Verständnis von Gesundheit und von unserem Körper ändert. Wir haben heute noch kein klares Bild, wie dieser Assistent letztendlich aussehen wird. Verschiedene Benutzerbedürfnisse und Anforderungsprofile werden auch zu verschiedenartigen Systemen führen, sei es ein einfaches T-Shirt mit wenigen textilen Elektroden zur Kreislaufverbesserung oder mit mehreren Sensoren, Mikrocomputern und Kommunikationsmodulen bestückte Kleidung für akut herzinfarkt- oder schlaganfallgefährdete Personen oder auch ein kleidsamer Monitor zur Beobachtung des Essverhaltens, der Hygiene und der sozialen Interaktion für ältere, alleinstehende Mitbürger.

Das von der Politik formulierte Ziel zur Stabilisierung der Gesundheitskosten, nämlich uns stärker in die Verantwortung für unsere Gesundheit miteinzubeziehen, erfordert eine auch für medizinische Laien verständliche und bedienbare Schnittstelle. Der vorgeschlagene Life Balance Factor übersetzt die vielfältigen physiologischen Daten in eine auch für medizinische Laien verständliche Sprache. Diese absehbaren Umwälzungen im Gesundheitswesen – von einer Mainframe-Versorgung zum persönlichen Gesundheitsassistenten – werfen viele Fragen auf, wie Benutzerakzeptanz, Datenschutz sowie notwendige Kooperationen zwischen Bekleidungs- und Elektronikindustrie.

Verschiedene Herausforderungen sind auf dem Weg zur intelligenten Kleidung zu bewältigen. Die Bereitschaft potentieller Benutzer, sich mit ihrem Assistenten täglich zu bekleiden, setzt einen hohen Tragekomfort, eine intuitive Handhabung und einen hilfsbereiten Kundendienst voraus. Um diese Anforderungen zu erfüllen, sind Kooperationen zwischen Textilhersteller, Elektronik- und Softwarelieferanten sowie dem Einzelhandel zu schließen, wie sie bisher nicht existieren. Der PGA als Mobilfunkgerät muss zudem in die lokale wie internationale Kommunikationslandschaft eingebunden sein, einschließlich Netzbetreibern sowie privaten und öffentlichen Gesundheitsdiensten.

Als gewichtigster Stolperstein könnte sich aufgrund widerstreitender Interessen das notwendige Zusammenspiel der etablierten Organisationen im Gesundheitsbereich erweisen, vom Hausarzt über das Pflegepersonal, über Erste-Hilfe-Organisationen, Pharmaindustrie, Apotheken bis zu den Krankenkassen, die als Geldgeber auch über das Schicksal des Gesundheitsassistenten bestimmen werden.

Neben Komfort und Kosten ist Benutzerakzeptanz vom Vertrauen in die Integrität des persönlichen Gesundheitsassistenten abhängig. Er wird Daten nicht nur über unsere Gesundheit sammeln, sondern ein Tätigkeitsprofil aufzeichnen, was wir mit wem in welcher Umgebung den Tag über getan haben. Dass der PGA diese personenbezogenen Daten lokal am Körper speichern kann, mag den Datenschutz erleichtern, die alleinige Verfügbarkeit bleibt vorerst in den Händen des Benutzers. Das Konzept des Pervasive Computing, der intelligenten und vernetzten Umwelt, wie es beispielsweise für das „Smart Home" zur Betreuung älterer

Menschen angedacht ist, stellt diese Art von Datenschutz hingegen in Frage – eine Gratwanderung zwischen notwendigem Beobachten weit in die Privatsphäre hinein und der Achtung vor der Privatheit selber. Es bleibt Auftrag an eine datenrechtlich adäquate Produktgestaltung, Entwicklungsgrundsätze wie Kontrolle, Zulässigkeit, Zweckbindung und Erforderlichkeit in unseren PGA umzusetzen [RM04].

Abschließend sei eine Prognose gewagt, wann die Herausforderungen an die technische Machbarkeit, an die ökonomische Verwertbarkeit und an die menschliche Akzeptanz so weit beherrscht sind, dass wir unseren Gesundheitsassistenten werden erwerben können: Betrachtet man die laufenden Projekte in Wissenschaft und Industrie, sollten die ersten PGAs schon in wenigen Jahren kommerziell verfügbar sein.

Anerkennung. Das Wearable-Computing-Projekt wurde durch die ETH Zürich unterstützt. Der Autor dankt den Mitarbeiterinnen und Mitarbeitern des Wearable Computing Lab der ETH Zürich und insbesondere Frau Dr. Tünde Kirstein und Prof. Paul Lukowicz für die gleichermaßen anregenden wie kontroversen Diskussionen.

Literatur

[ADO98] Abowd D, Dey A, Orr R, Brotherton J (1998) Context-Awareness in Wearable and Ubiquitous Computing. Virtual Reality 3, 200–211

[ALO04] Amft O, Lauffer M, Ossevoort S, Macaluso F, Lukowicz P, Tröster G (2004) Design of the QBIC wearable computing platform. Proceedings 15th IEEE Int. Conf. on Application-specific Systems, Architectures and Processors, ASAP 2004

[BC05] Baumeler C (2005) Von kleidsamen Computern und unternehmerischen Universitäten. Eine ethnographische Organisationsstudie. Reihe: Soziopulse Studien zur Wirtschaftssoziologie und Sozialpolitik, Bd. 2

[BCY01] Bar-Cohen Y (2001) Electroactive Polymers as Artificial Muscles – Reality and Challenges. Proc. 42nd AIAA Structures, Structural Dynamics, and Materials Conference (SDM), April 16-19 2001, 1–10

[BOS04] Bharatula NB, Ossevoort S, Stäger M, Tröster G (2004) Towards Wearable Autonomous Microsystems. Pervasive 2004, Springer, 225–237

[BP01] Bonato P (2001) Recent Advancements in the Analysis of Dynamic EMG Data. IEEE Eng. Medicine and Biology Mag. November/December, 30–32

[CGT03] Cottet D, Grzyb J, Kirstein T, Tröster G (2003) Electrical Characterization of Textile Transmission Lines. IEEE Trans. Advanced Packaging, Vol 26, 182–190

[CK60] Clynes M, Kline N (1960) Cyborgs and Space. Astronautics, 26–27, 74–76

[DE04] Dishman E (2004) Inventing Wellness Systems for Aging in Place. Computer, IEEE Comp. Soc., May 2004, 34–41

[DFG00] Doucet A, de Freitas N, Gordon N (2000) Sequential Monte Carlo Methods in Practice. Springer

[DHS01] Duda RO, Hart PE, Stork DG (2001) Pattern Classification. 2nd edition, John Wiley

[HCC02] Health Care Costs (2002) US Agency for Healthcare Research and Quality. Sept. 2002, www.ahcpr.gov

[HJA00] Healey JA (2000) Wearable and Automotive Systems for Affect Recognition from Physiology. MIT PhD Thesis

[HLT02] de la Hamette P, Lukowicz P, Tröster G, Svoboda T (2002) Fingermouse: A Wearable Hand Tracking System. Adjunct Proceedings 4th Int. Conf. Ubiquitous Computing, 15–16

[HZT04] Hung K, Zhang YT, Tai B (2004) Wearable Medical Devices for Tele-Home Healthcare. Proc. 26thConf. of the IEEE EMBS, 5384–5387

[JWK04] Jezernik S, Wassink RG, Keller T (2004) Sliding mode closed-loop control of FES: controlling the shank movement. IEEE Trans. Biomed. Eng. 2004, 263–272

[KHG03] Keijsers NL, Horstink MW, Gielen SC (2003) Online Monitoring of Dyskinesia in Patients with Parkinson's Disease. IEEE Eng. Medicine and Biology Mag. May/June 2003, 96–103

[KLT04] Klemm M, Locher I, Tröster G (2004) A Novel Circularly Polarized Textile Antenna for Wearable Applications. European Microwave Conference, Amsterdam

[KPC03] Kallmayer C, Pisarek R, Cichos S, Gimpe S (2003) New Assembly Technologies for Textile Transponder Systems. Proc. ECTC, May 2003

[KR99] Kurzweil R (1999) Homo s@piens. Kiepenheuer & Witsch (deutsche Fassung)

[KT04] Kirstein T, Tröster G (2004) Sensible Unterwäsche als Rückenmanager. Bulletin ETH Zürich, Nummer 292, Februar 2004, 22–23

[LJS02] Lukowicz P, Junker H, Stäger M, von Büren T, Tröster G (2002) WearNET: A Distributed Multi-Sensor System for Context Aware Wearables. Proc. UbiComp 2002, 361–370

[LKT04] Lukowicz P, Kirstein T, Tröster G (2004) Wearable Systems for Health Care Applications. Methods Inf. Med., 3/2004, 232–238

[LNL03] Lisettia C, Nasoza F, LeRougeb C, Ozyera O, Alvarezc K (2003) Developing multimodal intelligent affective interfaces for tele-home health care. Int. J. Human-Computer Studies 59, 245–255

[LR04] Lymberis A, deRossi D (ed.) (2004) Wearable eHealth Systems for Personalised Health Management. IOS Press

[MH04] MyHeart: Fighting cardio-vascular diseases by preventive lifestyle & early diagnosis. www.extra.research.philips.com/euprojects/myheart/

[MSS04] Mühlsteff J, Such O, Schmidt R, Perkuh M, Reiter H, Lauter J, Thijs J, Müsch G, Harris M (2004) Wearable approach for continuous ECG and Activity Patient-Monitoring. Proc. 26th Conf. of the IEEE EMBS San Francisco, 2184–2187

[NKR02] Narayanaswami C, Kamijoh N, Raghunath M, Inoue T, Cipolla T, Sanford J, Schlig E (2002) IBM's Linux Watch: The Challenge of Miniaturization. IEEE Computer, Jan 2002, 33–41

[PE98] Pentland A (1998) Wearable Intelligence. Scientific American, Vol 9, No 4

[PJ01] Park S, Jayaraman S (2001) Textile and Computing: Background and Opportunities for Convergence. CASES'01, Atlanta, Georgia, USA

[PR03] Paradiso R (2003) Wearable Health Care System for Vital Signs Monitoring. Proc of the 4th Annual IEEE Conf. on Information Technology Applications in Biomedicine, 283–286

[RAK00] Rantanen J, Alfthan N, Impiö J, Karinsalo T, Malmivaara M, Matala R, et al (2000) Smart Clothing for the Arctic Environment. Proc. ISWC 2000, 15–23

[RB97] Rhodes B (1997) Brief History of Wearable Computing. www.media.mit.edu/ wearables/lizzy/timeline.htm

[RM04] Roßnagel A, Müller J (2004) Ubiquitous Computing – neue Herausforderungen für den Datenschutz. Ein Paradigmenwechsel und die von ihm betroffenen normativen Ansätze. Computer und Recht 20. Jg. (2004), Heft 8, 625–632

[RSM99] De Rossi D, Della Santa A, Mazzoldi AA (1999) Dressware: wearable hardware. Materials Science and Engineering C 7 1999, 31–35

[SB03] Schlender B (2003) Intel's Andy Grove: The Next Battles in Technology. Fortune, 12 May 2003, 80–81

[SMC03] Sergio M, Manaresi N, Campi F, Canegallo R, Tartagni M, Guerrieri R (2003) A Dynamically Reconfigurable Monolithic CMOS Pressure Sensor for Smart Fabric. IEEE J. Solid-State Circuits, 966–975

[ST01] Swallow SS, Thompson AP (2001) Sensory Fabric for Ubiquitous Interfaces. Int. J. Human-Computer Interaction, 13(2), 147–159

[TAS04] TA-SWISS (Hrsg.) (2004) Telemedizin – Die Chance nutzen. TA-49/2004 www.ta-swiss.ch/www-support/reportlists/publications2004_d.htm 04

[WJ03] Wheeler KR, Jorgensen CC (2003) Gestures as Input: Neuroelectric Joysticks and Keyboards. IEEE Pervasive Computing, April/June 2003, 56–61

[WM91] Weiser M (1991) The Computer for the 21stCentury. Scientific American 265, No 3, September 1991, 94–104

Prof. Dr. Gerhard Tröster (geb. 1953) leitet als ordentlicher Professor für Elektronik seit August 1993 das Fachgebiet „Digitale Systeme" am Institut für Elektronik der ETH Zürich. Nach dem Studium der Elektrotechnik in Darmstadt und Karlsruhe promovierte er 1984 an der Technischen Universität Darmstadt über den Entwurf integrierter Schaltungen. Während der acht Jahre bei Telefunken (TEMIC) in Heilbronn beschäftigte er sich mit Entwurfsmethoden analog/digitaler Systeme. Die Forschungstätigkeit an der ETH ist ausgerichtet auf die Schwerpunkte Miniaturisierung mobiler Systeme, Multichipmodule, „Smart Textiles", „Personal Healthcare" und „Wearable Computing". Das von ihm gegründete Wearable Computing Lab an der ETH Zürich (www.wearable.ethz.ch) sucht Lösungen für zukünftige anziehbare und kleidsame Computersysteme. Eingebunden in die derzeit größten EU-Forschungsprojekte MyHeart und WearIT auf dem Gebiet „Wearable Computing" pflegt das ETH Wearable Lab Kontakte zu vielen Forschungslabors in Europa und Übersee.

Sicherheit im Ubiquitous Computing:
Schutz durch Gebote?

Günter Müller, Rafael Accorsi, Sebastian Höhn, Martin Kähmer, Moritz Strasser
Institut für Informatik und Gesellschaft, Abteilung Telematik
Albert-Ludwigs-Universität Freiburg

Kurzfassung. Solange man unter Sicherheit vor allem Zugriffskontrolle versteht, bestehen wenig Chancen, ein angemessenes Sicherheitsniveau für Systeme des Ubiquitous Computing zu erreichen. Solche Systeme sind vor allem durch die spontane Interaktion mobiler und kontextsensitiver Komponenten geprägt. Durch ihre Einführung werden sich die Angriffe auf Computersysteme verändern, denn es ist offensichtlich, dass Fehler und damit eine der wichtigsten Quellen für Schwachstellen in IT-Systemen bereits heute rasant zunehmen. Der Austausch von ausführbarem Code wird die Fehlerrate weiter steigern. In diesem Beitrag wird argumentiert, dass gegenwärtige Sicherheitsmechanismen auf Zugriffskontrolle und Nutzeridentitäten basieren und dass damit keine ausreichende Modellbasis besteht, um Angriffen in Systemen des Ubiquitous Computing zu begegnen.

Eigenschaften von Ubiquitous-Computing-Systemen

Ubiquitous Computing (UC) oder allgegenwärtiges Rechnen ist keine eigenständige Architektur oder Technologie zur Implementierung von Systemen der Informationstechnik (IT), sondern eine perspektivische Hochrechnung der Trends und Ziele verschiedener IT-Bereiche. Mobile Computing, Pervasive Computing und Autonomic Computing können als die Kernbereiche des UC verstanden werden, die zukünftig jedoch weiter zusammenwachsen und so gemeinsam die Technologien für eine neue Form von Informationssystemen bereitstellen werden. Nicht mehr die bestmögliche Programmierung einer vordefinierten und festen Aufgabenstellung ist die Herausforderung solcher Informationssysteme, sondern deren schnelle und flexible Anpassung an Änderungen in der Aufgabenstellung durch vorher nicht ermittelbare Benutzerwünsche.

All die genannten Technikentwicklungen (siehe Abb. 1) beeinflussen sich zwar mehr oder weniger gegenseitig, dennoch sind die Schwerpunkte ihrer jeweiligen Entwicklung noch verschieden, so dass man bisher durchaus von selbständigen Technologiebereichen reden kann. Im Mittelpunkt des Bestrebens des Mobile Computing steht die Sicherstellung der weltweiten Erreichbarkeit jedes Netzteilnehmers unabhängig von seinem jeweiligen Standort. Die Einbeziehung des Kontextes, z.B. bei der Dienstauswahl oder der Dienstspezifikation, und die Anpassbarkeit an die Veränderungen der Umwelt sind dagegen die Herausforderungen des Pervasive Computing. Die Miniaturisierung und die Vielfalt der involvierten

Geräte und Dienste macht es immer weniger wahrscheinlich, dass solche Informationssysteme von Menschen konfiguriert oder gesteuert werden können. Die Systeme werden autonom handeln und sich selbständig verwalten [KrK05].

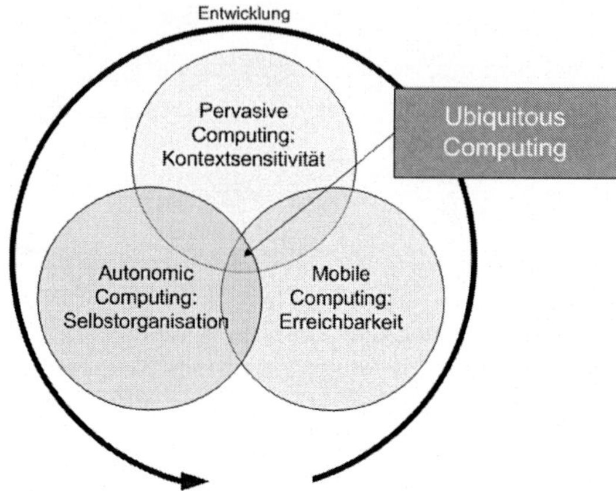

Abb. 1. Entwicklung zum allgegenwärtigen Rechnen

Die Weiterentwicklung der Technologie bleibt nicht ohne Folgen für daraus entstehende Informationssysteme. Sie werden wegen ihrer Fähigkeit, mit dem Wandel umzugehen und sich nicht auf eine vorher fest spezifizierte Aufgabenstellung zu beschränken, auch als „hochdynamisch" bezeichnet – Systeme, die selbständig emergente Strukturen erzeugen [TrB99].

Fallbeispiel „Patientenlogistik" im Klinikum Freiburg

Die Patientenlogistik einer Klinik ist ein hochdynamisches System im obigen Sinne. EMIKA (Echtzeitgesteuerte mobile Informationssysteme in klinischen Anwendungen) ist der Prototyp eines UC-basierten Informationssystems zur Handhabung der Patientenlogistik am Beispiel der Universitätsklinik Freiburg [EMS06, MEN04, SEM02]. Dabei werden aus Sicht der Informatik vor allem die Veränderungen bei der Entwicklung solch hochdynamischer Systeme erforscht [KrK05].

Konkret führt EMIKA selbstorganisiert die Terminplanung für die Patientenlogistik der Radiologie durch. Patienten werden dabei von Ärzten der Klinik oder von Ärzten außerhalb der Klinik zur Untersuchung in die Radiologie der Universitätsklinik Freiburg überwiesen. EMIKA erfasst die Kommunikationsbeziehungen durch autonome dezentrale Agenten und setzt mobile und kontextsensitive Komponenten ein, um eine dezentrale Koordination der beteiligten Ressourcen zu bewerkstelligen. Mobile Geräte ermöglichen die jederzeitige Erreichbarkeit von Personen und Diensten. Über die Koordinationsgröße „Zeit" werden die Terminpläne von Ärzten, Patienten und medizinischem Gerät durch Agenten erstellt, geordnet und bestehende Pläne eigenständig angepasst [EMS03]. In der Kombination befähigen die eingesetzten Technologien die einzelnen Systembestandteile dazu, ihre

Umgebung wahrzunehmen, die Situation zu erkennen und darauf bezüglich eines Ziels – bei EMIKA die Reduzierung der Wartezeiten der Patienten – planvoll zu reagieren. Die Aufgabe der Patientenlogistik ist es nun, die Patienten entsprechend der ermittelten medizinischen Priorität so auf die Geräte und das Personal zu verteilen, dass möglichst wenig Wartezeit erforderlich wird und die Patienten pünktlich und diagnosegerecht behandelt werden können.

Der Prozess der Zuordnung von Patienten zu Geräten und Personal läuft wie folgt ab: Der Patient wird telefonisch angemeldet und, basierend auf den Informationen des überweisenden Arztes, für eine bestimmte Untersuchung auf ein Gerät gebucht. Zur angegebenen Zeit erscheint der Patient und wird zur Verifikation der Überweisungsinformationen und vor Erstellung des Behandlungsplanes nochmals untersucht. In Abhängigkeit von der Entscheidung des Arztes werden ein Behandlungs- und ein Logistikplan erstellt. Die Einplanung der Patienten erfolgt im Idealfall einige Wochen vor dem Termin (Kontrolluntersuchungen), kurzfristig (z.B. frisch operierte Patienten) oder unter Umständen auch unmittelbar und direkt (Notfälle). Immer jedoch haben die Entscheidungen Einfluss auf die bestehenden Pläne und führen zu Änderungen mit Folgen für die einzelnen beteiligten Patienten, wenn nicht überschüssige Ressourcen vorhanden sind. Diese werden derzeit unter der Annahme überbucht, dass die Zahl der „Absager" größer ist als die der Notfälle. Folgende Ereignisse weisen Abhängigkeiten mit den eingeplanten Terminen auf und beeinflussen dadurch die Planung [StE04]:

1. *Notfälle:* Bereits verplante Ressourcen müssen anderweitig bereitgestellt werden, da Notfallpatienten ohne vorherige Termineinplanung in die Röntgendiagnostik eingeliefert und umgehend untersucht werden müssen.
2. *Verzögerungen:* Patienten, die einen festgelegten Termin haben, sind zum erwarteten Zeitpunkt nicht anwesend.
3. *Unvollständige Diagnosen:* Eingangsdiagnosen sind unter Umständen fehlerhaft. Patienten sind z.B. für eine Untersuchung vorgesehen, die auf dem geplanten Gerät nicht durchgeführt werden kann.

Eine Anwendungsdomäne wie die Patientenlogistik ist durch unvorhersehbare Ereignisse charakterisiert. Die spontane Anpassung und dezentrale Umplanung erfordern den Umgang mit dem unvollständigen Wissen des Entscheidungsträgers – bei EMIKA sind dies die Agenten – über die Gesamtabhängigkeiten. Die Rechtfertigung für dezentrale und hochdynamische Informationssysteme ist, dass Störungen am schnellsten vor Ort erkannt und dort möglicherweise auch am effizientesten behoben werden [Hum96, TrB99]. Diese Anforderung kann von zentralen Systemen nicht in derselben Zeitnähe erfüllt werden.

Entwurf und Betrieb hochdynamischer Systeme

Beim Entwurf und Betrieb hochdynamischer Informationssysteme sind verschiedene Anforderungen zu berücksichtigen:

1. *Stetige Analyse:* Eine andauernde Veränderung der Umgebung erfordert, dass IT-Systeme kontinuierlich auf ihre Eignung im Bezug auf die verfolgten Ziele analysiert werden.
2. *Kontinuierliche Erweiterung:* Stetige Fortentwicklung soll verhindern, dass Teile des Systems veralten. Dadurch soll sichergestellt werden, dass das System jederzeit einsatzfähig bleibt und sich evolutionär und nicht revolutionär entwickelt.
3. *Dynamische Verhandlung der Anforderungen:* Anforderungen werden von den Benutzern eines Systems spontan spezifiziert. Sie können nicht mehr das Ergebnis eines langwierigen Prozesses sein, sondern werden eher durch Interaktion mit den Benutzern zum Zeitpunkt der Dienstanforderung festgelegt.
4. *Unvollständige Spezifikationen:* Vollständige und eindeutige Spezifikationen können nur für stabile Umgebungen erstellt werden; in dynamischen Umgebungen muss der Prozess der Entwicklung mit der Veränderung der Umgebung Schritt halten können.

Für die Beschreibung von Funktionalitäten bedeutet dies einen Wandel von der Festlegung der Lösungswege hin zur Definition der Ziele. Die Fähigkeit eines Systems, die passende Lösung zu einem Problem aus den unvollständigen Spezifikationen der Aufgabenstellung durch einen Nutzer abzuleiten, bezeichnet man als eine „proaktive Handlung". Die Fähigkeit, diese Aufgabe auch (korrekt) zu lösen, bezeichnet man als Eigendynamik. Die Entscheidungen dezentraler Agenten sind für EMIKA bindend, obwohl diese kein Wissen über die Folgen besitzen, die ihre Handlungen für das Gesamtziel – Wartezeitverkürzung – haben werden. Ubiquitäre Systeme handeln proaktiv. Die Herausforderungen liegen darin, dass aus dem durch die Eigendynamik denkbaren Lösungsraum die gewünschten Lösungen abgeleitet und die unerwünschten verworfen werden [Ten00].

Sicherheit in hochdynamischen Systemen

Erklärtes Ziel der Entwicklung von klassischen Informationssystemen ist die Erstellung eines formalen Modells des Systems, nicht nur als Ausgangspunkt für die weiteren Schritte des Software-Engineering-Prozesses, sondern auch für die Ableitung der Sicherheitseigenschaften des entstehenden Systems. Der hohe Aufwand für die Modellierung muss durch lange Laufzeiten des Systems und hohe Robustheit – d.h. niedrige Wartungskosten über einen langen Zeitraum – ausgeglichen werden. Hochdynamische Systeme sind nicht vollständig modellierbar. Sie wachsen eher, als dass sie als Ganzes entworfen werden. Dadurch können sie lediglich nach dem Kenntnisstand zu einem gegebenen Zeitpunkt und nur in Teilen modelliert werden. Ein Modell, das zu einem gegebenen Zeitpunkt ein Abbild des Systems darstellt, bildet stets Zustände ab, die in der Vergangenheit liegen. Es ist fraglich, ob Aussagen über die Vergangenheit eines Systems herangezogen werden können, um Sicherheitseigenschaften für eventuell zukünftig erst auftretende Bedrohungen zu bestimmen. Ein möglicher Ansatz dazu könnte darin bestehen, die Evolution des Systems mit in das Modell zu integrieren; das Modell also gleichsam mit dem System wachsen zu lassen. Prägt aber emergentes Verhalten das Wachstum des Systems, dann lässt sich das Ergebnis nicht vorausberechnen, so dass es nicht möglich ist, das Modell automatisiert dem Wandel des Systems anzupassen.

Setzt man hingegen voraus, dass bestimmte Teile des Systems – ungeachtet der hohen Dynamik des Gesamtsystems – über einen angemessen langen Zeitraum stabil bleiben, dann lässt sich das System in Teilen modellieren. Gelingt es, mathematische Grundbausteine zu formulieren, mit denen aus diesen partiellen Modellen Aussagen über deren Sicherheitseigenschaften abgeleitet werden können, dann kann die partielle Modellierung ein wertvolles Werkzeug zur Bestimmung von Sicherheitseigenschaften in hochdynamischen Systemen sein. Die Annahme, dass bestimmte Teile des Systems eine ausreichend hohe Stabilität besitzen, um modellierbar zu sein, ist im Falle der Patientenlogistik durchaus gerechtfertigt.

Sicherheit in hochdynamischen Systemen ist demnach die Frage, wie sich Aussagen über Sicherheitseigenschaften des Systems (bzw. des modellierten Teilsystems) ableiten lassen.

UC-Systeme: Sicherheit jenseits der Zugriffskontrolle

Sicherheit war und ist vor allem Zugriffskontrolle, die wiederum aus Verfahren zur Authentifizierung und Autorisierung besteht [LAB92]. Für hochdynamische Systeme lässt sich zeigen, dass diese Eigenschaften aufweisen, die Sicherheit geradezu verhindern, wenn man darunter nur Zugriffskontrolle versteht [Gol05]:

Erreichbarkeit: Die kontinuierliche Erreichbarkeit in einem UC-System beeinflusst die Sicherheit negativ, wenn mobiler Code seine Aufgabe nicht korrekt bewältigt. Dadurch wird zwar primär nur die Verlässlichkeit des Gesamtsystems berührt, aber indirekt eben auch dessen Sicherheit.[1] Sicherheitsmechanismen in Form von Zugriffskontrollen können hier nur bedingt helfen, denn sie setzen eine zugehörige zentrale Infrastruktur voraus.

Kontexterkennung: Die Erkennung des Kontexts ist entscheidend für die Anpassung der Aktionen des Systems an die jeweilige Situation. Werden Kontextinformationen nicht integer und gegebenenfalls vertraulich verfügbar gemacht, können emergente Strukturen beispielsweise bei der Komposition vorhandener Dienste verfälscht werden. Bisher wird Sicherheit nur auf syntaktischer Ebene behandelt, d.h. durch die Authentifizierung einer Komponente wird ihr zentral eine feste Semantik zugeordnet. Bei Verwendung von mobilem Code muss dieser hingegen anhand seiner Semantik autorisiert werden, was jedoch derzeit verfügbare Sicherheitsmechanismen nicht in praktisch verwertbarer Form leisten können.

---

[1] Die Verbreitung des Internet-Wurms Sasser setzte u.a. in einem schwedischen Krankenhaus große Teile des IT-Systems bis hin zu einem Röntgengerät außer Gefecht, vgl. „Biography of a Worm", PC World, Computing Center, http://pcworld.about.com/magazine/2211p115id117808.htm.

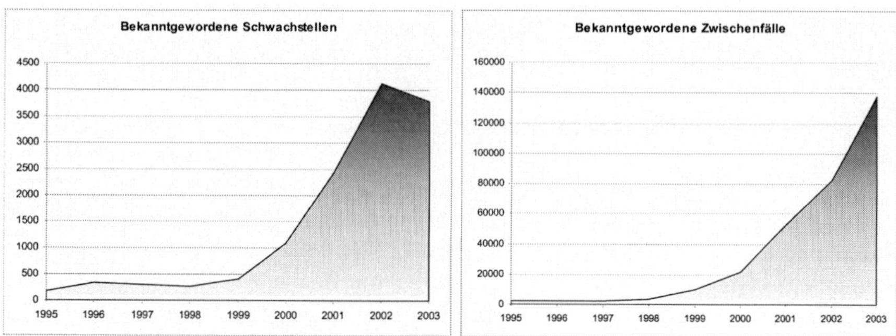

Abb. 2. CERT-Statistiken über Anzahl gemeldeter Schwachstellen und Zwischenfälle

Autonome Problembehandlung: UC-Systeme erkennen ohne Benutzerinterakti-on Situationen und reagieren darauf mit spezifischen und an die Situation ange-passten Aktionen. Auch sicherheitsbezogene Entscheidungen, wie die Zulassung von fremdem Code, werden auf diese Weise getroffen. Dabei darf das System sich nicht selbst in einen den Richtlinien oder Policies widersprechenden Zustand ver-setzen, der die Verlässlichkeit des Systems gefährdet.

Sicherheit: Zunehmend ein Softwareproblem?

Informationssicherheit wird in der Regel über vier Schutzziele definiert: Vertrau-lichkeit, Integrität, Zurechenbarkeit und Verfügbarkeit. Zur Bewertung von In-formationssicherheit besteht eine Reihe von Katalogen mit entsprechenden Krite-rien [TCS83, CEC91, CoC99]. Durch Sicherheitsmechanismen kann die Einhal-tung der Schutzziele erzwungen werden [MEK03].

Das vorrangige Ziel der IT-Sicherheit ist der Schutz der gespeicherten und ver-arbeiteten Informationen sowie der Kommunikation zwischen Partnern, die sich gegenseitig vertrauen und sich vor Angriffen durch Dritte schützen wollen. Bereits zum Schutz der Privatsphäre reicht diese Abstraktion nicht mehr aus, denn hier misstrauen sich die Kommunikationspartner untereinander. Deutlich wird dieser Wandel vor allem im E-Commerce, wo Sicherheit als Vertrauen definiert wird, da keine „sicheren" Konzepte für die Absicherung der wechselseitigen Geschäftsbe-ziehungen bekannt sind. Denn erst, wenn man unbekannte Käufer zu einem Markt zulässt, kann man auf Optimierung des Gewinns hoffen. Vertrauensbildende Maßnahmen, wie z.B. PKI-Strukturen, wurden zum sicherheitstechnischen Sym-bol für den E-Commerce.

Die Festlegung, welche Schutzziele innerhalb einer Anwendung oder eines Systems eingehalten werden müssen, bildet den Ausgangspunkt für alle Analysen und Implementierungen im Bereich der Informationssicherheit [MüR99]. Kon-krete Bedrohungen werden mit Hilfe sogenannter Angreifermodelle formuliert, welche aus einer Beschreibung potentieller Angriffe und der Fähigkeiten eines Angreifers bestehen, diese oder andere Angriffe auch durchzuführen. Eine Schwachstelle eröffnet einem Angreifer die Möglichkeit, einen Angriff zu platzieren, d.h. eine Schwachstelle auszunutzen. Sobald eine potentielle Bedrohung identifiziert wurde, können Sicherheitsrichtlinien formuliert werden.

Trotz stetiger Weiterentwicklung vorhandener Mechanismen wird die Sicherheit aktueller Systeme wegen der rasant zunehmenden Vernetzung der Systeme in wachsendem Ausmaß gefährdet, wie die Anzahl bekannt gewordener Schwachstellen und Angriffe aufzeigt (vgl. Abb. 2). Zu den Ursachen hierfür zählen:

- Der Fokus der Sicherheit erweitert sich von physischen Komponenten (Personen oder Gegenstände) auf übertragbaren bzw. mobilen Code.
- Die Komplexität der Systeme wächst.

Als Folge hieraus wird ein erheblicher Verlust der Verlässlichkeit von Systemen beobachtet, der sich in Zukunft wohl noch beschleunigen wird.

Tabelle 1. Ausfall durch Fehler (Millionen Minuten Nutzungszeit pro Kunde / Monat)[2]

Ursache	Trend	1992-94	2001	2004
Hardware	Stabil	49	49	48
System-Software	Stabil	15	14	14
Benutzerfehler	Steigend	98	176	214
Patches	Steigend	100	175	221
Interoperabilität	Steigend	18	260	321
Angriffe	Steigend	5	303	407

Analysiert man die gegenwärtigen IT-Systeme, so ist ein stetiger Anstieg der Systemausfälle zu beobachten, der auf eine stark anwachsende Zahl von Softwareproblemen zurückzuführen ist (vgl. Tabelle 1). Sicherheit ist nicht nur vom Mechanismus, sondern auch von der Systemumgebung und deren Architektur abhängig und eröffnet durch die zunehmenden Softwarefehler neue Schwachstellen. Sicherheit wird zum Softwareproblem.

Schutzmechanismen sind Technologiefolger

Zwischen der Computer-Technologie und den Sicherheitsanforderungen besteht eine enge Beziehung [MEK03]. Der Wandel der verwendeten Paradigmen macht eine kontinuierliche Fokussierung auf bestimmte Schutzziele und damit eine Erweiterung der Sicherheitsmechanismen für die jeweils aktuelle Technologie und deren veränderte Rahmenbedingungen notwendig.

---

[2] Extrapoliert aus ECE I,II,III (Electronic Commerce Enquête: Empirische Umfragereihe des IIG Universität Freiburg zu E-Commerce, www.telematik.uni-freiburg.de)

Schutzziel bei Großrechnern: Vertraulichkeit

Bei Großrechnern wird die Datenspeicherung und -verarbeitung zentral realisiert. Mehrere Mitarbeiter teilen sich die Rechenkapazität und den Speicherplatz einer Anlage und können gegenseitig ihre Daten einsehen. In diesem Zusammenhang wird meist die fehlende Vertraulichkeit der bearbeiteten und gespeicherten Informationen als das vorherrschende Problem identifiziert [Hob04].

Zum Schutz der Vertraulichkeit werden Sicherheitsmechanismen entwickelt, die den unbefugten Zugriff auf Daten verhindern. Ein zentraler Referenzmonitor übernimmt dabei z.B. die Aufgabe, über die Rechtmäßigkeit eines Zugriffs zu entscheiden [LaB92]. Hierfür müssen sich die Mitarbeiter mittels Authentifizierung meist durch die Eingabe eines Passworts nachweislich identifizieren (user authentication). Zusätzliche Schutzmechanismen – wie z.B. die Kryptographie – sind darüber hinaus für die Einhaltung dieses Schutzziels entscheidend.

Schutzziel im Internet: Peer-Authentizität

Mit dem Aufkommen des Internet wurden Rechensysteme einem weiten Kreis von Benutzern geöffnet, die sich untereinander nicht kennen und dennoch miteinander kommunizieren wollen. Vertraulichkeit und Integrität werden unter anderem mit Hilfe von Zugriffskontrollmechanismen geschützt, wobei die Kommunikationspartner als vertrauenswürdig angenommen werden, wenn sie ihre Identität zweifelsfrei belegen und im Nachhinein ihre Transaktionen nicht abstreiten können [Low95, Bha02].

Im Internet wird neben Daten auch ausführbarer Code übertragen, dabei werden Schwachstellen von bösartigem Code ausgenutzt, um beispielsweise an vertrauliche Daten zu gelangen. Ist der Herausgeber des ausführbaren Codes bekannt, wird mittels digitaler Zertifikate die Echtheit der angegebenen Quelle vor der Ausführung verifiziert (source authentication). Aufgrund der Herausgeberschaft alleine lassen sich jedoch keine Aussagen über die Sicherheit eines Softwaremoduls treffen. Diese werden erst z.B. durch Proof-Carrying-Code ansatzweise ermöglicht, indem der Code auf zerstörerische Sequenzen und unerwünschte Verhaltensweisen untersucht wird [Lee05, NeL97, NeL98].

Schutzziel des Ubiquitous Computing: Verlässlichkeit

Um die vorhandenen, auf Zugriffskontrolle basierenden Sicherheitsmechanismen auch auf dynamische und infrastrukturlose Umgebungen übertragen zu können, wurde u.a. das Konzept des „Resurrecting Duckling"[3] vorgeschlagen [StR99, Sta02]. Es erlaubt die Zuordnung von Geräten (device authentication) und bildet damit eine Basis, auf der weitere Sicherheitsmechanismen aufbauen können.

Durch die steigende Anzahl mobiler Komponenten und Softwaremodule, auch in kritischen Umgebungen, tritt für UC-basierte Systeme das Schutzziel der Ver-

---

[3] Der Autor orientiert sich am Bild frisch geschlüpfter Entenküken, die das erste Wesen, das sie wahrnehmen, als ihre Mutter akzeptieren.

fügbarkeit in den Vordergrund. Die Bereitstellung der vollen Funktionalität eines Systems ist beispielsweise gefährdet, wenn sich Probleme beim Zusammenspiel verschiedener Komponenten ergeben („feature interaction" [GrL93, Gri95]). Die einfache Zuordnung zweier Geräte zueinander gestattet es nicht, Annahmen über das Verhalten des Gesamtsystems zu machen. Die Autorisierung von Code aufgrund seiner Eigenschaften wird somit notwendig. Programme können nicht mehr als schwarze Kästen (black boxes) betrachtet werden, sondern es muss sichergestellt sein, dass sie die erwünschten Fähigkeiten auch tatsächlich besitzen (functional authentication). In Abb. 3 wird für UC-basierte Systeme dazu die Verlässlichkeit als neues Schutzziel vorgeschlagen, das sich in weitere nachgeordnete Schutzziele zerlegen lässt.

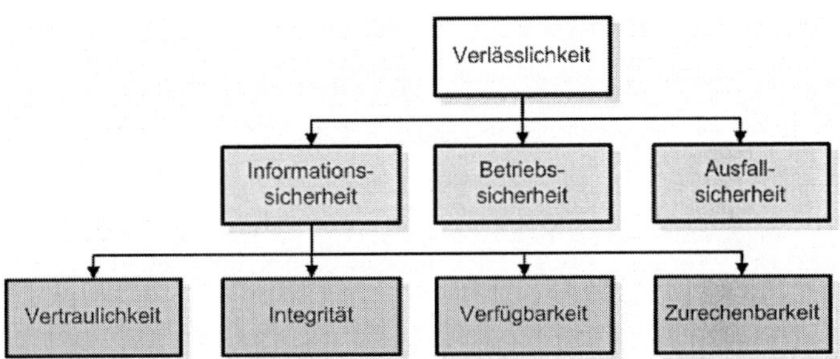

Abb. 3. Verlässlichkeit als Schutzziel

Die bisherige Konzentration der Sicherheitsmechanismen auf die Beschreibung unerwünschten Systemverhaltens und auf die Zugriffskontrolle ist neben den Defiziten im Software-Engineering für die exponentielle Zunahme von Fehlern in Computersystemen (siehe Tabelle 1) und damit deren schwindende Verlässlichkeit und Verfügbarkeit verantwortlich [RRH03].

Sicherheit durch Verbote und Gebote

Sicherheitsanforderungen werden durch Sicherheitsrichtlinien formuliert, die in einem System als „inakzeptabel" geltende Ereignisse beschreiben. Das heißt, sie *verbieten* unerwünschte Ereignisse [Sch00]. Generell stehen Sicherheitsrichtlinien in Verbindung zu einem oder mehreren Schutzzielen und werden mit Sicherheitsmechanismen realisiert. Im Falle von Vertraulichkeit ist der unbefugte Zugriff auf geheime Daten ein inakzeptables Ereignis, für das die Sicherheitsrichtlinie ein Regelwerk zur Zugriffskontrolle vorschreibt.

Diese Formulierung von Sicherheitseigenschaften wird oft als intensionale Spezifikation bezeichnet [Ros96] und beschreibt, *wie* ein sicherer Zustand eingehalten bzw. erreicht wird. Grundlage dieser Beschreibung bilden schädliche Ereignisse, die während der Ausführung einer Anwendung nicht auftreten dürfen [AlS85]. Ubiquitäre Systeme hingegen wechseln ständig ihren Zustand, wobei neue Strukturen und Szenarien durch die Interaktion zwischen bisher unbekannten

Teilnehmern entstehen. Es ist nicht möglich, all diese Szenarien vorherzusehen, oder die durch Verbote ausgedrückten Sicherheitsrichtlinien zur Laufzeit ohne Benutzerinteraktion anzupassen: Man weiß im Vorfeld nicht, was man verbieten soll![4] Neben den Verboten sind daher auch Gebote notwendig, die etwas darüber aussagen, welchen Zustand das System erreichen soll. Neben den unerwünschten Eigenschaften werden solche beschrieben, die für das Gesamtsystem wünschenswert sind und dessen Sicherheit erhöhen (vgl. Abb. 4).

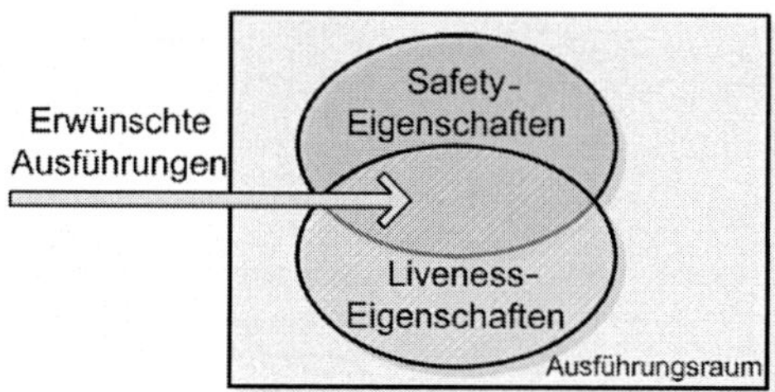

Abb. 4. Zusammenspiel von Geboten und Verboten

Die hierdurch beschriebenen Eigenschaften sind im Bereich der Programmiersprachen als „*Liveness-Eigenschaften*" bekannt und ihr formales Merkmal besteht in ihrer extensionalen Spezifikation [Ros96, Lam77, AlS85]. Anstatt des konkreten Weges wird nur das Ziel, also das *Was* anstatt des *Wie* beschrieben.

Eigenschaften wie z.B. „alle Patienten sollen behandelt werden" verbieten keinen Vorgang, sondern beschreiben Situationen, die als erwünscht gelten und erreicht werden sollen. Sie stellen Gebote dar, die jedoch für die Erreichung ihres jeweiligen erwünschten Zustandes auf die Zusammenarbeit der einzelnen Komponenten angewiesen sind.

Zur Umsetzung der Gebote ist zum einen eine geeignete, auf extensionaler Spezifikation basierende Beschreibungssprache erforderlich. Da Gebote im Gegensatz zu Verboten nicht durch Mechanismen erzwungen werden können, ist zum anderen eine Architektur notwendig, die für die einzelnen Komponenten einen *Anreiz* schafft, sich an gegebene Gebote zu halten und dadurch die Verlässlichkeit des Gesamtsystems zu erhöhen.

Sicherheit durch dauerhafte Sicherheitsrichtlinien

Die aktuellen Verfahren zur Sicherheit konzentrieren sich auf Sicherheitsmechanismen, die zu ihrer Wirksamkeit auf ein Mindestmaß an Ressourcenausstattung angewiesen sind und einen zentralen Vertrauensanker besitzen. Die Ad-hoc-Szenarien der UC-Systeme, der Verzicht, auf einen zentralen Bezugspunkt zu vertrauen, und die Notwendigkeit für langfristige Sicherheit erfordern Veränderungen

---

[4] Das in modernen Programmiersprachen übliche Konzept der „Exception" dient als Analogie: Könnte man alle Ausnahmesituationen abfangen und korrekt behandeln, würden zur Laufzeit auftretende Fehler nicht zu instabilen Programmen führen.

der Sprachen und Sichtweisen für Sicherheitsrichtlinien oder Policies. Hierunter werden Werkzeuge verstanden, mit deren Hilfe mechanismen- und geräteunabhängig ein langfristig kalkulierbares Sicherheitsverhalten formuliert werden kann. Werden Sicherheitseigenschaften in UC-Systemen wie bisher mit Richtlinien beschrieben, die über Verbote explizite Regelanweisungen vorgeben, kann Sicherheit nicht langfristig gewährleistet werden. Spontane Veränderungen in der Systemstruktur führen zu verwundbaren, unzuverlässigen Systemen und können nur mühsam unter Einbringung fundierten Sicherheitswissens in die Regelwerke wieder in einen konsistenten Zustand gebracht werden.

Sicherheit durch Anreiz-Systeme

Anreize können sowohl in der „Belohnung" erwünschten Verhaltens, als auch in der „Sanktionierung" unerwünschten Verhaltens bestehen. Ob ein solches Gebot wie „alle Patienten sollen behandelt werden" eingehalten werden kann, kann jedoch nicht zur Laufzeit entschieden werden. Allenfalls kann abgeschätzt werden, ob das System eine ausreichend hohe Anzahl an Patienten behandelt, um das Gebot in einer gegebenen Zeit erfüllen zu können.

Notwendig für die Sicherheit durch Gebote in UC-Systemen ist daher ein Regelkreis zwischen den Geboten, der Erkennung ihrer Einhaltung und den entsprechenden Reaktionen (vgl. Abb. 5). Die Komponenten müssen in der Lage sein, die Gründe für die Reaktionen des Systems nachzuvollziehen. Nur so können sie reagieren, sich entsprechend umkonfigurieren und ihr Sicherheitsniveau anpassen, wenn es ihnen – und damit unter Umständen auch dem Gesamtsystem – einen Vorteil verschafft.

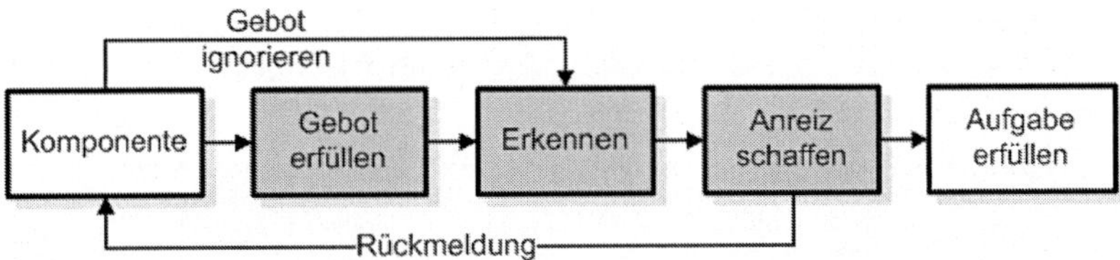

Abb. 5. Regelkreis zwischen Gebot, Erkennung und Anreiz-System

Für Anreiz-Systeme muss man die kritischen Zustände erkennen, die immer dann auftreten, wenn die geforderten Gebote nicht erfüllt werden. Diese Verfahren können vor, während oder nach der Ausführung greifen.

Sicherheit: Prüfung vor der Ausführung

Für die Erkennung der (Nicht-)Einhaltung eines Gebots vor der Ausführung werden Informationen über zukünftiges Verhalten benötigt. Mit Hilfe mathematischer Systemmodelle lassen sich die Sicherheitseigenschaften untersuchen. Ein solches Verfahren wird in komplexen UC-Systemen wegen der großen Anzahl an zu untersuchenden Zuständen jedoch nicht umsetzbar sein, wenn das System überhaupt aufgrund seiner hohen Dynamik ausreichend beschrieben werden kann [ALR01].

Sicherheit: Prüfung während der Ausführung

Die Ausführung einer Anwendung kann mit einem Referenzmonitor überwacht werden. Dieser kann jedoch lediglich Eigenschaften sicher erkennen, bei denen die Verletzung der Sicherheitsrichtlinien innerhalb eines Teilprozesses auch immer zu einer Verletzung im gesamten Prozess führt („prefix-closure") [Sch00]. In diesem Fall lassen sich allenfalls Wahrscheinlichkeiten für die Verletzung der Richtlinien im gesamten Prozess berechnen. Die Einschätzung einer konkreten Situation aufgrund dieser Wahrscheinlichkeiten ist vom Kontext der Anwendung abhängig und kann durch Lernverfahren wie Neuronale Netze oder Bayes-Filter unterstützt werden [Roj96, Mac03].

Als Reaktion auf kritische Situationen während der Ausführung kann die Auswahl gleicher oder ähnlicher Komponenten dienen, wenn im System hinreichende Handlungsalternativen zur Verfügung stehen; ansonsten verbleibt dem System nur die Option des Fail-Stop. Es ist jedoch zu beachten, dass in vielen Szenarien die Möglichkeit, ein System oder auch nur Teile davon abzuschalten, nicht besteht. So können in einem Krankenhaus während einer Operation lebenserhaltende Geräte nicht beliebig anhalten, auch wenn sie gerade eine kritische Situation auslösen.

Sicherheit: Prüfung nach der Ausführung

In traditionellen „Client-Server"-Architekturen werden zur Laufzeit aufgezeichnete Informationen nach der Ausführung ausgewertet, um aufgrund der Analyse fehlerhafter oder unbefugt ausgeführter Vorgänge das System sukzessive zu optimieren. Darüber hinaus ist es möglich, anhand von Checkpoints und Rollback-Verfahren einen nach vorgegebenen Kriterien als „stabil" bezeichneten Zustand wieder herzustellen und das gesamte System zum letzten stabilen Zustand zurückzuführen. Durch die Bewertung aufgezeichneter Informationen können auch Verletzungen von Sicherheitsrichtlinien identifiziert und auf die beteiligten Komponenten zurückgeführt werden.

Diese Verfahren zur Aufzeichnung sind jedoch in ubiquitären Systemen nur bedingt realisierbar. Aufgrund der eingeschränkten Speicherkapazität können einige Geräte nicht alle Vorgänge dokumentieren, so dass nur eine begrenzte Auswahl der Ereignisse aufgezeichnet werden kann. Eine mögliche Alternative dazu bilden Verfahren, die die Verlagerung der aufgezeichneten Daten an geringfügig vertrauenswürdige, entfernte Dienste ermöglichen [Acc05]. Wie aber werden Log-Daten ausgewählt und gehandhabt, und sind sie nicht geradezu eine Schwachstelle, die zum Verlust der Privatsphäre führen kann? Andererseits besitzt man ohne Log-Daten keine Beweise und ist nicht in der Lage, das System zu kontrollieren.

Wird nach der Ausführung ein unbefugter Vorgang erkannt, stehen in UC-Systemen bislang keine Methoden zur Verfügung, um diesem entgegenzuwirken. Checkpoint- und Rollback-Verfahren bieten aufgrund der engen Verknüpfung mit dem Kontext keine Lösung. Versucht man, den Alltag zu digitalisieren, muss man sich den physikalischen Gesetzen unterwerfen! Reale Zeit kann nicht zurückgedreht werden.

Recovery-Oriented Computing: Sicherheit durch Neustart

Wenn auch nicht speziell für UC-Systeme entwickelt, ist das Recovery-Oriented Computing (ROC) doch einer der wenigen konkreten Ansätze zur Erhöhung der Verfügbarkeit [PBB02]. Davon ausgehend, dass Software immer zu einem gewissen Grad fehlerhaft sein wird, versucht ROC, die Verfügbarkeit über einen reparaturzentrierten Ansatz zu erhöhen. Hierfür werden Systeme unter anderem mit folgenden Verfahren ausgestattet, die Fehler erkennen, deren Ursache und Ausmaß feststellen und entsprechende Reparaturmaßnahmen einleiten können, um die Funktionen des Systems aufrechtzuerhalten.

- *Pinpointing* ermöglicht einem Administrator das Erkennen von Fehlern wie beispielsweise feature interaction in dynamischen Anwendungen: Eine Kommunikationsschicht spürt die Anfragen der Komponenten auf und bewertet sie mit einem Fehlererkennungsmodul.
- *Micro-Rebooting* und systemweites *Undo* ermöglichen, auf vom Pinpointing erkannte Fehler entsprechend zu reagieren. Über Micro-Rebooting wird selektiv nur die Komponente neu gestartet, die für die Probleme verantwortlich ist. Da nicht das Gesamtsystem reinitialisiert werden muss, bleibt die Verfügbarkeit des restlichen Systems erhalten. Sollte jedoch ein Fehler erkannt werden, der die Konsistenz des Gesamtsystems beeinträchtigt, muss dieses als ganzes in einen stabilen Zustand (Checkpoint) zurückgebracht werden. Dieses systemweite Zurücksetzen setzt voraus, dass stabile Zustände des Systems erfasst und abgespeichert werden können.

Micro-Rebooting eignet sich zwar grundsätzlich für den Einsatz in UC-Systemen, kann jedoch zu einem systemweiten Neustart führen, der in ubiquitären Systemen aufgrund der Anforderungen nicht möglich scheint. Problematisch ist das systemweite Undo, da es sehr schwierig ist, fremde, möglicherweise kompromittierte, Komponenten zurückzusetzen, bzw. dieses Rückführen durch die direkte Verbindung von Rechnern und physikalischen (d.h. real ausgeführten) Veränderungen der Umwelt unmöglich wird.

Gebote sind verlässlich, aber nicht sicher

Hochdynamische, ubiquitäre Systeme wechseln fortwährend ihren Zustand, wobei neue Strukturen durch Interaktion zwischen ihren Komponenten und mit der Umwelt entstehen. Werden ihre Sicherheitseigenschaften wie bisher in Form von Verboten über Zugriffskontrolle und explizite Regelanweisungen realisiert, können zwar unerwünschte Ereignisse im System vermieden, aufgrund der spontanen Entwicklung Sicherheit jedoch nicht nachhaltig gewährleistet werden. *Verbote sind somit immer sicher, aber nicht dauerhaft verlässlich.*

Sollen Verbote weiterhin zur Sicherung von UC-Systemen eingesetzt werden, muss sich das Bild der Zugriffskontrolle grundlegend verändern. Mobiler Code muss in solchen Systemen anhand seiner Semantik autorisiert werden. Nur wenn Autorisierung bedeutet, dass nicht nur eine gegebene Benutzeridentität sicheres Verhalten garantiert, sondern vor allem eine bewiesene Funktionalität, dann bleibt die Definition von Sicherheit stabil.

Das insbesondere in proaktiven Umgebungen wichtige Schutzziel der Verfügbarkeit lässt sich jedoch nicht über Verbote ausdrücken und somit seine Einhaltung nicht durchsetzen. Es wird vorgeschlagen, die bisherigen Konzepte um Gebote, die das erwünschte Verhalten beschreiben, zu erweitern. Es soll eine Architektur gefunden werden, die für die einzelnen Komponenten Anreize schafft, sich an diese Gebote zu halten und dadurch die Verlässlichkeit des Gesamtsystems zu erhöhen. *Gebote sind zwar nicht immer sicher, dafür aber dauerhaft verlässlich.*

Literatur

[Acc05] Accorsi R (2005) Towards a Secure Logging Mechanism for Dynamic Systems. Proceedings of the 7th IT Security Symposium, São José dos Campos, Brazil

[AlS85] Alpern B, Schneider FB (1985) Defining Liveness. Information Processing Letters 2(14): 181–185

[ALR01] Avizienis A, Laprie JC, Randell B (2001) Fundamental Concepts of Dependability. LAAS-CNRCS

[Bha02] Bhansali BB (2002) Man-in-the-Middle Attack: A Brief Account. SANS Institute

[CoC99] Common Criteria for Information Technology Security Evaluation (1999) www.bsi.de/cc/downcc21.htm

[CEC91] SOGIS Commission of the European Community Information Technology Security Evaluation Criteria (ITSEC) (1991) Office for Official Publications of the European Community

[EMS03] Eymann T, Müller G, Sackmann S (2003) Hayeks Katallaxie – Ein zukunftsweisendes Konzept für die Wirtschaftsinformatik? Wirtschaftsinformatik 45(5): 491–496

[EMS06] Eymann T, Müller G, Strasser M (2005) Self-Organized Scheduling in Hospitals by Connecting Agents and Mobile Devices. In: Kirn S et al.: Multiagent Engineering – Theory and Applications in Enterprises, Springer-Verlag

[Gol05] Gollmann D (2005) Access Control = ? Eingeladener Vortrag, Freiburg

[Gri95] Griffeth ND, Aho AV (1995) Feature interactions in the global information infrastructure. Proceedings of the 3rd ACM SIGSOFT symposium on foundations of software engineering, ACM Press

[GrL93] Griffeth ND, Lin Y-J (1993) Extending telecommunications systems: The feature-interaction problem. IEEE Computer 26(8): 14–18

[Hob04] Hoboken R (2004) Mainframe Security: Challenges and Solutions. Technical Enterprises Inc.

[Hum96] Hummel T (1996) Chancen und Grenzen der Computerunterstützung kooperativen Arbeitens. Wiesbaden, Dt. Univ.-Verl.

[KrK05] Kreutzer M, Kähmer M et al. (2005) Selbstheilende Dienstfindung für IT-Netzwerke in mobilen Feldkrankenhäusern. Wirtschaftsinformatik 03/05: 196–202

[Lam77] Lamport L (1977) Proving the Correctness of Multiprocess Programs. IEEE Transactions on Software Engineering 3(2): 125–143

[LAB92] Lampson B, Abadi M, Burrows M, Wobber E (1992) Authentication in Distributed Systems: Theory and Practice. ACM Trans. Computer Systems 10(4): 265–310

[Lee05] Lee P (2005) An Overview on Proof-Carrying Code. www-2.cs.cmu.edu/~petel/papers/pcc/pcc.html

[Low95] Lowe G (1995) An Attack on the Needham-Schroeder Public-Key Authentication Protocol. Information Processing Letters 56(3): 131–133

[Mac03] MacKay DJC (2003) Information Theory, Inference and Learning Algorithms. Cambridge University Press

[MEK03] Müller G, Eymann T, Kreutzer M (2003) Telematik- und Kommunikationssysteme in der vernetzten Wirtschaft, München, Oldenbourg

[MEN04] Müller G, Eymann T, Nopper N, Seuken S (2004) EMIKA System: Architecture and Prototypic Realization. In: Proceedings of the International Conference on System, Man and Cybernetics IEEE SMC 2004, Den Haag

[MüR99] Müller G, Rannenberg K (1999) Multilateral security in communications. Addison-Wesley, München

[NeL97] Necula G, Lee P (1997) Proof-Carrying Code. New York, ACM Press. Proc. of the ACM SIGPLAN Symp. on Principles of Programming Languages, 106–119

[NeL98] Necula G, Lee P (1998) The Design and Implementation of a Certifying Compiler. Proc. ACM SIGPLAN Conf. on Prog. Language Design and Implementation, 333–344

[PBB02] Patterson DA, Brown A, Broadwell P, Candea M (2002) Recovery-Oriented Computing (ROC): Motivation, Definition, Techniques, and Case Studies. Berkeley, UC Berkeley Computer Science, Technical Report UCB//CSD-02-1175

[RRH03] Raghunathan A, Ravi S, Quisquater J-J, Hattangady S (2003) Securing Mobile Appliances: New Challenges for the System Designer. Kluwer Academic Publishers

[Roj96] Rojas R (1996) Theorie der neuronalen Netze. Springer-Verlag

[Ros96] Roscoe B (1996) Intensional Specifications of Security Protocols. In: Proceedings of the 9th IEEE Computer Security Foundations Workshop: CSFW'96: 28–38. Washington, IEEE Computer Society Press

[Sch00] Schneider FB (2000) Enforceable security policies. ACM Transactions on Information and System Security 3(1): 30–50

[SEM02] Sackmann S, Eymann T, Müller G (2002) EMIKA – Real-Time Controlled Mobile Information Systems in Health Care Applications. In: Bludau HB, Koop A (Hrsg.): Mobile Computing in Medicine – Realtime Controlled Mobile Infomation Systems in Health Care Applications. Köllen Druck und Verlag, Bonn, Heidelberg

[Sta02] Stajano F (2002) Security for Ubiquitous Computing. John Wiley and Sons

[StR99] Stajano F, Anderson R (1999) The resurrecting duckling: Security issues for adhoc wireless networks. Proceedings of the 7th International Workshop on Security Protocols, 172–194, Springer-Verlag

[StE04] Strasser M, Eymann T (2004) Self-organization of schedules using time-related monetary substitutes. In: Bichler M, Holtmann C, Kirn S, Müller JP, Weinhardt C (Hrsg.) Coordination and Agent Technology in Value Networks. Conference Proceedings Multi-Konferenz Wirtschaftsinformatik: 45–58, Berlin

[TCS83] National Computer Security Center Trusted Computer System Evaluation Criteria (1983) www.radium.mil/tpep/library/rainbow/5200.28-STD.html

[Ten00] Tennenhouse D (2000) Proactive Computing. Comm. of the ACM 43(5): 43–50

[TrB99] Truex DP, Baskerville R (1999) Growing Systems in Emergent Organizations. Comm. of the ACM 42(8): 117–123

Prof. Dr. Günter Müller ist Professor für Telematik und Direktor des Instituts für Informatik und Gesellschaft an der Universität Freiburg. Bis 1990 war er bei der IBM Europa verantwortlich für heterogene Rechnernetze und hat zur Entwicklung der OSI-Standards beigetragen. In Freiburg liegt der Arbeitsschwerpunkt auf dem Bereich Sicherheit und Privatsphäre, wobei er u.a. Koordinator des DFG-Forschungsprogramms „Sicherheit in der Kommunikationstechnik" sowie Kollegleiter bei der Gottlieb Daimler- und Karl Benz-Stiftung war. Die Entwicklung der mehrseitigen Sicherheit hatte Berufungen in Enquete-kommissionen des Landes Baden-Württemberg und der Bundesrepublik Deutschland sowie die Standardisierung bei DIN und ISO zur Folge und hat ihm 1999 die temporäre Stiftungs-professur an der TU Darmstadt und Gastaufenthalte in Japan und in den USA, u.a. Harvard und Berkeley, ermöglicht. Seine gegenwärtigen Forschungsinteressen liegen im Spannungsfeld Privatsphäre sowie Potentiale von Ubiquitous Computing, insbesondere RFID.

Drs. Rafael Accorsi hat an den Universitäten von Porto Alegre (Brasilien) und Amsterdam Informatik mit Schwerpunkt Logik studiert. Seit 2004 arbeitet er im Rahmen seiner Promotion in der Abteilung für Telematik des Instituts für Informatik und Gesellschaft. Seine Arbeitsschwerpunkte liegen im Bereich des Schutzes der Privatsphäre in hochdynamischen Systemen durch sichere Aufzeichnung und Generierung von Evidenzen.

Sebastian Höhn hat an der Technischen Universität München Informatik und Computer-linguistik studiert. Seit 2004 arbeitet er in der Abteilung Telematik des Instituts für Informatik und Gesellschaft der Albert-Ludwigs-Universität Freiburg. Er forscht im Bereich der „benutzbaren Sicherheit" allgegenwärtiger und emergenter Systeme.

Martin Kähmer hat an der RWTH Aachen Informatik mit dem Schwerpunkt Rechnernetze und verteilte Systeme studiert. Seit 2003 arbeitet er in der Abteilung Telematik des Instituts für Informatik und Gesellschaft der Albert-Ludwigs-Universität Freiburg. Seine For-schungsschwerpunkte liegen in den Bereichen Privatsphäre und Ubiquitous Computing. In seiner Dissertation schlägt er dazu mit ExPDT (Extended Privacy Definition Tools) ein lo-gisch vollständiges Konzept zu Formulierung von „Privacy Policies" vor.

Moritz Strasser hat an der Universität Freiburg Volkswirtschaftslehre studiert. Seit 2001 arbeitet er in der Abteilung Telematik des Instituts für Informatik und Gesellschaft. Im Rahmen seiner Promotion beschäftigt er sich mit den Auswirkungen von Ubiquitous Computing auf Entscheidungs- und Organisationsstrukturen. Er hat den 1. Preis beim „e-ward 2000" von Mummert + Partner und der *Welt am Sonntag* für ein E-Business-Konzept unter Nutzung von Ubiquitous Computing für One-to-One-Marketing erhalten.

III. Wirtschaftliche Bedeutung

Messen und Managen – Bedeutung des Ubiquitous Computing für die Wirtschaft

Elgar Fleisch[1,2], Florian Michahelles[2]
[1] Institut für Technologiemanagement, Universität St. Gallen
[2] Departement für Management, Technologie und Ökonomie, ETH Zürich

Kurzfassung. In diesem Beitrag interpretieren die Autoren Ubiquitous-Computing-Technologien, insbesondere RFID, als neues Messinstrument in der Betriebswirtschaft. Bisher müssen Informationssysteme manuell mit Informationen über das reale betriebliche Umfeld versorgt werden. Die Dateneingabe, sei es zu Zwecken der Inventur, der Produktionssteuerung, der Qualitätssicherung oder der Abrechnung von Dienstleistungen etc. ist daher langsam, kostenintensiv und teuer. Mit Ubiquitous Computing erhalten Informationssysteme nun erstmals gleichsam „Augen und Ohren", mit denen sie ihr physisches Umfeld selbständig, ohne Intervention des Menschen, „sehen" bzw. messen können. Das Abschätzen der Folgen dieses maschinellen Wahrnehmens („machine sensing") der realen Welt ist nicht trivial. Denn wie in den Naturwissenschaften gilt auch in der Betriebswirtschaft, dass das genauere Ausmessen eines Phänomens ein neues, besseres Verständnis des Phänomens begründen und somit neue Handhabungsperspektiven eröffnen kann.

Ubiquitous Computing: ein neues Messinstrument in der Betriebswirtschaftslehre

Unternehmen können nur managen, was sie auch messen können. Das heißt, Prozesse, die Unternehmen nicht analysieren können, können sie auch nicht geführt bewirtschaften. Kostenerzeugende bzw. ertragsmindernde Fehler sind die Folge. Wenn etwa ein Einzelhändler nicht in der Lage ist, den Füllstand seiner Regale hinreichend genau zu messen, dann wird er auch nicht in der Lage sein, die Verfügbarkeit seiner Handelsware in der Filiale zu erhöhen: Bis zu 8% des Umsatzes gehen durch sogenannte Out-of-Stock-Situationen (OOS) verloren [Bha02].

Im Detail betrachtet erweist sich diese weit verbreitete Aussage der Betriebswirtschaftslehre zu „Messen und Managen" jedoch als ungenau. Prinzipiell lässt sich im betrieblichen Umfeld alles messen, wenn die Messkosten keine Rolle spielen. Beispielsweise könnten Einzelhändler zusätzliche Mitarbeiter einstellen, die nichts anderes tun, als die Regale bzw. deren Füllstand zu beobachten und bei Unterschreitung der Sicherheitsbestände diese wieder aufzufüllen. Das kostspielige OOS-Problem könnte damit um 25% reduziert werden, *denn von jedem vierten*

Teile dieses Beitrags beruhen auf früheren Veröffentlichungen des Erstautors, u.a. [Fle05].

scheinbar ausverkauften Produkt befinden sich noch volle Kartons oder Paletten im lokalen Lager („back room") der Filiale [Bha02]. Gründe hierfür liegen in zu geringer Personalkapazität, unüberschaubaren back rooms, ungenügenden Wareneingangskontrollen und einem schlecht geplanten und ausgeführten Regalauffüllungsprozess.

Doch der manuellen sowie fehleranfälligen Messung durch Mitarbeiter sind aufgrund der hohen Kosten klare Grenzen gesetzt. Um beim Beispiel des Einzelhändlers zu bleiben: Die Lohnkosten machen schon heute einen Großteil der Filialkosten aus. Jeder zusätzliche Mitarbeiter würde die Profitabilität einer Filiale beträchtlich belasten. Weil die Messung mittels Mitarbeiter noch teurer würde, nehmen die Einzelhändler das heutige OOS-Niveau in Kauf. Die optimale Messgenauigkeit ist daher bei manueller Messung relativ niedrig. Das Optimum befindet sich dort, wo die Grenzkosten mit dem Grenznutzen einer Messung übereinstimmen (vgl. Abb. 1).

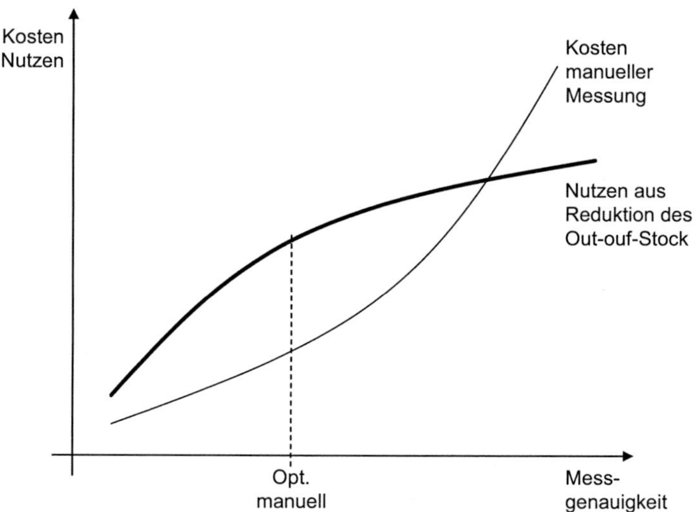

Abb. 1. Die optimale Messgenauigkeit bei manueller Messung

Mit Ubiquitous-Computing-Technologien, u.a. RFID, bekommen Informationssysteme erstmals „Augen und Ohren" zur selbständigen Wahrnehmung und damit die Fähigkeit zur kostengünstigen Messung ihrer Umwelt. Denn Ubicomp-Technologien haben das Potential, den Medienbruch zwischen physischen Prozessen und deren Informationsverarbeitung zu vermeiden. Sie ermöglichen eine vollautomatisierbare Maschine-Maschine-Beziehung zwischen realen Dingen und Informationssystemen, indem sie ersteren einen „Minicomputer" zufügen [Fle05].

Ubiquitous-Computing-Technologien helfen damit, die Kosten der Abbildung realer Ressourcen und Vorgänge in Informationssysteme zu reduzieren, sie übernehmen die Aufgaben des Mediators zwischen realer und virtueller Welt. Physische Ressourcen wie Schachteln, Paletten, Lagerplätze, Regale und einzelne Produkte können ohne menschliche Intervention über die unternehmensinternen und externen Rechnernetze kommunizieren. Nun können Informationssysteme Daten aus der realen Welt automatisch in Echtzeit zu einem Bruchteil der Kosten sammeln (vgl. Abb. 2).

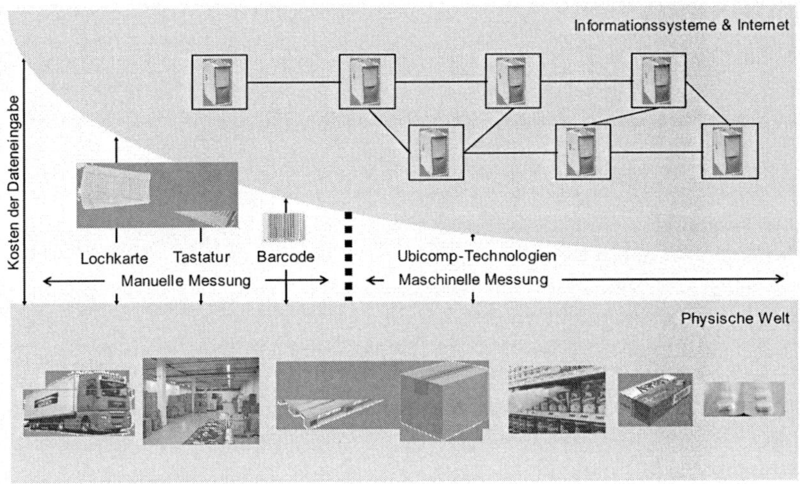

Abb. 2. Ubicomp ermöglicht maschinelle Messung

Zur Lösung des OOS-Problems auf Filialebene wird heute der Einsatz von sogenannten „smarten" Regalen diskutiert, die, mit RFID-Lesern oder Gewichtssensoren ausgestattet, ihren Füllgrad automatisch messen können und über ein angeschlossenes Informationssystem entsprechende Nachfüllaufforderungen generieren.

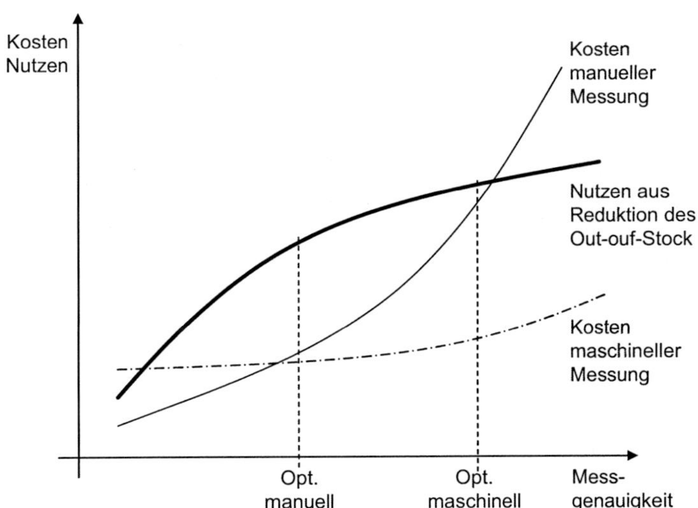

Abb. 3. Manuelle versus maschinelle Messung

Ubicomp-Technologien schaffen also ein maschinelles Messsystem der betrieblichen Realität. Das maschinelle Messsystem ist in der Anschaffung i.d.R. teurer als das manuelle, die Messkosten steigen mit zunehmender Messgenauigkeit bei maschineller Messung jedoch weit weniger stark an als bei manueller Messung (vgl. Abb. 3).

Die Dimensionen feinmaschigen Messens

Wenn maschinelles Messen kostengünstiger ist als manuelles, lassen sich zwei Effekte beobachten. Erstens ersetzen effizienzorientierte Organisationen die manuelle Messung durch die maschinelle, um Kosten zu sparen. Zweitens erhöhen sie die Messgenauigkeit, bis der Grenznutzen der zusätzlichen Messgenauigkeit den Grenzkosten entspricht. In vielen Fällen kann, wie in Abb. 2 und 3 dargestellt, davon ausgegangen werden, dass der Grenznutzen mit zunehmender Messgenauigkeit abnimmt. So können etwa bei der OOS-Anwendung für Produkte im Sonderangebot kürzere Messzyklen (alle 2-4 Stunden) einen wesentlich höheren Nutzen erzeugen als lange Prüfzyklen (z.B. täglich einmal). Kürzere Prüfzyklen im Minuten- bzw. Sekundenbereich generieren in diesem Beispiel jedoch kaum zusätzlichen Nutzen. Der Wert jeder zusätzlichen Information nimmt ab.

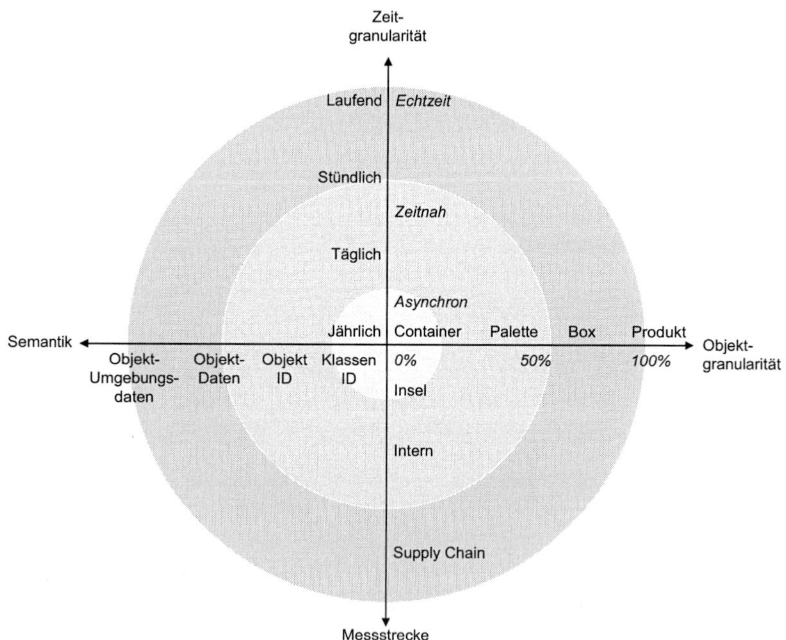

Abb. 4. Dimensionen zusätzlicher Messdaten

Die Folge ist eine Verschiebung der optimalen Messgenauigkeit von einem niedrigen Wert bei teurer manueller Messung zu einem höheren Wert bei maschineller Messung. Der Wert dieser zusätzlichen Information wird von den vier Dimensionen Zeitgranularität, Objektgranularität, Messstrecke und Semantik näher bestimmt (vgl. Abb. 4).

Zeitgranularität: Zwei Faktoren bestimmen die zeitliche Qualität von Informationen. Erstens, die Häufigkeit der Dateneingabe bzw. Granularität auf der Zeitachse: Die zeitliche Granularität ist niedrig bzw. grobkörnig, wenn sich die Kosten der Dateneingabe unter Anwendung wirtschaftlicher Prinzipien nur bei vereinzeltem Einsatz rechnen. Demgegenüber ist die zeitliche Granularität hoch, wenn Grenzkosten und Grenznutzen der Sensorik eine fortwährende Integration von Daten aus der Realität in wirtschaftlicher Hinsicht rechtfertigen. Informationssysteme mit einer feinen zeitlichen Körnung müssen sich nicht auf statistische Methoden stützen, sondern gründen ihre Entscheidungen auf Fakten. Zweitens, die Zeitspanne, die zwischen der Erzeugung und Verwendung der Daten verstreicht: Auch die feinkörnigsten Daten bringen nur dann Nutzen, wenn sie hinreichend zeitnah am Ort der Entscheidung zur Verfügung stehen und nicht etwa in einem Datenspeicher auf die manuelle Weiterverarbeitung warten.

Objektgranularität: Auch die Qualitätsdimension „Objektgranularität" wird von zwei Faktoren bestimmt. Der erste Faktor beschreibt den Objekttyp, in den feingranulare Messtechnologie integriert werden kann. Die Weiterentwicklung der Kostenstruktur von Ubicomp-Technologien erlaubt eine Integration der Technologie in immer kleinere Objekte geringeren Wertes. Diese Entwicklung ist einerseits notwendig, um die Chippreise durch Skaleneffekte bei der Produktion weiter zu senken, andererseits, um die notwendigen Infrastrukturinvestitionen der Anwenderunternehmen wirtschaftlich rechtfertigen zu können. Der zweite Faktor beschreibt, in wie viele Instanzen einer Objektklasse (z.B. Schachteln) Ubicomp-Technologie integriert wird. Bei sinkenden Technologiekosten und nachweisbarem Nutzen der Technologieintegration in die Objekte können mehr Objekte (Instanzen von Schachteln) innerhalb einer Objektklasse (alle Schachteln) mit Ubicomp-Technologien ausgestattet werden.

Messstrecke: Wenn die „Informatisierung" von realen Objekten kostengünstig wird, findet sie nicht nur zeitlich öfter statt, sondern auch an mehreren Orten einer Anwendungsumgebung. In der Einzelhandelsfiliale kann die Datenerhebung beispielsweise nicht mehr nur an der Scannerkasse geschehen, sondern auch am Regal, das in Zukunft mit Sensoren ausgestattet sein könnte, bzw. beim Wareneingang im Filiallager. Mit der Entwicklung von Technologie-, Datenformat- und Vernetzungsstandards kann die Datensammlung über die Unternehmensgrenzen hinweg über die gesamte Wertschöpfungskette erfolgen – z.B. könnte im Lebensmittelbereich die gesamte Kühlkettenlogistik vom Mastbetrieb über die Fleisch verarbeitende Industrie hin zu Distributionszentren, Einzelhandel und schließlich dem Endkunden miteinbezogen werden.

Semantik: Die vierte Dimension der Datenqualität, die mittels Ubicomp-Technologien erhöht werden kann, ist die Datenvielfalt bzw. der Bedeutungsgrad der automatisch gesammelten Daten. Als Minimum verlangt die Integration der realen Welt in die Welt der Informationssysteme einen eindeutigen Identifikator

der Objektklasse oder der Objektinstanz. Viele Ubicomp-Applikationen, beispielsweise in der Automobil- und Hightechindustrie, sammeln zusätzliche objekt-
spezifische Daten. So speichern etwa Funkchips auf internen Transportbehältern
Qualitätsdaten, nächste Produktionsschritte, Kundenname und Zielkonfiguration.
Der Einbezug weiterer Sensoren zur Messung von Temperatur, Helligkeit, Feuchtigkeit etc. ermöglicht die zusätzliche Integration von Daten über die unmittelbare
Umgebung des Objektes und somit die Erkennung des Kontextes.

Vom Messen zum Managen

Der Zusammenhang zwischen feingranularem Messen und den Konsequenzen für
das Management lässt sich anschaulich an Regelkreismodellen darstellen (Abb. 5,
vgl. [Gla97]). Ein Regelkreis besteht aus einer Regelstrecke, die sich wiederum
aus einer Stelleinrichtung bzw. einem Aktuator, dem zu regelnden System und
einer Messeinrichtung bzw. einem Sensor und dem Regler zusammensetzt. Der
Regler kann dabei als Managementsystem interpretiert werden. Er errechnet aus
dem vorgegebenen Soll-Wert (beim OOS-Beispiel ist dies der minimale Regalfüllstand) und dem vom Sensor erhobenen Ist-Wert (der aktuelle Regalfüllstand)
den Input an den Aktuator (Mitarbeiter) der Regelstrecke, die das zu managende
System darstellt.

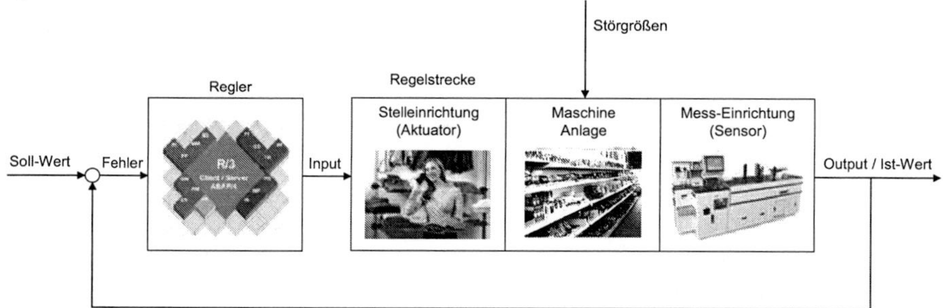

Abb. 5. Regelkreis

Auf die Regelstrecke wirken neben dem vom Regler erzeugten Input zudem
sogenannte Störgrößen (unvorhergesehene Nachfrageschwankungen, Diebstahl,
falsche Platzierung im Regal, beschädigte oder abgelaufene Waren) ein, die ein
Regeln mittels Rückkopplung erfordern. Ohne die Störgrößen würde ein Managementsystem, das lediglich plant, völlig ausreichen. Eine oder mehrere Messein-
richtungen (Mitarbeiter auf Kontrollgängen, Scannerkassen, RFID-Leser an den
Türen zwischen Verkaufsraum und dem filialeigenen Lager oder smarte Regale)
messen die aktuellen Ist-Werte und verarbeiten sie direkt (sofortige Befüllung
durch den kontrollierenden Mitarbeiter) oder senden sie an den Regler (Waren-
wirtschaftssystem) weiter, der den entsprechenden Input zuhanden der Aktuatoren
ausgibt.

Der Einsatz von Ubiquitous-Computing-Technologien führt zu nachfolgend beschriebener Kettenreaktion, die, der Klarheit dieser Darstellung wegen, erneut am Beispiel des OOS-Problems gezeigt wird (vgl. Abb. 6). Die ersten vier Effekte sind dabei genereller Natur. Sie sind Grundlage jeder wirtschaftlichen „Machine-Sensing"-Anwendung. Die Effekte 5 bis 10 gelten speziell für die Lösung des OOS-Problems und verdeutlichen, dass es sich lohnt, intensiv nach Effekten zu suchen, die nicht offensichtlich sind.

Generelle Effekte

Effekt 1: Reduktion der Kosten pro Messung: Wie schon in Abb. 3 dargestellt, reduziert die wirtschaftliche Anwendung von Ubiquitous-Computing-Technologien die Messkosten. Die Füllstandmessung mittels sensorbestückter Regale ist wesentlich kostengünstiger als die Messung durch Mitarbeiter.

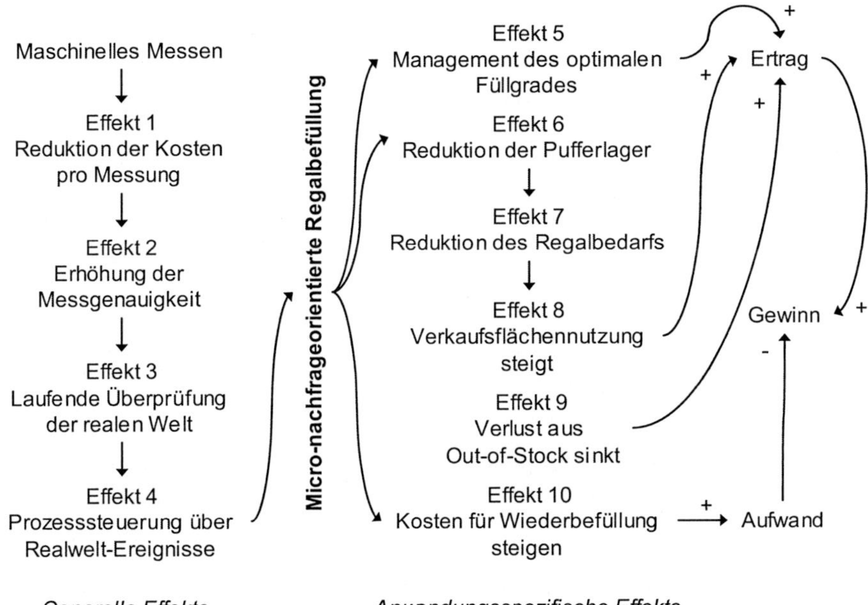

Abb. 6. Effekte maschineller Messung am Beispiel des OOS-Problems

Effekt 2: Erhöhung der Messgenauigkeit: Unternehmen profitieren in der Regel nicht primär von sinkenden Messkosten, sondern vielmehr dadurch, dass sie auf der neuen Kostenbasis wirtschaftlich gerechtfertigt feingranularer messen können. Sensorbestückte Regale ermöglichen damit eine laufende Erfassung des Ist-Werts bzw. des Füllstands. Es ist anzunehmen, dass sich viele Einzelhändler erst durch solche Messungen des Ausmaßes ihres OOS-Problems bewusst werden. So konnte in einer Studie [Rob05] bei Wal-Mart gezeigt werden, dass mit dem Einsatz von

RFID zur Verfolgung von Produktbehältern OOS um ganze 16% reduziert werden konnte – entgegen der weit verbreiteten Meinung, OOS beschränke sich im Durchschnitt auf 8%.

Effekt 3: Laufende Überprüfung der realen Welt: Der so erzeugte laufende Strom an Messdaten, kombiniert mit entsprechenden Soll-Daten, ermöglicht dem Regler eine laufende Überprüfung der „Richtigkeit" eines Zustands in der realen Welt, beispielsweise ob eine Unterschreitung des minimalen oder auch optimalen Füllgrades vorliegt.

Effekt 4: Prozesssteuerung über Realwelt-Ereignisse: Im Fall einer Abweichung vom Soll-Wert kann der Regler den Aktuator zur Einleitung einer Korrekturmaßnahme auffordern (z.B. Regal nachfüllen). Durch die feingranulare Auflösung der Prüfschritte auf der Zeitachse findet das Erkennen eines prozessrelevanten Ereignisses in Echtzeit statt und ermöglicht ein grundsätzliches Überdenken der Auffüllprozesse in Regalen: nicht mehr das Auffüllen in einem fix vorgegeben Rhythmus, sondern das vom aktuellen Füllstand abhängige laufende Auffüllen. Maschinelles Messen ermöglicht damit eine micro-nachfrageorientierte Regalnachfüllung.

Effekte einer micro-nachfrageorientierten Regalnachfüllung

Effekt 5: Management des optimalen Füllgrades: Manche Produkte verkaufen sich nachweislich dann am besten, wenn das Regal einen optimalen Füllgrad aufweist. Kleidungsstücke etwa werden besonders gerne gekauft, wenn sich nur noch ein oder zwei Stücke der gewünschten Größe im Regal befinden. Für andere Produkte ist es von Nachteil, wenn sich nur noch wenige Instanzen im Regal befinden oder das Regal auch ganz gefüllt ist. Erst das feingranulare Messen ermöglicht das umsatzwirksame Bewirtschaften rund um den optimalen Füllgrad.

Effekt 6: Reduktion der Pufferlager: Eine häufigere Nachfüllung führt zu einer Reduktion der Regal-Sicherheitsbestände, d.h. die minimalen Füllstände im Regal sinken.

Effekt 7: Reduktion des Regalbedarfs: Sinkende Sicherheitsbestände bedeuten weniger Regalplatz pro Produkt, d.h. der Regalbedarf sinkt für den einzelnen Zulieferer.

Effekt 8: Verkaufsflächennutzung steigt: Für den Einzelhändler kann eine Reduktion des Regalbedarfs beispielsweise bedeuten, dass er weitere Lieferanten ins Sortiment aufnehmen und damit seinen Umsatz auf gleicher Verkaufsfläche erhöhen kann. Der Produkthersteller kann im selben Zug Kosten, die aus der Regalflächennutzung entstehen, beim Einzelhändler einsparen.

Effekt 9: OOS-Vorkommnisse sinken: Die laufenden Messungen ermöglichen ein zeitnahes Reagieren auf Unterschreitungen von minimalen Regalfüllständen. Feingranulares Messen hilft, das OOS-Problem um ca. 25% zu reduzieren.

Effekt 10: Kosten für Wiederbefüllung steigen: Die Effekte 5 bis 9 wirken sich positiv auf den Ertrag aus. Sie kommen jedoch nur zum Tragen, wenn nicht nur die Messung, sondern auch die Nachfüllung durch Mitarbeiter in einer feineren Granularität, d.h. öfter, stattfindet. Dies wiederum führt zu höheren Personalkosten: In einem Pilotprojekt zur Reduktion von OOS mittels RFID verdreifachte sich bei Wal-Mart gar der Personalbedarf bei der Nachbefüllung der Regalbestände [Rob05].

Der Einsatz von Ubiquitous-Computing-Technologien in betriebswirtschaftlichen Problemstellungen zieht, abhängig vom Anwendungsfall, zahlreiche direkte wie indirekte Effekte nach sich, die auf den ersten Blick nicht offensichtlich erscheinen. Wie auch im OOS-Beispiel sind vor allem die indirekten Effekte von hohem wirtschaftlichen Interesse. Sie lassen heutige Praktiken in einem anderen Licht erscheinen und zwingen zur Gestaltung neuer optimaler Lösungen. Es sind diese indirekten Effekte, die Unternehmen wie Wal-Mart, Metro oder Migros die Zuversicht geben, dass RFID und andere Sensortechnologien die Effizienz ihrer Geschäftsprozesse letztendlich mindestens in dem Maße steigern werden, wie es die anfänglich von vielen unterschätzte und damit auch stark umstrittene optische Sensortechnologie rund um den Barcode in den letzten 20 Jahren bewirkt hat.

Die Überlegungen zum Regelkreis zeigen aber auch die Limitationen solcher Anwendungen auf. Beispielsweise können neue Sensortechnologien keinen Nutzen schaffen, wenn die Komplexität des zu lösenden Problems so beschaffen ist, dass es ohne weiteres mit bereits heute etablierten Methoden hinreichend genau bearbeitet werden kann. Dann stellt sich die Frage, wozu das Managementsystem eine höhere Messgenauigkeit benötigt bzw. welchen Zusatzwert die detaillierteren Informationen bringen sollen. Eine weitere Begrenzung, die allzu oft übersehen wird, ist der natürliche Zwang zur Schließung eines Regelkreises. Was nützen dem Managementsystem detailliertere Informationen, wenn es viel zu kostspielig ist, diese Sensordaten *aus* der realen Welt in entsprechende Aktionen *in* der realen Welt umzuwandeln? In der rein digitalen Welt ist es sehr einfach und auch kostengünstig, Aktionen auszulösen und umzusetzen – einfache Variablenzuweisungen können Zustände in Softwaresystemen ändern. Die reale Welt dagegen verlangt Aktuatoren, in vielen Fällen Menschen oder Roboter, die in der Regel hohe Kosten verursachen. Effekt 10 im obigen Beispiel zeigt diesen Kostentreiber deutlich. Ohne ihn wäre eine noch viel feingranularere Nachfüllpolitik möglich.

Vom Managen zur Anwendung

Bereits heute hat RFID in einer Vielzahl von wirtschaftlichen Anwendungen an Einfluss gewonnen. Bei der Betrachtung der Entwicklung, Ausbreitung und Reifung von RFID-basierten Anwendungen sind derzeit zwei klare Trends festzustellen.

Der erste Trend bezieht sich auf den Wirkungsbereich der eingesetzten Technologie. So ist zu beobachten, dass sich der Einsatz von RFID zunächst auf unternehmensinterne Abläufe beschränkt und in sogenannten Insellösungen ohne Verbindung zur Außenwelt Anwendung findet. Erst nach einer gewissen Reifung und praktischen Bewährung dieser Insellösungen entstehen Anwendungen, die die Unternehmensgrenzen überschreiten können und unternehmensübergreifenden

Austausch schaffen. Dazu sind Standards nötig, die sich erst über die Zeit aus bestehenden Erfahrungen herausbilden können. Im weiteren Entwicklungsverlauf wird sich RFID bei fortschreitend abnehmenden Kosten auch in Massenanwendungen durchsetzen und ebenso bei Endkonsumentenanwendungen zum Einsatz kommen.

Der zweite sichtbare Trend ist ebenfalls eng mit dem Entwicklungsstadium von RFID-Transpondern verknüpft. Zu Entwicklungsbeginn waren deren Kosten so hoch, dass nur Anwendungen, bei denen Transponder wiederverwendet werden, wirtschaftlichen Mehrwert generieren konnten. Somit kamen die Transponder vornehmlich bei zirkulierenden Produktbehältern zum Einsatz (Behältermanagement). Erst seit kurzem lassen sich auch die Kosten für die Anbringung von Transpondern an den Produkten selbst rechtfertigen, so dass ein Entwicklungstrend von behälterbasierten Anwendungen hin zu RFID-Transpondern am eigentlichen Produkt sichtbar wird (Item-Tagging).

Mit voranschreitender Miniaturisierung bei fallenden Kosten werden zunehmend Anwendungen mit feingranularerer Verwendung von RFID auf Objektebene an Bedeutung gewinnen. Die einsetzende Etablierung von Standards ermöglicht die Vernetzung von bestehenden Insellösungen und erlaubt damit den Datenaustausch auch über Unternehmensgrenzen hinweg. Fortschritte in der Sensorik werden die Einsatzmöglichkeiten von maschinellem Messen erweitern und völlig neue Anwendungen ermöglichen. Ausgehend von der Identität von Objekten könnten dann fortan auch Umgebungsveränderungen wie z.B. Temperatur, Bewegung, Beschleunigung und Helligkeit ausgewertet werden.

Neben den generellen Effekten, verursacht durch feingranulares Messen, sind insbesondere die indirekten, anwendungsspezifischen Effekte von wirtschaftlichem Interesse. Tatsächlich sind diese Effekte, wenn überhaupt, im Einzelfall nur schwer vorhersehbar.

Im Folgenden verdeutlichen drei konkrete Fallbeispiele aus der wirtschaftlichen Praxis die Effekte von RFID-Transpondern in den oben beschriebenen Anwendungsfeldern. Um auf die Effekte aus dem vorherigen Kapitel Bezug zu nehmen, wird nachfolgend wiederum zwischen Effekten genereller Natur sowie anwendungsspezifischen Effekten unterschieden.

Beispiel: Produktionssteuerung und Behältermanagement

Wie oben gezeigt, stellen behälterbasierte Anwendungen einen ersten Schritt feinschmaschigen Messens dar. Die Infineon AG setzt bereits RFID-Technologie für intelligentes Transportboxen-Management in der Produktionslogistik ein. Mittels dieser „Soft-Identifikation" von Produktionsgütern, d.h. der indirekten Kontrolle von Gegenständen über identifizierbare Behälter, werden die logistischen Abläufe in der Fabrik vollkommen transparent und damit kontrollier- und steuerbar [Thi06]. In Kombination mit dem Produktionsplan schafft hier der Einsatz von RFID-Technologie die Grundlage für eine flexible Automatisierung. Das sogenannte LotTrack-System ist in zwei großen Halbleiterwerken in einer 24h-Umgebung im produktiven Einsatz. LotTrack ist wie folgt charakterisiert:

Maschinelles Messen: Zur Messung der Identität der Transportboxen werden bei LotTrack aktive und passive RFID-Transponder verwendet; mittels Ultraschall werden die Transportboxen auf 20 cm genau lokalisiert. Der Einsatz von feingranularem Messen führt dabei zu folgenden Effekten:

Reduktion der Kosten pro Messung: Das LotTrack-System automatisiert die Identifikation und Lokalisierung der Transportboxen. Die Kosten der bisher manuell realisierten Prozesse werden damit erheblich reduziert.

Erhöhung der Messgenauigkeit: LotTrack identifiziert die Transportboxen und lokalisiert die Transportboxen auf 20 cm genau. Darüber hinaus protokolliert LotTrack die Verwendung der Transportbehälter in Echtzeit, wohingegen zuvor nur eine begrenzte Anzahl von manuellen Kontrollpunkten zur Verfügung stand.

Laufende Überprüfung der realen Welt: LotTrack misst fortwährend über den Produktionsprozess den aktuellen Lagerplatz der Transportbox sowie die Identität der Maschine, die den Inhalt der jeweiligen Transportbox bearbeitet. Zudem überprüft LotTrack die Wahl des Bearbeitungsprogramms an der Maschine und kontrolliert, ob die Arbeitsschritte auch tatsächlich von dem im Produktionsplan festgelegten Operator durchgeführt werden.

Prozesssteuerung über Realwelt-Ereignisse: Dank der Transparenz von LotTrack über die logistischen Abläufe in der Fabrik können nun Eilaufträge in der laufenden Produktion bevorzugt bearbeitet werden sowie bei Maschinenausfall bestehende Aufträge auf andere Maschinen dynamisch umgeleitet werden.

Anwendungsspezifische Effekte: Der Einsatz von LotTrack bei Infineon erzeugt eine Vielzahl positiver Effekte. Durch die gewonnene Transparenz über die Produktionslogistik können Bedienungsfehler des Personals sofort erkannt und damit vermieden werden. Dies führt zu einer Reduktion von Produktionsfehlern. Zudem können die Produktionsaufträge nun effizienter sequenziert werden, was zu kürzeren Durchlaufzeiten einzelner Aufträge führt und damit eine effizientere Maschinenauslastung garantiert. Außerdem kann in der Produktion durch die von LotTrack elektronisch bereitgestellte Logistikinformation auf Papiernotizen komplett verzichtet werden, so dass in der nun papierlosen Chip-Fabrik eine bessere Reinraumqualität erreicht werden kann. Dies erhöht die Qualität der Produktion und verringert damit die Fehlerkosten für die Fabrik.

Wie bereits beim oben diskutierten OOS-Beispiel sind vor allem die zuletzt beschriebenen indirekten, anwendungsspezifischen Effekte von wirtschaftlicher Bedeutung.

Beispiel: Fälschungssicherung von Medikamenten

Derzeit werden große Hoffnungen auf den Einsatz von RFID-Technologie zum Erkennen und Verhindern von Produktfälschungen gesetzt. Etwa sieben Prozent des Welthandels an Pharmazeutika gehen auf Produktfälschungen zurück, so schätzt die Weltgesundheitsorganisation [WHO05]. Die Folgen für Patienten sind weitreichend. Jährlich sterben insbesondere in Afrika und Asien zahlreiche Menschen auf Grund der Einnahme gefälschter Medikamente. Die pharmazeutische Industrie hat diese Problematik erkannt und ist, nicht zuletzt auf Druck mächtiger

Regulierungsbehörden wie der amerikanischen Food and Drug Administration (FDA), bemüht, ihre Produkte mit Fälschungsschutz-Mechanismen auszustatten und den Produktions- und Vertriebsprozess gegen das Einschleusen von Plagiaten abzusichern.

Der Einsatz feinmaschigen Messens mittels RFID-Transpondern auf Artikelebene (Item-Tagging) könnte zur Bekämpfung von Produktfälschungen über Plausibilitäts-Checks mit Hilfe einer lückenlosen Dokumentation von Arbeitsschritten und Produktveränderungen vom Erzeuger bis zum Käufer (Track & Trace) eingesetzt werden [Sta05]. Darüber hinaus bestehen zahlreiche Möglichkeiten, um Produktions- und Vertriebsprozesse durch den Einsatz der neuen Technologie zu optimieren. RFID-Transponder könnten dabei wie folgt verwendet werden:

Maschinelles Messen: RFID-Technologie erfasst die Identität und Authentizität von Produkten. Die dabei entstehenden Effekte gliedern sich wie folgt:

Reduktion der Kosten pro Messung: RFID automatisiert die zuvor vornehmlich manuellen Prozesse bei der Überprüfung der Echtheit von Produkten.

Erhöhung der Messgenauigkeit: Der Einsatz von RFID-Technologie ermöglicht die Authentifizierung aller Items in Echtzeit und bietet dadurch ein höheres Sicherheitsniveau im Vergleich zur Überprüfung von Stichproben. Statt statistischer Aussagen können nun kontinuierlich Aussagen über die Echtheit von Produkten getroffen werden.

Laufende Überprüfung der realen Welt: RFID-Transponder protokollieren den Lebenszyklus eines Produktes über die gesamte Versorgungskette und garantieren so die Herkunft und Echtheit eines Produktes.

Prozesssteuerung über Realwelt-Ereignisse: Bei Unstimmigkeiten in der Historie eines Produktes können Ausnahmeprozesse eingeleitet werden, um z.B. als Fälschung erkannte Produkte auszusondern und ggf. den Eintritt in die Versorgungskette genauer zu identifizieren.

Anwendungsspezifische Effekte: RFID ermöglicht eine umfassende Überwachung der Echtheit von Produkten in Realzeit, so dass Fälschungsversuche sofort erkannt und auf längere Sicht zurückgehen werden. Damit kommen weniger gefälschte Produkte auf den Markt, was mehr Umsatz für die echten Produkte ermöglicht. Bei Medikamenten verringern sich zudem die Folgerisiken und induzierten Gesundheitskosten von Medikamentenfälschungen. Darüber hinaus entzieht die durch RFID geschaffene Transparenz Graumärkten nach und nach die Grundlage und leistet zudem einen Beitrag zum Markenschutz.

Beispiel: Unterstützung im Einzelhandel

Die beiden vorherigen Beispiele verdeutlichten die Einsatzmöglichkeiten von RFID in internen sowie unternehmensübergreifenden Bereichen. Die RFID-Shop-in-Shop-Lösung des japanischen Schuhherstellers Misukoshi zeigt den Einsatz von RFID in einer Endkonsumentenanwendung [Mit05]. Hierbei können Kunden und Angestellte an Informationsterminals feststellen, welche Schuhe in welchen Größen in einem Schuhgeschäft vorrätig sind:

Maschinelles Messen: RFID ermittelt die Identität und Verfügbarkeit angefragter Schuhe.

Reduktion der Kosten pro Messung: Der Einsatz von RFID ermöglicht die Automatisierung von Suche und Verfügbarkeitsprüfung und beschleunigt die damit verbundenen manuellen Prozesse.

Erhöhung der Messgenauigkeit: Mittels RFID erhalten Kunde und Verkäufer in Echtzeit einen vollständigen Überblick über den aktuellen Stand des Lagers und somit Information über verfügbare Schuhe.

Laufende Überprüfung der realen Welt: RFID überprüft permanent die Verfügbarkeit der Schuhprodukte im Lager.

Prozesssteuerung über Realwelt-Ereignisse: Befindet sich ein angefragtes Exemplar nicht mehr im Lager, präsentiert das System Alternativen und initiiert auf Wunsch eine Nachbestellung.

Anwendungsspezifische Effekte: Der Einsatz von RFID im Schuhgeschäft verringert die Suchzeit für den Verkäufer und führt damit zu kürzeren Wartezeiten für den Kunden. Der vom Suchprozess entlastete Verkäufer kann dem Kunden nun mehr individuelle Betreuungszeit widmen, woraufhin die Kundenzufriedenheit steigt. Zusätzlich kann ein Verkäufer in derselben Zeit mehr Kunden beraten und damit den Umsatz steigern. Als weiteren Nebeneffekt beschleunigt die neu gewonnene Transparenz über das Lager auch die Inventur.

Zusammenfassung und Ausblick

Die Folgen von feingranularerem Messen in der Betriebswirtschaft können sehr vielfältiger Natur sein. Sie können, wie in den Naturwissenschaften vorexerziert, eine Disziplin verändern. Vor diesem Hintergrund lassen sich Ubiquitous-Computing-Technologien, insbesondere RFID und andere Sensortechnologien, vorerst noch etwas vollmundig formuliert, als das betriebswirtschaftliche Pendant zu den Messinstrumenten der Naturwissenschaften interpretieren.

Ein Gewinn durch feinmaschigeres Messen ist jedoch nur dann gegeben, wenn der Nutzen der neu gewonnenen Daten die Kosten der zusätzlichen Messung übersteigt. Und dies ist nur dann der Fall, wenn feingranularere Daten bessere Lösungen ermöglichen, d.h. wenn eine betriebswirtschaftliche Notwendigkeit besteht, besseres Datenmaterial zu generieren. Das einfache Ersetzen einer alten Messtechnologie, wie etwa des Barcodes, durch eine neue mächtigere Messtechnologie wie RFID entspricht dem oben skizzierten Effekt 1 und führt in den seltensten Fällen zu einem positiven Return-on-Investment.

Von Effekt 2, der Erhöhung der Messgenauigkeit, können Unternehmen profitieren, indem sie erstmals ein dichtes Netz an objektiven Informationen über den tatsächlichen Verlauf eines Phänomens gewinnen. Beispielsweise kann kaum ein Einzelhändler seine OOS-Raten genau beziffern, weil Nicht-Verkäufe nur schwer messbar sind. Maschinelle Sensorik hilft Unternehmen, ihre Prozesse auf Basis *harter Fakten* zu bewerten, und liefert damit die Grundlage zur Beherrschung bisher nicht oder nur ungenügend führbarer Prozesse.

Wenn zu den Ist-Werten aus den Sensordaten Soll-Daten aus dem Management bekannt sind, stellt sich Effekt 3 ein. Dann liefern Ubiquitous-Computing-Technologien die Basis für automatische und laufende Prozesskontrollen. Die *Reduktion von Prozessfehlern* bzw. die *Steigerung der Prozessbeherrschung* sind die Folge. Sie führen typischerweise zur Reduktion von Pufferlagern und -zeiten. Ubiquitous-Computing-Technologien unterstützen damit die Ziele von Managementmethoden wie Six Sigma und Lean Management, sie werden zu deren Werkzeug.

Die automatisch gesammelten und neutralen Daten können Unternehmen außerdem zur Steuerung der Zusammenarbeit mit Lieferanten verwenden, beispielsweise um Service Level Agreements mit Logistikdienstleistern automatisch auf Einhaltung zu überprüfen. Sie können diese Daten auch verwenden, um Betrug und Diebstahl zu erschweren bzw. aufzudecken, um Risikoprofile zu erheben, schlechte Risiken frühzeitig auszusortieren oder um sich mit neuen Pay-per-Use- bzw. Leasingmodellen am Markt zu profilieren.

Aus der Messen-und-Managen-Perspektive gesehen scheinen Zahl und Form der Anwendungen von Ubiquitous Computing in der Wirtschaft nahezu unbegrenzt. Dieser Eindruck verstärkt sich, wenn man bedenkt, dass obige Ausführungen nur einen der zwei Bestandteile der Realweltintegration berücksichtigen, nämlich die Integration im Sinne der Sensorik bzw. der maschinellen Wahrnehmung der realen Umwelt durch Informationssysteme (von unten nach oben in Abb. 2). Der umgekehrte Integrationsweg, auf dem Informationssysteme die reale Welt mittels Aktuatoren bzw. Robotik maschinell verändern, blieb in der Darstellung bisher unberücksichtigt. Die Konvergenz von physischer Welt und Informationssystemen, das *Internet der Dinge*, steht erst am Anfang.

Literatur

[Bha02] Bharadwaj S, Gruen TW, Corsten DS (2002) Retail Out of Stocks: A Worldwide Examination of Extent, Causes, and Consumer Responses. Grocery Manufacturers of America

[Fle05] Fleisch E, Christ O, Dierkes M (2005) Die betriebswirtschaftliche Vision des Internet der Dinge. In: Mattern F, Fleisch E (Hrsg.) Das Internet der Dinge: Ubiquitous Computing und RFID in der Praxis. Springer-Verlag, pp 3–37

[Gla97] Glattfelder AH, Schaufelberger W (1997) Lineare Regelsysteme. VDF, pp 8–10

[Mit05] Smart Shopping and Ubiquitous Computing (2005) Mitsukoshi: A case of successful item-level RFID on a sales floor. http://ubiks.net/local/blog/jmt/archives3/003642.html

[Rob05] Roberti M (2005) EPC Reduces Out-of-Stocks at Wal-Mart. RFID Journal, Oct. 14, 2005

[Sta05] Staake T, Thiesse F, Fleisch E (2005) Extending the EPC Network – The potential of RFID in Anti-counterfeiting. In: Anti-Counterfeiting in Public Safety User Requirements & Technology Solutions Workshop. ETSI

[Thi06] Thiesse F, Dierkes M, Fleisch E (2006) LotTrack: RFID-based process control in the semiconductor industry. IEEE Pervasive Computing, Vol. 5, No. 1, pp 47–53

[WHO05] World Health Organization (2005) Counterfeit medicines, Frequently Asked Questions. www.wpro.who.int/media_centre/fact_sheets/fs_20050506.htm

Prof. Dr. Elgar Fleisch ist seit 2002 Extraordinarius für Technologiemanagement und Direktor am Institut für Technologiemanagement an der Universität St. Gallen (HSG). Er ist außerdem seit Oktober 2004 ordentlicher Professor für Informationsmanagement am Departement für Management, Technologie und Ökonomie der ETH Zürich.

Nach dem Abschluss der Höheren Technischen Lehranstalt, Fachrichtung Maschinenbau, studierte Elgar Fleisch, geboren in Bregenz, Österreich, Wirtschaftsinformatik an der Universität Wien und verfasste anschließend an der Wirtschaftsuniversität Wien und am Institut für höhere Studien in Wien seine Dissertation an der Schnittstelle zwischen Künstlicher Intelligenz und Produktionsplanung. 1994 wechselte Elgar Fleisch an die Universität St. Gallen und leitete am Lehrstuhl von Prof. Hubert Österle Forschungsprojekte im Bereich „Business Networking". 1996-97 gründete und führte er die IMG Americas Inc. in Philadelphia, USA. 2000 erhielt Elgar Fleisch die Privatdozentur der Universität St. Gallen und wurde zum Assistenzprofessor ernannt.

Heute forscht Elgar Fleisch in den Bereichen „betriebswirtschaftliche Aspekte des Ubiquitous Computing" und „Management industrieller Dienstleistungen". Er leitet gemeinsam mit Prof. Friedemann Mattern von der ETH Zürich das M-Lab (www.m-lab.ch) und ist Co-Chair der Auto-ID Labs (www.autoidlabs.org), wo er in einem globalen Netzwerk von Labs die Infrastruktur für das „Internet der Dinge" spezifiziert. Elgar Fleisch ist außerdem Mitgründer der intellion AG sowie Mitglied zahlreicher Steuerungsausschüsse in Forschung, Lehre und Praxis.

Dr. Florian Michahelles ist an der ETH Zürich tätig und leitet dort die Informationsmanagement-Forschungsgruppe von Prof. Fleisch. Er studierte Informatik an der Ludwig-Maximilians-Universität München, beschäftigte sich als Sloan Visiting Fellow mit Entrepreneurship an der MIT Sloan School of Management und promovierte an der ETH Zürich über Methoden zur Entwicklung von Anwendungen für „Ubiquitous Computing" und „Wearable Computing".

Zwischen 2001 und 2004 war Florian Michahelles wissenschaftlicher Mitarbeiter im Smart-Its-Projekt, einem EU-finanzierten Forschungsprojekt im Bereich „Ubiquitous Computing". Von 2002 bis 2004 beschäftigte er sich im Rahmen des ETH-Verbundprojekts „Wearable Computing" mit der Erforschung von am menschlichen Körper tragbaren Sensoren, wo er u.a. eine kontaktlose Herzschlag-Detektion mittels Radar entwickelte.

Heute forscht Florian Michahelles im Bereich „betriebswirtschaftliche Aspekte des Ubiquitous Computing" und beschäftigt sich als Associate Director des Auto-ID Lab St. Gallen/ETH Zürich insbesondere mit der Infrastruktur für das „Internet der Dinge". Schwerpunkte seiner Forschung bildet derzeit die Anwendung von RFID-Technologie zur Bekämpfung von Produktfälschungen sowie die Erforschung von Anwendungsgebieten der RFID-Technologie in der Automobilindustrie.

Unternehmen und Märkte in einer Welt allgegenwärtiger Computer: Das Beispiel der Kfz-Versicherer

Lilia Filipova, Peter Welzel
Lehrstuhl für Volkswirtschaftslehre mit Schwerpunkt Ökonomie der Informationsgesellschaft, Universität Augsburg

Kurzfassung. Angeregt durch eine Vielzahl von Beiträgen zu Ubiquitous Computing wenden wir uns hier ökonomischen Aspekten dieser Technologie zu. Im Vordergrund stehen Fragen nach den Auswirkungen auf einzelne Vertragsbeziehungen, auf die Organisation und das Verhalten von Unternehmen sowie auf die Eigenschaften und Struktur von Märkten.

Vieles deutet darauf hin, dass Ubiquitous Computing ganz wesentlich Entwicklungen, die zuvor von anderen Informationstechnologien, insbesondere dem Internet, initiiert wurden, auf neuen Gebieten und in größerem Maßstab fortsetzen wird. So werden allgegenwärtige Computer zu einer Beschleunigung auf sämtlichen Wertschöpfungsstufen führen, die Kommunikation und Koordination in und zwischen Unternehmen verbessern und damit Effizienzsteigerungen innerhalb von Unternehmen und in Unternehmensnetzwerken bewirken. Mit der physischen und virtuellen *Vernetzung* smarter Gegenstände gehen, eine effektive Standardsetzung vorausgesetzt, aus ökonomischer Sicht starke *Netzwerkeffekte* einher. Die Vernetzung bleibt dabei nicht auf die bereitgestellten Produkte beschränkt, sondern erstreckt sich auch auf Prozesse, Personen und Organisationen. Sie fördert die Bildung von globalen Unternehmensnetzwerken. Sinkende Such- und Transaktionskosten werden den Wettbewerb intensivieren und die Anbieter veranlassen, ihre Produkte noch weiter zu differenzieren und zu personalisieren. Ubiquitous Computing bietet hierfür neue Handlungsspielräume und Chancen.

Besonderes Interesse gilt dem Potenzial von Ubiquitous Computing zur Reduktion von Informationsasymmetrien. Wir veranschaulichen dies am Beispiel der Kfz-Versicherungen und zeigen Effizienzgewinne durch smarte Fahrzeuge auf.

Einleitung

In den letzten Jahren sind zahlreiche Beiträge zum Thema Ubiquitous Computing (UbiComp) erschienen. Sie erläutern, wie es zur Vorstellung von allgegenwärtigen Computern kam, zu welchen Funktionen die Anwendungen aus heutiger Sicht fähig sind, aber auch, wie diese Technologien künftig aussehen könnten. Für einen Nicht-Techniker ist es überwältigend zu erfahren, was aus technischer Sicht alles denkbar und möglich ist. Hieraus erwuchs unser Interesse an der *ökonomischen Realisierbarkeit* der beschriebenen Technologien und an den möglichen *ökonomi-*

schen Implikationen ihrer Verbreitung. Insbesondere stellt sich die Frage, welche Auswirkungen UbiComp auf Unternehmen und Märkte haben könnte.

Als ein weiterer Schritt in der Entwicklung von IuK-Technologien wird Ubi-Comp einen direkten Einfluss auf die Organisation und Produktivität von Unternehmen haben. Die Folgen wären spürbar in einer erhöhten Effizienz von Beschaffung, Lagerung, Produktion, Transport und Absatz von Gütern sowie bei der Bereitstellung von Dienstleistungen.

Mit seinen zentralen Eigenschaften, Informationen zu sammeln, zu speichern, zu verarbeiten und weiterzukommunizieren, wird UbiComp weitreichende Folgen für die Erforschung der Zahlungsbereitschaft, des Verhaltens und der Präferenzen von Kunden haben. Dies wiederum ermöglicht, dass Produkte und Dienstleistungen, selbst durch kleine Veränderungen, zielgerichteter als bisher den individuellen Präferenzen angepasst werden. Mit der Umsetzbarkeit von Kundenprofilbildung und Kundenidentifizierung oder von Produktpersonalisierung entstehen die besten Voraussetzungen zur Preisdiskriminierung, d.h. die Möglichkeit für Anbieter, von verschiedenen Kunden und/oder für verschiedene Mengen unterschiedliche Preise zu verlangen. UbiComp dehnt den Anwendungsbereich solcher, für die Käufer nicht notwendigerweise schädlichen, Diskriminierungsstrategien deutlich aus.

Als weiteres essentielles Merkmal von UbiComp wird die Vernetzung von Gegenständen genannt. Zum einen kann dadurch die Entstehung neuer Produkte, Dienstleistungen oder sogar Organisationsformen forciert werden, zum anderen bewirkt die Vernetzung aus ökonomischer Sicht die Entstehung von Netzexternalitäten. Sie führen dazu, dass der Nutzen mit der Gesamtzahl der Nutzer im Markt zunimmt. Daraus erwachsen Konsequenzen für die Marktstruktur und Handlungsempfehlungen für den einzelnen Anbieter.

Aus den denkbaren ökonomischen Implikationen von UbiComp ragt insbesondere das Potenzial heraus, Informationsasymmetrien zu reduzieren oder gar zu beseitigen. Asymmetrische Information, d.h. die Tatsache, dass bestimmte Akteure einen Informationsvorsprung vor anderen haben und ihn aufgrund divergierender Ziele oder Kommunikationsschwierigkeiten auch behalten, tritt auf Märkten, aber auch in einzelnen Vertragsbeziehungen z.B. innerhalb der Unternehmung auf. Egal, ob unbeobachtbare Eigenschaften oder unbeobachtbares Verhalten die Informationsasymmetrie auslösen, die Folgen privater Information sind für das Effizienzergebnis einer Vertrags- oder Marktbeziehung immer negativ. Indem sie eine durchdringende Überwachung und umfassende Informationsbereitstellung an die schlechter informierte Seite ermöglichen, können UbiComp-Technologien einen willkommenen Beitrag zur Lösung der Probleme asymmetrischer Information leisten. Gleichzeitig stellt sich jedoch die Frage nach dem Datenschutz mit äußerster Dringlichkeit. Laut [Mat03b, S. 205] werden durch die „Alltagsüberwachung", die UbiComp impliziert, die Grenzen der Privatsphäre, wie wir sie heute kennen, überschritten. Natürlich wäre eine entsprechende Änderung der rechtlichen Rahmenbedingungen, also eine Neuregelung von Überwachung und der Verwendung gesammelter Daten, unumgänglich, sobald UbiComp-Anwendungen zu einem breiteren Einsatz kommen. Ungeachtet dessen liefert die ökonomische Sicht durchaus positive Einschätzungen von Überwachung und Offenbarung privater

Daten mittels UbiComp. Geeignet eingesetzt, lässt sich damit die soziale Wohlfahrt pareto-verbessern. Mit anderen Worten: Es kann mindestens eine Person besser gestellt werden, ohne dass sich andere dadurch verschlechtern. Wir verdeutlichen dies am Beispiel der Kfz-Versicherungen. Zum einen sind Informationsasymmetrien in Versicherungsmärkten traditionell vorhanden. Ihnen wird zwar durch Vertragsgestaltungen mit Selbstselektion und Anreizsetzung entgegengewirkt, jedoch lassen sich damit allenfalls zweitbeste Ergebnisse erzielen, so dass immer noch ein Verbesserungspotenzial besteht, das sich mit Hilfe von UbiComp erschließen lässt. Zum anderen scheint der heutige Stand der Verkehrstelematik ganz konkrete Vorstellungen über die künftige Funktionalität und Leistungsfähigkeit von Überwachungstechnik im Fahrzeug zu erlauben.

Vor diesem Hintergrund werden im Folgenden einige mögliche Implikationen von UbiComp auf Unternehmens- und Marktebene generell und am Beispiel der Kfz-Versicherungen und der damit verbundenen Märkte für smarte Fahrzeuge dargestellt. Der nächste Abschnitt befasst sich mit Produktivitätswirkungen auf der Unternehmensebene. Im folgenden Abschnitt werden die Auswirkungen auf Informationsasymmetrien behandelt. Marketingstrategien, Marktverhalten und Marktergebnisse bilden den Gegenstand der vierten und fünften Abschnitte. Der letzte Abschnitt schließlich fasst den Beitrag zusammen.

Produktivitätssteigerung im Unternehmen

Eine direkte Auswirkung miteinander vernetzter und kommunizierender Gegenstände besteht zweifelsohne in einer Senkung von Kommunikations- und Kontrollkosten im betrieblichen Prozess. Ziel muss es sein, „Medienbrüche" – z.B. bei der Erfassung und Übergabe von Daten – zu vermeiden. Dies kann durch UbiComp erreicht werden, indem die „physische Welt" mit der „Informationssystemwelt [...] zeitnah und kostengünstig" vernetzt wird und der Mensch als „Mediator" für die Abbildung physischer Ressourcen in die Informationssysteme ersetzt wird [FlM03, S. 11]. Bereits heute erfolgt ein wesentlicher Anteil der Informationsverarbeitung bei Kfz-Versicherungen elektronisch. Davon zeugt z.B. die Existenz sogenannter Direktversicherungen, welche die traditionell menschliche Funktion des direkten Kontakts mit dem Kunden durch einen ausgeklügelten Webauftritt ersetzen. Ein derartiger Schritt der Automatisierung kann nicht nur eine beträchtliche Kostensenkung an der betroffenen Stelle erzeugen. Damit lassen sich auch Effizienzsteigerungen auf anderen Ebenen erzielen, indem beispielsweise die frei gewordenen Ressourcen anderswo zur Prozessoptimierung zum Einsatz kommen. Dies liegt daran, dass IuK-Technologien „komplementäre Innovationen" in verschiedenen Bereichen des Betriebs erleichtern [BrH00, S. 24]. Aufgrund der vielschichtigen Wechselwirkungen zwischen der Unternehmensorganisation, den Produktionsfaktoren und den Prozessen kann eine neue Datenverarbeitungstechnologie nicht nur zu einer verbesserten Informationssammlung, -verarbeitung und -kommunikation beitragen, sondern auch indirekt Verbesserungen verschiedener Betriebsprozesse erzeugen [MiR90, S. 514, BrH00, S. 35]. Durch die Gründung der gerade erwähnten Direktversicherungen wurden sicherlich nicht nur Personalkosten im Marketing gespart. Eine derart ausgebaute Internetpräsenz führt zu einer Beschleunigung der Auftragsabwicklung und der innerbetrieblichen Kommunikation und ermöglicht dadurch schnellere Reaktionen auf veränderte Kundenpräferenzen. Zudem entsteht ein Potenzial für Verbundvorteile mit anderen Dienstleistungen, deren Angebot sich für das Unternehmen zuvor nicht gerechnet haben mag – man denke an einen Internet-Informationsdienst oder diverse Online-Berechnungstools usw. UbiComp bietet hier noch deutlich weitergehende Möglichkeiten. So ließen sich z.B. an ein vernetztes Automobil Informationsgüter – Wetterbericht, Schneehöhe, Musik usw. – übertragen.

Die mit UbiComp zu erwartende Effizienzsteigerung wird sich nicht nur innerhalb der Grenzen des einzelnen Unternehmens ergeben. Vielmehr ist zu erwarten, dass sich die Effekte auch auf Beziehungen zu vertikal oder horizontal verbundenen Unternehmen erstrecken. Nimmt man das Beispiel einer Blackbox im Automobil, welche für den Versicherer unter anderem Fahrverhalten und Fahrzeugzustand registriert, so ist es naheliegend, dass auch Fahrzeughersteller von UbiComp profitieren können. Die Informationen, die die Versicherungsunternehmen für ihre eigenen Zwecke sammeln, wären ebenso von Interesse für die Automobilindustrie. Sie erhielte beispielsweise aufgrund der gespeicherten Daten Anregungen für die Verbesserung von Sicherheits- oder Komforteigenschaften der Fahrzeuge und bekäme einen verbesserten Einblick in die Nutzungsprofile der Autokäufer. Mit Hilfe von UbiComp im Fahrzeug ließe sich parallel dazu auch die Effizienz eines Pannendienstes erhöhen, indem die Blackbox bei Bedarf Realzeitdaten sendet. Darüber hinaus könnten die beschriebenen elektronischen Fahrzeuganwendungen mit automatischen Alarm- oder Notruffunktionen die Anzahl und Schwere von Unfällen reduzieren.

Verringerung von Informationsasymmetrien

Informationsasymmetrien äußern sich auf mindestens eine von zwei Weisen – als adverse Selektion und/oder als Moral Hazard. Das Beispiel der Kfz-Versicherungen eignet sich sehr gut für eine Erläuterung dieser Sachverhalte. Da auf dem deutschen Kfz-Versicherungsmarkt Dutzende von Unternehmen agieren, herrscht intensiver Wettbewerb. Zur Vereinfachung kann man annehmen, dass es sich um vollkommene Konkurrenz handelt, also keine Markteintritts- oder -austrittsbarrieren bestehen und die Versicherungsleistungen homogene Güter sind. Weiterhin kann man davon ausgehen, dass Versicherer aufgrund der großen Anzahl der geschlossenen Verträge gut diversifiziert sind und sich daher bei ihren Entscheidungen am Erwartungswert der Erträge orientieren, also prinzipiell versuchen, ihren erwarteten Gewinn zu maximieren. Unter vollkommener Konkurrenz werden dann langfristig nur solche Verträge am Markt bestehen, mit denen die Kunden ihren (Erwartungs-)Nutzen maximieren und gleichzeitig die Versicherungsunternehmen, die im Markt bleiben, keine Verluste machen. Zur Vereinfachung der Darstellung wird im Folgenden davon abgesehen, dass Schadenshöhen variieren oder gar Personenschäden eintreten können. Das Interesse gilt allein einem Sachschaden von gegebener Höhe, der mit einer gegebenen, jedoch vom Typ des Kunden abhängigen Wahrscheinlichkeit eintritt.[1]

Adverse Selektion

Adverse Selektion bei Kfz-Versicherungen bedeutet, dass die Versicherungsgeber bestimmte vertragsrelevante Eigenschaften der Versicherungsnehmer nicht beobachten können, jedoch wissen, wie diese Eigenschaften in der Population der potenziellen Kundschaft verteilt sind. So kann es sein, dass ein und dasselbe Vertragsangebot sowohl von einem „guten Risiko", also einem erfahrenen, konzentrierten Fahrer mit gutem Reaktionsvermögen, als auch von einem „schlechten Risiko" angenommen wird. Der erwartete Gewinn aus einem solchen Vertrag ist im zweiten Fall natürlich niedriger als im ersten. Dabei wissen die Versicherer nur, mit welcher Wahrscheinlichkeit ein bestimmter Kundentyp zu ihnen kommt. Bietet ein Versicherer einen einheitlichen Vertrag für alle Typen von Fahrern an, also einen sogenannten Pooling-Vertrag, mit einer Versicherungsprämie, die dem durchschnittlichen, d.h. über die Kundentypen gemittelten, Schadensrisiko entspricht, so wären alle guten Fahrer benachteiligt und würden mehr bezahlen als ihrem Risiko entspricht. Wäre beispielsweise die Kfz-Haftpflichtversicherung keine gesetzlich vorgeschriebene Pflichtversicherung, könnten sich solche „guten Risiken" sogar dafür entscheiden, auf eine Versicherung zu verzichten, da ihr (Erwartungs-)Nutzen aus dem Pooling-Vertrag unterhalb des (Erwartungs-)Nutzens bei Nicht-Versicherung liegt. Mit anderen Worten würde dann aus Sicht der Versicherungsgeber adverse Selektion stattfinden, da ihnen nur schlechte Fahrer als Kunden verbleiben.

Dass eine derartige Lösung Nachteile in sich birgt, kann man sich durch einen Vergleich mit der Referenzsituation bei symmetrischer Information verdeutlichen. Kennen die Versicherungsgeber den Typ jedes einzelnen Fahrers, so können sie von jedem Kunden eine Versicherungsprämie verlangen, die genau zu seinem Risiko passt. Sowohl schlechte als auch gute Fahrer würden sich, auch ohne Versicherungspflicht, zu ihrer versicherungsmathematisch fairen Prämie versichern. Beide Typen von Fahrern wären durch diese Lösung besser gestellt als ohne Versicherung – sie bezahlen zwar die Versicherungsprämie, erhalten jedoch im Schadensfall die Auszahlung, so dass das Risiko, das sie beim Fahren tragen, minimiert wird. Im Idealfall wird der gesamte Schaden durch die Auszahlung gedeckt, so dass risiko-averse Fahrer das gesamte Risiko auf einen bezüglich des einzelnen Vertrages risiko-neutralen Versicherer übertragen. Dies ist die erstbeste Situation. Sie ist hypothetisch, stellt aber eine wichtige Norm zur Beurteilung tatsächlicher Marktlösungen dar.

Asymmetrische Information vom Typ der adversen Selektion soll in diesem stilisierten Kontext bedeuten, dass jeder Fahrer das eigene Schadensrisiko kennt, die

---

[1] Eine formale Analyse der hier beschriebenen Sachverhalte findet sich in unserem Diskussionspapier [FWe05].

Versicherungsunternehmen jedoch nicht die Kunden nach ihrer Schadenswahrscheinlichkeit unterscheiden können, wenn sie mit ihnen ein Vertragsverhältnis eingehen. Unter diesen Umständen können die Versicherer nicht die gerade skizzierten, erstbesten Verträge für gute und schlechte Risiken anbieten, bei denen der gesamte Schaden durch die Auszahlung gedeckt wird. Schlechte Risiken würden nämlich aufgrund der geringeren Versicherungsprämie das Vertragsangebot für gute Risiken bevorzugen. Da die Schadenswahrscheinlichkeit der schlechten Risiken jedoch höher ist, ergäbe sich für die Unternehmen dadurch ein Verlust. Es bedarf also anderer Verträge.

So kann unter asymmetrischer Information z.B. der oben genannte „Pooling-Vertrag" angeboten werden, bei dem jedoch die guten Risiken die schlechten subventionieren müssen. Eine weitere, für die Realität sehr relevante, Option für die Versicherer besteht darin, sogenannte selbstselektierende Verträge zu formulieren. Dies erfordert, für jeden Risikotyp der Kunden ein eigenes Vertragsangebot zu gestalten. Man erreicht es im vereinfachten Fall mit nur zwei Typen, indem man einen Vertrag mit der vollen Deckungssumme und einer hohen Versicherungsprämie bietet. Ein solcher Vertrag zielt auf die Gruppe der hohen Schadensrisiken. Gleichzeitig wird ein Vertrag mit einer geringeren Versicherungsprämie, jedoch auch mit einer geringeren Deckungssumme im Schadensfall, angeboten. Alternativ hierzu finden sich beispielsweise in der Kasko-Versicherung unterschiedliche Selbstbehalte für den Schadensfall. Das Vertragsangebot mit der niedrigeren Deckungssumme wird eher von guten Risiken angenommen als von schlechten. Für schlechte Risiken ist dieser Vertrag unattraktiv, weil sie mit einer größeren Wahrscheinlichkeit einen Schaden erleiden und den Nachteil aus der geringeren Deckungssumme (bzw. des höheren Selbstbehalts) mehr scheuen als die guten Risiken. Aus diesen Überlegungen folgt ein Vertragsmenü, aus dem die Kunden wählen dürfen und bei dem alle schlechten Risiken eine hohe (im Idealfall volle) Deckungssumme erhalten, während gute Risiken dagegen einen Teil des Schadens und damit einen Teil des Schadensrisikos selbst tragen. Auch mit den selbstselektierenden Verträgen sind es also die guten Risiken, die, verglichen mit der erstbesten Situation, durch asymmetrische Information schlechter gestellt werden.

Um diesen Nachteilen auszuweichen und sich im Wettbewerb Vorteile zu verschaffen, bieten Kfz-Versicherer kompliziertere als die soeben geschilderten Verträge an. Dabei werden die Kunden in Schadensfreiheitsklassen eingeteilt und die zu zahlenden Versicherungsprämien aufgrund ihrer Schadensbiographie festgelegt. Gute Risiken offenbaren sich mit den Jahren als solche, worauf sie allmählich in höhere Schadensfreiheitsklassen gelangen und niedrigere Versicherungsprämien bezahlen. Jedoch besteht auch bei sehr guten Fahrern immer noch eine positive Schadenswahrscheinlichkeit. Wenn sie einen Schaden melden, werden sie in gleicher Weise wie schlechte Risiken zurückgestuft. Ebenso zum Zweck der risikogerechten Prämienfestlegung dient die Einteilung der Kunden in Risikoklassen. Dafür erheben die Versicherer bestimmte, relativ leicht zu beobachtende Merkmale, welche mehr oder minder mit dem Schadensrisiko korrelieren. Dazu gehören personenbezogene Informationen wie Geburtsdatum, Ausstellungsdatum des Führerscheins, aber auch Geschlecht, Beruf, Arbeitgeber, Anzahl der Kinder über 18 Jahre usw., und fahrzeugbezogene Daten wie z.B. Baujahr, Modell, Zustand. Dass die Korrelation zwischen diesen Merkmalen und dem tatsächlichen Risiko nicht perfekt ist, wird am folgenden Beispiel verdeutlicht. Es ist bekannt, dass Männer im Durchschnitt mehr fahren als Frauen und daher statistisch ein höheres Risiko haben. Selbst wenn ein Mann im Einzelfall wenig fährt, wird er in eine höhere Risikoklasse eingestuft. Damit enthält eine Risikoklasse zwar einen höheren Anteil des entsprechenden Risikos als die Gesamtmenge, ist aber keinesfalls homogen [Hoy82, S. 322].

An dieser Stelle soll nun die Blackbox als stilisiertes Beispiel einer UbiComp-Technologie ins Spiel gebracht werden. Mit einer Blackbox im Fahrzeug lassen sich Daten erheben, die wesentlich stärker mit der individuellen Schadenswahrscheinlichkeit der Fahrer korrelieren als die soeben aufgezählten Merkmale. Dazu gehören die tatsächlich zurückgelegte Strecke, Geschwindigkeit, Bremsverhalten und Tageszeit.[2] Als technisch möglich wird auch die Erhebung von Informationen über den Wartungszustand des Fahrzeuges, über den Zustand des Fahrers (Alkoholkonsum, Aufmerksamkeit) [Obe03, S. 434] sowie die genauen Manöver von Fahrzeugen [Her03, S. 71–72] usw. genannt. Versicherer können nun Verträge mit voller Schadensdeckung und gleichzeitig einer niedrigen, dem guten Risiko entsprechenden Versicherungsprämie anbieten, ohne dass die Gefahr besteht, dass diese auch von schlechten Risiken angenommen werden. Dazu muss nur die Bedingung im Vertrag verankert werden, dass den Versicherern die Blackbox als Beweis guten Risikos zur Verfügung gestellt wird, bevor sie im Schadensfall eine Leistung erbringen. Nimmt man den Idealfall an, dass die mit Hilfe einer Blackbox gesammelten Informationen perfekt mit dem Schadensrisiko korrelieren, so lässt sich die erstbeste Situation wie bei symmetrischer Information erreichen. Alle guten Risiken nehmen den Vertrag mit der auf den Schadensfall bedingten Einsicht in die Blackbox an, da sie es sind, die durch die asymmetrische Information schlechter gestellt werden und jede Gelegenheit nutzen werden, um ihre niedrige Schadenswahrscheinlichkeit zu signalisieren. Vorausgesetzt, dass die volle Deckungssumme in diesem Vertrag nur dann ausgezahlt wird, wenn sich der Fahrer als gutes Risiko bestätigt, werden schlechte Risiken diesen Vertrag nicht annehmen, sondern den für sie vorgesehenen Vertrag mit einer höheren Versicherungsprämie (und voller Schadensdeckung) vorziehen. Damit wird die erstbeste Situation wie bei symmetrischer Information erreicht, in der letztendlich jeder Versicherte die seinem Risiko entsprechende Versicherungsprämie zahlt und gleichzeitig volle Schadensdeckung erhält.

Selbst in Situationen, in denen eine Pareto-Verbesserung nicht automatisch, d.h. als Marktlösung, eintritt,[3] kann eine solche mit Hilfe eines regulierenden Eingriffs durch die Wirtschaftspolitik sichergestellt werden, so dass der Einsatz der Blackbox bei Kfz-Versicherungen immer positive Wohlfahrtseffekte hat. In der Realität treffen viele der oben getroffenen Annahmen nicht zu. Jedoch behält die soeben gemachte allgemeine Aussage auch dann ihre Gültigkeit, wenn einige der Annahmen gelockert werden, so z.B. wenn man berücksichtigt, dass die erfassten

---

[2] Siehe https://tripsense.progressive.com/about.aspx?Page=HowDeviceWorks.

[3] Z.B. falls zuvor Quersubventionierung von guten zu schlechten Risiken stattgefunden hat [FWe05].

Daten nur imperfekt mit der Schadenswahrscheinlichkeit korrelieren, die Fahrer nur annähernd ihr eigenes Risiko kennen, oder ein bestimmter Anteil der Kunden eine Aversion gegen die Preisgabe persönlicher Information hat [FWe05].

Moral Hazard

Ganz analog kann das Argument auch für das Problem des Moral Hazard geführt werden. Hierzu ist zu berücksichtigen, dass Verkehrsteilnehmer die Unfallwahrscheinlichkeit durch ihr Verhalten beeinflussen können. Haben sie eine Kfz-Versicherung, so sinkt der Anreiz, Unfälle zu vermeiden. Statistiken belegen, dass die häufigsten Unfallursachen Geschwindigkeitsüberschreitung, Nichtbeachtung von Vorfahrt, Nichteinhaltung des notwendigen Abstands zum Vorderfahrzeug, Fehler beim Abbiegen, Alkoholeinfluss, Fehler beim Überholen[4] und Telefonieren im Auto [Obe03, S. 436] sind. Also können die Fahrer das Unfallrisiko reduzieren, indem sie bestimmte Handlungen vornehmen bzw. unterlassen, was für sie allerdings mit einer gewissen Anstrengung, also einem Nutzenverlust, verbunden ist. Ohne Versicherung trägt der Fahrer das gesamte Schadensrisiko und wird sich, nachdem er zwischen dem Vorteil einer verminderten Schadenswahrscheinlichkeit und dem Nachteil einer größeren Anstrengung abgewogen hat, für eine mehr oder minder große Anstrengung zur Reduktion der Schadenswahrscheinlichkeit entscheiden. Sobald der Fahrer jedoch gegen den Schadensfall versichert ist, vermindert sich der Anreiz, durch eigenes Verhalten das Schadensrisiko zu reduzieren. Es besteht dann das Problem des Moral Hazard für den Versicherer. Wenn der Versicherer nicht in der Lage ist, das Verhalten der Fahrer genau zu beobachten, ist Moral Hazard immer mit Wohlfahrtsverlusten, also mit Nachteilen für mindestens eine Seite der Vertragsbeziehung, verbunden. Wie bereits erläutert wurde, lässt sich mit UbiComp im Fahrzeug das risikorelevante Verhalten der Fahrer überwachen, womit die negativen Auswirkungen von Moral Hazard weitestgehend vermieden werden können.

Um dies zu verdeutlichen, gehen wir auch hier zunächst von der idealen, aber hypothetischen Situation mit symmetrischer Information aus, in der ein Versicherer jede einzelne Handlung des Fahrers beobachten und anhand dessen das entsprechende Schadensrisiko ableiten kann. In diesem Fall werden die beiden Vertragsseiten genau festlegen können, welche Anstrengung zur Schadensvermeidung zu leisten ist. Eine Abweichung vom Vertrag, die dem Versicherer sofort bekannt würde, kann mit einer starken Sanktionierung belegt und somit ausgeschlossen werden. Unter vollkommener Konkurrenz werden langfristig nur Verträge mit einem Einsatzniveau bestehen, die den erwarteten Nutzen der Versicherten maximieren und den Versicherern einen erwarteten Gewinn von null liefern. Abhängig von den Schadenswahrscheinlichkeiten und auch davon, wie groß der Nutzenverlust durch ein das Risiko reduzierendes Verhalten ist, stellt sich ein Einsatzniveau als Ergebnis ein. Wenn bei einem gegebenen Nutzenverlust die Schadenswahr-

---

[4] Vgl. Statistik für das Fehlverhalten der Fahrzeugführer www.adac.de/images/14%20 Fehlverhalten%20der%20Fahrzeugf%C3%BChrer_tcm8-928.pdf.

scheinlichkeit durch das entsprechende Verhalten deutlich reduziert werden kann, so ist es umso vorteilhafter für die Versicherten, ein hohes Einsatzniveau festzulegen. Damit wird entsprechend das Schadensrisiko gesenkt und daraus folgt, dass nur eine niedrigere Versicherungsprämie entrichtet werden muss. Zudem kann den Versicherten im Schadensfall die volle Deckungssumme gezahlt werden, welche im Idealfall den gesamten Schaden deckt. Also ist es bei symmetrischer Information möglich, dass die Versicherten das Schadensrisiko vollständig auf die Versicherungen übertragen. Dies wird als erstbeste Lösung bezeichnet.

Ist jedoch das Verhalten der Fahrer für die Versicherer unbeobachtbar, so werden die Versicherten – vorausgesetzt, dass sich die vereinbarten Vertragsbedingungen, also Versicherungsprämie und volle Deckungssumme, nicht ändern – ihre Entscheidung über den zu erbringenden Einsatz revidieren, konkret ihre Anstrengung reduzieren. Dies erhöht die Schadenswahrscheinlichkeit und führt bei gegebener Versicherungsprämie zu Verlusten bei den Versicherern. Also müssen diese, sofern sie wissen, dass sie das Verhalten der Fahrer nicht überwachen können, ein anderes Vertragsangebot machen.

Versicherungsprämie und Deckungssumme sind so festzulegen, dass die Versicherten einen Anreiz haben, von sich aus, ohne dass sie überwacht werden müssten, einen höheren Einsatz an den Tag zu legen. Dies kann erreicht werden, indem die Versicherer die Deckungssumme reduzieren, so dass der Versicherte einen Teil des Schadens selbst trägt, falls dieser eintritt. Es kommt zu einer Beteiligung des Versicherten am Risiko. Er überträgt nicht länger das gesamte Schadensrisiko auf den Versicherer. Unter dieser Bedingung hat der Fahrer ein gesteigertes Interesse, durch sein Verhalten Schadensfälle zu vermeiden. Er ist dabei durch die entsprechend geringere Versicherungsprämie und trotz des größeren Einsatzes besser gestellt als mit geringem Einsatz und dafür hoher Schadenswahrscheinlichkeit. Jedoch erleidet er durch die Risikoübernahme einen Nutzenverlust im Vergleich zur erstbesten Situation.

Somit schlägt sich die Existenz von Moral Hazard, ebenso wie adverse Selektion, in begrenzten Deckungssummen oder dem Angebot von Selbstbehalten nieder. Auch Schadensfreiheitsklassen können der Reduktion von Moral Hazard dienen, da die Herabstufung in eine niedrigere Klasse eine wirksame Sanktionierung ist, welche erst nach mehreren Jahren unfallfreien Fahrens rückgängig gemacht werden kann.

Bei einer Betrachtung des Kfz-Versicherungsmarktes lässt sich wohl nicht feststellen, welche Art von Informationsasymmetrie überwiegt. Dies ist jedoch für die Wirksamkeit eines Einsatzes der Blackbox unerheblich, da sie das Problem des Moral Hazard genau so gut löst wie das Problem der adversen Selektion. So kann ein Vertrag mit einer auf den Schadensfall bedingten Einsicht in die Blackbox angeboten werden, demzufolge der Versicherer erst prüfen kann und wird, ob das tatsächliche Verhalten einer hohen Anstrengung zur Schadensvermeidung entsprochen hat, bevor er die Deckungssumme auszahlt. Da auf diese Weise das Verhalten de facto beobachtbar ist, kann er die Deckungssumme verwehren, falls der Einsatz zu niedrig gewesen ist. Somit findet eine Rückkehr zur erstbesten Situation statt, in welcher der Versicherte volle Versicherung erhält.

Oft wird berechtigterweise im Zusammenhang mit UbiComp die Angst vor einem Verlust der Privatsphäre und vor unzureichendem Datenschutz geäußert. Wir haben gezeigt, dass mit einer entsprechend begründeten und zweckgebundenen Offenbarung privater Information oder Überwachung von Verhalten aus ökonomischer Sicht ein durchaus positives Ergebnis für die Betroffenen erzielt werden kann. Entscheidend ist das Potenzial für eine Erhöhung sowohl des Nutzens eines Kunden als auch des Gewinns des Versicherers. Es liegt dann beim Kunden selbst zu beurteilen, wie viel ihm seine Datenschutzinteressen wert sind. Bedenklich wäre allenfalls eine Situation, in der die Versicherer nur noch Verträge mit Blackbox anbieten. Solange aber die Kunden die Wahlfreiheit zwischen zweitbesten Verträgen mit Anreizsetzung (bzw. Selbstselektion im Fall der adversen Selektion) und erstbesten Verträgen mit Blackbox haben, können sie selbst der relativen Bedeutung ihrer Datenschutzinteressen entsprechend entscheiden.

Natürlich beschränkt sich diese Schlussfolgerung nicht nur auf den Einsatz einer nur im Schadensfall einzusehenden Blackbox im Auto. Die gleichen Ergebnisse lassen sich erreichen, wenn eine kontinuierliche Online-Übertragung der gesammelten Daten an den Versicherer erfolgt. In diesem Fall ließe sich die Versicherungsprämie sogar abhängig von den entsprechenden Risikofaktoren zu jedem Zeitpunkt neu berechnen, so dass sie möglichst genau dem zugrunde liegenden Risiko entspricht.

Neue Marketingstrategien

Im vorherigen Abschnitt wurde zur Vereinfachung angenommen, dass vollkommene Konkurrenz auf den Märkten für Kfz-Versicherungen herrscht. Jedoch verlangen Versicherungen für die gleiche Schadensfreiheitsklasse nicht identische Versicherungsprämien. Dies liegt daran, dass Versicherer ihre Leistungen anhand anderer Kriterien als der Deckungssumme differenzieren: durch eine schnelle Abwicklung, Bonusprogramme, Reputation usw. Das Internet hat viele Möglichkeiten zur kostengünstigen Individualisierung von Leistungen eröffnet, die auch für Versicherungen nutzbar sind. Mit der fortschreitenden Entwicklung von IuK-Technologien entsteht für Unternehmen aber nicht nur ein weiterer Spielraum, sondern auch die zwingende Notwendigkeit, Produkte oder Dienstleistungen den individuellen Präferenzen der Kunden anzupassen, um dem sich intensivierenden Wettbewerb und der – ebenso durch die IuK-Technologien – erleichterten Vergleichbarkeit der Preise standzuhalten. Dabei sind die Beziehungen zu den Kunden von entscheidender Bedeutung [Ban04].

Es kommt den Anbietern in diesem Vorhaben nur entgegen, wenn sich durch die neuen UbiComp-Technologien die Möglichkeiten zur Bildung von Kundenprofilen, zur Bereitstellung individuell zugeschnittener Informationen und zur Kundenbindung erweitern. Während derzeit die genaue Verfolgung des Kundenverhaltens vor allem beim „Surfen" möglich ist, wird es mit Hilfe von smarten Gegenständen „keine Unterscheidung zwischen ‚Online' und ‚Offline' mehr geben" [Mat03a, S. 31]. Die Informationen über Gewohnheiten und Verhalten, die durch das Überwachen im Fahrzeug generiert werden, könnten unter Umständen für externe Unternehmen sogar viel wertvoller sein als für die Versicherer selbst. Es wäre z.B. beobachtbar, was der Einzelne in seiner Freizeit unternimmt, wo und was er konsumiert, über wie viel Freizeit er verfügt und wie hoch er seine Zeit schätzt. Eine naheliegende Folgerung wäre, dass es zu verschiedenen Arten von strategischen Kooperationen zwischen Kfz-Versicherungen und anderen Unternehmen kommt.

Sowohl in der Beziehung zu verschiedenen Unternehmen als auch im Rahmen der einzelnen Kfz-Versicherungen werden sich mit Hilfe von smarten Gegenständen Verkaufsstrategien wie Cross-Marketing oder Cross-Selling erst voll entfalten können. Dabei machen smarte Produkte Werbung für andere Produkte oder Dienstleistungen und veranlassen sogar selbständig Geschäftstransaktionen. Der US-amerikanische Versicherer Progressive liefert beim Vertragsabschluss das Überwachungsgerät „TripSensor" für das Fahrzeug mit.[5] Künftig ließe sich dieses durch einen multifunktionalen Bord-Computer ersetzen, der, denkt man ein Stück weiter in diese Richtung, nur diejenigen Tankstellen oder Fastfood-Restaurants anzeigen wird, mit denen die Versicherung kooperiert. Für den einzelnen Kunden kann dies den Vorteil von Nachfragebündelung und damit Nachfragemacht bieten. Es stellt sich natürlich die Frage, wo die Entscheidungskompetenz der Kunden aufhört und an smarte Gegenstände und daher an die Produzenten übergeht. Der gegenseitige Austausch von Informationen zwischen verschiedenen Anbietern nimmt dem Kunden den Überblick und die Kontrolle über den Verwendungszweck seiner Daten [TAS00, S. 28]. Ein Nachweis der Objektivität und Richtigkeit der dem Kunden bereitgestellten Informationen wäre mit hohen Suchkosten für die Konsumenten verbunden. Die Abneigung der Konsumenten gegen eine uneingeschränkte Preisgabe von privaten Informationen wird sicherlich der Ausbreitung solcher Strategien Grenzen setzen, indem ein Markt für dem Konsumentenschutz dienende Produkte und Leistungen entsteht, wie z.B. für „Infomediäre"[6] oder Software-Agenten[7], aber auch indem die rechtlichen Rahmenbedingungen angepasst werden. Für Daten- und Verbraucherschutz erwachsen daher ganz neue Herausforderungen. Rechte und Pflichten beim Umgang mit den gesammelten Informationen müssen äußerst streng und genau reguliert werden, die Zwecke und der Umfang, in welchem die gesammelten Daten verwendet werden dürfen, sind unmissverständlich festzulegen und zu garantieren.

Jedoch profitieren nicht ausschließlich die Anbieter von der Personalisierung von Informationen und Dienstleistungen. In einer Welt, in der ein immer größer werdender Informationsfluss die Aufmerksamkeit der Konsumenten in Anspruch nimmt, kann die vorausgehende Bereinigung überflüssiger und die Zusam-

---

[5] Siehe https://tripsense.progressive.com/about.aspx.

[6] Unternehmen oder Programme, die als Datenbroker agieren und dem Kunden „sowohl Schutz seiner Privatsphäre als auch eine angemessene Entschädigung für die Daten, die er preisgibt, garantieren" [TAS00, S. 34].

[7] Programme, die im Auftrag ihrer Benutzer selbständig Aufgaben von der Informationsverarbeitung bis zum Kaufabschluss erledigen. Sie sind in der Lage, z.B. Such- und Filterfunktionen, sogar „mit Agenten der Anbieter selbständig komplexe Preis- und Vertragsverhandlungen" durchzuführen [ClR01, S. 175–177].

menstellung besonders relevanter Informationen sehr vorteilhaft sein. Der Nutzen, der aus der Anpassung des Produktangebots an die individuellen Präferenzen erwächst, kann durchaus den Nachteil der Preisdiskriminierung kompensieren [Var99, S. 429]. Darüber hinaus kann selbst Preisdiskriminierung vorteilhaft für die Konsumenten sein, wenn dadurch auch diejenigen Kunden bedient werden, welche aufgrund ihrer niedrigen Zahlungsbereitschaft zu einheitlichen Preisen ausgegrenzt blieben [Tir89, S. 151, Var99, S. 417].

Der Spielraum für verschiedene Arten von Preisdiskriminierung wird durch die beschriebenen Möglichkeiten zur Produkt- und Leistungsindividualisierung und zur Beschaffung von Informationen über die Konsumenten (wodurch ihre Zahlungsbereitschaft ermittelt werden kann) deutlich erweitert. Dass eine perfekte Preisdiskriminierung, bei der der Anbieter vollkommene Information über die Zahlungsbereitschaft eines jeden Kunden hat – und folglich dessen gesamte Konsumentenrente abschöpfen kann – selbst mit Hilfe von UbiComp-Technologien unrealistisch ist, lässt sich leicht nachvollziehen. Dies sichern nicht nur Argumente der Fairness und entsprechende Vorschriften, oder die Tatsache, dass perfekte Information auch bei UbiComp nur eine idealtypische Annahme ist, sondern auch die Beschränkungen, die von den Märkten ausgehen. Eine der Annahmen für perfekte Preisdiskriminierung ist der Ausschluss von Arbitrage, der in der Realität kaum möglich ist [Tir89, S. 134], selbst wenn man berücksichtigt, dass Informationstechnologien, darunter auch UbiComp, die Such- und Transaktionskosten senken. So wie beim Internet, das einerseits schnelle und detaillierte Informationen über das Kaufverhalten der Kunden ermöglicht, aber andererseits dem Kunden die Suche nach dem besten Angebot – auch mit Hilfe von Software-Agenten – erheblich erleichtert, keine eindeutigen Aussagen gemacht werden können [BoS01, S. 10], werden auch die Wirkungen des UbiComp nicht ausschließlich zugunsten der Preisdiskriminierung erfolgen.

Deutlich realistischer erscheint jedoch Preisdiskriminierung „zweiten" und „dritten" Grades. Versionsbildung, die bisher z.B. bei Softwareprodukten zu finden ist, könnte durch UbiComp bei jedem beliebigen Gegenstand angewendet werden. Durch den „digitalen Mehrwert" lassen sich physisch gleiche oder ähnliche Produkte sehr unterschiedlich gestalten [Mat03c, S. 11]. Dabei kann zwischen einer qualitativen Differenzierung hinsichtlich Leistungsumfang, -fähigkeit und Zusatzleistungen unterschieden werden [Ski00, S. 256]. Kfz-Versicherungen können beispielsweise mit Informationsdienstleistungen wie Wetter- und Schneeberichten oder Staumeldungen, Pannendienst, Kfz-Reparatur, Reiseführer und Tourenplaner ergänzt werden. Preisdiskriminierung kann auch zeitbezogen oder suchkostenbezogen erfolgen. Dabei wird jeweils ausgenutzt, „dass Konsumenten eine unterschiedlich hohe Zahlungsbereitschaft zu verschiedenen Zeiten und für unterschiedliche Zeitverzögerungen haben", oder, dass Kunden mit „hohen Suchkosten eine höhere Zahlungsbereitschaft aufweisen" [SkS02, S. 276, 278, ShV99, S. 56]. Entsprechende UbiComp-Anwendungen bieten auch Kfz-Versicherern die Möglichkeit, zu unterschiedlichen Zeitpunkten (z.B. Stoßzeiten) oder abhängig von der Zeitpräferenz der Kunden (gemessen z.B. an der Geschwindigkeit) verschiedene Versicherungsprämien zu berechnen. Für die Versionsbildung müssen die Preis-Leistungsangebote derart gestaltet werden, dass eine Selbstselektion stattfindet, dass also die Kunden mit einer hohen Zahlungsbereitschaft trotz des alternativen günstigeren Angebots immer noch die bessere Qualität und damit auch den höheren Preis bevorzugen. Oft wird in der Praxis das bereits entwickelte Produkt oder die Dienstleistung nachträglich beeinträchtigt, damit die Version für die Kunden mit niedriger Zahlungsbereitschaft entsteht. So kann man sich vorstellen, dass ein Versicherungsunternehmen die bereits bestehende Leistung durch absichtliche Abwicklungsverzögerungen für die Kunden mit niedriger Zahlungsbereitschaft anpasst. Die Senkung der Qualität einer bereits entwickelten Leistung oder eines Produktes kann für den Anbieter selbst dann vorteilhaft sein, wenn ihm dabei zusätzliche Kosten entstehen [ShV99, S. 63, Shy01, S. 71].

Preisdiskriminierung wird auch durch Bündelung – ein kombiniertes Angebot verschiedener Produkte in einem „Bündel" – erzielt, was auch auf unauffälligere Weise durch Cross-Selling erreicht werden kann. Ganz unabhängig davon, ob es sich um komplementäre Güter wie Fahrzeuge und Kfz-Versicherungen, unabhängige Produkte oder Substitute wie Kfz-Versicherungen und Bahn-Abonnements handelt, kann Bündelung für das Unternehmen profitabel sein. So können Kfz-Versicherungsverträge zu „bevorzugten" Preisen im Bündel mit anderen Arten von Versicherungen wie Reiseschutz, Auslandskrankenschutz, sogar Rechtsschutz angeboten werden. Vieles ist hier denkbar: Finanzdienstleistungen, Autoleasing, Rechtsberatung usw. Je stärker die Zahlungsbereitschaften verschiedener Konsumenten für die einzelnen Produkte negativ korrelieren, umso mehr wird die Gesamtnachfrage durch die Bündelung homogenisiert: Eine hohe Zahlungsbereitschaft für das eine Produkt kompensiert eine niedrige Zahlungsbereitschaft für das andere Produkt. Der Preis für das Bündel kann angehoben und damit der Gewinn des Anbieters erhöht werden, ohne dass dabei Konsumenten vom Konsum eines bestimmten Gutes ausgeschlossen werden müssen. Da mit UbiComp das Verhalten des Einzelnen und seine Zahlungsbereitschaft für verschiedene Produkte und Dienstleistungen relativ einfach zu ermitteln sein kann, könnten Kfz-Versicherer individuell entscheiden, ob und welche anderen Leistungen sie mit Kfz-Versicherungen bündeln, um ein optimales Ergebnis zu erreichen. Stellt der Versicherer beispielsweise fest, dass ein Kunde oft ins Ausland fährt, so kann er die Kfz-Versicherung in der nächsten Periode mit Auslandskrankenversicherung bündeln. Bevorzugt ein Kunde ein bestimmtes Urlaubsgebiet, kann ihm der Versicherer den Hotelaufenthalt vermitteln.

Auswirkungen auf Märkte

Wie bisher verdeutlicht wurde, werden künftige Kfz-Versicherungsmärkte auch von der Entwicklung von smarten Fahrzeugen, d.h. verschiedener Kommunikations- und Informationsanwendungen im Fahrzeug (Verkehrstelematik), unmittelbar beeinflusst werden. IuK-Märkte, zu denen also auch UbiComp mit seinen zentralen Funktionen der Information und Kommunikation gehören wird, sind durch die Existenz sogenannter Netzwerkeffekte charakterisiert. Diese Eigenschaft erschwert die Prognose über den Zeitpunkt der Verbreitung derartiger Technologien, auch wenn die besten technischen Voraussetzungen für eine Verbreitung gegeben sind. Wie beim Faxgerät, dessen Vorgänger schon 1843 entwickelt wurde,[8] das sich aber aufgrund von Netzwerkexternalitäten erst in den 80er Jahren des 20. Jahrhunderts explosionsartig verbreitete [Shy01, S. 13], werden Netzwerkexternalitäten – vermutlich nicht mit so großer Zeitverzögerung – auch die Verbreitung von UbiComp beeinflussen.

Die *Vernetzung* smarter Gegenstände, die Informationen sammeln, verarbeiten und untereinander austauschen, führt unmittelbar zur Entstehung von Netzexternalitäten oder Größenvorteilen auf der Nachfrageseite. Für den Nutzen des einzelnen Konsumenten dieser Technologie ist die Größe des gesamten Netzes von Bedeutung. So wäre der Nutzen aus einem smarten Gegenstand umso größer, je mehr andere Objekte existieren, mit denen dieser Informationen austauschen kann. Dies trifft unter anderem im Bereich der Verkehrstelematik zu, die, wie bereits erläutert, für Kfz-Versicherungen zunehmend von Bedeutung sein wird. Ein Navigationssystem beispielsweise, das die Anzahl und Verteilung der Verkehrsteilnehmer auf einer bestimmten Fläche und zu einem bestimmten Zeitpunkt berücksichtigt, würde umso besser funktionieren, je mehr Fahrzeuge mit der Technologie ausgestattet sind, so dass sie miteinander interagieren können.

Als Folge der Existenz von Netzexternalitäten sind zu Beginn einer neu entwickelten Technologie die Erwartungen der Konsumenten über die künftige Größe des Netzes von zentraler Bedeutung. Diese Erwartungen sind entscheidend dafür, ob der Markt ausreichend wächst, so dass die kritische Masse[9] erreicht wird, oder in sich zusammenbricht, wenn diese Hürde nicht überwunden wird. Wird einmal die kritische Masse erreicht, expandiert der Markt von da an oft von alleine aufgrund der sich verstärkenden positiven Rückkopplung auf der Nachfrageseite: je größer das Netzwerk – und desto größer wird der Nutzen potenzieller Konsumenten, wenn sie in den Markt eintreten –, desto mehr Konsumenten entscheiden sich für diese Technologie. Für die Anbieter gilt es, diese Erwartungen zu beeinflussen [ShV99, S. 181]. Dies ist umso wichtiger, wenn die Produktion ebenfalls durch Größenvorteile gekennzeichnet ist, da sich produktionsseitige und nachfrageseitige Größenvorteile gegenseitig verstärken. Produktionsseitige Größenvorteile, d.h. mit der produzierten Menge sinkende Stückkosten, bestehen unter anderem in Industrien für Informationsgüter und -leistungen, da diese einerseits hohe Fixkosten für die Entwicklung und andererseits geringe variable Kosten aufweisen.

Aufgrund dessen ist für Anbieter von UbiComp-Anwendungen ein aggressiver Wettbewerb *um* den Markt sehr sinnvoll. Die weiter oben erwähnten Strategien, wie Cross-Selling oder Bündelung, können dabei hilfreich sein. In diesem Zusammenhang wären auch niedrige „einführende" Preise zu rechtfertigen, die den „Initialkauf" erleichtern, so dass mehr Käufer zu einem sofortigen Kauf angeregt werden [ClL01, S. 109]. Sogar die kostenlose Verteilung der neuen Technologieanwendungen zu Beginn der Diffusionsphase kann sich langfristig auszahlen [ShV99, S. 86, Ski00, S. 251]. Damit steigen die Erwartungen potenzieller Kun-

---

[8] Siehe http://de.wikipedia.org/wiki/Faxger%E4t.
[9] Die minimale Anzahl von Benutzern, die notwendig ist, damit alle potenziellen Konsumenten die neue Technologie aufnehmen [Shy01, S. 4].

den über die künftige Größe des Netzwerks und somit ihre Zahlungsbereitschaft. Daraufhin kann der Anbieter in künftigen Perioden die Preise erhöhen.

Eine wichtige Eigenschaft von Netzmärkten, die auch bei UbiComp auftritt, ist die Existenz von Komplementaritäten. UbiComp wird zu einer zunehmenden Verschmelzung von Produkten und Dienstleistungen führen. So kann z.B. der Fahrzeugcomputer dem Fahrer nur dann die aktuell geltenden Verkehrsschilder anzeigen, wenn diese Dienstleistung durch die Ausstattung der Verkehrsschilder mit notwendigen Sendern unterstützt wird. Ein Produkt und die zugehörigen Dienstleistungen sind demnach nicht einzeln, sondern zusammen zu betrachten. Vor diesem Hintergrund kann von „indirekten Netzexternalitäten" gesprochen werden. Der Nutzen für den Einzelnen steigt nicht nur direkt mit der Anzahl der restlichen Nutzer, sondern auch *indirekt* mit der Vielfalt unterstützender Dienstleistungen für das Produkt, die aber mit der Anzahl der Nutzer positiv korreliert [Shy01, S. 52].[10] Je mehr Fahrer sich für den Kauf eines Fahrzeugcomputers entscheiden, desto mehr zugehörige Dienstleistungen wie z.B. Pannendienst oder Diebstahlschutz werden entwickelt.

Aus den bisherigen Darlegungen über UbiComp geht auch hervor, dass nicht nur zwischen einem Produkt und den damit verbundenen Dienstleistungen, sondern auch zwischen mehreren verschiedenen Produkten, die bisher eher unabhängig voneinander einen Nutzen stiften, vorhandene Komplementaritäten verstärkt oder gar entstehen werden – so zum Beispiel zwischen Fahrzeugen, welche sich in entgegengesetzten Richtungen bewegen und sich gegenseitig Staus oder Glatteis melden [MaL03, S. 16]. Dies zeigt, dass nicht nur die einzelnen Komponenten eines Netzwerks an sich einen Nutzen stiften, sondern auch zusätzlicher Nutzen in ihrem gegenseitigen Zusammenspiel entsteht. Aus diesem Grund ist oft von „Systemgütern" oder „Leistungssystemen" die Rede. Diese Begriffe sind nicht neu. Selbst in traditionellen Netzmärkten, wie z.B. Computermärkten, sind Hardware und Software – in diesem Fall sehr stark – komplementär und erst das System aus beiden Komponenten stiftet einen Nutzen [Shy01, S. 2, ShV99, S. 9]. Die neue Qualität von UbiComp ist das Ausmaß der Vernetzung und die Erzeugung von Komplementaritäten zwischen vielen Produkten und Dienstleistungen in bisher oft nicht gekannten Zusammenhängen.

Ganz offenkundig werden Kompatibilität und Standardsetzung in vertikalen (z.B. zwischen Fahrzeugherstellern und Anbietern von Verkehrstelematik-Lösungen) und horizontalen Beziehungen (z.B. zwischen verschiedenen Anbietern von Fahrzeugen) von Unternehmen entscheidend für den Erfolg von UbiComp-Anwendungen sein. So ist beispielsweise das vom US-Versicherer Progressive angebotene Überwachungssystem TripSense nur mit bestimmten Fahrzeugmodellen mit Baujahr 1996 oder später kompatibel und setzt für seine Funktionsfähigkeit voraus, dass Mindestanforderungen für das Betriebssystem und die Hardwareausstattung des eigenen PCs erfüllt sind, wie z.B. das Vorhandensein eines USB-Ports oder eine Speicherkapazität von 50 MB.[11] Auch Fahrzeughersteller

---

[10] Mit anderen Worten steigt der Wert eines Produktes mit der Menge verkaufter komplementärer Produkte [Eco96, S. 680].

[11] Siehe https://tripsense.progressive.com/about.aspx?Page=HowDeviceWorks.

verschiedener Automarken werden Mindeststandards benötigen, damit ihre Erzeugnisse im Verkehr sinnvoll miteinander kommunizieren können. Die Erzeugung von Kompatibilität zu Produkten und Dienstleistungen anderer Unternehmen ist eine strategische Entscheidung. Wie bereits dargestellt, wird die Vernetzung von Produkten und Dienstleistungen vertikal zwischen verschiedenen Wertschöpfungsstufen und horizontal zwischen verschiedenen Herstellern durch UbiComp sehr ausgeprägt sein. Es ist unwahrscheinlich, dass komplexe Leistungssysteme in einem größeren Maßstab von einzelnen Unternehmen bereitgestellt werden können. Eher werden einzelne Anbieter Systemkomponenten liefern. Mit anderen Worten werden für die Entstehung eines smarten Fahrzeugs als Endprodukt Software-, Computer- und Fahrzeughersteller, Mobilfunkbetreiber usw. jeweils einen Beitrag leisten müssen. Die notwendigen Informations- und Kommunikationsgeräte und -leistungen lassen sich jedoch aufgrund ihrer komplexen Beschaffenheit nicht unmittelbar kombinieren. Sie werden erst durch eine beabsichtigte Kompatibilitätserzeugung zu komplementären Gütern. Dies kann ein Grund für Unternehmen sein, von vornherein Kompatibilität anzustreben [Eco96, S. 676]. Auch zu bereits etablierten Technologien sollte der Übergang möglichst fließend erfolgen. Eine völlig neue Technologie ohne Kontinuität zur alten anzubieten, deren überragende Qualität die Wechselkosten der Konsumenten aus der alten Technologie überkompensieren soll, wäre vermutlich aufgrund des großen Umfangs der komplexen Leistungssysteme, die UbiComp mit sich bringt, nicht möglich und daher eine derartige Strategie eher ungünstig. Ein Nachteil eines fließenden Übergangs ist der leichtere Eintritt potenzieller Wettbewerber [ShV99, S. 192], mit dem sich Anbieter aber vermutlich abfinden müssen, wenn sie eine Überwindung der kritischen Masse anstreben. Die „sinnvolle Integration verschiedener Technologien" ist wichtiger als die „Schaffung neuer Megainnovationen" [Wyb03, S. 60]. Gegeben, dass Fahrzeuge zunehmend schon bei der Produktion mit einer Blackbox ausgestattet werden,[12] sollten Kfz-Versicherungen zuerst überprüfen, ob sie diese nicht sinnvoll verwerten können, bevor sie versuchen, neue Überwachungsgeräte zu entwickeln und abzusetzen.

Die Festlegung von Standards fördert Kompatibilität und die Größe des Netzwerks und erhöht letztendlich den Nutzen der Konsumenten. Durch formale Standardsetzung kann die anfängliche Zögerlichkeit der Konsumenten umgangen werden, da somit das von ihnen wahrgenommene Risiko, in eine minderwertige Technologie zu investieren, die von anderen besseren Technologien verdrängt werden könnte, reduziert und gleichzeitig die Wahrscheinlichkeit für mehr Wettbewerb im künftigen Markt erhöht wird, so dass Konsumenten keine überhöhten Preise befürchten [ShV99, S. 229–235].

Die Existenz von Netzexternalitäten kann einen wesentlichen Einfluss auf die Struktur der Märkte für Informations- und Kommunikationslösungen im Fahrzeug haben. Nachdem bereits verdeutlicht wurde, dass die strategischen Entscheidungen der Unternehmen zu Beginn der Diffusion ausschlaggebend für die weitere Marktentwicklung sind, ist es nicht verwunderlich, dass sich in Abhängigkeit davon sehr unterschiedliche Marktergebnisse einstellen können [Eco96, S. 964].

---

[12] Siehe z.B. www.spiegel.de/auto/aktuell/0,1518,311726,00.html.

Eine grundsätzliche Aussage ist, dass aufgrund der Größenvorteile auf Nachfrage- und Produktionsseite in Netzmärkten sogenannte vollkommene Konkurrenz kein Gleichgewicht darstellt [Shy01, S.6] und große Unternehmen „durch den sich selbst verstärkenden Erfolg noch größer" werden [Obe03, S. 272]. Nicht nur aus der Sicht der Konsumenten, welche höhere Preise zahlen müssten, sondern auch hinsichtlich der Gesamtwohlfahrt hat eine Monopollösung Nachteile, da ein Monopolist kein optimal großes Netzwerk erzeugen wird. Die Existenz von Netzexternalitäten reicht also nicht aus, ein unreguliertes Monopol wohlfahrtstheoretisch zu rechtfertigen [Eco96, S. 682–683]. Jedoch folgt aus dem bereits erwähnten Argument der zunehmenden Vernetzung verschiedener Produkte und Dienstleistungen und der damit entstehenden Umfänglichkeit und Komplexität dieser Leistungssysteme sowie dem Größenpotenzial der künftigen Netzmärkte, dass ein einzelnes Unternehmen die notwendige kritische Masse nicht erreichen kann. Wenn ein innovatives Unternehmen nicht glaubwürdig vermitteln kann, dass es allein die notwendige Menge der von ihm entwickelten Technologie produzieren kann, wird es einen Anreiz haben, statt für potenzielle Wettbewerber Markteintrittsbarrieren zu schaffen, diese in den Markt zu locken.[13] Sind die Netzexternalitäten entsprechend stark, überkompensiert der Vorteil daraus den negativen Wettbewerbseffekt durch die zusätzlichen Unternehmen [Eco96, S. 691].

Die Vernetzung von Produkten und Dienstleistungen führt unter anderem auch dazu, dass neben komplementären auch substitutive Beziehungen zwischen Produkten und Dienstleistungen entstehen. Aufgrund der Komplementarität stiftet zwar die Gesamtheit der einzelnen Komponenten einen Nutzen. Mit dem technologischen Fortschritt und der Konvergenz von IuK-Leistungen und -Produkten ist es jedoch möglich geworden, dass einzelne Komponenten eines Leistungssystems, wie z.B. diverse Endgeräte oder verschiedene Kommunikationsnetze, zunehmend nicht nur einem bestimmten, sondern mehreren Zwecken dienen [Wyb03, S. 43, 51, Eco96, S. 678], womit sie – aufgrund der Substituierbarkeit – untereinander austauschbar werden. Damit stehen ihre Anbieter, die bisher in völlig getrennten Märkten agierten, zunehmend untereinander im Wettbewerb. Deswegen ist es eher unwahrscheinlich, dass sich Märkte für IuK-Technologien – verglichen mit dem heutigen Zustand – in einer Welt des UbiComp konzentrieren werden. Im Gegenteil: Es ist zu erwarten, dass der Wettbewerb verstärkt wird. Umso mehr tritt die Einigung auf bestimmte Standards in den Vordergrund, ohne die die Realisierung von UbiComp nicht möglich sein wird.

Auch in Märkten für Konsumgüter wird UbiComp den Wettbewerb intensivieren. Dies lässt sich, wie weiter oben erwähnt, aus den Wirkungen anderer IuK-Technologien, vor allem des Internets, herleiten. Aufgrund der Senkung von Transaktionskosten (z.B. durch elektronische Auftragsabwicklung) und von Such- und Informationskosten (erleichterte Vergleichbarkeit verschiedener Angebote), wird dem Internet zugeschrieben, viele Märkte wettbewerblicher zu machen, oder überhaupt Märkte, die aufgrund zu hoher Transaktions- oder Suchkosten nicht existierten, zu ermöglichen [LiR01, S. 314–316]. Wären die Informations- und

---

[13] Indem es z.B. an die anderen Unternehmen Lizenzen verteilt, oder mit ihnen Kompatibilität der Produkte vereinbart [Eco96, S. 691].

Transaktionskosten vernachlässigbar, ließe sich im Idealfall sogar ein effizienter Markt in dem Sinne erreichen, dass die Preise sämtliche private Informationen widerspiegeln. Fehlallokationen und Quasirenten würden dann vermieden [Lef84, S. 506]. In den heutigen Aktienmärkten kann im weiteren Sinne von Effizienz gesprochen werden.[14] Auch Internet-Auktionsmärkte weisen ähnliche Eigenschaften auf. Da mit UbiComp Online-Transaktionen viel verbreiteter sein werden als heute, könnten sich „viele Geschäftsmodelle einem perfekten Markt annähern" [Mat03b, S. 213]. Bezogen auf die Informationseffizienz mag das in einem gewissen Ausmaß zutreffen, bezogen auf den Wettbewerb eher nicht. Zu denken ist insbesondere an die abnehmende Homogenität der Güter. Wie oben erwähnt, werden Produkt- und daher Preisdifferenzierung durch neue IuK-Technologien erleichtert. Damit ist eher von monopolistischer Konkurrenz mit differenzierten Gütern als von vollkommener Konkurrenz auszugehen.

Eine weitere Frage, die sich im Zusammenhang mit UbiComp stellt, ist, wie diese neue Technologie vor dem Hintergrund der bereits mehrmals erwähnten Vernetzung zwischen verschiedenen Produkten und Dienstleistungen die Entscheidungen über vertikale oder horizontale Integration von Unternehmen beeinflussen wird. Werden Fahrzeughersteller einen Anreiz haben, mit Zulieferern von elektronischen Teilen oder der notwendigen Software zu fusionieren? Soll eine Kfz-Versicherung mit einem Hersteller der Blackbox vertikal integriert sein? Die Argumente in der Literatur sind hierzu keineswegs eindeutig.

Als Kriterien für horizontale Integration gelten Verbundvorteile (wenn die *gemeinsame* Produktion verschiedener Güter in einem Unternehmen einen Kostenvorteil hat im Vergleich zu einer getrennten Produktion dieser Güter in unterschiedlichen Unternehmen) und Größenvorteile [MiR92, S. 570]. Selbst wenn Verbundvorteile in der Produktion oft nicht direkt zu erkennen sind, fällt vor dem Hintergrund der Komplementaritäten auf, dass solche Verbundvorteile im Vertrieb künftig vermehrt auftreten können, wenn UbiComp mehr Information über die Kunden verfügbar macht. Für Kfz-Versicherungen wäre dies z.B. ein Anreiz, auch andere Versicherungsarten oder Finanzdienstleistungen, aber auch Reiseveranstaltungen usw., anzubieten. Zugleich sprechen diese beiden Kriterien aber gegen vertikale Integration. Falls in der vorgelagerten Wertschöpfungsstufe Größenvorteile in der Produktion bestehen, ist es für ein Unternehmen ungünstig, dort einzusteigen, wenn die notwendige Menge an Input weit unter dem Betriebsoptimum liegt. Diesem Gedankengang folgend, könnte man schließen, dass Fahrzeughersteller die Blackbox nicht selbständig herstellen, sondern von spezialisierten Zulieferern beziehen, falls mit ihrer Produktion Größenvorteile aufgrund hoher Entwicklungskosten oder Verbundvorteile mit anderen elektronischen Fahrzeugkomponenten bestehen. Jedoch kann auch entgegengehalten werden, dass vertikale Integration oder Eigenherstellung vorzuziehen ist, wenn die notwendigen (Entwicklungs-) Investitionen der smarten Ausstattung einer bestimmten Automarke sehr spezi-

---

[14] Markteffizienz wird, je nach Umfang der in die Preise einbezogenen Informationen, in drei Formen definiert. Die sog. semi-starke Form, bei der die Preise sämtliche *veröffentlichte* Informationen beinhalten, wird in der Realität auf Aktienmärkten empirisch bestätigt [BrM03, S. 351–356].

fisch sind. Selbst bei hoher Standardisierung und Substituierbarkeit der Produkte lassen sich Spezifitäten in manchen Branchen nicht vermeiden. Da der Fahrzeughersteller auf einen bestimmten Zulieferer angewiesen ist, hat dieser die Möglichkeit, nachträglich für den Abnehmer ungünstige Konditionen zu verhandeln. Als weitere Gründe für vertikale Integration werden auch Marktversagen (z.B. Monopolpreise auf dem Inputmarkt) oder Transaktionskosten am Markt genannt [Per89, S. 187 ff.]. Transaktionskosten bestehen unter anderem in dem Aufwand, Käufer und Verkäufer zusammenzubringen [MiR92, S. 29, 552]. UbiComp schwächt dieses Koordinationsproblem ab, was wiederum ein Argument gegen Integration liefert. So haben Informationstechnologien in den vergangenen Jahren eher zu einer Senkung der Unternehmensgröße und der vertikalen Integration geführt [BrH00, S. 36]. Zugleich werden jedoch durch neue IuK-Technologien Transaktionskosten auch *innerhalb* des Unternehmens gesenkt. Die Reduktion der Transaktionskosten erlaubt einerseits immer kleineren Einheiten „eine effektive und effiziente Teilnahme am Marktgeschehen" und andererseits begünstigt sie „die Bildung von großen Hierarchien" [Fle01, S. 69].

Eine auf die Wahl zwischen Integration und einfacher Marktbeschaffung beschränkte Betrachtung wird der Realität nicht mehr gerecht. Zwischen diesen beiden Extremen ist die Entstehung von immer mehr Organisationsstrukturen in Wertschöpfungsketten und -netzen wiederzufinden [MiR92, S. 561]. Oft ist von der zunehmenden Vernetzung von Unternehmen die Rede, die relativ unabhängig bleiben, jedoch durch immer enger werdende Beziehungen und gemeinsame Planung verbunden sind.[15] Ursachen für das Entstehen solcher Netzwerke sind neue IuK-Technologien, die unternehmensübergreifende Kommunikation und Steuerung der Prozesse erleichtern. Zudem erfordert die zunehmende Komplexität der entstehenden Leistungssysteme engste Zusammenarbeit. So werden z.B. Versicherungsunternehmen, welche eine UbiComp-Überwachung des Fahrverhaltens beabsichtigen und dafür bestimmte technische Gegebenheiten im Fahrzeug brauchen, mit Fahrzeugherstellern verschiedene Kooperationsformen suchen, ohne jedoch gleich mit diesen fusionieren zu müssen. Das Gleiche gilt auch für die Beziehung zu den Betreibern der notwendigen Kommunikationsnetze. Unternehmensnetzwerke ermöglichen die gleichzeitige Ausschöpfung der Vorteile von Integration und Marktbeschaffung. Einerseits ist eine Konzentration auf die Kernkompetenzen des Unternehmens und die Ausnutzung von Größenvorteilen möglich, andererseits werden Koordinationskosten und Verzögerungen vermieden, die am Markt entstehen würden [Fle01, S. 47 ff.]. Unter der Bedingung starker Netzexternalitäten sollten sich unternehmensübergreifende Zusammenschlüsse auf Standards einigen und ausgewählte Technologien fördern [ShV99, S. 201]. Bereits heute hat die weltweite Vernetzung die Organisationsgrenzen einzelner Unter-

---

[15] [Fle01, S. 4] bezeichnet Unternehmensnetzwerke als Organisationsform zwischen Markt und Hierarchie. Als Beispiele für sog. stabile Netzwerke nennt er strategische Netzwerke, Keiretsu, Outsourcing und Wertschöpfungsnetzwerke. Bei den sog. dynamischen Netzwerken koordiniert ein führendes Unternehmen, das kaum über eigene Ressourcen verfügt, seine Netzwerkpartner über Marktmechanismen [Fle01, S. 71–79].

nehmen verwischt [MiR92, S. 586, Fle01, S. 30]. Von UbiComp ist eine Fortführung, wenn nicht gar Beschleunigung, dieser Entwicklung zu erwarten.

Abschließende Bemerkungen

Bisher wurden die möglichen Implikationen des UbiComp überwiegend positiv bewertet. Jedoch sind Behauptungen, dass UbiComp „langfristig wahrscheinlich weitaus umfassendere Konsequenzen für unseren Alltag [...] nach sich ziehen [wird] [...] als es das Internet jemals haben wird" [Mat03b, S. 197] oder gar, dass der allgegenwärtige Computer und smarte Gegenstände auf dem Wege einer „schleichenden Revolution" [Mat03c, S. 7, Mat03a, S. 36] „zu einer völlig anderen Welt" [Mat03c, S. 12] als der heutigen führen werden, nicht unmittelbar einleuchtend. Auch stützen beliebte Beispiele, wie Wecker, die nach Spracheingabe Kaffeemaschinen steuern [Wei91, S. 74], Kaffeetassen, die einer Armbanduhr die Temperatur ihres Inhalts melden, oder Meetingraum-Türen, die anzeigen „wie viele heiße Kaffeetassen sich im Raum befinden" [ChF03, S. 48] diese Aussagen nicht sonderlich. Bereits die Marktfähigkeit solcher Geräte ist fraglich. Überdies hinterlassen manche Szenarien der einschlägigen Literatur den Eindruck, dass in erster Linie die Entwicklung der entsprechenden Technik den Anlass gab, Ideen für ihre Anwendung zu suchen. Andere Beispiele wiederum, wie der Kühlschrank, der die Milch bestellt, wurden lange Zeit immer wieder bemüht, ohne dass dies den Raum der Anwendungsmöglichkeiten erweitert hätte. Selbst Verfechter der UbiComp-Technologie bringen gewisse Vorbehalte zum Ausdruck. So ist laut Mattern die Einschätzung „konkreter Anwendungen für smarte Dinge" und die Beurteilung „welche der vielen oft zunächst absurd klingenden Ideen [...] letztendlich eine wichtige Rolle in der Zukunft spielen könnten" schwierig [Mat03a, S. 21]. Andere Autoren kritisieren die Unbestimmtheit der UbiComp-Visionen: Der erforderliche Forschungsaufwand und die Dimension der gesetzten Ziele werden durch die in der Literatur zu findenden Zukunftsszenarien nicht ausreichend begründet. Damit besteht eine Divergenz zwischen den technischen Möglichkeiten für bestimmte Neuerungen und der Fähigkeit, für solche Neuerungen eine sinnvolle Verwendung und daraus folgende Vorteile zu finden [LaC03, S. 18]. Man findet die Meinung, die Zukunftsszenarien seien hoch spekulativ [Ara95, S. 233] und wiesen einen starken Kontrast zwischen der Randständigkeit der möglichen Verbesserungen durch UbiComp und der Komplexität der dafür erforderlichen Systeme auf [Ara95, S. 235]. UbiComp habe wenig mit der Befriedigung menschlicher Bedürfnisse zu tun, sondern viel mehr mit der Entfaltung von Technologien an sich; und obwohl, historisch betrachtet, Bedürfnisse oft erst durch das Angebot bestimmter Produkte entstanden sind, scheine das Ausmaß der „erfundenen" Bedürfnisse, welche durch UbiComp befriedigt werden sollen, präzedenzlos zu sein [Ara95, S. 236].

Abgesehen von der Schwierigkeit, den Sinn bestimmter UbiComp-Anwendungen zu erkennen, wird Kritik auch bezüglich einer Bedrohung von Datenschutz und der Privatsphäre geäußert: Eine „effiziente und lückenlose universelle

Überwachung" könnte zu „einer Einschränkung oder einem völligen Verlust der Privatsphäre führen" [Mat03b, S. 234]. Dies und weitere kritische Aspekte, wie eine verstärkte Abhängigkeit von der Technik und die damit verbundenen Risiken, sollten natürlich Gegenstand einer regen Diskussion sein, damit so früh wie möglich konstruktive Lösungen zu anstehenden Problemen gefunden werden können [Mat03b, S. 239].

Insgesamt gilt, dass UbiComp nicht mit Euphorie, sondern mit Nüchternheit aus technischer, wirtschaftlicher und gesellschaftlicher Sicht zu betrachten ist. Weder die damit verbundenen Hoffnungen, noch die Befürchtungen sollten übertrieben werden. Selbst Weiser als „geistiger Vater" von UbiComp prognostizierte, dass der allgegenwärtige Computer in den Gegenständen des Alltags nichts grundlegend Neues ermöglichen werde [Wei91, S. 75]. Dies gilt auch weitestgehend für die ökonomischen Implikationen von UbiComp. Es wurde betont, dass UbiComp zu Produktivitätssteigerungen auf inner- und überbetrieblicher Ebene führen wird. Andere IuK-Technologien haben dies in der Vergangenheit auch geleistet. In diesem Sinne wäre UbiComp ein weiterer Schritt in die z.B. von PCs und Internet vorgegebene Richtung. Ähnliches gilt für die Vermarktungsstrategien der Unternehmen. Entwicklungen, die schon heute zu beobachten sind, wie die Wandlung von Massenmarketing und -produktion hin zu individuellen Kundenbeziehungen und individueller Anpassung der Produkte, werden mit den beschriebenen UbiComp-Technologien verstärkt und in neuen Anwendungsbereichen auftreten. Die Intensivierung der individuellen Kundenbeziehungen erlaubt zwar mehr Preisdiskriminierung, jedoch kann auch diese aus Wohlfahrtsaspekten positiv sein. Dies gilt dann, wenn selbst diejenigen Kunden bedient werden, die ohne Preisdiskriminierung vom Konsum ausgeschlossen blieben. Netzwerkeffekte entstehen grundsätzlich in IuK-Märkten und wären daher bei UbiComp ebenfalls zu erwarten. Der Unterschied zu den herkömmlichen Netzwerken läge vermutlich in dem viel größeren Maßstab: UbiComp würde im wahrsten Sinne des Wortes Dinge *vernetzen* und Komplementaritätsbeziehungen zwischen vielen Gegenständen herstellen. Inwiefern die neuen Produkt-Leistungs-Systeme zu einer Verbesserung der ökonomischen Effizienz aus gesamtwirtschaftlicher Sicht beitragen, hängt jedoch unter anderem von der Standardsetzung und von ihren konkreten physischen Eigenschaften ab, insbesondere davon, ob sie, objektiv gesehen, den heutigen vergleichbaren Produkten und Dienstleistungen durch den Nutzen, den sie stiften, überlegen sind.

Auch wenn UbiComp aus ökonomischer Sicht die Welt nicht revolutionieren wird, besitzt die Konzeption und Technologie des allgegenwärtigen Computers abhängig von der konkreten Realisation in den kommenden Jahren durchaus großes Potenzial für Veränderung und Wertschöpfung. Die Möglichkeiten, die UbiComp eröffnet, werden nicht nur zu einer Vernetzung von smarten Gegenständen, sondern auch zu einer Vernetzung von Prozessen, Unternehmen, Dienstleistungen und Personen führen und könnten zur Entstehung neuer Produkte und Dienstleistungen und neuer Geschäfts- und Organisationsformen beitragen. Die fortschreitende Entwicklung von IuK-Technologien begünstigt die zunehmende Ausweitung von Märkten, die Verbesserung traditioneller und die Entstehung neuer Vertriebskanäle. Der steigende Wettbewerbsdruck zwingt Anbieter, ihre Produkte zu koppeln, um so den individuellen Kundenerwartungen gerecht zu werden. Dies erfordert gegenseitige Kooperation mit Lieferanten, Partnerunternehmen und Kunden und führt letztendlich zur verstärkten Integration einzelner Geschäftseinheiten und Unternehmen in globalen Netzwerken [Fle01, S. 3, 18–21, TAS00, S. 8–10].

Markant wären die Auswirkungen im Zusammenhang mit der Reduktion von Informationsasymmetrien. Hier liegt ein besonderes Potenzial von UbiComp. Aus der Sicht des Ökonomen bieten die mit Skepsis und Angst verbundene Überwachung und der Zugang zu umfassenden Informationen einen Vorteil für alle Beteiligten. Um dies zu veranschaulichen, wurde UbiComp am Beispiel von Kfz-Versicherungsverträgen, welche die Einsicht in eine im Fahrzeug installierte Blackbox vorsehen, betrachtet. Fahrzeugelektronik scheint sich in den letzten Jahren nicht nur im Labor sehr schnell entwickelt zu haben, sondern wird auch umgehend in der Praxis eingesetzt. Obwohl ein konkreter Nutzen vieler UbiComp-Anwendungen, die in den gängigen Zukunftsszenarien beschrieben werden, nur bedingt zu erkennen ist, trifft diese Behauptung mit Sicherheit nicht auf die angedachte smarte Ausstattung im Fahrzeug zu. Außer dass mit deren Hilfe Informationsasymmetrien abgebaut werden können, werden diese auch dazu beitragen, die Höhe eines Schadens zu reduzieren oder gar Unfälle zu verhindern. Dies ist daher ein Bereich, in welchem ohne Vorbehalte mit der erfolgreichen Realisation von UbiComp-Anwendungen in naher Zukunft gerechnet werden kann. Unabhängig davon, ob die Informationsasymmetrien von Moral Hazard oder adverser Selektion herrühren, wurde veranschaulicht, dass die Einbeziehung der Blackbox in die Vertragsgestaltung immer zu einer Verbesserung der Gesamtwohlfahrt führt. Dieses Resultat gibt den Anlass zu behaupten, dass UbiComp-Anwendungen nicht nur bei Kfz-Versicherungen, sondern überall, wo Informationsasymmetrien bestehen, das Potenzial bieten, die Situation der Beteiligten hinsichtlich Gewinn und Nutzen zu verbessern.

Literatur

[Ara95] Araya A (1995) Questioning Ubiquitous Computing. Proceedings of the ACM 23rd Annual Conference on Computer Science (1995). ACM Press, Neshville, Tennessee: 230–237

[Ban04] Bandulet M (2004) Elektronische Koordination auf unvollkommenen Märkten – eine industrieökonomische Analyse. Dissertation, Augsburg

[BoS01] Borenstein S, Saloner G (2001) Economics and Electronic Commerce. Journal of Economic Perspectives 15 (1): 3–12

[BrM03] Brealey R, Myers S (2003) Principles of Corporate Finance. 7th Edition, MacGraw-Hill, New York u.a.

[BrH00] Brynjolfsson E, Hitt L (2000) Beyond Computation: Information Technology, Organizational Transformation and Business Performance. The Journal of Economic Perspectives 14 (4): 23–48

[ChF03] Christ O, Fleisch E, Mattern F (2003) M-Lab: The Mobile and Ubiquitous Computing Lab – Phase II. Projektplan, www.m-lab.ch/project/MLabIIProjectPlan.pdf

[ClL01] Clement M, Liftin T, Peters K (2001) Netzeffekte und kritische Masse. In: Albers S, Clement M, Peters K, Skiera B (Hrsg.) Marketing mit interaktiven Medien: Strategien zum Markterfolg. 3. Aufl., F.A.Z. Institut für Management-, Markt- und Medieninformationen, Frankfurt a. Main: 101–130

[ClR01] Clement M, Runte M (2001) Internet-Agenten. In: Albers S, Clement M, Peters K, Skiera B (Hrsg.) Marketing mit interaktiven Medien: Strategien zum Markterfolg. 3. Aufl., F.A.Z. Institut für Management-, Markt- und Medieninformationen, Frankfurt a. Main: 175–191

[Eco96] Economides N (1996) The Economics of Networks. Journal of Industrial Organization 14: 673–699

[FWe05] Filipova L, Welzel P (2005) Reducing asymmetric information in insurance markets: cars with black boxes. Universität Augsburg, Volkswirtschaftliche Diskussionsreihe, Beitrag Nr. 270

[Fle01] Fleisch E (2001) Das Netzwerkunternehmen: Strategien und Prozesse zur Steigerung der Wettbewerbsfähigkeit in der „Network Economy". Springer, Berlin u.a.

[FlM03] Fleisch E, Mattern F, Billinger S (2003) Betriebswirtschaftliche Applikationen des Ubiquitous Computing: Beispiele, Bausteine, Nutzenpotenziale. HMD, Heft 229, Februar 2003, 5–15

[Her03] Herrtwich R (2003) Fahrzeuge am Netz. In: Mattern F (Hrsg.) Total vernetzt: Szenarien einer informatisierten Welt. Springer, Berlin: 63–83

[Hoy82] Hoy M (1982) Categorizing Risks in the Insurance Industry. The Quarterly Journal of Economics 97: 321–336

[LaC03] Langheinrich M, Coroama V, Bohn J, Rohs M (2003) As we may live – real-world implications of ubiquitous computing. Technical Report, www.vs.inf.ethz.ch/ publ/papers/langhein_aswemaylive_2002.pdf

[Lef84] Leff N (1984) Externalities, Information Costs, and Social Benefit – Cost Analysis for Economic Development: An Example from Telecommunications. In: Lamberton D (Hrsg.) The Economics of Communication and Information, Elgar, Cheltenham (UK), Brookfield (US): 500–521

[LiR01] Litan R, Rivlin A (2001) Projecting the Economic Impact of the Internet. The American Economic Review 91 / 2: 313–317

[Mat03a] Mattern F (2003) Vom Verschwinden des Computers – Die Vision des Ubiquitous Computing. In: Mattern F (Hrsg.) Total vernetzt: Szenarien einer informatisierten Welt. Springer, Berlin: 1–41

[Mat03b] Bohn J, Coroama V, Langheinrich M, Mattern F, Rohs M (2003) Allgegenwart und Verschwinden des Computers – Leben in einer Welt smarter Alltagsdinge. In: Grötker R (Hrsg.) Privat!: Kontrollierte Freiheit in einer vernetzten Welt. Heise-Verlag, Hannover: 195–245

[Mat03c] Mattern F (2003) Ubiquitous Computing: Scenarios for an informatized world. In: Zerdick A, Picot A, Schrape K, Burgelman J, Silverstone R. (Hrsg.) E-Merging Media, Kommuniaktion und Medienwirtschaft der Zukunft. Springer: 155–174

[MaL03] Mattern F, Langheinrich M (2003) Die Informatisierung des Alltags. ETH Zürich Bulletin Nr. 291, November, www.vs.inf.ethz.ch/publ/papers/eth_bulleting_291 _mattern.pdf

[MiR90] Milgrom P, Roberts J (1990) The Economics of Modern Manufacturing: Technology, Strategy, and Organization. The American Economic Review 80: 511–528

[MiR92] Milgrom P, Roberts J (1992) Economics, Organization & Management. Prentice-Hall, Englewood Cliffs, New Jersey

[Obe03] Oberholzer M (2003) Strategische Implikationen des Ubiquitous Computing für das Nichtleben-Geschäft im Privatkundensegment der Assekuranz. Koch, Köhne,

Wagner (Hrsg.) Leipziger Schriften zur Versicherungswissenschaft 5, Verlag Versicherungswirtschaft GmbH, Karlsruhe

[Per89] Perry M (1989) Vertical Integration: Determinants and Effects. In: Schmalensee R (Hrsg.) Handbook of Industrial Organization 1, Amsterdam u.a.

[ShV99] Shapiro C, Varian H (1999) Information Rules. Harvard Business School Press, Boston, Massachusetts

[Shy01] Shy O (2001) The Economics of Network Industries. Cambridge University Press, Cambridge

[Ski00] Skiera B (2000) Preispolitik und Ekectronic Commerce – Preisdifferenzierung im Internet. In: Wamser C (Hrsg.) Electronic Commerce: Grundlagen und Perspektiven. Vahlen, München

[SkS02] Skiera B, Spann M (2002) Preisdifferenzierung im Internet. In: Schögel M, Tomczak T, Belz C (Hrsg.) Roadm@p to E-Business. Wie Unternehmen das Internet erfolgreich nutzen. St. Gallen: 270–284

[TAS00] Eckhardt A, Fattebert S, Keel A, Meyer P (2000) Der gläserne Kunde – Elektronische Erfassung und Auswertung von Kundendaten. TA-Swiss, Zentrum für Technologiefolgen-Abschätzung (Hrsg.), TA 38, www.ta-swiss.ch/www-remain/reports_archive/publications/2000/38_ta_bericht_glaeserne_kunden.pdf

[Tir89] Tirole J (1989) The Theory of Industrial Organization. Second Printing, The MIT Press, Cambridge/Massachusetts, London

[Var99] Varian H (1999) Grundzüge der Mikroökonomik. 4. Auflage, Oldenbourg Verlag, München, Wien

[Wei91] Weiser M (1991) The Computer for the 21st Century. Scientific American 265 (Sept): 66–75

[Wyb03] Wybranietz D (2003) Die Zukunft der Telekommunikation – Convenience als Wachstums- und Innovationstreiber. In: Mattern F (Hrsg.) Total vernetzt: Szenarien einer informatisierten Welt. Springer, Berlin: 43–62

Lilia Filipova studierte Volkswirtschaftslehre an den Universitäten in Sofia und Augsburg. Seit November 2004 ist sie am Lehrstuhl für Volkswirtschaftslehre (Wirtschaftspolitik und insbesondere Industrieökonomik) der Universität Augsburg tätig und wird seit Oktober 2005 vom Doktorandenprogramm des Elitenetzwerks Bayern (Incentives – Bavarian Graduate Program in Economics) gefördert. Ihr Forschungsschwerpunkt liegt im Bereich der Informations- und Anreizwirkungen von Ubiquitous Computing am Beispiel der Versicherungen.

Prof. Dr. Peter Welzel, M.P.A. studierte 1979-1986 Volkswirtschaftslehre und Public Administration an der Universität Augsburg und der Harvard University. Nach einer Professur an der Friedrich-Schiller-Universität Jena 1999 Rufe an die Wissenschaftliche Hochschule für Unternehmensführung (WHU) in Vallendar und an die Universität Augsburg. Seit 2000 Inhaber des Lehrstuhls für Volkswirtschaftslehre mit dem Schwerpunkt Ökonomie der Informationsgesellschaft an der Universität Augsburg. Forschungsinteressen in der theoretischen und empirischen Industrieökonomik, insbesondere der Finanzdienstleistungssektoren, und in der ökonomischen Analyse von Informations- und Kommunikationstechnologien.

IV. Gesellschaftliche Auswirkungen

Risiken und Nebenwirkungen der Informatisierung des Alltags

Lorenz M. Hilty

Abteilung Technologie und Gesellschaft, Eidgenössische Materialprüfungs- und Forschungsanstalt (Empa), St. Gallen

Kurzfassung. Die „Informatisierung des Alltags" ist eine Vision mit einem hohen gesellschaftlichen Veränderungspotenzial. Die Abschätzung der Folgen einer solchen Entwicklung ist notwendig, will man unerwartete negative Auswirkungen minimieren. In der kurzen Geschichte des breiten Einsatzes digitaler Informations- und Kommunikationstechnologien hat es sich bereits gezeigt, dass sich der technische Fortschritt nicht automatisch in die erhofften Vorteile für Individuum, Organisation und Gesellschaft übersetzt. Beispielsweise muss der Gebrauch schnellerer Hardware nicht zu einer höheren persönlichen Arbeitseffizienz führen und der Einsatz von IKT in Organisationen nicht zu geringeren Informationskosten. Dieses „IT productivity paradox" ist teilweise durch Rebound-Effekte zu erklären, die aus einer technikzentrierten Perspektive meist übersehen werden. Psychologische, gesundheitliche, soziale und ökonomische Effekte einer höheren technischen Effizienz müssen daher in einer Abschätzung der Technologiefolgen berücksichtigt werden. Eine Prospektivstudie für Pervasive Computing hat gezeigt, dass jenseits von Produktivitätsaspekten auch die Problemfelder Stress (u.a. durch das Gefühl des Überwachtwerdens), Freiwilligkeit (Autonomie von Konsumenten oder Patienten), unbeherrschbare Komplexität (emergente Eigenschaften der entstehenden Infrastruktur) und Fragen der ökologischen Nachhaltigkeit zu beachten sind.

Einleitung

Die politische Vision einer Informationsgesellschaft, deren Wertschöpfungsprozesse sich als Folge des allgemeinen Zugangs zu Informations- und Kommunikationstechnologien (IKT) grundlegend von denen der Industriegesellschaft unterscheiden, verbindet sich heute mit der technologischen Vision einer Informatisierung des Alltags. Gegenstände des täglichen Gebrauchs sollen zu „smart objects" werden und selbsttätig Daten austauschen können. Nach der „letzten Meile" zum Hausanschluss sollen nun die letzten Meter und Zentimeter zu den Alltagsgegenständen im Wohnzimmer, am Arbeitsplatz oder am Handgelenk digital überbrückt werden.

Diese Visionen besitzen gesellschaftliches Veränderungspotenzial. Neue Geschäftsmodelle, aber auch neue Formen von Konflikten werden voraussichtlich als emergente Phänomene aus der entstehenden Infrastruktur hervorgehen. Die Bedeutung des physikalisch-geographischen Raumes als Ordnungsprinzip für Ursache und Wirkung wird schrittweise abnehmen. Andere Ordnungsprinzipien wie die Topologie von Netzwerken, Zugriffsrechte auf Datenbestände und geistige Eigentumsrechte werden langfristig bedeutsamer werden als die Kontrolle über ein physisches Territorium. Angesichts dieses Veränderungspotenzials erscheint es notwendig, auch über mögliche Nebenwirkungen und Risiken einer „Informatisierung des Alltags" nachzudenken.

In der Medizin bezeichnet man als *Nebenwirkung* einer Behandlungsmethode einen Effekt, der zwar unerwünscht ist, aber zugunsten des beabsichtigten Haupteffekts häufig in Kauf genommen wird. Der Patient muss also zwischen Haupt- und Nebenwirkung abwägen. Ein *Risiko* ist ein unerwünschter Effekt, der nicht mit Sicherheit eintritt. Der mögliche Schaden kann hier wesentlich höher sein als der erwartete Nutzen der Behandlung, jedoch tritt er nur mit einer geringen Wahrscheinlichkeit ein. Hier ist also der erwartete Nutzen gegen das quantifizierte Risiko (Schadenshöhe multipliziert mit Eintrittswahrscheinlichkeit) abzuwägen. Häufig ist das Risiko allerdings nicht quantifizierbar, weil die Wahrscheinlichkeit nicht bekannt ist oder weil der Schaden aus prinzipiellen Gründen nicht in Zahlen auszudrücken ist – die Abwägung ist dann notwendigerweise subjektiv.

Entlang dieser medizinischen Analogie will ich in diesem Beitrag einige kritische Fragen an die Vision bzw. die Visionäre der „Informatisierung des Alltags" richten. Dabei bin ich mir bewusst, dass die Analogie ihre Grenzen hat: Während das Ziel einer medizinischen Behandlung klar definiert ist – eine bestimmte Erkrankung zu vermeiden, zu heilen oder zu lindern –, so ist das gesellschaftliche Ziel eines ubiquitären Einsatzes von IKT nicht vorgegeben. Es fehlt also ein verbindlicher Konsens über den *Nutzen*, gegen den die Nebenwirkungen und Risiken abzuwägen wären. Wie der UN-Weltgipfel zur Informationsgesellschaft in Tunis 2005 erneut gezeigt hat, ist ein gemeinsamer Nenner über den nutzbringenden Einsatz von IKT meist nur in relativ abstrakten Bekenntnissen wie „Armutsbekämpfung" oder „Zugang für alle" zu finden. Solche Ziele klingen positiv, sind aber aufgrund ihres hohen Abstraktionsniveaus nahezu inhaltsleer. Der politische Konsens wird schnell brüchig, wenn es darum geht, die Ziele zu konkretisieren.

Im nachfolgenden Abschnitt dieses Beitrages werde ich deshalb zunächst einige der *bisher* mit dem Einsatz von IKT verfolgten Ziele („Effizienz" und „Produktivität") als gegeben betrachten und zunächst untersuchen, wie weit diese in der Vergangenheit realisiert werden konnten. Meine Hauptthese ist hier, dass es uns in den vergangenen Jahrzehnten relativ schlecht gelungen ist, Fortschritte im Bereich der IKT in Fortschritte für Menschen und Organisationen zu übersetzen. Aus heutiger Sicht ist das u.a. dadurch zu erklären, dass systemische Nebenwirkungen des IKT-Einsatzes übersehen wurden. Wenn aber schon diese vergleichsweise bescheidenen Ziele nicht erreicht werden konnten, was ist denn von den heutigen, viel weitergehenden Zukunftsvisionen zu halten?

Der anschließende Abschnitt konzentriert sich auf die *Risiken* einer möglichen zukünftigen „Informatisierung des Alltags" und greift das oben erwähnte Problem wieder auf, *nicht quantifizierbare Risiken* in Entscheidungen einbeziehen zu müssen. Vor dem Hintergrund des *Vorsorgeprinzips* werden hier qualitative Kriterien zur Risikocharakterisierung herangezogen. Wir fassen die Ergebnisse einer Studie zusammen, die die Empa (Eidgenössische Materialprüfungs- und Forschungsanstalt) gemeinsam mit dem Institut für Zukunftsstudien und Technologiebewertung (IZT), Berlin, für das Schweizerische Zentrum für Technologiefolgen-Abschätzung erstellt hat [HBB03]. Diese Studie hat unter anderem gezeigt, dass neben unbestrittenen Chancen einer totalen Vernetzung des Alltags für Gesellschaft und Umwelt auch Risiken zu beachten sind, die mit technikbedingtem Stress, mit Fragen der Autonomie und Freiwilligkeit sowie mit unbeherrschbarer Komplexität in Zusammenhang stehen. Nicht zuletzt wird die zukünftige Anwendung von IKT auch die Möglichkeit einer nachhaltigen Entwicklung maßgeblich beeinflussen.

Lehren aus der Vergangenheit

Unerwartete, scheinbar paradoxe Phänomene sind die besten Ausgangspunkte für ein vertieftes Verständnis komplexer Systeme. In diesem Abschnitt sind unter diesem Gesichtspunkt einige Ergebnisse zu den Wechselwirkungen zwischen IKT und ihren Benutzer/innen im Kontext von Organisationen zusammengestellt. Der gemeinsame Nenner der zitierten Ergebnisse ist der *Rebound-Effekt*, eine ökonomische Erklärung der häufig kontra-intuitiven Auswirkungen technischer Effizienz. Für eine zukünftige „Informatisierung des Alltags" wird es entscheidend sein, diese (und ähnliche) Effekte realistisch einzuschätzen, um Wege zu ihrer Vermeidung zu finden.

Vorbemerkungen zu Effizienz und Rebound-Effekt

Effizienz im weitesten Sinn ist das Verhältnis von Ergebnis (Output) zu benötigten Ressourcen (Input). Verdoppelt sich die Effizienz eines Vorgangs, so kann doppelt so viel Output mit gleich viel Input erzeugt werden wie zuvor oder auch der gleiche Output mit der Hälfte des Inputs. Die Effizienz gibt lediglich das Verhältnis an. Im Gegensatz zu *Effektivität* ist Effizienz immer eine Verhältniszahl.

Abhängig davon, welche Ressourcen man auf der Inputseite betrachtet, kann man verschiedene Arten von Effizienz definieren. Betrachtet man beispielsweise nur die Ressource „Zeitaufwand", so kann man von „Zeiteffizienz" sprechen. Andere Arten von Effizienz ergeben sich, wenn man statt Zeit etwa den Input an Energie betrachtet (Energieeffizienz); oder den Materialverbrauch (Materialeffizienz), den benötigten Raum (Raumeffizienz) oder das Geld, das ausgegeben werden muss (Kosteneffizienz).

Die IKT hat fast unglaubliche Fortschritte in allen genannten Formen von Effizienz gemacht, wenn man die Hardware-Leistung als Output betrachtet.[1] Schon in den 1980er Jahren hat die amerikanische Presse die viel zitierte Analogie zwischen IKT und Automobil populär gemacht: Wenn die Automobilindustrie die gleichen Fortschritte gemacht hätte wie die Computerindustrie, hätte ein Rolls-

---

[1] Hinter dieser Entwicklung steht das sogenannte Moore'sche Gesetz, dessen genaue Bedeutung und empirische Gültigkeit hier jedoch nicht thematisiert werden sollen (vgl. aber [Mat03]).

Royce damals 2,50 Dollar gekostet und mit einer Tankfüllung zwei Millionen Meilen zurückgelegt. Heute, im Jahr 2006, würde der Rolls-Royce nur noch wenige Cents kosten und wahrscheinlich als Werbegeschenk verteilt werden. Und das Nachfüllen des Tanks wäre nicht vorgesehen.

Aus der Ökonomie ist bekannt, dass Effizienzverbesserungen häufig einen sogenannten Rebound-Effekt nach sich ziehen. Das bedeutet, dass eingesparte Ressourcen (Zeit, Geld, Energie, ...) unter bestimmten Voraussetzungen zu einer Ausweitung der Nachfrage führen, so dass absolut gesehen keine Einsparung eintritt. Wenn die Mengenausweitung die mögliche Ressourceneinsparung exakt kompensiert, spricht man von einem Rebound-Effekt von 100%.

Das bekannteste Beispiel hierfür ist die historische Verkehrsentwicklung (oder auch der heutige Vergleich des Verkehrs zwischen Ländern mit unterschiedlichem Entwicklungsstand). Bedingt durch den technischen Fortschritt sind die Verkehrsträger in den letzten 200 Jahren immer schneller geworden, d.h. eine bestimmte Distanz kann in immer kürzerer Zeit zurückgelegt werden. Die *Zeiteffizienz* wurde somit stark erhöht. Das hat jedoch nicht zu *Zeitersparnissen* geführt, denn jede Effizienzerhöhung wurde sofort durch vermehrtes Reisen kompensiert. Der Rebound-Effekt beträgt hier ungefähr 100% und ist auch als „Constant Travel Time Hypothesis" bekannt: Weltweit reisen die Menschen ungefähr 70 Minuten pro Tag (Jahresdurchschnitt pro Person) und zwar sowohl in Tansania als auch in den USA. Das Einzige, was sich mit dem technischen Fortschritt und den damit verbundenen Effizienzverbesserungen ändert, ist die pro Kopf zurückgelegte Distanz, die in den USA um ein Vielfaches höher ist als in Tansania. Dieser Rebound-Effekt führt unter anderem dazu, dass der Energieverbrauch des Verkehrs ständig zunimmt, da dank schnelleren Transportmitteln in der gleichen Zeit immer mehr bzw. immer weiter gereist werden kann.

Ein weiteres Beispiel ist der Ersatz herkömmlicher Korrespondenz durch E-Mail. E-Mail ist zweifellos eine wesentlich zeiteffizientere Kommunikationsmethode, weil das Ausdrucken eines Bogens, das Kopieren von Beilagen, das Hantieren mit Briefumschlägen usw. entfällt. Dennoch zeigt die Alltagserfahrung, dass wir heute mehr Zeit für E-Mails aufwenden als früher mit dem Lesen und Schreiben von Briefen, weil die Anzahl der Nachrichten pro Zeiteinheit stark angewachsen ist. Dies liegt zum einen an der Möglichkeit, mit gleichem Zeitaufwand mehr Kontakte zu unterhalten. Zum anderen spielt aber auch die Übertragungsgeschwindigkeit eine Rolle: Allein die Tatsache, dass man innerhalb von Minuten reagieren bzw. eine Antwort erhalten kann, während Briefe erst am nächsten Tag ankommen, sorgt für eine höhere Austauschfrequenz und damit für mehr Aufwand pro Zeiteinheit. Diese Effekte summieren sich offenbar zu einem Rebound-Effekt von über 100%. (Zum Rebound-Effekt siehe auch [Bin01], Kapitel 5 in [HBB03] sowie [HKS05].)

Langsamer arbeiten mit schnelleren PCs

Die Effizienz der PC-Hardware als Rechenleistung pro Geld-, Volumen- oder Masseneinheit nimmt, wie oben erwähnt, laufend zu. Für die Benutzer/innen äußert sich dieser Fortschritt konkret darin, dass nach jedem Ersatz eines PCs nach durchschnittlich 2-3 Jahren ein wesentlich leistungsfähigeres Modell auf dem Schreibtisch steht, in der Regel mit einer neuen Version von Betriebssystem und Anwendungssoftware.

In einem gemeinsamen Projekt mit der schwedischen Königlich-Technischen Hochschule (KTH) hat meine Forschungsgruppe die Frage untersucht, wie diese Entwicklung sich auf die Arbeitseffizienz der Benutzer/innen auswirkt [HKS05, Den05]. In einem Laborversuch wurde die Zeit gemessen, die 42 Versuchspersonen benötigten, um vorgegebene Aufgaben zur Dateiverwaltung und Textverarbeitung mit unterschiedlich leistungsfähigen PCs zu erledigen.

Für das Experiment haben wir die im geschäftlichen Umfeld meistverbreiteten PC-Konfigurationen der Jahre 1997, 2000 und 2003 rekonstruiert (siehe Tabelle). Die technischen Daten zeigen den eindrucksvollen Fortschritt auf der Ebene der Hardware.

Eigenschaften der verwendeten PC-Systeme (Quelle: Empa)			
System	A	B	C
Jahr	1997	2000	2003
Taktfrequenz	233 MHz	801 MHz	1992 MHz
Arbeitsspeicher	64 MB	128 MB	256 MB
Hintergrundspeicher	2 GB	20 GB	56 GB
Betriebssystem	Microsoft Windows NT	Microsoft Windows 2000	Microsoft Windows XP
Textverarbeitung	Microsoft Word 97	Microsoft Word 2000	Microsoft Word 2002

Methode

Die Aufgaben bestanden in einfachen PC-basierten Aktivitäten, wie sie im Büroalltag häufig vorkommen (darunter das Kopieren, Verschieben, Auffinden und Umbenennen von Dateien, das Ersetzen und Formatieren von Text sowie das Positionieren von Abbildungen in einem Textdokument). Die Aufgaben waren so definiert, dass sie mit allen drei Systemen lösbar waren[2] und außerdem die Hardware spürbar belasteten (eingebundene Fotografien, sehr lange Textfiles).

Den Versuchspersonen wurden zwei Aufgaben gestellt, im Folgenden „file handling" und „text editing" genannt, die sie mehrfach und möglichst schnell an den drei Systemen auszuführen hatten. Die verschiedenen Ausprägungen einer Aufgabe waren strukturell gleich. Bezeichnungen, Seitenzahlen usw. waren je-

---

[2] Die Untersuchung sagt somit nichts darüber aus, wie sich die Verfügbarkeit *neuer* Funktionen, die auf den älteren Systemen noch nicht existierten, auf die Arbeitseffizienz auswirkt. Wir gehen jedoch davon aus, dass die gewählten Aufgaben Tätigkeiten entsprechen, die auch heute und in Zukunft einen erheblichen Teil der typischen PC-basierten Bürotätigkeit ausmachen.

doch verändert, um reine Erinnerungseffekte beim Wiederholen der Aufgaben auszuschließen. Die Zeit für das Lesen der Instruktion und für die jeweils erste Ausführung einer Aufgabe auf einem System wurde in der Auswertung nicht berücksichtigt. Die Reihenfolge der Systeme war zufällig gewählt und das Umschalten erfolgte mit einem Switchboard im Hintergrund, so dass kein Wechsel von Bildschirm, Tastatur oder Maus nötig war.

Um außerdem einen Effekt der Erwartungen der Versuchspersonen auf ihre Leistung auszuschließen, wurden zwei gleich große Gruppen gebildet. Die Mitglieder der einen Gruppe wurden beim Umschalten des Systems jeweils deutlich darüber aufgeklärt, dass es sich um einen „sehr alten", einen „alten" bzw. einen „neuen" Computer handle, den sie sogleich benutzen würden. Die andere Gruppe wurde lediglich darüber informiert, dass es sich um drei unterschiedliche Systeme handle, die für den Versuch „modifiziert" worden seien. Beim Umschalten wurde jeweils der Wechsel zu einem anderen Computer angekündigt.

Resultate

Abbildung 1 (c und d) zeigt die Ergebnisse des Experiments, ausgedrückt in erfolgreich gelösten Aufgaben pro Stunde. In Abbildung 1 oben (a und b) sind zum Vergleich die Anzahl der Komponenten der drei CPUs und die gemessenen Rechenleistungen der drei Systeme in MIPS angegeben.

Die „file handling"-Aufgabe wurde auf dem 2000er-System etwas schneller gelöst (statistisch nicht signifikant), aber auf dem 2003er-System wieder signifikant langsamer. Die „text editing"-Aufgabe wurde ebenfalls mit dem zweitneuesten System am schnellsten gelöst. Statistisch signifikant ist hier nur die Verbesserung der Leistung beim Übergang 1997er- auf das 2000er-System. Zwischen den beiden Gruppen, deren Erwartungen im Versuch unterschiedlich geprägt worden waren, wurden keine signifikanten Unterschiede festgestellt.

Das Ergebnis zeigt insbesondere, dass der Übergang von Windows 2000 zu Windows XP trotz einer ungefähr doppelten Rechenleistung nicht zu einer effizienteren Erledigung der Aufgaben führen muss, sondern sogar zu einem signifikanten Rückgang der durchschnittlichen Arbeitseffizienz führen kann. Dieses Ergebnis war besonders überraschend, weil die Versuchspersonen nach eigenen Angaben mit Windows 2000 mit Abstand die geringste Erfahrung hatten. Am Arbeitsplatz der Versuchspersonen war das System außerdem nie eingesetzt worden. Vielmehr war einige Monate vor dem Experiment ein Übergang von Windows NT zu Windows XP vollzogen worden. Das Ergebnis ist also nicht durch unterschiedliche Vertrautheit der Versuchspersonen mit den Systemen zu erklären.

Abbildung 2 zeigt eine nähere Analyse der Ergebnisse. Dabei wurde als Indikator für den Aufwand des PCs die Rechenzeit (Integral der Prozessorauslastung) und als Indikator für den Aufwand der Versuchsperson die Anzahl der Mauspositionierungen betrachtet. Im oberen Bild (Aufgabe „file handling") ist zu erkennen, dass der Aufwand für Mensch und Maschine beim Übergang von 1997 zu 2000 abnimmt, aber – ebenfalls für Mensch *und* Maschine – beim Übergang zu 2003 wieder zunimmt.

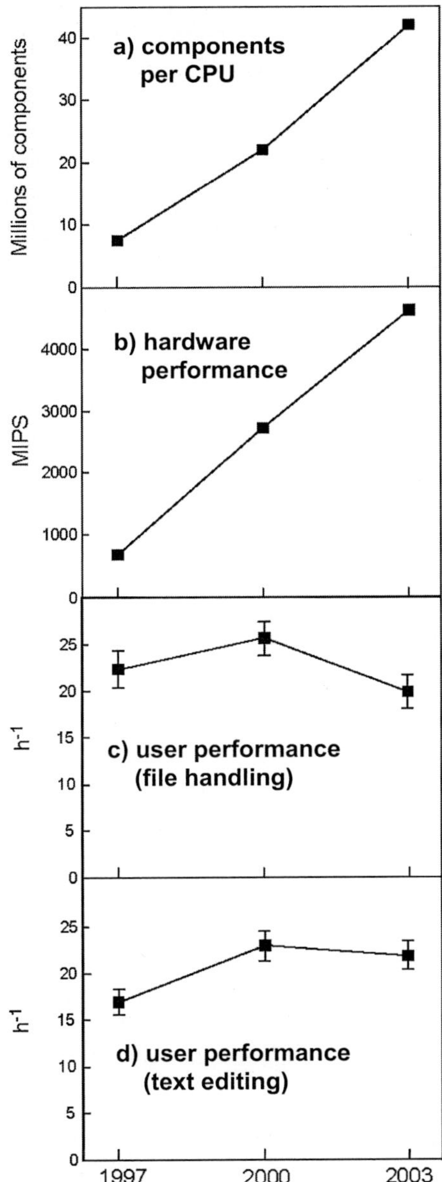

Abb. 1. Hardware-Eigenschaften und Leistung der Versuchspersonen. a) Anzahl der Komponenten der CPU des jeweiligen PCs. b) Gemessene Leistung der CPU in Millionen Instruktionen pro Sekunde. c) Leistung der Versuchspersonen, ausgedrückt als Anzahl der erfüllten „file handling"-Aufgaben pro Stunde. d) Leistung der Versuchspersonen, ausgedrückt als Anzahl der erfüllten „text editing"-Aufgaben pro Stunde. Die Fehlerbalken zeigen die Standardabweichung. (Quelle: Empa)

Auch im unteren Bild von Abb. 2 (Aufgabe „text editing") nimmt die benötigte Rechenzeit in diesem Schritt zu, obwohl der Benutzer hier etwas weniger aktiv ist und also auch seltener Aktivitäten der Maschine auslöst. Die Zunahme der benötigten Rechenzeit ist hier besonders überraschend, da allein aufgrund der doppelten Prozessorleistung eigentlich eine Halbierung zu erwarten wäre. Auch wenn man annimmt, dass der höhere Rechenzeitbedarf zum Teil neuen Softwarearchitekturen geschuldet ist, die anderweitige (in unserem Experiment nicht zum Tragen kommende) Vorteile bieten, so ist es doch erstaunlich, dass dadurch der Effizienzfortschritt der Hardware offenbar nicht nur kompensiert, sondern sogar *überkompensiert* werden kann.

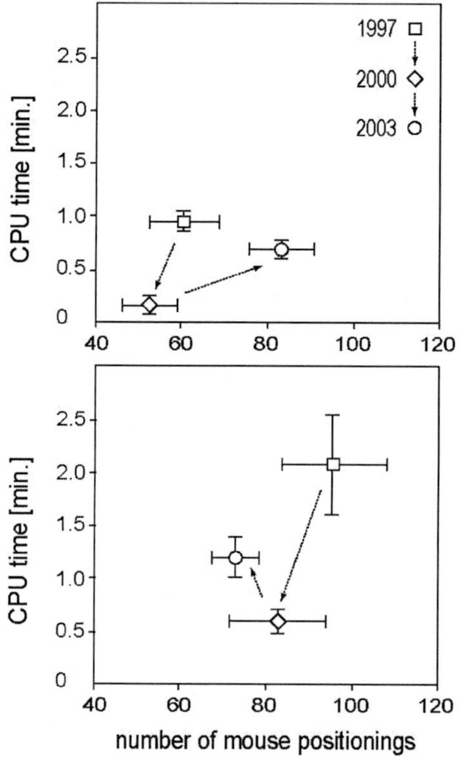

Abb. 2. Aufwand der Versuchsperson, repräsentiert durch die Anzahl der vorgenommenen Mauspositionierungen, und der Aufwand der Computerhardware, ausgedrückt in Rechenzeit. Oben: Aufgabe „file handling"; unten: Aufgabe „text editing". Die Fehlerbalken zeigen die Standardabweichung. (Quelle: Empa)

Diskussion

Welche Bedeutung dieses ernüchternde Ergebnis für die Praxis hat, ist unter anderem davon abhängig, wie weit die gestellten Aufgaben für den Büroalltag repräsentativ sind. Wir können nicht ausschließen, dass anderes Versuchsmaterial zu anderen Resultaten geführt hätte. Jedoch waren die Tätigkeiten der Versuchspersonen nicht ungewöhnlich und nutzten hauptsächlich grundlegende Funktionen von Betriebssystem und Textverarbeitungssoftware. Wir ziehen aus dem Experiment die folgenden Schlüsse:

- Der Wechsel zu einem leistungsfähigeren PC mit einer neuen Softwareversion führt *nicht notwendigerweise* zu einer höheren Arbeitseffizienz.
- Es gibt Fälle, in denen nach diesem Wechsel sowohl der Mensch als auch die Maschine mehr Zeit aufwenden müssen, um die gleiche Aufgabe zu lösen.
- Dies gilt unabhängig von Lerneffekten; die Lernphase beim Wechsel zu einem neuen System hat einen zusätzlichen Einfluss auf die Arbeitseffizienz, der hier nicht untersucht wurde.

Wir vermuten, dass das Ergebnis durch folgende Rebound-Effekte auf der Seite der Software-Entwickler zu erklären ist:

- „Featurism": Höhere Hardware-Effizienz ermöglicht eine Ausweitung der Funktionalität von Softwareprodukten. Die Entwickler nutzen diesen Freiraum, um zusätzliche Funktionen einzuführen, ohne dabei auf die konzeptuelle Struktur des Systems hinsichtlich Einfachheit, Kompaktheit und Stabilität Rücksicht zu nehmen. Dadurch kann die durchschnittliche Zeit, die der Benutzer benötigt, um auf eine gegebene Funktion zuzugreifen, stark ansteigen. Die Auswertung der Videobänder aus dem Experiment stützt diese Erklärung: Die Versuchspersonen haben relativ viel Zeit damit verbracht, auf Funktionen zuzugreifen, die in einem älteren System direkter (d.h. mit weniger Mauspositionierungen) erreichbar waren.
- „Software Bloat": Höhere Hardware-Effizienz verleitet Software-Entwickler zu ineffizienten Implementationen (in Bezug auf Rechenzeit oder Speicherplatz). Hierfür gibt es einige Evidenz in den Log-Files aus dem Experiment; es ist jedoch zu beachten, dass das Versuchsdesign nicht dafür ausgelegt war, diesen Aspekt im Detail zu untersuchen.

Mit Sicherheit beruhen viele Funktionserweiterungen und neue Softwarearchitekturen auf Marktanforderungen, so dass nicht einfach eine Mentalität der „grundlosen Verschwendung" auf Seite der Entwickler unterstellt werden kann. Dennoch sollte man erwarten, dass dies für die Benutzer/innen, die mit einem Softwareprodukt primär die gleichen alltäglichen Handlungen ausführen wollen wie mit der Vorgängerversion, wenigstens keine gravierenden Nachteile mit sich bringt.

Die Ergebnisse unserer Untersuchung lassen nicht den Schluss zu, dass es keinen Effizienzfortschritt durch die Erneuerung von Hard- und Software im Büroalltag gäbe. Das Laborexperiment hat eine künstliche Situation geschaffen, in der die Versuchspersonen ein exakt vorgegebenes Ergebnis zu reproduzieren hatten. Der Output war also fixiert, und nur der Input (in Form von Zeitaufwand) konnte variieren. In einer realen Situation haben Benutzer/innen dagegen mehr Gestaltungsfreiheit und können neue technische Möglichkeiten dazu nutzen, qualitativ andere Outputs zu erzeugen, z.B. Dokumente mit einem ausgefeilteren Layout.

Abhängig davon, wie man diese qualitative Veränderung im Output bewertet, wird sich auch die Effizienz anders darstellen. Auch ist zu berücksichtigen, dass durch Fortschritte in der Hardwareeffizienz – soweit sie nicht durch ineffiziente Implementationen kompensiert wurden – neue Arbeitsstile möglich geworden sind (etwa paralleles Bearbeiten vieler gleichzeitig geöffneter Dokumente), die früher an technische Grenzen gestoßen wären. Die Möglichkeit zur individuellen Gestaltung der Arbeitsabläufe schafft grundsätzlich Freiräume für Effizienzverbesserungen.

Insgesamt ist deshalb zu erwarten, dass die individuelle Arbeitseffizienz bei PC-basierten Tätigkeiten mit dem technischen Fortschritt zunimmt, wenngleich dieser Fortschritt aufgrund der beschriebenen Rebound-Effekte im Software-Design offenbar geringer ausfällt als prinzipiell möglich.

Ein häufig vorgebrachter Einwand gegen unsere Kritik am Software-Design lautet, dass der Markt ein solches Problem beheben müsste, wenn die Kunden wirklich unzufrieden sind. Dagegen ist einzuwenden, dass der Markt im Bereich der IKT weitgehend versagt, weil die notwendige Kompatibilität bzw. Interoperabilität fast zwangsläufig zur Marktdominanz einzelner Hersteller führt. Wir haben in unserem Experiment nicht nur Unzufriedenheit beobachtet, sondern auch Stress und – in Einzelfällen – ernsthafte Verzweiflung. Wir gehen davon aus, dass die jeweiligen Benutzer/innen ihre Unzufriedenheit im Alltag verbergen in der Annahme, alle anderen seien in der Lage, effizienter mit der gleichen Technologie umzugehen. Außerdem haben die meisten Benutzer/innen kaum Vergleichsmöglichkeiten und keine freie Wahl, da der Arbeitgeber über die technische Infrastruktur entscheidet.

Was kann man daraus für eine zukünftige „Informatisierung des Alltags" lernen? Offenbar ist es nicht selbstverständlich, dass die durch den IKT-Fortschritt geschaffenen Freiräume von den Entwicklern so genutzt werden, dass die Benutzer/innen ihre Ziele damit besser erreichen können. Nicht auszudenken, dass die gleiche Design-Mentalität, die die heutige PC-Software prägt, im Zeitalter der „smart objects" unser gesamtes Alltagsleben durchdringen könnte!

Ein fairer Wettbewerb könnte die Entwicklung grundsätzlich in eine wünschbare Richtung lenken. Die „Informatisierung des Alltags" wird sich aber wohl kaum in einem idealen Markt vollziehen, sondern in realen ökonomischen Strukturen mit wenigen dominanten Herstellern.

Rebound-Effekte in Organisationen

Wir haben bisher die Interaktion zwischen Mensch und Computer betrachtet und das organisatorische Umfeld ausgeblendet. Auf der Ebene der Organisation sind aber vielleicht die wichtigsten Rebound-Effekte zu beobachten.

Vorbemerkungen zu Effizienz und Produktivität

Betrachtet man einen beliebigen Transformationsvorgang als *Produktion* im ökonomischen Sinne (was prinzipiell immer möglich ist), so fallen Effizienz (wie oben definiert) und Produktivität zusammen. Produktivität ist definiert als Output pro Einsatz von Produktionsfaktoren. Begrenzt man die Betrachtung auf einen einzelnen Produktionsfaktor, z.B. Arbeit, so spricht man von *Faktorproduktivität*, im diesem Fall von *Arbeitsproduktivität*. Input und Output werden in der Regel nicht in physikalischen Einheiten, sondern durch ihren ökonomischen Wert repräsentiert.

Das IT-Produktivitätsparadox

Seit den späten 1980er Jahren wird vor allem in der ökonomischen Literatur die Beobachtung diskutiert, dass die mit dem Einsatz von Informationstechnologien verfolgten Produktivitätsziele nicht erreicht werden. Dieses „IT-Produktivitätsparadox"[3] wurde 1987 von Robert Solow erstmals thematisiert. Der Nobelpreisträger für Ökonomie initiierte die Debatte mit seinem viel zitierten Satz: „We see the computer age everywhere except in the productivity statistics" [Sol87]. Die darauf folgende Kontroverse motivierte eine Reihe interessanter Forschungsarbeiten über die Frage, wie IT die Produktivität von Organisationen beeinflusst.

Das IT-Produktivitätsparadox wird vor allem im Kontext des Dienstleistungssektors diskutiert.[4] In modernen Dienstleistungsunternehmen wird die Wertschöpfung typischerweise durch Personen erbracht, deren Arbeit von einem Computer unterstützt wird. Angestellte von Banken und Versicherungen, Reisebüros, Verlagen, Rechtsanwaltskanzleien, Forschungsinstituten – um nur einige zu nennen – verbringen einen großen Teil ihrer Arbeitszeit vor einem PC. Das ist immer häufiger auch während Sitzungen oder in Kundengesprächen der Fall.

Die Produktivität einer typischen Dienstleistungsorganisation ist deshalb – vereinfacht ausgedrückt – das Aggregat der Produktivität von Menschen, die einen PC benutzen, also ein aggregiertes Ergebnis jener Art von Arbeitseffizienz, die wir oben diskutiert haben. Die empirisch belegte Tatsache, dass technische Effizienz nicht zwingend die individuelle Arbeitseffizienz fördert, ist folglich eine mögliche Erklärung für das Produktivitätsparadox. Diese Erklärung ist jedoch nicht ausreichend. Zwei weitere – vielleicht die entscheidenden – Rebound-Effekte sind auf der organisatorischen Ebene zu finden.

Zielverschiebung

Die Tatsache, dass sich durch den informationstechnischen Fortschritt gewisse Ziele der täglichen Arbeit leichter und billiger erreichen lassen als früher (beispielsweise ein fehlerfreies Dokument), führt zu einer Verschiebung der Motivation in Richtung solcher Ziele. Der Soziologe Paul Attewell beschreibt diesen als Zielverschiebung (goal displacement) bezeichneten Effekt am Beispiel der Textverarbeitung:

---

[3] Engl. „IT productivity paradox". Der Beginn der Debatte fällt in eine Zeit, in der Informations- und Kommunikationstechnologie noch getrennte Bereiche waren, deshalb verwendet man in diesem Kontext noch die Bezeichnung „IT" (statt „IKT" bzw. „ICT").

[4] Dass die (weitgehend IT-basierte) Automatisierung der *industriellen* Produktion zu Produktivitätsfortschritten geführt hat, steht nicht zur Diskussion.

„Studies of individuals using word processors have noted that instead of using the technology to produce more documents in a given length of time, employees make five times as many corrections as previously. They also pay more attention to fonts, graphics and so on. In other words, at this individual level, there is a displacement from the goal of increasing throughput productivity to the goal of enhancement of quality and appearance" [Att93, S. 4].

Dieser Effekt ist aber nicht allein auf der individuellen Ebene zu erklären. Vielmehr ist es erst die Konkurrenz innerhalb der Organisation, die der kollektiven Zielverschiebung zum Durchbruch verhilft. Die technischen Möglichkeiten setzen faktische Qualitätsstandards, die möglicherweise nicht im Interesse einer produktiven Organisation liegen. Die Führung der Organisation könnte dies nur durchbrechen, indem sie die Standards nach unten korrigiert. Um im Beispiel zu bleiben: Die Unternehmensleitung könnte es verbieten, Manuskripte in einem anderen Format als ASCII zu verfassen, E-Mails im HTML-Format zu verschicken, animierte Präsentationen zu erstellen usw. – die Möglichkeiten für solche „produktiven Beschränkungen" sind nahezu unbegrenzt.

Mit etwas Phantasie lässt sich leicht ausmalen, welche Möglichkeiten zu Zielverschiebungen eine von „smart objects" durchdrungene Welt eröffnen wird.

Der Bürokratie-Rebound-Effekt

Die Kosten für das Dokumentieren von Tätigkeiten nehmen durch den IT-Fortschritt laufend ab. Man sollte also erwarten, große Organisationen würden sich dank IT von ihrer sprichwörtlichen Bürokratie befreien und ihrer Belegschaft würde dann mehr Zeit für produktive Tätigkeiten bleiben. Leider ist meist das Gegenteil der Fall: Weil die interne Nachfrage nach dokumentierender Information potenziell unbegrenzt ist, führt jede Kostensenkung zu einem unvermeidlichen Rebound-Effekt: Je effizienter dokumentiert werden kann, desto mehr Dokumentationspflichten werden eingeführt. Dies führt zu einem Wachstum unproduktiver, größtenteils legitimativer Tätigkeiten, das mit älterer Technik undenkbar gewesen wäre. Gemäß Attewell [Att93] kann dieser Rebound-Effekt 100% übersteigen, d.h. die Gesamtkosten für die Verarbeitung interner Information in Organisationen können mit IT höher sein als ohne IT.

Wenn dies bereits mit herkömmlicher IT geschieht – was ist erst zu erwarten, wenn dank schlauer Alltagsgegenstände alles messbar und dokumentierbar zu werden scheint?

Schlussfolgerungen

Wie der Rückblick in die jüngere Geschichte der IKT zeigt, ist es keineswegs selbstverständlich, dass durch Fortschritte auf der technischen Ebene auch die mit dem IKT-Einsatz intendierten Ziele besser erreicht werden. Selbst relativ klar definierte Ziele wie Effizienz und Produktivität konnten – trotz einer technischen Effizienzverbesserung von ungefähr einem Faktor 1000 in zwei Jahrzehnten – nicht im erwarteten Ausmaß erreicht werden. Der Grund hierfür ist die verengte

Perspektive technikzentrierter Visionen, die das Umfeld und damit entscheidende Nebenwirkungen ausblendet: Rebound-Effekte im Software-Design, bei der individuellen Anwendung und in der Organisation.

Solange die Auswirkungen des IKT-Einsatzes auf Mensch und Organisation nicht besser verstanden sind (und hierfür gibt es brauchbare Ansätze), sind Visionen einer „Informatisierung des Alltags" unvollständig und geradezu irreführend. Die Interaktion von Mensch, Technik und Organisation muss in ihrer Dynamik beachtet werden, wenn die Entwicklung gestaltbar sein soll.

Risiken der „Informatisierung des Alltags"

Eine technikzentrierte Vision der „Informatisierung des Alltags" ist „Pervasive Computing", kurz „PvC". IKT-Komponenten werden nach dieser Vision ihre Dienste an jedem Ort und zu jeder Zeit zur Verfügung stellen. Gebrauchsgegenstände, Fahrzeuge, Gebäude, Kleidung und teilweise auch der menschliche Körper werden mit Komponenten ausgestattet, die in der Lage sind, Daten zu speichern, zu verarbeiten und zu übertragen.

Im Jahr 2002 erhielt meine Forschungsgruppe an der Empa zusammen mit dem Institut für Zukunftsstudien und Technologiebewertung (IZT) in Berlin vom Schweizerischen Zentrum für Technologiefolgen-Abschätzung (TA-SWISS) den Auftrag, die Chancen und Risiken des PvC für Gesundheit und Umwelt abzuschätzen. Die 2003 veröffentlichte Studie [HBB03] wurde im Auftrag des Europäischen Parlaments überarbeitet und ins Englische übersetzt [HBB05], eine Kurzfassung außerdem in alle Amtssprachen der Europäischen Union. Die Zeitschrift „Human and Ecological Risk Assessment" widmete dem Thema eine Special Section [SHR04], das „IEEE Technology and Society Magazine" ein Special Issue [BCH05].

Das große Interesse an Technologiefolgen-Abschätzung für PvC zeigt unseres Erachtens ein verbreitetes Unbehagen gegenüber einer technisch-ökonomisch determinierten Entwicklung im IKT-Markt, die keinen Entscheidungsspielraum, keinen Gestaltungsspielraum mehr offen zu lassen scheint, obwohl sie doch im Zeichen unbegrenzter technischer Möglichkeiten propagiert wird. Die TA-SWISS-Studie war ein erster Ansatz, zukünftige Entwicklungspfade für PvC und insbesondere die damit verbundenen Risiken aufzuzeigen. Der Fokus lag auf gesundheitlichen, ökologischen und sozialen Risiken.

Pervasive Computing als gesellschaftlicher „Selbstversuch"

Die Technologiefolgen-Abschätzung ist im Normalfall weit davon entfernt, zukünftige Risiken quantifizieren zu können. Es ist zwar möglich, Anwendungsszenarien für vorhersehbare Technologien im Sinne möglicher Entwicklungspfade zu konstruieren – welches Szenario tatsächlich eintreten wird, ist aber nicht prognostizierbar. Gerade weil die Technologien (oder zumindest die Art ihrer Anwendung) neu sind, ist es nicht möglich, aus der Vergangenheit in die Zukunft zu extrapolieren. Bestenfalls – und das haben wir weiter oben versucht – kann man aus der Geschichte lernen, was bisher schief gelaufen ist und worauf man deshalb in Zukunft besonders achten sollte.

Um die medizinische Analogie wieder aufzugreifen: Die Gesellschaft ist in der gleichen Lage wie ein Patient, der ein Medikament einnehmen soll, mit dem noch keine Erfahrungen vorliegen. Der breite Einsatz von Technologien, die zuvor nur in einem eng beschränkten Rahmen getestet werden konnten, ist in diesem Sinne ein „Selbstversuch" der Gesellschaft. Die damit verbundenen Risiken gehen wir – der eine mehr, der andere weniger freiwillig – ein, um Chancen wahrzunehmen. Im Falle der Mobiltelefonie läuft dieser Versuch schon einige Jahre, und bisher sind keine gravierenden Probleme aufgetreten.

Pervasive Computing ist wesentlich komplexer als Mobiltelefonie. Der vielleicht entscheidende Unterschied ist die Auflösung der Grenzen zwischen IKT und Nicht-IKT. Während wir heute noch deutlich einen PC, ein Handy oder einen PDA als „IKT" erkennen und ein Buch, einen Tisch, eine Brille als „Nicht-IKT", so wird dieser Unterschied in einer PvC-Welt faktisch verschwinden. Folglich wird auch das Erzeugen von Daten (die gespeichert und übertragen werden können) immer häufiger als beiläufige, nicht bewusst vorgenommene Handlung auftreten. Tastatur und Display werden nicht mehr als identifizierende Merkmale für IKT taugen, weil eingebettete Mikrochips auf anderen Kanälen mit ihrer Umgebung kommunizieren werden. Die normale Benutzung von Alltagsgegenständen wird (über Sensoren) die Eingabedaten für eingebettete Prozessoren generieren, und ebenso wird die Ausgabe über Aktoren in diesen Objekten erfolgen. Der größte Teil des Datenverkehrs wird durch Maschine-Maschine-Kommunikation verursacht werden, d.h. nicht mehr direkt von Menschen initiiert sein, wie es heute z.B. beim Versenden von E-Mails der Fall ist.

Das Vorsorgeprinzip in der Informationsgesellschaft

Entscheidungen, die auf nicht quantifizierbare Risiken Bezug nehmen, lassen sich nicht vollständig objektivieren. Weil politische Entscheidungen aber auch gefällt werden müssen in Bereichen, in denen der Stand des Wissens nicht ausreicht, um quantitativ exakte Prognosen zu stellen, sind Handlungsmaximen notwendig, um mit solchen Situationen umzugehen. Eine solche Maxime ist das *Vorsorgeprinzip* (engl. *precautionary principle*), das ursprünglich aus dem Umweltbereich stammt.

Das Vorsorgeprinzip dient dem *Umgang mit Risiken in Situationen, in denen keine akute Gefährdung gegeben ist*. Es hat den Zweck, auch solche Risiken zu minimieren, die sich möglicherweise erst langfristig manifestieren, und Freiräume für zukünftige Entwicklungen zu erhalten. Vorsorge (engl. *precaution*) unterscheidet sich damit von der Gefahrenabwehr (engl. *prevention*), die im Falle eines Risikos mit akutem Gefährdungspotenzial zur Anwendung kommt. Ein Risiko muss nachgewiesen und ausreichend hoch sein, um als *Gefahr* im juristischen Sinne zu gelten.

Warum sollte es geboten sein, Einwirkungen auch dann zu vermeiden, wenn von ihnen keine akute Gefährdung ausgeht? In der juristischen Literatur werden zwei Theorien des Vorsorgeprinzips (VSP) diskutiert [Köc89, Bey92]:

- Die Ignoranz-Theorie rechtfertigt eine vorsorgliche Belastungsminimierung durch die Begrenztheit des Wissens (Ungewissheit) über zukünftige Wirkungen. Das VSP soll den vernünftigen Umgang mit ungeklärten Risiken unterstützen, während die Gefahrenabwehr den Umgang mit sicheren, d.h. ausreichend nachgewiesenen Risiken regelt.
- Die Freiraum-Theorie besagt, dass mit dem VSP Freiräume für die Aktivitäten zukünftiger Generationen erhalten werden sollen.

Nach Van den Daele [Dae01] wird das VSP in Anspruch genommen, um die Technikentwicklung stärker in den Einflussbereich von Politik und Öffentlichkeit zu bringen. Dies erscheint notwendig, weil der technische Fortschritt nicht nur Naturgefahren in den Verfügungshorizont menschlicher Entscheidungen holt, sondern gleichzeitig auch neue Risiken schafft. Neue Technologien können inakzeptable Nebenwirkungen für die Gesellschaft haben. Das VSP soll gewährleisten, dass sich die Gesellschaft bewusst für oder gegen das Eingehen solcher Risiken entscheiden kann, und zwar auch dann, wenn über die Existenz und das Ausmaß eines Risikos Ungewissheit besteht.

Ungeklärte Risiken können nicht quantitativ bewertet werden. Auch wenn sich in einigen Fällen das Schadensausmaß grob abschätzen lässt, ist die Eintrittswahrscheinlichkeit nicht bestimmbar. In der Risikoforschung werden deshalb eine Reihe von Kriterien zur *qualitativen Charakterisierung* von Risiken diskutiert. Um das Vorsorgeprinzip für Fragestellungen der Informationsgesellschaft zu präzisieren, haben wir in der TA-SWISS-Studie die folgenden Kriterien verwendet:

- *Sozioökonomische Irreversibilität:* Ist die Wiederherstellung des Ausgangszustandes aus wirtschaftlichen oder rechtlichen Gründen praktisch unmöglich?
- *Verzögerungswirkung:* Ist die Verzögerung zwischen dem Eintreten der Ursache und dem Auftreten des Schadens groß? [5]
- *Konfliktpotenzial* mit den beiden Unterkriterien *Freiwilligkeit* (wird das Risiko freiwillig eingegangen?) und *Fairness* (sind Nutzen und möglicher Schaden gleich verteilt?).[6]
- *Belastung für die Nachwelt:* Verschlechtert der eingetretene Zustand die Möglichkeiten zukünftiger Generationen, ihre Bedürfnisse zu befriedigen?

---

[5] Eine Verzögerung – im Verhältnis zur Ausbreitungsgeschwindigkeit der Ursache – ist ungünstig, weil dann Gegenmaßnahmen im Rahmen des Schutzprinzips (Gefahrenabwehr) erst spät einsetzen. Verzögerungswirkung ist also ein zentrales Kriterium unter dem Aspekt des Vorsorgeprinzips.

[6] Menschen gehen Risiken ein, um Chancen wahrzunehmen. Wenn jedoch die Chance (der potenzielle Nutzen) von anderen Akteuren wahrgenommen wird als von jenen, die das Risiko (den potenziellen Schaden) tragen, ist das Konfliktpotenzial hoch.

Zur näheren Erläuterung und Begründung dieser Kriterien sowie zur Methodik ihrer Anwendung verweisen wir auf die Originalstudie [HBB03] und darauf aufbauende Veröffentlichungen [HSK04, SHR04].

Ergebnisse der TA-SWISS-Studie

Die Studie hat auf der Basis von Literaturrecherchen, Szenarien und Experten-workshops 31 gesundheitliche, ökologische und soziale Auswirkungen von PvC identifiziert, die entweder als Chance, als Risiko oder als ambivalent (Nutzen oder Schaden sind von weiteren Faktoren abhängig) klassifiziert wurden. Durch Anwendung der oben genannten qualitativen Kriterien wurden 11 Risiken höherer Priorität herausgefiltert, die schließlich zu Problemfeldern (Risiko-Clustern) verdichtet wurden. Ohne auf die Zwischenschritte im Detail eingehen zu können, fassen wir hier die wichtigsten Problemfelder zusammen (die Reihenfolge bedeutet keine Priorisierung):[7]

- *Stress:* PvC kann aus mehreren Gründen Stress auslösen, darunter schlechte Benutzbarkeit der Systeme, Störung und Ablenkung der Aufmerksamkeit, das Gefühl des Überwachtwerdens (Privatsphäre/Datenschutz), möglicher krimineller Missbrauch sowie steigende Anforderungen an die Produktivität des Einzelnen. Stress ist ein wichtiger Einflussfaktor für die Gesundheit.
- *Unfreiwilligkeit:* Ein Teil der Konsumenten könnten durch die Entwicklung in Richtung PvC in eine Lage gebracht werden, in der sie diese Technologie unfreiwillig anwenden müssen (z.B. weil Alternativen nicht mehr angeboten werden) oder unfreiwillig mitfinanzieren (z.B. über steigende Krankenkassenbeiträge).
- *Verursacherprinzip:* Die Ursachen von Schäden, die durch das Zusammenwirken mehrerer Komponenten aus Computerhardware, Programmen und Daten in Netzwerken entstehen, sind in der Regel nicht aufzuklären, weil die Komplexität dieser verteilten Systeme weder mathematisch noch juristisch beherrschbar ist. Da mit PvC die Abhängigkeit von solchen Systemen zunehmen wird, ist insgesamt ein Anstieg des durch unbeherrschte technische Komplexität entstehenden Schadens zu erwarten. Die Folge ist, dass ein wachsender Teil des Alltagslebens sich faktisch dem Verursacherprinzip entzieht.
- *Ökologische Nachhaltigkeit:* Der Verbrauch seltener Rohstoffe durch die Produktion von Elektronik und der Stromverbrauch durch die stationäre Infrastruktur könnten stark zunehmen. Wenn die Entsorgung von Millionen winziger Komponenten als Elektronikabfall nicht adäquat geregelt werden kann, gehen wertvolle Rohstoffe verloren und gelangen Schadstoffe in die Umwelt (speziell zum letzten Punkt siehe auch [KWE05, WEH05, WOS05]).

---

[7] Wir gehen hier nicht auf den Themenkomplex „nicht-ionisierende Strahlung" ein, der in der Studie ebenfalls ausführlich behandelt wurde.

Im Sinne des Vorsorgeprinzips formuliert die Studie Maßnahmen an die Adresse von Politik, Bildung und Wirtschaft, die geeignet sind, diese Risiken frühzeitig – also bevor sie zu einer Gefahr werden – zu minimieren. Die Aussagen zu den Problemfeldern sind deshalb nicht als *Prognose* zu verstehen, sondern als Hinweise auf mögliche Fehlentwicklungen, die noch korrigiert werden können.

Als übergeordnete Maßnahme wird die Koordination der beiden Politikfelder *Informationsgesellschaft* und *nachhaltige Entwicklung* vorgeschlagen. Eine geeignete Ausgestaltung der Informationsgesellschaft ist eine notwendige Voraussetzung für die Möglichkeit einer nachhaltigen Entwicklung (siehe weiterführend auch [HAE06]).

Kritische Fragen zur Informatisierung des Alltags

Zusammenfassend möchte ich zur Vision einer „Informatisierung des Alltags" sechs kritische Fragen formulieren, die in einem möglichst offenen Diskurs geklärt werden sollten:

- Wie können die durch den IKT-Fortschritt geschaffenen Freiräume im Interesse der Benutzer/innen ausgeschöpft werden, obwohl wegen des latenten Zielkonflikts zwischen *Wettbewerb* (der Vielfalt bedingt) und *Standardisierung* (die Einheitlichkeit bedingt) der IKT-Markt nur eingeschränkt funktioniert?
- Genügt unser Verständnis der Wechselwirkungen zwischen Mensch, Technik und Organisation (d.h. von sozio-technischen Systemen), um heutige und zukünftige IKT besser für eine erfolgreiche Entwicklung von Organisationen einzusetzen als bisher?
- Ist unser Entwicklungsstand in den Bereichen Mensch-Maschine-Schnittstellen, Datenschutz und Datensicherheit ausreichend und wird er ausreichend beachtet, damit die Informatisierung des Alltags keinen zusätzlichen psychischen Stress durch Ablenkung, Überwachung und drohenden Missbrauch mit sich bringen wird?
- Kann die Gesellschaft mit den Konflikten umgehen, die zwischen den freiwilligen Benutzer/innen und den nur teilweise freiwillig oder unfreiwillig Betroffenen einer ubiquitären Technologie entstehen könnten?
- Wird eine informationstechnisch vernetzte Alltagswelt, die eher als emergentes Phänomen denn als konstruiertes und beherrschbares System zu verstehen ist, in Schadensfällen noch die Ermittlung eines Verursachers zulassen? Ist unser Rechtssystem auf dieses Problem vorbereitet?
- Setzen die geltenden Rahmenbedingungen die richtigen Anreize, die „Informatisierung des Alltags" für das Ziel einer nachhaltigen Entwicklung zu nutzen? Oder verleiten sie dazu, eine Infrastruktur aufzubauen, die neue Abhängigkeiten und Verletzlichkeiten schafft und dauerhaft mehr materielle und energetische Ressourcen beansprucht, als sie einspart?

Literatur

[Att93] Attewell P (1993) Why productivity remains a key measure of IT impact. Proc. Productivity impacts of information technology investments conference, Charleston

[BCH05] Bütschi D, Courant M, Hilty LM (2005) Towards Sustainable Pervasive Computing. Guest Editorial. IEEE Technology and Society Mag. 24(1): 7–8.

[Bey92] Beyer H-M (1992) Das Vorsorgeprinzip in der Umweltpolitik. Schriftenreihe Wirtschafts- und Sozialwissenschaften, Bd. 10, Verlag Wissenschaft & Praxis

[Bin01] Binswanger M (2001) Technological Progress and Sustainable Development: What About the Rebound Effect? Ecological Economics 36: 119–132.

[Dae01] Van den Daele W (2001) Zur Reichweite des Vorsorgeprinzips – rechtliche und politische Perspektiven. In: Lege J (Hrsg.): Gentechnik im nicht-menschlichen Bereich – was kann und was sollte das Recht regeln? Verlag Arno Spitz, Berlin: 101–125

[Den05] Denzler L (2005) Zwei Schritte vor, ein Schritt zurück: Software-Update-Zyklus lähmt Arbeitsproduktivität. Neue Zürcher Zeitung, 02.11.2005.

[HAE06] Hilty LM, Arnfalk P, Erdmann L, Goodman J, Lehmann M, Wäger P (2006) The Relevance of Information and Communication Technologies for Environmental Sustainability – a Prospective Simulation Study. Environmental Modelling & Software 21(11): 1618–1629

[HBB03] Hilty LM, Behrendt S, Binswanger M, Bruinink A, Erdmann L, Fröhlich J, Köhler A, Kuster N, Som C, Würtenberger F (2003) Das Vorsorgeprinzip in der Informationsgesellschaft – Auswirkungen des Pervasive Computing auf Gesundheit und Umwelt. Zentrum für Technologiefolgen-Abschätzung (TA-SWISS), Bern (TA 46/2003)

[HBB05] Hilty LM, Behrendt S, Binswanger M, Bruinink A, Erdmann L, Fröhlich J, Köhler A, Kuster N, Som C, Würtenberger F (2005) The precautionary principle in the information society – effects of pervasive computing on health and environment. Second Revised Edition. Edited by the Swiss Center for Technology Assessment (TA-SWISS), Bern, Switzerland (TA46e/2005) and the Scientific Technology Options Assessment at the European Parliament (STOA 125 EN)

[HKS05] Hilty LM, Köhler A, Schéele F, Zah R, Ruddy T (2005) Rebound effects of progress in information technology. Poiesis & Praxis: International Journal of Technology Assessment and Ethics of Science (11): 1–20

[HSK04] Hilty LM, Som C, Köhler A (2004) Assessing the human, social and environmental risks of pervasive computing. Human and Ecological Risk Assessment 10(5): 853–874

[Köc89] Köchlin D (1989) Das Vorsorgeprinzip im Umweltschutzgesetz, unter besonderer Berücksichtigung der Emissions- und Immissionsgrenzwerte. Neue Literatur zum Recht, Hebling & Lichtenhahn, Basel und Frankfurt am Main

[KWE05] Kräuchi P, Wäger PA, Eugster M, Grossmann G, Hilty LM (2005) End-of-Life Impacts of Pervasive Computing. IEEE Technology and Society Mag. 24(1): 45–53

[Mat03] Mattern F (2003) Vom Verschwinden des Computers – Die Vision des Ubiquitous Computing. In: Mattern F (Hrsg.): Total Vernetzt. Springer-Verlag: 1–41

[SHR04] Som C, Hilty LM, Ruddy T (2004) The Precautionary Principle in the Information Society. Human and Ecological Risk Assessment 10 (5): 787–799

[Sol87] Solow R (1987) We'd better watch out. Book Review, New York Times (July 12)

[WEH05] Wäger P, Eugster M, Hilty LM, Som C (2005) Smart labels in municipal solid waste – a case for the precautionary principle? Environmental Impact Assess. Rev. 25(5): 567–586

[WOS05] Widmer R, Oswald-Krapf H, Sinha-Khetriwal D, Schnellmann M, Böni H (2005) Global perspectives on e-waste. Environmental Impact Ass. Rev. 25(5): 436–458

Dr. Lorenz M. Hilty leitet die Abteilung „Technologie und Gesellschaft" der Eidgenössischen Materialprüfungs- und Forschungsanstalt (Empa) in St. Gallen und ist Lehrbeauftragter der Universität St. Gallen. Nach einem Studium der Informatik und Psychologie an der Universität Hamburg, abgeschlossen mit Dissertation 1991, war er Projektleiter am Forschungsinstitut für anwendungsorientierte Wissensverarbeitung (FAW) in Ulm und habilitierte sich 1997 zum Thema „Beiträge der Informatik zu einer nachhaltigen Entwicklung". Danach trat er eine Professur für Wirtschaftsinformatik mit dem Schwerpunkt auf Forschungsaufgaben an der Fachhochschule Nordwestschweiz an und wechselte im Jahre 2000 an die Empa, um dort das vom ETH-Rat geförderte Forschungsprogramm „Nachhaltigkeit in der Informationsgesellschaft" durchzuführen. Aus diesem Programm (2001-2005) ist die heutige Abteilung „Technologie und Gesellschaft" der Empa hervorgegangen.

Hilty ist Vorstandsmitglied und Ethikbeauftragter der Schweizer Informatik-Gesellschaft (SI), Schweizer Delegierter im Technical Committee „Computers and Society" der International Federation for Information Processing (IFIP) und Mitherausgeber mehrerer Fachzeitschriften. Sein Forschungsinteresse gilt den sozialen und ökologischen Aspekten von Informations- und Kommunikationstechnologien.

Datenschutz, Privatsphäre und Identität in intelligenten Umgebungen: Eine Szenarioanalyse

Michael Friedewald, Ralf Lindner

Fraunhofer-Institut für System- und Innovationsforschung, Karlsruhe

Kurzfassung. Der Erfolg von intelligenten Umgebungen (engl. *Ambient Intelligence*, AmI) wird entscheidend davon abhängen, wie gut persönliche Daten sowie die Privatsphäre und andere Rechte des potenziellen Nutzers geschützt werden können und ob es gelingt, Vertrauen gegenüber der wenig greifbaren informatisierten Umwelt aufzubauen. Dieser Beitrag beleuchtet diese Themen, indem Szenarien analysiert werden, die im Rahmen von technischen Entwicklungsprojekten, aber auch von politischen Entscheidungsträgern und ihren Beratern erstellt wurden. Dabei werden grundlegende Annahmen herausgearbeitet, die die Befürworter dieser Technik über den Benutzer, den Nutzungskontext und eventuell unerwünschte Nebeneffekte treffen. Auf dieser Basis wird eine Reihe von möglichen Schwachpunkten und Verwundbarkeiten intelligenter Umgebungen abgeleitet.

Einleitung

Neben „*Ubiquitous Computing*" und „*Pervasive Computing*" spricht man in Europa in den letzten Jahren verstärkt von „intelligenten Umgebungen" (*Ambient Intelligence*, AmI) [IDB01, AaM03, RFE05]. Dieser Begriff umfasst zusätzlich zur informationstechnischen Durchdringung des Alltags auch Aspekte der Mensch-Maschine-Kommunikation und der künstlichen Intelligenz. Man stellt sich dabei vor, dass eine intelligente Technik dem Menschen ständig unterstützend zur Verfügung steht, aber selbst praktisch unsichtbar wird. Dabei sollen Alltagsgegenstände zu aktiven, kommunikationsfähigen Subjekten werden und der dinglichen Welt eine ganz neue Eigenschaft verleihen: Diese wird reaktionsfähig, passt sich den aktuellen Bedürfnissen des Menschen an und steigert damit dessen Leistungsfähigkeit und Lebensqualität.

Privatsphäre, Identität, Sicherheit und Vertrauen sind in den Zukunftsvisionen über intelligente Umgebungen von Anfang an als die Schlüsselfragen schlechthin thematisiert worden [Wei93]. Innerhalb der Forschungs- und Entwicklungsszene wächst das Bewusstsein über die systemimmanente Herausforderung für soziale Normen und Werte hinsichtlich Privatsphäre und Überwachung, welche von unsichtbaren, intuitiven und allgegenwärtigen Computernetzen ausgeht.

Für die von AmI ausgehenden Gefahrenpotenziale für die Privatsphäre zeichnen zwei zentrale technische Innovationen verantwortlich: zum einen die massiv erhöhten Kapazitäten zur technischen Erfassung und Speicherung alltäglicher Aktivitäten und Interaktionen von Privatpersonen in vielfältigen Ausprägungen sowie über große Distanzen und Zeiträume hinweg, zum anderen die gesteigerten Fähigkeiten zur schnellen Durchsuchung von großen Datenbanken, womit zusätzliche Möglichkeiten zur Erstellung von personenbezogenen Datenprofilen und anderen Formen des *Data Mining* einhergehen [BCL04]. Einer der führenden Experten auf diesem Gebiet hat folgende allgemeine Problembereiche identifiziert, mit denen die Nutzer bzw. Betroffenen von AmI sehr wahrscheinlich konfrontiert sein werden [Ack04]:

- Ein allgegenwärtiges Netzwerk von Anwendungen und Kommunikationen zieht einen massiven Anstieg bei der Erhebung und Übermittlung personenbezogener Daten nach sich.
- Die Einführung von biometrischen Verfahren und Wahrnehmungssensoren für bestimmte Anwendungen wird die Qualität der im Umlauf befindlichen personenbezogenen Daten verändern.
- Um personalisierte Dienste anbieten zu können, wird durch AmI-Systeme ein Großteil des Alltagslebens digital erfasst (*tracking*) und gespeichert.

Freilich gilt, dass sich die angesprochenen Probleme im Bereich der Privatsphäre im Zuge der technischen Entwicklung sukzessive entfalten werden. Obwohl sich diese Zukunftsvisionen aus heutiger Sicht noch weitgehend wie Science-Fiction ausnehmen, ist eine frühzeitige Auseinandersetzung mit den potenziellen Risiken der Technologie erforderlich, sollen künftige Entwicklungen in gesellschaftlich erwünschte Bahnen gelenkt werden. Um zu einem besseren Verständnis über die Funktionsweise von AmI und den inhärenten Gefahren zu gelangen, wurden über 70 F&E-Projekte und Roadmaps, die meist auch umfangreiche Szenarien enthalten, einer Metaanalyse unterzogen. Ein Großteil der untersuchten Studien wurde von der EU finanziert, etwa im Rahmen der „Disappearing Computer Initiative".

In den analysierten AmI-Visionen wird eine große Bandbreite unterschiedlicher Anwendungen angesprochen, die von vergleichsweise zeitnah zu realisierenden Prototypen bis zu Szenarien reicht, die von einem langfristigen Zeithorizont ausgehen. Die zahlreichen Facetten des künftigen Lebens in und mit intelligenten Umgebungen wurden von den Autoren in fünf unterschiedliche Hauptanwendungsbereiche gruppiert: *Zuhause, Arbeitsplatz, Gesundheitswesen, Shopping/Konsum* und *Mobilität*.

Nachfolgend wird der Analyserahmen vorgestellt, der die Metaanalyse der ausgewählten Studien anleitete. Von besonderem Interesse sind dabei die Untersuchungsdimensionen, anhand derer die Szenarien systematisch analysiert wurden. Die wesentlichen Ergebnisse werden dann entlang der fünf Anwendungsbereiche präsentiert, wobei die unterschiedlichen Zukunftsvorstellungen und ihre jeweiligen Besonderheiten überblicksartig diskutiert werden. Im Schlussteil geht es schließlich um die Chancen und Risiken von AmI sowie um die offenen Fragen, die sich aus den untersuchten Szenarien ergeben.

Analytischer Rahmen

Privatsphäre und Datenschutz

Der Schutz der Privatsphäre zählt bekanntlich zu den unverzichtbaren Vorbedingungen demokratischer Gemeinwesen. Dabei geht es nicht allein um verfassungsmäßig garantierte Abwehrrechte des Bürgers; ohne den verlässlich geschützten Bereich des Privaten sind weder die Voraussetzungen für die Pluralität politischer Anschauungen noch für öffentliche Deliberation und Meinungsbildung gegeben, auf die demokratische Prozesse angewiesen sind.

Unter Verweis auf Lessig [Les00] argumentieren Bohn et al. [BCL04], dass Individuen ihre Privatsphäre verletzt wähnen, sobald bestimmte Grenzen überschritten werden. Auf einer allgemeinen Ebene wurden folgende vier Grenzbereiche als besonders kritisch identifiziert:

- *Natürliche Grenzen.* Offensichtliche physische Grenzen wie Mauern, Türen, Kleidung, Dunkelheit, verschlossene Briefe oder Telefongespräche können als natürliche Grenzen einen Schutzraum für die wahrhaftigen Emotionen eines Menschen konstituieren.
- *Soziale Grenzen.* Erwartungen hinsichtlich der Vertraulichkeit innerhalb eines bestimmten sozialen Kontextes (z.B. Familie, Ärzte, Anwälte etc.). So besteht beispielsweise die Verhaltensnorm, dass persönlich adressierte Faxe nicht von Kollegen gelesen werden.
- *Raum- und zeitbedingte Grenzen.* In der Regel wird erwartet, dass sowohl bestimmte Lebensabschnitte als auch -bereiche isoliert voneinander bestehen können. So sollte weder eine stürmische Adoleszenzphase langfristige Auswirkungen auf das Erwachsenenleben haben, noch dürfte ein geselliger Abend mit Freunden die Zusammenarbeit im Kollegenkreis beeinflussen.
- *Grenzen aufgrund kurzlebiger oder vorübergehender Effekte.* Gemeint sind unüberlegte, spontane Äußerungen oder Handlungen, von denen der Akteur hofft, dass sie bald in Vergessenheit geraten. Ton- und Bildaufnahmen solcher Momente oder die Durchsuchung unseres Hausmülls stellen klare Verstöße gegen die Erwartung dar, dass bestimmte Informationen von Dritten unbeachtet bleiben bzw. vergessen werden.

Andere Autoren haben zur Weiterentwicklung dieser Konzeptualisierungen von Privatsphäre beigetragen. So präsentiert Nissenbaum [Nis04] ein Modell der informationellen Privatsphäre, welches auf *kontextueller Integrität* basiert. Eingriffe in die Privatsphäre sind demnach kontextabhängig: Was in einem Kontext als angemessen gilt, kann bereits in einem anderen Zusammenhang ein ungerechtfertigter Eingriff sein. Singer [Sin01] weist darauf hin, dass das Eindringen in die Privatsphäre nicht nur Fragen der Enthüllung brisanter Informationen und die Belästigung einer Person zum falschen Zeitpunkt oder mit unerbetenen Informationen betrifft. Personalisierung von Information könne durchaus im Interesse des

Betroffen sein, wenn dies beispielsweise die Menge unerwünschter und lästiger Werbung reduziert. Allerdings könnten die denkbaren Vorteile der Personalisierung gerade mittel- und langfristig besonders negative Konsequenzen zeitigen, da durch die Reduzierung des Individuums auf eine schlichte Konsumentenrolle die Fähigkeiten des Abwägens und des reflektierten Handelns nicht gefordert werden.

Methodik der Szenarioanalyse

Die Entwicklung von Szenarien ist eine sinnvolle Methode, um die prominentesten Forschungs- und Entwicklungsaktivitäten innerhalb eines bestimmten Technologiebereichs in einer konzisen Form zu präsentieren. Mit Blick auf die Szenarien im Bereich von AmI lassen sich mindestens drei Typen unterscheiden:

- Elaborierte Szenarien (*screenplays*) beinhalten sehr detaillierte Angaben zu Akteuren und ihren Aktivitäten und basieren auf einem sorgfältig ausgearbeiteten Handlungsstrang. Diese Szenarien können entweder primär konzeptionelle, hypothetische Visionen über eine Zukunft sein,[1] oder der Darstellung von Zielen innerhalb eines Projektes dienen.
- Anwendungsszenarien finden sich meist in Forschungsveröffentlichungen. Hierbei konzentriert man sich auf eine bestimmte Funktion des in den Publikationen behandelten Prototyps; die Handlungsstränge sind nur dort ausgearbeitet, wo dies der Darstellung und Problematisierung der unmittelbaren Funktionalität des Prototyps dienlich ist.
- Der am weitesten verbreitete Typus ist streng betrachtet kein Szenario im eigentlichen Sinne. Diese „Szenarien" basieren nicht auf stimmigen Geschichten, sondern beschreiben bestimmte Situationen und/oder Trends, die sich für die Anwendung von AmI-Technologie besonders gut eignen könnten.[2] Solche Darstellungen verweisen oft auf interessante Anwendungsgebiete, die meist weder in den Szenarien des ausführlicheren ersten noch des technikorientierten zweiten Typs auftauchen.

Die ausgewählten Zukunftsvisionen und Szenarien wurden entlang folgender Dimensionen systematisch analysiert:

- Charakteristika des *Hauptakteurs*. Fragen der Privatsphäre sind abhängig vom eigentlichen Darstellungsziel des Szenarios. So ist es etwa denkbar, dass Menschen mit Behinderungen eine größere Bereitschaft haben könnten, private Informationen gegen bestimmte Formen der alltäglichen Unterstützung einzutauschen als Nicht-Behinderte. Auch die Lebensphase eines Menschen spielt eine entscheidende Rolle, da beispielsweise davon auszugehen ist, dass kleine Kinder ein weniger ausgebildetes Interesse am Schutz ihrer Privatsphäre haben.

---

[1] Ein gutes Beispiel stellen etwa die Szenarien der *Information Society Technologies Advisory Group* (ISTAG) dar [IDB01].

[2] Siehe z.B. [MMS03] zur Rolle von Technologie bei der Rettung von Lawinenopfern.

- *Kontext* des Szenarios. Menschen haben unterschiedliche Erwartungen hinsichtlich des Schutzes der Privatsphäre in Abhängigkeit von der jeweiligen Umwelt. So gelten in der Öffentlichkeit allgemein anerkannte Verhaltensrestriktionen, die in dieser Form innerhalb der Privatwohnung kaum akzeptiert werden würden.
- *Handlungen* innerhalb des Szenarios. Die im Szenario beschriebenen Aktivitäten des Akteurs sind ein konstituierender Teil sowohl des Handlungsstrangs als auch des persönlichen Kontextes des Akteurs.
- *Informationsflüsse* innerhalb des Szenarios. Übermittlung und Austausch von Informationen sind deshalb von herausragender Bedeutung, weil mit ihnen Gefahren der (unfreiwilligen) Offenlegung verbunden sind.
- Der *Grad der Kontrolle* des AmI-Systems. Mit dem Ausmaß der vom AmI-System ausgeübten Kontrolle gehen Fragen der Abhängigkeit von der Technologie, der rechtlichen Verantwortung für eigenständige Aktionen des technischen Systems und, mit diesen beiden Aspekten eng verknüpft, der gesellschaftlichen Akzeptanz einher.
- *Implementierung* von AmI-Systemen. Viele Gefahren für eine unversehrte Privatsphäre gehen vom eigentlichen Prozess der praktischen Umsetzung technischer Systeme aus.

Zukunftsvisionen

Bevor die Kernfragen von Privatsphäre, Identität und Datensicherheit erörtert werden, werden nachfolgend zunächst die Hauptanwendungsbereiche von AmI-Systemen (Privathaushalt, Arbeitsplatz, Gesundheitswesen, Shopping/Konsum und Mobilität) auf einer allgemeinen Ebene vorgestellt.

Privathaushalte

Die Wohnung, das Zuhause, ist bekanntlich der Ort für Privatheit schlechthin. Die private Umgebung und die dortige Atmosphäre haben einen entscheidenden Anteil am persönlichen Wohlbefinden. Möchte man sensible private Informationen über eine Person in die Hände bekommen, ist die Privatwohnung sicherlich der am besten geeignete Ort für entsprechende Auskundschaftungen. Innerhalb der Privatwohnung werden persönliche und finanzielle Dinge besprochen und erledigt; individuelle Verletzbarkeiten, Schwächen und Gesundheitsprobleme werden dort am ehesten offenbart. Es existieren nur wenige persönliche Informationen über Individuen, die nicht in einer Privatwohnung aufgefunden werden könnten. Aus der Perspektive des Individuums wird das Zuhause als jener Ort wahrgenommen, wo er sich ohne äußere Eingriffe weitgehend frei entfalten kann. Nissenbaum [Nis04] betont, dass insbesondere dieser Aspekt von Privatheit für die Persönlichkeitsentwicklung und -entfaltung von großer Bedeutung ist.

Ein großer Teil der AmI-Projekte und der Roadmaps bzw. Szenarien setzt sich mit dem Zuhause auseinander [FDP05]. Dabei spielen insbesondere folgende Themen und Anwendungsmöglichkeiten eine Rolle:

- Individuelle Kommunikationsangebote sowohl für die Kommunikation unter den Haushaltsmitgliedern als auch zwischen Personen innerhalb und außerhalb der Wohnung. Die Kommunikationsanwendungen, die in den Visionen über die Haushalte der Zukunft thematisiert werden, zielen meist auf den Aufbau von Informationsaustausch zwischen Freunden und Familienmitgliedern ab, womit die Übermittlung großer persönlicher Datenmengen verbunden ist [AHC01, IDB01, MYA05, MaB03].
- Personalisierter Zugang zu externen Informationsangeboten.
- Technische Unterstützung bei der Suche nach persönlichen Gegenständen (Spielzeug, Schlüssel etc.) [ORB99, AHC01].
- Bedienung und Kontrolle von Haushaltsgeräten aller Art, um Reproduktionsarbeiten zu unterstützen [AHC01, MaB03].
- Erhöhung von Sicherheit durch die technisch unterstützte Nachverfolgung (*tracking*) von Personen, Geräten und Objekten; Unfallvorbeugung und schnelle, automatisierte Übermittlung von Notfallmeldungen; Zugangskontrollmanagement [AHC01, ITE04].
- Freizeit- und Unterhaltungsangebote sowie Verbesserung des alltäglichen Komforts [AHC01, PTA01, ITE04].

Die Mehrzahl der untersuchten Szenarien im Bereich „Privathaushalt" macht keine näheren Angaben zur konkreten Lage der Wohnungen, d.h., es bleibt unbestimmt, ob es sich um eher ländliche oder städtische Gebiete handelt. Daraus ist zu schließen, dass das Zuhause der Zukunft als ein komplexes System angesehen wird, das von einer Infrastruktur unterstützt wird, die grundsätzlich universell zur Verfügung steht. Ferner wird die Wohnung als Privatsphäre konzipiert, die jedoch halb-öffentlich werden kann, sobald Besucher eintreten.

Arbeitsplatz

Für den AmI-Anwendungsbereich „Erwerbsarbeit" sind drei Aspekte von besonderer Bedeutung: (1) Zwar verbringen Menschen in der Regel einen hohen Anteil ihrer Lebenszeit am Arbeitsplatz, allerdings sind sie dort im Vergleich zu ihrem Zuhause weitaus weniger in der Lage, ihre Umweltbedingungen selbst zu bestimmen. (2) Sollten Arbeitgeber die Privatsphäre ihrer Mitarbeiter beeinträchtigen, bleibt den abhängig Beschäftigten aufgrund der strukturellen Asymmetrie der Beziehung meist nur die Möglichkeit, die Situation zu akzeptieren oder den Arbeitgeber zu wechseln. (3) Unabhängig davon ist es wahrscheinlich, dass Arbeitnehmer unter als ungerechtfertigt wahrgenommenen Eingriffen in ihre Privatsphäre leiden. Dabei bleibt die Frage offen, ob und in welchem Ausmaß ein Arbeitgeber von einer intensiven technischen Überwachung seiner Beschäftigten profitiert oder aufgrund von Leistungsverlusten mehr Nachteile erleidet.

Die Grenzziehung zwischen Privat- und Arbeitsphäre bleibt dennoch unscharf. So lässt es sich aufgrund der üblichen Arbeitszeiten kaum vermeiden, dass auch am Arbeitsplatz private Dinge erledigt werden. Daraus folgt, dass mit Blick auf das Arbeitsumfeld nicht nur rechtliche Fragen des Urheberrechts u.Ä. von Bedeutung sind, sondern eben auch der Schutz privater Daten.

Die Analyse der auf den Arbeitsbereich zielenden AmI-Forschungsprojekte verdeutlicht, dass AmI-Systeme bereits heute an manchen Arbeitsplätzen aufgebaut werden. Daher liegt der Schluss nahe, dass wir weitaus schneller mit intelligenten Umgebungen am Arbeitsplatz konfrontiert sein werden, als dies in Privathaushalten der Fall sein wird. Dem Schutz der Privatsphäre in der Arbeit kommt somit zumindest kurzfristig eine höhere Dringlichkeit zu. AmI-Projekte und Roadmaps bzw. Szenarien im Anwendungsbereich „Arbeitsplatz" setzen sich wie folgt mit diesem Themenkreis auseinander [AsH02, Lop04, LHN04, Hei04]:

- Individuelle Kommunikationsangebote, sowohl für den Informationsaustausch unter den Mitarbeitern als auch zwischen den Personen innerhalb und außerhalb des Arbeitsbereichs. Dabei wird sowohl die dienstliche als auch die private Kommunikation behandelt.
- Unterstützung der Mobilität von Mitarbeitern, um prinzipiell zu jeder Zeit und an jedem Ort die Arbeitsaufgaben durchführen zu können.
- Zugang zu arbeitsrelevanten Informationen zu jeder Zeit und an jedem Ort, um *knowledge-sharing* und Kooperation zu verbessern.
- Schaffung eines Angebots an effizienten Unterstützungswerkzeugen, beispielsweise leistungsfähige Tools für das Dokumentenmanagement, Unterstützung von Besprechungen durch Multimedia-Anwendungen etc.
- Bedienung und Kontrolle von Arbeitsgeräten wie Projektoren oder Bildschirmen. Durch die Verknüpfung unterschiedlicher Applikationen können ganze Gebäude zu intelligenten Umgebungen werden, wodurch beispielsweise die Aufenthaltsorte der Mitarbeiter lückenlos nachvollzogen und sie jederzeit kontaktiert werden können.
- Erhöhung des Sicherheitsniveaus in Abhängigkeit der jeweiligen Arbeitserfordernisse.
- Arbeitsgebietsspezifische Funktionalitäten wie Diagnoseinstrumente, Produktionsautomation, Lagerhaltung oder dynamisches Preismanagement.

Ähnlich wie für den Bereich der Anwendungen für zu Hause, wird auch für das Arbeitsumfeld angenommen, dass die notwendige Infrastruktur für AmI-Systeme grundsätzlich überall vorhanden ist. Durch die allgegenwärtige Existenz von Kommunikationsgelegenheiten sind Mitarbeiter überall und zu jeder Zeit erreichbar, während diese umgekehrt stets Zugriff auf die Daten ihres Aufgabenbereichs haben. Zwar gilt der Arbeitsplatz generell als ein halb-öffentlicher Ort, dennoch nehmen die meisten Beschäftigten ihr unmittelbares Umfeld (Büro, Schreibtisch etc.) als ihren zumindest in Teilen privaten Bereich wahr, der weniger Verhaltensrestriktionen unterliegt als vollständig öffentliche Orte.

Gesundheit und Pflege

Für den Anwendungsbereich „Gesundheit und Pflege" sind zwei Aspekte prägend, die zueinander in einem Spannungsverhältnis stehen: Einerseits hat das Gesundheitssystem großen Einfluss auf Lebensqualität und Lebenserwartung; zudem kann der schnelle Zugriff auf individuelle Gesundheitsinformationen (z.B. Allergien, Krankheitsgeschichte etc.) gerade in Notfällen lebensrettend sein. Andererseits zählen persönliche Gesundheitsinformationen zu den sensibelsten Informationen schlechthin. Bei vielen Menschen besteht nur eine sehr geringe Bereitschaft, Informationen über ihre Gesundheitssituation selbst gegenüber engen Verwandten preiszugeben. Dies gilt erst recht und umso mehr gegenüber neugierigen Vorgesetzten und Versicherungsunternehmen. Vor diesem Hintergrund besteht die Herausforderung für das Design von AmI-Systemen im Gesundheitswesen darin, Rettungskräften und Ärzten den erforderlichen Informationszugang zu ermöglichen, während zugleich allen anderen Personengruppen dies ohne ausdrückliche Zustimmung des Betroffenen verwehrt bleiben muss [Cas04]. Die wichtigsten AmI-Anwendungen im Bereich „Gesundheit und Pflege" sind:

- *Prävention.* Der Bereich „Vorsorge und Prävention" umfasst die kontinuierliche technische Überwachung des Gesundheitszustands sowie des gesundheitsrelevanten Verhaltens (Ernährung, Sport etc.); die Förderung von gesunden Verhaltensweisen und andere Beratungsdienstleistungen; Warnungen vor ungesunder und/oder gefährlicher Nahrung (etwa bei Allergien) sowie Prognosen über künftige Gesundheitsrisiken (z.B. mit Hilfe von Genanalysen) [SLK01, ITE04, Riv03, CaR05].

- *Heilung*, insbesondere die kurzfristige Genesung. Heilung in den AmI-Szenarien umfasst eine breite Palette, die von der Diagnose bis zur eigentlichen Behandlung zu jeder Zeit und an jedem Ort reichen kann. Dies wird etwa durch den Aufbau von Ad-hoc-Netzen für den Informationsaustausch zwischen medizinischem Personal erreicht. Zudem können mikroskopisch kleine AmI-Anwendungen die Medikamentenverabreichung übernehmen (etwa in Gestalt von Implantaten). Auch für die automatisierte und kontinuierliche Überwachung bei chronischen Erkrankungen können AmI-Systeme sinnvoll zum Einsatz kommen, indem sie im Falle einer Krise die notwendigen Medikamente verabreichen [Riv03, SLK01, JDS04, VLN04].

- *Pflege*, ausgerichtet auf die Rekonvaleszenz von Patienten sowie auf die Unterstützung von alltäglichen Verrichtungen von Personen, die langfristig oder dauerhaft auf die Hilfe Dritter angewiesen sind. Dies kann auch eine Rund-um-die-Uhr-Überwachung implizieren, um ein möglichst selbstständiges und unabhängiges Leben während der Pflegephase zu ermöglichen. Zu den Mitteln, um dieses Ziel zu erreichen, zählen (1) AmI-Systeme, die in der Lage sind, die Aktivitäten des Patienten zu erfassen, mögliche Anomalien zu identifizieren und gegebenenfalls Ratschläge in einer angemessenen Form zu erteilen, sowie (2) technische Hilfsmittel wie Hörgeräte, Prothesen oder Implantate (z.B. Herzschrittmacher) [MoR05, CaR05, Riv03].

- *Verbesserung der Informationskette* in Notfällen, wobei dies von der Übermittlung von Notrufen bis zur Vorbereitung erster Behandlungsschritte reichen kann [SLK01].

Shopping und Konsum

AmI-Applikationen im Anwendungsbereich „Einzelhandel und Shopping" zielen auf die Schaffung von nutzerfreundlichen, effizienten und allgegenwärtigen Diensten ab. Diese Systeme können dazu beitragen, den Konsumenten bei der Suche und Auswahl von Gütern und Dienstleistungen zu unterstützen und die Prozesse der Bestellung, Bezahlung und Zustellung der gekauften Waren effizienter zu gestalten.

Eine kommerzielle Transaktion besteht aus einem komplexen Bündel unterschiedlicher Handlungen, beginnt mit dem Betreten des Geschäfts, umfasst die Auswahl des Produkts, den Kauf und schließlich die Bezahlung und zieht gegebenenfalls die Zustellung und den Umtausch der Ware nach sich. Die wichtigsten AmI-Dienste für den Konsumenten, die in den Szenarien behandelt werden, sind:

- *Persönliche Einkaufsmanagement-Systeme.* Sie unterstützen den Verbraucher bei der Erstellung von Einkaufslisten, indem der Bestand von Nahrungsmitteln und anderen Gebrauchsgütern überwacht und intelligent mit den Konsumpräferenzen und Gewohnheiten des Nutzers in Beziehung gesetzt werden. Dazu ist wiederum die Erstellung eines persönlichen Profils des Konsumenten erforderlich [AHC01, IDB01].
- *AmI-fähige Geschäfte (smart shops).* Diese ermöglichen es Kunden, Waren mit Hilfe von Produkt-*Tags* und intelligenten Hilfsmitteln wie Einkaufswagen, mobilen persönlichen Assistenten (PDA) etc. gezielter ausfindig zu machen und schließlich leichter zu erwerben. Intelligente Kassensysteme, Wunschlisten sowie Daten über das Einkaufsverhalten eröffnen dem Geschäftsinhaber erweiterte Möglichkeiten zur Umsatzsteigerung [Har05].
- *Bestell- und Bezahlsysteme.* Diese können so unterschiedliche Funktionen wie eine digitale Kundenkartei oder das Management von Rabattmarken, Sonderangeboten, Lagerbestand und Warenauslieferung beinhalten [IDB01].

Ganz ähnlich wie in anderen AmI-Anwendungsbereichen auch wird das Einkaufen überwiegend als eine Tätigkeit dargestellt, die weitgehend unabhängig von Raum und Zeit durchgeführt werden kann. Die Szenarien, in denen das Einkaufen als Aktivität beschrieben wird, bei der der Kunde physisch anwesend ist, machen indes keine näheren Angaben zur Lage der Geschäfte. Damit wird impliziert, dass AmI-fähige Geschäfte flächendeckend verbreitet sein werden. In den Szenarien, in denen Bestell- und Liefersysteme thematisiert werden, wird stillschweigend die Existenz einer angemessenen Auslieferungslogistik vorausgesetzt. Ohne dass dies in den Texten explizit gemacht wird, werden sich solche Infrastrukturen vermutlich zunächst in dichter besiedelten Regionen herausbilden.

Mobilität

Die *ITEA Technology Roadmap on Software Intensive Systems* [ITE04] thematisiert „*nomadic applications*", welche dieselben Funktionalitäten und Dienste wie in den Anwendungsbereichen „Zuhause" und „Arbeitsplatz" zur Verfügung stellen. Im Gegensatz zu den ortsgebundenen Anwendungen kann der Nutzer von diesen Diensten jedoch von unterschiedlichen Standorten aus und/oder während des Ortswechsels Gebrauch machen.

Für mobile AmI-Systeme sind zwei Eigenschaften von besonderer Bedeutung: Erstens sind mobile Nutzer nicht in der Lage, die jeweilige Umgebung, in der sie sich zeitweise befinden, zu kontrollieren. Zweitens ist davon auszugehen, dass Reiseaktivitäten sowohl dienstlichen als auch privaten Zielen dienen. Daraus folgt, dass der Schutz privater Daten auch und insbesondere im Bereich der mobilen Anwendungen sichergestellt werden muss. Ansonsten werden Reisende entweder die inhärenten Risiken für ihre Datensicherheit hinnehmen müssen oder aber ihre Mobilität einschränken. Letzteres ist insbesondere für dienstlich motivierte Ortswechsel schlicht nicht praktikabel.

AmI-Systeme sind bereits heute auf dem Vormarsch, etwa in Gestalt der biometrischen Reisepässe, die in den kommenden Jahren in den meisten EU-Mitgliedsstaaten verpflichtend eingeführt werden. In den untersuchten Szenarien stehen folgende AmI-Dienste für den Anwendungsbereich Mobilität im Mittelpunkt:

- Zahlreiche Kommunikationsformen, beispielsweise zwischen Familienmitgliedern, die sich an unterschiedlichen Orten befinden, oder zwischen Fremden innerhalb eines Aufenthaltsortes. Im Gegensatz zum Anwendungsbereich „Zuhause" kann Video-Kommunikation zwischen Eltern und ihren Kindern von beiden autonom initiiert werden. Typische Formen des Informationsaustauschs in Mobilitätsszenarien sind Tele-Verbindungen zu Daten und Personen zu Hause, am Arbeitsplatz und zu Freunden und Familie.
- Eine Kommunikationsform, die besondere Aufmerksamkeit verdient, sind die sogenannten *negotiation tools*. Diese Applikationen ermöglichen „Verhandlungen" zwischen unterschiedlichen Agenten (PDAs, Transaktionsagenten etc.). In den Mobilitätsszenarien spielen *negotiation tools* eine herausragende Rolle, da sie bestimmte Aktivitäten wie die Passkontrolle am Flughafen „im Vorübergehen" erledigen können [LMP03].
- Umfassender Informationszugang (privat, dienstlich, Gesundheit, Unterhaltung etc.).
- Effiziente AmI-Transportsysteme (z.B. verlässliche, personalisierte Verkehrsinformationen in Echtzeit).
- Sicherheit, etwa im Straßenverkehr durch automatisierte Überwachung des Autofahrers oder durch die automatische Registrierung von Störungen.
- Effiziente Bezahlsysteme, etwa für Mautstraßen, Eintrittskarten und andere gebührenpflichtige Angebote.

- Unterstützung in Notfällen, z.B. durch die schnelle Identifizierung von Verletzten und die rasche Informationsweitergabe an die zuständigen Stellen.
- Zugangskontrollen, von Mietwagen bis zu Grenzübergängen. In diesen Bereich fällt auch die Kontrolle über die Information, ob eine Person erreichbar ist oder nicht.

Obwohl sich die in den Mobilitätsszenarien behandelten AmI-Funktionen nur unwesentlich von jenen der Anwendungsbereiche „Zuhause" und „Arbeitsplatz" unterscheiden, sind die jeweiligen Anforderungen an AmI-Systeme für Mobilität sehr unterschiedlich, je nachdem ob die Dienste von einem festen Ort aus oder während der eigentlichen Reiseaktivität genutzt werden. Die Grenzen zwischen privaten und öffentlichen Kontexten sind grundsätzlich ausgesprochen unscharf, und Nutzer können rasch und mit hoher Frequenz zwischen den unterschiedlichen Sphären wechseln.

Ergebnisse der Szenarioanalyse

In den vorangegangenen Abschnitten wurden Funktionen und Kontextbedingungen von AmI-Systemen in unterschiedlichen Anwendungsbereichen dargestellt. Im Folgenden geht es um die potenziellen Gefahren für die Privatsphäre sowie um die gesellschaftlichen Implikationen, die von der Technologie unabhängig vom konkreten Anwendungsbereich ausgehen.

Die typischen Nutzer

Die Mehrzahl der analysierten Szenarien handelt von Arbeitnehmern. Ferner wird angenommen, dass die meisten Menschen, einschließlich der Senioren, AmI-Technologie bereitwillig angenommen haben. Mit Ausnahme jener Szenarien, die sich mit der Unterstützung von Einkäufen und anderen alltäglichen Verrichtungen älterer, in aller Regel alleinstehender Menschen befassen, werden die gewöhnlichen Tätigkeiten wie Einkaufen, Fernsehen usw. überwiegend am Beispiel eines gesunden, relativ wohlhabenden Erwachsenen dargestellt.

Allerdings können AmI-Systeme, die den Anwender primär als Individuum konzeptualisieren, mit problematischen Nebenwirkungen für soziale Beziehungen, etwa innerhalb von Familienverbänden, verbunden sein. In diesem Zusammenhang sei auf die Szenarien verwiesen, die beschreiben, wie AmI-Fernseher auf der Grundlage von physiologischen Signalen den Nutzer bei der Auswahl des gewünschten TV-Programms unterstützen. Dabei bleibt fast immer unerwähnt, dass ein Haushalt aus mehreren Personen mit nicht immer deckungsgleichen Interessen bestehen kann. Hinsichtlich der Möglichkeit gegenläufiger Interessen ist das ITEA-Szenario „*The Rousseaus' Holiday*" eines der wenigen Ausnahmen [ITE04, S. 134 ff.]. In jenen Fällen, in denen der Anwender beispielsweise durch beschwingte Musik geweckt wird, wird entweder unterstellt, er sei allein im Schlafzimmer, oder aber alle Haushaltsmitglieder stünden zur selben Zeit auf und hätten zudem einen sehr ähnlichen Musikgeschmack [SLK01]. Ganz ähnlich verhält es sich mit Shopping-Szenarien, die häufig vernachlässigen, dass Einkaufen nicht zwingend eine individuelle Tätigkeit, sondern in vielen Fällen in einen gemeinschaftlichen Zusammenhang eingebettet ist, in welchem die einzelnen Haushaltsmitglieder unterschiedliche Verantwortlichkeiten und Kompetenzen innehaben. So wird nur selten berücksichtigt, dass Kinder zwar durchaus bestimmte Dinge auf eine Einkaufsliste setzen dürfen, zugleich aber Eltern das Recht haben, solche Entscheidungen rückgängig zu machen [AHC01]. Minderjährige werden im Großteil der Szenarien ohnehin nur selten als Menschen mit eigenständiger Persönlichkeit und bestimmten Verantwortungsbereichen portraitiert. Die Rollen, die ihnen zugewiesen werden, beschränken sich meist auf die des Nutzers von Spielen, des Objekts der Überwachung durch die Eltern oder des Empfängers von automatisierten Erinnerungen, bestimmte Dinge zu erledigen.

Besondere Aufmerksamkeit wird der verbesserten interpersonalen Kommunikation gewidmet. Kommunikation zwischen Familienmitgliedern, Freunden, Kollegen, aber auch zwischen Unbekannten wird asynchron, synchron, zu Hause, am Arbeitsplatz oder unterwegs ermöglicht. Einen Sonderfall stellt die Kommunikationssituation zwischen Eltern und ihren Kindern dar, die in vielen Szenarien so konfiguriert ist, dass Erwachsene die Kommunikationsverbindung initiieren, um zu kontrollieren, was die Sprösslinge gerade tun. Dabei bleibt die Frage unbeantwortet, ob und gegebenenfalls unter welchen Bedingungen die Minderjährigen das Recht haben, sich der jederzeit möglichen Observation zu entziehen. Die Kinder stellen in den Szenarien hingegen Kommunikationsverbindungen meist dann her, wenn ihre Eltern auf Reisen sind. Insgesamt wird die bedeutende Rolle vernachlässigt, die junge Menschen bei der Aneignung und Diffusion neuer Kommunikationstechnologien und -dienstleistungen (z.B. SMS, Klingeltöne etc.) seit langem spielen.

Die Szenarien im Gesundheitsbereich unterscheiden sich von den übrigen Anwendungsbereichen vor allem dahingehend, dass es sich bei den Hauptakteuren um Senioren oder um Personen mit Behinderungen, chronischen Krankheiten oder besonderen Gesundheitsrisiken handelt. In den meisten Beispielen werden die gesundheitlichen Beeinträchtigungen so dargestellt, als läge in der AmI-Technologie die einzige Möglichkeit zur Verbesserung der Lebensumstände. In der Regel wird impliziert, dass die AmI-Systeme ausgezeichnet funktionieren und für die Anwender keinerlei Schwierigkeiten erzeugen.

In Szenarien wird häufig auch unterstellt, dass die intelligenten Umgebungen – seien es *smart shops* oder ganze Städte – nicht nur von allen akzeptiert, sondern auch für alle bezahlbar sind.

Kontrolle über den Anwender

Umfang und Intensität der Kontrollmöglichkeiten, die AmI-Systeme über den Anwender ausüben, variieren erheblich in Abhängigkeit von der jeweiligen Applikation. So üben AmI-Systeme einen hohen Grad der Kontrolle aus, wenn sie stellvertretend für eine Person aktiv werden, etwa wenn das System ankommende Anrufe verwaltet oder aber eigenständig persönliche Daten weiterleitet. Ein mittleres Kontrollniveau wird erreicht, wenn sich AmI-Systeme auf informierende bzw. beratende Funktionen beschränken, z.B. Vorschläge über das angemessene Verhalten im Straßenverkehr erteilen. Ein niedriges Kontrollniveau wird schließlich erreicht, wenn AmI-Systeme ausschließlich Befehle der Anwender ausführen.

In den meisten Szenarien der unmittelbaren und in nahezu allen Szenarien über die fernere Zukunft haben AmI-Systeme ein hohes Kontrollniveau inne mit Blick auf Schutz und Sicherheit (etwa in Gestalt von Zugangskontrollen zu Online-Diensten, Wohnungen, Autos, Arbeitsstätten, Krankheitsdaten, finanziellen Transaktionen oder grenzüberschreitendem Verkehr) sowie hinsichtlich des Schutzes der Privatsphäre. Letzteres folgt aus dem Umstand, dass in den Szenarien keine Situationen portraitiert werden, in denen ein Anwender Zugang zu und Kontrolle über persönliche Daten erhält; damit wird impliziert, dass AmI-Systeme umfassende Kontrolle in Fragen des Schutzes der Privatsphäre ausüben.

Ein hoher Kontrollgrad ist ferner mit jenen AmI-Anwendungen verbunden, die lebenserhaltende bzw. -sichernde Funktionen ausüben. Dazu zählen die Bereiche der permanenten Überwachung des Gesundheitszustands sowie die Erkennung akuter Krisen (z.B. eines Herzinfarkts) und der sicheren Mobilität, hier insbesondere das Autofahren (AmI-Systeme erkennen Hindernisse, kontrollieren die Geschwindigkeit und verhindern das Abkommen von der Fahrbahn). In den Szenarien, die sich mit dem Autofahren befassen, wird in der Regel nicht thematisiert, welche Entscheidungsfreiheit die Anwender hinsichtlich ihres Transportmittels und der Reiseplanung haben. Bei den Gesundheitsszenarien stellt sich die Frage, ob die Überwachungs- und Diagnosesysteme ausreichend transparent für den typischen – meist älteren – Anwender sind, damit dieser nachvollziehen kann, welche Daten gesammelt, wo diese gespeichert, an wen sie übermittelt und wie sie verarbeitet werden.

Eine bedeutende Eigenschaft der AmI-Anwendungen mit einem hohen Kontrollgrad sind die weitreichenden Möglichkeiten zur Personalisierung, die zur Anpassung der jeweiligen Umweltbedingungen (Lichtverhältnisse, Raumtemperatur etc.) und zur Selektion von Informationsangeboten – Informationen über Produkte oder TV-Sendungen – genutzt werden können. In diesem Zusammenhang ist weniger die Frage des jeweiligen Kontrollniveaus entscheidend, sondern wer eigentlich die Kontrolle über das AmI-System ausübt. Mit Blick auf Produkt- und Serviceempfehlungen oder hinsichtlich personalisierter Informationsselektion stellt sich stets die Frage, wie die Interessen der Konsumenten geschützt werden und gewährleistet wird, dass die jeweiligen Auswahlkriterien einem bestimmten Mindestmaß an Objektivität gerecht werden. Verbraucherschützer melden jedenfalls ernsthafte Zweifel an hinsichtlich der Kontrollmöglichkeiten des Konsumenten bei AmI-Einkaufshilfen [AlM05]. Da Einzelhändler zugleich Eigentümer und Betreiber der AmI-Infrastruktur sind sowie Produkte und Dienstleistungen anbieten, ist die Vermutung naheliegend, dass sie den Konsumenten möglichst wenig Kontrolle über die AmI-Systeme überlassen wollen. Im Gegenzug besteht jedoch die Gefahr, dass Kunden aufgrund der asymmetrischen Verteilung der

Kontrollrechte letztlich nicht oder nur sehr zögerlich bereit wären, entsprechende AmI-Angebote wahrzunehmen.

Auch mit Kommunikationsanwendungen in AmI-Systemen verbindet sich ein hoher Grad der Kontrolle. Zum einen verwalten AmI-Systeme die Kommunikationsverbindungen zwischen einer großen Zahl unterschiedlicher Netzwerke und passen die jeweiligen Informationen an die Anforderungen der unterschiedlichen Endgeräte an. Zum anderen wird in vielen Szenarien verdeutlicht, dass in bestimmten Ausnahmesituationen AmI-Systeme auf der Anwendungsebene ein ausgesprochen hohes Maß an Kontrolle ausüben. Dies betrifft beispielsweise Notfälle, in denen die Kommunikation zwischen der verletzten Person, der Rettungsleitstelle und den Notärzten, die auf dem Weg zum Unfallort sind, vollständig automatisiert abläuft. Manuelle Interventionen werden lediglich in einigen wenigen Fällen zugelassen und gehen selbst dann kaum über Empfangsbestätigungen hinaus. Notfallszenarien setzen somit eine ausgeklügelte Notfallkette und die vollständige Abdeckung eines Landes mit einer entsprechenden AmI-Infrastruktur voraus. Damit drängt sich indessen die Frage auf, ob diese Rettungssysteme auch dann funktionsfähig sind, wenn zentrale Systemkomponenten ausfallen (sei es durch Naturkatastrophen oder Anschläge). Falls nicht, leitet sich daraus die Forderung nach einer Absicherung durch robuste, möglichst redundante Kommunikationsprozeduren ab, die auf *low tech* basieren.

In einigen Szenarien werden auch Telefonverbindungen von AmI verwaltet. Dabei entscheidet das System, ob der Anruf an den Anwender durchgestellt wird oder nicht. Diese AmI-Funktionalität wird im ISTAG „Dimitrios"-Szenario besonders eindrucksvoll dargestellt: Der PDA ist sogar in der Lage, den Anwender zu imitieren und an dessen Stelle mit Anrufern zu kommunizieren. In jenen Szenarien, die „*Always-on*"-Video-Verbindungen zwischen unterschiedlichen Orten beschreiben, ist es in der Regel Sache des AmI-Systems, den Video-Link zu schließen, wenn beispielsweise die Kommunikation nach der Maßgabe vordefinierter Regeln unerwünscht oder unnötig ist oder gar eine potenzielle Verletzung der Privatsphäre darstellt.

In Szenarien über die Arbeitswelt werden AmI-Systeme im weitesten Sinne als Werkzeuge – etwa bei Simulationsverfahren oder zu Dokumentationszwecken – eingesetzt. Auch in diesen Fällen verbindet sich mit dem Einsatz von AmI-Systemen ein sehr hoher Grad der Kontrolle, da die Entscheidungen des Arbeitnehmers auf der Grundlage der Simulationsergebnisse sowie der automatischen Sitzungsmitschnitte getroffen werden. Obwohl AmI lediglich Simulationen produziert und die entsprechenden Schlussfolgerungen vom Individuum zu ziehen sind, werden grundsätzliche Fragen aufgeworfen, inwieweit und in welcher Qualität Simulationen die Komplexität real-weltlicher Zusammenhänge erfassen sowie unterschiedliche Situationen prognostizieren können und ob sich der Anwender nicht zu sehr auf maschinell erzeugte Simulationen verlässt und in der Folge Vorstellungskraft und Kreativität zu wenig nutzt.

Informationsfluss

In der Mehrzahl der Szenarien erkennt die intelligente Umgebung den Benutzer, entweder zu Zwecken der Zugangskontrolle oder der Personalisierung. Es bleibt jedoch überwiegend offen, wie die persönliche Identifikation exakt durchgeführt wird. Es gibt aber Hinweise, dass die Benutzer entweder über ein *identity token* verfügen, das automatisch vom System gelesen wird, oder biometrische Verfahren zum Einsatz kommen. Beide Möglichkeiten sind allerdings mit dem Risiko des Identitätsdiebstahls verbunden.

Szenarien, die Identifikation und Authentifizierung für hoch sicherheitsrelevante Anwendungen (Überwachung der Einwanderung, Schutz von Geschäftsgeheimnissen, Zugang zu Gesundheitsdaten) behandeln und dazu biometrische Sensoren vorsehen, beschreiben normalerweise nicht, welche Verfahren verwendet werden. Es ist allerdings wahrscheinlich, dass solche sicherheitskritischen Anwendungen mit Methoden wie dem Scannen von Iris oder Fingerabdrücken arbeiten werden. Damit ist der Diebstahl der Identität bzw. der biometrischen Daten auch mit einem hohen Risiko für Gesundheit und Leben verbunden.

Es ist zu beachten, dass Informationen, die zur Identifikation eines Nutzers verwendet werden, irgendwo (in einem persönlichen Gerät und/oder einer zentralen Datenbank) abgespeichert und im Zuge des Authentifizierungsvorgangs übermittelt werden müssen. Je größer die Zahl der Orte ist, an denen solche Informationen gespeichert werden, desto größer ist auch das Risiko, dass Unbefugte Zugriff darauf erhalten können. Dies gilt insbesondere, wenn Daten lokal auf einem PDA abgespeichert sind und dort entweder aus Gründen der technischen Leistungsfähigkeit des Gerätes oder purer Bequemlichkeit des Nutzers nicht hinreichend geschützt werden (können).

Ein weiteres sehr beliebtes Szenarienelement ist die Verfügbarkeit von Information über den Aufenthaltsort einer anderen Person oder eines Gegenstandes. Meist wird diese Information lokal, d.h. im Auto oder im persönlichen Endgerät verarbeitet, manchmal aber auch an einen Dienstanbieter übermittelt. Das Nachverfolgen der Bewegungen von Arbeitskräften und arbeitsbezogenen Gegenständen wird in diesem Zusammenhang als eine übliche Funktionalität intelligenter Umgebungen dargestellt. Dabei wird die Ortsinformation häufig nicht lokal, sondern von einem zentralen Unternehmensserver verarbeitet oder gar gespeichert.

Ein weiteres recht gängiges Szenarioelement ist die automatisierte Bezahlung von Maut- und anderen Nutzergebühren, Waren und Dienstleistungen. Bei diesen Beispielen wird impliziert, dass Kreditkarteninformationen auf einem persönlichen Endgerät gespeichert sind und im Zuge einer finanziellen Transaktion automatisch übermittelt werden. Weitere vertrauliche Bankinformationen wie Kontostände u.Ä. sind den AmI-Systemen im Privathaushalt und am Arbeitsplatz ebenfalls bekannt.

Persönliche, hochsensible Informationen wie Krankheitsdaten werden entweder lokal auf einer *smart card* bzw. einem persönlichen Endgerät gespeichert – welches verloren gehen kann – oder liegen in einer zentralen Datenbank, die unter Umständen nicht ausreichend gesichert ist und arglistigen Arbeitgebern somit einen missbräuchlich Zugriff ermöglicht. Hinzu kommt, dass manche vertrauliche

Informationen, wie beispielsweise Krankheitsdaten, von mehreren Stellen benötigt werden; entsprechend häufig sind Datentransfers gerade im Bereich der Gesundheitsdienste. Dies betrifft sowohl regelmäßige, automatisierte Datenübertragungen neuer Sensordaten an die zentrale Datenbank, als auch umfangreiche Ad-hoc-Kommunikationen. Persönliche und tragbare AmI-Endgeräte kommunizieren mit den Systemen in der Arztpraxis oder im Krankenhaus, wobei ausgesprochen vertrauliche Informationen (persönliche Daten, Krankheitsgeschichte etc.) ausgetauscht werden. Mobile Notfallsysteme nutzen außerdem die Kommunikationssysteme Dritter als Relaisstationen, um Daten weiterzuleiten [SLK01]; im Rahmen eines Notrufs kann es somit vorkommen, dass persönliche Daten über die betroffenen Personen mehrere Übertragungspunkte und -systeme durchlaufen.

Weniger vertraulich, aber durchaus von hohem Interesse und wirtschaftlichem Wert für zahlreiche Organisationen und Firmen sind Daten, die zu Personalisierungszwecken gesammelt, entweder dezentral oder in einer Datenbank (etwa der Kundenkartei eines Einzelhändlers) gespeichert und häufig übermittel werden, um personalisierte Dienste anbieten zu können. Informationen solcher Art enthalten persönliche Nutzerprofile, die aus den gesammelten Daten über individuelles Einkaufs- und Freizeitverhalten, Informationspräferenzen aus der Internet- und TV-Nutzung sowie aus zahlreichen weiteren Kontexten erzeugt werden. Diese Daten offenbaren viel über die Vorlieben, den Lebensstil, den sozioökonomischen Status, den Gesundheitszustand etc. einer Person, insbesondere wenn sie mit den Daten aus anderen Quellen verknüpft werden. In diesem Zusammenhang ist zu betonen, dass Informationsflüsse zwischen Konsumenten und Anbietern in aller Regel asymmetrisch verlaufen: Kunden übermitteln ihre – sensiblen – persönlichen Daten an das AmI-Shoppingsystem, während das System umgekehrt lediglich unproblematische Produkt- und Preisinformationen zur Verfügung stellt.

Informationen über fachliche Qualifikation, meist in zentralen Datenbanken gespeichert, gelten in der Regel nicht als besonders schützenswert. Obwohl Informationen über Berufsqualifikation in der Tat weniger sensibel als identitätsbezogene Daten sind, sind sie für eine Vielzahl von Gruppen und Organisationen dennoch von herausragendem Interesse, da die Daten einerseits einen hohen wirtschaftlichen Wert darstellen und man andererseits keine kriminellen Motive verfolgen muss, um Vorteile aus ihrer Sammlung zu ziehen.

Die sicherlich am wenigsten sensiblen Informationen, die in den Szenarien gesammelt werden, sind Daten über die Infrastrukturen intelligenter Umgebungen, Ortsangaben von Objekten und Angaben über die Möglichkeiten zur Fernsteuerung der intelligenten Umgebungen. Allerdings können auch solche Informationen durchaus zur Planung und Durchführung krimineller oder gar terroristischer Aktivitäten nützlich sein. Da die PDAs nicht nur eine Fülle an Informationen über das Zuhause und die Haushaltsmitglieder speichern, sondern eben auch die Fernsteuerung des intelligenten Hauses ermöglichen, eröffnen sich vielfältige Gelegenheiten zur Manipulation und für arglistige Handlungen.

Zusammenfassend bleibt festzuhalten, dass unterschiedlichste personenbezogene Daten zunehmend unabhängig von Raum und Zeit erfasst werden können, da die Grenzen zwischen verschiedenen Kontexten immer mehr verwischt werden, wenn Menschen sowohl zu Hause arbeiten und von dort aus einkaufen oder von der Arbeit aus ihre Arzttermine vereinbaren sowie ihre Kinder beaufsichtigen und wenn die dauerhafte Überwachung und Speicherung individueller Handlungen zur Regel wird.

Die meisten Informationen über Identität, persönliche Eigenschaften, Gesundheit und Finanzen werden einerseits im Privathaushalt, also dort, wo sich Menschen in der Regel am sichersten fühlen, und andererseits in tragbaren AmI-Endgeräten gespeichert. Die Risiken, die mit einem Einbruch, einem Verlust oder einem Diebstahl verbunden sind, sind somit besonders hoch.

Bedrohungen in einer Welt intelligenter Umgebungen

Die überwiegende Zahl der analysierten Szenarien geht davon aus, dass intelligente Umgebungen mit ihren Diensten breiten Bevölkerungsschichten einen erheblichen Mehrwert bringen und deswegen auch intensiv genutzt werden. Nur wenige Szenarien geben explizite Hinweise darauf, dass gleichzeitig auch bestimmte Risiken mit intelligenten Umgebungen verbunden sind, die gleichsam zwangsläufig als Preis für die Wohltaten einer Welt intelligenter Umgebungen zu zahlen sind. In praktisch all diesen Fällen wird thematisiert, dass für die Erbringung von intelligenten, personalisierten Diensten Daten über die Nutzer erhoben, gespeichert, verarbeitet und mit anderen Daten in Beziehung gebracht werden müssen. Einige dieser Gefahren werden allerdings bei der Analyse der Szenarien explizit oder implizit deutlich.

Generell tendieren die Menschen dazu, Technologien zu akzeptieren, ohne sich große Gedanken über Fragen des Datenschutzes zu machen, vorausgesetzt sie sind einfach zu bedienen und der Nutzen ist offenkundig (z. B. Nutzung von Mobiltelefonen trotz der Möglichkeit zur Feststellung des aktuellen Aufenthaltsorts oder die Nutzung von Kundenkarten trotz Offenlegung der persönlichen Konsumgewohnheiten) [Ham02].

Dennoch ist davon auszugehen, dass Datenschutzrisiken in einer Welt intelligenter Umgebungen zwangsläufig zunehmen werden und dass deswegen Datenschutzvorkehrungen bereits Bestandteil der technischen Systeme sein sollten, anstatt sich darauf zu verlassen, dass die späteren Nutzer schon sorgfältig mit ihren persönlichen Daten umgehen werden. Während man erfahrungsgemäß erwarten darf, dass sich eine gewisse öffentliche Aufmerksamkeit für Fragen der Datensammlung und der Kontrolle über diese Daten entwickeln wird, sollte man selbst den aufgeklärten Nutzern keine allzu große Last damit aufbürden, ständig entscheiden zu müssen, welche Daten sie von sich preisgeben, und die möglichen Konsequenzen dieser Entscheidung abzuschätzen [Win04].

Diese unübersichtliche Situation wird weiter dadurch verkompliziert, dass das Konzept der Privatsphäre und damit die Grundlage des Datenschutzes stark von der Kultur, der einzelnen Person sowie von der jeweiligen Situation abhängt. Die große Herausforderung für die künftige Welt intelligenter Umgebungen besteht somit darin, diese Vielfalt nicht zu beeinträchtigen, die das Herzstück unserer offenen Gesellschaften ausmacht [Roß05].

Umfassende Überwachung

Die Verfügbarkeit von Daten über praktisch jeden Bürger kann auf staatlicher Seite Begehrlichkeiten in Bezug auf die Nutzung dieser Daten für Zwecke der Sozialversicherungen, der Strafverfolgung oder im Kampf gegen den internationalen Terrorismus wecken [Bül05]. Andere Institutionen wie Krankenversicherungen könnten ihre Datensammelaktivitäten ähnlich begründen. Da AmI-Anwendungen und -Dienste praktisch für alle Lebenssphären denkbar oder gar in Entwicklung sind – auch für solche, in denen der Schutz der Privatsphäre bislang unantastbar war wie etwa in Privatwohnungen –, kann es nicht überraschen, dass einige Kritiker intelligenter Umgebungen bereits das Gespenst eines Orwell'schen Überwachungsstaates umgehen sehen [AlM05].

Jenseits dieser Extremposition werden die zunehmenden Möglichkeiten zur Überwachung ganz konkrete Konsequenzen für die Bürger haben: Die Offenlegung von Gesundheitsdaten, persönlichen Vorlieben und Gewohnheiten gegenüber Versicherungsgesellschaften oder Arbeitgebern kann sehr leicht zu allen möglichen Formen der Diskriminierung führen (höhere Prämien, verminderte Karrierechancen oder gar Verlust von Versicherungsschutz oder Arbeitsplatz). Unabsehbar sind auch die möglichen Konsequenzen einer völligen Offenlegung solcher persönlicher Profile für familiäre und andere zwischenmenschliche Beziehungen. Schließlich eröffnen sie in kriminellen Händen die Möglichkeit für Straftaten wie Erpressung oder Betrug.

Besonders deutlich werden die möglichen Risiken, wenn man die höchst asymmetrischen Machtverhältnisse zwischen Anbietern und Kunden im Bereich des Einzelhandels betrachtet. Die dort erhobenen Daten können eben nicht nur zur Optimierung der Lieferketten genutzt werden, sondern machen den Einzelnen potenziell zum „gläsernen Konsumenten", der überwacht und gar manipuliert werden kann. So haben die Anbieter die Möglichkeit, bestimmten Kundengruppen besonders günstige Preisangebote zu machen, während andere Gruppen in dieser Hinsicht benachteiligt oder von bestimmten Angeboten gar vollständig ausgeschlossen werden. Da die technischen Systeme von den Anbietern aufgebaut und betrieben werden, bestehen für die Kunden normalerweise keine Verhandlungsmöglichkeiten. Es besteht also das Risiko, dass der versprochene wirtschaftliche Nutzen für die Kunden (Markt- und Preistransparenz) durch solche „Nebeneffekte" überkompensiert wird.

Einige der Szenarien führen an, es sei sinnvoll zu erfahren, wenn sich eine Bekannte oder ein Bekannter in der Nähe des eigenen Standorts aufhält. Selbst wenn dies richtig sein sollte, so stellt doch die Offenlegung persönlicher Lokationsdaten eine riskante Verletzung der Privatsphäre dar, da sie auch dazu genutzt werden können, die Wohnung von abwesenden Personen auszurauben oder ganz bestimmte Personen gezielt zu überfallen oder zu entführen. Im Extremfall könnte eine solche Funktion sogar dazu genutzt werden, sehr gezielte Terroranschläge durchzuführen.

Sogar einige auf den ersten Blick harmlose und ausschließlich nützliche Anwendungen können bei genauerem Hinsehen erhebliche Eingriffe in die Privatsphäre und die Menschenwürde darstellen. So berichtet Beckwith [Bec03], dass

Forscher ein „intelligentes Bett" vorgeschlagen haben, das das Gewicht eines alten oder kranken Menschen überwacht. Während diese daran gedacht hatten, auf diese Weise einen unnatürlichen Gewichtsverlust feststellen und entsprechend medizinisch reagieren zu können, kann mit der gleichen Vorrichtung überwacht werden, wann die überwachte Person zu Bett geht und wieder aufsteht, ob sie einen ruhigen Schlaf hat und natürlich auch, wie viele Personen in dem Bett schlafen. Alle diese nicht vorgesehenen Nutzungen sind ethisch höchst problematisch.

Identitätsdiebstahl

Unter Identitätsdiebstahl (*identity theft*) versteht man die missbräuchliche Nutzung personenbezogener Daten (der Identität) einer natürlichen Person durch Dritte. Ziel eines Identitätsdiebstahls ist es, einen finanziellen Vorteil zu erlangen, Daten der betroffenen Person an interessierte Kreise zu verkaufen oder den rechtmäßigen Inhaber der Identitätsdaten in Misskredit zu bringen [Elb05]. Je mehr personenbezogene Daten verfügbar sind, desto größer ist auch das Risiko des Identitätsdiebstahls. Dabei muss man unterscheiden, ob die Daten lokal auf einem Endgerät (einem Mobiltelefon, einem PDA) oder auf einem oder mehreren Servern bei einem Dienstleister gespeichert sind. Ein persönliches Endgerät kann gestohlen und wegen der nur schwachen (oft sogar ausgeschalteten) Schutzmechanismen leicht durch den Dieb verwendet werden – dafür ist der Schaden allerdings meist begrenzt. Server, auf denen personenbezogene Daten gespeichert sind, weisen meist sehr viel bessere Schutzmechanismen auf. Gelingt es einem Eindringling allerdings, diese zu überwinden, ist ein erheblicher Schaden möglich. Dieses Risiko wächst weiter, wenn Daten nicht nur bei einem, sondern bei mehreren Dienstleistern gespeichert werden. Sobald sich der Identitätsdieb im Besitz bestimmter persönlicher Daten befindet, können diese dazu verwendet werden, weitere sensible Daten einer Person auszuspionieren und diese dann für jede Art von Betrug und sogar für die Durchführung terroristischer Akte zu nutzen.

Erschwerend kommt hinzu, dass eine Information nicht einmal physisch gestohlen werden muss, weil auch eine Kopie der Information ausreichend ist. Darüber hinaus muss die gestohlene Information auch nicht in einer physischen Weise genutzt werden. Tatsächlich kann ein Identitätsbetrug auch vollkommen anonym verübt werden (etwa über das Internet oder per Telefon). Im Unterschied zu früher muss kein Kunde mehr einen Laden betreten, um einen Betrug zu begehen. Die technischen Möglichkeiten machen Betrug heute so einfach wie nie zuvor, und die Risiken, bei einem Identitätsdiebstahl gefasst zu werden, sind denkbar gering.

Die Verfahren zum Identitätsdiebstahl sind vielfältig und können sowohl online als auch offline sein. Zu den klassischen Offline-Verfahren gehört der Diebstahl von Geldbörsen und Brieftaschen, die Suche nach privaten Zugangsdaten durch Stöbern in Wohnungen und Autos, das heimliche Öffnen oder Stehlen von Briefen, betrügerische Anrufe usw. Die Online-Methoden umfassen Angriffe auf Computer, Online-Accounts oder PDAs (s.u.), das Abfangen von Finanztransaktionen, betrügerische Websites und E-Mails mit fingierten Kennwortabfragen, „Phishing" usw. Die Liste der Verfahren für den Identitätsdiebstahl ist lang, und bei jeder technischen Neuentwicklung werden neue Sicherheitslücken zu diesem Zweck genutzt. Meist bleibt (zumindest bei den Online-Verfahren) der Identitätsdiebstahl zunächst unentdeckt, manchmal bleiben die betroffenen Personen sogar noch arglos, wenn bereits erste Fälle betrügerischen Auftretens stattgefunden haben.

Bösartige Angriffe

Unter dem Begriff „bösartiger Angriff" (*malicious attack*) wird eine Reihe von Verfahren zusammengefasst, durch die Personen versuchen, Zugriff zu einem Computer, Mobiltelefon oder sonstigen Endgeräten zu erhalten, entweder um Daten zu entwenden oder um das Gerät zu beschädigen bzw. außer Betrieb zu setzen. Hierfür gibt es vielfältige Möglichkeiten sowohl aktiver als auch passiver Art. Bei einem aktiven Angriff werden absichtlich bestimmte Daten verändert bzw. gelöscht oder falsche Daten neu erzeugt. Bei einem passiven Angriff werden Daten zwar heimlich mitgelesen oder kopiert, nicht aber geändert oder gelöscht.

Gerade komplexe technische Systeme, so wie sie in den meisten Szenarien beschrieben werden, können zu einem bevorzugten Objekt für aktive Viren- oder *Denial-of-Service*-Angriffe werden, die eine Fehlfunktion oder einen teilweisen oder kompletten Ausfall des technischen Systems nach sich ziehen können. Die Folgen eines solchen Versagens reichen von einem Verlust an Bequemlichkeit bis zu gravierenden (finanziellen und körperlichen) Schäden. Im Falle kritischer Infrastrukturen kann es sogar zu nachhaltigen Versorgungsengpässen oder erheblichen Störungen der öffentlichen Sicherheit kommen. Dabei stellt sich auch die Frage, wer für die unmittelbaren, vor allem aber die mittelbaren Folgen eines solchen Systemversagens haftbar ist.

Mit der Verbreitung intelligenter Umgebungen und der „Veralltäglichung" ihrer Nutzung in vielen Lebensbereichen wird die „Dependability" des Einzelnen aber auch der Wirtschaft und Gesellschaft als Ganzes erheblich davon abhängen, dass das technische System hochgradig zuverlässig und verfügbar ist. Da ein erfolgreicher Angriff auf diese (Infrastruktur-)Systeme zu einem zeitweisen Zusammenbruch der wirtschaftlichen und gesellschaftlichen Aktivitäten führen kann, sind zuverlässige und effiziente Verfahren zur Systemdiagnose, aber auch die Existenz eines technischen und/oder nicht-technischen Sicherungssystems notwendig.

Digitale Spaltung der Gesellschaft

Die Durchdringung praktisch aller Lebensbereiche mit AmI-Anwendungen birgt die Gefahr des sozialen Drucks und der digitalen Spaltung der Gesellschaft. So könnten viele Menschen gezwungen sein, die neue Technologie anzuwenden, um wichtige Dienste überhaupt nutzen und am gesellschaftlichen Leben teilnehmen zu können. Beispielsweise könnte die Gewährung einer Krankenversicherung unmittelbar davon abhängig gemacht werden, dass die Person irgendeine Art von technischer Überwachung ihrer Vitalfunktionen nutzt. Oder aber es wird ein indirekter Druck zur Verwendung der Technik ausgeübt, weil es neben der technischen Lösung keine andere Möglichkeit (mehr) gibt, bestimmte Dienstleistungen überhaupt zu nutzen, so dass letztlich gar keine echte Wahlmöglichkeit mehr besteht [Sch05]. Aber auch wenn eine Person sich auf die Nutzung der Technologie einlässt, kommt es eventuell zu einer Einschränkung der persönlichen Entscheidungsfreiheit, da die vom System vorgesehenen Handlungsdispositionen bereits durch andere Menschen vorstrukturiert, interpretiert und bewertet wurden [Hee05]. Die Nichtverfügbarkeit des Systems für Nicht-Routineaufgaben sowie die Möglichkeit der Fehlinterpretation menschlicher Eingaben können darüber hinaus auch die individuelle Entwicklung des Benutzers in persönlicher, sozialer oder beruflicher Hinsicht negativ beeinflussen.

Die Abhängigkeit von technisch vermittelter Kommunikation und automatisierter medizinischer Versorgung führt darüber hinaus zur Abnahme persönlicher Kontakte mit dem Risiko, dass insbesondere ältere Personen vereinsamen, keine neuen sozialen Kontakte aufbauen können oder gar das Vertrauen in die zu ihrem Nutzen entwickelte Technik verlieren.

Schließlich besteht die Gefahr, dass Kinder und Jugendliche nur unzureichend auf die Herausforderungen des Lebens vorbereitet sind, wenn sie zu viel Zeit in virtuellen Welten verbringen oder unter ständiger Überwachung der Eltern stehen. Dies kann sich beispielsweise durch mangelnde Kommunikationsfähigkeit und Eigenverantwortlichkeit oder der Unfähigkeit zum Alleinsein äußern.

Weil viele Funktionen des täglichen Lebens von AmI-Diensten abhängig würden, könnten die Menschen auch darin behindert werden, sich persönlich fortzuentwickeln oder selbstständig im täglichen Leben zurechtzukommen. Dies kann letztlich zu einem Verlust von Selbstvertrauen oder gar zu Depressionen führen.

Die Verbreitung intelligenter Umgebungen stellt auch die Beziehungen zwischen Mitgliedern sozialer Gruppen, insbesondere in der Familie, in Frage. So gibt die AmI-Technologie den Eltern ein mächtiges Werkzeug zur Überwachung und Kontrolle ihrer Kinder an die Hand. Dies wirft unmittelbar die Frage auf, ab welchem Alter die Privatsphäre der Kinder gegenüber den Eltern geschützt sein sollte, um die persönliche Entwicklung nicht zu behindern, und wer die Grenzen dieser Privatsphäre definieren sollte. Die Familie selbst oder der Staat?

Zuletzt werden auch AmI-Anwendungen und -Dienste nicht kostenfrei angeboten werden können, so dass nicht alle Bürger in gleicher Weise von den Möglichkeiten der Technologie profitieren werden – auch oder gerade in Bereichen, die bislang als öffentliches Gut gelten. Dies gilt insbesondere für das Gebiet der Bildung, wo es durch eine Ökonomisierung der Angebote zu einer stärkeren Trennung zwischen gut ausgebildeten und weniger gut ausgebildeten Bevölkerungsschichten kommen kann.

Schlussfolgerungen

Die wesentliche Schlussfolgerung unserer Analyse besagt, dass AmI-Technologie das Potenzial besitzt, die meisten der heute existierenden Grenzen der Privatsphäre und des Datenschutzes zu überschreiten.

Erstens werden die physischen Grenzen der Beobachtbarkeit und der Privatsphäre durch die zunehmende Konnektivität von Menschen und Räumen immer stärker verwischt. Ein bekanntes Beispiel für dieses Phänomen sind Experimente im Umfeld des computerunterstützten kooperativen Arbeitens, bei denen in den Büros der Testpersonen Kameras installiert werden, um die Aufmerksamkeit zwischen den Mitarbeitern zu erhöhen und eine natürlichere und häufigere Kommunikation zwischen ihnen zu ermöglichen. Diese Experimente haben gezeigt, dass Menschen mit der Zeit nicht mehr wahrnehmen, dass sie ständig per Videokamera überwacht werden, weil die intuitive Erwartung „wenn ich dich nicht sehen kann, kannst du mich auch nicht sehen" in der Realität des computergestützten kooperativen Arbeitens nicht zutrifft [BeS93] und dies die Privatsphäre gefährdet, die auch im Arbeitsumfeld (eingeschränkt) geschützt ist.

Zweitens machen physiologische Sensoren, die ständig vom Menschen getragen werden und kontinuierlich Messdaten produzieren (sei es, um den Gesundheitszustand zu überwachen oder um Fernseh- oder Lernprogramme zu personalisieren), es der betroffenen Person unmöglich, ihre Gefühle zu verbergen, weil diese sich aus den Veränderungen der physiologischen Parameter ableiten lassen [NAL03]. Dies bedeutet, dass Gesichtsausdruck und Körpersprache nicht mehr länger natürliche Grenzen für die inneren Regungen des Menschen darstellen.

Drittens führen das Verwischen der Grenzen von Raum und Zeit, die Möglichkeit zum Aufnehmen und Speichern von einer Vielzahl von Datentypen sowie die zunehmende Leistungsfähigkeit von Verfahren des *Data Mining* (mit denen es möglich wird, in einem großen Datenbestand implizite Verbindungen zwischen a priori unverbundenen Daten zu ermitteln) zu einer Verletzung der persönlichen Erwartungen an die Schutzwirkung von räumlichen und zeitlichen Grenzen der Privatsphäre. Auch die Grenzen der Privatsphäre aufgrund klassischerweise kurzlebiger oder vorübergehender Effekte werden auf diese Weise unterminiert.

Schließlich verändern neue Technologien immer wieder ganz grundsätzlich die Vorstellung über die Privatsphäre und deren Schutz. Nissenbaum [Nis04] führt beispielsweise eine US-Gerichtsentscheidung für einen solchen Fall an. Das Gericht hatte entschieden, dass die Polizei nicht die Privatsphäre einer Person verletzt, wenn sie beim Überflug über das Haus und Privatgrundstück dieser Person eine Straftat entdeckt. Man dürfe beim Überflug eines Überwachungsflugzeugs keinerlei Schutz der Privatsphäre erwarten, da Flugzeugüberflüge über Privatgelände zum festen Bestandteil des täglichen Lebens geworden seien.

Es bleibt somit die Frage, welche geänderten Erwartungen im Hinblick auf den Schutz der Privatsphäre sich durchsetzen werden, wenn intelligente Umgebungen zu einem selbstverständlichen Teil unseres täglichen Lebens werden. Wie immer diese Erwartungen aussehen mögen – sie werden sich jedenfalls viel langsamer entwickeln als das Leistungsvermögen der zu Grunde liegenden Technologie.

Dank. Dieser Beitrag entstand im Rahmen des von der Europäischen Kommission geförderten Projekts SWAMI – Safeguards in a World of Ambient Intelligence (http://swami.jrc.es). Er gibt die Meinung der Autoren wieder, die nicht notwendigerweise der Meinung der Europäischen Kommission entspricht. Die Autoren danken den Projektpartnern für ihre Beiträge zu diesem Text.

Literatur

[AaM03] Aarts E, Marzano S (Eds.) (2003) The New Everyday: Views on Ambient Intelligence. Uitgeverij 010 Publishers, Rotterdam

[Ack04] Ackerman MS (2004) Privacy in pervasive environments: next generation labelling protocols. Personal and Ubiquitous Computing 8(6) 430–439

[AHC01] Åkesson K-P, Humble J, Crabtree A, Bullock A (2001) Usage and Development Scenarios for the Tangible Toolbox. ACCORD Deliverable D1.3, Swedish Institute of Computer Science, Kista, www.sics.se/accord/plan/del/D1.3.pdf

[AlM05] Albrecht K, McIntyre L (2005) Spychips: How Major Corporations and Governments Plan to Track Every Move with RFID. Nelson Current

[AsH02] Aschmoneit P, Höbig M (2002) Context-Aware Collaborative Environments for Next Generation Business Networks: Scenario Document. COCONET deliverable D 2.2, Enschede: Telematica Institute

[BCL04] Bohn J, Coroama V, Langheinrich M, Mattern F, Rohs M (2004) Living in a World of Smart Everyday Objects – Social, Economic, and Ethical Implications. Human and Ecological Risk Assessment 10(5) 763–786

[Bec03] Beckwith R (2003) Designing for Ubiquity: The Perception of Privacy. IEEE Pervasive Computing 2(2) 40–46

[BeS93] Bellotti V, Sellen A (1993) Design for Privacy in Ubiquitous Computing Environments. Proceedings of the Third European Conference on Computer Supported Cooperative Work (ECSCW'93) 77–92

[Bül05] Bülligen F (2005) Vorratsdatenspeicherung von Telekommunikationsdaten im internationalen Vergleich: Stand und Perspektiven – Zur Konstitution einer neuen politischen Arena. DuD – Datenschutz und Datensicherheit 29(6) 349–353

[CaR05] Cabrera Giráldez M, Rodríguez Casal C (2005) The Role of Ambient Intelligence in the Social Integration of the Elderly. In: Riva G, Vatalaro F, Davide F, Alcañiz M (Eds.): Ambient Intelligence: The Evolution of Technology, Communication and Cognition Towards the Future of Human-Computer Interaction, IOS Press, 265–280

[Cas04] Casert R (2004). Workshop Ambient Intelligence: In the service of Man? Societal aspects of ambient intelligence in the field of health and surveillance. Rathenau Institute

[Elb05] Elbirt AJ (2005) Who Are You? How to Protect Against Identity Theft. IEEE Technology and Society Magazine 24(2) 5–8

[FDP05] Friedewald M, Da Costa O, Punie Y, Alahuhta P, Heinonen S (2005) Perspectives of Ambient Intelligence in the Home Environment. Telematics and Informatics 22(3) 221–238

[Ham02] Hameling CJ (2002) Risks in the Global e-Society. In: Banse G, Grunwald A, Rader M (Eds.): Innovations for an e-Society – Challenges for Technology Assessment, Edition Sigma, 57–66

[Har05] Harrop P (2005) Item level RFID: The business benefits of the „tag everything“ scenario. IDTechEx Ltd, Cambridge

[Hee05] Heesen J (2005) Ubiquitous Computing als subjektorientierte Technikvision. In: Bora A, Decker M, Grunwald A, Renn O (Hrsg.): Technik in einer fragilen Welt: Die Rolle der Technikfolgenabschätzung, Edition Sigma, Berlin, 183–191

[Hei04] Heinonen S (2004) Mobile Telework at the Crossroads of Social, Environmental and Cultural Challenges. In: 9th International Telework Workshop, International Telework Academy, Crete, Greece, 6th - 9th September, 2004

[IDB01] IST Advisory Group, Ducatel K, Bogdanowicz M, Scapolo F, Leijten J, Burgelman JC (2001) Scenarios for Ambient Intelligence in 2010. Institute for Prospective Technological Studies (IPTS), Sevilla

[ITE04] ITEA Technology Roadmap for Software-Intensive Systems, 2nd edition (2004) Information Technology for European Advancement (ITEA) Office Association, Eindhoven

[JDS04] Jafari R, Dabiri F, Sarrafzadeh M (2004) Reconfigurable Fabric Vest for Fatal Heart Disease Prevention. In: UbiHealth 2004 – The 3rd International Workshop on Ubiquitous Computing for Pervasive Healthcare Applications, Nottingham, 7 September 2004

[Les00] Lessig L (2000) Code and other laws of cyberspace. Basic Books, New York

[LHN04] Luff P, Heath C, Norrie M, Signer B, Herdman P (2004) Only touching the surface: Creating affinities between digital content and paper. In: Proceedings of the 2004 ACM conference on computer supported cooperative work, Chicago, USA, 8th – 10th November 2004, 523–532

[LMP03] Luck M, McBurney P, Preist C (2003) Agent Technology: Enabling Next Generation Computing. A Roadmap for Agent Based Computing, AgentLink, Southampton

[Lop04] López de Vallejo IL (2004) E-Locus: A clustered view of European ICT for future workspaces. E-Locus Deliverable D5.5, Fundación TEKNIKER, Guipúzcoa

[MaB03] Masera M, Bloomfeld R (2003) A Dependability Roadmap for the Information Society in Europe. AMSD Deliverable D1.1, Rand Europe, Leiden, https://rami.jrc.it/roadmaps/amsd

[MMS03] Michahelles F, Matter P, Schmidt A, Schiele B (2003) Applying Wearable Sensors to Avalanche Rescue: First Experiences with a Novel Avalanche Beacon. Computers & Graphics 27(6) 839–847

[MoR05] Morganti F, Riva G (2005) Ambient Intelligence for Rehabilitation. In: Riva G, Vatalaro F, Davide F, Alcañiz M (Eds.) Ambient Intelligence: The Evolution of Technology, Communication and Cognition Towards the Future of Human-Computer Interaction. IOS Press, Amsterdam, 281–292

[MYA05] Ma J, Yang LT, Apduhan BO, Huang R, Barolli L, Takizawa M (2005) Towards a Smart World and Ubiquitous Intelligence: A Walkthrough from Smart Things to Smart Hyperspaces and UbiKids. International Journal of Pervasive Computing and Communications 1(1)

[NAL03] Nasoz F, Alvarez K, Lisetti C, Finkelstein N (2003) Emotion Recognition from Physiological Signals for User Modelling of Affect. In: Proceedings of the 3rd Workshop on Affective and Attitude User Modelling, Pittsburgh, USA, June 2003

[Nis04] Nissenbaum H (2004) Privacy as Contextual Integrity. Washington Law Review 79(1) 101–139

[ORB99] Orr RJ, Raymond R, Berman J, Seay F (1999) A System for Finding Frequently Lost Objects in the Home. Technical Report 99-24. Graphics, Visualization, and Usability Center, Georgia Tech, Atlanta

[PTA01] Palmas G, Tsapatsoulis N, Apolloni B, Malchiodi D, Delopoulos A, Beverina F (2001) Generic Artefacts Specification and Acceptance Criteria. Oresteia Deliverable D01, STMicroelectronics s.r.l, Milano

[RFE05] Remagnino P, Foresti GL, Ellis T (Eds.) (2005) Ambient Intelligence: A Novel Paradigm. Springer

[Riv03] Riva G (2003) Ambient Intelligence in Health Care. CyberPsychology and Behavior 6(3) 295–300

[Roß05] Roßnagel A (2005) Verantwortung für Datenschutz. Informatik-Spktrum 28(6) 462–473

[Sch05] Scheule RM (2005) Das „Digitale Gefälle" als Gerechtigkeitsproblem. Informatik-Spektrum 28(6) 474–488

[Sin01] Singer I (2001) Privacy and Human Nature. Ends and Means 5(1)

[SLK01] Savidis A, Lalis S, Karypidis A, Georgalis Y, Pachoulakis Y, Gutknecht J, Egger B, Kramer P, Tafra M, Majoe D, Lieu V, Hunt N, Gredmaier L, Roberts D (2001) Report on Key Reference Scenarios. 2WEAR Deliverable D1, Foundation for Research and Technology Hellas, Institute of Computer Science, Heraklion

[VLN04] Van Laerhoven K, Lo BPL, Ng JWP, Thiemjarus S, King R, Kwan S, Gellersen H, Sloman M, Wells M, Needham P, Peters N, Darzi A, Toumazou C, Yang GZ (2004) Medical Healthcare Monitoring with Wearable and Implantable Sensors. In: UbiHealth 2004 – The 3rd International Workshop on Ubiquitous Computing for Pervasive Healthcare Applications, Nottingham, 7 September 2004

[Wei93] Weiser M (1993) Some Computer Science Issues in Ubiquitous Computing. Communications of the ACM 36(7) 75–85

[Win04] Winters N (2004) Personal Privacy and Popular Ubiquitous Technology. In: Proceedings of Ubiconf 2004, Gresham College, London, 19 April 2004

Dr. Michael Friedewald hat an der Rheinisch-Westfälischen Technischen Hochschule Aachen Elektrotechnik, Wirtschaftswissenschaften und Technikgeschichte studiert. Seit 1999 ist er als Projektleiter am Fraunhofer-Institut für System- und Innovationsforschung in Karlsruhe tätig. Seine Arbeitsschwerpunkte liegen im Bereich der Mediennutzungsforschung und der Technikfolgenabschätzung, insbesondere im Bereich Ambient Intelligence.

Dr. Ralf Lindner studierte Politikwissenschaft und Volkswirtschaftslehre an der Universität Augsburg und der University of British Columbia, Vancouver. In seiner Dissertation befasste er sich mit der strategischen Anwendung neuer Informations- und Kommunikationstechnologien durch intermediäre Organisationen. Seit 2005 ist er als Projektleiter am Fraunhofer Institut für System- und Innovationsforschung, Abteilung „Neue Technologien", tätig. Neben der Analyse von Diffusionsprozessen neuer Technologien liegen seine Forschungsinteressen im Bereich von Politikfeldanalysen (insbesondere Medien-, Forschungs- und Technologiepolitik).

Gibt es in einer total informatisierten Welt noch eine Privatsphäre?

Marc Langheinrich

Institut für Pervasive Computing, ETH Zürich

> *But lo! Men have become the tools of their tools. Our inventions*
> *are wont to be pretty toys which distract our attention from serious things.*
> *Henry David Thoreau*

Kurzfassung. Die Vision allgegenwärtiger, „intelligenter" Umgebungen nährt die Angst vor einer umfassenden Überwachung des Einzelnen durch Staat und Wirtschaft sowie vor dem Missbrauch durch Kriminelle. Sind solche Ängste eher unbegründet, da zwischen Vision und Realität immer noch technische, soziale und rechtliche Machbarkeiten Grenzen ziehen? Oder bewegen wir uns mehr oder weniger zwingend hin in Richtung einer Gesellschaft, in der es ganz normal sein wird, dass praktisch all unsere Handlungen und Bewegungen aufgezeichnet und in digitalisierter Form für andere abrufbar sein werden? Dieser Beitrag versucht, anhand gesellschaftlicher Trends und Begehrlichkeiten Entwicklungspotenziale aufzuzeigen, die sich durch die Bereitstellung „smarter" Technik ergeben. Dabei sollen gezielt deren Risiken und Herausforderungen angesprochen werden, die sowohl in technischer, vor allem aber auch in gesellschaftlicher Hinsicht auftreten. Ob wir unter diesen Umständen auch in Zukunft noch eine umfassend geschützte Privatsphäre haben werden, wird mehr denn je davon abhängen, welchen Wert unsere Gesellschaft diesem Gut beim Abwägen gegenüber Bequemlichkeit, Effizienz und Sicherheit zuweisen wird.

Einleitung

Während Aktivistenorganisationen wie der Bielefelder FoeBud[1] oder die amerikanische CASPIAN[2] immer wieder äußerst erfolgreich öffentlichen Druck gegen aktuelle Datenerhebungsprojekte großer Handelsketten aufbauen, erfreut sich die ubiquitäre Kundenkarte weiterhin großer Beliebtheit: Eine Emnid-Umfrage im März 2002 fand über die Hälfte der befragten Deutschen im Besitz mindestens

---

[1] FoeBud heißt mit ganzem Namen *„Verein zur Förderung des öffentlichen bewegten und unbewegten Datenverkehrs e.V. "*, siehe www.foebud.org.

[2] CASPIAN steht für *„Consumers Against Supermarket Privacy Invasions and Numbering"*, siehe www.nocards.org und www.spychips.com.

einer Kundenkarte [Emn02b], auf eine große Anfrage der FDP im Deutschen Bundestag im Februar 2005 hin schätzte die Bundesregierung sogar über 70 Millionen ausgegebene Rabatt- und Kundenkarten [Bun05]. Gleichermaßen unterschiedlich fallen Beurteilungen bezüglich der Praxistauglichkeit der visionären, „allgegenwärtigen" Technologien aus: Noch 2002 beklagten führende Forscher auf dem Gebiet des Ubiquitous und Pervasive Computings die mangelnde Praxisrelevanz ihrer Prototypen [DaG02] – dem stehen im Jahr 2006 über drei Millionen ausgegebener Eintrittskarten mit personalisierten RFID-Chips zur Fußball-Weltmeisterschaft in Deutschland und einige hunderttausend seit November 2005 ausgegebene biometrische deutsche Reisepässe mit integriertem RFID-Chip gegenüber.

RFID-Funketiketten sind längst nicht das Einzige, was die Forschung in diesem Bereich zu bieten hat. Doch aufgrund ihres relativ hohen „Alters" (erste RFID-Chips wurden bereits in den 1970er Jahren erprobt [AIM01]) hat RFID als eine der ersten Ubiquitous-Computing-Technologien die Anfangshürde des „Technik-Hype-Cycles" [Gar95] überschritten und setzt nun zum Sprung zur Etablierung im Alltag an. Es ist dieser *„move into the everyday"*, den Mark Weiser in seinem wegweisenden Artikel „The Computer for the 21st Century" [Wei91] als Kennzeichen einer neuen Art von Computersystemen ausmachte, die unauffällige Einbettung von Technologie in Alltagsgegenstände und -handlungen, bei der das Bewusstsein für die Verwendung eines Computers praktisch verschwindet. Schon Weiser war der zweischneidige Charakter solch einer Entwick-

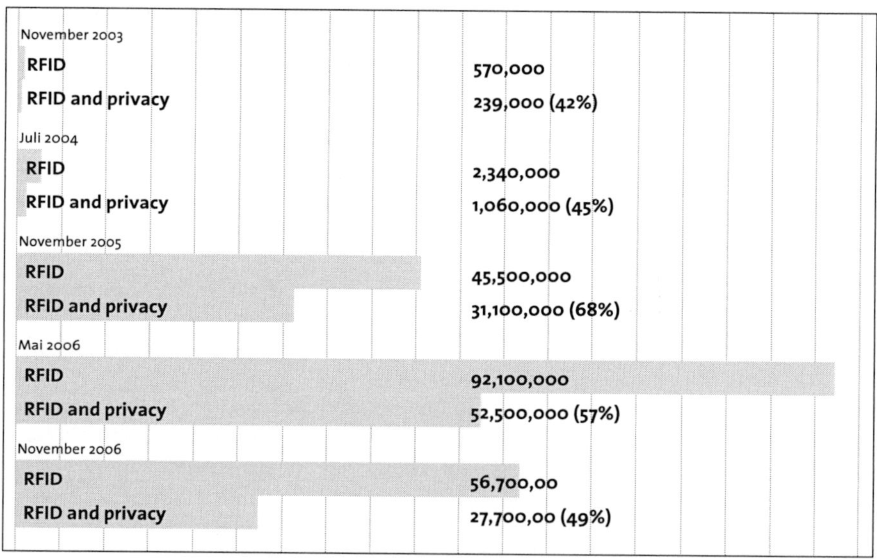

Abb. 1. RFID und Datenschutz (*privacy*) im öffentlichen Bewusstsein (gemäß Google-Index): Im Frühjahr 2006 wurde das Nischenprodukt „Funketikett" zum globalen Thema mit über 90 Millionen Treffern im Google-Index. Inzwischen ist das Interesse offenbar wieder zurückgegangen, doch fallen Ende 2006 immer noch knapp die Hälfte aller Nennungen im Zusammenhang mit Datenschutzaspekten.

lung bewusst – die unauffällige Beobachtung durch Computersysteme ermöglicht ein neues Paradigma des „Calm Computings", während gleichzeitig die Möglichkeiten zur unbemerkten Überwachung steigen – doch hatte er bereits einen Lösungsansatz parat: *„The problem, while often couched in terms of privacy, is really one of control"* [Wei99]. Das Ausloten von Möglichkeiten, die Kontrolle darüber zu behalten, wer wann und zu welchem Zweck von mir mitgeführte Funketiketten ausliest (immer vorausgesetzt, ich bin mir darüber überhaupt im Klaren, *dass* ich solche bei mir trage), gehört mit zu den aktivsten Forschungsfeldern der RFID-Technologie [Lan05b, Lan07]. Doch während das Interesse an RFID und vor allem die Besorgnis über dessen Überwachungspotenzial steigen (siehe Abb. 1), schreitet die Verbreitung der Miniaturcomputer scheinbar ungehindert voran: Laut einer Studie des Technologieberatungskonzerns Gartner wurden 2005 weltweit mehr als eine halbe Milliarde US-Dollar für RFID-Systeme ausgegeben [TMC05] (ein Zuwachs von knapp 40% zum Vorjahr); fast jeder fünfte Hersteller, Logistiker und Händler hatte konkrete Pläne, erste Pilotprojekte oder bereits laufende Systeme im Einsatz [IDC06].

Ist die flächendeckende Verbreitung des Ubiquitous Computings also bereits abzusehen? Ist der heutige Einsatz von RFID überhaupt ein Indiz für die Etablierung der viel weiter reichenden Vision einer „intelligenten" Umgebung? Und führt diese Vision unweigerlich zu den oft beschworenen Überwachungsdystopien im Stil von Orwells *1984*? Im Folgenden soll, ausgehend von heutigen Entwicklungen und Trends, versucht werden abzuschätzen, inwieweit sich die Technologien des Ubiquitous Computings in unserem Alltag etablieren und dadurch unsere Privatsphäre beeinflussen werden. Auch wenn konkrete Aussagen über die Zukunft oft schwierig, wenn nicht gar unmöglich erscheinen, kann eine solche Betrachtung womöglich das Bewusstsein für die Problematik schärfen und Handlungszwänge aufzeigen, die in Folge einer „informatisierten" Gesellschaft [Mat03] auf uns zukommen.

Effiziente Produktion und Vertrieb

Nicht erst seit Globalisierung und hohe Arbeitslosigkeit Schlagzeilen machen, ist wirtschaftliche Effizienz ein Thema. Der Einsatz ubiquitärer Technologien, d.h. vor allem die Nutzung von RFID-Funketiketten, verspricht nun aber signifikante Kosteneinsparungen nicht nur in der Lagerhaltung, sondern auch in vielen Produktionsprozessen.[3] Einzelhandelsgigant Wal-Mart schreibt bereits seit Anfang 2005 seinen hundert größten Zulieferern die Verwendung von Funketiketten auf Paletten und Verpackungseinheiten vor[4] – ersten Auswertungen zufolge konnte dadurch für viele Produkte die „Out-of-Stock"-Quote um bis zu 62% reduziert

---

[3] Zur Theorie des Bull-Whip-Effektes siehe z.B. [FlM05].

[4] Inzwischen setzen die 300 größten Wal-Mart-Zulieferer RFID auf Paletten und Verpackungseinheiten ein [Das06].

werden [Col06], was sich beispielsweise bei Rasierklingen von Gillette in einer Umsatzsteigerung von 19% niederschlug [Das06]. Ähnliche Erfolge melden die deutsche Metro und der britische Einzelhändler Tesco, die ebenfalls RFID-Technologie in einigen ihrer Verteilzentren einsetzen [Ren06]. Getreu dem Motto *„You can't control what you can't measure"* [DeM86] helfen hier ubiquitäre Technologien, Produktions- und Warenflüsse immer detaillierter und nahezu in Echtzeit verfolgen zu können.

Die Möglichkeit, mittels drahtloser Identifikationstechnologie, integrierter Sensorik und fortschreitender Miniaturisierung betriebliche, industrielle und ökonomische Prozesse immer feingranularer überwachen und steuern zu können, wird nach Ansicht des britischen Nachrichtenmagazins *The Economist* die durch das Internet aufgekommene „New Economy" ablösen und den Übergang zur „Now Economy" einleiten: *„Many companies will use information technology to become a ‚real-time enterprise' – an organisation that is able to react instantaneously to changes in its business"* [Eco02]. Dass hier nicht bei Paketen und Ersatzteilen haltgemacht wird, zeigen aktuelle Entwicklungen in den USA, wo das detaillierte Überwachen und Überprüfen von Angestellten bei vielen Arbeitgebern längst die Regel ist: In einer Studie aus dem Jahr 2000 überwachten knapp drei Viertel aller großen US-amerikanischen Arbeitgeber die Arbeit ihrer Angestellten regelmäßig mit Hilfe von Telefon- und Videoaufzeichnungen bzw. E-Mail- und Internet-Überwachung [SoR03].[5] Mit Technologien des Ubiquitous Computing kann die betriebliche Überwachung leicht jenseits des PCs ausgeweitet werden. Schon heute setzen viele Firmen GPS-basierte Ortungssysteme in ihrem betrieblichen Fuhrpark ein, um nicht nur die kurzfristige Disposition der Mitarbeiter zu erleichtern, sondern auch deren Pausen und Tagesabläufe überprüfen zu können.[6] Sicherheitsfirmen verwenden bereits seit Jahren elektronische Wegmarken um sicherzustellen, dass Wachmänner auch wirklich zur vorgeschriebenen Zeit die vorgesehene Runde drehen, indem diese, wie bei einer Schnitzeljagd, die Marker nach und nach mit einem mobilen Gerät abscannen. Die in Cincinnati im US-Bundesstaat Ohio ansässige Videoüberwachungsfirma CityWatcher hat im Februar 2006 dieses Prinzip sogar umgedreht und lässt ihren Mitarbeitern einen Mikrochip unter die Haut implantieren, der nun seinerseits von an neuralgischen Punkten angebrachten Sicherheitsscannern überprüft werden kann [Hei06].[7]

---

[5] Dabei gibt es durchaus nachvollziehbare Gründe für diesen Trend in einem Land, in dem Arbeitgeber schnell mit Millionenklagen rechnen müssen: nicht nur wenn die Sicherheit anderer auf dem Spiel steht (z.B. bei Zug-, Bus- oder Lastwagenführern, Piloten und Mechanikern, aber auch etwa bei Kinderbetreuung), sondern auch, um die Sicherheit und Qualität des Arbeitsplatzes selbst (Stichwort: *sexual harassment*) zu gewährleisten.

[6] Ein einschlägiger Anbieter solcher Systeme bewirbt sein Produkt mit „Damit Ihr Fuhrpark nicht länger ein ‚schwarzes Loch' ist und die entscheidenden Stellen exakt wissen, WER mit WELCHEM Fahrzeug WAS macht und sich WO und WIE bewegt (hat)", siehe www.telematikteam.de.

[7] Sicherheitsexperten sind sich allerdings einig, dass dadurch die Sicherheit eher gesunken ist: Der von der Firma verwendete „VeriChip" (siehe www.verichipcorp.com) verfügt

Der Einfluss betrieblicher Überwachungssysteme auf die Privatsphäre des einzelnen Konsumenten darf dabei nicht unterschätzt werden: Die RFID-Investitionen der großen Vorreiter Wal-Mart, Tesco und Metro (sowie auch des US-amerikanischen Verteidigungsministeriums, eines der größten Logistikunternehmen weltweit) helfen auf breiter Front, die Kosten zu senken sowie Know-how aufzubauen, was wiederum die Verbreitung von RFID auch im kleineren Maßstab begünstigt. So sind beispielsweise in allen 69 Samsung-Tesco-Supermärkten[8] in Korea sämtliche Einkaufswagen und -körbe mit RFID-Tags ausgestattet, mit denen die Bewegungen der Kunden innerhalb eines Marktes verfolgt werden [Tan06]. Angeblich wurden anhand dieser Daten bereits in einigen Märkten erfolgreich Produktstandorte relokalisiert.[9] Ebenso haben bereits mehrere große öffentliche Bibliotheken (Wien, Graz, Winterthur, München, Stuttgart, selbst im Vatikan) Funketiketten in ihre Bücher integriert, um sowohl die Inventur als auch den Ausleihprozess zu optimieren [ThG05, Kan04]. Und Firmen, die Überwachungssoftware für den PC-Arbeitsplatz entwickeln, bieten inzwischen in vielen Fällen ähnliche Produkte für Schulen, Bibliotheken und besorgte Eltern an.[10] Infrastrukturen für RFID und lokalisierbare, drahtlose Funksender stellen also quasi eine Art „Einstiegsdroge" in die schöne neue Welt des Ubiquitous Computings dar: Die Kosten sind inzwischen niedrig genug, das technische Know-how bei einer Reihe von Ingenieurbüros vorhanden und die realisierbaren Einsparungen oft signifikant.

Doch neben Effizienzgewinnen versprechen die neuen Kontrollmöglichkeiten ubiquitärer Technologien auch einen wirtschaftlichen Vorteil ganz anderer Art: die Bindung von Kunden an Produkte bzw. den Einsatz dieser Produkte in vom Hersteller gewünschten Bahnen. Im Rahmen der *Trusted Computing Platform Alliance*, die später in *Trusted Computing Group*[11] umbenannt wurde, arbeiten zum Beispiel namhafte Computerhersteller bereits seit 1999 an einer Architektur, die zur Erhöhung der IT-Sicherheit ein Manipulieren von Daten und Software auf Computern verhindern soll. Dazu versehen Hersteller ihre Programme (bzw. Bilder, Videos oder Musikstücke) mit einer digitalen Signatur, die dann ein neu in PCs verbauter Chip – das sogenannte *Trusted Platform Module* – auf Echtheit prüfen kann [Him03]. Während Befürworter des *Trusted Computings (TC)* auf die

---

über keinerlei Sicherheitsmerkmale, die ein unerwünschtes Auslesen und Kopieren verhindern würden: *„The Verichip is a repurposed dog tag; there is no reason (counterfeit housepets?) why it would have been designed with any security features, and in fact it was not"* [Wes05].

[8] Samsung-Tesco-Supermärkte sind ein Joint Venture zwischen dem Elektronikriesen Samsung und dem britischen Einzelhändler Tesco.

[9] Dies steht im Gegensatz zum modernen „Beer and Nappies"-Märchen, dass Wal-Mart angeblich dank Data Mining eine hohe Korrelation zwischen Bier- und Windelkäufen erkannt haben soll und durch cleveres Umplatzieren der entsprechenden Produktgruppen Millionengewinne einfahren konnte [Bis06, Fri97].

[10] Siehe zum Beispiel www.spectorsoft.com.

[11] www.trustedcomputinggroup.org

neuen Möglichkeiten verweisen, mit dieser Architektur Viren und Spyware zu verhindern (die als nicht signierte Programme gar nicht oder nur sehr eingeschränkt lauffähig wären), warnen prominente Kritiker wie Richard Stallman[12] oder Ross Anderson[13] vor einer Vision des *Treacherous Computings*, in der statt des PC-Besitzers nun nur noch die Hersteller von Betriebssystemen und PC-Hardware die Kontrolle darüber besitzen, welche Programme und Operationen vom Computer ausgeführt werden können [Sta06, And03].

Dass sich die Konzepte des „Trusted" oder „Treacherous" Computings in Zukunft auch in der realen Welt umsetzen lassen, zeigen bereits erste „smarte" Produkte. So statten bereits heute die Druckerhersteller Epson und Canon ihre Tintenkartuschen mit Überwachungschips aus, welche nicht nur Drittherstellern den Nachbau kompatibler Alternativprodukte erschweren, sondern darüber hinaus unabhängig vom Füllstand der Patrone nach einer bestimmten Zahl von Ausdrucken ein Auswechseln der Kartusche erzwingen (und damit ein kostengünstiges Wiederbefüllen verhindern) [Sch06a].[14] Ähnliche „Lock-in"-Effekte versprechen sich Automobilhersteller und deren Zulieferer von der Nutzung von RFID im Ersatzteilehandel, bei dem Kunden beim Kauf von (RFID-getaggten) Originalteilen zunächst z.B. längere Garantiezeiten gewährt werden könnten [Det06], aber ähnlich wie Tintenpatronen schlussendlich nur noch Originalteile (mit Chip) ordnungsgemäß funktionieren würden.[15]

Effizienz, Produkt- und Betriebssicherheit sowie die Wahrung von Absatzmärkten sind also bereits heute Kernfaktoren einer global im Wettstreit stehenden Wirtschaft. Mit der fortschreitenden Globalisierung werden solche Aspekte eher noch an Bedeutung gewinnen und somit in Zukunft immer wichtigere Gründe für den verstärkten Einsatz ubiquitärer Technologien liefern. Firmen, die Einkauf, Produktion, Vertrieb und Absatz ihrer Produkte minutiös überwachen und dadurch steuern können, werden über einen entscheidenden Wettbewerbsvorteil verfügen, der sich nur durch die konsequente Verwendung von RFID-Chips, Sensorplattformen und drahtlose Vernetzung aufrecht erhalten lassen wird. Und mit wach-

---

[12] Richard Stallman ist Mitbegründer des GNU-Projekts und einer der Vorreiter der „Freien Software-Bewegung". Seine Homepage findet sich auf www.stallman.org.

[13] Ross Anderson ist Professor für Computersicherheit an der Cambridge University und ein bekannter Sicherheitsexperte. Seine Homepage ist www.cl.cam.ac.uk/~rja14.

[14] Dies hat wiederum zum Aufkommen spezieller Wiederbefüllfirmen geführt, die beim kostengünstigen Recycling einer Patrone auch gleich die eingebauten Chips neu programmieren.

[15] Eine nicht weniger invasive Art der Kontrolle stellt das im Juli 2005 vom obersten Gericht des kanadischen Bundestaates British-Columbia verhängte „Leseverbot" dar, nachdem aus Unachtsamkeit ein Buchladen vierzehn Exemplare des neuesten Harry-Potter-Romans einige Tage vor dem offiziellen Verkaufsstart am 16. Juli verkauft hatte. Auch wenn die Käufer die Bücher rechtmäßig erworben hatten, so wurde ihnen vom Gericht das Lesen des Werkes (bzw. dessen Weiterverkauf) vor dem 16. Juli verboten. Ein Medienrechtswissenschaftler bemerkte trocken: *„There is no human right to read"* [MaC05]. Mit elektronischen Büchern (eBooks) oder elektronischem Papier (eInk) hätte der Verleger die verkauften Exemplare einfach aus der Ferne sperren können.

senden Absatzmärkten fallen die Kosten der Technologie bei steigendem Know-how für die praktische Umsetzung – die Grundvoraussetzungen für den erfolgreichen und rentablen Einsatz solcher Technik in zahllosen Bereichen, auch außerhalb primär industrieller Interessen. Denn auch wenn Kunden indirekt durch günstigere Preise von dem Effizienz steigernden Einsatz ubiquitärer Technik profitieren können, so sind es natürlich zuallererst Hersteller und Händler, die mit solch einer detaillierten Erfassungs- und Steuerungsmöglichkeit Kosten einsparen bzw. Vertriebskanäle sichern können. Eine wichtige Bedeutung bei der Abschätzung des zukünftigen Einsatzes ubiquitärer Technik kommt deshalb auch Anwendungen zu, welche dem Endkunden einen *direkten* Nutzen versprechen. Diese sollen im nächsten Abschnitt näher betrachtet werden.

Bequemlichkeit und Komfort

Auch wenn der Einsatz von Ubiquitous Computing in Industrie und Handel immer populärer werden sollte – Beispiele wie die öffentliche Diskussion um den Einsatz von RFID in Metros *Future Store* scheinen darauf hinzuweisen, dass Kunden sich bei einer lediglich Herstellern und Händlern zugute kommenden Technologie schnell ausspioniert und ausgenutzt vorkommen können. Dennoch scheint es verfrüht, aus der bisher überwiegend kritischen Berichterstattung zum Thema RFID ein generelles Problem bei der Einführung ubiquitärer Technik in unserem Alltag ausmachen zu wollen. Denn jenseits smarter Supermärkte stehen zahlreiche RFID-basierte Anwendungen bereits seit Jahren hoch in der Gunst der Kunden, offenbar ohne irgendwelche Datenschutzdebatten zu provozieren. So werden bereits seit 1995 alle Neuwagen in Deutschland nur noch mit einer elektronischen Wegfahrsperre ausgeliefert [VDA99], bei der ein im Autoschlüssel integrierter RFID-Chip von einem am Zündschloss angebrachten Lesegerät beim Starten des Motors ausgelesen wird und nur bei korrekter Identifikation des Schlüssels die Motorelektronik freigegeben wird. Seit der Einführung dieser Technologie sind alleine in Deutschland die Diebstahldelikte bei Neuwagen um mehr als 80% zurückgegangen [VDA06]. Ähnlich beliebt sind schlüssellose Zugangssysteme im Automobilbereich, bei denen das Auto auf Knopfdruck ver- und entriegelt werden kann,[16] bzw. lediglich eine Chipkarte mitgeführt werden muss, um den Wagen automatisch zu- und aufzuschließen.[17]

Ebenfalls im automobilen Umfeld haben sich in vielen Ländern RFID-basierte Zahlungssysteme etabliert, wie beispielsweise der italienische TELEPASS[18] oder

---

[16] Im Gegensatz zur elektronischen Wegfahrsperre operieren diese Systeme jedoch nicht mit RFID-Chips, sondern senden batteriegetrieben per Funk oder Infrarot verschlüsselte Impulse aus.

[17] Antennen innerhalb des Wagens können dabei sicherstellen, dass sich die Chipkarte beim Starten des Motors auch wirklich im Auto befindet.

[18] www.telepass.it

der US-amerikanische *Exxon Speedpass[19]*. Das TELEPASS-System erlaubt bereits seit 1989 Autofahrern auf italienischen Autobahnen, Mautstellen ohne Anhalten zu passieren. Beim Durchfahren der speziellen TELEPASS-Spuren identifiziert die Mautstation den vorbeifahrenden Wagen mittels eines im Auto befindlichen batteriegetriebenen Geräts[20] und erstellt im Dreimonatsrhythmus eine detaillierte Rechnung. Ähnliche Systeme gibt es inzwischen weltweit, z.B. in den USA (EZ-PASS[21] im Nordosten, SunPass[22] in Florida oder TxTAG[23] in Texas), Japan (ETC[24]) oder Hong Kong (Autotoll[25]). Die Zahl der freiwilligen Nutzer solcher Systeme steigt in vielen dieser Länder jährlich weiterhin im zweistelligen Prozentbereich: So gab es Anfang 2006 beispielsweise über 4,9 Millionen TELE-PASS-Nutzer in Italien [ASE06], etwa 15% mehr als noch Anfang 2005 [ASE05].

Ähnlich populär, mit über 8 Millionen Nutzern weltweit [Exx05], ist der vom Ölmulti ExxonMobil seit 1997 vertriebene *Speedpass*, der ein bargeldloses Tanken und Einkaufen an allen US-amerikanischen Exxon- und Mobil-Tankstellen erlaubt, indem ein am Schlüsselbund angebrachter RFID-Chip beim Auflegen auf ein spezielles *Speedpass*-Feld an Zapfsäule bzw. Kasse die persönlichen Zahlungsinformationen des Kunden (z.B. dessen Kreditkartennummer) übermittelt.[26] Weniger universell nutzbar, dafür aber nicht weniger beliebt, sind auch die weltweit in vielen Skigebieten eingesetzten kontaktlosen Skipässe: Statt Streifenkarten, die erst mühsam vom Liftpersonal abgeknipst werden müssen, oder Magnetkarten, die man in kleine Schlitze am Lifteingang einführen muss und die dazu ein umständliches Ausziehen der Handschuhe bzw. ein Suchen nach der richtigen Anoraktasche nötig machen, erlauben auf RFID-Tags geladene Skipassinformationen ein unkompliziertes Überprüfen der Skipassgültigkeit durch die Jackentasche hindurch. Das in einige Swatch-Uhren eingebaute *Snowpass/Access* System[27] ermöglicht sogar das Speichern von Tages-, Wochen- und Saisonkarten auf der eigenen Armbanduhr, zum Teil sogar bequem vor der Anreise ins Skigebiet vom heimischen PC aus. Allein die österreichische Firma SKIDATA[28] hat weltweit über 500 Skigebiete mit solchen Systemen ausgestattet.

---

[19] www.speedpass.com

[20] Dazu wird ein für den automobilen Einsatz entwickeltes RFID-Protokoll namens *Dedicated Short Range Communications* (DSRC) verwendet.

[21] www.ezpass.com

[22] www.sunpass.com

[23] www.txtag.org

[24] www.go-etc.jp (in Japanisch)

[25] www.autotoll.com.hk/en/main.php

[26] Zwar haben Forscher an der US-amerikanischen Johns-Hopkins-Universität im Februar 2005 die lediglich 40-bit starke Verschlüsselung des dem Speedpass zugrunde liegenden RFID-Chips – dem Texas Instruments DSG Tag – brechen können [BGSJ+05], doch hält Hersteller Texas Instruments solche Angriffe für kaum praktikabel [Rob05].

[27] www.swatch.com/snowpass

[28] www.skidata.com

Die obigen Beispiele deuten darauf hin, dass ein Einsatz ubiquitärer Technologie zur effizienteren Durchführung altbekannter Vorgänge, d.h. sowohl im eigentlichen Ablauf, als auch in der dazu nötigen Vorbereitung, mit hohen Akzeptanzraten bei Konsumenten rechnen kann. So könnten reparaturanfällige Haushaltsgeräte wie Kaffee-, Wasch- und Geschirrspülmaschinen eine unkomplizierte Garantieabwicklung dank RFID-basierter Identifikation durch den Kundendienst bieten. Mit der zunehmenden Verbreitung von sogenannten NFC-fähigen[29] Mobiltelefonen, die RFID-Tags auslesen können, sind sogar Selbstdiagnosesysteme denkbar, bei denen der Kunde sein Handy an das defekte Gerät hält und die Fehlerursache übermittelt bekommt, um entweder ein fehlendes Ersatzteil direkt im Herstellershop bestellen zu können bzw. den Besuch eines Servicemechanikers zu vereinbaren [Rod06].

Überhaupt könnte die NFC-Technologie das Mobiltelefon in Zukunft mehr denn je zum zentralen Bestandteil des modernen Lebens zu machen. So erproben bereits seit geraumer Zeit mehrere Verkehrsverbünde in Europa in groß angelegten Feldversuchen den Einsatz NFC-basierter Fahrkartensysteme. Realität ist dies bereits in Japan, wo Handybesitzer beim Eintreten bzw. Verlassen der U-Bahn-Station nur kurz ihr Handy an das Drehkreuz halten, um automatisch den korrekten Fahrpreis zwischen Ein- und Ausstiegsort abgebucht zu bekommen [Wik06a]. In Hanau bei Frankfurt/Main kann seit April 2006 in sämtlichen Stadtbussen per NFC-Handy bezahlt werden – nach einem zehnmonatigen Feldversuch mit über 150 Kunden stieß dieses Angebot auf so viel Begeisterung, dass es praktisch übergangslos im Regelbetrieb eingesetzt wurde. Der Besitzer eines entsprechenden Mobiltelefons hält beim Ein- und Aussteigen das Handy einfach in die Nähe des im Bus angebrachten Lesegerätes und erhält zum Monatsende eine Rechnung, in der sämtliche unternommene Fahrten mitsamt den Kosten aufgeführt sind [CoN06].

Bei all diesen Beispielen geht es nicht nur um die durch den Einsatz von moderner Technik *unmittelbar* eingesparte Zeit – das schnellere Durchfahren der Maut- oder Liftstation, das schnellere Abschließen des Autos oder das einfache Bezahlen durch „Handy-Auflegen". Auch der indirekte, d.h. durch Vorbereitung und Unterhalt nötige Aufwand kann für den Nutzer moderner Technik einen signifikanten Anstieg der Bequemlichkeit – und damit implizit eine hohe Akzeptanz trotz potenzieller negativer Seiteneffekte – bedeuten. Bestes Beispiel ist das Mobiltelefon, welches im eingeschalteten Zustand dem jeweiligen Mobilfunkbetreiber (bzw. im Falle eines Verbrechens den Strafverfolgungsbehörden) ein praktisch lückenloses, weltweites Bewegungsprofil des Kunden liefert. Doch der Vorteil, schnell und unkompliziert überall und jederzeit Termine umzudisponieren bzw. Auskünfte einholen zu können, wiegt offensichtlich für viele Nutzer die Nachteile einer potenziellen Überwachung mehr als auf. Gleiches gilt für die Errungenschaft des bargeldlosen Bezahlens durch Geld-, Bank- und Kreditkarten,

---

[29] Die Abkürzung NFC steht für *Near Field Communication* und bezeichnet einen herstellerübergreifenden Standard, der es z.B. Mobiltelefonen erlaubt, spezielle NCF-kompatible Funketiketten drahtlos auszulesen.

die den kartenausgebenden Instituten detaillierte Einblicke in die Kauf- und Bewegungsmuster der Kunden erlauben.[30] Doch angesichts ihrer substantiellen Vorteile (keine umständliche Suche nach Kleingeld, Bankautomat oder Wechselstube) werden die „Gefahren" für die persönliche Privatsphäre nüchtern abgewogen und in den meisten Fällen als akzeptabel beurteilt.

Man kann einwenden, dass die Überwachung durch Kreditkarte oder Mobiltelefon sich insofern von der Gefährdung durch RFID und Ubiquitous Computing unterscheidet, als dass hier nur einige wenige, mit speziellen (und teuren) Geräten ausgestattete Firmen (bzw. über den Rechtsweg auch Polizei und Gerichte) Zugriff auf die bei der Verwendung entstehenden Bewegungsmuster haben. Sollten RFID-getaggte Produkte und Miniatursensortechnologie Einzug in unser tägliches Leben finden, so stände es plötzlich praktisch jedem offen, für wenige hundert Euro die nötige Ausrüstung zu besorgen, um Kunden, Nachbarn oder Angestellte auszuspionieren. Aus der hohen Akzeptanz für Mobiltelefone und bargeldloses Zahlen könne also kaum auf eine positive Einstellung gegenüber ubiquitärer Technologien im Allgemeinen geschlossen werden. Doch auch hier zeigt bereits heute der Markt, wie annehmbar solche Überwachungssysteme in privater Hand sein können. Vorreiter ist die US-amerikanische Firma Wherify Wireless, die bereits 2002 eine spezielle Kinderuhr auf den Markt brachte, mit der besorgte Eltern auf Knopfdruck den momentanen Aufenthaltsort ihres Kindes abrufen konnten [Sch02a]. Gerade wenn es um den Schutz von Kindern geht, scheint der Glaube an den Segen der ubiquitären Technik scheinbar unbegrenzt. So sollen bereits mehrere zahlungskräftige Kunden im entführungsgefährdeten Lateinamerika ihr Interesse an implantierbaren RFID-Chips bekundet haben, in der Hoffnung, dadurch im Entführungsfall leichter auffindbar zu sein [Sch02b, Haf06]. Nach einer Serie von Kindesentführungen in Großbritannien meldeten sich dutzende besorgter Eltern bei Kevin Warwick – ein für seine spektakulären Selbstversuche bekannter Professor für „Kybernetik" an der Universität Reading – mit der Bitte, ihre Kinder mittels eines unter der Haut injizierten RFID-Chips ortbar zu machen[31] – obwohl nach Meinung von Experten die dazu verwendete Technologie kaum in der Lage ist, ein entführtes Kind zu orten [Let02].[32]

Inzwischen haben auch zahlreiche Mobilfunkbetreiber ähnliche Angebote im Programm, vor allem in Japan, wo bereits mehr als 20% aller Mobiltelefone GPS-

---

[30] Mit der zunehmenden Verbreitung von NFC-fähigen Mobiltelefonen werden schließlich nicht nur Kommunikations- und Bewegungsmuster, sondern auch die persönlichen Kaufmuster zentral verfolgbar sein.

[31] Eine Bitte, der Warwick eigenen Angaben zufolge nur zu gerne nachkommen würde (da er vom Erfolg einer solchen Maßnahme überzeugt ist), die er aber aufgrund der negativ aufgeheizten Diskussion in der Presse bisher ablehnen musste [War06].

[32] Selbst wenn es in Zukunft injizierbare Peilsender geben sollte, wären sie aufgrund ihres Aufbaus natürlich auch für die Entführer leicht am Körper des Kindes zu lokalisieren – und damit etwa durch Herausschneiden zu entfernen. Nach kurzer Zeit würden Entführungen womöglich also blutiger ablaufen als je zuvor.

Lokalisation eingebaut haben [Eur05].[33] In Deutschland bietet die Firma jackMobile[34] mit *track-your-kid, track-your-truck* und *track-your-handy* mehrere Dienste zum Auffinden verlorengegangener Kinder, Fahrzeuge bzw. Mobiltelefone [Mat05]. Selbst in den in der Mobilfunktechnologie eher etwas rückständigen USA finden sich vermehrt ortsbasierte Dienstleistungen, seit der Gesetzgeber die genaue Lokalisierung von Mobiltelefonen bei Notrufen in der sogenannten *E-911-* Gesetzgebung vorgeschrieben hat.[35] So bieten Verizon mit *Chaperone*[36] und Sprint mit *Family Locator*[37] die Möglichkeit, das Handy der Kinder jederzeit auf einer Karte im Web bzw. auf dem eigenen Mobiltelefon zu lokalisieren, deren Bewegungen aufzuzeichnen oder auch – per SMS – einen zeit- und ortsabhängigen Alarm auszulösen (wenn beispielsweise der Sohn nicht rechtzeitig in der Schule eintrifft) [Yua06]. Auch Pionier Wherify hat bereits ein spezielles Kinder-Handy auf dem Markt, welches unabhängig vom Mobilfunkbetreiber funktioniert und zusätzlich spezielle Notfallknöpfe für die Kinder bereitstellt.[38] Zwar haben alle Systeme noch mit der Genauigkeit zu kämpfen [Bai06], doch mag die Kombination aus günstigem Preis (da die dazu nötige Infrastruktur durch *E-911* sowieso geschaffen werden muss) und einfacher Bereitstellung (da selbst die jüngsten Familienmitglieder wie selbstverständlich ein Mobiltelefon nutzen) für diese Art der Anwendung in naher Zukunft den Durchbruch bedeuten.

Man mag solchen Entwicklungen mit Argwohn begegnen und Eltern, die so ihr Kind „behüten", herzlos finden oder als Kontrollfanatiker abtun. Doch ist die Nachfrage nach derlei Überwachungstechnologie womöglich auch eine direkte Folge der gestiegenen Komplexität des täglichen Lebens, wie sie nicht nur gestresste Manager, hochflexible Dauerpraktikanten [Spi06b] oder eben berufstätige Eltern zu bewältigen haben. Den Trends zu mehr Flexibilität und Mobilität im Alltag scheinen „Lifestyle"-Produkte wie Mobiltelefon, e-Banking, 24h-Shopping und Navigationssystem fast schon zwingend zu folgen. Wenn das Mobiltelefon bald schon nicht nur die Ortung von Freunden und Familienangehörigen, sondern – etwa für einen geringen Monatsbeitrag – auch das Auffinden beliebiger persönlicher Gegenstände ermöglichen sollte [FRNS+06], würden womöglich viele

---

[33] So bietet beispielsweise KDDI das GPS-basierte „EZ-Navi" System an, welches ein auf wenige Meter genaues Lokalisieren der eigenen Position bzw. der von Freunden erlaubt und bereits mehr als zehn Millionen Nutzer in Japan hat [Lan05a].

[34] www.jackmobile.de

[35] Die sogennannte zweite Phase (*Phase II*) des *Enhanced 911*-Programms verlangt von Mobilfunkbetreibern, bei Notrufen (d.h. bei Anrufen auf 9-1-1) das Mobiltelefon bis auf 100 Yards genau (knapp über 90 Meter) orten zu können. Während einige Anbieter diese Lokalisierung via Triangulation durch die Basisstationen zu erzielen versuchen, setzen andere auf die Integration spezieller Ortungssysteme (z.B. GPS) in Mobiltelefone.

[36] www.verizonwireless.com/chaperone

[37] sfl.sprintpcs.com/finder-sprint-family

[38] Wherify's „Wherifone" hat inzwischen die firmeneigene Kinderuhr als Instrument der Wahl abgelöst, da diese zum Preis von knapp 400 Dollar offenbar nur schwer verkäuflich war (das Wherifone kostet unter 100 Dollar, kann aber im Gegensatz zur verriegelbaren Armbanduhr liegen gelassen werden) [All06].

Kunden bereitwillig den Aufenthaltsort ihrer Haus-, Büro- und Autoschlüssel überwachen lassen.

Ebenso populär könnten Gesundheits- und Freizeitanwendungen werden, die Konsumenten dabei helfen, eine ausgewogene Ernährung (bzw. Diätprogramme), ausreichend Bewegung, Arbeitspausen oder sportliche Trainingsprogramme im Alltag umzusetzen. Die US-amerikanische Firma BodyMedia[39] vertreibt bereits seit einigen Jahren mit Sensoren und Funkmodulen ausgestattete Armbänder, die Kalorienverbrauch, Bewegung und sogar Schlafphasen messen und so Sportlern, ernährungsbewussten Verbrauchern bzw. deren Betreuern auf einer persönlichen Homepage detaillierte Angaben zum Ernährungs- bzw. Bewegungsprogramm machen können.[40] Das Wearable-Computing-Labor der ETH Zürich entwickelt einen in einer Gürtelschnalle verborgenen Computer, der drahtlos mit verschiedensten Sensoren verbunden werden kann, um detaillierte medizinische Daten oder auch Bewegungsmuster aufzuzeichnen und auszuwerten [ALOM+04].[41]

Nicht zuletzt treibt natürlich auch die Kommunikationstechnologie den Trend zur Digitalisierung unseres Lebens voran. Flexiblere Lebens- und Arbeitsmodelle, bei denen die Kinderbetreuung immer weniger alleinige Aufgabe der Mutter ist, und die mit der steigenden Globalisierung und Mobilität der Gesellschaft einhergehende berufliche Flexibilität erlauben es Firmen wie dem Webcam-Hersteller Axis[42], ihre Produkte nicht nur Sicherheitsfirmen zu verkaufen, sondern auch Müttern und Vätern, die während ihrer Geschäftsreise oder auch vom Büro aus kurz mal daheim „reinschauen" wollen, oder Großeltern, Kindern und Enkeln, um mit entfernt lebenden Verwandten in Kontakt zu bleiben. Die bei solchen Kameras oft unzureichend voreingestellten Sicherheitsparameter ermöglichen es inzwischen einer internationalen Besuchergemeinde im Internet, mit Hilfe clever formulierter Suchanfragen in fremde Wohn- und Schlafzimmer, Büros, Geschäfte oder Restaurants zu spähen, in den meisten Fällen wohl ohne Wissen – geschweige denn Einwilligung – der im Internet zu betrachtenden Personen [Spi06a].[43]

All dies sind Beispiele, wie detaillierte digitale Überwachungssysteme gezielt Kundenbedürfnisse erfüllen können, statt dass sie von skrupellosen Geschäftemachern gegen den Willen der Konsumenten erzwungen werden. Convenience-Produkte, die im komplexen modernen Alltagsleben das Organisieren erleichtern bzw. Zeit sparen, die uns in kleineren und größeren Notsituationen unterstützen (medizinische Überwachung, Notrufe, aber auch das Auffinden verlorener Gegenstände), oder die die globale Kommunikation mit Kollegen, Freunden und

---

[39] www.bodymedia.com

[40] Aus „technischen Gründen" erfolgt die Auswertung der aufgezeichneten Daten auf den zentralen Servern der Firma BodyMedia, die dadurch in den Besitz umfangreicher medizinischer Informationen ihrer Kunden kommt.

[41] Siehe auch den Beitrag von Tröster [Trö07] in diesem Band.

[42] www.axis.com/de

[43] Siehe auch die Webseiten johnbokma.com/mexit/2005/01/09/security-webcam-hunting.html, www.pixeljunkie.de/2006/02/06/google-webcam-hack oder www.opentopia.com/hiddencam.php.

unserer Familie ermöglichen, werden in den meisten Fällen kaum als Einschränkung der Privatsphäre angesehen werden. Überhaupt ist fraglich, welchen Wert der Einzelne wirklich der eigenen Privatsphäre beimisst,[44] bzw. welche Informationen im Alltag schlussendlich dazu zählen [HaS01].

Während Industrie und Handel also die technische Entwicklung vorantreiben und die Basis für eine industrielle Massenproduktion ubiquitärer Systeme legen, damit also die *technische und ökonomische Grundlage* für deren Verbreitung bereitstellen, so dürften die um diese Technologien herum angebotenen individuellen Dienstleistungen und Produkte die *persönliche Akzeptanz* in der Bevölkerung erhöhen, sowie deren *Verbreitung im Alltag* vorantreiben, also die vielbeschworene „Durchdringung" unseres Lebens. Denn je mehr solcher Services vorhanden sind, desto leichter wird auch die Bereitstellung neuer Dienste vonstatten gehen, da diese womöglich bereits existierende digitale Daten in sogenannten *Mash-Ups*[45] für andere Zwecke wiederverwenden könnten – ein ubiquitärer Netzwerkeffekt.

Eine Zukunft voller neuer, datenhungriger Dienste also, die Dank der in Handel und Industrie vorangetriebenen ubiquitären Technologien immer günstiger und verlässlicher werden. Aber reicht dies, um die viel beschworene „totale Überwachung" unseres Lebens zu erreichen [AlM05]? Oder wird die Vielzahl an Anwendungen auf ähnlich vielen Datenbanken verteilt zwar einen quantitativen, aber kaum einen qualitativen Unterschied zu unserer heutigen Situation bedeuten? Die Idee, mit einer einfachen (und praktisch kostenlosen!) Internetsuche innerhalb weniger Sekunden „Briefe" (d.h. elektronische Nachrichten), Fotos oder gar Bewerbungsschreiben einer beinah beliebigen Person finden zu können, mag noch vor 50 Jahren unheimlich und gefährlich angemutet haben – heute würde wohl kaum einer auf die Idee kommen, deshalb die Abschaffung des Internets oder wenigstens der Suchmaschinenbetreiber zu fordern. Statt dessen hilft heute ein immer größer werdender Anteil der Bevölkerung (vor allem Kinder und Jugendliche) sogar noch aktiv dabei mit, auf „sozialen" Plattformen wie OpenBC/Xing, MySpace oder Flickr[46] ihre persönlichen Daten zu digitalisieren und weltweit verfügbar zu machen: Lebensläufe, Vorlieben und Interessen, Freundeskreise und Beziehungen, Urlaubsfotos und -filme. Doch nur wenige würden ihr heutiges Leben bereits einer orwellschen Überwachung ausgesetzt sehen. Wird sich diese Entwicklung einfach fortsetzen und unser Leben zwar immer mehr digitalisieren,

---

[44] So musste die 1997 gegründete kanadische Start-up-Firma *Zero-Knowledge* ihr von Presse und Experten gleichermaßen gepriesenes Anonymisierungssystem *Freedom-Network* Ende 2004 vom Markt nehmen, da nicht genügend Kunden bereit waren, für anonymes Internetsurfen und nicht verfolgbares Versenden von E-Mail zu bezahlen [Sla04].

[45] Der ursprünglich aus der Musikbranche stammende Begriff wird im Zuge der Web-Renaissance (auch *Web 2.0* genannt) für das Verknüpfen verschiedener Web-Dienste zu einem neuen Mehrwertdienst verwendet.

[46] Siehe www.openbc.com, www.xing.com, www.myspace.com bzw. www.flickr.com.

sich qualitativ (also bezüglich der *gefühlten* Privatsphäre) jedoch kaum von unserer heutigen Situation unterscheiden?

Sicherheit und gesellschaftliche Kontrolle

Ein letzter Trend mag hier entscheidenden Einfluss nehmen: die Bestrebung, unser Leben sicher und fair zu gestalten. „Sicher" im Sinne des Schutzes vor Kriminalität und Terrorismus, aber auch im Sinne eines Schutzes vor der eigenen Nachlässigkeit. „Fair" im Sinne einer vom Verursacherprinzip geleiteten Gesellschaftsordnung, in der jeder für seine Handlungen verantwortlich ist und für eigene Fehler zur Verantwortung gezogen wird, statt soziale und ökonomische Kosten auf die Mitbürger abwälzen zu können. Die fortschreitende Digitalisierung unserer Leben durch RFID, Miniatursensoren und eingebettete, ubiquitäre Rechner- und Kommunikationssysteme wird neue Möglichkeiten schaffen, diese Ziele besser denn je zu überprüfen und auch durchsetzen zu können. So findet sich nach Bereitstellung (durch das Streben nach wirtschaftlicher Effizienz) und Verbreitung der Technik (durch das Streben nach persönlicher Bequemlichkeit) schließlich auch der Imperativ zur umfassenden Nutzung der Daten durch unser Streben nach Gerechtigkeit und Sicherheit.

Prominentestes Beispiel ist sicherlich die weltweite Entwicklung nach den Anschlägen vom 11. September 2001. Es lässt sich heute kaum ein Land finden, in dem die staatlichen Kontroll- und Überwachungsmöglichkeiten seitdem nicht substantiell ausgedehnt wurden. Bekanntestes Beispiel ist wohl der im Oktober 2001 kurz nach den Anschlägen verabschiedete *USA-PATRIOT Act*[47], welcher den US-amerikanischen Strafverfolgungsbehörden weitreichende Zugeständnisse bei der elektronischen Überwachung machte [SoR03].[48] Auch in Europa wurden nach den Anschlägen vom März 2003 in Madrid und Juli 2005 in London verschärfte Gesetze erlassen, auf EU-Ebene vor allem die Telekommunikations-Direktive 2002/58/EC[49], die es nationalen Gesetzgebern freistellte, detaillierte Verbindungsdaten von Telefon- und Internetanbietern speichern zu lassen, und schließlich im Dezember 2005 die „Data Retention"-Direktive 2006/24/EC[50], welche die 2002er-Direktive novelliert und allen Kommunikationsanbietern eine Mindestspeicherdauer sämtlicher Verbindungsdaten von 6 Monaten vorschreibt [BBC05].

Ein Großteil der seit 2001 gesetzlich neu eingeführten Datensammlungen betrifft dabei Grenzkontrollen. Sichtbarstes Beispiel sind die neuen biometrischen

---

[47] Die Abkürzung steht für *„Uniting and Strengthening America by Providing Appropriate Tools Required to Intercept and Obstruct Terrorism"*.

[48] Das zunächst nur für fünf Jahre geltende Gesetze wurde im März 2006 mit klarer Mehrheit in Senat und Repräsentantenhaus für weitere vier Jahre beschlossen (H.R.3199 *„USA PATRIOT Improvement and Reauthorization Act of 2005"* und S.2271 *„USA PATRIOT Act Additional Reauthorizing Amendments Act of 2006"*) [CNN06].

[49] eur-lex.europa.eu/LexUriServ/LexUriServ.do?uri=CELEX:32002L0058:EN:NOT

[50] eur-lex.europa.eu/LexUriServ/LexUriServ.do?uri=CELEX:32006L0024:EN:NOT

Reisepässe, in denen ein drahtlos auslesbarer Funkchip zusätzlich zu den regulären Passdaten zunächst das Passbild digital zur Verfügung stellt, bald aber auch zwei Fingerabdrücke mit einschließen soll [Küg05]. Bereits seit 2004 werden im Rahmen des US-VISIT-Programms[51] alle Besucher der USA erkennungsdienstlich behandelt, d.h. Fingerabdruck und Lichtbild werden bei der Einreise aufgenommen, gespeichert und mit Listen gesuchter Terroristen verglichen. Weiterhin sollen massive Data-Mining-Projekte helfen, selbst noch unbekannte Terroristen aufzuspüren. So sollte das auf einem einfachen Namensvergleich zwischen Flugtickets und Fahndungslisten basierende Erkennungssystem CAPPS[52] in Zukunft als CAPPS II bereits beim Kauf eines Flugtickets sämtliche verfügbaren staatlichen und kommerziellen Informationen über den Käufer auswerten (z.B. dessen letzte Flugreisen, Wohnorte, Arbeitgeber, Finanztransaktionen und Kreditkarteneinkäufe) und ihm einen von drei Risikocodes (grün, gelb, rot) zuweisen.[53] Ein noch umfassenderes nationales Programm wurde bereits mehrere Male aufgrund massiver öffentlicher Kritik eingestellt, nur um wenige Monate später unter anderem Namen neu aufgesetzt zu werden.[54]

Allen Initiativen gemeinsam scheint der Drang, möglichst alles Erfassbare auch tatsächlich erfassen (und auswerten) zu wollen – solange es nur irgendwie technisch und ökonomisch machbar erscheint.[55] Dabei erfreuen sich die staatlichen Datensammler durchaus einer substantiellen Unterstützung in der Bevölkerung. So gaben bei einer Umfrage unter 22 US-amerikanischen Firmen in der Touristik-Branche (Fluglinien, Autovermieter, Hotels und Reisebüros) wenige Monate nach den Anschlägen mehr als die Hälfte zu, bereits detaillierte Kundendaten freiwillig an Regierungsbehörden weitergegeben zu haben [Baa02].[56] Eine Umfrage unter mehr als 600 US-amerikanischen Bürgern kurz nach den Anschlägen im November 2001 fand 70-80% Zustimmung für die Ausweitung staatlicher Überwachungsvollmachten, z.B. zum Abhören von Telefongesprächen, Überwachung des Internetverkehrs, der Kreditkarten- und Steuerabrechnungen, Bankkonten, ja sogar von Schulakten [NKK01]. Umfrageexperten der Harvard University zeigten sich nicht überrascht: *„While civil liberties have broad public support, the public will*

---

[51] Eine Abkürzung für *„United States Visitor and Immigrant Status Indicator Technology“*.

[52] Die Abkürzung steht für *„Computer Assisted Passenger Prescreening System“*.

[53] Wegen massiver Kritik wurde die Arbeit an CAPPS II inzwischen offiziell eingestellt; das Nachfolgeprojekt *Secure Flight* verfolgt jedoch ähnliche Ziele.

[54] Das als *Total Information Awareness* (TIA) gestartete Programm wurde zunächst in *Terrorist Information Awareness* umbenannt, dann in *Novel Intelligence from Massive Data* (NIMD) und wird inzwischen unter dem Namen *Multistate Anti-Terrorism Information Exchange* (MATRIX) fortgeführt.

[55] Die US-amerikanische Raumfahrtbehörde NASA schlug sogar das Scannen von Gehirnwellen am Gate (mittels *„non-invasive neuro-electric sensors“*) vor, um „verdächtige Gedanken“ oder Nervosität unter den Passagieren aufzuspüren [Let04].

[56] Selbst die mittels Kundenkarten erfassten Supermarkteinkäufe der Terroristen vom 11. September wurden bereits ausgewertet und förderten ein erstaunliches Profil potenzieller Terroristen zutage: *„One of the factors was if you were a person who frequently ordered pizza and paid with a credit card“* [Baa02].

support substantial limits on those freedoms when there are serious threats, either at home or from overseas" [Les02].

Bestes Beispiel ist die Akzeptanz flächendeckender Videoüberwachung in Großbritannien. In keinem anderen Land der Erde sind so viele Überwachungskameras in Betrieb – Schätzungen aus dem Jahr 2004 gingen bereits damals von über vier Millionen Kameras aus.[57] Auch wenn die umfangreiche Forschung zum Nutzen der Videoüberwachung zu sehr gemischten Ergebnissen kommt [Joh06a, McN02], scheint in Großbritannien die Zustimmung zum Einsatz von Kameras ungebrochen, womöglich aufgrund einiger weniger spektakulärer Fahndungserfolge, wie etwa die Überführung zweier minderjähriger Mörder im Fall James Bulger 1993 in England [Zur04]. In bester Big-Brother-Manier bieten einige britische Kommunen inzwischen die Einspeisung der Überwachungskameras als sogenanntes „ASBO-TV"[58] direkt ins Fernsehkabel an, komplett mit einblendbarer Fahndungsliste und anonym nutzbarer E-Mail-Meldeadresse [Swi06].[59] Selbst in Deutschland, wo die Bevölkerung traditionell der Videoüberwachung eher skeptisch gegenübersteht,[60] gab es so z.B. im Vorfeld der Fußball-Weltmeisterschaft 2006 eine knapp 85%-ige Zustimmung zu einer verstärkten Videoüberwachung öffentlicher Plätze [Spi06c], eine Studie des Instituts für Kriminologische Sozialforschung der Universität Hamburg fand eine ähnlich hohe Zustimmung in der Bevölkerung [Küp06]. Nach den schnellen Fahndungserfolgen im Zusammenhang mit den versuchten Anschlägen auf Nahverkehrszüge im Juli 2006 befürworten 80% der Deutschen eine weitere Ausweitung der Videoüberwachung auf Busse und Bahnen [Spi06d].

Während die heutige Videoüberwachung zwar abschreckend wirken kann (indem sie bei der Aufklärung hilft), doch wirkliche Verbrechen kaum zu verhindern weiß [Zur04], sollen nach Wunsch der Experten zukünftige Systeme aktiv das Geschehen beobachten können und in Gefahrensituationen rechtzeitig Alarm schlagen. Intelligente Programme sollen dabei helfen, in der zunehmenden Bilderflut automatisch verdächtige Personen und Verhaltensweisen erkennen zu können [Sch06b]. Auch wenn aktuelle Systeme noch kaum mit der Komplexität einfacher

---

[57] Schätzungen von Prof. Clive Norris, dem stellvertretenden Direktor des *Centre for Criminological Research* in Sheffield, anlässlich einer Konferenz im Januar 2004, basierend auf dessen Studie über die Verbreitung von Sicherheitskameras in London aus dem Jahr 2002 [McN02] (zitiert in [Mac04]).

[58] Der Name rührt von dem in Großbritannien verbreiteten *„anti-social behavior order (ASBO)"* her, einem im Schnellverfahren von Streifenpolizisten aussprechbaren Verweis, der etwa Kiffern Zutritt zu einem Park oder 13-jährigen das Rauchen bis zur Volljährigkeit verbieten kann. Ein beispielsweise im ASBO-TV beobachteter Verstoß gegen diese Auflagen kann für die Betroffenen bis zu fünf Jahre Gefängnis bedeuten [Her06].

[59] In der nördlich von London gelegenen Stadt Peterborough werden seit Oktober 2006 sogar Passanten, die ihren Müll achtlos auf die Straße werfen, mit den von Überwachungskameras aufgezeichneten Bildern im Internet öffentlich zur Fahndung ausgeschrieben (siehe www.peterborough.gov.uk/page-9191).

[60] Noch 1998 wurde Deutschland als „Entwicklungsland" in Bezug auf den Einsatz von Videoüberwachung bezeichnet [HeT02].

Alltagssituationen (z.B. wartende Reisende auf einem Bahnsteig) zurechtkommen, so versprechen neuere Detektionsalgorithmen wie Gesichts- oder Autokennzeichenerkennung bereits in naher Zukunft einen ersten Vorgeschmack auf solch eine automatisierte Überwachung. In der Stadt Zürich ist seit 2003[61] eine Pilotanlage des schweizerischen AFNES (Automatisches Fahrzeugnummernerkennungssystem) in Betrieb, welches die Kennzeichen aller stadteinwärts fahrenden Fahrzeuge mit der Fahndungsdatenbank des Bundes abgleicht und gestohlene Fahrzeuge bzw. solche ohne Versicherungsschutz innerhalb von Sekunden erkennt und die Zürcher Stadtpolizei alarmiert [StZ06]. Während das schweizer System bisher noch nicht flächendeckend ausgebaut wurde, ist dessen britisches Pendant, das *Automatic Number Plate Recognition System* (ANPR), seit Juni 2006 auf Londons gesamter Ringautobahn, der M25, in Betrieb. Auch hier können vorbeifahrende Fahrzeuge mit nationalen Fahndungssystemen verglichen werden, doch wird im Gegensatz zu AFNES, welches außer statistischen Informationen (Anzahl Fahrzeuge, Anzahl Alarme) keinerlei Daten speichert, die Bewegung aller erfassten Fahrzeuge für zwei Jahre gespeichert (bald sollen es fünf sein). Durch die Ausdehnung des Systems auf alle britischen Nationalstraßen erhofft man sich, gezielt nach Fahrzeugen suchen zu können, die sich zur Tatzeit im Umkreis eines Tatorts aufhielten [Jor06].[62] Ähnliche Pläne gibt es auch in Deutschland, wo neben ersten kamerabasierten Testsystemen in Niedersachsen [NIS05], Hessen und Bayern [Spi02] auch die Verwendung der zur Mautabrechnung erhobenen Daten zur Fahndung gesuchter LKW zur Diskussion steht [Bor05].

Besonders relevant an dieser Entwicklung ist vor allem der Umstand, dass ursprünglich für einen bestimmten Zweck erhobene Daten (z.B. zur Abrechnung der Londoner *City Charge* fotografierte Fahrzeuge) inzwischen wie selbstverständlich für weitere Zwecke (eben den Betrieb des ANPR-Systems) eingesetzt werden. Der Datenschutzexperte Gus Hosein von der London School of Economics nennt dies die „Entkriminalisierung des Datensammelns" [Hos06]: Während klassische Datenschutzgesetze wie etwa die EU-Direktive 95/46/EC[63] noch vom Grundsatz der Datensparsamkeit ausgingen, der Datensammlern vorschrieb, nur das Nötigste an Informationen zu erheben und diese Daten nach Zweckerfüllung umgehend zu löschen, macht Hosein in der aktuellen internationalen Gesetzgebung einen Drang zur ausgeprägten Vorratssammlung und späteren Sekundärnutzung (*re-purposing*) ausfindig. Als Beispiel zitiert er den Aufbau der nationalen Gendatenbank in Großbritannien, die anfangs lediglich die genetischen Daten verurteilter Sexualstraftäter enthalten sollte, inzwischen aber schrittweise ausgeweitet wurde – zunächst auf andere Straftaten (Gewaltverbrechen, später Kapitalverbrechen), dann auf lediglich angeklagte (aber noch nicht verurteilte) Personen, später auf nur schon unter Verdacht stehende Straftäter. Seit 2001 können grundsätzlich genetische Fingerabdrücke *aller* lediglich unter Verdacht stehenden Personen in der

---

[61] Testläufe des seit 1996 entwickelten Systems fanden bereits im Jahr 2000 statt [Gro00].

[62] John Dean, der nationale Koordinator des APNR-Projekts, umreißt das Ziel des Systems so: „*Our aim is to deny criminals the use of the roads*" [Jor06].

[63] eur-lex.europa.eu/LexUriServ/LexUriServ.do?uri=CELEX:31995L0046:EN:NOT

Datenbank gespeichert werden – weder ist eine Anklage noch eine Verurteilung nötig. Im November 2004 bestätigte das nationale britische Berufungsgericht (der Court of Appeal) die Rechtmäßigkeit dieses Verfahrens: *„It is of paramount importance that law enforcement agencies should take full advantage of the available techniques of modern technology and forensic science... It is in the public interest in its fight against crime for the police to have as large a database as possible... The more complete the database, the better chance of detecting criminals, both those guilty of crimes past and those whose crimes are yet to be committed. The better chance too of deterring from future crime those whose profiles are already on the database"* [StW04]. „Wer ehrlich ist, hat nichts zu verbergen" lautet die Formel, deren wundersame Implikationen ein Teilnehmer eines rechtswissenschaftlichen Diskussionsforums[64] so beschreibt: *„Wer gegen eine DNA-Datenbank ist oder sich gegen einen Eintrag in eine solche DNA-Datenbank ausspricht, der muss m.E. irgendwie ‚Dreck am Stecken‘ haben. Bei einer Aufnahme in eine DNA-Datenbank entsteht niemanden ein Schaden und weh tuts auch nicht. Wäre ganz Deutschland in einer großen DNA-Datenbank erfasst, gäbe es keine Kriminellen mehr: Alle gehen in die Arbeit, es gibt keine 5 Millionen Arbeitslosen mehr. Auch die Schwarzarbeit ist ein Fremdwort."*[65]

Inzwischen befinden sich über 3,6 Millionen Einträge in der britischen Gendatenbank [Joh06b, Wik06b], über 25 000 davon von Minderjährigen [Joh06a]. Wie schnell auch Kinder-DNA in die Täterdatenbank gelangt, zeigt ein Beispiel vom Juli 2006: Polizisten nahmen nordwestlich von London drei 12-jährige Kinder fest, die in einem Baum in einem öffentlichen Park spielten. Die Kinder wurden mit auf die Wache genommen, mussten ihre Schuhe ausziehen, wurden erkennungsdienstlich behandelt (d.h. sie wurden fotografiert und es wurde eine Speichelprobe für eine DNA-Analyse entnommen) und für zwei Stunden in eine Zelle gesperrt. Ein Polizeisprecher verteidigte die Vorgehensweise: *„West Midlands Police deals robustly with anti-social behaviour. By targeting what may seem relatively low-level crime we aim to prevent it developing into more serious matters"* [Sac06].[66]

---

[64] www.lawblog.de/index.php/archives/2005/10/27/drei-worte/

[65] Schon vor hundert Jahren sah man sich so dank des Segens der Technik (der drahtlosen Kommunikation in diesem Fall) bereits an der Schwelle zu einer verbrechensfreien Gesellschaft: *„Das drahtlose Jahrhundert wird also sehr vielen Verbrechen ein Ende machen. Es wird ein Jahrhundert der Moralität sein, denn bekanntlich sind Moralität und Furcht ein und dasselbe"* [Slo10].

[66] Inzwischen werden beispielsweise Informationen aus der britischen Gendatenbank auch für das Auffinden spuckender Jugendlicher verwendet [Edw05]. Ebenfalls ab 12 Jahren ist ein Eintrag in der schweizer Hooligan-Datenbank möglich – es genügen die bloße Nähe zu gewalttätigen Handlungen bzw. „Vermutungen" seitens eines Vereinsfunktionärs, man könne sich in Zukunft zu Gewalttaten hinreißen lassen, um für 10 Jahre gespeichert zu werden. Ein Eintrag kann auch für Nicht-Fußballfans ernste Folgen haben: So wurden beispielsweise zur Fußball-Weltmeisterschaft 2006 Personen, deren Name auf einer europäischen Hooligan-Liste zu finden war, für die Dauer der Wettkämpfe mit Ausreiseverboten belegt [NZZ06].

Das Beispiel der britischen Gendatenbank illustriert anschaulich die Gefahr der weltweit vorangetriebenen Datensammlungen: Sobald einmal Daten erfasst wurden, wird es schwer, diese wieder zu löschen – sie könnten sich ja in Zukunft als nützlich erweisen (und wer will schon dafür verantwortlich sein, auf diese Art beispielsweise ein Verbrechen begünstigt zu haben). Einer ähnlichen Logik folgt die Debatte um die Haftentlassung von Sexualstraftätern. So müssen sich in den USA gemäß bundesstaatlicher Gesetze, die als *Megan's Law* bekannt geworden sind, entlassene Sexualstraftäter je nach Bundesstaat beim Einzug in eine Wohnung bei der lokalen Polizeistation anmelden, auf einer öffentlichen Webseite ihre neue Adresse eintragen, bzw. ein Schild im Vorgarten oder einen Aufkleber auf dem Auto anbringen mit den Worten „Hier wohnt/fährt ein registrierter Sexualstraftäter" [SoR03].[67] In Florida zwingt der *Jessica Lunsford Act* seit 2005 alle wegen sexuellen Kindesmissbrauchs Verurteile zum lebenslangen Tragen einer GPS-Fußfessel [Röt05], in Kalifornien stimmten im November 2006 mehr als 70 Prozent der Wähler für den *Sexual Predator Punishment and Control Act: Jessica's Law*, welcher das lebenslange Tragen von GPS-Sendern für *alle* Sexualstraftäter zur Pflicht machen soll [Röt06].[68] Bereits 2004 sprach sich die schweizer Bevölkerung in einer Volksabstimmung für eine lebenslange Verwahrung sogenannter nicht-therapierbarer Sexualstraftäter aus. Ein psychologisches Gutachten muss dabei bereits bei der Verurteilung dem Angeklagten attestieren, dass in der Haft Aussicht auf Heilung besteht und er nach dem Absitzen der Haftstrafe dereinst wieder ohne Gefahr in die Gesellschaft entlassen werden kann. Will kein Gutachter eine solche Garantie abgeben, bleibt der Täter auch nach Beendigung seiner Haftstrafe in lebenslanger „Verwahrung" [BSE03].[69]

Die persönliche Sicherheit muss allerdings nicht immer nur von anderen – Terroristen, Mördern oder Sexualstraftätern – bedroht werden. In vielen Fällen bringen sich Bürger sogar selbst in Gefahr, wenn sie beispielsweise ohne Sicherheitsgurt Auto fahren oder sich ungesund ernähren. Auch hier liegt es mehr und mehr im Trend, staatliche Schutzmaßnahmen zu ergreifen. Sogenannte *paternalistische* Staaten zwingen ihre Bürger zur Teilnahme an staatlichen Kranken-, Renten-, oder Arbeitslosenversicherungen; sie schreiben Motorradfahrern Helme vor oder verbieten das Baden ohne die Anwesenheit eines Bademeisters [Dwo05]. Neben diesem „harten" Paternalismus setzen Regierungen in den letzten Jahren verstärkt auf „sanfte" Varianten (*soft paternalism* [Eco06]), die keine gesetzlichen Zwänge schaffen, sondern durch andere Anreize (z.B. finanzielle) versuchen, das Verhalten des Einzelnen zu beeinflussen. So wurde beispielsweise erst kürzlich in

---

[67] Dabei ist anzumerken, dass in vielen US-Bundestaaten auch homosexuelle Handlungen oder oraler Sex als Sexualstraftat gelten, oder etwa der einverständliche Geschlechtsverkehr eines 16-jährigen mit einer 15-jährigen (Tatbestand: Unzucht mit einer Minderjährigen) [SoR03].

[68] Beide Gesetze sind nach Kindern benannt, die in dem jeweiligen Staat bei einem Sexualverbrechen starben.

[69] Eine Ausnahme besteht lediglich, wenn „neue wissenschaftliche Erkenntnisse" eine mögliche Heilung des Täters in Aussicht stellen.

Großbritannien der bereits seit den 1980er Jahren kursierende Vorschlag einer „Fett-Steuer" für Fast Food, Süßwaren und Softdrinks wieder ins Gespräch gebracht [BBC04, Cor06c].[70]

Andere oft diskutierte Beispiele für einen „sanften" Paternalismus sind etwa die Krankenkassen- oder Unfallversicherungsprämien, die den individuellen Lebensstil des Versicherten berücksichtigen: Wer nicht raucht, sich gesund ernährt oder viel bewegt sollte eine niedrigere Krankenkassenprämie zahlen, wer eine Risikosportart wie Bergsteigen oder Fallschirmspringen betreibt, eine höhere Unfallversicherung. In einer Umfrage des schweizerischen Krankenkassenverbandes Santésuisse sprachen sich im Jahr 2006 über 65% der Befragten für ein solches Modell aus [Cor06a]. Ähnlich positiv bewertet wird etwa die Idee, Autoversicherungsprämien nach dem individuellen Fahrstil zu berechnen [Cor06b]: Wird etwa abrupt beschleunigt oder abgebremst bzw. bei Nacht oder Regen gefahren, so ist die Prämie höher, als wenn man gemächlich bei Trockenheit und Sonnenschein außerhalb der Hauptverkehrszeiten fährt – eine Monatsabrechnung summiert dann die individuellen Fahrten zu einer Gesamtprämie. Progressive, ein US-amerikanischer Versicherer, testete zwischen 1998 und 2000 ein kilometergestütztes System namens *Autograph*, welches zusätzlich die Tageszeit und Gegend der jeweiligen Fahrt berücksichtigte.[71] Norwich Union, ein britischer Autoversicherer, bietet seit 2005 Fahranfängern eine *„Pay-As-You-Drive"* Versicherung an, bei der die Versicherungssumme ebenfalls dynamisch der Fahrweise angepasst wird.[72] Presseberichten zufolge wurden beide Angebote von den Kunden äußerst positiv bewertet, konnten sie doch in den meisten Fällen ihre monatliche Versicherungsprämie um bis zu 25% senken [Fre00] (Norwich Union verspricht sogar bis zu 35% Einsparungen [Cic06]).

Neben den individuellen Einsparungen versprechen solche *„Pay-As-You-Live"*- bzw. *„Pay-As-You-Drive"*-Produkte auch für den Versicherer signifikante Gewinne, da dieser das individuelle Risiko eines Versicherungsnehmers auf diese Weise viel genauer einschätzen und dadurch den „guten Risiken" günstigere Prämien anbieten kann, während die „schlechten" für ihr hohes Risiko nun weitaus mehr bezahlen müssen.[73] Doch gerade auch für den Staat sind solche Angebote attraktiv, ermöglichen sie doch genau die Art von sanftem Paternalismus, der ganz ohne Zwang die Bürger zu sichereren Autofahrern bzw. gesünderen Menschen erziehen könnte und damit gezielt die oft millionenschweren Aufklärungsprogramme der Regierungen unterstützen würde. Und nicht zuletzt entspricht es mehr und mehr einem in der Bevölkerung vorherrschenden „Fairness"-Prinzip, welches die bis dato dominierende Solidargemeinschaft zu hinterfragen beginnt, in der die Gesunden und Vorsichtigen nicht mehr für den riskanten Lebensstil der Raucher, Alkoholiker, Fast-Food-Anhänger oder Risikosportler bezahlen wollen [Cor06a].

---

[70] Siehe auch den Beitrag von Spiekermann und Pallas [SpP07] in diesem Band.

[71] www.epa.gov/projectxl/progressive/index.htm

[72] www.norwichunion.com/pay-as-you-drive

[73] Andreas Schraft, Head Risk Engineer des schweizer Rückversicherers SwissRe, nennt diese *„risk communities of one"* (zitiert in [Cor06b]).

Durch den Einsatz ubiquitärer Sensor- und Kommunikationstechnologie wird sich also in Zukunft ein immer größerer Anteil unseres Lebens überwachen und damit „optimieren" lassen: Wie wir Auto fahren [Cor06b], wie viel wir uns bewegen [ALOM+04] oder was wir essen [ASLT05]. Die „allwissende" Technik könnte also nicht nur das Aufklären von Verbrechen ermöglichen[74] oder das Vermeiden von Unfällen erleichtern, sondern auch die finanziellen Lasten im Staat fairer verteilen und uns (ganz sanft und freiwillig) zu einem „besseren" Leben führen.

Schlussfolgerungen

Werden wir in Zukunft noch eine Privatsphäre haben? Werden wir auch im Zeitalter des *Ubiquitous Computings* ein weitgehend selbstbestimmtes Leben führen können? Oder läuft die momentane technische Entwicklung unweigerlich darauf hinaus, dass drahtlose Miniatursensoren oder „intelligente" Autos uns jederzeit und überall überwachen und unsere Handlungen und Bewegungen für die Ewigkeit aufzeichnen? Werden vielleicht Wirtschaft, Bevölkerung und Regierung dieser Entwicklung ökonomische, soziale oder rechtliche Grenzen setzen, wenn schon technisch prinzipiell fast alles machbar erscheint?

Datenschutz und Privatsphäre lagen schon seit jeher im Spannungsfeld zwischen wirtschaftlicher Effizienz, persönlicher Bequemlichkeit und allgemeiner Sicherheit. Die in der Presse beschriebenen Szenarien einer allgegenwärtigen Überwachung stoßen zu Recht auf starke Ablehnung unter den Verbrauchern: *„Wie ist es: würde es Sie, liebe Zuschauer, stören, wenn in Ihrem Pass ein Funkchip versteckt wäre – darin alle möglichen privaten Daten gespeichert. Behörden oder Unternehmen könnten herausschnüffeln, wo Sie gerade sind, welche Automarke Sie gerade fahren, welche Krankheit Sie plagt und ob Sie Arbeitslosengeld beziehen"* [Zei04]. Bedenklich wäre sicherlich, wenn das kaum jemanden stören würde! Doch womöglich ist die Frage ganz einfach falsch gestellt [HaS01]: *„Wie ist es: würde es Sie, liebe Leser, stören, wenn in allen Pässen zukünftig ein Funkchip versteckt wäre – der Terroristen, Verbrecher und illegale Ausländer an der Grenze auffliegen lassen würde, Ihnen an jedem Ort der Erde den Weg weisen könnte und Ihnen bei Unfall oder Krankheit die bestmögliche Behandlung garantieren würde?"* Wäre das so unangenehm?

Fest steht: Noch nie gab es so viele gute Gründe, Daten über sich preiszugeben (und dafür einen guten Preis zu erzielen). Wie weit sind wir bereit, ein Gut handelbar zu machen – nämlich unsere persönlichen Daten –, die zuvor anscheinend kaum weniger oft gesammelt wurden, aber für die man nichts bekam? Eingekauft wurde auch früher schon, da wusste ja auch der Verkäufer im Laden um die Ecke, wie viele Flaschen Wein ich die Woche dort im Durchschnitt kaufe. Nicht, dass sich noch nie jemand für diese Informationen interessiert hätte – es war ganz

---

[74] Wenn nicht sogar, durch Abschreckung, Verbrechen verhindern.

einfach bisher viel zu aufwändig, diese Daten über uns mühsam in Erfahrung zu bringen. Doch im Zeitalter von RFID und Kundenkarte kann man nun fast überall und dauerhaft Geld sparen, einfach indem man Dinge, „die eh schon jeder weiß", gewinnbringend verkauft. Beispielsweise jetzt auch für den Ferienflug Meilen sammeln – da wäre man ja schön dumm, wenn man nicht einfach noch diese Flüge aufs Meilenkonto schreiben lässt – die Fluggesellschaft kennt mich und mein Reiseziel ja sowieso.[75]

Oder – wie konnte man früher eigentlich nur ohne Mobiltelefon leben? Wer hat denn noch Zeit, zur Bank oder bald schon zum Supermarkt zu gehen? Wie bequem, dass sich das alles inzwischen von überall aus in der Welt via Internet erledigen lässt! Welche Eltern würden sich nicht darüber freuen, wenn der entlaufene Fünfjährige nicht etwa raus auf die Strasse gerannt ist, sondern – seiner smarten Armbanduhr sei Dank – sich hinter dem Gebüsch im Garten beim Versteckenspielen finden lässt? Und seit die Attentate von Madrid und London auch Europa als potenzielles Ziel fanatischer Terroristen etabliert haben – wer mag da schon die Arbeit der Ermittlungsbeamten behindern, nur um der Freundin anonym per Telefon sagen zu können, wann man sich am Abend treffen will? Wer sollte etwas dagegen haben, dass die DNA von (tatsächlichen und potenziellen) Straftätern in einer Datenbank gespeichert wird, um die Aufklärung von Verbrechen zu ermöglichen?

Sollten wir in Zukunft immer stärker von der Technik überwacht werden, so wird wohl kaum die staatliche Schikane als Triebfeder dieser Entwicklung wirken, da man annehmen darf, dass demokratische Gesellschaften eine willkürliche Einschränkung ihrer bürgerlichen Freiheiten nur schwer hinnehmen werden. Aus einem „guten" Grund allerdings – zur Wahrung der Sicherheit, Verbesserung der Gesundheit oder Erleichterung des Alltags etwa – mögen solche Einschnitte durchaus akzeptabel sein. Die wirtschaftliche Entwicklung wird, mehr oder weniger entkoppelt von dieser Diskussion, die Entwicklung und den Einsatz ubiquitärer Technologien in jedem Fall weiter vorantreiben. Die Möglichkeit, Produktion und Vertrieb in Echtzeit zu beobachten und dadurch auch zu steuern, wird Einsparpotenziale und neue Geschäftsmodelle hervorbringen. Kontrollmöglichkeiten bis ins Wohnzimmer des Konsumenten hinein werden den Verkauf immer günstigerer Produkte erlauben (von denen dem Käufer aber immer weniger gehört), die so neue Käuferschichten erschließen können. Auch hier werden Kunden kaum ohne Grund eine Überwachung in Kauf nehmen, sondern Angebote vergleichen und jene mit einem greifbaren Mehrwert bevorzugen. Der als Beispiel mehr als

---

[75] Die Schlussfolgerung *„die haben die Daten ja eh, da kann ich auch noch etwas davon profitieren"* ist natürlich falsch: Ohne Nutzung einer Vielflieger- oder Kundenkarte müssen etwaige personenbezogene Daten nach Erbringung des Serviceangebots gelöscht werden (bzw. neu laut Direktive 2006/24/EC erst nach 6-24 Monaten). Auch haben Studien gezeigt, dass Kundenkarten oft keine Einsparungen bringen [Van00].

überstrapazierte „smarte Kühlschrank"[76] als letztes Glied einer lückenlosen Liefer-
und Werbekette ist heute eher ein abschreckendes Beispiel einer technikverliebten
und realitätsfernen Forschungs- und Marketingmaschine als realistisches Ziel
einer mit ubiquitärer Technik ausgestatteten Zukunft.[77]

Vor diesem Hintergrund bleibt in jedem Fall fraglich, ob das klassische Kon-
trollparadigma des Datenschutzrechts in Zukunft noch praktikabel sein wird.
Bisher galt dem Datenschutz größtenteils Genüge getan, wenn der Kunde auf die
Datensammlung aufmerksam gemacht wurde und seine explizite Einwilligung
eingeholt wurde (z.B. durch die Unterschrift auf dem Kundenkartenantrag).[78]
Weisers *„privacy is really a question of control"*-Ansatz folgt hier dem Ideal des
verantwortungsvollen Benutzers, der sich jederzeit der Implikationen seiner
Handlungen bewusst ist. Zwar sind offene Datensammlungen, die dem Datensub-
jekt die Partizipation weitgehend freistellen, sicherlich eine notwendige, bald aber
vielleicht nicht mehr hinreichende Bedingung für einen wirkungsvollen Schutz
unserer Privatsphäre. Es könnten in Zukunft einfach zu viele, zu unscheinbare
Datenerhebungen sein, als dass der Einzelne das Für und Wider einer solchen
Sammlung wirklich prüfen könnte.

Dabei wäre nicht nur die Frequenz solcher Entscheidungen angesichts hunder-
ter smarter Dienste in Zukunft kaum praktikabel [Lan01],[79] vor allem bliebe
fraglich, ob man sich über die Implikationen angesichts der Komplexität des
jeweiligen Erhebungskontexts überhaupt im Klaren sein könnte. Wen sollte es
schon interessieren, was ich heute Nachmittag für Lebensmittel einkaufe oder was
für Musik ich auf dem Nachhauseweg im Auto höre? Eine Studie der Universität
Leicester fand beispielsweise Zusammenhänge zwischen der bevorzugten Musik-
stilrichtung und sexuellen Neigungen (Hip-Hop und Dancemusic-Liebhaber
wechseln oft ihre Sexualpartner, Countrymusic-Fans selten) oder Drogenkonsum

---

[76] Zahlreiche Kritiker des Ubiquitous Computing haben dieses Haushaltsgerät bereits der
Lächerlichkeit preisgegeben, sogar ein Comic über „Frigomax – der Kühlschrank auf
Draht" existiert (www.itoons.de/comics/frigomax).

[77] Unabhängig vom potenziellen Bedarf nach einem automatisch Milchtüten nachbestellen-
den Haushaltsgerät bleibt derzeit die verlässliche technische Umsetzung solch einer
Vision fraglich. Auch IBMs Vision eines Supermarktes ohne Kassenschlangen (siehe
beispielsweise www.youtube.com/watch?v=WPtn0fM4tuo bzw. die Suche nach „IBM"
und „RFID" auf www.youtube.com) scheint in naher Zukunft kaum machbar: zu unzu-
verlässig lassen sich RFID-Etiketten aus einer Einkaufstasche heraus lesen, zu einfach ist
ein „zufälliges" Abschirmen von Tags durch Alufolie möglich, als dass ein verlustfreies
automatisches Abrechnen möglich wäre.

[78] Natürlich schreiben Datenschutzgesetze noch weitaus mehr vor, doch gelten die beiden
Grundsätze von *Notice* und *Choice* – das Bekanntgeben einer Datensammlung und die
explizite Wahlmöglichkeit des Datensubjekts – als Grundpfeiler des modernen Datenschutzes [MaL01].

[79] Studien zeigen, dass beispielsweise Internetnutzer in den meisten Fällen die Sicherheits-
warnungen ihrer Browser-Software ignorieren und auf die Frage „Wollen Sie weiterma-
chen?" grundsätzlich auf „Ja" klicken [ZKSB02].

(über 25% aller Opernfans haben schon einmal Haschisch probiert) [Lei06]. Und einem Supermarktkunden in Kalifornien wurde seine Kundenkarte zum Verhängnis, als er nach einem Unfall (er war auf einer Joghurtlache im Supermarkt ausgerutscht) den Besitzer auf Schadensersatz verklagen wollte: Der fand nämlich „überdurchschnittlich" viel Alkoholika im Einkaufsprofil des Kunden und drohte damit, bei einer Anklage den Geschworenen dies als Beweis für die womöglich wahre Unfallursache (Trunkenheit des Kunden) zu präsentieren [Vog98].

Fraglich bleibt auch, ob eine totale Überwachung unseres Lebens wirklich zu mehr Sicherheit und Gerechtigkeit führen wird, stellen diese Trends doch die wesentlichsten Einschränkungen unserer Freiheiten dar. Gerade die psychologischen Folgen einer vermeintlich „sicheren" Technik könnten signifikant sein, da einer vermeintlich „objektiven" Beurteilung einer Situation (oder einer Person) durch ein Computersystem schnell ein Hauch von Unfehlbarkeit anhaftet. Der Soziologe Gary T. Marx nennt dies *the fallacy of the 100% fail-safe system: „This involves the belief that machines do not make mistakes or cannot be fooled and issues of reliability and validity. The claim ‚but the computer says' or ‚it is in the computer' illustrates this fallacy, as if that offered religious or parental authority, or was equivalent to a law of nature. Even if it is ‚in' the computer that does not guarantee its accuracy, or appropriateness"* [Mar03]. Bestes Beispiel ist die Einführung des biometrischen Reisepasses, dessen integrierter RFID-Chip dank digitaler Signatur zwar fälschungssicher (d.h. nicht veränderbar) ist, nicht aber vor dem bloßen Kopieren geschützt ist.[80] Auch wenn hier rein technisch kaum von einem Versagen eines Sicherheitssystems gesprochen werden kann (die *ePass*-Spezifikation weist sogar explizit auf die Möglichkeit des Kopierens hin: *„Does not prevent an exact copy of chip AND conventional document"* [ICA04]), so warnen Experten davor, dass ein konventionell gefälschter Reisepass mit Hilfe eines kopierten RFID-Chips womöglich glaubhafter erscheinen könnte: *„Note also that the mere presence of the reader, the chip and the general ePassport security pixie dust will... have a psychological effect on border control staff. They will tend, because the machine says the passport is clean, to drop their guard, not really inspect either picture or bearer properly. This kind of effect is well documented, and it's the same kind of thing as people walking in and out of companies unchallenged despite wearing a security tag in the name of ‚Michael Mouse'"* [Let06].

Ebenso problematisch könnten die immer detaillierteren Sicherheitsprofile werden, die zwar das erklärte Ziel haben, „unschuldige" Personen von übermäßigen Sicherheitskontrollen zu befreien, dies aber zu Lasten der nun weniger, dafür aber umso verdächtiger gewordenen „nicht-so-klar Unschuldigen": *„[Air Travel Safety Programs] generate a whole new class of innocent but redlisted passengers who only fly when they're sufficiently desperate to face taking three days (or who knows, three years) to check in"* [Let04]. Bestes Beispiel ist US-Senator Edward

---

[80] So wurde etwa ein in einem deutschen *ePass* integrierter Chip im Sommer 2006 an der alljährlichen „Black Hat"-Sicherheitskonferenz vor den Augen der Teilnehmer ausgelesen und auf eine handelsübliche Smartcard übertragen [Let06].

„Ted" Kennedy, dessen Name im März 2004 auf die (inzwischen mehrere zehntausend Namen umfassende [Goo05]) „No-Fly"-Liste des US-amerikanischen *Department for Homeland Security* geraten war, da ein mutmaßlicher Terrorist den Decknamen „T. Kennedy" verwendet hatte [Goo04]. Nicht zuletzt zeigen die Beispiele der britischen Gendatenbank oder die Liste der US-amerikanischen Sexualstraftäter, wie schnell auch „kleine Fische" (Kinder, Teenager) ganz offiziell auf Listen landen können, die ursprünglich Schwerstverbrechern, Terroristen oder Triebtätern vorbehalten waren.[81]

Werden wir in einer informatisierten Welt noch eine Privatsphäre haben? Letztendlich liegt es an uns, welchen Wert wir dem Datenschutz in Zukunft beimessen werden. Mit Hilfe ubiquitärer Technik wird aller Voraussicht nach in naher Zukunft eine beinahe lückenlose Digitalisierung unseres Lebens möglich sein, die uns zwingen wird, unsere gesellschaftlichen Werte zu hinterfragen. Wie „perfekt" soll unsere Gesellschaft werden? Wie viel Abweichung verträgt sie? Warum nicht die totale Überwachung, um nie mehr einen Straftäter straffrei ausgehen zu lassen? Warum nicht „smarte" Autos, die keine Raser und Falschparker mehr entwischen lassen (oder womöglich Rasen und Falschparken erst gar nicht mehr möglich machen)? In einer demokratischen Gesellschaft werden wir diese Entscheidung bewusst treffen müssen, damit sie uns nicht durch die vorherrschenden Trends nach Effizienz, Bequemlichkeit und Sicherheit schleichend und unbemerkt aufgezwungen werden.

> *As nightfall does not come at once, neither does oppression.*
> *It is in such twilight that we all must be aware of change in the air*
> *– however slight – lest we become victims of the darkness.*
> *William O. Douglas, Richter am obersten US-Bundesgericht, 1898-1980*

Literatur

[AIM01] Association for Automatic Identification and Data Capture Technologies (AIM) (2001) Shrouds of Time – The History of RFID. www.aimglobal.org/technologies/rfid/resources/shrouds_of_time.pdf

[All06] Alleven M (2006) Wherify Finds Way into Toys "R" Us. Wireless Week Website, 22. August 2006. www.wirelessweek.com/article/CA6364663.html

[AlM05] Albrecht K, McIntyre L (2005) Spychips: How Major Corporations and Governments Plan to Track Every Move with RFID. Nelson Current, Nashville

[ALOM+04] Amft O, Lauffer M, Ossevoort S, Macaluso F, Lukowicz P, Tröster G (2004) Design of the QBIC wearable computing platform. In: Cavallaro JR, Thiele L, Rajopadhye S, Noll TG (eds.) Proc. 15th IEEE Int. Conf. on Application-Specific Systems, Architectures and Processors (ASAP 2004), Sep. 27-29, 2004, Galveston, Texas.

---

[81] So fanden sich beispielsweise auf der ursprünglichen Anti-Terrorliste von CAPPS I nicht nur Terroristen, sondern auch politische Aktivisten und Anti-Kriegsgegner [Röt03].

[And03] Anderson R (2003) 'Trusted Computing' Frequently Asked Questions. Version 1.1, August 2003. www.cl.cam.ac.uk/~rja14/tcpa-faq.html

[ASLT05] Amft O, Stäger M, Lukowicz P, Tröster G (2005) Analysis of chewing sounds for dietary monitoring. In: Beigl M, Intille S, Rekimoto J, Tokuda H (eds.) UbiComp 2005: Ubiquitous Computing. 7th International Conference, UbiComp 2005, Tokyo, Japan, September 11–14, 2005, Proceedings. Lecture Notes in Computer Science, vol 3660. Springer, Berlin Heidelberg New York, 56–72

[ASE05] Association européenne des concessionaires d'autoroutes et d'ouvrages à péage (2005) The Italian Motorway Network at 31. ASECAP Website.   www.asecap.com/presentations-vienna-2005/national%20reports/9_Italy_E.pdf

[ASE06] Association européenne des concessionaires d'autoroutes et d'ouvrages à péage (2006) Italian Motorway System as of 31.12.2005. Konferenz-Website der *34th Study and Information Days of ASECAP*, Pula, Kroatien, 21.-24. Mai 2006. www.asecap2006.com.hr/national_r/ASECAP_Italijaeng.pdf

[Baa02] Baard E (2004) Buying trouble – your grocery list could spark a terror probe. The Village Voice, 30. Juli 2002. www.villagevoice.com/news/0230,baard,36760,2.html

[Bai06] Baig EC (2006) Where's Junior? The phone knows. USA Today, Cyberspeak, 21. April 2006. www.usatoday.com/tech/columnist/edwardbaig/2006-04-19-sprint-family-tracker_x.htm

[BBC02] BBC (2002) Police can keep suspects' DNA. BBC.com, 12. September 2002. news.bbc.co.uk/1/hi/uk/2254053.stm

[BBC04] BBC (2004) Government unit 'urges fat tax'. BBC.com, 19. Februar 2004. news.bbc.co.uk/2/hi/health/3502053.stm

[BBC05] BBC (2005) EU approves data retention rules. BBC.com, 14. Dezember 2005. news.bbc.co.uk/2/hi/europe/4527840.stm

[BCL04] Bohn J, Coroama V, Langheinrich M, Mattern F, Rohs M (2004) Living in a World of Smart Everyday Objects – Social, Economic, and Ethical Implications. Human and Ecological Risk Assessment 10(5): 763–786

[BGSJ+05] Bono SC, Green M, Stubblefield A, Juels A, Rubin AD, Szydlo M (2005) Security Analysis of a Cryptographically-Enabled RFID Device. In: McDaniel P (ed.) Proc. 14th Usenix Security Symposium, July 31–August 5, Baltimore, MD, USA. USENIX Assoc., Berkeley, 1–16. www.usenix.org/events/sec05/tech/bono/bono.pdf

[Bis06] Bissantz N (2006) Mythos Data Mining. Bissantz & Company GmbH Website. www.bissantz.de/kolumne/mythos_data_mining

[Bor05] Borchers D (2005) LKW-Maut: Minister will offenbar Fahndung mit Mautdaten erlauben. Heise News, 26. November 2005. www.heise.de/newsticker/meldung/66676

[BSE03] Die Bundesversammlung der Schweizerischen Eidgenossenschaft (2003) Bundesbeschluss über die Volksinitiative „Lebenslange Verwahrung für nicht therapierbare, extrem gefährliche Sexual- und Gewaltstraftäter". www.admin.ch/ch/d/ff/2003/4434.pdf

[Bun05] Deutscher Bundestag (15. Wahlperiode) (2005) Antwort der Bundesregierung auf die Große Anfrage der Abgeordneten Gisela Piltz, Ernst Burgbacher, Rainer Funke, weiterer Abgeordneter und der Fraktion der FDP: Überprüfung der personengebundenen datenschutzrechtlichen Bestimmungen. Drucksache 15/4725. www.bundestag.de/aktuell/hib/2005/2005_037/01.html

[Cic06] Cicutti N (2006) Firms launch innovative pay-as-you-drive policies. Sunday Herald Website, 24. September 2006. www.sundayherald.com/58064

[CNN06] CNN (2006) House approves Patriot Act renewal. CNN.com, 7. März 2006. www.cnn.com/2006/POLITICS/03/07/patriot.act/

[Col06] Collins J (2006) RFID's Impact at Wal-Mart Greater Than Expected. RFID Journal Website. www.rfidjournal.com/article/articleview/2314/1/1/

[CoN06] Contactless News (2006) Successful trial leads to NFC deployment by Nokia, Philips, RMV, and Vodafone in Hanau, Germany. Contactless News Library Website, 19. April 2006. www.contactlessnews.com/news/2006/04/19/successful-trial-leads-to-nfc-deployment-by-nokia-philips-rmv-and-vodafone-in-hanau-germany/

[Cor06a] Cortesi A (2006) Prämienbonus für gesundes Leben? Tages-Anzeiger, 8. September 2006. Tamedia, Zürich, Schweiz

[Cor06b] Coroama V (2006) The Smart Tachograph – Individual Accounting of Traffic Costs and its Implications. In: Fishkin KP, Schiele B, Nixon P, Quigley A (eds.) Pervasive Computing – 4th International Conference, PERVASIVE 2006, Dublin, Ireland, May 7-10, 2006. Lecture Notes in Computer Science, vol 3968. Springer, Berlin Heidelberg New York, 135–152

[Cor06c] Coren G (2006) Shouldn't we tax fatties? Daily Mail Online, 27. Mai 2006. www.dailymail.co.uk/pages/live/articles/health/healthmain.html?in_article_id=388001 &in_page_id=1774

[DaG02] Davies N, Gellersen H-W (2002) Beyond Prototypes: Challenges in Deploying Ubiquitous Systems. IEEE Pervasive Computing 1(1): 26–35

[DeM86] DeMarco T (1986) Controlling Software Projects: Management, Measurement, and Estimates. Prentice Hall, Upper Saddle River

[Das06] Das R (2006) RFID in retail – growing interest in item level. IDTechEx Website. www.idtechex.com/products/en/articles/00000479.asp

[Det06] Detecon Consulting (2006) Detecon warnt vor Gefahren für Kfz-Teile- und Zubehörgeschäft – RFID-gestütztes Ersatzteilmanagement stärkt Händler und das Markenbewusstsein von Autokäufern. Pressemitteilung, 23. Juni 2006. www.detecon. com/de/presse/presse_detail.php?press_id=1044

[Dwo05] Dworking G (2005) Paternalism. Stanford Encyclopedia of Philosophy, Online-Version, 20. Dezember 2005. plato.stanford.edu/entries/paternalism/

[Eco02] The Economist (2002) How about now? A survey of the real-time economy. The Economist, 2. Februar 2002. www.economist.com/displayStory.cfm?Story_id=949071

[Eco06] The Economist (2006) Soft paternalism: The state is looking after you. The Economist, 8. April 2006. www.economist.com/displaystory.cfm?story_id=6772346

[Edw05] Edwards R (2005) DNA test brings arrest for spitting at bus driver. The Evening Standard, News&Current Affairs. 6. April 2005. www.thisislondon.co.uk/news/article-17732278-details/DNA+test+brings+arrest+for+spitting+at+bus+driver/article.do

[Emn02a] TNS-Emnid (2002) Immer mehr Autofahrer wollen elektronischen Pfadfinder an Bord. www.tns-emnid.com/pdf/presse-presseinformationen/2002/2002_03_12_TNS_ Emnid_Navigation.pdf

[Emn02b] TNS-Emnid (2002) Akzeptanz von Kundenkarten unter deutschen Verbrauchern. www.tns-emnid.com/pdf/presse-presseinformationen/2002/2002_04_26_TNS_Emnid_ Kundenkarten.pdf

[Emn03] TNS-Emnid (2003) Bonusprogramme und Datenschutz – Verbraucher achten auf Sicherheit. www.tns-emnid.com/pdf/presse-presseinformationen/2003/2003_11_27_ TNS_Emnid_Bonusprogramme.pdf

[Eur05] Eurotechnology (2005) Location based mobile services in Japan. Eurotechnology Japan, Juni 2005. eurotechnology.com/store/location/index.html

[Exx05] ExxonMobil Corporation (2005) Speedpass Fact Sheet. www2.exxonmobil. com/corporate/files/corporate/speedpass_fact_sheet.pdf

[FlM05] Fleisch E, Mattern F (2005) Das Internet der Dinge – Ubiquitous Computing und RFID in der Praxis. Springer, Berlin Heidelberg New York

[Fre00] Frey J (2000) Progressive's "pay-as-you-drive" auto insurance poised for wide rollout. Insure.com Website, 18. Juli 2000. info.insure.com/auto/progressive700.html

[Fri97] Frisk D (1997) Beer and Nappies – A Data Mining Urban Legend. Private Website. web.onetel.net.uk/~hibou/Beer%20and%20Nappies.html

[FRNS+06] Frank C, Roduner C, Noda C, Sgroi M, Kellerer W (2006) Interfacing the Real World with Ubiquitous Gateways. Adjunct Proceedings of the 3rd European Workshop on Wireless Sensor Networks (EWSN 2006). www.vs.inf.ethz.ch/publ/papers/ewsn06. ubigate.pdf

[Goo04] Goo SK (2004) Sen. Kennedy Flagged by No-Fly List. The Washington Post, 20. 08.2004, p A01. www.washingtonpost.com/wp-dyn/articles/A17073-2004Aug19 .html

[Goo05] Goo SK (2005) No-Fly Gaps Irk Airlines, DHS. The Washington Post, 25. Mai 2005, p A03. www.washingtonpost.com/wp-dyn/content/article/2005/05/24/AR2005 052401388.html

[Gro00] Grob S (2000) Mit Videokamera gegen Autodiebe. Tages-Anzeiger, 27. Juni 2000. Tamedia, Zürich, Schweiz

[Haf06] Haffner P (2006) Die Zukunft geht unter die Haut. Das Magazin Nr. 39. Tamedia, Zürich, Schweiz

[HaS01] Harper J, Singleton S (2001) With a Grain of Salt – What Consumer Privacy Surveys Don't Tell Us. Studie des Competitive Enterprise Institutes (CEI), Juni 2001. www.cei.org/PDFs/with_a_grain_of_salt.pdf

[Hei06] Heise News (2006) Firma markiert Mitarbeiter per RFID. Heise News Online, 10. Februar 2006. www.heise.de/newsticker/meldung/69438

[Her06] Herrmann F (2006) Zwangsbetreuung für Asoziale geplant. RP Online, 2. September 2006. www.rp-online.de/public/article/nachrichten/politik/ausland/350160

[HeT02] Hempel L, Töpfer E (2002) Inception Report, Working Paper No. 1, UrbanEye Project. www.urbaneye.net/results/ue_wp1.pdf

[Him03] Himmelein G (2003) Ganz im Vertrauen – TCPA ist tot, es lebe die TCG. c't Magazin, 9/2003. www.heise.de/ct/03/09/052/

[Hos06] Hosein G (2006) Combatting Criminality in a World of Ambient Technology. Präsentation auf der Konferenz „Safeguards in a World of Ambient Intelligence", Brüssel, Belgien, 21.-22. März 2006. swami.jrc.es/pages/documents/SWAMI-Hosein20060321_ 000.pdf

[ICA04] International Civil Aviation Organization (2004) PKI for Machine Readable Travel Documents offering ICC Read-Only Access. Technical Report, Version 1.1, 1. Oktober 2004. www.icao.int/mrtd/download/documents/TR-PKI%20mrtds%20ICC %20read-only%20access%20v1_1.pdf

[IDC06] IDC (2006) RFID Still in Early Stages in Western European Vertical Markets, but Adoption Increasing, Says IDC. IDC Pressemitteilung, 13. Januar 2006. www.idc. com/getdoc.jsp?containerId=pr2006_01_12_153428

[Joh06a] Johnston P (2006) Your Life in Their Lens. The Telegraph Online, 3. November 2006. www.telegraph.co.uk/news/main.jhtml?xml=/news/2006/11/02/nspy202.xml

[Joh06b] Johnston P (2006) Britain: The Most Spied On Nation in the World. The Telegraph Online, 3. November 2006. www.telegraph.co.uk/news/main.jhtml?xml=/news/ 2006/11/02/nspy02.xml

[Jor06] Jordan M (2006) Electronic Eye Grows Wider in Britain. Washington Post, Online Edition, 7. Januar 2006. www.washingtonpost.com/wp-dyn/content/article/2006/01/06/AR2006010602100.html

[Kan04] Kandel D (2004) Funkende Bücher – über 50 Bibliotheken im Vergleich. RFID-Forum, 1(2) 12–25. buecherei.netbib.de/coma/RfID/

[Küg05] Kügler D (2005) Risiko Reisepass. c't, 5/2005: 84–89

[Küp06] Küpper M (2006) Sicherheitsdebatte – Mehrheit wünscht sich Überwachungskameras. Spiegel Online, 18. August 2006, www.spiegel.de/politik/deutschland/0,1518,druck-432375,00.html

[Lan01] Langheinrich M (2001) Privacy by Design – Principles of Privacy-Aware Ubiquitous Systems. In: Abowd GD, Brumitt B, Shafer S (eds.) Ubicomp 2001: Ubiquitous Computing – International Conference, Atlanta, Georgia, USA, September 30-October 2, 2001, Proceedings. Lecture Notes in Computer Science, vol 2201. Springer, Berlin Heidelberg New York, 273–291

[Lan05a] Langheinrich M (2005) Ortstermin im Land der Handys. Technology Review Online Edition, 15. September 2005. www.heise.de/tr/aktuell/meldung/63932

[Lan05b] Langheinrich M (2005) Die Privatsphäre im Ubiquitous Computing – Datenschutzaspekte der RFID-Technologie. In: [FlM05], 329–362. www.vs.inf.ethz.ch/publ/papers/langhein2004rfid.pdf

[Lan07] Langheinrich M (2007) RFID and Privacy. In: Petkovic M, Jonker W (eds.) Security, Privacy, and Trust in Modern Data Management. Springer, Berlin Heidelberg New York. www.vs.inf.ethz.ch/publ/papers/langhein2006rfidprivacy.pdf

[Lei06] Leicester University (2006) New University of Leicester study identifies links between musical tastes and lifestyle. Pressemitteilung, September 2006. www.eurekalert.org/pub_releases/2006-09/uol-nuo091206.php

[Les00] Lessig L (2000) Code and other laws of cyberspace. Basic Books, New York

[Les02] Lester W (2002) Americans historically trade liberties for security, pollsters say. Nando Times, 19. Mai 2002. www.cpfools.com/forum/showthread.php?t=640

[Let02] Lettice J (2002) Cap Cyborg to chip 11 year old in wake of UK child killings. The Register, 2. September 2002. www.theregister.co.uk/2002/09/02/cap_cyborg_to_chip/

[Let04] Lettice J (2004) Data on 10m Northwest fliers handed to NASA for 'testing'. The Register – Internet&Law, 20. Januar 2004. www.theregister.co.uk/2004/01/20/data_on_10m_northwest_fliers

[Let06] Lettice J (2006) How to clone the copy-friendly biometric passport. The Register – Internet&Law, 4. August 2006. www.theregister.co.uk/2006/08/04/cloning_epassports/

[Mac04] Mac Mathúna S (2004) Big Brother UK. *Flame* Online Magazin no 15. www.fantompowa.net/Flame/big_brotherUK.htm

[MaL01] Mattern F, Langheinrich M (2001) Allgegenwärtigkeit des Computers – Datenschutz in einer Welt intelligenter Alltagsdinge. In: Müller G, Reichenbach M (Hrsg.) Sicherheitskonzepte für das Internet. Springer, Berlin Heidelberg New York, 7–26

[Mar03] Marx G (2003) Some Information Age Techno-Fallacies. Journal of Contingencies and Crisis Management, Vol 11, 25–31

[Mat03] Mattern F (2003) Total vernetzt – Szenarien einer informatisierten Welt. Springer, Berlin Heidelberg New York

[Mat05] Mattern F (2005) Die technische Basis für das Internet der Dinge. In: Fleisch E, Mattern F (Hrsg.): Das Internet der Dinge. Springer, Berlin Heidelberg New York, 39–66

[McN02] McCahill M, Norris C (2002) CCTV in London. UrbanEye Project, Working Paper No. 6, Juni 2002. www.urbaneye.net/results/ue_wp6.pdf

[NIS05] Niedersächsisches Ministerium für Inneres und Sport (2005) Niedersachsens Polizei testet Kennzeichenlesegeräte. Pressemitteilung, 2. Mai 2005. www.mi.niedersachsen.de/master/C10012482_L20_D0_I522_h1.html

[NKK01] National Public Radio, Henry J. Kaiser Family Foundation, Harvard University Kennedy School (2001) The 2001 NPR/Kaiser/Kennedy School Poll on Civil Liberties. www.npr.org/programs/specials/poll/civil_liberties/

[NZZ06] Neue Zürcher Zeitung (2006) Unklar, problematisch, unverhältnismässig – Das Hooligan-Gesetz aus der Sicht eines Datenschützers. NZZ Online, 12. Juni 2006. www.nzz.ch/2006/06/12/il/articleE71ZY.print.html

[Ren06] Rentrop C (2006) FID: Metro, Tesco und Wal-Mart feiern den Erfolg. Netzwelt.de-Website. www.netzwelt.de/news/69579_1-rfid-metro-tesco-und-walmart.html

[Rob05] Roberts P (2005) RFID crack raises spectre of weak encryption. Network World Website, 17. März 2005. www.networkworld.com/news/2005/0317rfidcrack.html

[Rod06] Roduner C (2006) The Mobile Phone as a Universal Interaction Device – Are There Limits? In: Rukzio E, Paolucci M, Finin T, Wisner P, Payne T (eds.) Proc. MobileHCI 2006 Workshop on Mobile Interaction with the Real World (MIRW 2006), 30–34

[Röt03] Rötzer F (2003) Kriegsgegner auf CAPPS-Überwachungsliste. Telepolis, 4. August 2003. www.heise.de/tp/r4/artikel/15/15375/1.html

[Röt05] Rötzer F (2005) Elektronische Fußfessel für Asylbewerber. Telepolis, 5. März 2005. www.heise.de/tp/r4/artikel/19/19597/1.html

[Röt06] Rötzer F (2006) Lebenslänglich wird jeder Schritt überwacht. Telepolis, 10. November 2006. www.heise.de/tp/r4/artikel/23/23941/1.html

[Sac06] Sachdave K (2006) Children arrested, DNA tested, interrogated and locked up... for playing in a tree. Daily Mail News, 23. Juli 2006. www.dailymail.co.uk/pages/live/articles/news/news.html?in_article_id=397240

[Sch02a] Scheeres J (2002) Tech Keeps Tabs on School Kids. Wired News, 26. August 2002. www.wired.com/news/business/0,1367,54604,00.html

[Sch02b] Scheeres J (2002) Kidnapped? GPS to the Rescue. Wired News, 25. Januar 2002. www.wired.com/news/business/0,1367,50004,00.html

[Sch06a] Scheuch M (2006) Günstiger Drucker, teure Tinte. WISO Magazin, ZDF Online, 24. April 2006. www.zdf.de/ZDFde/inhalt/13/0,1872,3925965,00.html

[Sch06b] Schulzki-Haddouti C (2006) Videoüberwachung – Terrorkampf mit Gesichtskontrolle. Focus Online, 23. August 2006. focus.msn.de/digital/pc/videoueberwachung_nid_34165.html

[Sha03] Shabi R (2003) The Card Up Their Sleeve. The Guardian, 19. Juli 2003, www.guardian.co.uk/weekend/story/0,3605,999866,00.html

[Sla04] Slashdot News (2004) ZeroKnowledge to Discontinue Anonymity Service. User Posting, 4. Oktober 2004. slashdot.org/yro/01/10/04/1526256.shtml

[Slo10] Sloss R (1910) Das drahtlose Jahrhundert. In: Brehmer A (Hrsg.) Die Welt in 100 Jahren. Verlagsanstalt Buntdruck, Berlin

[SoR03] Solove D, Rotenberg M (2003) Information Privacy Law. Aspen Publishers, New York

[Spi02] Der Spiegel (2002) Autokennzeichen-Scanner – Becksteins neustes Spielzeug. Spiegel Online, 2. Dez. 2002. www.spiegel.de/auto/aktuell/0,1518,224854,00.html

[Spi06a] Der Spiegel (2006) Internet – Voyeure im Netz. 2006(10): 147

[Spi06b] Der Spiegel (2006) Generation Praktikum. 2006(31): 44–49

[Spi06c] Der Spiegel (2006) Panorama – Auf Nummer Sicher. 2006(9): 20

[Spi06d] Der Spiegel (2006) Panorama – Terrorgefahr: Deutsche fürchten keine Anschläge. Spiegel Online, 28. August 2006. www.spiegel.de/panorama/0,1518,433497,00.html

[SpP07] Spiekermann S, Pallas F (2007) Technologiepaternalismus – Soziale Auswirkungen des Ubiquitous Computing jenseits der Privatsphäre. In: Mattern F (Hrsg.) Die Informatisierung des Alltags. Leben in smarten Umgebungen. Springer, Berlin Heidelberg New York

[Sta06] Stallman R (2006) Can you trust your computer? Online Essay, 6. Juni 2006. www.gnu.org/philosophy/can-you-trust.html

[StW04] StateWatch (2004) UK: Police can keep DNA of innocent people indefinitely. StateWatch.org, Juli 2004. www.statewatch.org/news/2004/sep/03uk-dna-database.htm

[StZ06] Stadtschreiber Stadt Zürich (2006) Auszug aus dem Protokoll des Stadtrates von Zürich, GR Nr. 2005/457. Stadt Zürich, 5. April 2006. www.gemeinderat-zuerich.ch/DocumentLoader.aspx?ID=34ffff3a-d3fb-4d2d-9b13-45faea9750a6.pdf&Title=2005_0457.pdf

[Swi06] Swinford S (2006) Asbo TV helps residents watch out. The Sunday Times Online, 8. Januar 2006. www.timesonline.co.uk/article/0,,2087-1974974,00.html

[Tan06] Tan A (2006) RFID spills the beans on Samsung Tesco shoppers. ZDNet Asia News, 4. Juli 2006. networks.silicon.com/lans/0,39024663,39160095,00.htm

[ThG05] Thiesse F, Gillert F (2005) Das smarte Buch. In [FlM05], 291–299

[TMC05] Technology Marketing Corporation TMC (2005) Worldwide RFID Spending to Surpass $3 Billion in 2010. Pressemitteilung, 13. Dezember 2005. www.tmcnet.com/usubmit/2005/dec/1221397.htm

[Trö07] Tröster G (2007) Kleidsamer Gesundheitsassistent – Computer am Körper, im Körper. In: Mattern F (Hrsg.) Die Informatisierung des Alltags. Leben in smarten Umgebungen. Springer, Berlin Heidelberg New York

[Van00] Vanderlippe J (2000) What Savings? C.A.S.P.I.A.N Website, Mai 2000. www.nocards.org/savings/krogerads.shtml

[VDA99] Verband der Automobilindustrie (1999) Jahresbericht Auto 1999. www.vda.de/de/service/jahresbericht/files/vda_99.pdf

[VDA06] Verband der Automobilindustrie (2006) Jahresbericht Auto 2006. www.vda.de/de/service/jahresbericht/files/VDA_2006.pdf

[Vog98] Vogel J (1998) When cards come collecting – How Safeway's new discount cards can be used against you. Seattle Weekly, September 24-30, 1998. www.seattleweekly.com/news/9838/features-vogel.php

[VZB03] Verbraucherzentrale Bundesverband e.V. (2003) Kundenbindungssysteme und Datenschutz. Gutachten des Unabhängigen Landeszentrums für Datenschutz Schleswig-Holstein. www.vzbv.de/mediapics/gutachten_kundenbindungssysteme_2003.pdf

[War06] Warwick K (2006) Wiring in Humans – Advantages and problems as humans become part of the machine network via implants. Vortrag und Diskussion auf der „Conference on safeguards in a world of ambient intelligence" am 21. März 2006, Brüssel, Belgien. swami.jrc.es/pages/Conference2006.htm

[Wei91] Weiser M (1991) The computer for the 21st century. Scientific American, 265(3): 66–75. Reprinted in IEEE Pervasive Computing, 1(1), Jan.-Mar. 2002: 19–25.

[Wei93] Weiser M (1993) Some Computer Science Issues in Ubiquitous Computing. Communications of the ACM 36(7): 75–85

[Wei99] Weiser M, Gold R, Brown JS (1999) The origins of ubiquitous computing research at PARC in the late 1980s. IBM Systems Journal 38(4): 693–696

[Wes05] Westhues J (2005) Hacking the Prox Card. In: Garfinkel S, Rosenberg B (eds.) RFID. Applications, Security, and Privacy. Addison-Wesley, Boston. Siehe auch http://cq.cx/verichip.pl und http://cq.cx/vchdiy.pl

[Wik06a] Wikipedia contributors (2006) Super Urban Intelligent Card. Wikipedia, die freie Enzyklopädie. Bearbeitungsstand: 5. Juni 2006, 10:19 UTC. de.wikipedia.org/w/index.php?title=Super_Urban_Intelligent_Card&oldid=17490641

[Wik06b] Wikipedia contributors (2006) UK National DNA Database. Wikipedia, The Free Encyclopedia. Bearbeitungsstand: 10. Oktober 2006, 11:59 UTC. en.wikipedia.org/w/index.php?title=UK_National_DNA_Database&oldid=80599989

[Yua06] Yuan L (2006) Do you know where your children are? These gadgets help. Wall Street Journal, 27. April 2006. www.post-gazette.com/pg/06117/685620-51.stm

[Zei04] Zeidler M (2004) RFID: Der Schnüffel-Chip im Joghurtbecher. Monitor Magazin, Köln, 8. Januar 2004. www.wdr.de/tv/monitor/beitrag.phtml?bid=554&sid= 108

[ZKSB02] Zurko ME, Kaufman C, Spanbauer K, Bassett C (2002) Did You Ever Have to Make Up Your Mind? What Notes-Users Do When Faced with a Security Decision. In: Notargiacomo L, Thomsen D (eds.) Proceedings of the 18th Annual Computer Security Applications Conference (ACSAC 2002), IEEE Press, Piscataway, 371–381

[Zur04] Zurawski N (2004) „Die Kameras stören mich nicht!“ Telepolis, 20. Januar 2004. www.heise.de/tp/r4/artikel/16/16542/1.html

Dr. Marc Langheinrich ist Oberassistent am Institut für Pervasive Computing der ETH Zürich. Er studierte an der Universität Bielefeld und der University of Washington in Seattle (USA) Informatik und promovierte 2005 an der ETH Zürich (Thema: Privacy in Ubiquitous Computing – Tools and System Support). 1996-1997 arbeitete er für das Office for Naval Research in Seattle, 1997-1999 war er Forscher in der Multimedia-Gruppe des zentralen NEC-Forschungszentrums in Kawasaki (Japan). Seit Ende 1999 ist er Mitglied der Gruppe „Verteilte Systeme“ von Prof. Dr. Friedemann Mattern an der ETH Zürich. Marc Langheinrich arbeitet seit 1997 an technischen Datenschutzlösungen – er ist Mitautor der P3P-Spezifikation, dem De-facto-Standard für maschinenlesbare Privacy-Policies im World-Wide-Web, Mitglied des Editoral Boards des Journals of Privacy Technology (JOPT) und Autor zahlreicher Konferenz- und Zeitschriftenbeiträge zum Thema Datenschutz und Privatsphäre.

Informationelle Selbstbestimmung in der Welt des Ubiquitous Computing

Alexander Roßnagel

Projektgruppe verfassungsverträgliche Technikgestaltung (provet) im Forschungszentrum für Informationstechnik-Gestaltung (ITeG) der Universität Kassel

> *Das Grundgesetz gewährleistet die Befugnis des*
> *Einzelnen, grundsätzlich selbst über die Preisgabe*
> *und Verwendung seiner persönlichen Daten zu bestimmen.*
> *Bundesverfassungsgericht (Volkszählungsurteil – 15.12.1983)*

Kurzfassung. Die technische Entwicklung lässt eine Welt möglich erscheinen, in der mit Sensor-, Kommunikations- und Rechnertechnik ausgestattete Alltagsgegenstände die Menschen unbemerkt bei ihrer Arbeit, beim Einkaufen, beim Reisen und zu Hause begleiten. Dieses Ubiquitous Computing bietet nicht nur vielfältige Unterstützungen und Erleichterungen für die handelnden Menschen, sondern gefährdet auch ihre informationelle Selbstbestimmung. Die allgegenwärtige Verarbeitung personenbezogener Daten wird nicht nur einzelne neue Möglichkeiten des Missbrauchs bieten, sondern zentrale Grundlagen des bisherigen Datenschutzes in Frage stellen. Allgegenwärtige Datenverarbeitung verursacht nicht nur ein Vollzugs-, sondern ein grundlegendes Konzeptproblem.

In dieser Zukunft des Ubiquitous Computing bleibt eine auf informationelle Selbstbestimmung beruhende gesellschaftliche Kommunikation unverzichtbar. Bedingung informationeller Selbstbestimmung ist jedoch ein grundsätzlich modifiziertes Schutzprogramm. Notwendig ist eine grundlegende Modernisierung des Datenschutzrechts – eine Modernisierung, die der gesellschaftsumwälzenden Kraft des Ubiquitous Computing gerecht wird.

Einleitung

Eine Welt, in der viele Alltagsgegenstände mit Sensor-, Kommunikations- und Rechnertechnik ausgestattet sein werden,[1] in der die Datenverarbeitung allgegen-

---

Teile dieses Beitrags beruhen auf früheren Veröffentlichungen des Autors (u.a. Roßnagel 2005; Roßnagel, Müller 2004, 625).

[1] Zu den vielfältigen technischen Entwicklungen, die dies ermöglichen s. neben den Beiträgen dieses Bandes z.B. Mattern 2001; Mattern 2003a; Mattern 2003b; Mattern 2005b; Fleisch, Mattern 2005; Eberspächer, v. Reden 2005; Rand 2005; BSI 2003.

wärtig, aber in den Hintergrund getreten ist,[2] bietet viele Erleichterungen und Unterstützung für das Handeln der Menschen. In ihr hätten die Anwendungen der Informationstechnik eine neue Stufe erreicht. Diese Welt enthielte aber auch viele neue Herausforderungen für die Selbstbestimmung der Menschen.[3] Ob in ihr der Schutz der Selbstbestimmung ausreichend ist, ob auch er eine neue Entwicklungsstufe erreichen muss und wie dies gelingen kann, ist der Gegenstand dieses Beitrags.

Aus Sicht der Selbstbestimmung und ihres Schutzes kann der vor uns stehende Entwicklungssprung der Informationstechnik kaum überbewertet werden. Denn er stellt die bewährten Regulierungskonzepte in Frage und erfordert die Entwicklung neuer Ansätze des Datenschutzes. Dies wird deutlich, wenn die Stufen der gemeinsamen Entwicklung von Informationstechnik und Datenschutz in Erinnerung gerufen werden:

In einer ersten Stufe der Entwicklung von Informationstechnik und Datenschutzrecht fand die Datenverarbeitung in Rechenzentren statt. Die Daten wurden in Formularen erfasst und per Hand eingegeben. Die Datenverarbeitung betraf nur einen kleinen Ausschnitt des Lebens und war – soweit die Daten beim Betroffenen erhoben worden waren – für diesen weitgehend kontrollierbar. Wurde die Zweckbindung beachtet, wusste der Betroffene in der Regel, wo welche Daten über ihn verarbeitet wurden. Für diese Stufe der Datenverarbeitung sind die Schutzkonzepte der ursprünglichen Datenschutzgesetze entwickelt worden.[4] Aus dieser Zeit stammen die Regelungen zur Zulässigkeit der Datenverwendung, die Anforderung an Unterrichtung und Benachrichtigung, an Zweckbestimmung und Zweckbindung, an die Erforderlichkeit der Datenverwendung, an die Rechte der Betroffenen und die Kontrolle durch Aufsichtsbehörden. Die Nutzung von PCs hat die Datenschutzrisiken zwar erhöht, aber nicht auf eine neue qualitative Stufe gehoben.

Die zweite, qualitativ neue Stufe der Datenverarbeitung wurde mit der – weltweiten – Vernetzung der Rechner erreicht. Dadurch entstand ein eigener virtueller Sozialraum, in den nahezu alle Aktivitäten, die in der körperlichen Welt vorgenommen werden, übertragen wurden.[5] Jede Handlung in diesem viele Lebensbereiche erfassenden Cyberspace hinterlässt Datenspuren, die ausgewertet werden können und auch werden.[6] Weder die Erhebung der Daten noch deren – letztlich weltweite – Verbreitung und Verwendung können vom Betroffenen kontrolliert werden. Für die Datenverarbeitung in Deutschland versuchen die Multimedia-Datenschutzgesetze, die Risiken in den Griff zu bekommen.[7] Sie haben für die Internetdienste die Anforderungen an Transparenz, Zweckbindung und Erforder-

---

[2] Coroama u.a. 2003; Mattern 2003, 3 ff.; Roßnagel 2004, 335 ff.

[3] S. z.B. Roßnagel, Müller 2004, 625 ff.

[4] 1971 trat das Hessische Datenschutzgesetz als erstes Datenschutzgesetz der Welt und 1978 das Bundesdatenschutzgesetz (BDSG) in Kraft. Auch die 1995 in Kraft getretene europäische Datenschutz-Richtlinie gehört zur Generation dieser Datenschutzgesetze und setzt im Wesentlichen die deutschen Datenschutzansätze in der Europäischen Gemeinschaft um.

[5] S. hierzu näher Roßnagel 1997, 26.

[6] S. näher Roßnagel, Banzhaf, Grimm 2003, 55 ff.

[7] S. Roßnagel 2003a, 1280 ff.

lichkeit verschärft und vor allem das neue Prinzip der Datensparsamkeit einge-führt. Diese normativen Vorgaben können allerdings nur im Wirkungsbereich des Nationalstaats zur Geltung gebracht werden. Die neue Datenverarbeitung betrifft je nach Nutzung des Internet einen großen oder kleinen Ausschnitt des täglichen Lebens, diesen aber potenziell vollständig. Allerdings kann der Betroffene den Risiken des Internet zumindest noch dadurch entgehen, dass er diesen virtuellen Sozialraum meidet.

Mit allgegenwärtigem Rechnen gelangt die Datenverarbeitung in die Alltagsgegenstände der körperlichen Welt – und damit auf eine neue, dritte Stufe. Sie erfasst potenziell alle Lebensbereiche und diese potenziell vollständig. In dieser Welt wachsen Körperlichkeit und Virtualität zusammen. Informationen aus der virtuellen Welt werden in der körperlichen Welt verfügbar, Informationen aus der realen Welt in die virtuelle Welt integriert. Aus dieser Welt und der in ihr stattfindenden Datenverarbeitung gibt es aber keinen Ausweg mehr. Insofern verschärft sich das Problem des Datenschutzes radikal und seine Lösung wird existenziell. Für diese neuen Herausforderungen gibt es keine spezifischen Regelungen. Solche werden zwar gefordert,[8] von der Bundesregierung aber (noch) nicht als notwendig angesehen.[9]

Im Folgenden wird in einem ersten Schritt das Schutzgut der informationellen Selbstbestimmung sowie – fast schon wie in einem Rückblick – sein Schutzkonzept für die erste und auch die zweite Stufe beschrieben. In einem zweiten Schritt werden dann die Herausforderungen untersucht, denen dieses Konzept durch allgegenwärtige Datenverarbeitung ausgesetzt ist, und schließlich wird im dritten und letzten Schritt der Versuch gewagt, ein Konzept mit neuen Ansätzen vorzuschlagen, die erforderlich sind, um Selbstbestimmung auch in dieser neuen Welt zu ermöglichen.

Informationelle Selbstbestimmung

Für den Schutz der Selbstbestimmung ist Datenschutz eigentlich ein irreführender Begriff. Durch Datenschutz und Datenschutzrecht sollen nämlich nicht die Daten (des Datenbesitzers) geschützt werden, sondern die informationelle Selbstbestimmung (des Betroffenen – vorrangig gegen den Datenverarbeiter).[10] Datenschutz ist daher keine Frage des Schutzes von Verfügungsrechten, sondern der Freiheit.

„Individuelle Selbstbestimmung", so das Bundesverfassungsgericht in seiner bahnbrechenden Entscheidung zur Volkszählung 1983, „setzt ... – auch unter den Bedingungen moderner Informationsverarbeitungstechnologien – voraus, dass dem Einzelnen Entscheidungsfreiheit über vorzunehmende oder zu unterlassende Handlungen einschließlich der Möglichkeit gegeben ist, sich auch entsprechend

---

[8] S. zum Beispiel das Gutachten von Roßnagel, Pfitzmann, Garstka (2001), das auf den Seiten 15, 22f., 28, 42, 60, 63, 113 und 115 Anforderungen des Ubiquitous Computing berücksichtigt.

[9] S. die Antwort der Bundesregierung (2004) auf eine kleine Anfrage der FDP-Fraktion.

[10] S. näher Roßnagel 2005b, 462 ff.

dieser Entscheidung tatsächlich zu verhalten. Wer (aber) „nicht mit hinreichender Sicherheit überschauen kann, welche ihn betreffenden Informationen in bestimmten Bereichen seiner sozialen Umwelt bekannt sind, und wer das Wissen möglicher Kommunikationspartner nicht einigermaßen abzuschätzen vermag, kann in seiner Freiheit wesentlich gehemmt werden, aus eigener Selbstbestimmung zu planen oder zu entscheiden."[11]

Als die verfassungsrechtliche Antwort auf „die modernen Bedingungen der Datenverarbeitung" hat das Bundesverfassungsgericht daher die informationelle Selbstbestimmung als Grundrecht anerkannt. „Das Grundrecht gewährleistet die Befugnis des Einzelnen, grundsätzlich selbst über die Preisgabe und Verwendung seiner persönlichen Daten zu bestimmen."[12] Die informationelle Selbstbestimmung ist – neben der Informationsfreiheit und dem Telekommunikationsgeheimnis – das zentrale Grundrecht der Informationsgesellschaft.[13] Sie hat eine subjektive und eine objektive Schutzrichtung.

Die informationelle Selbstbestimmung schützt einmal die selbstbestimmte Entwicklung und Entfaltung des Einzelnen. Diese kann nur in einer für ihn kontrollierbaren Selbstdarstellung in unterschiedlichen sozialen Rollen und der Rückspiegelung durch die Kommunikation mit Anderen gelingen. Dementsprechend muss der Einzelne in der Lage sein, selbst zu entscheiden, welche Daten über sich er in welcher Rolle und in welcher Kommunikation preisgibt. Diesen Vorrang schützt das Grundrecht auf informationelle Selbstbestimmung.

Informationelle Selbstbestimmung ist zugleich die Grundlage einer freien und demokratischen Kommunikationsverfassung. Selbstbestimmung ist „eine elementare Funktionsbedingung eines freiheitlich demokratischen Gemeinwesens", das „auf Handlungs- und Mitwirkungsfähigkeit seiner Bürger" begründet ist.[14] Informationelle Selbstbestimmung zielt somit auf eine Kommunikationsordnung, die einen selbstbestimmten Informationsaustausch und eine freie demokratische Willensbildung ermöglicht.

Informationelle Selbstbestimmung begründet daher kein eigentumsähnliches Herrschaftsrecht über personenbezogene Daten. Sie ist als Funktionsvoraussetzung einer freien und demokratischen Gesellschaft nicht in das – vom richtigen Preis abhängige – Belieben des Individuums als Händler seiner Daten gestellt. Ein solches Missverständnis würde auch dem Charakter personenbezogener Daten als mehrrelationales Modell der Wirklichkeit nicht gerecht.[15] So „gehören" – etwa im Beispiel des Ubiquitous Computing im Straßenverkehr – Wartungsdaten eines Kraftfahrzeugs nicht nur dessen Eigentümer, sondern auch dem Reparaturbetrieb. Eine ausschließliche Zuordnung zu einem – dem Autor oder dem Objekt des Wirklichkeitsmodells „Wartung des Autos" – ist nicht möglich.[16] Vielmehr ist eine Informations- und Kommunikationsordnung gefragt, die bestimmt, wer in wel-

---

[11] BVerfGE 65, 1 (43).
[12] BVerfGE 65, 1 (43).
[13] S. näher Trute 2003, 156 ff.
[14] BVerfGE 65, 1 (43).
[15] S. z.B. Steinmüller 1993, 216 ff.
[16] BVerfGE 65, 1 (44).

cher Beziehung befugt ist, mit dem Modell in einer bestimmten Weise umzugehen. Diese Ordnung soll Kommunikation nicht unterbinden, sondern – allerdings
selbstbestimmt – ermöglichen. Datenschutz bezweckt nicht den Schutz des Eigen-
brötlers, der sich von der Welt abschotten will,[17] sondern den Schutz des selbstbestimmt in der Gesellschaft Agierenden und Kommunizierenden. Gesellschaftliche
Einbindung aber setzt Kommunikation voraus und verpflichtet zu Kommunikation
und damit in bestimmten Situationen auch zur Preisgabe personenbezogener Daten. Soweit überwiegende Allgemein- oder Individualinteressen es erfordern, ist
auch eine Datenverarbeitung gegen den Willen des Betroffenen möglich. Diese Situationen zu bestimmen und zu regeln, ist Aufgabe des Datenschutzrechts.

Datenschutzrecht

Das Grundrecht auf informationelle Selbstbestimmung entfaltet eine Abwehrfunktion gegenüber staatlichen Eingriffen und eine Schutzfunktion des Staates gegenüber privaten Eingriffen. Um das Grundrecht wirksam werden zu lassen, hat das
Bundesverfassungsgericht in mehreren Entscheidungen Anforderungen zu seinem
Schutz abgeleitet. Die Vorschriften des Datenschutzrechts können vielfach als
Umsetzung dieses normativen Schutzprogramms verstanden werden. Die wesentlichen Bestandteile dieses Schutzprogramms sind die folgenden:

Besondere Zulassung

Jede Verwendung personenbezogener Daten ist ein Eingriff in das Grundrecht auf
informationelle Selbstbestimmung.[18] Sie ist daher nur zulässig, wenn der Gesetzgeber oder der Betroffene sie hinsichtlich Umfang und Zweck gebilligt haben. Der
Betroffene muss hierüber vor der Einwilligung unterrichtet worden sein. Er muss
die Einwilligung freiwillig und in einer bestimmten Form abgeben. Diese Form ist
im Regelfall die Schriftform mit eigenhändiger Unterschrift oder die elektronische
Form mit qualifizierter elektronischer Signatur.

Transparenz

Die betroffene Person kann nur überprüfen, ob die Datenverarbeitung rechtmäßig
ist, und ihre Rechte wahrnehmen, wenn die Datenverarbeitung ihr gegenüber
transparent ist. Ohne Transparenz wird die betroffene Person faktisch rechtlos gestellt. Daher sind die Daten grundsätzlich bei der betroffenen Person zu erheben.

---

[17] Dies ist der Kerngehalt der amerikanischen Privacy als „right to be let alone" – im Gegensatz zum europäischen Konzept der informationellen Selbstbestimmung.
[18] S. BVerfGE 100, 313 (366); dies gilt auch für die Datenverwendung durch private Stellen – s. BVerfGE 84, 192 (195).

Diese ist vor der Erhebung zu unterrichten, bei einer neuen Speicherung zu benachrichtigen und hat gegenüber der verantwortlichen Stelle Auskunftsrechte.[19]

Zweckbindung

Das Gesetz oder die Einwilligung erlauben die Datenverwendung nur zu einem bestimmten Zweck. Die Zulässigkeit der Erhebung, Verarbeitung und Nutzung der personenbezogenen Daten ist auf diesen Zweck begrenzt. Eine Zweckänderung bedarf einer eigenen Erlaubnis. Die betroffene Person soll in der Lage sein, die sie betreffenden Daten entsprechend ihrer sozialen Rolle im jeweiligen sozialen Kontext selbst zu steuern.[20] Infolge dieser Zweckbindung sind eine informationelle Gewaltenteilung sicherzustellen, die Daten gegenüber Unberechtigten abzuschotten und ein Zugriffsschutz zu gewährleisten.[21] Eine Datenverarbeitung auf Vorrat ist untersagt und die Bildung umfassender Profile verboten.[22]

Erforderlichkeit

Jede Verarbeitung personenbezogener Daten ist nur zulässig, soweit sie erforderlich ist, um den zulässigen Zweck zu erreichen: Es dürfen nur diejenigen Daten verarbeitet werden, die für das Erreichen des Zwecks unabdingbar sind. Die Datenverarbeitung ist auf diejenigen Phasen zu beschränken, die für das Erreichen des Zwecks notwendig sind. Sind die Daten nicht mehr erforderlich, sind sie zu löschen.[23]

Mitwirkung

Informationelle Selbstbestimmung ist nur möglich, wenn die betroffene Person Mitwirkungsmöglichkeiten hat und die Datenverarbeitung beeinflussen kann. Daher hat die betroffene Person Auskunftsrechte, Korrekturrechte hinsichtlich Berichtigung, Sperrung und Löschung sowie das Recht zum Widerspruch. Sie kann Schadensersatz einfordern, wenn sie durch eine unzulässige oder unrichtige Verarbeitung personenbezogener Daten einen Schaden erleidet.[24]

---

[19] S. hierzu z.B. Wedde 2003, 547 ff.
[20] S. hierzu näher Zezschwitz 2003, 221 ff.
[21] S. BVerfGE 65, 1 (49).
[22] S. Scholz 2003, 1845 ff.
[23] BVerfGE 65, 1 (46).
[24] S. näher z.B. Wedde 2003, 554 ff.

Selbst- und Systemdatenschutz

Diesem Schutzprogramm der ersten Stufe hat die Diskussion um die informationelle Selbstbestimmung im Internet, also in der zweiten Entwicklungsstufe, vor allem einen ersten Schritt hin zu einer Einbettung von Datenschutz in Technik hinzugefügt.[25] Die erste Ausprägung des Datenschutzes durch Technik ist der Selbstdatenschutz.[26] Dem Betroffenen sollen eigene Instrumente in die Hand gegeben werden, seine informationelle Selbstbestimmung selbst zu schützen. Selbstdatenschutz kann vor allem durch technische Möglichkeiten des anonymen und pseudonymen Handelns verbessert werden. Eine andere Ausprägung des Datenschutzes durch Technik ist der Systemdatenschutz.[27] Er soll durch Gestaltung der Datenverarbeitungssysteme vor allem erreichen, dass so wenig personenbezogene Daten wie möglich erhoben, verarbeitet und genutzt werden.[28] Darüber hinaus kann Systemdatenschutz zur Umsetzung weiterer datenschutzrechtlicher Ziele wie der informationellen Gewaltenteilung oder der Transparenz und Kontrolleignung der Datenverarbeitung eingesetzt werden.

Zusammenfassend ist festzuhalten, dass Datenschutz nicht auf den Schutz der Daten im Sinn der ausschließlichen Verfügung über die Daten durch den Datenverarbeiter zielt – dies betrifft allenfalls Fragen der Datensicherheit –, sondern letztlich auf eine freie Kommunikationsverfassung der Gesellschaft. Es geht um die Frage, wer über welche personenbezogenen Daten verfügen und diese in gesellschaftlicher Kommunikation verwenden können soll. Diese Frage muss vom Prinzip der informationellen Selbstbestimmung der betroffenen Person her beantwortet werden, wenn Freiheit und Demokratie in der Gesellschaft wirklich sein sollen. Die Antwort ist dahingehend zu operationalisieren, dass die beschriebenen Funktionen der Transparenz, Zweckbindung, Erforderlichkeit, Mitwirkung und Kontrolle bei allen Formen der Verarbeitung personenbezogener Daten gewährleistet werden müssen.

Gesellschaftliche Auswirkungen

Die oben genannten Prinzipien des Schutzprogramms der informationellen Selbstbestimmung stoßen aber in einer Welt des Ubiquitous Computing auf Prinzipien, mit denen sie nicht zu vereinbaren sind. In einem Konflikt zwischen beiden ist nicht zu erwarten, dass sich die Datenschutzprinzipien auf breiter Front durchsetzen werden. Denn diese neue Welt wird nur kommen, wenn sie in ihren wichtigsten Anwendungen individuell, gesellschaftlich und politisch gewollt wird. Nur hinsichtlich weniger Ausnahmen wird ihre Anordnung verordnet und durchgesetzt

---

[25] S. z.B. Bäumler, DuD 1999, 258; Schaar 2003, § 4 TDDSG, Rn. 307 ff.
[26] S. näher Roßnagel 2003c, 325 ff.
[27] S. näher Dix 2003, 363 ff.
[28] Zur Datenvermeidung und Datensparsamkeit s. auch Bizer 2003, § 3a Rn. 34 ff.

werden können. Dies gilt etwa für staatlich kontrollierte Systeme wie beispielsweise im Straßenverkehr, die zur Mauterhebung oder zur Durchsetzung von Verkehrsregeln erzwungen werden. Auch ist zu erwarten, dass wirtschaftliche Macht dazu genutzt wird, den Einsatz von Ubiquitous-Computing-Anwendungen durchzusetzen, wenn zum Beispiel RFID-„getagte" Ware eingeführt wird, ohne den Kunden Wahlmöglichkeiten zu lassen. In diesen Fällen wird es aber auch weiterhin eine klare und einfache Frontstellung zwischen Betroffenen und „Datenkraken" geben, so dass die Anwendung bisheriger Datenschutzregeln auch kein grundsätzliches Problem bereitet.

Das aber wird entstehen, wenn die Nutzung von Ubiquitous Computing von den Betroffenen gewollt ist. Dies wird bei den meisten Anwendungen der Fall sein. Sie werden von den Betroffenen selbst gewählt und gern genutzt, weil sie ihnen Erweiterungen ihrer geistigen und körperlichen Fähigkeiten bieten, sie bei Routineaufgaben unterstützen, ihnen Entscheidungen abnehmen und das Leben bequemer machen. Sie werden individualisierte Dienste und Geräte fordern, die sich ihnen anpassen, sie bei ihren Tätigkeiten scheinbar mitdenkend begleiten und ihnen in einer sich selbst organisierenden Weise kontextbezogen die jeweils benötigte Unterstützung bieten. Sie werden dann als Konsequenz auch damit einverstanden sein müssen, dass die Hintergrundsysteme die notwendige Kenntnis über ihre Lebensweise, Gewohnheiten, Einstellungen und Präferenzen erhalten.

Wird der Einzelne durch die Datenverarbeitung in seiner Umgebung und in den von ihm genutzten Alltagsgegenständen allgegenwärtig begleitet, wird sie unmerklich Teil seines Verhaltens und seines Handelns. Wenn zum Beispiel ein „mitdenkendes" Einkaufsregal Position und Art der eingeräumten Ware über RFID-Leser festzustellen vermag, dann integriert sich der Datenverarbeitungsvorgang in das Herausnehmen und Zurücklegen der Ware, also in das Einkaufsverhalten des Kunden. Durch immer kleinere Sensoren werden nicht nur die Umweltbedingungen und damit die reale Welt in der virtuellen Welt abgebildet, sondern auch der einzelne Mensch ist Gegenstand dieser Daten erhebenden und verarbeitenden Vorgänge.[29]

Mit Ubiquitous Computing wird eine potenziell perfekte Überwachungsinfrastruktur aufgebaut.[30] Die vielfältigen und allgegenwärtigen Datenerhebungen ermöglichen es, bei einer Zusammenführung von Daten sehr feingranulare Profile über die Handlungen, Bewegungen, sozialen Beziehungen, Verhaltensweisen, Einstellungen und Präferenzen von den Betroffenen in der körperlichen Welt zu erzeugen. Alle, die am Handeln der Betroffenen interessiert sind, könnten sich auch für diese Daten interessieren. Interessenten könnten zum Beispiel Anbieter von Waren und Dienstleistungen, Arbeitgeber, Versicherungen, Auskunfteien oder staatliche Überwachungsbehörden, aber auch der neugierige Nachbar oder ein ei-

---

[29] S. zu RFID und Datenschutz z.B. Müller 2004, 215; Müller, Handy 2004, 655; Kelter, Wittmann 2004, 331; Westerholt, Döring 2004, 710; Langheinrich 2005; Holznagel, Bonnekoh 2006, 17.

[30] S. hierzu auch Langheinrich 2005, 336f.

fersüchtiger Liebhaber[31] sein. Durch die Pflicht von Anbietern öffentlicher Kommunikationsdienste zur Vorratsdatenspeicherung aller Kommunikationsdaten wurde für staatliche Überwachungsbehörden in Europa bereits ein Zugang zu dieser neuen Überwachungsinfrastruktur eröffnet.

Herausforderungen durch Ubiquitous Computing

Durch Ubiquitous Computing werden nicht nur neue Missbrauchsmöglichkeiten eröffnet. Diesen könnte man ja mit dem bisherigen Schutzprogramm (und eventuell besser ausgestatteten Aufsichtsbehörden) begegnen. Viel entscheidender ist, dass durch Ubiquitous Computing das bisherige Schutzprogramm als solches in jedem seiner Bestandteile in Frage gestellt wird.

Transparenz

Die bisherigen Instrumente der Transparenz, wie Erhebung beim Betroffenen, Unterrichtungen, Benachrichtigungen, Anzeigen, Informationen, Hinweise und Auskünfte, stoßen an subjektive Grenzen. Allein die zu erwartende Vervielfachung der Datenverarbeitungsvorgänge in allen Lebensbereichen übersteigt die mögliche Aufmerksamkeit um ein Vielfaches. Zudem soll die allgegenwärtige Rechnertechnik gerade im Hintergrund und damit unmerklich den Menschen bei vielen Alltagshandlungen unterstützen.[32] Niemand würde es akzeptieren, wenn er täglich tausendfach bei meist alltäglichen Verrichtungen Anzeigen, Unterrichtungen oder Hinweise zur Kenntnis nehmen müsste. Würde das Recht dennoch auf solchen Zwangsinformationen bestehen, würde es das Gegenteil von Aufmerksamkeit und Sensibilität erreichen.

Selbst wenn der Betroffene dies wollte, stehen bei den datenverarbeitenden Alltagsgegenständen – anders als bei der Internetkommunikation – keine oder keine adäquaten Ausgabemedien zur Verfügung. Für einen Teil der möglichen Anwendungen ist vorstellbar, auf Ausgabemedien anderer Artefakte wie etwa die Anzeige auf einem PDA oder den Lautsprecher im Ohrring zurückzugreifen. Gleichwohl werden oft keine Ausgabemedien mit ausreichend großer visueller Darstellungsfläche, Übermittelungsbandbreite oder Adaption an die Umgebungsbedingungen zur Verfügung stehen.

Außerdem setzen hohe Komplexität und vielfältige Zwecke der möglichen Transparenz objektive Grenzen. Statt eines einfachen Datensatzes (z.B. Postadresse) würde dem Betroffenen ein komplexes Sensordestillat präsentiert werden müssen, das darüber hinaus in den meisten Fällen eher eine Vermutung als eine Tatsache darstellt, dass dieses den Betroffenen betrifft.[33] Für viele Anwendungen

---

[31] Zur Reduzierung der technischen Hemmschwelle für das private, gelegentliche Bespitzeln s. Mattern 2005a, 21 sowie Mattern 2003c.

[32] S. auch Langheinrich 2005, 337f.

[33] S. auch Langheinrich 2005, 340; Mattern 2003c, 31.

wird bei Datenerhebung unklar sein, ob die Daten personenbezogen sind. Sie erhalten den Personenbezug – wenn überhaupt – oft viel später. Eine einzelne Erhebung mag irrelevant erscheinen, besondere Bedeutung wird sie oft erst dadurch erlangen, dass sie nachträglich mit vielen anderen Daten zusammengeführt wird. Dann besteht aber keine Möglichkeit mehr, den Betroffenen zu benachrichtigen. Für andere Anwendungen kann der Zweck der Datenverarbeitung mehrfach wechseln und sich auch unvorhergesehen einstellen. Vielfach wird eine unerwünschte (Mit-)Erhebung durch die mobilen Geräte anderer Kooperationspartner erfolgen. Viele Anwendungen werden ineinander greifen und verteilte Ressourcen nutzen (z.B. Mitnutzung des Ausgabemediums eines anderen Artefakts). Andere Anwendungen müssen zu ihrer Funktionserfüllung benötigte Daten austauschen (z.B. Ereignisdienst braucht externe Information über Ereigniseintritt). Eine Erhebung beim Betroffenen und erst recht seine Unterrichtung über die zu erhebenden Daten und den Zweck ihrer Verarbeitung wird daher vielfach unmöglich oder sehr schwierig sein.

Sensornetze, zu denen sich benachbarte Sensoren drahtlos spontan vernetzen, in denen die Sensoren ihre Arbeit untereinander abstimmen und relevante Daten austauschen, ermöglichen eine flexible und nahezu unsichtbare Beobachtung der Umwelt.[34] Die einzelne Datenerhebung ist weitgehend irrelevant, sie kann auch nicht im Einzelfall angezeigt werden. Eine nachträgliche Auskunft über alle verarbeiteten Daten ist prinzipiell möglich, würde aber eine Speicherung aller erhobenen und verarbeiteten Daten voraussetzen, um im Ausnahmefall eines Auskunftsbegehrens die Daten des Anfragenden herausdestillieren zu können.[35]

Wenn das Prinzip der Transparenz nicht aufgegeben werden soll, bedarf es angepasster Konzepte, um bei den Betroffenen das Wissen um die Datenverarbeitung zu ermöglichen. Statt auf Zwangsinformationen über hunderte einzelner Verarbeitungsvorgänge täglich sollte die Transparenz vor allem auf Strukturinformationen über Datenverarbeitungssysteme zielen und das Informationsinteresse des Betroffenen dann befriedigen, wenn er dies wünscht.

Einwilligung

Eine Einwilligung für jeden Akt der Erhebung, Verarbeitung und Nutzung zu fordern, würde angesichts der Fülle und Vielfalt der Vorgänge und der Unzahl von verantwortlichen Stellen zu einer Überforderung aller Beteiligten führen.[36] Noch weniger umsetzbar wäre es, hierfür die geltenden Formvorschriften – Schriftform oder elektronische Form – zu fordern. Selbst eine Einwilligung in der für das Internet gedachten Form des § 4 Abs. 2 TDDSG und § 18 Abs. 2 MDStV[37] dürfte unter diesen Umständen meist unpraktikabel sein.

---

[34] S. z.B. Mattern 2005a, 15.
[35] S. hierzu auch weiter unten.
[36] S. hierzu auch Langheinrich 2005, 338f.
[37] S. zu dieser Roßnagel, Banzhaf, Grimm 2003, 162f.

In dieser Welt wird die Einwilligung als Instrument des Datenschutzrechts in bisher bekannter Form nur in generalisierter Anwendung überleben können. Bei vorher bekannten Dienstleistungen werden die Betroffenen in Rahmenverträgen mit allgemeinen Zweckbestimmungen ihre Einwilligung erteilen. Damit wird die Steuerungskraft der Einwilligung für die Zulässigkeit der Datenverarbeitung noch weiter sinken. Für spontane Kommunikationen wird die Einwilligung ihre Bedeutung ganz verlieren.

Eine Renaissance könnte die Einwilligung – und damit die informationelle Selbstbestimmung – nur erleben, wenn sie eine Allianz mit der Datenschutztechnik eingeht.[38]

Zweckbindung

Bei der Zweckbindung widerspricht bereits deren Ziel, die Datenverarbeitung zu steuern und auf den festgelegten Zweck zu begrenzen, der Idee von Ubiquitous Computing als einer unbemerkten, komplexen und spontanen technischen Unterstützung. Je vielfältiger und umfassender die zu erfassenden Alltagshandlungen sind, umso schwieriger wird es, den Zweck einzelner Datenverarbeitungen vorab festzulegen und zu begrenzen.[39] Die klare Bestimmung des Zwecks, der oft durch die funktionale Zuordnung zu einem Gerät abgegrenzt war (zum Beispiel: Fernsprechapparat für Sprachkommunikation), ist in der Welt allgegenwärtiger Datenverarbeitung so nicht mehr möglich.

Daher stellt sich die Frage, ob der bereichsspezifisch, klar und präzise festgelegte Zweck, den das Bundesverfassungsgericht fordert,[40] noch das angemessene Kriterium sein kann, um die zulässige Datenverarbeitung abzugrenzen.[41] Soll etwa „Ad-hoc-Kommunikation" als eine Form der Telekommunikation zugelassen werden, für die sich die Infrastruktur jeweils situationsabhängig und ständig wechselnd mit Hilfe der Endgeräte der Kommunikationspartner und unbeteiligter Dritter bildet,[42] kann nicht vorherbestimmt werden, welche Beteiligten zu welchen Zwecken welche Daten erhalten und verarbeiten. Jeder kann ein solches mobiles Ad-hoc-Netz sozial betrachtet für beliebige Zwecke benutzen. Jeder kann in diesem Netz technisch betrachtet – zeitweise und abwechselnd – als Sender, Mittler und Empfänger wirken. Werden dabei die Vorgänge in verschiedenen Lebensbereichen miteinander verknüpft oder werden technische Funktionen miteinander verschmolzen, wechselt der Zweck, zu dem Daten anfänglich erhoben und verarbeitet wurden, mehrfach – ohne dass dies dem vom Gesetzgeber oder dem Betroffenen gewünschten Ziel widerspricht. Sensornetze, die sich aus in die Umwelt eingebrachten Sensoren spontan bilden, sollen ihre Umwelt beobachten und flexibel für vielfältige Zwecke des Umweltmonitorings benutzt werden. Sie können

---

[38] S. Köhntopp 2001 und Nedden 2001 sowie weiter unten.
[39] S. hierzu auch Langheinrich 2005, 337; Mattern 2003c, 32.
[40] BVerfGE 65, 1 (44, 46).
[41] S. kritisch aus anderen Gründen Roßnagel, Pfitzmann, Garstka 2001, 29 ff.
[42] S. zu Ad-hoc-Netzen auch Ernst 2005, 127 ff.

etwa für die Beobachtung von Umweltbelastungen, Bewegungen, Materialveränderungen und viele andere Zwecke genutzt werden, ohne dass dies bei der Erhebung eines einzelnen Datums feststehen muss oder kann.[43]

Werden aber Daten für vielfältige und wechselnde Zwecke erhoben, sind eine an einem begrenzten Zweck orientierte Abschottung von Daten, ein daran anknüpfender Zugriffsschutz und eine auf der Zweckunterscheidung aufbauende informationelle Gewaltenteilung schwierig zu verwirklichen, vielfach sogar unpassend. Ähnlich verhält es sich mit dem Verbot einer Datenhaltung auf Vorrat und einer Profilbildung. Wenn viele Anwendungen ineinandergreifen, Daten aus anderen Anwendungen übernehmen, für den Nutzer Erinnerungsfunktionen für künftige Zwecke erfüllen sollen, die noch nicht bestimmt werden können, sind Datenspeicherungen auf Vorrat nicht zu vermeiden.[44] Wenn die Umgebungssysteme kontextsensitiv und selbstlernend sein sollen, werden sie aus den vielfältigen Datenspuren, die der Nutzer bei seinen Alltagshandlungen hinterlässt, und seinen Präferenzen, die seinen Handlungen implizit entnommen werden können, vielfältige Profile erzeugen.[45] Für Profile, die die informationelle Selbstbestimmung gefährden, und Profile, die eine optimale Befriedigung der Nutzerinteressen gewährleisten, bedarf es weiterer Unterscheidungskriterien, die nicht allein an der Tatsache einer Profilbildung anknüpfen können.

Das Problem der Zweckbindung könnte formal durch eine weite Fassung der Zweckbestimmung gelöst werden. Dadurch wird aber die Steuerungswirkung der Zweckbestimmung nicht verbessert. Im Gegenteil – Generalklauseln wie das „berechtigte Interesse" in §§ 28 und 29 BDSG und Gebote zur Abwägung mit „schutzwürdigen Interessen" der betroffenen Person wären für die informationelle Selbstbestimmung kontraproduktiv, weil sie praktisch die Datenverarbeitung freigeben und für die betroffene Person unkontrollierbar machen.[46] Bleiben solche Generalklauseln bestehen, werden sie bei einer allgegenwärtigen Datenverarbeitung mit neuen Bedeutungen gefüllt. Sie werden in der Praxis die „Freikarte" für alle Interessierten sein, die vielfältigen und umfassenden Datenspuren für ihre Zwecke zu verarbeiten. Die geforderte Abwägung mit den „schutzwürdigen Interessen" des Betroffenen und dessen Widerspruchsrecht werden hieran nichts ändern können, weil ihm im Regelfall die Datenverarbeitung verborgen bleibt.

Mit der vielfältigen – oft unbewussten – Verfügbarkeit von personenbezogenen Daten über andere könnten sich faktisch neue Offenbarungspflichten ergeben, die zu einer nachträglichen Zweckänderung führen. Wenn die uns umgebenden Dinge vieles um sie herum registrieren und speichern, könnte man durch Zusammenführung der gespeicherten Daten die Vergangenheit rekonstruieren und damit in vielen Fällen der Wahrheitsfindung dienen. Soll in der Familie, im Wohnumfeld, am Arbeitsplatz, im Rahmen der öffentlichen Sicherheit oder der gerichtlichen Beweisaufnahme geklärt werden, wie sich ein Ereignis zugetragen hat, könnte sich

---

[43] S. z.B. Mattern 2005a, 15.
[44] S. Mattern 2003c, 32.
[45] S. hierzu Schwenke 2006.
[46] S. kritisch Roßnagel, Pfitzmann, Garstka 2001, 77f.

jeder verpflichtet fühlen oder verpflichtet werden, die Daten seiner Gegenstände zur Verfügung zu stellen.[47]

Ubiquitous Computing bringt umfangreiche und aussagekräftige personenbezogene Daten hervor, die für Sicherheitsinstitutionen von größtem Interesse sind. Bisher haben die Gesetzgeber früher oder später ihrem Drängen, auch auf die Daten neuer Anwendungen zugreifen zu können, immer nachgegeben. Daher muss damit gerechnet werden, dass alle personenbezogenen Daten, die in Ubiquitous-Computing-Anwendungen verarbeitet werden, über kurz oder lang entgegen ihrem ursprünglichen Verarbeitungszweck diesen Institutionen zur Verfügung gestellt werden müssen. Die Verpflichtung zur Vorratsdatenspeicherung bei Anbietern öffentlicher Kommunikationsdienste ist nur ein Schritt auf diesem Weg.

Erforderlichkeit und Datensparsamkeit

Da das Prinzip der Erforderlichkeit, das inhaltlich, modal und zeitlich die Datenverarbeitung begrenzen soll, am Zweck der Datenverarbeitung ausgerichtet ist, erleidet es in einer Welt des Ubiquitous Computing die gleiche Schwächung wie das Prinzip der Zweckbindung. Soll die Datenverarbeitung im Hintergrund ablaufen, auf Daten zugreifen, die durch andere Anwendungen bereits generiert wurden, und gerade dadurch einen besonderen Mehrwert erzeugen, wird es schwierig sein, für jede einzelne Anwendung eine Begrenzung der zu erhebenden Daten oder deren frühzeitige Löschung durchzusetzen. Auch die Einbeziehung von Umweltbedingungen mittels Sensortechnik in einer dynamischen, also laufend aktualisierenden Weise unterminiert zudem die Begrenzungsfunktion des Erforderlichkeitsprinzips. Sensorbestückte Gegenstände und Umgebungen sind fast immer aktiv und erheben eine Unmenge Daten, um den Nutzern nach ihrem – sich ständig ändernden – Bedarf jederzeit ihre Dienste anbieten zu können.[48]

Die Fähigkeit, Objekte zu identifizieren, ermöglicht, die Gegenstände, die den Menschen umgeben, mit einem „Gedächtnis" auszustatten. Die Gegenstände nehmen ihre Umgebung wahr, generieren Daten selbst, tauschen sie untereinander aus und speichern sie auf „ihrer Homepage".[49] Dieses eigene „Gedächtnis" der Gegenstände ermöglicht, eine Art „Fahrtenschreiber" der Dinge zu entwickeln, die „Lebensspur" eines Gegenstands zu rekonstruieren, immer zu wissen, wo sich ein Ding aufhält und verlorene Dinge immer wiederzufinden.[50] Werden mehrere „Lebensspuren" miteinander abgeglichen, kann der gemeinsame Kontext verschiedener Dinge ermittelt werden – und damit auch ihrer Besitzer. Die reale Welt kann so durch Informationen aus der virtuellen Welt angereichert werden, wenn zu dem jeweiligen Gegenstand auch dessen „Gedächtnis" wahrgenommen werden kann, Informationen zu seinem Gebrauch, zu seinen „Erlebnissen" oder zu Fehlerzu-

---

[47] S. zu einem Beispiel der Strafverfolgung Mattern 2003c, 34.

[48] S. Mattern 2005a, 18.

[49] Fleisch, Dierkes 2003, 149; Mattern 2005a, 24 ff.; Mattern 2005b, 61f.

[50] S. Mattern 2005a, 17.

ständen ausgegeben werden kann.[51] Nutzen die Betroffenen diese Gedächtnisfunktion der Gegenstände, um dadurch ihr eigenes löchriges Gedächtnis zu erweitern, lässt dies das Erforderlichkeitsprinzip gänzlich leer laufen. Für diese Funktion sind alle Daten für sehr lange Zeit erforderlich, weil niemand wissen kann, an was man sich irgendwann einmal erinnern möchte.

Setzt sich die Geschäftsidee des „Pay per Use Leasing" durch, die darauf aufbaut, viele Gegenstände nicht mehr zu kaufen, sondern nur noch im Maß des Gebrauchs zu bezahlen, erfordert dies eine Protokollierung der Nutzungen – eventuell auch der Art der Nutzungen – durch die in die Gegenstände integrierten Informationssysteme und die Übertragung der Daten an den Verleiher.[52] Ähnliche Datenverarbeitungen sind erforderlich für die Umsetzung der Geschäftsidee der Autoversicherung, deren Prämie dynamisch von dem mehr oder weniger riskanten Umgang mit dem Fahrzeug abhängig ist.[53] Das Gleiche gilt, wenn die Kunden im Einzelhandel damit einverstanden sind, dass je nach Einkaufsverhalten eine personenbezogene Preisdifferenzierung stattfindet.[54]

Aus vergleichbaren Zwängen stößt auch der Grundsatz, möglichst keine oder wenige personenbezogene Daten zu erheben, zu speichern und zu verarbeiten, an Grenzen. Oft kann erst eine Vielzahl langfristig gespeicherter Daten die Unterstützungsleistung bieten, die mit der Nutzung von Ubiquitous Computing erreicht werden soll. Auch die Verarbeitung anonymer und pseudonymer Daten kann ungeeignet sein, weil für die allgegenwärtige Datenverarbeitung die Daten oftmals unmittelbar erhoben werden: Eine Kamera, ein Mikrofon, ein Sensor oder ein Indoor-Lokalisierungssystem nehmen anders als ein Webformular den Benutzer direkt wahr und können vielfach[55] nicht ohne Offenlegung der Identität des Benutzers verwendet werden. Indirekte Sensoren wie zum Beispiel druckempfindliche Bodenplatten können auch ohne direkte Wahrnehmung primärer biometrischer Attribute durch Data-Mining-Techniken Menschen an ihrem Gang identifizieren. Die bei allgegenwärtiger Datenverarbeitung typische enge Verknüpfung der Sensorinformation mit Ereignissen der realen Welt erlaubt selbst bei konsequenter Verwendung von Pseudonymen in vielen Fällen eine einfache Personenidentifikation. So können zum Beispiel bei einem Indoor-Lokalisierungssystem die pseudonymen Benutzer anhand ihres bevorzugten Aufenthaltsortes identifiziert werden.[56]

Betroffenenrechte

Mitwirkungs- und Korrekturrechte des Betroffenen werden wegen der Vervielfachung und Komplexität der Datenverarbeitung im Alltag, die oft unmerklich stattfinden wird, an Durchsetzungsfähigkeit verlieren. Außerdem werden die Vielzahl

---

[51] S. Mattern 2005a, 24 ff.
[52] S. Mattern 2003c, 23.
[53] S. Mattern 2005a, 15.
[54] S. Mattern 2003c, 25.
[55] Für Kameras könnte die Technik des Privacy-Filters, der Gesichter „verwürfelt" und nur nach zusätzlicher Freigabe kenntlich macht, Anwendung finden – s. z.B. Stechow 2005.
[56] S. Langheinrich 2005, 339f.

der beteiligten Akteure, die spontane Ver- und Entnetzung sowie der ständige Rollenwechsel zwischen Datenverarbeiter und betroffener Person zu einer Zersplitterung der Verantwortlichkeit für die datenverarbeitenden Vorgänge führen.[57] Schließlich werden die verantwortlichen Stellen selbst oft nicht wissen, welche personenbezogenen Daten sie verarbeiten. Vorgänge aber zu protokollieren, um Auskunfts- und Korrekturrechte erfüllen zu können, wäre in vielen Fällen im Hinblick auf Datensparsamkeit kontraproduktiv.

Voraussetzungen für informationelle Selbstbestimmung

Fasst man die oben skizzierten Entwicklungen und ihre Auswirkungen zusammen, muss man feststellen: Alle Bestandteile des überkommenen Schutzprogramms werden durch Ubiquitous Computing ausgehöhlt oder überspielt. Daher ist die Frage ganz grundsätzlich zu stellen, ob in der Welt des Ubiquitous Computing informationelle Selbstbestimmung überhaupt noch möglich ist. Den Bedingungen dieser Möglichkeit sollen die folgenden Überlegungen gelten.

Durch Ubiquitous Computing wird nicht die Notwendigkeit informationeller Selbstbestimmung in Frage gestellt. Wenn die Welt human und lebenswert sein soll, muss Selbstbestimmung mehr noch als heute gewährleistet sein. Allerdings muss das Schutzprogramm für dieses Grundrecht verändert und erweitert, letztlich den neuen Herausforderungen angepasst sein.

Dies kann nicht dadurch erreicht werden, dass jetzt für die neuen Risiken ein weiteres, eigenes Datenschutzgesetz geschaffen wird. Dies würde das schwer verständliche Datenschutzrecht nur noch unübersichtlicher machen. Auch wäre es nicht zielführend, die Grundsätze des bisherigen Schutzprogramms vollständig aufzugeben. Denn sie sind ja aus der Zielsetzung der informationellen Selbstbestimmung abgeleitet. Notwendig ist vielmehr eine umfassende Modernisierung des Datenschutzrechts, die dem Datenschutz insgesamt eine neue Struktur gibt, dabei aber angemessen auf die neuen Gefährdungen ausgerichtet ist.[58] Das heißt konkret: Ein fortentwickeltes Schutzprogramm soll nicht nur risikoadäquat sein, sondern muss das Datenschutzrecht auch noch einfacher und verständlicher machen. Wie ein solches Schutzprogramm in der Modifikation und Ergänzung bisheriger Bestandteile aussehen könnte, soll abschließend angedeutet werden. Hierfür sollen sieben Grundsätze vorgestellt werden, die in die Richtung der notwendigen Neuorientierung weisen.

Gestaltungs- und Verarbeitungsregeln

Bisher erfolgt Datenschutz normativ vor allem dadurch, dass lange vor der Datenverarbeitung diese nach einer einmaligen abstrakten Überprüfung durch Einwilli-

---

[57] Ebenso Mattern 2005a, 26f.
[58] S. Roßnagel 2005a, 71 ff.

gung oder gesetzliche Erlaubnis zugelassen wird. Statt das Schwergewicht auf eine einmalige Zulassungsentscheidung durch Zwecksetzung des Gesetzgebers oder der betroffenen Person zu legen, sollte Datenschutz künftig vorrangig durch Gestaltungs- und Verarbeitungsregeln bewirkt werden, die permanent zu beachten sind.[59]

So könnte zum Beispiel Transparenz statt auf einzelne Daten stärker auf Strukturinformationen bezogen sein und statt durch eine einmalige Unterrichtung oder Benachrichtigung durch eine permanent einsehbare Datenschutzerklärung im Internet gewährleistet werden. Eine andere Transparenzforderung könnte sein – entsprechend dem Gedanken der §§ 6b Abs. 2 und 6c Abs. 3 BDSG –, von allen datenverarbeitenden Alltagsgegenständen eine technisch auswertbare Signalisierung zu fordern, wenn sie Daten erheben.[60]

Die Einwilligung könnte eine Aufwertung erfahren, wenn sie auf ein technisches Gerät der betroffenen Person „delegiert" werden könnte, das bei jedem signalisierten Verarbeitungsvorgang im Hintergrund die Datenschutz-Policies prüft, akzeptiert oder verwirft.[61] Dies setzt allerdings voraus, dass die Datenschutzpräferenzen zumindest für Normalfälle spezifizierbar sind. Hierfür könnten Datenschutzbeauftragte, Datenschutzvereinigungen, sonstige Verbände und Organisationen Empfehlungen in Form direkt einsetzbarer Präferenzmuster geben.

Als ein Opt-in könnte auch anzusehen sein, wenn eine betroffene Person bewusst und freiwillig ihre individuellen Fähigkeiten unterstützende und verstärkende Techniksysteme und Dienste nutzt. Im Gegenzug müssen diese so gestaltet sein, dass sie über Datenschutzfunktionen verfügen, die sie auswählen und für sich konfigurieren kann.[62]

Je stärker das Zusammenspiel zwischen enger Zwecksetzung und strenger Erforderlichkeit bei individualisierten adaptiven Systemen an Grenzen stößt, desto stärker muss das Datenschutzrecht die datensparsame Systemgestaltung in den Blick nehmen und Möglichkeiten sinnvollen anonymen und pseudonymen Handelns einfordern. Außerdem müssen in diesen Fällen Zweckbindung stärker auf Missbrauchsvermeidung und Erforderlichkeit stärker auf Löschungsregeln hin konzentriert werden. Die Umsetzung dieser Ziele sollte vor allem durch ein Datenschutzmanagementsystem erreicht werden. Die verantwortliche Stelle sollte in ihrem Datenschutzkonzept nachweisen, dass sie die Gestaltungsziele erreicht hat.[63]

Vereinfacht und effektiviert würde der Datenschutz für viele Anwendungen des Ubiquitous Computing dann, wenn als zulässiger Zweck relativ weit die Erbringung einer rein technischen Funktion anerkannt, dafür aber als Ersatz die Verwendung der Daten strikt auf diese Funktion begrenzt würde. Dies könnte erreicht werden, wenn zwischen einer Datenverarbeitung mit und ohne gezielten Personenbezug unterschieden würde.[64] Eine Datenverarbeitung ohne gezielten Perso-

---

[59] S. Roßnagel, Pfitzmann, Garstka 2001, 70 ff.

[60] S. hierzu auch Langheinrich 2005, 338.

[61] S. hierzu auch Langheinrich 2005, 339.

[62] S. z.B. Schwenke 2006.

[63] S. Roßnagel, Pfitzmann, Garstka 2001, 102.

[64] S. näher Roßnagel, Pfitzmann, Garstka 2001, 68 ff., 113 ff.

nenbezug betrifft die Verarbeitung personenbezogener Daten, die zur Erfüllung – vor allem technischer – Dienstleistungen technisch notwendig ist, ohne dass es dem Verarbeiter auf den Personenbezug ankommt. Die Anforderungen für diese Art der Datenverarbeitung sollten risikoadäquat und effizienzsteigernd spezifiziert werden. Sie sollten insofern verschärft werden, als die Daten auf das erforderliche Minimum begrenzt, während ihrer Verarbeitung gegen Zweckentfremdung geschützt und nach der Verarbeitung sofort gelöscht werden müssen. Die Daten sollten außerdem einer strengen Zweckbindung (wie nach § 31 BDSG) unterliegen und durch ein Verwertungsverbot geschützt sein. Werden diese Anforderungen nicht erfüllt, wird vor allem ein weitergehender Zweck mit diesen Daten verfolgt, gelten für sie von Anfang an alle Anforderungen für die Datenverarbeitung mit gezieltem Personenbezug. Erleichterungen sollten insoweit vorgesehen werden, als auf eine vorherige Unterrichtung der betroffenen Personen verzichtet wird und ein Anspruch auf Auskunft über einzelne Daten für die kurze Zeit ihrer Speicherung nicht besteht, um kontraproduktive Protokollverfahren zu vermeiden. Die notwendige Transparenz sollte vielmehr durch eine veröffentlichte Datenschutzerklärung über die Struktur des Datenverarbeitungsverfahrens hergestellt werden.

Datenschutz durch Technik

Die Beispiele zeigen, dass diese Gestaltungs- und Verarbeitungsregeln auf eine technische Umsetzung angewiesen sind. In einer durch und durch technisierten Welt hat Selbstbestimmung nur dann eine Chance, wenn sie ebenfalls technisch unterstützt wird.[65] Wenn allgegenwärtige Datenverarbeitung überall, zu jeder Zeit, im Hintergrund und auf breite und vielfältige Infrastrukturen gestützt, automatisch, unbemerkt und beiläufig stattfindet, dann muss dies für den künftigen Datenschutz auch gelten. Selbstbestimmung muss überall und jederzeit möglich sein. Sie muss durch Infrastrukturen unterstützt werden, die ermöglichen, auf Gefährdungen automatisch zu reagieren, ohne dass dies aufdringlich oder belästigend wirkt. Zwei Beispiele sollen dies verdeutlichen:

Die Einhaltung von Verarbeitungsregeln zu kontrollieren, darf nicht eine permanente persönliche Aufmerksamkeit erfordern, sondern muss automatisiert erfolgen. Wenn die datenverarbeitenden Alltagsgegenstände ein Signal aussenden, kann dies von einem Endgerät des Betroffenen erkannt werden und zu einer automatisierten Auswertung der zugehörigen Datenschutzerklärung führen. Entsprechend der voreingestellten Datenschutzpräferenzen kann ein P3P[66]-ähnlicher Client eine Einwilligung erteilen oder ablehnen.[67] In Zweifelsfällen kann das Gerät je nach Voreinstellung den Betroffenen warnen und ihm die Erklärung in der von ihm gewählten Sprache anzeigen oder akustisch ausgeben. Die Hinweis- und Warndichte muss einstellbar sein.[68]

---

[65] S. Köhntopp 2001 und Nedden 2001.
[66] Platform for Privacy Preferences – s. näher www.w3c.org/P3P.
[67] S. z.B. Langheinrich 2001.
[68] S. hierzu auch, allerdings auch mit skeptischen Hinweisen, Langheinrich 2005, 338.

Die Durchsetzung von Verarbeitungsregeln muss im Regelfall durch Technik und nicht durch persönliches Handeln des Betroffenen durchgesetzt werden. Zum einen muss der Systemdatenschutz dazu führen, dass – soweit möglich – die technischen Systeme nur das können, was sie dürfen. Zum anderen müssen Endgeräte des Betroffenen in der Lage sein, die Datenerfassung durch fremde Geräte zu beeinflussen,[69] nach den Präferenzen des Nutzers Kommunikation zu ermöglichen oder abzublocken,[70] Pseudonyme und andere Identitäten zu wechseln und zu verwalten,[71] Datenweitergaben zu protokollieren und Löschungsrechte automatisch geltend zu machen.

Technischer Datenschutz hat gegenüber rein rechtlichem Datenschutz gewisse Effektivitätsvorteile. Was technisch verhindert wird, muss nicht mehr verboten werden. Gegen Verhaltensregeln kann verstoßen werden, gegen technische Begrenzungen nicht. Datenschutztechnik kann so Kontrollen und Strafen überflüssig machen.

Vorsorge für informationelle Selbstbestimmung

Wie in anderen Rechtsbereichen auch muss Vorsorge die Gefahrenabwehr ergänzen. Diese Vorsorge könnte eine zweifache Ausprägung annehmen: zum einen die Reduzierung von Risiken und zum anderen präventive Folgenbegrenzungen potenzieller Schäden. Die Risiken für die informationelle Selbstbestimmung sind in einer Welt allgegenwärtiger Datenverarbeitung nicht mehr ausreichend zu bewältigen, wenn nur auf die Verarbeitung personenbezogener Daten abgestellt wird. Vielmehr sind im Sinn vorgreifender Folgenbegrenzung auch Situationen zu regeln, in denen noch keine personenbezogenen Daten entstanden sind oder verarbeitet werden.[72] So bedürfen zum Beispiel die Sammlungen von Sensorinformationen, Umgebungsdaten oder von pseudonymen Präferenzen einer vorsorgenden Regelung, wenn die Möglichkeit oder gar die Absicht besteht, sie irgendwann einmal mit einem Personenbezug zu versehen.[73] Auch sind zur Risikobegrenzung Anforderungen an eine transparente, datensparsame, kontrollierbare und missbrauchsvermeidende Technikgestaltung zu formulieren. Ebenso entspricht es dem Vorsorgegedanken, die einzusetzenden Techniksysteme präventiven (freiwilligen) Prüfungen ihrer Datenschutzkonformität zu unterziehen und diese Prüfung zu dokumentieren.[74]

---

[69] S. Roßnagel, Müller 2004, 629; Langheinrich 2005, 347 ff.; Thiesse 2005, 371f.

[70] S. Müller, Handy 2004, 655.

[71] S. z.B. Hansen, Krasemann, Rost, Genghini 2003, 551 sowie für RFID Langheinrich 2005, 343 ff., 358.

[72] S. hierzu den Beitrag von J. Müller in diesem Band.

[73] S. hierzu näher Roßnagel, Scholz 2000, 728 ff.

[74] S. hierzu näher Roßnagel, Pfitzmann, Garstka 2001, 130 ff.

Freiheitsfördernde Ubiquitous-Computing-Architektur

Die Möglichkeiten der Überwachung und Kontrolle sind zum einen stark davon abhängig, Daten aus vielen Lebensbereichen zusammenführen zu können. Wenn Anwendungen, wie etwa das permanent angeschaltete mobile Kommunikationsgerät oder der ständig aktive Location and Context Based Service, den gesamten Lebensalltag begleiten oder wenn Anwendungen, etwa der persönliche Assistentenagent, viele andere Anwendungen koordinieren, oder, etwa ein Bezahldienst, alle genutzten Anwendungen detailliert kennen, entstehen in diesen Anwendungen nahezu vollständige Protokolle des Alltags. Aus diesen können leicht umfassende Profile der Bewegungen, Kontakte, Interessen, Präferenzen und Beziehungen einer Person erstellt werden. Zum anderen setzen Überwachung und Kontrolle voraus, dass die daran Interessierten auf diese Daten – möglichst aktuell – zugreifen und sie für ihre Zwecke ausnutzen können.

Die Möglichkeiten der Überwachung und Kontrolle hängen somit von der Organisation der Datenverarbeitung ab. Sie steigen, wenn die Organisation der Datenverarbeitung zentral oder abgestimmt erfolgt. Profilbildung und Überwachung werden dagegen erschwert, wenn die Datenverarbeitung dezentral und spontan erfolgt. Überwachung kann für eine bestimmte Organisation bei vielen verschiedenen Komponenten, die Daten anfragen, bei denen Daten abgefragt werden und die Daten verwalten, relativ schwierig werden, wenn diese von unterschiedlichen Verantwortlichen betrieben werden.

Entscheidend ist also, wie die Architektur von Ubiquitous Computing gestaltet und wie die Datenflüsse und -zugriffsmöglichkeiten organisiert sind. Entscheidend ist auch, ob es Räume und Zeiten gibt, in denen keine Datenerhebung stattfindet, die frei von Ubiquitous Computing sind.

Rechtlich müsste sichergestellt werden, dass es für Ubiquitous-Computing-Anwendungen keinen „Anschluss- und Benutzungszwang" gibt. Auch muss ein Kopplungsverbot sicherstellen, dass bestimmte wichtige Infrastrukturleistungen nicht davon abhängig gemacht werden dürfen, dass der Betroffene in die Erhebung von Daten, die nicht unbedingt erforderlich sind, einwilligt.[75] Schließlich sollte in Form von Vorsorgeregelungen in bestimmten Bereichen sichergestellt werden, dass von Ubiquitous Computing freie Alternativen im Angebot von Diensten offen gehalten werden. Schließlich müsste die Aufgabe der datensparsamen oder datenvermeidenden Systemgestaltung nach § 3a BDSG aufgewertet und ihre Berücksichtigung bei der Gestaltung von IT-Architekturen überprüfbar werden.

Technikgestalter als Regelungsadressaten

Hinsichtlich der Regelungsadressaten ist die zunehmende Verantwortungsdiffusion zur Kenntnis zu nehmen. An der Datenverarbeitung sind oft viele Akteure mit spontanen, kurzfristigen Aktionen beteiligt, die in ihrem – vielleicht nicht inten-

---

[75] So für Tele- und Mediendienste nach § 3 Abs. 4 TDDSG und § 17 Abs. 4 MDStV.

dierten – Zusammenwirken erst die zu gestaltenden Wirkungen verursachen.[76] Zwischen Datenverarbeitern und Betroffenen findet ein permanenter Rollenwechsel statt. Eine Regelung, die sich nur an „verantwortliche Stellen" richtet, dürfte viele Gestaltungsziele nicht erreichen.

In viel stärkerem Maß sind daher künftig die Technikgestalter als Regelungsadressaten anzusprechen. Viele Gestaltungsanforderungen können von den „verantwortlichen Stellen" gar nicht erfüllt werden. Ihnen fehlen meist das technische Wissen, die Gestaltungskompetenz und vor allem der (legale) Zugriff auf Hard- und Software. Statt Regelungsadressaten ohne Einfluss zu wählen, sollten diejenigen verpflichtet werden, die auch die entsprechenden Handlungsmöglichkeiten haben.

Die Technikentwickler und -gestalter sollten vor allem Prüfpflichten für eine datenschutzkonforme Gestaltung ihrer Produkte, eine Pflicht zur Dokumentation dieser Prüfungen für bestimmte Systeme und Hinweispflichten für verbleibende Risiken treffen.[77] Auch sollten sie verpflichtet werden, ihre Produkte mit datenschutzkonformen Defaulteinstellungen auszuliefern.[78]

Anreize und Belohnungen

Die datenschutzgerechte Gestaltung der künftigen Welt des Ubiquitous Computing ist durch herkömmliche Ge- und Verbote nicht zu erreichen. Sie fordert die aktive Mitwirkung der Entwickler, Gestalter und Anwender. Sie werden nur für eine Unterstützung zu gewinnen sein, wenn sie davon einen Vorteil haben. Daher sollte die Verfolgung legitimen Eigennutzes in einer Form ermöglicht werden, die zugleich auch Gemeinwohlbelangen dient. Datenschutz muss daher zu einem Werbeargument und Wettbewerbsvorteil werden.[79]

Dies ist möglich durch die freiwillige Auditierung von Anwendungen,[80] die Zertifizierung von Produkten[81] und Präsentation von Datenschutzerklärungen. Werden diese von Datenschutzempfehlungen à la „Stiftung Warentest", von Datenschutzrankings oder durch die Berücksichtigung von Auditzeichen oder Zertifikaten bei der öffentlichen Auftragsvergabe begleitet, kann ein Wettbewerb um den besseren Datenschutz entstehen. Dann werden die Gestaltungsziele beinahe von selbst erreicht.[82]

Hier könnten auch Datenschutzbeauftragte und Datenschutzverbände eine neue Rolle finden, indem sie den Schwerpunkt ihrer Praxis von einer repressiven Kontrolle zu einer konstruktiven Unterstützung von Datenschutz verlegen. Sie erhielten ein ganz neues Image, wenn sie Empfehlungen aussprechen, Beratungen

---

[76] Ebenso Mattern 2005a, 26f.

[77] S. näher Roßnagel, Pfitzmann, Garstka 2001, 143 ff.

[78] S. Roßnagel 2001, 24.

[79] S. für RFID Thiesse 2005, 372 ff.

[80] S. z.B. Roßnagel 2003d, 439 ff.

[81] S. z.B. Schläger 2004, 459; Bäumler 2004, 80; ders. 2002, 325; Bizer 2006 5 ff.

[82] S. hierzu ausführlich Roßnagel 2000, 3 ff.; ders. 2002b, 131 ff.; Bäumler, v. Mutius 2002.

durchführen, Best-Practice-Beispiele publizieren und Preise für gute Datenschutzlösungen vergeben.[83]

Institutionalisierte Grundrechtskontrolle

Der Schutz der informationellen Selbstbestimmung bedarf einer objektiven Ordnung, die in der Praxis mehr und mehr an die Stelle individueller Rechtewahrnehmung tritt. Die Einhaltung von Datenschutzvorgaben kann künftig immer weniger von der individuellen Kontrolle des Betroffenen abhängig gemacht werden. Sie muss in noch viel stärkerem Maß stellvertretend Kontrollverfahren und Kontrollstellen übertragen werden, die das Vertrauen der Betroffenen genießen. Dies sind zum einen die Datenschutzbeauftragten, denen weitergehende Eingriffsbefugnisse für grobe Missbrauchsfälle zuerkannt werden müssen.[84] Auch wird Verantwortung für die adäquate Technikgestaltung stärker zu institutionalisieren sein – etwa in Form von Verantwortlichen der Geschäftsleitung und der betrieblichen Datenschutzbeauftragten. Schließlich werden anerkannte Datenschutzverbände eine Art Ombudsfunktion wahrnehmen und mit entsprechenden Klagebefugnissen ausgestattet sein müssen.[85]

Gegenstand der Kontrolle müssen Systeme mit ihren Funktionen und Strukturen sein, nicht so sehr die individuellen Daten. Ziel der Kontrolle muss es sein, die individuellen und gesellschaftlichen Wirkungen der technischen Systeme zu überprüfen und diese datenschutzgerecht zu gestalten.

Künftige Chancen der Selbstbestimmung

Zusammenfassend kann festgehalten werden: Ubiquitous Computing ist eine Dual-Use-Technologie. Sie ermöglicht Erleichterungen und Unterstützungen durch Delegation von unerwünschten Aufgaben an Technik, kontextbezogene Assistenz und Ergänzung unserer körperlichen und geistigen Fähigkeiten. Sie ermöglicht aber auch eine umfassende Überwachung und Rekonstruktion vieler oder gar aller Ereignisse im Leben eines Menschen. Dadurch kann nicht nur der Große Bruder gestärkt werden, auch viele kleine Schwestern sind möglich. Die bestehende Machtverteilung in der Gesellschaft kann durch Informationsmacht über die jeweils Betroffenen stark verändert werden. Dass die Betroffenen vielfach andere ebenfalls kontrollieren können, stärkt ein Zusammenleben in Freiheit nicht. Ob wir mit Ubiquitous Computing besser leben als ohne diese Technologie, ist letztlich eine Frage des Datenschutzes.

Die Entwicklung zu einer Welt allgegenwärtiger Datenverarbeitung gefährdet jedoch grundsätzlich die informationelle Selbstbestimmung, weil sie deren ge-

---

[83] S. z.B. Weichert 1998, 213 ff.
[84] S. näher Roßnagel, Pfitzmann, Garstka 2001, 194 ff.
[85] S. näher Roßnagel, Pfitzmann, Garstka 2001, 130 ff., 143 ff. und 205 ff.

genwärtiges Schutzprogramm leer laufen lässt. Es wäre jedoch eine Illusion zu glauben, diese Entwicklung könnte deshalb aufgehalten oder gar verboten werden. Ein solcher Versuch würde den Datenschutz jeder Akzeptanz berauben.

Zugleich wird informationelle Selbstbestimmung als normatives Konzept für die freie Entfaltung von Individuen und die demokratische Entwicklung der Gesellschaft immer wichtiger. Bedingung ihrer Verwirklichung ist jedoch ein modifiziertes und ergänztes Schutzprogramm, in dem die Konzepte und Instrumente des Datenschutzes der Allgegenwärtigkeit der Datenverarbeitung angepasst sind. Notwendig ist eine objektivierte Ordnung der Datenverarbeitung und -kommunikation bei professioneller Kontrolle, mit vorsorgender Gestaltung von Strukturen und Systemen, der Inpflichtnahme von Herstellern zur Umsetzung von Datenschutz in Technik sowie der Nutzung von Eigennutz durch Anreize zu datenschutzgerechtem Handeln.

Ob mit solchen Veränderungen die informationelle Selbstbestimmung in einer mobilen Gesellschaft gewährleistet werden kann, muss bis zum Beweis durch die Praxis als offen gelten. Sie sind eine notwendige, aber keine hinreichende Bedingung. Hinzukommen müssen bei den Individuen das Bewusstsein, dass informationelle Selbstbestimmung ein hohes, aber gefährdetes Gut ist, und der Wunsch, es zu bewahren, und in der Gesellschaft die Erkenntnis, dass hierfür Strukturänderungen erforderlich sind, und der politische Wille, sie auch umzusetzen. Ohne die dargestellten Anpassungen dürfte jedoch die Vorhersage nicht schwer sein, dass die informationelle Selbstbestimmung schleichend ihrer Bedeutungslosigkeit entgegengeht.

Literatur

Bäumler H (1999) Das TDDSG aus Sicht eines Datenschutzbeauftragten. Datenschutz und Datensicherheit (DuD) 23(5): 258–262

Bäumler H (2002) Marktwirtschaftlicher Datenschutz. Datenschutz und Datensicherheit (DuD) 26(6): 325–329

Bäumler H (2004) Ein Gütesiegel auf den Datenschutz. Datenschutz und Datensicherheit (DuD) 28(2): 80–84

Bäumler H, v. Mutius A (2002) Datenschutz als Wettbewerbsvorteil. Braunschweig

Bizer J (2003) Kommentierung. In: Simitis S (Hrsg.) Kommentar zum BDSG. 5. Aufl., Baden-Baden

Bizer J (2006) Bausteine eines Datenschutzaudits. Datenschutz und Datensicherheit (DuD) 30(1): 5–12

BSI – Bundesamt für die Sicherheit in der Informationstechnik (2003) Kommunikations- und Informationstechnik 2010+3: Neue Trends und Entwicklungen in Technologien, Anwendungen und Sicherheit. Ingelheim

BSI – Bundesamt für die Sicherheit in der Informationstechnik (2004) Risiken und Chancen des Einsatzes von RFID-Systemen. Ingelheim

Bundesregierung (2004) Antwort der Bundesregierung auf eine Kleine Anfrage der Fraktion der FDP – Drucksache 15/3025. Bundestags-Drucksache 15/3190

Coroama V, Hähner J, Handy M, Rudolph-Kuhn P, Magerkurth C, Müller J, Strasser M, Zimmer T (2003) Leben in einer smarten Umgebung: Ubiquitous-Computing-Szenarien und -Auswirkungen. Technical Report Nr. 431, ETH Zürich

Dix A (2003) Konzepte des Systemdatenschutzes. In: Roßnagel (Hrsg.) 2003a: 363–386

Eberspächer J, v. Reden W (Hrsg.) (2006) Umhegt oder abhängig, Der Mensch in einer digitalen Umgebung. Berlin, Heidelberg

Ernst S (2005) Rechtliche Probleme mobiler Ad-hoc-Netze. In: Taeger J, Wiebe A (Hrsg.) Mobilität – Telematik – Recht. Köln: 127–144

Fleisch E, Dierkes M (2003) Betriebswirtschaftliche Anwendungen des Ubiquitous Computing – Beispiele, Auswirkungen und Visionen. In: Mattern F (Hrsg.) Total vernetzt. Berlin, Heidelberg: 143–158

Fleisch E, Mattern F (Hrsg.) (2005) Das Internet der Dinge, Ubiquitous Computing und RFID in der Praxis. Berlin, Heidelberg

Hansen M, Krasemann H, Rost M, Genghini R (2003) Datenschutzaspekte von Identitätsmanagementsystemen. Datenschutz und Datensicherheit (DuD) 27(9): 551–555

Hilty L, Behrendt S u.a. (2003) Das Vorsorgeprinzip in der Informationsgesellschaft – Auswirkungen des Pervasive Computing auf Gesundheit und Umwelt. Bern

Holznagel B, Bonnekoh M (2006) Radio Frequency Identification – Innovation vs. Datenschutz? Multimedia und Recht (MMR) 9(1): 17–23

Kelter H, Wittmann S (2004) Radio Frequency Identification – RFID. Datenschutz und Datensicherheit 28(6): 331–334

Köhntopp M (2001) Datenschutz technisch sichern. In: Roßnagel A (Hrsg.) Allianz von Medienrecht und Informationstechnik? Baden-Baden: 55–66

Langheinrich M (2001) Privacy by Design – Principles of Privacy-Aware Ubiquitous Systems. In: Abowd et al. (eds.) Proceedings of Ubicomp 2001: 273–291

Langheinrich M (2005) Die Privatsphäre im Ubiquitous Computing – Datenschutzaspekte der RFID-Technologie. In: Fleisch E, Mattern F (Hrsg.) 2005: 329–362

Mattern F (2001) Ubiquitous Computing. In: Kubicek H, Klumpp D, Fuchs G, Roßnagel A (Hrsg.) Internet@Future, Jahrbuch Telekommunikation und Gesellschaft 2001. Heidelberg: 52–61

Mattern F (2003a) Ubiquitous Computing – Szenarien einer informatisierten Welt. In: Zerdick A, Picot A, Schrape K, Burgelman JC, Silverstone R (Hrsg.) E-Merging Media – Digitalisierung der Medienwirtschaft. Berlin, Heidelberg: 155–174

Mattern F (Hrsg.) (2003b) Total vernetzt, Szenarien einer informatisierten Welt. Berlin, Heidelberg

Mattern F (2003c) Vom Verschwinden des Computers. In: ders. (Hrsg.) Total vernetzt. Berlin, Heidelberg: 3–42

Mattern F (2005a) Ubiquitous Computing: Eine Einführung mit Anmerkungen zu den sozialen und rechtlichen Folgen. In: Taeger J, Wiebe A (Hrsg.) Mobilität – Telematik – Recht. Köln: 1–34

Mattern F (2005b) Die technische Basis für das Internet der Dinge. In: Fleisch E, Mattern F (Hrsg.) 2005: 39–66

Mattern F, Langheinrich M (2001) Allgegenwärtigkeit des Computers – Datenschutz in einer Welt intelligenter Alltagsdinge. In: Müller G, Reichenbach M (Hrsg.) Sicherheitskonzepte für das Internet. Berlin, Heidelberg: 7–26

Müller J (2004) Ist das Auslesen von RFID-Tags zulässig? Datenschutz und Datensicherheit (DuD) 28(5): 215

Müller J, Handy M (2004) RFID und Datenschutzrecht. Datenschutz und Datensicherheit (DuD) 28(11): 655

Nedden B (2001) Risiken und Chancen für das Datenschutzrecht. In: Roßnagel A (Hrsg.) Allianz von Medienrecht und Informationstechnik? Baden-Baden: 67–75

Rand Corporation (2005) Eine neue Zeit. Deutschland und die Informations- und Kommunikationstechnologie im Jahr 2015. Bonn

Roßnagel A (1997) Globale Datennetze: Ohnmacht des Staates – Selbstschutz der Bürger. Thesen zur Änderung der Staatsaufgaben in einer „civil information society". Zeitschrift für Rechtspolitik (ZRP) 30(1): 26–30

Roßnagel A (2000) Datenschutzaudit – Konzeption, Durchführung, gesetzliche Regelung. Braunschweig

Roßnagel A (2001) Allianz von Medienrecht und Informationstechnik: Hoffnungen und Herausforderungen. In: ders. (Hrsg.) Allianz von Medienrecht und Informationstechnik? Baden-Baden: 17–35

Roßnagel A (2002a) Freiheit im Cyberspace. Informatik-Spektrum 25(1): 33–38

Roßnagel A (2002b) Marktwirtschaftlicher Datenschutz – eine Regulierungsperspektive. In: Bizer J, Lutterbeck B, Rieß J (Hrsg.) Umbruch von Regelungssystemen in der Informationsgesellschaft, Festschrift für Büllesbach. Stuttgart: 131–142

Roßnagel A (Hrsg.) (2003a) Handbuch Datenschutzrecht. München

Roßnagel A (2003b) Datenschutz in Tele- und Mediendiensten. In: Roßnagel (Hrsg.) 2003a: 1280–1325

Roßnagel A (2003c) Konzepte des Selbstdatenschutzes. In: Roßnagel (Hrsg.) 2003a: 325–352

Roßnagel A (2003d) Datenschutzaudit. In: Roßnagel (Hrsg.) 2003a: 437–483

Roßnagel A (2004) Datenschutz 2015 – in einer Welt des Ubiquitous Computing. In: Bizer J, v. Mutius A, Petri TB, Weichert T (Hrsg.) Innovativer Datenschutz – Wünsche, Wege, Wirklichkeit, Festschrift für H. Bäumler. Kiel: 335–351

Roßnagel A (2005a) Modernisierung des Datenschutzrechts in einer Welt allgegenwärtiger Datenverarbeitung. Multimedia und Recht (MMR) 8(2): 71–75

Roßnagel A (2005b) Verantwortung für Datenschutz. Informatik-Spektrum 28(6): 462–473

Roßnagel A (2005c) Das rechtliche Konzept der Selbstbestimmung in der mobilen Gesellschaft. In: Taeger J, Wiebe A (Hrsg.) Mobilität – Telematik – Recht. Köln: 53–75

Roßnagel A, Banzhaf J, Grimm R (2003) Datenschutz im Electronic Commerce. Heidelberg

Roßnagel A, Müller J (2004) Ubiquitous Computing – Neue Herausforderungen für den Datenschutz. Computer und Recht 20(8): 625–632

Roßnagel A, Pfitzmann A, Garstka H (2001) Modernisierung des Datenschutzrechts. Bundesministerium des Inneren. Berlin

Roßnagel A, Scholz P (2000) Datenschutz durch Anonymität und Pseudonymität, Rechtsfolgen der Verwendung anonymer und pseudonymer Daten. Multimedia und Recht (MMR) 3(12): 721–729

Schaar P (2003) Kommentierung. In: Roßnagel (Hrsg.) Recht der Multimediadienste. 4. Aufl., München

Schläger U (2004) Gütesiegel nach Datenschutzauditverordnung Schleswig-Holstein. Datenschutz und Datensicherheit (DuD) 28(8): 459–461

Schmid V (2005) Mastering the Legal Challenges. In: Heinrich C (ed.) RFID and Beyond. Indianapolis: 193–207

Scholz P (2003) Datenschutz bei Data Warehousing und Data Mining. In: Roßnagel (Hrsg.) 2003a: 1833–1875

Schwenke M (2006) Datenschutz und Individualisierung – Rechtskonformer Umgang mit personenbezogenen Daten im Kontext der Eigen- und Fremdindividualisierung. Diss. Kassel

Stechow C v (2005) Datenschutz durch Technik – Rechtliche Förderungsmöglichkeiten datenschutzfördernder Technik am Beispiel der Videoüberwachung und des Privacy Filters. Wiesbaden

Steinmüller W (1993) Informationstechnologie und Gesellschaft. Darmstadt

Thiesse F (2005) Die Wahrnehmung von RFID als Risiko für die informationelle Selbstbestimmung. In: Fleisch E, Mattern F (Hrsg.) 2005: 363–378

Trute HH (2003) Verfassungsrechtliche Grundlagen. In: Roßnagel (Hrsg.) 2003a: 156–187

Wedde P (2003) Rechte der Betroffenen. In: Roßnagel (Hrsg.) 2003a: 546–569

Weichert T (1998) Datenschutzberatung – Hilfe zur Selbsthilfe. In: Bäumler H (Hrsg.) Der neue Datenschutz. Braunschweig: 213–229

Weiser M (1991) The Computer for the 21st Century. Scientific American 265(3): 94–104

Westerholt M v, Döring W (2004) Datenschutzrechtliche Aspekte der Radio Frequency Identification. Computer und Recht (CR) 20(9): 710–716

Zezschwitz F. v. (2003) Das Konzept der normativen Zweckbegrenzung. In: Roßnagel (Hrsg.) 2003a: 219–268

Prof. Dr. Alexander Roßnagel ist Vizepräsident der Universität Kassel und leitet dort seit 1993 das Fachgebiet Öffentliches Recht mit dem Schwerpunkt Recht der Technik und des Umweltschutzes im Institut für Wirtschaftsrecht. Er ist außerdem wissenschaftlicher Leiter der „Projektgruppe verfassungsverträgliche Technikgestaltung (provet)" im Forschungszentrum für Informationstechnik-Gestaltung (ITeG) der Universität Kassel und Wissenschaftlicher Direktor des Instituts für Europäisches Medienrecht (EMR) in Saarbrücken. Er studierte in Mannheim und Heidelberg Rechtswissenschaften, promovierte 1981 in Gießen (Thema: Die Änderungen des Grundgesetzes) und habilitierte 1991 an der Technischen Universität Darmstadt (Thema: Rechtswissenschaftliche Technikfolgenforschung). Seit 1988 ist er stellvertretender Richter des Staatsgerichtshofs für das Land Baden-Württemberg. 1993 erhielt er den Forschungspreis der Alcatel SEL Stiftung, 1995/96 war er Alcatel-Stiftungsprofessor am Zentrum für Interdisziplinäre Technikforschung der Technischen Universität Darmstadt; seit 1999 ist er Herausgeber des wissenschaftlichen Kommentars zum Informations- und Kommunikationsdienste-Gesetz und Mediendienste-Staatsvertrag „Recht der Multimedia-Dienste" im Beck Verlag und seit 2003 Herausgeber des Handbuchs Datenschutzrecht, ebenfalls im Beck Verlag. Er ist außerdem Herausgeber mehrerer Zeitschriften und Buchreihen.

Roßnagel war vielfach Berater der Bundesregierung: 1995/1996 mit der Erstellung eines Gesetzentwurfs zum späteren Signaturgesetz und Teledienstedatenschutzgesetz, 1999 mit einem Gutachten und einem Gesetzentwurf zu einem Datenschutzaudit, 2000/2001 mit einem Gutachten zur „Modernisierung des Datenschutzrechts", 2003/2004 mit einem Gutachten zum elektronischen Personalausweis und 2005 mit einem Gutachten zum Einsatz von Signaturverfahren in der Bundeswehrverwaltung. Mit provet führte er viele Forschungsprojekte mit Förderung der Bundesministerien für Bildung und Wissenschaft, Wirtschaft und Arbeit sowie Umwelt, der Volkswagenstiftung und der Deutschen Forschungsgemeinschaft durch. Er war Mitglied des Forschungsprojekts „Datenschutz bei allgegenwärtiger Datenverarbeitung" im Rahmen des Forschungskollegs „Living in a Smart Environment" der Gottlieb Daimler- und Karl Benz-Stiftung in Ladenburg.

Datenschutzvorsorge gegenüber den Risiken der RFID-Technologie

Jürgen Müller
Projektgruppe verfassungsverträgliche Technikgestaltung (provet) im Forschungszentrum für Informationstechnik-Gestaltung (ITeG) der Universität Kassel

Kurzfassung. Durch den Fortschritt auf dem Gebiet der Informations- und Kommunikationstechnik wird die Vision einer Welt des „Ubiquitous Computing"
immer greifbarer. Wenn Alltagsgegenstände und Elemente der Umgebung mit
Rechen-, Kommunikations- und Sensortechnik ausgestattet und diese im Leben
der Menschen vernetzt präsent sein werden, dann ist der Einzelne durch die entstehenden Datenspuren mit einer Welt konfrontiert, in der Datenverarbeitung
allgegenwärtig und für ihn weitgehend unmerklich stattfindet.

In einer solchen Welt der allgegenwärtigen Datenverarbeitung werden Techniken und Infrastrukturen wichtig sein, mit Hilfe derer Gegenstände der realen Welt
identifiziert und registriert sowie ihre Datenspuren zusammengeführt und Kontexte ausgewertet werden können. Dies ermöglicht die Technik der elektronischen
Etiketten oder der „Radio Frequency Identification" (RFID).

Allerdings ist der Einsatz von RFID-Systemen mit Herausforderungen für die
informationelle Selbstbestimmung verbunden, gegenüber denen die Prinzipien und
Instrumente des geltenden Datenschutzrechts teilweise versagen. Dies bedeutet
qualitativ neue Risiken für das Grundrecht der informationellen Selbstbestimmung. Daher erscheinen zur Gewährleistung des Grundrechts Ansätze der Risikovorsorge in einem modernisierten Datenschutz erforderlich.

RFID-Systeme als Teil von Ubiquitous Computing

Die Technik der „Radio Frequency Identification" (RFID) ermöglicht es, Alltagsgegenständen ein unmerklich abfragbares Identifikationsmerkmal sowie weitere
Informationen mitzugeben. Diese RFID-Systeme können als Wegbereiter und
Basistechnologie des Ubiquitous Computing angesehen werden. Entsprechend der
Vision des Ubiquitous Computing[1] soll Informationstechnik die Alltagsgegenstände durchdringen und sie allgegenwärtig vernetzen, um den Menschen nachhaltig
zu unterstützen und wirtschaftliche Prozesse optimieren zu helfen.[2]

Mein Dank gilt besonders Herrn Prof. Dr. Roßnagel und Herrn Nordmeyer für ihre Unterstützung.

[1] Weiser 1991, 94 ff.
[2] Langheinrich, Mattern 2003, 6 ff.

Ein RFID-System besteht aus einem RFID-Lesegerät sowie aktiven oder passiven RFID-Marken.[3] Eine RFID-Marke ist ein elektronischer Schaltkreis mit angefügter oder integrierter Antenne, der grundsätzlich eine Sende-/Empfangseinheit, Steuerungslogik und einen Datenspeicher besitzt. Neben einer weltweit eindeutigen Kennung (Art, Seriennummer) kann der Datenspeicher auf der RFID-Marke auch einen Speicherbereich für sonstige Daten aufweisen.

Die Kommunikation zwischen RFID-Marke und den Lesegeräten erfolgt über die Luftschnittstelle mittels induktiver Kopplung[4] oder mittels des Rückstreu-Verfahrens (backscatter)[5]. Passive RFID-Marken entnehmen die benötigte Energie dem elektromagnetischen Feld, das durch das Lesegerät in seiner Ansprechreichweite erzeugt wird. Aktive RFID-Marken besitzen eine eigene Energiequelle (z.B. Folienbatterie), die Verarbeitungsprozesse auf der Marke und die Kommunikation über eine größere Reichweite unterstützt. RFID-Marken lassen sich an Gegenstände anheften oder in sie einbetten und ermöglichen so die Identifikation der Gegenstände. Ein RFID-System wird durch ein Hintergrundinformationssystem ergänzt. Dessen Aufgabe ist es, weitere Daten über die RFID-Marke zu speichern und deren Einsatz in größeren Infrastrukturen zu effektivieren.

Bereits heute sind RFID-Systeme im Einsatz. Künftig könnte sich ihr Einsatzbereich noch wesentlich ausdehnen. Absehbar sind etwa folgende Anwendungen: Im Reiseverkehr und im Transportwesen werden Gepäckstücke jeweils mit einer RFID-Marke versehen sein, die eine zeit- und ortsgenaue Verfolgung der Gegenstände ermöglicht. Im Groß- und Einzelhandel werden die RFID-Marken als Identifikationsmerkmale zur Kennzeichnung von Produkten verwendet, die weitere Informationen etwa über Hersteller, Produkt, Herkunft oder Vertriebsweg greifbar machen. In Abrechnungssystemen können sie als guthabenbasierte Eintritts- oder Fahrkarten Verwendung finden, die eine benutzungsabhängige Abrechnung ermöglichen. In Wäschereien können Kleidungsstücke mit RFID-Marken automatisch sortiert und entsprechenden Prozessen oder Eigentümern zugeordnet werden. Wenn Gegenstände mit RFID-Marken gekennzeichnet sind, werden auch weitere Anwendungen vorstellbar, die zum Wiederauffinden verlorener Gegenstände, zu Marktanalysen oder zur Abwehr von Missbrauch dienen können.

Grenzen des geltenden Datenschutzrechts

Bei der Verwendung von Daten aus RFID-Systemen können Risiken für das Grundrecht der informationellen Selbstbestimmung[6] dadurch entstehen, dass die Datenschutzgesetze entweder noch nicht Anwendung finden oder in ihrer Reichweite beschränkt sind.

---

[3] Zum Folgenden: Finkenzeller 2002, 22 ff.
[4] Finkenzeller 2002, 42 ff., 51 ff.
[5] Finkenzeller 2002, 48 ff.
[6] Roßnagel, in diesem Band.

Das geltende Datenschutzrecht entfaltet gemäß § 1 Abs. 2 Nr. 1 BDSG (Bundesdatenschutzgesetz) seinen Schutz, wenn personenbezogene Daten erhoben, verarbeitet oder genutzt werden. Personenbezogen sind Daten nach § 3 Abs. 1 BDSG, wenn sie Einzelangaben über persönliche oder sachliche Verhältnisse einer bestimmten oder zumindest bestimmbaren natürlichen Person enthalten. Dabei ist eine Person bestimmbar, wenn für denjenigen, der die Daten verwendet, die Zuordnung unter Zuhilfenahme von Zusatzwissen oder technischen Hilfsmitteln zu dieser Person möglich ist.[7] Möglich erscheint die Herstellung eines Personenbezugs dann, wenn nach allgemeiner Lebenserfahrung nicht auszuschließen ist, dass von den Daten auf eine Person geschlossen werden kann.[8] Das bedeutet, dass Daten hinsichtlich ihres Personenbezugs eine Relativität zu eigen ist, sie also für die eine verarbeitende Stelle auf eine bestimmbare Person beziehbar sind, für die andere hingegen nicht.[9]

Als nicht personenbezogene Daten gelten auch anonyme Daten. Anonym sind Daten nach § 3 Abs. 6 BDSG, wenn die Daten nur mit unverhältnismäßig großem Aufwand an Zeit, Kosten und Arbeit individualisiert werden können. Pseudonyme Daten können von einer Stelle individualisiert werden, weil diese über eine Zuordnungsregel verfügt. Für alle anderen Stellen, die diese Zuordnungsregel nicht kennen, sind die Daten nicht personenbeziehbar, sofern eine Individualisierung ohne diese Regel praktisch ausgeschlossen ist.[10] Solange Daten für den Datenverwender keinen Personenbezug aufweisen, bleiben die Anforderungen des Datenschutzrechts beim Umgang mit diesen Daten außer Betracht. Dies gilt grundsätzlich auch für anonyme und pseudonyme Daten, da ihnen der Personenbezug fehlt.

Da durch die zahllosen Gegenstände, die mit elektronischen Identifikationstechniken wie RFID-Marken ausgestattet sind, überall und unmerklich Datenspuren erzeugt werden, entsteht ein zunehmend größer werdendes Regelungsdefizit. Zunächst werden viele der von den RFID-Marken hinterlassenen Datenspuren keine Einzelangaben über Verhältnisse einer Person enthalten. Diese Datenspuren werden von den Regeln der geltenden Datenschutzgesetze nicht erfasst. Erst ab dem Zeitpunkt, in dem der betreffende Alltagsgegenstand von einer natürlichen Person benutzt wird oder ihr gehört, wandeln sich die Datenspuren zu Daten, die Einzelangaben über Verhältnisse einer Person darstellen. Eine Beziehbarkeit zu einer Person kann dadurch entstehen, dass sich die aus den Datenspuren ableitbaren Muster, wie Bewegungs- oder Beziehungsprofile, in einer Weise verdichten oder anhand des Identifikationsmerkmals verkettet werden, dass aus ihnen die betroffene Person bestimmt werden kann.[11] Ebenso könnte ein Personenbezug hergestellt werden, indem ein Identifikationsschritt erfolgt, beispielsweise durch einen identifizierenden Bezahlvorgang oder durch eine Bildaufzeichnung an einer

---

[7] Dammann, in: Simitis, BDSG, § 3 Rn. 21; Gola, Schomerus, BDSG, § 3 Rn. 9.

[8] Roßnagel, Scholz, MMR 2000, 723.

[9] Gola, Schomerus, BDSG, § 3 Rn. 9; Dammann, in: Simitis, BDSG, § 3 Rn. 32; Roßnagel, Scholz, MMR 2000, 723.

[10] S. auch § 3 Nr. 6a BDSG; Roßnagel, Scholz, MMR 2000, 724; Bizer, in: Simitis, BDSG, § 3 Rn. 221.

[11] Roßnagel, Scholz, MMR 2000, 728f.

RFID-Lesestation, infolgedessen das Identifikationsmerkmal des Alltagsgegenstands einer bestimmten Person zugeordnet werden kann.

Das bedeutet, dass alle Daten, die bis dahin an vielen Orten und zu unterschiedlichen Zeiten gesammelt wurden, auf einen Schlag nachträglich personenbeziehbar werden können.[12] Erst ab diesem Moment greift das Schutzprogramm des geltenden Datenschutzrechts. Das bedeutet aber auch, dass die bis zu diesem Zeitpunkt entstandenen und zunächst frei von Anforderungen der Datenschutzgesetze verwendbaren Daten zuvor ohne Schutzmaßnahmen nach Belieben der verarbeitenden Stelle aufgezeichnet, gespeichert, an Dritte verteilt oder ausgewertet werden konnten. Je mehr Alltagsgegenstände RFID-Marken besitzen und je mehr Daten von RFID-Systemen aufgezeichnet wurden, desto umfangreicher und aussagekräftiger ist eine Datensammlung, die plötzlich einer Person zugeordnet werden kann.

Dies gilt auch für ursprünglich anonyme oder pseudonyme Daten. Neues Zusatzwissen, Veränderung der Verhältnismäßigkeit der Aufdeckungsanstrengungen oder die Fortentwicklung der technischen Analyse- und Auswertungsinstrumente können eine Individualisierung ermöglichen.[13] Durch die allgegenwärtig und unmerklich hinterlassenen Datenspuren und das dadurch erschließbare Kontextwissen sind neue, bislang nicht machbare Auswertungen von anonymem oder pseudonymem Verhalten möglich. Außerdem besteht stets die Möglichkeit, dass durch das Verhalten des Betroffenen selbst absichtlich oder unabsichtlich die Rückbeziehbarkeit von anonymen oder pseudonymen Daten erleichtert wird.

Risiken für die informationelle Selbstbestimmung

Aufgrund dieser Risikosituation bietet es sich an, zwischen dem Zustand, in dem die Daten nicht personenbezogen und daher nicht vom Datenschutzrecht erfasst sind, und dem Zustand, in dem die Daten eindeutig personenbezogen sind, einen dritten Zustand zu identifizieren, in dem von den Daten ein erhöhtes Risiko für die informationelle Selbstbestimmung ausgeht, ohne dass das geltende Datenschutzrecht diese Risiken erfasst.

Um diesen Zwischenzustand einzugrenzen und seine Relevanz zu bestimmen, bedarf es der Betrachtung der Übergänge von Daten, insbesondere des Überganges von einem nicht personenbezogenen zu einem personenbezogenen Datum, von einem datenschutzrechtlich nicht geregelten zu einem geregelten Zustand.

Wenn von Angaben über eine Person freie Daten erstmals personalisiert werden, bedarf die datenverwendende Stelle, für die die Daten einen Personenbezug aufweisen, eines datenschutzrechtlichen Erlaubnistatbestands,[14] um diese nunmehr unter das Datenschutzrecht fallenden Daten verarbeiten und nutzen zu dürfen.

---

[12] Roßnagel, Scholz, MMR 2000, 729.
[13] Roßnagel, Scholz, MMR 2000, 726f., 728f.
[14] Wie in § 3 Abs. 1 TDDSG, § 17 Abs. 1 MDStV, § 4 Abs. 1 BDSG vorausgesetzt.

Fehlt es an einem Erlaubnistatbestand, hat sie die betreffenden personenbezogenen Daten gemäß § 35 Abs. 2 Satz 2 BDSG unverzüglich zu löschen.[15]

Erlaubnistatbestände

Ein solcher Erlaubnistatbestand könnte in einer Einwilligung des Betroffenen bestehen. Eine Einwilligung des Betroffenen setzt neben der umfassenden Information des Betroffenen über die datenverwendenden Vorgänge voraus, dass sie zeitlich vor der Verarbeitung und Nutzung eingeholt wird. Hier geht es aber um Daten, die bereits als nicht personenbezogene Daten gesammelt worden sind, bevor die rechtfertigende Einwilligung eingeholt werden konnte. Um diese zu erlangen, müsste die verantwortliche Stelle die betroffene Person kennen, bevor der Personenbezug entsteht – eine unmögliche Bedingung. Die Daten erhalten notwendigerweise den Personenbezug, bevor die bekannte Person eingewilligt haben kann. Eine nicht rechtzeitig vorab erteilte Einwilligung ist jedoch unwirksam und eine zuvor erfolgte Datenverwendung bleibt rechtswidrig.[16]

Als ein Erlaubnistatbestand kommt aber auch § 28 Abs. 1 BDSG in Betracht. Nach § 28 Abs. 1 Satz 1 Nr. 1 BDSG ist eine Verwendung von personenbezogenen Daten zulässig, wenn sie zur Erfüllung eigener Geschäftszwecke im Rahmen der Zweckbestimmung eines Vertrags oder vertragsähnlichen Vertrauensverhältnisses mit dem Betroffenen erfolgt. Eine datenverwendende Stelle, die Daten über mit RFID-Marken gekennzeichnete Alltagsgegenstände erfasst, darf eine Zuordnung zu einer bestimmbaren Person herstellen, wenn zu dieser Person ein Vertrags- oder ein vertragsähnliches Vertrauensverhältnis besteht. Für die Individualisierung müssen also zumindest Vertragsverhandlungen oder die Anbahnung eines Vertragsverhältnisses erfolgen. Dies kommt etwa in Betracht, wenn RFID-Lesegeräte in Geschäftsräumen aufgestellt sind. Selbst wenn eine Verwendung von personenbezogenen Daten grundsätzlich nach § 28 Abs. 1 Nr. 1 BDSG zulässig ist, müssen gleichwohl alle personenbezogenen Daten, die für den unmittelbaren Geschäftszweck nicht erforderlich sind, gelöscht werden.[17]

Ein zweiter Erlaubnistatbestand des § 28 Abs. 1 Satz 1 Nr. 2 BDSG rechtfertigt Datenverwendungen zur Wahrung berechtigter Interessen der datenverwendenden Stelle. Dies ist aber nur unter der Voraussetzung einer Interessenabwägung gestattet, bei der kein Grund zu der Annahme besteht, dass schutzwürdige Interessen des Betroffenen überwiegen, die eine Verwendung seiner Daten ausschließen. Ein berechtigtes Interesse kann wirtschaftlicher oder ideeller Natur sein.[18] Ein solches kann die verantwortliche Stelle dann geltend machen, wenn es ihr eigenes ist und der Geschäftszweck mit der konkret beabsichtigten Verwendung im Zusammen-

---

[15] Mallmann, in: Simitis, BDSG, § 35 Rn. 21; Schaffland, Wiltfang, BDSG, § 35 Rn. 23f.

[16] Simitis, in: ders., BDSG, § 4a Rn. 31; Schaffland, Wiltfang, BDSG, § 4a Rn. 2f.; s. aber auch unten zu § 28 Abs. 1 Satz 1 Nr. 2 BDSG.

[17] Simitis, in: ders., BDSG, § 28 Rn. 119.

[18] Zum Folgenden: Simitis, in: ders., BDSG, § 28 Rn. 137 ff.; Schaffland, Wiltfang, BDSG, § 28 Rn. 85; Hoeren, in: Roßnagel, HB-DSR, Kap. 4.6 Rn. 33.

hang steht. Zu den berechtigten Interessen gehören Marktanalysen oder Maßnahmen zur Imagepflege, zur Akquise von Interessenten und zur Werbung, die der Erfüllung konkreter Aufgaben gegenüber den Kunden dienen.

Deshalb könnte ein Unternehmen, das mittels RFID-System in einem Auslagenregal mit Informationsmaterialien oder in der Ware im Verkaufsbereich das Interesse der Passanten untersucht, sich bei dieser Marktanalyse auf berechtigte Interessen stützen. Ebenso wären Datenverwendungen für gezielte Werbemaßnahmen gegenüber Kunden, deren Interesse an einem Angebot anhand der registrierbaren RFID-Marken erkennbar wird, zulässig. Dabei dürften personenbezogene Daten auch an Dritte weitergegeben werden, um etwa die Werbemaßnahme oder Interessentenakquise durchführen zu können. Beispielsweise könnte ein in der Nähe des registrierenden RFID-Lesegeräts aufgestellter Bildschirm oder eine vorhandene Anzeigetafel eines dritten Anbieters zeitweise für Werbemeldungen genutzt werden, die auf den betreffenden Kunden zugeschnitten sind. Auch könnte ein Anbieter von RFID-Lesestationen seine gesammelten Daten zur weiteren Auswertung und Aufbereitung an Dritte in Form eines ausgelagerten Geschäftsprozesses weitergeben. Dadurch könnten die Führung einer Warndatei oder Maßnahmen zur Vorbeugung von Missbrauch, etwa gegen Verlust von Frachtgut oder Nutzung von Zugangsberechtigungskarten, organisiert werden. Allerdings steht die Datenverwendung unter dem Vorbehalt einer Interessenabwägung, die sich an den konkret verwendeten Daten, dem verfolgten Verwendungszweck und an der Intensität des Eingriffs in das informationelle Selbstbestimmungsrecht des Betroffenen orientieren muss.[19] Im Zusammenhang mit der Interessenabwägung des § 28 Abs. 1 Satz 1 Nr. 2 BDSG könnte die nachträglich erteilte Einwilligung des Betroffenen, obgleich sie unwirksam ist, im Rahmen der Interessenabwägung Berücksichtigung finden und offenkundig machen, dass der Betroffene keinen entgegenstehenden Willen gegen die Verwendung seiner Daten hat.[20]

Schutzdefizite

Da das Datenschutzrecht erst greift, nachdem die Daten bereits gesammelt worden sind, kann daraus eine besondere Herausforderung für das Grundrecht der informationellen Selbstbestimmung entstehen.

Wenn das Datenschutzrecht erst beim Überschreiten der Grenze, ab der Daten personenbezogen sind, greift, kann sein Schutzzweck ins Leere gehen. Sind nämlich die später dem Betroffenen zuzuordnenden Daten bereits im Vorfeld in irgendeiner Weise verwendet worden, lassen sich die Folgen aus diesem Umstand nur schwer beseitigen und berühren das Grundrecht des Betroffenen auf informationelle Selbstbestimmung. Diese Herausforderung kann dadurch verschärft werden, dass die Grenze vom Zustand der Daten außerhalb des § 3 Abs. 1 BDSG zum Zustand der Daten, in dem sie personenbezogen sind, von der datenverwendenden

---

[19] Simitis, in: ders. Simitis, BDSG, § 28 Rn. 163.
[20] S. auch Simitis, in: ders., BDSG § 28 Rn. 181.

Stelle nicht unbedingt klar zu bestimmen ist.[21] Vielmehr stellt sich der Übergang der Daten von einem zum anderen Zustand dann fließend dar.

Werden viele Lebensbereiche von Datenverarbeitung durchdrungen und hinterlassen Gegenstände und Handeln der Menschen vielfältige Datenspuren, liegt es nahe, die Umstände, unter denen ein Bekanntwerden von Zusatzwissen zu erwarten ist, angepasster, also wesentlich umsichtiger, einzuschätzen. Bei manchen Datenspuren wird sich abhängig von ihrem Verwendungszusammenhang nur die Frage stellen, ab wann die Individualisierung eintritt. Für die noch nicht personenbezogenen Daten, aber auch für pseudonyme Daten kann dies einen Schwebezustand bedeuten, in dem mangels anwendbarer Datenschutzvorschriften im Hinblick auf das später betroffene Grundrecht ein Schutzdefizit besteht.

Eine weitere Herausforderung für die Gewährleistung der informationellen Selbstbestimmung könnte sich durch die funktionale Lockerung und die teilweise Auflösung des Zweckbindungsprinzips ergeben. Gesetzliche Erlaubnistatbestände und individuelle Einwilligung sind nur sinnvoll, wenn sie die Datenverwendung zu einem bestimmten Zweck erlauben. Die Zweckbindung legt Art und Umfang der Datenverarbeitung fest und begrenzt diese zugleich. Jede Änderung des Zwecks erfordert eine neue Erlaubnis.[22]

Da die noch nicht personenbezogenen Daten bei der datenverwendenden Stelle mangels anwendbaren Datenschutzrechts unter keiner Zweckbindung stehen, fehlt es auch beim Erwachsen der Daten in den Personenbezug an einem Verwendungszweck, an dem sich die weitere Verarbeitung und Nutzung der Daten ausrichten könnte. Gleichwohl muss die weitere Verarbeitung oder Nutzung der nunmehr personenbezogenen Daten von einem Erlaubnistatbestand gedeckt sein und zu einem konkreten Zweck erfolgen. Da die datenverarbeitende Stelle die Daten zunächst quasi zweckfrei erhält, kann sie den Verwendungszweck nach ihrem momentanen Verwendungsbedarf festlegen. Das führt zu einer funktionalen Lockerung des Zweckbindungsgrundsatzes, indem die Begrenzungs- und Steuerungsfunktion des festzulegenden konkreten Zwecks für die künftige Datenverwendung nicht mehr voll zum Tragen kommt.

Da § 28 Abs. 1 Satz 2 BDSG auf den Vorgang des Erhebens abstellt, hier die Daten aber bereits erhoben sind, bliebe das Regelungsziel unerfüllt, den Zweck konkret festzulegen, für den die Daten verarbeitet und genutzt werden sollen. Wenn aber keine Erhebung als Beschaffung von Daten über den Betroffenen stattfindet, läuft diese Pflicht als Instrument der Begrenzung und Steuerung leer. Denkbar wäre, in einer Analogie anzunehmen, dass die datenverwendende Stelle gleichwohl einen Verwendungszweck festlegen muss, sobald sie ihr zugewachsene Daten als personenbezogene zu verwenden beginnt. Folge wäre, dass diese Daten an den nunmehr festgelegten Zweck gebunden sind und für eine Verarbeitung und Nutzung zu anderen Zwecken nicht mehr zur Verfügung stehen – es sei

---

[21] Bei noch nicht gänzlich unzugänglichem Wissen: Dammann, in: Simitis, BDSG, § 3 Rn. 36; mit Kriterium des unverhältnismäßigen Aufwandes: Tinnefeld, in: Roßnagel, HB-DSR, Kap. 4.1 Rn. 22; Gola, Schomerus, BDSG, § 3 Rn. 9.

[22] BVerfG 65, 1 (45f.); ausführlich in Roßnagel, Pfitzmann, Garstka, 2001, 111 ff.

denn, gesetzliche Erlaubnistatbestände der Zweckänderungen, wie § 28 Abs. 2 und Abs. 3 BDSG, gestatteten dies.

Schutzdefizite bestehen auch hinsichtlich der Transparenz der Datenverwendung. Um diese zu gewährleisten, begründet § 4 Abs. 2 Satz 1 BDSG die Pflicht, die Daten grundsätzlich beim Betroffenen zu erheben. Allerdings könnte das Direkterhebungsgebot außer Betracht bleiben.

Wenn jedoch Daten ohne Personenbezug erhoben werden und erst nachträglich in den Personenbezug erwachsen, liegt keine Erhebung im Sinne des § 3 Abs. 3 BDSG vor. Vielmehr erhalten die Daten den Personenbezug, ohne verarbeitet zu werden. Ab dann werden die nun erstmalig personenbezogenen Daten im Sinne des § 3 Abs. 4 Satz 2 Nr. 1 BDSG gespeichert. In diesen Fällen sind die Betroffenen gemäß § 33 Abs. 1 Satz 1 BDSG über Umstand der Verwendung, Art und Zweckbestimmung der Daten und ihre Identität zu benachrichtigen. Nur so haben sie die Chance, weitere Betroffenenrechte wie die Löschung der Daten gemäß § 35 Abs. 2 BDSG oder Auskunft gemäß § 34 Abs. 1 BDSG durchzusetzen. Hier muss auch gemäß § 28 Abs. 4 Satz 2 BDSG der Betroffene auf sein Widerspruchsrecht hingewiesen werden, wenn die Daten zum Zwecke der Werbung, Markt- und Meinungsforschung verwendet werden sollen. Zur Erfüllung dieser Transparenzpflichten müsste jedoch die verwendende Stelle den schwierig zu erkennenden Übergang der Daten in den Zustand des Personenbezuges feststellen und Anstrengungen unternehmen, aus Daten, die lediglich personenbeziehbar sind, den Betroffenen konkret zu ermitteln. Dies ist aus Sicht des Datenschutzes kontraproduktiv.

Das größte Problem dürfte darin bestehen, dass in dem Zustand vor der Entstehung des Personenbezugs anonyme oder pseudonyme Profile erstellt werden. Diese Profile können in einer Weise mit Daten aus verschiedenen Quellen verknüpft und mit weiteren Kontextinformationen angereichert sein, dass sie eine hohe Aussagekraft besitzen. Eine Bildung solcher Profile wäre uneingeschränkt zulässig. Ebenso sind die Profildaten vor einer Entfremdung durch Verwertung und Verwendung außerhalb des ursprünglichen Kontextes nicht durch das Datenschutzrecht geschützt. Mit dem Entstehen des Personenbezugs besteht dann ebenso plötzlich ein personenbezogenes Profil, das so nie hätte erstellt werden dürfen.[23] Selbst wenn die Daten bald darauf gelöscht würden, sind diese Informationen über eine Person bekannt geworden und können gegen den Betroffenen verwendet werden.[24]

Ein weiteres gravierendes Problem besteht darin, dass nicht personenbezogene Daten auf Vorrat gesammelt werden. Gerade dies konterkariert das Ziel des Datenschutzrechts, eine Bevorratung von personenbezogenen Daten zu verhindern. Es würde letztlich den Schutz der informationellen Selbstbestimmung vereiteln, Daten nach ihrem jeweiligen Verwendungszweck gegeneinander abzuschotten und nur insoweit zu erheben und zu speichern, als diese für den bestimmten Zweck erforderlich sind. Daneben unterliegen die gesammelten Daten im Vorfeld

---

[23] Im Bereich der Teledienste ist ein Verbot der Profilbildung gemäß § 4 Abs. 6 TDDSG normiert.
[24] Roßnagel, Scholz MMR 2000, 730.

des Personenbezuges nicht den Anforderungen an Vertraulichkeit und Integrität, da bei den nicht personenbezogenen Daten keine technisch-organisatorischen Schutzmaßnahmen zur Sicherung der Daten gemäß § 9 BDSG beachtet werden müssen.[25] Ebenso greift für diese Daten weder eine Kontrolle durch einen Datenschutzbeauftragten gemäß §§ 4 ff. BDSG und §§ 38 ff. BDSG noch ein Schutz vor einer unkontrollierten Weitergabe in Länder mit geringerem Datenschutzniveau als Mitgliedstaaten der europäischen Gemeinschaft oder Vertragsstaaten des europäischen Wirtschaftsraumes gemäß §§ 4b f. BDSG.

Zusammenfassend kann festgehalten werden, dass jede Verwendung von personenbezogenen Daten einen Eingriff in das Grundrecht der informationellen Selbstbestimmung darstellt. Dieser Eingriff führt dann zu einer Verletzung des Grundrechts, wenn er nicht durch das Datenschutzrecht und das dort eingeforderte Schutzprogramm gerechtfertigt ist. Die erörterten RFID-Anwendungen mit der Verarbeitung von nicht personenbezogenen Daten führen dagegen nicht zu einem Grundrechtseingriff, erzeugen aber ein Verletzungspotential, also „lediglich" die Möglichkeit, dass die erfolgende Datenverwendung in eine Grundrechtsbeeinträchtigung umschlägt. Die von einer Grundrechtsbeeinträchtigung vorausgesetzte Zuordnung der Daten zu einer bestimmbaren Person, die mittels der RFID-Systeme zunächst ohne Personenbezug verwendet werden, kann (muss aber nicht) stattfinden.

Im Ergebnis entsteht im Zustand (2), also zwischen der nicht schlichten Erhebung einzelner nicht personenbezogener Daten (Zustand 1) bis zur Grenze, an der das geltende Datenschutzrecht eingreift (Zustand 3), in dem die erhobenen Daten durch weitere Sammlung oder Aggregation einen potentiell personenbezogenen Bedeutungsgehalt erlangen, ein Risiko für das Grundrecht der informationellen Selbstbestimmung, weil die Möglichkeit irreparabler Verwendungen von Daten ohne Personenbezug besteht, die aber erstmalig oder wieder personenbezogen werden können.

Risikovorsorge

Um dem Gefährdungspotential zu begegnen, das diesem datenschutzrechtsfreien Datenumgang innewohnt, könnte angezeigt sein, nicht nur mit Mitteln der Gefahrenabwehr nachsorgend, sondern auch präventiv tätig zu werden. Grundsätzlich beinhaltet der Gedanke der Risikovorsorge das zukunftsgerichtete Bestreben, Risiken für geschützte Rechtsgüter zu vermeiden und Risikoauswirkungen zu begrenzen.[26] Insbesondere im Umweltrecht hat die Vorsorge als entscheidungsleitendes Prinzip und Anknüpfungspunkt für Rechtsfolgen neben der klassischen Gefahren-

---

[25] Roßnagel, Scholz, MMR 2000, 729.
[26] Murswiek 1985, 127 ff., 340f.

abwehr Einzug gehalten. Allerdings ist sie hinsichtlich Formulierung und Funktion uneinheitlich ausgestaltet.[27]

Das Vorsorgeprinzip als Steuerungsinstrument wurde erforderlich, weil die Instrumente der nachsorgenden, auf den Status quo bezogenen Gefahrenabwehr den Anforderungen des sich wandelnden Rechtsstaates nicht mehr gerecht werden konnten. Neben den traditionellen Aufgaben des Staates, innerer und äußerer sowie sozialer Sicherheit, verlangen die Folgen und Folgenfolgen der Spätindustrialisierung eine neue Aufgabe – die der Sorge um „Zukunftssicherheit".[28] Durch Vorsorge soll Besorgnispotentialen vorgebeugt, sollen Planungsspielräume für Umweltnutzungen erhalten, noch unbelastete Freiräume gesichert und Handlungsoptionen künftiger Generationen gewährleistet werden.[29]

Auch im Bereich des Datenschutzrechts wurden erste Regelungen eingeführt, die durch Datenvermeidung und Datensparsamkeit der Vorsorge dienen. In § 3a BDSG ist eine Rechtspflicht für die verantwortlichen Stellen normiert, die sie, allerdings ohne Sanktionsfolgen, dazu anhält, bei der Auswahl von Technik oder Gestaltung datenverwendender Vorgänge die datenschutzgerechtesten Lösungen unter dem Vorbehalt des angemessenen Aufwandes einzusetzen.[30] Ähnliche Regelungen finden sich in § 78b SGB X oder zur Möglichkeit einer anonymen oder pseudonymen Nutzung von Telediensten nach § 4 Abs. 6 TDDSG. Unterstützt wird das präventive Gestaltungsgebot durch das in § 9a BDSG geregelte Datenschutzaudit, nach dem technische Anlagen, Programme und Verarbeitungskonzepte einer unabhängigen Prüfung unterzogen werden können.

Gewährleistungspflicht des Staates

Die Risikovorsorge ist als Aufgabe des Staates so in der Verfassung nicht formuliert. Den Grundrechten, auf deren Freiheitsgewährleistungen sich der Bürger berufen kann, kommt traditionell eine Abwehrfunktion zu. Sie schützen ihn vor Eingriffen des Staates.

Begründet wird die Risikovorsorge mit einer Schutzpflicht, die dem Staat gegenüber den grundrechtlich geschützten Rechtsgütern seiner Bürger zukommt. Diese Pflicht gilt nicht nur gegenüber Beeinträchtigungen von Privaten, die dem Staat zuzurechnen sind, sondern auch für das Verhalten Privater zueinander.[31]

Diese Schutzpflicht wird zum einen aus der Art. 20 Abs. 3 GG entnommenen Aufgabe des Rechtsstaats als Friedensordnung abgeleitet. Das vom Staat in An-

---

[27] Art. 174 Abs.2; 2 EGV; Art. 20a GG; § 5 UGB-Enwurf 1998; § 7 Abs. 2 Nr. 3 AtG; § 5 Abs. 1 Nr. 2 BImSchG; § 31 Abs. 1 KrW-AbfG i.V.m § 5 Abs. 1 Nr. 2 BImSchG; § 7 a Abs. 1 WHG; § 15 Abs. 1 Nr. 3 PflSchG; § 8 Abs. 2 Abs. 3 BNatSchG; §§ 6 Abs. 2, 13 Abs. 1 Nr. 3 und 16 Abs. 1 Nr. 3 GenTG; § 1 ChemG; §§ 25 Abs. 2 Nr. 5 und 5 Abs. 2 AMG.

[28] Callies 2001, 65; Grimm 1994, 417f.; Isensee, in: HbdStR, § 111 Rn. 83 ff.; Di Fabio 1994, 41 ff.; Gusy, DÖV 1996, 573 ff.

[29] Roßnagel, in: GK-BImSchG, § 5 Rn. 431 ff., insbs. auch Rn. 439.

[30] Bizer, in: Simitis, BDSG, § 3a Rn. 41 ff.

[31] Murswiek 1985, 59 ff.

spruch genommene Gewaltmonopol zwingt den Bürger für die Wahrung seiner Rechtsgüter seinerseits zum Gewaltverzicht. Wenn aber der Staat den Bürgern eine allgemeine Duldungspflicht gegenüber dem Verhalten anderer Rechtsgenossen auferlegt, hat der Staat im Gegenzug für Instrumente zur Konfliktlösung zu sorgen und die Güter des einzelnen Bürgers vor Angriffen Dritter zu sichern. Das bedeutet, dass aus dem Schutz der Individualgüter eine allgemeine Gewährleistungspflicht des Staates erwächst.[32] Aus Gründen der Effektivität muss der Schutz neben finalen Eingriffen ins grundrechtlich geschützte Rechtsgut ebenso Beeinträchtigungen umfassen, die durch ungewollte Folgen bestimmten Verhaltens verursacht wurden.[33] Wenn aber unbeabsichtigte Beeinträchtigungen einzubeziehen sind, liegt es nahe, direkt die Verursachung von Risiken für das geschützte Rechtsgut zu vermeiden.[34]

Zum anderen wird die Schutzpflicht aus den in den Grundrechten zum Ausdruck kommenden Wertentscheidungen abgeleitet.[35] Das Bundesverfassungsgericht sieht in diesen nicht nur im einfachen Recht zu berücksichtigende Impulse und Richtlinien, sondern leitet aus ihnen weitergehend eine verfassungsrechtliche, zu Handlungspflichten verdichtete Bindungswirkung für alle Formen staatlicher Gewalt ab.[36] Danach hat sich der Staat schützend und fördernd vor die Grundrechte zu stellen.[37]

Im Ergebnis konstituieren die Grundrechte objektiv-rechtlich eine Verantwortlichkeit des Staats für verfassungsverträgliches Handeln, das Risikovorsorge umfasst.[38] Die Grundrechte geben der Legislative das Gebot auf, der grundgesetzlichen Schutzpflicht ausreichend nachzukommen. Das heißt, Art und Umfang bleiben der Einschätzungsprärogative des Gesetzgebers überlassen, sofern ein angemessener Schutz gewährleistet wird (Untermaßverbot).[39] Dem Einzelnen wird ein subjektives Recht eingeräumt, einen wirkungsvollen Schutz seines Grundrechtsgutes vor konkreten Beeinträchtigungen und Risiken notfalls mittels einer Verfassungsbeschwerde einfordern zu können.[40]

---

[32] BVerfGE 39, 1 (41).

[33] Murswiek 1985, 129.

[34] Murswiek 1985, 131; Hermes 1987, 263 ff.

[35] BVerfGE 39, 1 (41); Jarass, AöR 110, 363; Denninger, in: GG-AK, Vor Art. 1 Rn. 33, 34.

[36] BVerfGE 39, 1 (41f.).

[37] BVerfGE 56, 54 (63); 46, 160 (164); 53, 30 (57); 49, 89 (142); 39, 1 (42); 88, 203 (254); Denninger, in: GG-AK, Vor Art. 1 Rn. 14b; Correll, in: GG-AK, Art. 2 Abs. 2 Rn.22.

[38] Correll, in: GG-AK, Art. 2 Abs. 2 Rn. 84 ff.; Murswiek 2003, in: GG, § 20a Rn. 49.

[39] Ergänzend zum Übermaßverbot bei aktiven Eingriffen des Staates in Grundrechte: BVerfGE 88, 203 (254); Correll in: GG-AK, Art. 2 Abs. 2, Rn. 24 ff. und Denninger, in: GG-AK, Vor Art 1 Rn. 14c.

[40] BVerfGE 77, 170 (214); 79, 174 (201f.). Im Bereich des Umweltschutzes zu Art. 20a GG und Art. 2 GG: Correll, in: GG-AK, Art. 2 Abs. 2 Rn. 84.

Vorsorge gegen Risiken von RFID-Systemen

Die informationelle Selbstbestimmung, die aus dem allgemeinen Persönlichkeitsrecht gemäß Art. 1 Abs. 1 und 2 Abs. 1 GG abgeleitet wird, ist vom Bundesverfassungsgericht inzwischen als Grundrecht anerkannt.[41] Dieses Grundrecht fordert Schutz sowohl gegen Eingriffe durch den Staat als auch gegen Eingriffe durch Private.[42]

RFID-Systeme können insbesondere in Verbindung mit Hintergrundinformationssystemen vielfältig auswertbare Datenspuren erzeugen und aggregieren. Die datenschutzfreie Verwendung dieser gesammelten Daten über potentiell Betroffene ist, wie festgestellt, geeignet, im Fall des entstehenden Personenbezuges das Grundrecht der informationellen Selbstbestimmung des dann Betroffenen möglicherweise irreparabel und unvermeidlich zu verletzen. Ohne entsprechende Schutzmaßnahmen im Vorfeld besteht ein Risiko der Grundrechtsbeeinträchtigung. Deshalb hat der Staat, um das Grundrecht der informationellen Selbstbestimmung der potentiell Betroffenen zu gewährleisten, für effektive Schutzmaßnahmen im Vorfeld der Anwendbarkeit des geltenden Datenschutzrechts zu sorgen, die das Risiko durch den Einsatz von RFID-Systemen beseitigen oder minimieren. Der Einzelne muss sich ebenso in Bezug auf sein Grundrecht der informationellen Selbstbestimmung sicher sein können, dass ihm die Befugnis, wer, was, wie viel über ihn weiß, erhalten bleibt, auch wenn die Umwelt, in der er sich bewegt, mit Techniksystemen ausgestattet ist, die – für ihn unkontrollierbar – Daten verwenden. Auch wenn eine Datenverwendung im Rahmen des Einsatzes von RFID-Systemen überwiegend durch Private erfolgt, muss der Einzelne gleichwohl abschätzen können, inwieweit seine über die RFID-Marken möglicherweise beziehbaren Verhaltensweisen registriert, dauerhaft gespeichert oder weitergegeben werden können. Für den Staat besteht also grundsätzlich eine zur Handlungspflicht verdichtete Schutzpflicht zur Risikovorsorge im Bereich der Verwendung von nicht personenbezogenen Daten.

Ausgestaltung der Risikovorsorge

Die Schutzziele einer Vorsorge im Einwirkungsbereich der informationellen Selbstbestimmung sind die Minimierung der Risiken und die „nachhaltige" Steuerung der Gefährdungslagen. Zum einen gilt es, Umstände zu verändern oder durch flankierende Maßnahmen in ihrer schädlichen Wirkung zu entschärfen, die Risiken für dieses Grundrecht bedeuten. Zum anderen sollte die Verwendung der in den verschiedenen Sozialkontexten unübersehbar anfallenden Datenspuren um-

---

[41] BVerfGE 65, 1 (43 ff.); für viele: BVerfG v. 27. Juli 2005, JURIS KVRE330650501 Rn. 80; BVerfG v. 12. April 2005, JURIS KVRE328390501 Rn. 49; BVerfG v. 12. April 2005, JURIS KVRE329290501 Rn. 81 ff.; BVerfG v. 24. September 2002, JURIS KVRE3106670201 Rn. 9, 26; BVerfG v. 20. Dezember 2001, JURIS KVRE305490201 Rn. 15 ff.

[42] S. mit weiteren Hinweisen Roßnagel, Pfitzmann, Garstka, 2001, 48 ff.; Scholz 2003, 142 ff.

sichtig gestaltet werden, um den potentiell Betroffenen unter den Bedingungen einer zunehmend informatisierten Welt künftig ihre individuellen Entfaltungschancen im Sinne einer Selbstbestimmung sowie die Entwicklungsfähigkeit einer offenen demokratischen Gesellschaft zu erhalten.

Von den Geräten der RFID-Technik und ihrer bloßen Aufstellung gehen keine Risiken für die informationelle Selbstbestimmung aus. Die Möglichkeit einer Grundrechtsgefährdung entsteht erst durch deren Betrieb und Einbindung in Hintergrundinformationssysteme. Das Gefährdungspotential für das Grundrecht wird maßgeblich von den Datenverwendungsvorgängen bestimmt, die mittels der RFID-Systeme tatsächlich durchgeführt werden oder durchgeführt werden könnten. Solange Daten mit einem sozialen Bedeutungsgehalt, aber ohne Personenbezug beim Betrieb der RFID-Systeme erfasst werden, stellen sie ein Gefährdungspotential dar. Vorsorgemaßnahmen müssen sich daher auf die verwendeten Daten und ihren Verwendungskontext sowie auf die Ausgestaltung der Datenverwendungsvorgänge beziehen.

Adressat der vom Staat festzulegenden Risikovorsorge ist diejenige Stelle, die für die mit dem Einsatz der RFID-Systeme verbundenen Risiken verantwortlich ist. Die in Verhaltenspflichten für Private umzusetzende Handlungspflicht des Staates zur Vorsorge für die informationelle Selbstbestimmung verlängert den Schutz des Grundrechts in den Bereich der Risikovorsorge und konkretisiert diese für jede RFID-Systeme einsetzende Stelle. Ihr grundsätzlich erlaubtes Verhalten wird dadurch in den Rahmen verwiesen, in dem dieses unter dem abgeschätzten Risiko als hinnehmbar angesehen wird. Sie hat Sorge dafür zu tragen, dass RFID-Systeme in einer Weise aufgestellt und eingerichtet werden, bei der bereits konstruktiv und in der Gestaltung der Datenverwendungsvorgänge die notwendigen Vorkehrungen berücksichtigt wurden.

Da Schutzmaßnahmen Freiheitsrechte der Verpflichteten einschränken, kann nicht jedes entfernte oder denkbare Risiko eine Handlungspflicht des Staates auslösen, die zur Umsetzung von Vorsorgemaßnahmen durch den Risikoverantwortlichen führt.[43] Die Bestimmung der Eingriffsschwelle ist aus der Ex-ante-Perspektive schwierig, da Momente der Ungewissheit Wesensmerkmale einer Risikosituation sind.[44] Maßgeblich könnten Eintrittswahrscheinlichkeit und Ausmaß der Verletzung sein, die zu befürchten steht. Je größer das Ausmaß der Verletzung zu erwarten ist, desto geringere Anforderungen sind an die Wahrscheinlichkeit seines tatsächlichen Eintritts zu stellen, um eine Handlungspflicht des Staates zu begründen.[45] Hierfür bedarf es einer qualitativen Betrachtung, in der die Möglichkeit der Beeinträchtigung Bewertungsgrundlage ist, zumal gerade viele Bedingungen und Zusammenhänge der Kausalketten im Rahmen der Risikobewertung noch unklar sind. Als Kriterien können beispielsweise die Aussagekraft der RFID-Kennung, Speicherung zusätzlicher Kontextdaten (wie Ort des Lesegeräts), Speicherung der Daten in einem Hintergrundinformationssystem, Zugang zu den Kodierschlüsseln und den erfassten Daten oder Zusammenführungsmöglich-

---

[43] Murswiek 2003, in: GG, Art. 2 Rn. 176ff; Correll, in: GG-AK, Art. 2 Abs. 2 Rn. 85f.
[44] Di Fabio 1994, 226; Murswiek 1985, 82; Scherzberg, VVDStRL 63, 217 ff.
[45] BVerfGE 49, 89 (138); Roßnagel, Neuser, UPR 2006 i.E.

keit der Datenbestände dienen. Letztlich hat der Gesetzgeber Eingriffsanlass und die Grenze des noch zumutbaren Risikos als notwendige Schwelle für das vorsorgende Handeln festzulegen.[46]

Die Vorsorgepflicht könnte einen Eingriff in die grundgesetzlich geschützte Berufs-, Informations- und allgemeine Handlungsfreiheit bedeuten. Zwar sind die betroffenen Grundrechte des Risikoverantwortlichen nicht schrankenlos gewährt, doch Eingriffe durch Maßnahmen des Staates müssen mittels Gesetz erfolgen. Dabei werden die Schutzmaßnahmen des Staates ihrerseits durch den Grundsatz der Verhältnismäßigkeit begrenzt. Die staatlichen Maßnahmen müssen hinsichtlich des verfolgten Zwecks der Risikovorsorge bei RFID-Systemen geeignet, erforderlich und angemessen sein. Anders als bei der klassischen Gefahrenabwehr, sind Aufwand und Sicherheitsgewinn der Vorsorgemaßnahmen einzubeziehen, da diese materiell bestimmt werden und nicht im Blick auf das Schutzgut kategorisch gefordert sind.[47]

Ansätze für Schutzmaßnahmen müssen sich somit zwischen dem aus der Handlungspflicht des Staates zum Schutz der informationellen Selbstbestimmung geforderten Untermaßverbot und dem sich aus den Rechten der Risikoverantwortlichen ergebenden Verbot des Übermaßes bewegen.

Die Vorsorgepflichten, die der Staat den Risikoverantwortlichen auferlegt, müssen in Form eines Gesetzes erfolgen, da in die Grundrechte des Vorsorgenden nur durch oder aufgrund eines Gesetzes eingegriffen werden darf. Dabei kann die Verwaltung hinsichtlich der Vorsorgepflichten sich nicht auf § 3a BDSG als formelles Gesetz stützen, da er zwar eine Rechtspflicht für datenverwendende Stellen zum datenvermeidenden und datensparsamen Verhalten bei der Gestaltung und Auswahl von Systemen normiert, aber nur im Rahmen der Verwendung von personenbezogenen Daten gilt. Um einen bestmöglichen Rechtsgüterschutz zu gewährleisten und neuen technischen Entwicklungen Rechnung zu tragen, könnte der Gesetzgeber mit dynamischen Verweisungen arbeiten.[48] Dabei sind auslegungsbedürftige Rechtsbegriffe sowie Verweisungen auf außerrechtliche technische und wissenschaftliche Standards, wie den „Stand von Wissenschaft und Technik", zulässig.

Ansätze der Risikovorsorge

Grundsätzlich ist der Gesetzgeber in der Wahl der geeigneten Mittel zum Schutz der informationellen Selbstbestimmung vor den Risiken der eingesetzten RFID-Systeme frei, solange diese genügend effektiv sind. Dazu gehört, dass der Staat seine angeordneten Vorsorgepflichten durch Überwachung und Sanktion absichert.[49] Alle Vorsorgepflichten stehen unter der Herrschaft des Verhältnismäßig-

---

[46] Murswiek 1985, 180; Di Fabio 1994, 226f; Correll, in: GG-AK, Art. 2 Abs. 2 Rn. 22.
[47] Murswiek 1985, 252 ff.; Schmidt-Preuß, NVwZ 1998, 554f.; Breuer, NVwZ 1990, 217.
[48] BVerfGE 49, 89 (137, 140); Murswiek 1985, 181 ff.; Roßnagel, in: GK-BImSchG § 5 Rn. 435 ff.; Di Fabio 1994, 448f., 357f.
[49] Murswiek 1985, 201f.

keitsgrundsatzes. Daher kommt bei der Risikovorsorge eher ein planendes Einwirken anstelle von Verboten und nachträglicher Schadensbeseitigung in Betracht. Um der Entstehung der identifizierten Risiken vorzubeugen und Folgen zu begrenzen, könnten sich Vorsorgemaßnahmen an Grundsätzen orientieren, die der Kontextentfremdung entgegenwirken und der Offenkundigkeit, Datensparsamkeit und Beobachtung dienen.

Nach dem *Grundsatz der Kontextwahrung* muss, um die Zweckbindung zu sichern, dem Risiko begegnet werden, dass Daten, die in den Personenbezug erwachsen, für eine Weiterverwendung zweckfrei zur Verfügung stehen. Hierzu könnte eine Weitergabe der noch nicht personenbezogenen Daten nur unter dem Vorbehalt gestattet sein, dass diese zu einem bestimmten Zweck weitergegeben werden, der dann bei einer späteren Verwendung, auch als personenbezogene Daten, zu beachten ist. Dies erscheint aber wegen der Schwere der Beschränkung nur bei Bestehen eines hohen Risikopotentials, wie etwa bei umfassenden Profilen, angemessen. Bei entsprechenden RFID-Systemen könnte die spezifische Beschränkung der Auswertungs- und Zusammenführungsmöglichkeiten von noch nicht personenbezogenen Daten angezeigt sein, wenn ein höheres Risiko erwarten lässt, dass später diese aggregierten Daten als personenbezogene Profildaten zur Verfügung stehen. Wenn solche aggregierten Daten mit hoher Aussagekraft als personenbezogene Daten entweder im Vorfeld unerkannt oder gerechtfertigterweise entstanden sind, könnte der Schutz der Betroffenen dadurch erreicht werden, dass die Nutzung der Daten im Sinne des § 3 Abs. 5 BDSG spezifisch beschränkt wird. Denkbar wäre auch, für den Fall, dass sich die datenverwendende Stelle für die Verwendung der dann personenbezogenen Daten auf die Erlaubnistatbestände des § 28 Abs. 1 Satz 1 Nr. 2 BDSG stützt, im Rahmen der Interessenabwägung den Umstand zugunsten der Betroffeneninteressen zu berücksichtigen, wodurch die betreffenden Daten entstanden sind oder aus welcher Quelle sie herrühren.

Nach dem *Grundsatz der Offenlegung* muss, um die notwendige Transparenz sicherzustellen, dem Risiko vorgebeugt werden, dass der potentiell Betroffene, ähnlich wie bei einer Fremderhebung, Gegenstand einer Datenerfassung ist und im Fall des Personenbezugs Datenverwendungen ohne sein Wissen erfolgen. Daher könnte eine Verwendung von nicht personenbezogenen Daten mit entsprechendem Risikopotential durch die Anzeige bei einer dafür zuständigen Stelle oder Aufsichtsbehörde offen gelegt werden. Da RFID-Marken technisch unterschiedslos von jedem für die Bauart (vornehmlich Frequenzbereich) der betreffenden RFID-Marke vorgesehenen Lesegerät ausgelesen werden können,[50] wäre es zur Sicherung der Zweckbindung der Daten auf der RFID-Marke hilfreich, wenn einmal dieser Zweck für die auslesende Stelle transparent ist und weiter durch entsprechende Erhebungs-, Verarbeitungs- und Nutzungsverbote abgesichert wird. Eine RFID-Marke könnte zusätzliche Kennungen tragen, die der auslesenden Stelle deutlich machen, von welcher Anwendung und in welchen Verwendungskontext

---

[50] Soweit keine kryptographischen Funktionen auf der RFID-Marke implementiert sind. Zu den unterschiedlichen Leistungsklassen Finkenzeller 2002, 23 ff. sowie Abb. 2.17.

die Daten der RFID-Marke verwendet werden dürfen.[51] Ebenso könnte der potentiell Betroffene über eine Datenerhebung unterrichtet werden, indem ihm das Vorhandensein einer RFID-Infrastruktur erkennbar gemacht wird. Diese Hinweispflicht könnte durch ein Informationsrecht des potentiell Betroffenen gegen den Risikoverantwortlichen flankiert werden, das ihm eine Einschätzung über Art und Umfang der stattfindenden Verwendungsvorgänge ermöglicht. Bei einer durchgeführten Zertifizierung im Sinn eines Datenschutzaudits könnte der Risikoverantwortliche befreit sein und das Auskunftsbegehren durch eine zuständige Stelle oder Aufsichtsbehörde erfüllt werden. Um im Fall des Personenbezugs der Daten eine ausreichende Information des Betroffenen zu gewährleisten, könnte die Verwendung von Daten, bei denen der Personenbezug eingetreten ist, suspensiv untersagt sein, solange die notwendigen Unterrichtungs- und Informationspflichten des Betroffenen nicht erfolgt sind. Dabei besteht die angesprochene Schwierigkeit, dass für das Merkmal des Personenbezugs als Voraussetzung einer Unterrichtung oder Information eine Bestimmbarkeit des Betroffenen genügt, aber er für die Durchführung der Unterrichtung bekannt, also bestimmt sein muss.

Nach dem *Grundsatz der Sicherung der Betroffenenrechte* sind Sachzwänge so weit wie möglich zu vermeiden, die sich aus der Verwendung nicht personenbezogener Daten ergeben. Um etwa dem Betroffenen unter den Bedingungen des Einsatzes von RFID-Systemen neben seiner Information auch die Möglichkeit zu erhalten, einen Widerspruch gemäß § 28 Abs. 4 BDSG gegen die Verwendung seiner Daten zu Markt- und Meinungsforschung einzulegen, könnte dieser Widerspruch vermutet werden, sofern die Daten zunächst als nicht personenbezogene Daten gewonnen wurden. Zudem müsste die Durchsetzung der datenschutzrechtlichen Betroffenenrechte, die die Selbstbestimmung bei der Verwendung von personenbezogenen Daten gewährleisten, durch ergänzende Maßnahmen gestärkt werden. Zum einen könnte dem potentiell Betroffenen, der noch nicht eindeutig als Betroffener einer Verwendung seiner Daten feststeht, ein das Auskunftsrecht gemäß § 34 Abs. 1 BDSG stützendes Recht gegenüber dem Risikoverantwortlichen zustehen, das ihm eine Sondierung ermöglicht, ob Anhaltspunkte vorliegen, die ein Auskunftsbegehren gemäß § 34 Abs. 1 BDSG rechtfertigen. Dieses würde das Informationsrecht des potentiell Betroffenen ergänzen, mit Hilfe dessen er sich über Art und Umfang einer Datenverwendung eines RFID-Systems Klarheit verschaffen können soll. Nach bisheriger Rechtsprechung vermag ein möglicherweise Betroffener ein Auskunftsrecht nach dem Datenschutzrecht nicht geltend zu machen, solange nicht eindeutig feststeht, dass er Betroffener im Sinn des Datenschutzrechts ist.[52] Zum anderen könnte dem Betroffenen ein Recht gegen den Risikoverantwortlichen zustehen, das ihm die Deaktivierung der in Gegenständen des Betroffenen befindlichen RFID-Marken ermöglicht, um sich einer potentiellen Datenerhebung und -verwendung entziehen zu können, soweit dies hinsichtlich der betreffenden RFID-Anwendungen durchführbar ist.

---

[51] Näher zu einer Anwendungs- und Verwendungskennung: Müller, Handy, DuD 2004, 659; Müller, Handy, in: Ferstl, Sinz, Eckert, Isselhorst, WI 2005, 1161f.

[52] LG München II, Urteil v. 20. September 2005 - Az.: 2 S 3548/05, www.jurpc.de/rechtspr/20050149.htm (JurPC Web-Dok. 149/2005).

Dem *Grundsatz der Datensparsamkeit* ist auch im Bereich der Datenverarbeitung ohne Personenbezug Geltung zu verschaffen. Da die Risiken nicht von einer einzigen RFID-Marke ausgehen, sondern erst durch den Einsatz einer entsprechenden Infrastruktur entstehen, gilt es, eingesetzte RFID-Systeme hinsichtlich ihres Risikopotentials zu überprüfen. Dazu gehört auch, die technische Entwicklung und die Möglichkeiten des Zusammenspiels der verschiedenen Systeme im Umfeld der RFID-Technik prospektiv zu beobachten. Diese Erkenntnisse, die bei der Überprüfung bestehender RFID-Systeme sowie bei der Technikfolgenabschätzung gewonnen wurden, müssen dann aber auch in Vorschläge zur Gestaltung der RFID-Systeme münden. Mit den Gestaltungsvorschlägen sollen nicht nur in Hard- und Software Mechanismen implementiert werden, die einen Beitrag zur risikominimierenden Datensparsamkeit und zum Schutz der Daten vor Kontextentfremdung leisten, sondern sie sollen auch auf die Spezifikation und Konzeption der einzelnen Systemteile einwirken.

Ausblick

Anhand der mit dem Einsatz von RFID-Systemen verbundenen Risiken wird erkennbar, inwieweit neue Techniken des „Ubiquitous Computing" ein radikal neues Gewährleistungsproblem für die durch die Prinzipien und Instrumente des Datenschutzrechts geschützte informationelle Selbstbestimmung bedeuten.[53] Das geltende Datenschutzrecht vermag nicht alle Risiken aufzufangen. Daher erscheint eine Modernisierung des Datenschutzrechts überfällig.[54] Dabei wären neue Ansätze der Risikovorsorge ins datenschutzrechtliche Schutzprogramm aufzunehmen, um möglichen Gefahren, die durch eine bislang „unkontrollierte" Verwendung von Daten im Vorfeld des Datenschutzrechts entstehen, Rechnung zu tragen. Allerdings lässt sich die Ambivalenz von Schutzmaßnahmen in einer komplexen Gesellschaft mit ihren widerstreitenden Interessen zwischen Bedürfnis nach Sicherheit und nach Entwicklung nicht auflösen: Einerseits sollen Maßnahmen der Risikovorsorge Bedingungen schaffen, unter denen der Erhalt der informationellen Selbstbestimmung als zivilisatorische Errungenschaft möglich bleibt, andererseits verursacht Risikosteuerung stets selbst Risiken und birgt die Gefahr, Innovationen zu hemmen.[55] Dennoch verursacht der Einsatz von RFID-Systemen Verletzungspotentiale, die Vorsorgemaßnahmen des Staats erforderlich machen.

---

[53] Näher Roßnagel, Müller, CR 2004, 625 ff.; Roßnagel, MMR 2005, 71 ff.; Roßnagel, in diesem Band.

[54] Roßnagel, Pfitzmann, Garstka 2001, 21 ff.

[55] Scherzberg, VVDStRL 63, 216f., 218f.

Literatur

Bizer J (2003) Kommentierung. In: Simitis S (Hrsg.) Kommentar zum BDSG, Baden-Baden

Breuer R (1990) Anlagensicherheit und Störfälle – Vergleichende Risikobewertung im Atom- und Immissionsschutzrecht. Neue Zeitschrift für Verwaltungsrecht (NVwZ) 9(3): 213–222

Callies C (2001) Rechtsstaat und Umweltstaat – Zugleich ein Beitrag zur Grundrechtsdogmatik im Rahmen mehrpoliger Verfassungsrechtsverhältnisse. Tübingen

Correll C (2001) Kommentierung. In: Denninger E, Hoffmann-Riem W, Schneider HP, Stein E (Hrsg.) Kommentar zum Grundgesetz für die Bundesrepublik Deutschland, Reihe Alternativkommentare (AK), 3. Aufl., Neuwied/Kriftel

Dammann U (2003) Kommentierung. In: Simitis S (Hrsg.) Kommentar zum BDSG, Baden-Baden

Denninger E (2001) Kommentierung. In: Denninger E, Hoffmann-Riem W, Schneider HP, Stein E (Hrsg.) Kommentar zum Grundgesetz für die Bundesrepublik Deutschland, Reihe Alternativkommentare (AK), 3. Aufl., Neuwied/Kriftel

Di Fabio U (1994) Risikoentscheidung im Rechtsstaat – Zum Wandel der Dogmatik im öffentlichen Recht, insbesondere am Beispiel der Arzneimittelüberwachung. Tübingen

Gola P, Schomerus R (2005) Bundesdatenschutzgesetz. 8. Aufl., München

Grimm D (1994) Zukunft der Verfassung. Frankfurt a. M.

Gusy C (1996) Rechtsgüterschutz als Staatsaufgabe. Die Öffentliche Verwaltung (DÖV) 49(14): 573–583

Finkenzeller K (2002) RFID-Handbuch – Grundlagen und praktische Anwendungen induktiver Funkanlagen, Transponder und kontaktloser Chipkarten. 3. Aufl., München/Wien

Hermes G (1987) Das Grundrecht auf Schutz von Leben und Gesundheit – Schutzpflicht und Schutzanspruch aus Art. 2 Abs. 2 Satz 1 GG. Heidelberg

Hoeren T (2003) Zulässigkeit der Erhebung, Verarbeitung und Nutzung im privaten Bereich. In: Roßnagel A (Hrsg.) 2003: 601–626

Isensee J (1992) Das Grundrecht als Abwehrrecht und als staatliche Schutzpflicht. In: Isensee J, Kirchhof P (Hrsg.) Handbuch des Staatsrechts der Bundesrepublik Deutschland, Band 5, Allgemeine Grundrechtslehren, 1. Aufl., Heidelberg: § 111, 143–240

Jarass HD (1985) Grundrechte als Wertentscheidungen bzw. objektivrechtliche Prinzipien in der Rechtsprechung des Bundesverfassungsgerichts. Archiv des öffentlichen Rechts (AöR) 110(3): 363–397

Langheinrich M, Mattern F (2003) Digitalisierung des Alltags – Was ist Pervasive Computing? Aus Politik und Zeitgeschichte 53(B42): 6–12

Mallmann O (2003) Kommentierung. In: Simitis S (Hrsg.) Kommentar zum BDSG, Baden-Baden

Müller J, Handy M (2004) RFID und Datenschutzrecht – Risiken, Schutzbedarf und Gestaltungsideen. Datenschutz und Datensicherheit (DuD) 28(11): 655–659

Müller J, Handy M (2005) RFID als Technik des Ubiquitous Computing – Eine Gefahr für die Privatsphäre. In: Ferstl O, Sinz E, Eckert S, Isselhorst T (Hrsg.) Wirtschaftsinformatik 2005, Heidelberg: 1145–1164

Murswiek D (1985) Die staatliche Verantwortung für die Risiken der Technik – Verfassungsrechtliche Grundlagen und immissionsschutzrechtliche Ausformung. Berlin

Murswiek D (2003) Kommentierung. In: Sachs M (Hrsg.) Grundgesetz, Kommentar, 3. Aufl., München

Roßnagel A (Hrsg.) (2003) Handbuch Datenschutzrecht (HB-DSR). 1. Aufl., München

Roßnagel A (2005) Modernisierung des Datenschutzrechts in einer Welt allgegenwärtiger Datenverarbeitung. Multimedia und Recht (MMR) 8(2): 71–75

Roßnagel A (2005a) Kommentierung. In: Koch HJ, Scheuing D, Pache E (Hrsg.) Gemeinschaftskommentar zum Bundes-Immissionsschutzgesetz (GK-BImSchG), Stand Mai 2005, Düsseldorf

Roßnagel A, Müller J (2004) Ubiquitous Computing – Neue Herausforderungen für den Datenschutz. Computer und Recht (CR) 20(8): 625–632

Roßnagel A, Neuser U (2006) Die rechtliche Fassung von Risikogrenzwerten – zu einem grundsätzlichen Problem von Recht und Technik. Umwelt- und Planungsrecht (UPR) 26(4)

Roßnagel A, Pfitzmann A, Garstka H (2001) Modernisierung des Datenschutzrechts. Bundesministerium des Inneren, Berlin

Roßnagel A, Scholz P (2000) Datenschutz durch Anonymität und Pseudonymität – Rechtsfolgen der Verwendung anonymer und pseudonymer Daten. Multimedia und Recht (MMR) 3(12): 721–729

Schaffland HJ, Wiltfang N (2005) Bundesdatenschutzgesetz. Berlin

Scherzberg A (2004) Risikosteuerung durch Verwaltungsrecht: Ermöglichung oder Begrenzung von Innovationen? In: Veröffentlichungen der Vereinigung der Deutschen Staatsrechtslehrer (VVDStRL), Bd. 63, Berlin: 214–263.

Schmidt-Preuß M (1998) Das neue Atomrecht. Neue Zeitschrift für Verwaltungsrecht (NVwZ) 17(6): 553–563

Scholz P (2003) Datenschutz bei Data Warehousing und Data Mining. In: Roßnagel (Hrsg.) 2003: 1833–1875

Simitis S (2003) Kommentierung. In: Simitis S (Hrsg.) Kommentar zum BDSG. 5. Aufl., Baden-Baden

Tinnefeld MT (2003) Geschützte Daten. In: Roßnagel A (Hrsg.) 2003: 485–500

Weiser M (1991) The Computer for the 21st Century. Scientific American 265(3): 94–104

Jürgen Müller ist wissenschaftlicher Mitarbeiter in der Projektgruppe verfassungsverträgliche Technikgestaltung (provet) im Forschungszentrum für Informationstechnik-Gestaltung (ITeG) der Universität Kassel und Mitglied im Promotionskolleg „Gestaltungskompetenz für fortgeschrittene Informatikanwendungen" an der Universität Kassel. Er studierte Rechtswissenschaften an der Friedrich-Alexander-Universität Erlangen-Nürnberg und im Rahmen eines postgraduierten Studiums an der Deutschen Hochschule für Verwaltungswissenschaften in Speyer. Sein Rechtsreferendariat absolvierte er am Oberlandesgericht Nürnberg.

Die Forschungsarbeiten und Veröffentlichungen von Jürgen Müller haben die neuen Herausforderungen für den Datenschutz zum Gegenstand, die sich durch eine Welt des „Ubiquitous Computing" ergeben können. Insbesondere untersucht er die datenschutz- und multimediarechtlichen Fragen des Einsatzes von RFID-Systemen. Er war Mitglied des Forschungsprojekts „Datenschutz bei allgegenwärtiger Datenverarbeitung" im Rahmen des Forschungskollegs „Living in a Smart Environment" der Gottlieb Daimler- und Karl Benz-Stiftung in Ladenburg.

Technologiepaternalismus – Soziale Auswirkungen des Ubiquitous Computing jenseits von Privatsphäre

Sarah Spiekermann[1], Frank Pallas[2]

[1] Institut für Wirtschaftsinformatik, Humboldt-Universität zu Berlin
[2] Fachgebiet Informatik und Gesellschaft, Technische Universität Berlin

Never trust an intelligent mind if you don't know where it keeps its brain
Harry Potter

Kurzfassung. Die Technologien des Ubiquitous Computing werden weitreichende Auswirkungen auf unser tägliches Leben haben. Derzeit konzentrieren sich die meisten Debatten zu den sozialen Auswirkungen hauptsächlich auf die Gebiete des Datenschutzes und der Datensicherheit. Jedoch vertreten die Autoren dieses Beitrags die Auffassung, dass auch weitere Aspekte aus der sozialen Perspektive betrachtet werden müssen. Insbesondere wird die Frage aufgeworfen, wie Menschen in einer Umgebung, die immer weiter automatisiert sein soll, weiterhin die Kontrolle behalten können. Unter Hinweis auf die Möglichkeit, dass Menschen von autonom agierenden Maschinen kontrolliert werden könnten, wird der Begriff des Technologiepaternalismus eingeführt. Hierzu wird eine Arbeitsdefinition entwickelt und das Konzept anhand bereits existierender wie auch möglicher zukünftiger Technologien illustriert. Zudem wird auf die Beziehung zwischen Allgegenwärtigkeit und Kontrolle eingegangen und Ansätze zur Sicherstellung einer angemessenen Balance unterschiedlicher Interessen vorgestellt. Einer dieser Vorschläge ist ein generelles Recht auf das letzte Wort.

Ubiquitous Computing und das Problem der Kontrolle

Ubiquitous Computing steht gemeinhin für das Verschwinden des Computers aus der bewussten Wahrnehmung durch den jeweiligen Nutzer. Computer – so die Vorstellung – werden in Zukunft nicht mehr als solche verwendet, sondern vielmehr in Gegenstände des täglichen Lebens eingebettet. Den Grundstein für diese Forschungsrichtung legte Mark Weiser bereits im Jahre 1991 [Wei91]. Er prägte den Begriff des Ubiquitous Computing (im Folgenden: Ubicomp), wenngleich von einigen Wissenschaftlern Begriffe wie „Pervasive Computing" oder „Ambient Intelligence" bevorzugt werden.

Einige Teile dieses Beitrags beruhen auf dem Aufsatz [SpP06] sowie anderen früheren Veröffentlichungen der Autoren.

Grundsätzlich vereint Ubicomp zwei maßgebliche Entwicklungsrichtungen der Informatik [LyY02]: Zum einen die Einbettung von Computersystemen und zum anderen deren Mobilität. *Die Einbettung von Systemen* (zu Englisch: „embedded systems") steht für eine Funktionssteigerung von Alltagsgegenständen durch die Integration von Sensoren und Identifikationstechnologie (z.B. RFID). Diese eingebettete „Intelligenz" erlaubt es Gegenständen, Informationen über ihre jeweilige Umgebung zu erheben und zu verarbeiten und dann dynamisch auf ein sich veränderndes Umfeld zu reagieren. Ein Beispiel für derartiges reaktives Verhalten sind mit Sensoren ausgestattete Autos, die Verkehrsschilder erkennen und die gefahrene Geschwindigkeit mit der jeweils geltenden Höchstgeschwindigkeit vergleichen. Basierend auf diesen Informationen werden dann autonome Handlungen durchgeführt. Eine solche autonome Handlung könnte beispielsweise im automatischen Abbremsen bis auf die erlaubte Höchstgeschwindigkeit bestehen. Die autonomen Handlungen werden dabei ohne Einfluss des jeweiligen Benutzers (hier: der Fahrer des Autos) und möglicherweise ohne dessen bewusste Kenntnisnahme durchgeführt. Dieses Prinzip des still und autonom agierenden Computers wird üblicherweise als Prinzip der „calmness" – am ehesten vielleicht mit „Stille" übersetzbar – bezeichnet [WeB98].

Das zweite Charakteristikum des Ubicomp, die *Mobilität*, bedeutet, dass die Nutzung von Computern und Diensten ortsungebunden möglich ist. Persönliche Daten, Präferenzen und Dienste existieren nicht mehr redundant auf unterschiedlichen Geräten und mit unterschiedlichen Einstellungen, sondern können übergangslos verwendet werden – überall und jederzeit. So kann beispielsweise der Zugriff auf E-Mails im Auto genauso geschehen wie am heimischen PC. Die verwendeten Einstellungen und Daten sind dabei gleich, Unterschiede existieren lediglich in Bezug auf die Benutzerschnittstelle.

Dieser Beitrag bezieht sich im Wesentlichen auf die Einbettung von Informationstechnik in Alltagsgegenstände. Hierfür sind heute zwei Technologien von maßgeblicher Bedeutung: Systeme zur funkbasierten Identifikation (RFID) und Sensorsysteme. Diese beiden Technologien erlauben es Objekten, ihre Umgebung (zu der insbesondere auch Menschen gehören) zu erfassen und auf diese zu reagieren.

Eine solche Erfassung menschlichen Handelns durch Alltagsgegenstände berührt zwangsläufig auch den Kontext des Datenschutzes bzw. der informationellen Selbstbestimmung. Aus diesem Grund hat unter den Ubicomp-Technologien insbesondere RFID in der jüngeren Vergangenheit zu intensiven Verbraucherschutzdebatten geführt [Poh04]. Dennoch sind Überwachungsmöglichkeiten nicht die einzigen sozialen Risiken von Ubicomp-Umgebungen. Wie Mark Weiser bereits in seinem Artikel über den Computer für das einundzwanzigste Jahrhundert anmerkt, ist „das mit Ubicomp verbundene soziale Problem, wenn auch oftmals unter Privatheitsgesichtspunkten diskutiert, viel eher ein Problem der Kontrolle."[1]

In diesem Beitrag wollen wir daher auf die Frage eingehen, *wer wen kontrolliert* und *auf welche Weise* es intelligenten Umgebungen erlaubt sein sollte, auf

---

[1] „The [social] problem [associated with Ubicomp], while often couched in terms of privacy, is really one of control." [Wei91]

Menschen und Situationen zu reagieren und somit *Kontrolle auszuüben.* Vor dem Hintergrund dieser Fragestellung identifizieren wir einen möglicherweise schwerwiegenden Effekt des Ubicomp, den wir als „Technologiepaternalismus" bezeichnen. Dieser lässt sich – vergleichsweise weit gefasst – beschreiben als die Angst vor unkontrollierten autonomen Handlungen von Maschinen, die von ihren Benutzern nicht verhindert werden können [SpZ04]. Das grundlegende Problem wurde im Rahmen einer Fokusgruppenstudie an der Humboldt-Universität zu Berlin identifiziert, in welcher Teilnehmer mit unterschiedlichsten Hintergründen über RFID-basierte Technologien und deren mögliche zukünftige Anwendungen diskutierten [BGS05].

Ziel dieses Beitrags ist es, den Begriff des Technologiepaternalismus herzuleiten und zu etablieren. Hierzu werden wir zunächst das generelle Konzept des Paternalismus betrachten. Darauf aufbauend entwickeln wir dann eine Definition des Technologiepaternalismus und betrachten diese im Licht unterschiedlicher Ubicomp-Szenarien. Schließlich diskutieren wir Anforderungen und mögliche technische Richtlinien zur Gestaltung von Ubicomp-Systemen im Hinblick auf den Technologiepaternalismus.

Paternalismus – Eine Einführung

Basierend auf dem lateinischen Wort „Pater" – zu Deutsch „Vater" – entstammt der Paternalismusbegriff einem hierarchischen Familienmodell, in dem der Vater für seine Kinder sorgt und ihnen vorschreibt, wie diese sich zu verhalten haben. Er tut dies, da er davon ausgeht, dass die Kinder noch nicht fähig sind, eigene Entscheidungen zu treffen, und dass er damit zum Wohle der Kinder handelt. Paternalismus bezieht sich jedoch nicht nur auf das Verhältnis zwischen Vater und Kindern im Familienleben. Vielmehr wird Paternalismus in der Wissenschaft ganz allgemein als dominantes und hierarchisch orientiertes Verhalten im täglichen Leben und als ein Weg zur Kontrolle von Menschen gesehen. Typische und häufig genannte Beispiele für paternalistisches Verhalten sind z.B. der Mann, der die Schlaftabletten seiner depressiven Frau versteckt, die Regierung, die den Verkauf unwirksamer Medikamente verbietet oder auch der Arzt, der einem Patienten nicht die volle Wahrheit über seinen Gesundheitszustand erzählt. In all diesen Fällen nimmt der Handelnde an, den Betroffenen *in dessen Sinne* zu kontrollieren bzw. zu beeinflussen.

Diese Kontrolle kann sowohl von Individuen als auch von Systemen oder Institutionen ausgeübt werden. So definiert das Merriam Webster's Collegiate Dictionary Paternalismus als „ein System, unter dem eine Autorität verspricht, Bedürfnisse der unter seiner Macht Stehenden zu befriedigen oder deren Verhalten zu regulieren"[2]. Ein solches System kann – zumindest von einem liberalen Standpunkt aus – durchaus als repressiv bezeichnet werden. Klarer noch drückt es das

---

[2] „... a system under which an authority undertakes to supply needs or regulate conduct of those under its control ..." [MWCD03].

Longmans Dictionary of Contemporary English aus. Demnach besteht paternalistisches Verhalten darin, „Menschen zu schützen und ihre Bedürfnisse zu befriedigen, ohne ihnen irgendwelche Freiheit oder Verantwortung zu gewähren"[3]. Paternalismus ist darauf ausgelegt, die Freiheit von Individuen einzuschränken. Aus diesem Grund wird paternalistisches Verhalten, insbesondere solches von staatlicher Seite, oftmals kritisiert.[4]

Nichtsdestoweniger wird Paternalismus in vielen Zusammenhängen und Gesellschaften durchaus akzeptiert. Dies ist der Fall, da paternalistisches Verhalten grundsätzlich mit der *Behauptung* verbunden ist, *hauptsächlich im Interesse des Betroffenen* zu sein.

Weiterhin wird in der Wissenschaft zwischen einem weichen und einem harten Paternalismus unterschieden. Weicher Paternalismus steht dabei für Situationen, in denen eingeschränkte Rationalität oder Entscheidungskompetenz zur Bevormundung führen. In diesem Fall ist die Behauptung, dass das paternalistische Verhalten im Sinne des Betroffenen sei, durchaus gerechtfertigt. Harter Paternalismus hingegen vertritt die Auffassung, dass paternalistisches Verhalten auch dann gerechtfertigt ist, wenn eine Entscheidung bewusst und freiwillig getroffen wurde.[5]

Was unserer Meinung nach in den genannten Definitionen fehlt, ist der Aspekt der Wahrnehmung von paternalistischem Handeln auf Seiten des Betroffenen: Handlungen führen gemeinhin nicht nur zu faktischen Ergebnissen, sondern auch zu unterschiedlichsten Empfindungen auf Seiten des von der Handlung Betroffenen. Diese Empfindungen können dann zu Akzeptanz oder Zurückweisung führen. Da uns in späteren Abschnitten dieses Beitrags gerade diese Wahrnehmung und Reaktionen der Betroffenen interessieren, möchten wir hier das Konzept eines *empfundenen* Paternalismus einführen. Damit ist es nicht nur relevant, ob eine Handlung *tatsächlich* paternalistisch ist, sondern vielmehr auch, ob sie vom betroffenen Individuum als solche *empfunden* wird.

Fassen wir nun alle genannten Punkte zusammen, so gelangen wir zu folgender Definition für Paternalismus: Gegeben sei ein Pater P (Vater, Regierung, etc.), der eine Entscheidung oder Handlung X tätigt, welche ein Subjekt S (Kind, Bürger, etc.) direkt betrifft, dann ist X paternalistisch genau dann, wenn

- X von Subjekt S als einschränkend, bestrafend oder in anderer Weise freiheitsmindernd empfunden wird; und
- X von S als Entscheidung bzw. Handlung empfunden wird, die nicht umgangen oder missachtet werden sollte; und
- P von X behauptet, hauptsächlich in S eigenem Interesse zu liegen.

---

[3] „… protecting people and satisfying their needs, but without allowing them any freedom or responsibility …" [LDCE87].

[4] Vgl. dazu bspw. [Cou05]: „Liberals often assume that the state should never act in a paternalistic way towards its citizens, an assumption justified by the liberal concern for freedom and autonomy."

[5] Ibd: „[Hard paternalism] argues that paternalistic action is justified even in cases in which the choice is voluntary."

Technologiepaternalismus

Mit Blick auf das generelle Konzept des Paternalismus sind wir bisher von sozialen Institutionen als Pater ausgegangen, die mit Hilfe menschlicher Kommunikation agieren: Eltern, Ärzte oder Regierungsvertreter, die sich gegenüber ihren Kindern, Patienten oder Bürgern paternalistisch verhalten. Mit der Verbreitung des Ubicomp entstehen jedoch neue Möglichkeiten zur Umsetzung potenziell paternalistischen Verhaltens: Alltagsgegenstände, die von Menschen genutzt werden oder von denen Menschen zumindest umgeben sind, könnten sich zu Instrumenten etablieren, die den Handlungsspielraum von Menschen systematisch einschränken.

Beispiele für solche Gegenstände finden sich bereits heute. Als etabliert gelten dürften Autos, die unüberhörbar piepen, sobald wir sie – wie von entsprechenden Sensoren festgestellt – ohne Anlegen des Sicherheitsgurtes von der Stelle bewegen möchten. Der Hersteller Saab führt dieses Konzept noch weiter und experimentiert mit Autoschlüsseln, die „den Motor sperren, wenn in einer Atemprobe des Fahrers ein Alkoholgehalt über dem erlaubten Wert festgestellt wird"[6]. Für Bohrmaschinen existieren bereits Prototypen, die sich nur betreiben lassen, wenn eine Schutzbrille getragen wird [TR05]. Und die Liste möglicher Beispiele wächst weiter.

Diese Beispiele zeigen, dass sich die zukünftigen Einsatzzwecke von Funkidentifikations- und Sensortechnologie nicht nur auf verbesserte Informationsgewinnung oder auf die Unterstützung von Entscheidungen beschränken müssen. Wenn Gegenstände feststellen, was richtig und was falsch ist und menschliches Verhalten auf Basis dieser Information einschränken oder sanktionieren, dann sind auch diese Gegenstände als paternalistisch zu bezeichnen. Jedes der oben identifizierten Definitionskriterien ist erfüllt. Wenn jemand sein Auto lediglich aus der Garage zurücksetzen und für diese kurze Distanz den Sicherheitsgurt bewusst nicht anlegen möchte, wird er ein laut piependes Auto leicht als *bestrafend* empfinden. Üblicherweise lässt sich ein solches Piepen zudem *weder ignorieren noch einfach abschalten*. Und schließlich wird das Piepen als eine Maßnahme im *Interesse des Fahrers* dargestellt.

Doch dieses technikbezogene Beispiel unterscheidet sich in zwei maßgeblichen Punkten von obigen Beispielen paternalistischen Verhaltens unter Menschen: Zum einen reagieren Maschinen *automatisch* und *autonom* und lassen den Betroffenen damit nur wenig Möglichkeit zur Antizipation oder Reaktion. Zum anderen ist Technik *absolut*. Hat beispielsweise ein Fahrer Alkohol in der Atemluft, so ist es ihm gänzlich unmöglich, das entsprechende Auto zu starten – auch in Notfällen, in denen das Fahren unter Alkoholeinfluss üblicherweise akzeptiert würde. Entsprechend ist mit Technologiepaternalismus nicht nur, wie beim Paternalismus unter Menschen, Gehorsam oder Obrigkeitshörigkeit verbunden, sondern vielmehr entsteht ein Zwang zu absoluter Konformität. In vielen Fällen könnte es unmöglich sein, die von intelligenten Objekten durchgesetzten Regeln außer Kraft zu setzen. Damit entsteht die Gefahr, dass sich Menschen der Technik gänzlich unterwerfen müssen. Wenn ein Ingenieur eine Entscheidung trifft, wie „IF Gemesse-

---

[6] „... keeping the engine immobilised if a breath sample from the driver is found to contain alcohol above the permitted level." [Saa05]

nerAlkoholgehalt > ErlaubterAlkoholgehalt THEN StartenErlaubt = FALSE",
dann ist Technik das maßgebliche Mittel der Regulierung.[7]

Damit unterscheidet sich die Definition von Technologiepaternalismus in zwei
Punkten von derjenigen für den generellen Paternalismusbegriff: Zum einen werden Handlungen von *autonom agierenden Maschinen* durchgeführt, und zum
anderen werden Maschinen durch die implementierten Regeln zu *absoluten Kräf-
ten*, deren Entscheidungen und Handlungen nicht umgangen oder missachtet werden *können* (im Gegensatz zu „nicht umgangen oder missachtet werden *sollten*" in
obiger Definition). Damit definieren wir Technologiepaternalismus wie folgt:

Gegeben sei eine von Pater P kontrollierte Technologie T, die eine Entscheidung oder Handlung X tätigt, welche wiederum ein Subjekt S direkt betrifft, dann
ist X paternalistisch genau dann, wenn

- X von Subjekt S als einschränkend, bestrafend oder in anderer Weise freiheitsmindernd empfunden wird; und
- X von S als Entscheidung bzw. Handlung empfunden wird, die nicht umgangen
  oder missachtet werden kann, ohne dafür Funktionalität zu opfern; und
- P von X behauptet, hauptsächlich in S eigenem Interesse zu liegen; und
- X autonom durchgeführt wird.

Ein so definierter Technologiepaternalismus kann natürlich in unterschiedlichen
Graden existieren. Das Beispiel des Alkoholtesters im Autoschlüssel, der den
Fahrer daran hindert, sein Auto zu nutzen, könnte von Kunden als Ärgernis empfunden werden. In derartigen Fällen würden schon die selbstregulierenden Kräfte
des Marktes einer weiten Verbreitung solch paternalistischer Technologien entgegenwirken. Ein anderes Szenario erscheint daher realitätsnäher: Ist ein Fahrer
angetrunken, so könnte eine mit „Alkoholspiegel zu hoch!" beschriftete Warnlam-
pe im Auto aufleuchten. Dies würde den Fahrer auf sein falsches Verhalten aufmerksam machen, ihm das Fahren aber dennoch erlauben und einen weniger auf-
dringlichen Weg darstellen, Nutzerverhalten zu beeinflussen. Aber wäre es auch
ein besserer Weg? Wie würden Fahrer mit niedrigem Alkoholspiegel eine solche
konstante Ermahnung empfinden? Und was würden Fahrer, die niemals Alkohol
trinken, davon halten, vor jeder Fahrt in einen Alkoholtester blasen zu müssen?

Schon diese Fragen verdeutlichen, dass auch schwächere Formen des Technologiepaternalismus unerwünscht aufdringlich sein können. Man könnte meinen,
dass Objekte und Umgebungen, die eine solch restriktive Technologie nutzen, sich
am Markt nicht durchsetzen können. Wie jedoch später diskutiert wird, könnten
sich derartige scheinbar nicht vermarktbare Technologien möglicherweise dennoch etablieren, sofern weitere ökonomische oder staatliche Interessen für deren
Einführung sorgen. Bevor wir hierauf jedoch genauer eingehen, soll ein weiterer
konzeptueller Aspekt des Technologiepaternalismus erörtert werden: der grundsätzliche Widerspruch zwischen paternalistischem Verhalten von Technik und der
Calmness-Vorstellung des Ubiquitous Computing.

---

[7] Für derartige Sachverhalte hat sich mittlerweile der von Lawrence Lessig geprägte Ter-
minus „code is law" etabliert; vgl. dazu [Les99].

Technologiepaternalismus und das Calmness-Konzept des Ubiquitous Computing

Schon Weiser und Brown führten aus: „Die wahrscheinlich interessanteste, herausforderndste und schwerwiegendste Veränderung durch das Gebiet des Ubiquitous Computing ist der Fokus auf *Stille*. Wenn Computer überall sind, sollten sie sich besser zurückziehen. Daher sind sie so zu gestalten, dass sie sich den Menschen, denen sie dienen, klar und kontrolliert darstellen."[8]

Dieser Aufforderung zur Calmness und Kontrolle kommen Wissenschaftler mit technischen Modellen entgegen, welche es Systemen erlauben, den jeweiligen Kontext zu erfassen und sich an diesen anzupassen. Mit RFID und Sensoren lassen sich beispielsweise Kontextinformationen sammeln, die den statischen Informationen zu Dingen und Personen hinzugefügt werden können. Durch Kombination derartiger Informationen zu Entitäten mit Rollen und Beziehungen können Situationen rekonstruiert werden. Die Hoffnung, welche sich hinter solcher Kontextsensitivität verbirgt, besteht darin, die Technologie nahtlos in Entscheidungs- und Unterstützungsprozesse des täglichen Lebens einbetten zu können.

Auf der anderen Seite ist jedoch „Kontext ein derart allumfassender Begriff, dass das Problem, ein Gerät zu entwickeln, das sich des Kontextes bewusst ist, leicht unterschätzt werden kann"[9]. Wissenschaftler stellen sich daher heute die Frage, ob Ubicomp-Technologie jemals leistungsfähig genug sein wird, den gesamten relevanten Kontext zu erfassen, um sich darauf aufbauend angemessen zu verhalten. Wenn das Verhalten *nicht* hinreichend an den jeweiligen Kontext angepasst ist, wird Technologie schnell zu einem patronisierenden Ärgernis anstatt zu einer hilfreichen Unterstützung. In diesem Fall würde die Technologie der üblichen Vorstellung von Calmness diametral entgegenstehen.

Aber auch wenn die Funktionalität genau an den Kontext angepasst wäre und zudem tatsächlich still bliebe, stellt sich die Frage, ob sie nicht trotzdem paternalistisch sein kann. Ein Beispiel soll dies verdeutlichen: Angenommen ein Auto würde Verkehrsschilder am Straßenrand erkennen, diese mit dem aktuellen Fahrverhalten abgleichen und – gegen den Willen des Fahrers – abbremsen, wenn dieser zu schnell fährt (vgl. dazu [Pet04][10] und [Hoo04]). Unsere Definition von Technologiepaternalismus lässt sich leicht auf ein solches System anwenden: Es gibt eine bestrafende bzw. die Freiheit einschränkende Handlung (Abbremsen des Autos), die automatisch von der Technik ausgeführt wird und die eine Person (den

---

[8] „The most potentially interesting, challenging, and profound change implied by the ubiquitous computing era is a focus on *calm*. If computers are everywhere they better stay out of the way, and that means designing them so that the people being shared by the computers remain serene and in control." [WeB98]

[9] „Context is such an all-embracing term that it is easy to underestimate the problem of designing a computational device that could be ‚aware' of it." [Agr01]

[10] In ihrem Papier fordern Petersson et al. [Pet04] ein System, dessen Regeln explizit außer Kraft gesetzt werden können. Gleichzeitig fordern sie aber von dem von ihnen vorgestellten System „[to] be able to perform any semi- or fully autonomous maneuvres" [Pet04, 2476].

Fahrer) direkt betrifft. Möglicherweise lässt sich diese Einschränkung nicht außer Kraft setzen. Und natürlich liegt das Abbremsen im eigenen Interesse des Fahrers.

Wie das Beispiel zeigt, können sich auch gut an den jeweiligen Kontext angepasste und im Stillen agierende Systeme sehr wohl paternalistisch verhalten. Hier wird das grundlegende Dilemma des Ubiquitous Computing deutlich: Werden Maschinen kontrolliert, agieren sie nicht mehr still und unauffällig im Hintergrund. An vielen Stellen existiert ein Widerspruch zwischen dem Konzept der verschwindenden Technologie und dem Bestreben, weiterhin die Kontrolle zu behalten. Insbesondere die direkte Kontrolle setzt Aufmerksamkeit und Sichtbarkeit voraus, während Ubicomp-Umgebungen explizit darauf ausgelegt sind, unsichtbar zu sein und sich nahtlos anzupassen. Wird sich dieser Widerspruch jemals auflösen lassen? Eine bedeutende Rolle hierfür wird zweifellos die Motivation hinter der Einführung derartiger Systeme spielen.

Die wahren Pater

Erkennt man die Möglichkeit der paternalistischen Technikgestaltung im Zusammenhang mit Ubiquitous Computing an, so zeichnen sich verführerische Möglichkeiten ab, Einfluss auf das Verhalten von Menschen zu nehmen. Natürlich existieren diese Möglichkeiten nicht für die Technik selbst. Technik folgt lediglich den jeweils implementierten Regeln. Es stellt sich also die Frage, wer die eigentlichen Pater eines Technologiepaternalismus sein könnten, wenn sich dieser tatsächlich etablieren sollte. Wer entscheidet über die Regeln, über richtig und falsch im Alltagsleben? Und was sind die wirklichen Interessen hinter paternalistischer Technologie? Wir wollen im Folgenden drei Gruppen möglicher Pater hinter Technologiepaternalismus betrachten: Entwickler von Ubicomp-Technologien, Vermarkter derselben und Regulierer, die die Gestaltung von Anwendungen beeinflussen.

Wir beginnen mit den Ingenieuren, die man zumindest unmittelbar für die waren Pater hinter einem Technologiepaternalismus vermuten könnte. Schließlich sind sie es, die die Technologie entwickeln. Auf die Überheblichkeit von Entwicklern zielt beispielsweise ein flammender Artikel von Julia M. Williams ab, der eine angeblich übliche „Entwickler-wissen-es-am-besten"-Haltung kritisiert, „die die Entwickler in Konflikt mit der Gesellschaft stellt."[11] Allerdings muss nicht immer der unterstellte Hochmut der Entwickler der Grund für eine aus sozialer Sicht suboptimale Technikgestaltung sein. So fanden beispielsweise Lahlou und Langheinrich [LaL05] in einer interviewbasierten Studie heraus, dass viele Entwickler sich nicht um die Auswirkungen ihrer Entwicklungen sorgen. Die in der Studie zum Thema der Privatheit befragten Entwickler sahen diese als *noch* kein Problem an („Es sind ja nur Prototypen"), nicht als *ihr* Problem oder *generell* auch nicht als Problem (Firewalls und Kryptographie machen das schon). Andere zeigten ganz offen auf, dass Wahrung von Privatheit nicht Teil der Systemanforderun-

---

[11] „… an ‚engineer knows best' perspective that puts the engineer at odds with society." [Wil04]

gen sei. Was passiert, wenn wir uns zukünftig mit den Ingenieuren von Ubicomp-Anwendungen in einer vergleichbaren Situation befinden?

Andererseits agieren Entwickler nur selten frei und unabhängig. In den meisten Fällen implementieren sie lediglich das, was von ihren Auftraggebern gefordert wird. Damit können auch finanzielle Interessen von Unternehmen eine maßgebliche Bedeutung für Technologiepaternalismus haben. Ein realistisches Beispiel würde darin bestehen, Kunden zum Kauf von Produktpaketen zu zwingen, weil ein Produkt (z.B. eine Bohrmaschine) nur zusammen mit einem anderen komplementären Produkt (z.B. einer Schutzbrille) nutzbar ist. Möglich wäre es auch, Kunden zum Kauf von Originalprodukten zu zwingen. So könnten beispielsweise Autos so gebaut werden, dass sie nur mit Original-Ersatzteilen und nicht mit billigeren Teilen eines alternativen Herstellers repariert werden können. RFID macht derartige Szenarien durch das Abgleichen von Seriennummern grundsätzlich möglich, und erste Schritte in diese Richtung werden bereits unternommen. So regen beispielsweise Strassner und Fleisch Anbieter dazu an, „ihre Produkte zumindest mit einer Seriennummer zu markieren" um „[sicherzustellen], dass nur Teile aus lizenzierter Produktion verkauft werden."[12]

Aber die ökonomischen Interessen hinter paternalistischer Technikgestaltung können noch weitaus raffinierter sein: Kehren wir nochmals zur Bohrmaschine zurück, die den Nutzer zwingt, eine Schutzbrille zu tragen. Natürlich könnte hier ein rein altruistisches Interesse den Hersteller dazu bewegen, das Tragen von Schutzbrillen zu erzwingen, um die Nutzer vor Verletzungen zu schützen. Allerdings muss man bedenken, dass diese Art des Schutzes auch die vom Hersteller zu entrichtenden Versicherungsbeiträge verringert, die dieser zahlen muss, um sich gegen mögliche Entschädigungszahlungen an eventuelle Opfer von Unfällen mit Bohrmaschinen abzusichern. Werden die Benutzer zum Tragen von Schutzbrillen gezwungen, so sinkt aller Voraussicht nach auch die Häufigkeit oder die Schwere von Unfällen, was zu geringeren Entschädigungszahlungen und damit zu geringeren Versicherungsprämien für den Hersteller führt. Dieses Beispiel verdeutlicht, wie schwer es sein kann, Paternalismus zu verhindern und gleichzeitig das Beste für das Individuum zu erreichen. Die gleiche Frage mag sich der Leser bereits für den Fall des automatisch abbremsenden Autos gestellt haben.

Möglicherweise können auch Regierungen oder andere Regulierungsinstanzen wie die EU die Rolle des Paters hinter Technologiepaternalismus einnehmen. Gäbe es ein Gesetz, das das Tragen von Schutzbrillen vorschreibt, wäre der technische Zwang dann Technologiepaternalismus oder lediglich die technische Durchsetzung eines (paternalistischen?) Gesetzes? Oder beides? Aber wo wäre dann die Grenze zwischen Technologiepaternalismus und einfacher Regulierung? Sicherlich lassen sich zu dieser Frage viele Antworten finden und nahezu endlose Debatten über die Rolle des Staates im täglichen Leben seiner Bürger führen. Wir wollen hierzu eine liberale Sichtweise einnehmen und die Position vertreten, dass „Staaten niemals paternalistisch auf ihre Bürger einwirken sollen"[13]. Den Einsatz

---

[12] „... tag their products with at least a serial number [... to ensure] that only parts from licensed production are sold." [StF03, 9f.]

[13] „States should never act in a paternalistic way towards its citizens." [Cou05]

von Technik zur sozialen Kontrolle würden wir lediglich dann erwägen, wenn durch ein spezifisches Verhalten negative Externalitäten hervorgerufen würden, die generelle Einbußen der öffentlichen Wohlfahrt nach sich zögen. Solche negativen Externalitäten sind aus der Ökonomie bekannt. Sie treten immer dann auf, wenn eine Entscheidung (z.B. die Entscheidung, die Atmosphäre zu verschmutzen) Kosten für weitere Interessenvertreter neben dem Verursacher nach sich zieht. Möglicherweise lässt sich Ubicomp-Technologie dazu nutzen, Menschen am Fällen solche negativer Entscheidungen für die Allgemeinheit zu hindern. Jede andere Verwendung von Technologie zur Steuerung von Personen durch staatliche Institutionen sollte jedoch – unserer persönlichen Meinung nach – als paternalistisch betrachtet und möglichst verhindert werden. Dies würde natürlich implizieren, dass Menschen, die das Risiko auf sich nehmen und sich beim Bohren ohne Schutzbrille verletzen, hierfür selbst verantwortlich sind und auch die Konsequenzen selbst zu tragen haben. Das Gleiche gilt für Sicherheitsgurte. Auch hier nimmt vor allem der Fahrer selbst Schaden, wenn er beschließt, den Sicherheitsgurt nicht anzulegen. Versicherungsexperten würden jetzt natürlich einwenden, dass sich durch die schwereren Verletzungen bei Unfällen ohne angelegten Sicherheitsgurt auch die Versicherungsprämien für alle erhöhen. Damit würden durch das risikobereite Verhalten einiger risikobereiter Liberaler durchaus negative Externalitäten entstehen. Aber ist es nicht gerade diese Mixtur unterschiedlicher Verhaltensweisen und damit verbundener unterschiedlicher Risiken, die letztendlich die Daseinsberechtigung einer Versicherung ausmacht?

Empfehlungen für die Technikgestaltung

Mit der zunehmenden Verfügbarkeit von RFID und Sensoren zum Einsatz in Alltagsgegenständen werden Ingenieure mit der Frage konfrontiert sein, wie Technologiepaternalismus vermieden werden kann. Anbieter von Ubicomp-Lösungen werden vor der verlockenden Frage stehen, wo die Nutzung technischer Möglichkeiten für die eigenen Geschäftsmodelle opportun ist.

Um in diesem Zusammenhang konkrete Empfehlungen für die Technikgestaltung ableiten zu können, wurde an der Humboldt-Universität zu Berlin eine Reihe empirischer Untersuchungen durchgeführt. Zunächst wurden zwei Fokusgruppen organisiert, die auf qualitativem Wege Aufschlüsse darüber geben sollten, welche grundsätzliche Haltung Personen gegenüber einer pateranalistischen Technikgestaltung einnehmen und welche Handlungsfreiräume sie sich wünschen [BaK05]. Darauf aufbauend wurde eine quantitative Onlinebefragung durchgeführt, die untersuchen sollte, auf welche Akzeptanz Ubicomp-Applikationen stoßen, die dem Nutzer die Kontrolle entziehen.

Die Fokusgruppen wurden mit insgesamt 13 Personen, vor allem Studenten, an zwei Abenden durchgeführt. Die Gespräche zu unterschiedlichen Möglichkeiten der Technikgestaltung wurden mit einem Audiogerät aufgezeichnet. Wie ausführlich in [SpP06] beschrieben, konnten auf diesem qualitativen Wege vier Gestaltungshinweise isoliert werden, die für Ingenieure des Ubicomp von Bedeutung sein könnten:

1. Nutzer sollten immer die Möglichkeit haben, die Technik zu überstimmen. Wir möchten dies als ein generelles menschliches Recht auf das letzte Wort bezeichnen.
2. Nutzern sollte bewusst gemacht werden, dass Automatismen im Hintergrund ablaufen und sie sollten sich bewusst für oder gegen diese entscheiden dürfen. Das heißt, dass man Nutzern zunächst die Wahl lassen sollte, inwiefern sie Entscheidungen an Hintergrundsysteme delegieren möchten. Erst wenn sie sich für die Delegation entscheiden, sollten die Systemautomationen in den stillen Hintergrund verschwinden und die Calmness-Vision umsetzen.
3. Technologieschnittstellen sollten dem Nutzer transparent machen, warum bestimmte Aktionen von der Technik ausgelöst werden und wer (z.B. der Gesetzgeber?) die Notwendigkeit dieser Aktionen bestimmt hat.
4. Technik sollte sich dem Nutzer nicht strafend oder sanktionierend präsentieren, sondern eher lobend und motivierend.

In einem nächsten Schritt wurde der erste Punkt dieser Liste empirisch überprüft. Wie wichtig ist es, dem Nutzer das letzte Wort einzuräumen? Dazu wurden 1776 Personen online befragt. Ihnen wurden vier Ubicomp-Szenarien graphisch und mittels eines beschreibenden Textes gezeigt: ein intelligenter Kühlschrank, der automatisch Lebensmittel nachbestellt, ein intelligenter Arbeitsplatz, der die Videokamera bei eingehenden Telefongesprächen automatisch auf den Nutzer einstellt, ein Auto, welches automatisch abbremst, wenn die vorgeschriebene Geschwindigkeit überschritten wird und ein sich selbst wartendes Fahrzeug, welches bei einem Verdacht auf defekte Teile automatisch die Werkstatt kontaktiert.

Die Szenarien wurden experimentell variiert. 50% der Teilnehmer bewerteten die vier Szenarien in einer Ausprägung, in der die Technik mit hoher Nutzerkontrolle dargestellt wurde. Die anderen 50% der Teilnehmer bewerteten die Szenarien mit niedriger Kontrolle (paternalistisches Design). Die Kontrollmanipulation wurde analog zum 10-Stufenmodell zur Kontrollvariation von Sheridan [She88] entwickelt, welches unterschiedliche Grade der Kontrolle für elektronische Assistenzsysteme unterscheidet. Die hohe Kontrolle entsprach in den Szenarien jeweils der dritten Stufe dieses Modells, welche besagt: „Der Computer listet nicht nur alle Handlungsoptionen auf, sondern schlägt auch eine davon dem Operateur zur Ausführung vor, der sie jedoch nicht befolgen muss." Die niedrige Kontrolle entsprach jeweils der siebten Stufe des Sheridan-Modells, welche besagt: „Der Computer erledigt die gesamte Aufgabe und informiert den Operateur selbständig und vollständig über die gewählte Aktion und ihre Ausführung."

Es zeigt sich, dass die Gruppe, welche im Szenario weniger Kontrolle über das System hatte, dieses auch wahrscheinlich eher weniger nutzen möchte als die Gruppe, welche mehr Kontrolle über das System hatte. Dieser Trend ist in allen Szenarien gleichermaßen nachweisbar und ist (außer beim intelligenten Arbeitsplatzszenario) auch statistisch signifikant. Abbildung 1 gibt einen Überblick über die Ergebnisse. Das gleiche Bild ergab sich im Hinblick auf die Kaufintention, welche für den intelligenten Kühlschrank und den Arbeitsplatz getestet wurde.

Diese empirischen Befunde legen nahe, dass Technologien, welche sich dem Nutzer als paternalistisch darstellen, indem sie ihm das letzte Wort entziehen, auf weniger Akzeptanz stoßen also solche, die dem Nutzer mehr Freiheitsgrade einräumen. Mehr Details zu den vorgenommenen Untersuchungen finden sich in [SpR06].

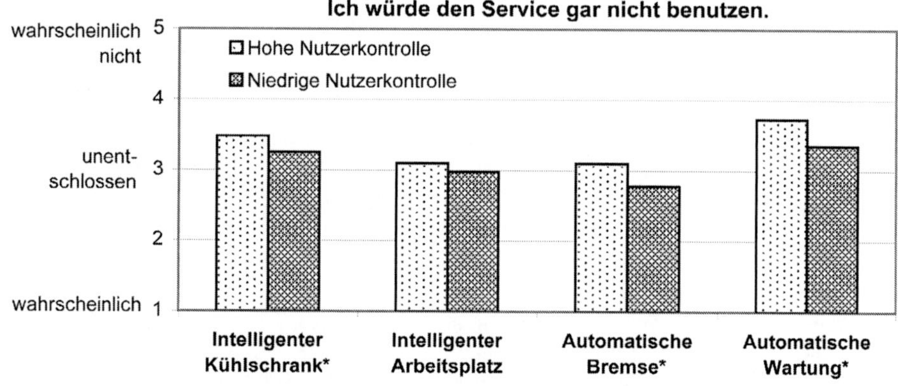

Abb. 1. Nutzungsintention von Ubicomp-Services

Schlussfolgerungen

Die Kernfragen, welche sich aus dem Konzept des Technologiepaternalismus ergeben, sind wiederkehrend dieselben: Wann möchten wir die Dinge unter unserer unmittelbaren Kontrolle haben und wann sollen sie autonom und im Hintergrund agieren? Wann dürfen oder sollten Systeme aufdringlich sein? Wann ist Paternalismus gut oder im Gegenzug kategorisch abzulehnen? Und natürlich, wer kontrolliert wen in unterschiedlichen Kontexten?

Die ersten beiden Fragen muss jeder für sich selbst beantworten. Einige Menschen werden die eigene Kontrolle um jeden Preis bevorzugen, auch wenn damit weniger Komfort und mehr Aufmerksamkeitsinvestitionen verbunden sind. Andere werden sehr erfreut darüber sein, wenn viele Dinge um sie herum automatisch ablaufen. Es gibt hier keinen Königsweg, wie Systeme gebaut werden sollten, außer vielleicht die Systeme so zu gestalten, dass sie jedem potenziellen Nutzer die Wahlmöglichkeit lassen, wie viel er delegieren möchte, dass sie also durch den Nutzer konfigurierbar sind.

Die Frage, ob Paternalismus gut oder schlecht ist, ist eine der ältesten philosophischen Fragestellungen. Sunstein und Thaler [SuTh03] propagieren ein Modell des „Liberalen Paternalismus", denn, so argumentieren sie, „es ist nachweislich falsch [anzunehmen], dass alle Leute [...] Entscheidungen treffen, die in ihrem besten Interesse sind oder geschweige denn besser sind als solche, die durch dritte Parteien für sie getroffen werden". Mitchell [Mit05] entgegnet, dass es für dritte Parteien unmöglich sei, über den individuellen Nutzen anderer zu urteilen, denn die Rangfolge der Bedürfnisse sei für jeden Menschen rein subjektiv.

Dieser Beitrag kann keine Antwort darauf geben, welche Sichtweise die richtigere ist. Jedoch haben wir das Prinzip des Paternalismus in der Technikgestaltung hier bewusst eingeführt, um eine Basis für Diskussion und Reflexion zu liefern, und wir haben gezeigt, dass es im Rahmen des Ubicomp nötig ist, das Paternalismuskonzept zu reflektieren; nicht zuletzt, um Marktchancen für die neuen Technologien zu erhöhen.

Literatur

[Agr01] Agre PE (2001) Changing Places: Contexts of Awareness in Computing. Human-Computer Interaction 16(2), 177–192

[Alt75] Altman I (1975) The environment and social behaviour: Privacy, personal space, territory, crowding. Monterey, California, Brooks/Cole

[BaK05] Baran E, Krasnova H (2005) Technology Paternalism. Seminararbeit, Institut für Wirtschaftsinformatik, Humboldt-Universität zu Berlin

[BGS05] Berthold O, Günther O, Spiekermann S (2005) RFID: Verbraucherängste und Verbraucherschutz. IWI Working Paper, Humboldt-Universität zu Berlin, Juli 2005

[BoC04] Bohn J, Coroama V, Langheinrich M, Mattern F, Rohs M (2004) Living in a World of Smart Everyday Objects – Social, Economic, and Ethical Implications. Journal of Human and Ecological Risk Assessment, 10(5), 763–786, www.vs.inf. ethz.ch/publ/papers/hera.pdf

[CoC05] Coutaz J, Crowley JL et al. (2005) Context is Key. Communications of the ACM 48(3), 49–53

[Cou05] Couto A (2005) The Social Legitimacy of Paternalism. Social Justice, Bremen

[Dwo02] Dworkin G (2002) „Paternalism". The Stanford Encyclopedia of Philosophy (Winter 2002 Edition), Edward N. Zalta (ed.), http://plato.stanford.edu/archives/win2002/entries/paternalism

[LDCE87] Longmans Dictionary of Contemporary English (1987) „Paternalism" und „paternal". Lizensierte Ausgabe veröffentlicht von Langenscheidt KG, Berlin

[Hoo04] Hooper S (2004) The car that can read road signs. In: CNN.com, Oktober 2004, www.cnn.com/2004/TECH/10/06/roadsign.recognition/

[LaL05] Lahlou S, Langheinrich M et al. (2005) Privacy and trust issues with invisible computers. Communications of the ACM 48(3), 59–60

[Les99] Lessig L (1999) Code and Other Laws of Cyberspace. Basic Books, New York

[LyY02] Lyytinen K, Yoo Y (2002) Issues and Challenges in Ubiquitous Computing. Communications of the ACM 45(12), 63–65

[Mar03] Margulis S (2003) Privacy as a Social Issue and Behavioral Concept. Journal of Social Issues 59(2), 243–261

[MWCD03] Merriam-Webster (2003) Paternalism. Merriam Webster's Collegiate Dictionary. In: Encyclopædia Britannica – Deluxe Edition 2003 for PC, Encyclopædia Britannica Inc., UK

[Mit05] Mitchell G (2005) Libertarian Paternalism is an Oxymoron. Nothwestern University Law Review, 99(3)

[PaD03] Palen L, Dourish P (2003) Unpacking 'Privacy' for a Networked World. CHI 2003, Ft. Lauderdale, Florida, USA, ACM Press.

[Pet04] Petersson L, Fletcher L, Barnes N, Zelinsky A (2004) An interactive driver assistance system monitoring the scene in and out of the vehicle. Proceedings of the 2004 IEEE International Conference on Robotics and Automation, 3475–3481

[Poh04] Pohl H (2004) Hintergrundinformationen der Gesellschaft für Informatik e.V. (GI) zu RFID – Radio Frequency Identification. Arbeitsbericht des Arbeitskreises Datenschutz und IT-Sicherheit, 8. Juni 2004

[Saa05] Saab (2005) Saab unveils alcohol lock-out concept to discourage drinking and driving. Saab South Africa, www.saab.com/main/ZA/en/alcokey.shtml

[She88] Sheridan T (1988) Task allocations and supervisor control. In: Helander M, Sheridan T (eds.) Handbook of Human-Computer Interaction, North-Holland, Elsevier Science Publishers, 159–173

[Spi05] Spiekermann S (2005) Perceived Control: Scales for Privacy in Ubiquitous Computing Environments. 10th International Conference on User Modeling, Edinburgh, Scotland

[SpP06] Spiekermann S, Pallas F (2006) Technology Paternalism – Wider Implications of Ubiquitous Computing. Poiesis & Praxis, International Journal of Ethics of Science and Technology Assessment 4(1), 6–18

[SpR06] Spiekermann S, Rothensee M (2006) Technology Acceptance in Ubiquitous Computing – Traditional Models Revisited. Institut für Wirtschaftsinformatik, Humboldt-Universität zu Berlin

[SpZ04] Spiekermann S, Ziekow H (2005) RFID: A 7-point-plan to ensure privacy. 13th European Conference on Information Systems, Regensburg, Mai 2005, www.wiwi.huberlin.de/~sspiek/ECIS_final.pdf

[StF03] Strassner M, Fleisch E (2003) The Promise of Auto-ID in the Automotive Industry. Arbeitsbericht Auto-ID Center, St. Gallen

[SuTh03] Sunstein C, Thaler R (2003) Libertarian Paternalism Is Not An Oxymoron. University of Chicago Law Review, 48(6)

[TR05] Technology Review (2005) Elektrisierende Idee. Technology Review, 5/2005, 30

[WeB98] Weiser M, Seely-Brown J (1998) The Coming Age of Calm Technology. In: Denning P, Metclafe R (eds.) Beyond Calculation: The Next Fifty Years of Computing, Copernicus, New York

[Wei91] Weiser M (1991) The Computer for the 21st Century. Scientific American 265(3), 66–75

[Wil04] Williams JM (2004) Technological Paternalism. Prism 14(4), Dezember 2004, American Society for Engineering Education, Washington DC

Dr. Sarah Spiekermann habilitiert am Institut für Wirtschaftsinformatik der Humboldt-Universität zu Berlin und führt dort für Prof. Oliver Günther seit 2004 das Berliner Forschungszentrum Internetökonomie (InterVal). Sie studierte Betriebswirtschaftslehre in Passau, Paris, Oxford und Berlin (Europäische Wirtschaftshochschule ESCP-EAP) und promovierte Ende 2001 an der Humboldt-Universität im Fach Wirtschaftsinformatik zum Thema Entscheidungsdelegation an Softwareagenten. Vor und nach ihrer Promotion war sie für mehrere Jahre in der Wirtschaft tätig, insbesondere als Beraterin bei A.T. Kearney.

In ihrer wissenschaftlichen Arbeit beschäftigt sich Sarah Spiekermann mit ethischen und betriebswirtschaftlichen Faktoren bei der Technologieakzeptanz. Ein Schwerpunkt liegt auf Arbeiten zum Erhalt von Privatsphäre und Sicherheit im E-Business und im Ubiquitous Computing. Von 2004 bis 2006 leitete sie im Auftrag des BMBF und in Kooperation mit dem Unabhängigen Landeszentrum für Datenschutz Schleswig-Holstein die Technikfolgenabschätzungsstudie Ubiquitäres Computing (Projektname „TAUCIS"). Sie berät namhafte Konzerne in diesem Themenumfeld und ist Mitbegründerin des Zentrums für Ubiquitäre Information an der Humboldt-Universität zu Berlin. Ihre derzeitige Lehrtätigkeit an der Humboldt-Universität bezieht sich auf die Analyse und das Design von IT-Systemen. Im Jahr 2006 lehrte sie ferner Technologieakzeptanz und Innovationsmanagement an der Carnegie-Mellon-Universität, Pittsburgh, USA.

Frank Pallas studierte an der Technischen Universität Berlin. Sein Studium schloss er 2004 mit einer Arbeit zum Thema „Mobiles Arbeiten – Bestandsaufnahme, Chancen und Risiken" ab. Nach einer kurzen Zeit in der freien Wirtschaft, in der er unter anderem für das Bundesministerium des Innern tätig war, wechselte er zurück an die TU Berlin und promoviert dort derzeit am Lehrstuhl für Informatik und Gesellschaft. Dabei befasst er sich mit unterschiedlichsten Fragestellungen aus dem Spannungsfeld zwischen Informatik, Ökonomie und Recht. Sein besonderes Interesse gilt den Themenbereichen Ubiquitous Computing, Mobile Computing, Datenschutz und IT-Sicherheit.

V. Reflexionen

Wohin verschwindet der Computer?
Ein kontroverser E-Mail-Wechsel

Vlad Coroama[1], Matthias Handy[2]
[1] Institut für Pervasive Computing, ETH Zürich
[2] Institut für Angewandte Mikroelektronik und Datentechnik, Universität Rostock

Kurzfassung. „Computer werden laufend kleiner, billiger und zahlreicher, bekommen nun auch Sensoren zur Beobachtung ihrer Umgebung und können drahtlos miteinander kommunizieren. Bald werden sie praktisch unsichtbar in alle möglichen Alltagsdinge eingebaut...".[1] So oder so ähnlich beschreiben Vertreter des Ubiquitous oder Pervasive Computing die Zukunft. Die Durchdringung des Alltags mit Computern scheint unaufhaltsam voranzuschreiten, gestritten wird lediglich über mögliche Auswirkungen. Die einen sehen darin die Lösung zahlreicher Probleme: Die Produktivität der Volkswirtschaft steigt, der Wohlstand wächst, Autos werden um Staus herumgeleitet, die Umwelt wird entlastet, Behinderte gewinnen an Lebensqualität, chronisch Kranke und Senioren können aus der Ferne betreut werden, Kinder leben sicherer und Eltern sorgenfreier. Andere Forscher erheben warnend den Zeigefinger: Die Privatsphäre sei in akuter Gefahr durch die nunmehr mögliche lückenlose Überwachung. Außerdem könnte der Mensch entmündigt werden, wenn auch die einfachsten Entscheidungen von unsichtbaren Computern getroffen würden. Die digitale Spaltung würde sich weiter vertiefen und bald auch im Alltag offensichtlich werden. Eine Gesellschaft, die sich immer mehr von der korrekten Funktionsweise von Computern abhängig mache, würde im Chaos versinken, wenn diese ihre Dienste verweigerten.

Der nachfolgende fiktive E-Mail-Wechsel hebt den Gegenstand des Diskurses über die Auswirkungen hinweg zu Fragen nach Sinn und Stellenwert des Ubiquitous Computing. Sind es wirklich derart zukunftsrelevante und einflussreiche Technologien, wie von den involvierten Forschern (gleichermaßen Befürwortern wie Skeptikern) angenommen? Oder sprechen zu viele wirtschaftliche Argumente sowie Akzeptanz- und juristische Probleme dagegen, so dass letztlich weder die großartigen Verheißungen noch die Horrorszenarien eintreten werden? Diese Fragen werden von zwei Wissenschaftlern diskutiert, die dafür in konträre Rollen schlüpfen: Auf der einen Seite steht der Verfechter der neuen Technologien, der sich zwar des Gefahrenpotenzials bewusst, jedoch überzeugt ist, dass die nutzbringenden Auswirkungen überwiegen werden und schließlich zum Wohlergehen der Menschheit beitragen. Ihm gegenüber steht der Skeptiker, der schon an den Visionen zweifelt und einen hohen Stellenwert des Ubiquitous Computing auf der Bedürfnisskala der Menschheit verneint. Von wem lassen Sie sich überzeugen?

---

[1] Siehe www.comp21.inf.ethz.ch.

```
Date:        Tue, 03 Oct 2006 11:27:42
From:        Vlad Constantin Coroama <coroama@inf.ethz.ch>
To:          Matthias Handy <matthias.handy@uni-rostock.de>
Subject:     Wohin verschwindet der Computer?
```

Lieber Matthias,

wir haben nun beide mehrere Jahre lang in dem von der Gottlieb Daimler- und Karl Benz-Stiftung[2] geförderten Kolleg „Leben in einer smarten Umgebung – Auswirkungen des Ubiquitous Computing"[3] mit viel Begeisterung mitgearbeitet. Das Kolleg ging davon aus, dass die Technologien des Ubiquitous Computing in den nächsten Jahren eine breite und nachhaltige Wirkung entfalten würden. Idee des Kollegs war es, schon im Vorfeld dieser Entwicklungen anhand von Szenarien, konkreten Prototypen, aber auch in teilweise spekulativer und spielerischer Weise die Folgen der neuen Technologien und die möglicherweise auftauchenden Fragestellungen frühzeitig zu erkennen und zu untersuchen.

Eine der wichtigsten Aufgaben des Kollegs bestand darin, mittelfristig über den Kreis der Teilnehmenden hinaus in der Öffentlichkeit Aufmerksamkeit zu erzeugen und Wirkung zu erzielen, indem etwa Gesellschaft und Politik auf die aufkommende Technik und ihre Chancen und Risiken aufmerksam gemacht werden. Dadurch sollte auf der einen Seite die gesellschaftliche Diskussion frühzeitig angeregt und mit klaren Informationen versorgt werden, auf der anderen Seite der gesetzgebende Prozess gestalterisch begleitet werden. Anfang 2002, als das Projekt startete, erschien uns eine öffentlich kontrovers geführte Diskussion über die Chancen und vor allem über die Risiken des Ubiquitous Computing, ähnlich wie bei der Gentechnologie, nicht nur denkbar, sondern geradezu unvermeidlich.

Um dieser Diskussion und den darin auftauchenden Fragestellungen in geeigneter Weise begegnen zu können, hat sich seinerzeit eine breite und – aufgrund des fachübergreifenden Charakters des Themas – interdisziplinäre Gruppe von Wissenschaftlern im Kolleg zusammengefunden. Vertreten waren dabei neben Informatikern und Elektrotechnikern auch eine Reihe von Geisteswissenschaftlern: Datenschutzexperten und Rechtswissenschaftler, Psychologen und Soziologen, Volks- und Betriebswirte.

Nun, vier Jahre später, in denen etliche Demonstratoren sowie eine weithin beachtete Studie über Ubiquitous-Computing-Zukunftsszenarien und -Auswirkungen [Cor03] entstanden sind, fühle ich, dass die Zeit reif geworden ist für ein Fazit. Wenn ich zurückschaue, so kann ich mich des Eindrucks nicht ganz erwehren, wir hätten damals die Wichtigkeit des ganzen Gebietes „Ubiquitous Computing" überbewertet und dementsprechend auch der Untersuchung der positiven wie negativen Folgen dieser Technologien eine zu große Wichtigkeit beigemessen. Dies ist auch der Grund, weshalb ich Dir schreibe – ich würde gerne Deine Meinung dazu wissen.

---

[2] www.daimler-benz-stiftung.de
[3] www.smart-environment.de

Wieso denke ich, wir hätten das Gebiet überbewertet? Nun, zum einen weil in diesen vier Jahren zwar einige Aufregung über RFID-Technologie und Privatsphäre aufkam,[4] der von uns damals erwartete gesellschaftsweite Diskurs über Ubiquitous Computing und dessen Folgen jedoch meines Erachtens so nicht stattgefunden hat. Man könnte dagegen argumentieren, dass dies nichts zu bedeuten hätte und die gesellschaftliche Diskussion kurz vor ihrem Ausbruch stünde. Ich möchte mich auf derartige Spekulationen nicht einlassen, sondern lieber meinem Verdacht nachgehen, dass wir dem Gebiet zu viel Bedeutung zumessen. Dafür werde ich versuchen, meine normale Sichtweise (die des Forschers, der täglich mit einem Gebiet in Kontakt kommt, das ihm dann fast zwangsläufig als essentiell erscheint) abzulegen und auf einer Meta-Ebene einige Fragen nach dem Sinn von Ubiquitous Computing und dessen Stellenwert auf der Bedürfnisskala der Menschheit zu stellen.

Sehr oft hört man nämlich in unserer akademischen Gemeinschaft, der Trend hin zur totalen Informatisierung des Alltags sei unaufhaltsam und werde viele Lebensbereiche verändern: das Arbeitsleben, die Freizeit, das Gesundheitssystem oder auch die Naturbeobachtung und die Katastrophenvorsorge und -bekämpfung. So heißt es zum Beispiel in einem typischen Artikel: „Denn nicht nur Mikroprozessoren und ganze Computer werden immer leistungsfähiger, kleiner und preiswerter, sondern bald lassen sich auch über Funk miteinander kommunizierende Sensoren, die ihre Umgebung erfassen, sehr billig in miniaturisierter Form herstellen und millionenfach in die Umwelt einbringen oder unsichtbar in Gegenstände einbauen. Zusammen mit neuen Technologien zur Ortsbestimmung bekommen so gewöhnliche Dinge eine noch nie dagewesene Qualität – diese können dann wissen, wo sie sich gerade befinden, welche anderen Gegenstände oder Personen in der Nähe sind und was in der Vergangenheit mit ihnen geschah [...] Langfristig entsteht so ein ‚Internet der Dinge‘, das gewaltige Auswirkungen auf viele Lebensbereiche haben dürfte." [Mat05]

Ausgehend von derartigen technologisch motivierten Visionen ist ein ganzer Forschungszweig entstanden, der, wie auch unser Kolleg, mögliche Auswirkungen der neuartigen Technologien untersucht. Über die letzten Jahre wurden so auf wissenschaftlich hohem Niveau verschiedenste Konsequenzen von Pervasive und Ubiquitous Computing untersucht. Die im deutschsprachigen Raum wohl bekannteste Studie untersuchte mögliche gesundheitliche und ökologische Folgen [Hil03] und wurde auch ins Englische übersetzt. Unsere Forschungsgruppe an der ETH Zürich hat eine ganze Reihe von Artikeln zu sozialen und ökonomischen Konsequenzen sowie zum Schutz der Privatsphäre verfasst, z.B. [Boh05]. In der im Kolleg entstandenen Studie [Cor03] haben wir anhand ausgewählter Ubiquitous-Computing-Zukunftsszenarien eine recht große Bandbreite an potenziellen Auswirkungen untersucht, so zum Beispiel die zunehmende Systemabhängigkeit oder die möglich werdende subtile Beeinflussung von Menschen durch die „Ideo-

---

[4] So hat beispielsweise die Handelskette Metro ein RFID-Pilotprojekt frühzeitig gestoppt, da das Thema in der Öffentlichkeit stark emotionalisiert wurde. Siehe auch www.heise.de/newsticker/meldung/45062.

logisierung" alltäglicher Geräte. An der Universität St. Gallen wurde intensiv die betriebswirtschaftliche Auseinandersetzung mit Ubiquitous Computing vorangetrieben, so zum Beispiel in [Fle03]. Zudem gab es in den letzten Jahren vermehrt überdisziplinäre Dialoge zu den Zukunftsaussichten von Pervasive und Ubiquitous Computing, sei es bei der Academia Engelberg[5], der Stiftung Risiko-Dialog[6] oder den vielen von der Gottlieb Daimler- und Karl Benz-Stiftung organisierten Kolloquien im Rahmen unseres Kollegs.

All diese Studien, Fachartikel und Diskussionen basieren jedoch auf der Annahme, dass Ubiquitous bzw. Pervasive Computing mit Gewissheit ein wichtiger Teil unserer Zukunft sein wird, der tiefgreifende gesellschaftliche Veränderungen hervorrufen wird. Ist das wirklich so? Wie wichtig ist denn Ubiquitous Computing wirklich auf der Werteskala der Menschheit, und lohnt sich der immense Forschungsaufwand tatsächlich, der für das Gebiet getrieben wird? Um einige populäre Beispiele aus dem Gebiet aufzunehmen: Wen interessiert es denn wirklich, ein Telefon zu haben, das „automatisch" erkennt, ob ich in einem Meeting bin und sich dann selbst ausschaltet? Oder: Es ist sicherlich schön, wenn ich immer in Erfahrung bringen kann, wo sich mein Schlüsselbund gerade befindet, doch wie wichtig ist das wirklich? Wer will denn ernsthaft einen Spiegel, der ihn (oder noch schlimmer: sie!) bei der Kleiderwahl berät?

Was will ich damit sagen? Ubiquitous Computing verspricht sicher einige sinnvolle Anwendungen, beispielsweise dass keine Kinder mehr verloren gehen können. Der Nutzen (und ich meine hier nicht den wirtschaftlichen, sondern primär den sozialen Nutzen) scheint mir insgesamt allerdings doch recht marginal zu sein. Es wäre ja auch schön, wenn keine Gletscher und keine Wälder mehr verloren gehen würden, wenn neuartige Medikamente oder die Gentechnologie Krankheiten wie AIDS heilen würden, und so weiter. Forschungsgelder wären in derartigen Bereichen gut aufgehoben. Was hat dagegen die Vision des Ubiquitous Computing zu bieten? Außer einigen wirtschaftlichen Anwendungen, etwa in der Logistik, gegen die ich gar nicht argumentieren möchte, besteht die Vision doch hauptsächlich aus einer Reihe von bestenfalls halbfertig durchdachten Szenarien von zweifelhaftem Wert.

Über eine Antwort würde ich mich freuen!

Viele Grüße aus Zürich,

Vlad

---

[5] Siehe www.academia-engelberg.ch/en/activities_con2003.html.
[6] Siehe www.risiko-dialog.ch/pervasivecomputingdialog.htm.

```
Date:      Wed, 11 Oct 2006 17:04:12
From:      Matthias Handy <matthias.handy@uni-rostock.de>
To:        Vlad Constantin Coroama <coroama@inf.ethz.ch>
Subject:   Re: Wohin verschwindet der Computer?
```

Lieber Vlad,

habe ich da etwa einen Anflug von Frustration aus Deiner E-Mail gelesen? Oder sollte sich bei Dir eine ernsthafte Sinnkrise anbahnen? Was es auch immer ist, ganz so düster würde ich das Bild von der gesellschaftlichen Bedeutung des Ubiquitous Computing und seiner Anwendungen nicht zeichnen.

Ich möchte etwas Aufhellung ins Spiel bringen, denn ich denke, Du blendest bei Deiner Betrachtung wichtige Anwendungsfelder aus oder marginalisierst diese. Ich meine, es existieren zahlreiche Anwendungen des Ubiquitous Computing, die vielleicht nicht direkt „wichtige" Menschheitsprobleme lösen, aber doch zumindest zur Lösung beitragen können. Nehmen wir als Anwendungsbeispiel drahtlose Sensornetze. Auch wenn es von Marc Weiser in seinem vielzitierten Artikel *The Computer of the 21st century* [Wei91] nur indirekt erwähnt wurde, so umfasst die Vision des Ubiquitous Computing nach Ansicht vieler Experten auch dieses Forschungsfeld [Lam02, Est02, Cul04, Mat05]. So wird zum Beispiel in [Est02] direkt auf Weisers Artikel eingegangen, in dem die Protagonistin Sal beim Blick aus dem Fenster „Spuren" von den Morgenspaziergängen ihrer Nachbarn sieht. Diese Spuren könnten von smarten Pflastersteinen erfasst worden sein, die durch Drucksensoren Aktivitäten erkennen und durch Kommunikation untereinander die Richtung des Fußgängers ermitteln.

Anwendungen des Ubiquitous Computing sind zwangsläufig auf die Informationen von Sensoren angewiesen, um ein möglichst genaues Bild vom eigenen Zustand und dem Zustand der Umgebung zu erhalten. Viele vernetzte und mit Rechenfähigkeit versehene Sensorknoten können ein viel feineres Bild der Umwelt und des eigenen Zustands erzeugen, als dies ein einzelner herkömmlicher Sensor vermag. Wenn wir drahtlose Sensornetze als Element der Vision des Ubiquitous Computing sehen, dann sind auch die Nutzungsszenarien drahtloser Sensornetze Anwendungen des Ubiquitous Computing. Und für diese gibt es eine Vielzahl von nützlichen Beispielen [Aky02, Est02, Cho03, Cul04]. Nehmen wir etwa ein Sensornetz zur Eindämmung bzw. Erkennung von Waldbränden. Dafür können winzige drahtlose Sensorknoten in einer bestimmten Dichte über ein waldbrandgefährdetes Gebiet „verstreut" werden. Diese Knoten werden dann Ausbreitung, Bewegungsrichtung und Geschwindigkeit eines Brandherdes bestimmen. Überdies können Temperaturunterschiede und deren Verläufe innerhalb des Ausbreitungsgebietes gemessen werden. Weitere wichtige Anwendungen sind die Hochwasserbekämpfung, Präzisionslandwirtschaft, Gebäudeautomatisierung oder das Supply-Chain-Management. Wenn wir es noch weiter fassen, können wir auch ein Tsunami-Frühwarnsystem als Sensornetz ansehen. Und nun erzähle mir nicht, dies wären keine existenziellen Probleme der Menschheit!

Und wenn wir mit einer neuen Technologie existenzielle Probleme lindern können, dann wirst auch Du, Vlad, einen Gewinn an Bequemlichkeit als „Abfallprodukt" leichter akzeptieren: Wenn ich schon ein Telefon habe, das sich auf unterschiedliche Weise bei seinem Benutzer bemerkbar machen kann, dann ist es doch eine sinnvolle Weiterentwicklung, wenn es auch erkennt, in welcher Situation ich mich befinde. Und eine Ortungsmöglichkeit für Alltagsgegenstände ist doch auch eine nützliche Sache – und das nicht nur für Menschen mit Demenzerkrankungen.

Du siehst, die Schwarzmalerei will und kann ich so nicht gelten lassen und hoffe, Dich ein wenig optimistischer gestimmt zu haben, und verbleibe mit vielen Grüßen,

Matthias

Date:	Fri, 13 Oct 2006 15:26:10
From:	Vlad Constantin Coroama <coroama@inf.ethz.ch>
To:	Matthias Handy <matthias.handy@uni-rostock.de>
Subject:	Re: Wohin verschwindet der Computer?

Lieber Matthias,

vielen Dank für Deine Antwort! Es freut mich, dass offensichtlich ein Dialog zum Thema entsteht. Natürlich sind Hochwasser- oder Waldbrandbekämpfung wichtige Anwendungsfelder von Ubiquitous Computing oder jeglicher anderer geeigneter Technologie. Provokativ muss ich Dich dennoch fragen: Wie oft wurde bislang ein Waldbrand mit Hilfe von Ubiquitous-Computing-Technologien frühzeitig entdeckt?

Meine Skepsis ist nicht verflogen, ganz im Gegenteil: Je mehr ich darüber nachdenke, desto mehr Argumente finde ich für meine These! Ich möchte daher erneut auf den bereits in meiner ersten E-Mail angesprochenen Stellenwert von Ubiquitous Computing auf der Werteskala der Menschheit eingehen. Diesmal möchte ich die Analyse verfeinern und zwischen *Vision* und *Umsetzung* von Ubiquitous Computing unterscheiden.

Zur Umsetzung: Es geht ja nicht nur um Waldbrände, die noch nie mit Techniken des Ubiquitous Computing bekämpft wurden. Kannst Du mir ein einziges Beispiel nennen, in dem Ubiquitous-Computing-Technologien erfolgreich eingesetzt wurden, um Menschenleben zu retten, die Umweltverschmutzung erheblich zu reduzieren, benachteiligten Gruppen zu helfen, oder wo sie sonst irgendeinen deutlichen sozialen Effekt gehabt hätten? Ich bin überzeugt, dass die Umsetzungen einer Vision (oder auch deren Ausbleiben) einiges über die Qualität der Vision selbst aussagt.

Natürlich kann immer entgegengehalten werden, die Vision sei phantastisch, die Zeit der „richtigen" Umsetzung sei jedoch noch nicht gekommen und die bisherigen Versuche seien nur als Anfangsschwierigkeiten eines jungen Gebiets zu interpretieren. Ich denke jedoch, dass in einem Gebiet, in dem seit über 10 Jahren mit zum Teil erheblichem Aufwand geforscht wird, bereits bis heute deutlich mehr Sinnvolles hätte passieren sollen. Außerdem würde ich ein derartiges Argument schon deswegen nicht gerne gelten lassen, weil es mich zu stark an die Verharmlosung des Kommunismus erinnern würde. Es gibt ja die Meinung, die kommunistischen Visionen seien wunderbar, sie wären leider nur noch nicht richtig in die Praxis umgesetzt worden. Nachdem jedoch das System fast ein Jahrhundert lang auf vier Kontinenten ausprobiert wurde und unglaubliche Schäden angerichtet hat, kann man wohl ruhigen Gewissens sagen, dass dies nicht nur „falsche Umsetzungen" waren, sondern dass vielmehr das Problem in der Vision eines totalitären Regimes selbst liegt – egal, wie hehr dessen Ziele sein mögen. Ähnlich (und ohne das Verhältnis zu vergessen) scheint mir, dass sich die Schonzeit des Ubiquitous Computing langsam dem Ende zuneigen sollte und es für das Gebiet höchste Zeit wäre, einige wirklich sinnvolle Anwendungen hervorzubringen, um sich zu bewähren.

Da sich mir die Parallele zur Nicht-Realisierbarkeit der kommunistischen Vision aufdrängte, möchte ich noch in Klammern anmerken, dass die Vision des Ubiquitous Computing in einem ganz anderen Zusammenhang schon gelegentlich mit dem Wort „totalitär" in Verbindung gebracht wurde. So argumentiert beispielsweise Adamowsky: „Wer so auf die Idee von allüberall und alle besteht, plant ein Projekt, das auf Totalität abzielt und damit auch nah am Totalitären steht" [Ada03]. Und Araya sah darin schon 1995 den Versuch einer gewaltsamen und gleichzeitig verheimlichten technologischen Eroberung des Alltagslebens, da in der Vision die Technik überall eindringen und unsichtbar sein soll [Ara95]. Ich möchte jedoch diesen Sorgen nicht weiter nachgehen, da sie auf einer eher eigenwilligen Auslegung der Weiser'schen Vision beruhen und sie mir ohnehin überzeichnet scheinen.

Zurück daher zu meiner Skepsis hinsichtlich der Relevanz von Ubiquitous Computing. Da sich in der Praxis nicht so viel tut, möchte ich nun die Zukunftsvisionen selbst unter die Lupe nehmen. Du hast einige Beispiele sinnvoller Anwendungen von Sensornetzen genannt. Doch schon in Deine nach positiven Anwendungen suchende Sichtweise mischen sich „Visionen" ein, die mir von sehr zweifelhaftem Wert erscheinen, so etwa das Lesen von Spuren der Morgenspaziergänge der Nachbarn.

Insgesamt möchte ich jedoch zugestehen, dass sich im Bereich der Sensornetze viele überzeugende Anwendungen finden lassen. Sensornetzapplikationen sind dessen ungeachtet höchstens ein untergeordneter Teil der Ubiquitous-Computing-Vision. Die „klassische" Auslegung der Weiser'schen Vision betrachtet neben Sensornetzen mindestens in gleichem Maße die Ausstattung vieler (im Extremfall aller) Gegenstände der Welt mit Prozessoren, Speicher und drahtlosen Kommunikationsmodulen [Wei91, Mat05]. Diese sollen dadurch „smart" gemacht werden und so für uns Menschen außerordentliche Dienste leisten können. Es soll sich dabei explizit nicht nur um elektronische oder elektrische Geräte handeln, sondern tatsächlich um beliebige Alltagsgegenstände wie Tassen [Gel99], Zahnbürsten [Kaw05], Koffer und deren Inhalte[7] oder Spielkarten [Roe02].

---

[7] Siehe www.soft.uni-linz.ac.at/Research/Showcases/Web_Luggage/.

Soweit die Technologien. Die durchaus auch in seriösen Foren diskutierten Visionen, die durch den technologischen Fortschritt ermöglicht werden sollen, hören sich indessen teilweise recht skurril an. So schlägt die Information Society Technologies Advisory Group (ISTAG) der EU in einem Visionspapier zu Ambient Intelligence (ein von der Europäischen Union geprägter Begriff, fast deckungsgleich mit „Ubiquitous Computing") vier Zukunftsszenarien vor, die mit den Technologien des Ubiquitous Computing realisiert werden sollten [IST01]. „Dimitrios and the Digital Me (D-Me)" ist dabei noch eines der harmloseren. Das D-Me ist eine Art digitales Alter Ego von Dimitrios, dem Protagonisten des Szenarios. Das D-Me steht zwischen Dimitrios und seiner Umwelt und kann viele wundersame Dinge: „[...] following many other calls of secondary importance – answered formally but smoothly in corresponding languages by Dimitrios' D-Me with a nice reproduction of Dimitrios' voice and typical accent, a call from his wife is further analysed by his D-Me. In a first attempt, Dimitrios' ,avatar-like' voice runs a brief conversation with his wife, with the intention of negotiating a delay while explaining his current environment." Ich bitte Dich: Verschiedene Sprachen! Kann analysieren, ob ein Anruf meiner Frau wichtig ist! Und mit ihr einen Aufschub aushandeln! Wie soll dies mein Avatar können, wenn selbst ich das kaum schaffen würde?

Derartige weltfremde Visionen hört man andauernd in unserem Gebiet. Schlüsselbunde, die nicht mehr verloren gehen, intelligente Räume, die ihre Lichtintensität und Farbe dem gerade im DVD-Spieler laufenden Film anpassen,[8] Puppen, die ihre Kleider selbst einkaufen können,[9] und Tassen, die automatisch der Kaffeemaschine meine Präferenzen mitteilen, so dass mir die zwei Knopfdrücke erspart werden. Solcherart sind häufig die Visionen des Ubiquitous Computing, weniger die von Dir angesprochenen Sensornetzanwendungen gegen Waldbrände oder zum Beobachten von Tieren! Sehr viele dieser „Visionen", die unser Leben „erleichtern" sollen, bewegen sich in einer Grauzone zwischen Oberflächlichkeit und Bedeutungslosigkeit einerseits und Unsachlichkeit und „Orwell-ismus" andererseits.

Insgesamt gibt es zu viele unscharfe, oberflächliche, unbedeutende Visionen und so gut wie keine Realisierung der besseren Ideen – vielleicht sollten wir wirklich, bevor wir über die Folgen des Ubiquitous Computing reden, erstmal über dessen Relevanz nachdenken!

Mit besten Grüßen, Dein

Vlad

---

8   Siehe www.research.philips.com/technologies/syst_softw/ami/ambilight.html.
9   Siehe www.accenture.com/xd/xd.asp?it=enweb&xd=services\technology\
tech_autopurchase.xml.

```
Date:        Thu, 19 Oct 2006 09:58:21
From:        Matthias Handy <matthias.handy@uni-rostock.de>
To:          Vlad Constantin Coroama <coroama@inf.ethz.ch>
Subject:     Re: Wohin verschwindet der Computer?
Attachment:  wirtshaus-campus.jpg (73 KB)
```

Lieber Vlad,

prinzipiell teile ich Deine Ansicht: Eine nüchterne Abwägung des Stellenwertes
des Ubiquitous Computing ist notwendig und kann unter Umständen die Diskussion über mögliche Folgen dieser Technologien entpolemisieren. Zu Unrecht pran-
gerst Du jedoch die Lücke zwischen Vision und Umsetzung des Ubiquitous Computing an. Weisers Vision wurde im Jahr 1991 publiziert, und es sind seitdem
gerade anderthalb Jahrzehnte vergangen. Ein winziger Zeitraum, wenn man die
Tragweite der ausgemalten Technologien und ihrer Anwendungen betrachtet. Da
bedurften und bedürfen viele bahnbrechende Erfindungen und Entwicklungen
eines deutlich längeren Vorlaufs. Nehmen wir etwa die Gentechnologie, speziell
die Forschung an embryonalen und adulten Stammzellen. Ich erwidere Deine
Frage, wie oft bislang ein Waldbrand mit Hilfe von Ubiquitous-Computing-
Technologien frühzeitig entdeckt wurde, mit der Gegenfrage: Wie oft wurde bislang ein Multiple-Sklerose-Erkrankter durch Entwicklungen der Gentechnologie
geheilt? Oder nehmen wir das Beispiel Kernfusion. In Versuchsreaktoren gelingt
diese bereits. Erste kommerziell nutzbare Reaktoren werden jedoch nicht vor 2030
bis 2050 erwartet. Du willst sicherlich an dieser Stelle dazwischenrufen, dass Nutzen und Folgen der Gen- und Kerntechnik in der Öffentlichkeit äußerst kritisch
diskutiert werden und dies doch auch ein Beleg für den höheren Stellenwert dieser
Technologien gegenüber dem in den Massenmedien oft übergangenen Ubiquitous
Computing sei. Dies mag stimmen, verglichen jedoch mit der Kern- und Genforschung sind die Forschungsetats der Ubiquitous-Computing-Gemeinde verschwindend gering (der Bau des Versuchsreaktors für die Kernfusion im südfran-
zösischen Cadarache soll 4,5 Milliarden Euro kosten, der geplante 20-jährige Betrieb der Anlage soll einen ähnlichen Betrag verschlingen). Folglich ist Forschung
im Bereich des Ubiquitous Computing weder überbewertet noch überdotiert und
auch lange nicht verspätet im Hinblick auf die Realisierung der Vision. Was hätte
man einem Gottfried Wilhelm Leibniz vorwerfen können, dessen Entwicklung des
Dualsystems Ende des 17. Jahrhunderts lange Zeit nur philosophische und theolo-
gische „Anwendungen" hervorbrachte?

Du fragst nach sinnvollen Anwendungen? Ich antworte Dir: Sie wurden entwickelt oder befinden sich gerade in der Entwicklung. Bei Naturkatastrophen oder
terroristischen Angriffen mit einer hohen Zahl ziviler Opfer kann eine ubiquitäre
drahtlose Infrastruktur, wie sie etwa im Rahmen des Forschungsprojektes Code-
Blue an der Harvard University entwickelt wird, helfen, Rettungskräfte schneller
zu Hilfsbedürftigen zu leiten und lebensrettende Maßnahmen besser zu koordinieren [Lor04]. Code-Blue ist eine heterogene, drahtlose Infrastruktur, bestehend
aus energiesparenden Vitalsensoren, PDAs und PCs, die im Katastrophenfall ei-

nen zuverlässigen, bedarfsgerechten und schnellen Datenaustausch zwischen den verschiedenen Rettungseinheiten ermöglicht. Auch zur besseren Betreuung alter und kranker Menschen werden Ubiquitous-Computing-Technologien bereits eingesetzt. So unterstützt eine von Intel ins Leben gerufene Initiative mit dem Namen „Computer-Supported Coordinated Care" die Organisation der häuslichen Pflege älterer Menschen [Con04]. Ebenso profitieren behinderte Menschen von Entwicklungen des Ubiquitous Computing: An der Universität Washington wurde eine kostengünstige tragbare „Sehhilfe" entwickelt, die Sehbehinderte warnt, wenn eine Kollision mit einem stationären Objekt droht [Bry04]. Und darf ich bei dieser Gelegenheit daran erinnern, dass Du selbst mit der „Chatty Environment" eine sinnvolle Anwendung von Ubiquitous-Computing-Technologien entwickelt hast [Cor04]?

Du beklagst ferner die Unschärfe der Vision. Ich meine jedoch, eine unscharfe Vision ist der Regel- oder Normalfall und eine scharfe Vision die Ausnahme. Viele Visionen, die wir aus der Zeitgeschichte kennen, lagen in ihrer konkreten Ausprägung daneben, wirken rückblickend vielleicht sogar lächerlich. Sie waren im Kern jedoch richtig. Als Beispiel sei hier Jules Vernes Vision von der Reise zum Mond genannt [Ver76], ein uralter Menschheitstraum. Vernes Roman, der um das Jahr 1865 entstand, ist ein Spiegel des wissenschaftlichen Erkenntnisstandes der damaligen Zeit: Als Antrieb wird eine Kanone verwendet, die Raumfahrer führen neben einem Vorrat an Nahrungsmitteln auch Sauerstoff und eine Kohlendioxid absorbierende Chemikalie mit, sie erleben die Schwerelosigkeit und wassern schließlich im Pazifik. Ungefähr 100 Jahre später wurde diese unscharfe Vision Realität mit der Mondlandung von Apollo 11. In der Anlage sende ich Dir ein Bild aus dem 19. Jahrhundert, auf dem die Vision eines virtuellen Campus, natürlich gezwängt in das Gewand des damaligen Standes der Technik, dargestellt ist.[10] Studenten können bei Bier und Wein in der Kneipe sitzend die Vorlesung über Telefonverbindungen verfolgen. Heute ist dies sogar drahtlos per Videotelefonie möglich. Auch hier gilt wieder: Die Vision war unscharf, der Kern richtig. Auch Weisers Vision mag unscharf sein, viele der von ihm prognostizierten Entwicklungen könnten jedoch in der einen oder anderen Ausprägung Realität werden. Das gilt übrigens auch für Sensornetze, die ich im Gegensatz zu Dir nicht als untergeordneten Teil der Ubiquitous-Computing-Vision sehe, sondern als ein Kernelement. Wirf nur einmal einen Blick in einschlägige Zeitschriften und Tagungsbände aus dem Ubiquitous-Computing-Bereich!

Schließlich möchte ich noch auf zwei eher subjektiv gefärbte Argumente Deiner E-Mail eingehen (das Beste habe ich mir für den Schluss aufgehoben). Du rückst Ubiquitous Computing mit einem Zitat in die Nähe des Totalitären. Jetzt ist es an mir zu argumentieren, dass Du damit Ubiquitous Computing bedeutender machst, als es in Wirklichkeit ist. Ein totalitäres System zeichnet sich aus durch „uneingeschränkte Verfügung über die Beherrschten und ihre völlige Unterwerfung unter ein (diktatorisch vorgegebenes) politisches Ziel..." [Sch01]. Also bitte, das nenne ich mit Kanonen auf Spatzen schießen (oder auf Sensorknoten)! Außer-

---

[10] Carl Stauber (1882) *Die Zukunft des Telefons.*

dem sind derartige Vergleiche immer gefährlich, da sie die Leiden der Opfer totalitärer Systeme relativieren.

Und zu der Sache mit dem Aufschub: Sei ehrlich, wenn es wirklich um eine wichtige Angelegenheit geht, dann schaffst Du es, einen Aufschub mit Deiner Frau auszuhandeln, und dann schafft es auch ein „Avatar" (oder Deine Sekretärin, oder Dein Kollege...).

Liebe Grüße,

Matthias

```
Date:      Mon, 23 Oct 2006 15:34:06
From:      Vlad Constantin Coroama <coroama@inf.ethz.ch>
To:        Matthias Handy <matthias.handy@uni-rostock.de>
Subject:   Re: Wohin verschwindet der Computer?
```

Lieber Matthias,

Du hast in Deiner letzten E-Mail sicher einige gute Argumente geliefert. Andere jedoch verzerren etwas die Wirklichkeit bzw. sind meiner Ansicht nach schlichtweg falsch. So schreibst Du beispielsweise: „...verglichen jedoch mit der Kern- und Genforschung sind die Forschungsetats der Ubiquitous-Computing-Gemeinde verschwindend gering" und führst dann das Beispiel eines 4,5-Milliarden-Euro-

Reaktors an, um auf die außerordentliche Höhe der Summen in diesen anderen Bereichen hinzuweisen. Daraus könnte ja der Eindruck entstehen, dass der Bereich des Ubiquitous Computing / Ambient Intelligence mit einem deutlich kleineren Etat auskommen müsste. Dies stimmt jedoch nicht. In Wahrheit handelt es sich bei den Forschungsetats unserer Gemeinde ebenfalls um Summen in Milliardenhöhe. So sind im sechsten Rahmenprogramm der Europäischen Union für die „Information Society Technologies" insgesamt 3,6 Milliarden Euro als Budget vorgesehen.[11] Dabei ist „Ambient Intelligence" der größte von vier Bereichen, die sich diesen Haushalt teilen, und dürfte demnach mindestens 25% dieser Summe abschöpfen. Natürlich ist dies ein Budget für insgesamt fünf Jahre (2002-2006), Dein Reaktor wird jedoch auch nicht von heute auf morgen gebaut. Vielmehr soll er erst 2015 fertig gestellt werden.[12]

Interessanterweise ist das EU-Forschungsbudget der „Information Society Technologies" (mit Ambient Intelligence als Schwerpunkt) sogar höher als das Budget für „Life Sciences, Genomics and Biotechnology", zu welchem Gentechnik, Dein anderes Beispiel eines Bereiches mit einem „ungleich höheren" Budget, gehört.[13] Ich habe die EU-Forschungsetats aufgeführt, weil sich diese einfach finden und vergleichen lassen. Natürlich gesellen sich zu diesen (und zwar in allen drei Bereichen) US-amerikanische und andere nationale Forschungsgelder, die Industrieforschung sowie militärische Quellen (die gerade im Bereich der Sensornetze nicht spärlich fließen) dazu. Insgesamt muss ich mich jedoch klar Deiner Aussage verwehren, Ubiquitous Computing und Ambient Intelligence hätten deswegen noch nicht viel hervorbringen können, weil die Forschungsmittel zu gering seien. Ich hoffe belegt zu haben, dass das Gegenteil der Fall ist und die Forschung im Bereich des Ubiquitous Computing mit vergleichbarem (personellem und finanziellem) Aufwand betrieben wird wie die Gen- oder Kernforschung – wenn auch, wie Du selbst meinst, viel weniger beachtet von der Öffentlichkeit.

Ferner bringst Du einige Beispiele aus dem späten 19. Jahrhundert. Natürlich ist es so, dass vor mehr als hundert Jahren Enkelkinder noch weitgehend wie ihre Großeltern gelebt haben und sich Dinge nur langsam veränderten. Neue Entdeckungen und technische Entwicklungen setzten sich sehr schleppend durch. Dies hat sich allerdings in den letzten Jahren geändert. Denk doch nur an die Mobiltelefonie, die in etwa einem Jahrzehnt den Markt überflutet hat, oder an die digitalen Kameras, die eine noch kürzere Zeit dafür brauchten. Manche Wissenschaftler und Zukunftsforscher behaupten sogar, der technologische Fortschritt allgemein entwickle sich exponentiell (eine Art sehr verallgemeinertes Moore'sches Gesetz also). So schreibt zum Beispiel Kurzweil: „The exponential growth of technology is not limited to computation, but applies to all information-based technologies, including communications, memory, brain scanning, genomics, miniaturization, and even the rate of technical progress." Und weiter heißt es: „... it is not the case that we will experience 100 years of progress in the twenty-first century; rather we will witness on the order of 20.000 years of progress (at today's rate of progress,

---

[11] Siehe http://europa.eu.int/comm/research/fp6/index_en.cfm?p=2.
[12] Siehe www.itercad.org/roadmap.html.
[13] Letzteres siehe http://europa.eu.int/comm/research/fp6/index_en.cfm?p=1.

that is)" [Kur01]. Zugegeben, Kurzweil ist ein unverbesserlicher Technikoptimist. Dennoch beobachten wir alle, dass es immer weniger Zeit braucht, bis sich eine (letztlich erfolgreiche!) Technologie durchsetzt. Daher ist es auch nicht korrekt, Beispiele aus vergangenen Jahrhunderten heranzuziehen (wie in Deiner letzten E-Mail), um die lange Zeit zu unterstreichen, die nötig ist, bis die Wirkungen einer neuen Technologie einsetzen.

Du nennst weiterhin ein paar Beispiele sinnvoller Anwendungen des Ubiquitous Computing, allen voran CodeBlue. Die Vision dahinter (Einsatzkräften schneller als heute ein besseres Bild über die Gegebenheiten am Ort einer Katastrophe zu geben) ist an sich lobenswert. Die Autoren sind auch nicht die Ersten mit einer derartigen Idee. Hier an der ETH Zürich wurde zum Beispiel prototypisch ein neues Lawinenverschütteten-Suchgerät entwickelt, das den Suchenden neben dem Ort der Opfer auch weitere Daten zur Verfügung stellt: Sauerstoffgehalt sowie Puls und Körperlage der Verschütteten [Mic03]. Die Autoren mussten allerdings bei der praktischen Erprobung des Prototypen durch ausgebildete Bergretter viele Probleme feststellen. Einige davon waren technischer Natur. So könnten zum Beispiel die für den Prototypen benutzten Übertragungstechnologien (Bluetooth, WLAN) in einem fertigen Produkt nicht eingesetzt werden, da die entsprechenden Funksignale den Schnee nicht gut genug durchdringen [Mic03]. In dem CodeBlue-Artikel [Lor04] wird auf derartige Probleme überhaupt nicht eingegangen. Gerade jedoch in solchen Notfällen, für die CodeBlue gedacht ist, können Umgebungseinflüsse (etwa das in einem Gebäude ausgebrochene Feuer) auf die Qualität der von Sensoren gelieferten Daten erheblich sein. Des Weiteren zweifle ich an der Realisierbarkeit eines derartigen Konzepts schon aus Bequemlichkeitsgründen: Wenn man sich bewusst einer Gefahr aussetzt, so ist man bereit, für den Fall des Falles Schutzmaßnahmen zu treffen und dafür einen Verlust an Komfort in Kauf zu nehmen – etwa beim Motorradfahren einen Helm anzuziehen oder auf einer Skitour ein Lawinenverschütteten-Suchgerät bei sich zu tragen. Wenn Menschen jedoch alltäglichen Tätigkeiten nachgehen, so zweifle ich stark daran, dass sie bereit wären, sich (etwa bei der Arbeit) Sensoren um die Finger zu wickeln, damit bei einem höchst unwahrscheinlichen Brand die Retter ihre Lebenszeichen empfangen – und sie unter Umständen gar nicht mehr gerettet werden, weil die Lebenszeichen zu schwach sind und es andere Prioritäten gibt. Oder der Sensor nicht mehr richtig funktioniert. Oder die Batterien schon zu schwach sind.

Derartige Bedenken ethischer Natur waren auch die hauptsächlichen Einwände der professionellen Bergretter zum Lawinenschutz-Prototypen. Die überwältigende Mehrheit erfolgreicher Lawinenrettungen geschieht nämlich durch die nicht verschütteten Kollegen der Opfer. Grund dafür sind die kleinen Luftblasen, die sich um die Verschütteten bilden; dank ihnen hat man in den ersten 15 Minuten noch eine statistische Überlebenschance von 92%. 30 Minuten nach dem Unglück sind es nur noch 30%. Daher trifft die Bergrettung meist zu spät ein, und es bleibt den anderen Tourengehern überlassen, ihre Freunde schnell zu finden und auszugraben. Wenn diese nun plötzlich viel mehr Daten als früher kennen, so müssen sie ganz neue Entscheidungen treffen und unter Umständen über Leben und Tod ihrer Freunde oder Verwandten entscheiden: Zuerst die 20-jährige Freundin suchen, die nur noch schwache Lebenszeichen zu haben scheint, oder doch den Vater, dessen Lebenszeichen stabiler erscheinen und der deswegen eventuell (aber eben nur eventuell) noch länger überleben könnte? Derartige Entscheidungen könnten viele Menschen lähmen, so dass das Ergebnis viel schlechter ausfallen würde, als wenn statt Identität und Zustand lediglich die Position der Opfern bekannt wäre. Die Schweizer Bergretter, die den Prototypen analysiert haben, sprachen sich daher allesamt gegen dessen Einsatz aus.

Schließlich sprichst Du das von mir entwickelte Ubiquitous-Computing-System an, dessen Ziel ein erhöhtes Maß an Unabhängigkeit für Blinde im Alltag ist – die „gesprächige Umgebung" [Cor04]. Hauptziel des Systems war es zu zeigen, dass die von uns erwartete zunehmende Verbreitung von elektronischen Etiketten (die sogenannten „RFID tags") nicht nur die oft kritisierten Negativfolgen hinsichtlich der Privatsphäre, sondern auch soziale Chancen mit sich bringen kann. Man könnte nämlich die in Zukunft auf immer mehr Produkten vorhandenen elektronischen Etiketten mit geringem Mehraufwand auch dazu benutzen, blinden und stark sehbehinderten Menschen mittels Sprachausgabe eine Fülle von Informationen über die entsprechenden Produkte zu liefern. Auf zahlreiche, nur über den Sehsinn erfassbare Informationen haben diese Personen heutzutage keinen Zugriff. Dies fängt damit an, dass Blinde nur aus der Form von Produkten, gerade im Supermarkt, nicht auf deren Inhalt schließen können – tausende Gläser und Plastikbecher fühlen sich trotz sehr unterschiedlicher Inhalte identisch an. Auch viele weitere, heute nur auf Etiketten gedruckte Informationen könnten so den Blinden in akustischer Weise zur Verfügung gestellt werden: Preis und Zutaten, Ablaufdatum und Herkunft. Obwohl sich die potenziellen Nutzer des Systems in Interviews mit dem schweizerischen Blindenverband überwiegend positiv geäußert haben, muss jedoch ganz klar festgestellt werden, dass ein derartiges System nie für Blinde allein implementiert würde – die Benutzergruppe sei einfach zu klein, um wirtschaftlich relevant zu sein, so die Vertreter der Blindenorganisationen. Und selbst wenn ein System wie die „gesprächige Umgebung" flächendeckend verfügbar wäre, wie viel würde dies den Blinden wirklich zurückgeben? Das Geld wäre langfristig vielleicht viel besser in medizinische Forschung investiert! Wenn durch eine Wiederherstellung des Sehnervs oder neuartige Gehirnimplantate die meisten Blinden eines Tages wieder sehen könnten, wäre ihnen doch viel mehr geholfen als durch eine weitere (diesmal elektronische) Krücke.

Darüber hinaus gebe ich jedoch zu, dass Gesundheit eigentlich ein Gebiet wäre, in dem durch den Einsatz von Ubiquitous und Pervasive Computing viele sinnvolle Anwendungen realisiert werden könnten. Die überwältigende Mehrheit der vorgeschlagenen Systeme zielt jedoch leider ausschließlich auf Altersschwäche und Demenz. Im Jahr 2003, als ich am Gesundheitsworkshop der Ubiquitous-Computing-Konferenz teilnahm, hatten nicht weniger als 13 der 16 präsentierten Projekte diesen Schwerpunkt.[14] Der gesamte sogenannte UbiHealth-Bereich ist meines Erachtens erstarrt in den Visionen einiger sehr kostspieliger Anwendungen für die wenigen Pflegeheime, die sich diese leisten könnten.

---

[14] Siehe www.healthcare.pervasive.dk/ubicomp2003/papers/.

Damit bin ich auch schon beim letzten Argument für meine Skepsis bezüglich der Bedeutung von Ubiquitous Computing angekommen. Es geht um die Realisierbarkeit der Visionen von Ubiquitous Computing. Oder müsste ich eher Nicht-Realisierbarkeit sagen? Dabei will ich zwischen technischer, wirtschaftlicher und sozialer Machbarkeit unterscheiden.

Ich glaube, dass eine erdrückende Mehrheit der Ubiquitous-Computing-Visionen schon aus technischen Gründen nicht (zumindest nicht in nächster Zukunft) realisierbar ist. Im Endeffekt soll ja fast jedes Ding der Welt mit kleinsten Computerchips, Sensoren und drahtloser Kommunikationsmöglichkeit aufgewertet werden, vom smarten Auto bis hin zur smarten Zahnbürste, ein Internet der Dinge soll entstehen, in dem die Dinge dieser Welt auf eigenen Webseiten ihre „Erfahrungen" hinterlegen und so voneinander lernen können sowie im Verbund Aufgaben für uns Menschen erledigen und uns das Leben dadurch erleichtern. Dies heißt jedoch, dass Produkte von unzähligen Herstellern, basierend auf vielen ganz unterschiedlichen Hardware-Plattformen, miteinander kommunizieren müssen. Wie sollte das je klappen, wenn selbst heute bei einer relativ geringen Heterogenität an Hard- und Softwareplattformen und mit recht gut funktionierenden Standardisierungsverfahren immer wieder Kompatibilitätsprobleme auftauchen? Es vergeht ja beispielsweise kaum ein Geschäftstreffen, ohne dass sich nicht mindestens ein Laptopcomputer partout weigert, mit dem Projektor erfolgreich zu „kommunizieren". Und erst die vielen kleinen Probleme, die mit all den verschiedenen Systemvarianten auftauchen würden: Für das neuartige Lawinenverschütteten-Suchgerät muss ein neuer Kommunikationsstandard her, da die heutzutage verfügbaren den Schnee nicht gut genug durchdringen können. RFID-Etiketten können kaum durch Wasser oder Metall hindurch ausgelesen werden, und somit dürften auch die vielen Visionen des Einkaufens in der Zukunft, die unter anderem auch wir beide in [Cor03] beschrieben haben, recht wertlos sein. Und letztlich: Was passiert, wenn sich die Softwareversion 3.06.2 als fehlerhaft herausstellt und auf den 15 Milliarden Temperatursensoren dieser Welt durch den Nachfolger 3.06.3 ersetzt werden muss?

Des Weiteren möchte ich die wirtschaftliche Machbarkeit dieser großen, alles umfassenden Ubiquitous-Computing-Vision in Frage stellen. Insellösungen werden kommen, davon bin ich überzeugt, sei es in der Logistik, im Verkehr oder in anderen Bereichen. Wer sollte jedoch die Abermillionen Sensoren in der Welt verstreuen oder überall RFID-Lesegeräte aufstellen – und zu welchem Zweck? Solche Infrastrukturprojekte sind ja typischerweise Aufgabe des Staates. Angesichts leerer Kassen, dringenderer Probleme sowie der Tatsache, dass sich in den letzten Jahren wegen des Widerstands der lokal betroffenen Bevölkerung kaum noch eine Mobilfunk-Antenne aufstellen lässt, zweifle ich sehr stark an einer diesbezüglichen Initiative der öffentlichen Hand.

Zuletzt und als vielleicht wichtigsten Punkt möchte ich die „soziale Machbarkeit" ansprechen. Auch wenn die technischen Probleme lösbar und die Finanzierung gesichert wären, glaube ich nicht, dass unsere Gesellschaft bereit wäre zu akzeptieren, dass jederzeit alles über jedermann bekannt sein kann, dass zum Beispiel meine Freundin jederzeit die Webseite meines Koffers und somit seinen Aufenthaltsort abrufen kann. Und erzähl mir nicht, ich könne ja das Lokalisierungssystem des Koffers ausschalten oder meiner Freundin die Zugriffsrechte für die Webseite verweigern! Ich höre da schon: „Warum war Dein Koffer eigentlich ausgeschaltet, wo warst Du das letzte Wochenende nun wirklich?" Einen derartigen Koffer würde niemand kaufen wollen, genauso wenig wie den Kühlschrank, der sich nicht mehr öffnen lässt, wenn sein Alkoholsensor die schon eindeutige Fahne des Besitzers registriert. Spaß beiseite, die Gesellschaft scheint ja nicht einmal bereit zu sein, allgemein zugängliche Vaterschaftstests zuzulassen. Es wird debattiert, diese trotz ihres eindeutigen Nutzens komplett zu verbieten aus Angst, dass ausgeweitete Vaterschaftstests zu einer gesellschaftlichen Zerreißprobe führen würden. Die Akzeptanz einer ungleich weitergehenden Überwachung, wie sie von der umfassenden Ubiquitous-Computing-Vision impliziert wird, scheint daher erst recht fraglich.

Dass die „intelligenten Helfer", wie z.B. der in meiner vorherigen E-Mail erwähnte D-Me, weitere schwerwiegende soziale Akzeptanzprobleme hervorrufen würden (falls sie so umgesetzt würden, wie oft in Visionen und Projekten beschrieben), davon sind wir wohl beide überzeugt. Doch auch wenn Du lieber über Sensornetze sprichst, so macht diese andere Art von Visionen, die der kommunizierenden smarten Dinge, immer noch einen Großteil der Ubiquitous-Computing-Literatur (und auch der geförderten Projekte) aus. Daher möchte ich noch kurz Christopher Lueg erwähnen, der überzeugend argumentiert, dass viele Szenarien, Visionen und Projekte des Ubiquitous Computing sich eher wie Science Fiction anhören [Lue02]. Als Ursache identifiziert er die Tatsache, dass die den Menschen helfenden Systeme letztlich immer die Wünsche des Benutzers abschätzen müssen („approximation" ist der dabei verwendete englische Begriff). Dies sei jedoch ein alter unerfüllter Traum der künstlichen Intelligenz und auch unter dem Namen „Ubiquitous Computing" zum Scheitern verurteilt.

Besten Gruß,

Vlad


```
Date:        Thu, 26 Oct 2006 02:33:57
From:        Matthias Handy <matthias.handy@uni-rostock.de>
To:          Vlad Constantin Coroama <coroama@inf.ethz.ch>
Subject:     Re: Wohin verschwindet der Computer?
```

Lieber Vlad,

vielen Dank für Deine lange E-Mail, die ein paar interessante neue Argumente ins Spiel bringt, wenngleich sie mich nicht konzilianter stimmt. Und das liegt nicht allein daran, dass Du mir vorhältst, falsch zu argumentieren. Doch dazu später mehr. Du lieferst anschauliche Beispiele für das Versagen von Prototypen und willst augenscheinlich damit den Eindruck erzeugen, dass die Mehrheit der Entwicklungen in dem Bereich zu ambitioniert sei, als dass sie jemals Realität werden könnte. Ich halte Deine Beispiele für nicht repräsentativ. Dass es auch genügend Positivnachrichten gibt, lässt sich einfach belegen. So berichtete jüngst die amerikanische Handelskette Wal-Mart davon, dass nach einer Studie der Universität von Arkansas der Einsatz der RFID-Technologie in ihren Filialen schon zu signifikanten Effizienzsteigerungen geführt hat.[15] RFID-Etiketten an Supermarktartikeln erleichtern Warenannahme, Bestandsüberwachung und Kassiervorgang. Die Studie belegt einen Rückgang von ausverkauften Waren in der Höhe von 16 Prozent im Durchschnitt aller Filialen, die RFID-Systeme einsetzen. Überdies ist in diesen Filialen die Anzahl der manuellen Nachbestellungen um 10 Prozent zurückgegangen, und die Zeit für die Auffüllung eines ausverkauften Produktes konnte um zwei Drittel reduziert werden.

Doch nicht nur Geschäftsprozesse können von den neuen Technologien profitieren. Auch der Normalbürger kann bereits einen Nutzen aus der Ubiquitous-Computing-Forschung ziehen. So hat die Technik der Spracherkennung in den vergangenen Jahren enorme Fortschritte gemacht und hilft dem Menschen bei der Bedienung komplexer technischer Geräte, von denen er sich mehr und mehr überfordert fühlt.[16] Spracherkennungssysteme unterscheiden mittlerweile sogar Dialekte und emotionale Erregungszustände und können etwa das Autofahren sicherer machen, indem der Fahrer die Bordsysteme mit seiner natürlichen Sprache steuert.

Sehr ausführlich schilderst Du das Beispiel des Einsatzes von Ubiquitous-Computing-Technologien bei der Lawinenrettung. Die technischen Probleme bei der Realisierung wären aber vorhersagbar gewesen. Es ist allgemein bekannt, dass Funkkommunikation im UHF- und Mikrowellenbereich (WLAN und Bluetooth funken beide im 2,45-GHz-Bereich) Schwierigkeiten bei der Durchdringung von Wasser hat. Niedrigere Frequenzen kommen damit viel besser zurecht [Sch03]. Auch vergisst Du offensichtlich den Kern von Weisers Vision von der Technik, die in den Hintergrund tritt und, ohne die Aufmerksamkeit des Menschen zu erfordern, ihre Dienste verrichtet. Es ist doch von niemandem ernsthaft zu erwarten, dass er sich Sensoren an die Finger „kleben" lässt. Aber vielleicht ist das ja die Hauptursache für die fehlende Akzeptanz von Ubiquitous-Computing-Technologien: Wenn sie korrekt funktionieren, nimmt sie niemand mehr wahr. Und dass sie bereits funktionieren, lässt sich nicht bestreiten, wie man am Beispiel der RFID-Technik erkennt, die etwa für das Bezahlen in der Mensa oder beim Ausleihen von Büchern aus Bibliotheken still und effektiv ihren Dienst verrichtet.[17]

Vielleicht war es etwas übertrieben zu behaupten, die Forschungsausgaben für den Bereich des Ubiquitous Computing wären gering. Jedoch kannst Du das Gegenteil nicht beweisen, indem Du Forschungsausgaben der EU als Argumentationshilfen anführst. Der EU-Forschungshaushalt ist im Vergleich zu den nationalen Forschungsetats der EU-Mitgliedstaaten gering. So hat die EU im sechsten Rahmenprogramm für die Jahre 2002-2006 insgesamt 17,5 Mrd. Euro zu vergeben.

---

[15] „Wal-Mart beweist den Nutzen von RFID", siehe www.silicon.de/cpo/ts-busisoft/ detail.php?nr=24373.

[16] „Der Siegeszug der Spracherkennung" in: Frankfurter Allgemeine Zeitung, Rubrik „Technik und Motor", 4.10.2005.

[17] Siehe z.B. www.tu-darmstadt.de/hrz/chipkarte/.

Was sich zunächst nach viel anhört, relativiert sich, wenn man die Forschungsetats der EU-Mitgliedsländer daneben stellt. So machen diese 17,5 Mrd. Euro nicht einmal fünf Prozent der Forschungshaushalte aller EU-Mitgliedsstaaten zusammen aus [EuK02]. Hinzu kommt, dass die EU (bisher noch) überwiegend angewandte Forschung fördert und die Grundlagenforschung den Mitgliedstaaten überlässt.

Ich stimme zu, Informationen müssen präzise und zielgenau zur Verfügung gestellt werden, und das immense Aufkommen an Daten muss zu verwertbarer Information „veredelt" werden. Erst dann machen Ubiquitous-Computing-Technologien wie Sensornetze oder RFID-Systeme einen Sinn. Du argumentierst, dass zu viel Information oft kontraproduktiv wirkt. Bessere Informationsversorgung ist dagegen oft gefordert, gerade in Krisensituationen, wie der Katastrophenbericht des Internationalen Roten Kreuzes und des Internationalen Roten Halbmondes aus dem Jahr 2004 zeigt, der jüngst vorgestellt wurde. Darin wird bemängelt, dass der Informationsaustausch vor und während einer Krisensituation bislang unzureichend ist, wie sich auch an der Tsunami-Katastrophe im Dezember 2004 gezeigt hat. Es wird in diesem Bericht der Bedarf an besseren Informationssystemen festgestellt, wozu die Ubiquitous-Computing-Forschung einen bedeutenden Beitrag leisten kann.[18]

Doch verlassen wir die Nebenschauplätze und schauen uns Deine Kernargumente an. Du bezweifelst die, wie Du es nennst, wirtschaftliche Machbarkeit von Ubiquitous-Computing-Technologien, ich hingegen bin diesbezüglich nicht so pessimistisch. Denn das Gesetz von Moore, das Du in einem anderen Zusammenhang zitierst, hat zur Folge, dass Technik im Laufe der Zeit immer billiger wird. Nebenbei bemerkt führt eine allzu weite Auslegung des Gesetzes von Moore zu immer spekulativeren Aussagen, wie Gordon Moore selbst attestiert und dazu ironisch anmerkt: „Moore's Law has been the name given to everything that changes exponentially in the industry. I saw, if Gore invented the Internet, I invented the exponential."[19]

Passive RFID-Etiketten sind heute zu einem Stückpreis von unter 50 Cent zu haben, Tendenz fallend [Lam05]. Wenn in naher Zukunft ohnehin jeder Artikel aus Effizienzgründen im Supply-Chain-Management mit einem RFID-Etikett versehen wird, dann wäre dies nichts anderes als der erste Schritt in Richtung einer Infrastruktur, für die nicht nur der Staat verantwortlich wäre. Viele flächendeckende Infrastrukturmaßnahmen wurden privat finanziert, so zum Beispiel Mobilfunknetze.

Das von Dir angesprochene Problem der technischen Machbarkeit sehe ich weniger dramatisch. Ich stimme Dir zu, wir sind noch weit davon entfernt, dass im Supermarkt ein gefüllter Einkaufswagen automatisch auslesbar ist, ohne dass die Waren herausgenommen werden müssen. Und Du hast Recht, dass dies mit dem Ausbreitungsverhalten von Funkwellen bei Anwesenheit von Metall und Wasser zusammenhängt. Es stimmt jedoch nicht, dass RFID-Systeme generell mit Metall

---

[18] Siehe www.drk.de/a-internettagebuch/051004_wdr/WKB2005.htm.
[19] On Moore's Law and fishing – Gordon Moore speaks out, U.S. News Online. Siehe www.usnews.com/usnews/transcripts/moore.htm.

und Wasser Probleme haben. Systeme im LF- und HF-Bereich kommen sehr gut mit Flüssigkeiten zurecht, haben jedoch Probleme mit der Anwesenheit von Metall. Dagegen reagieren Systeme im UHF-Bereich empfindlicher auf Wasser, kommen aber mit metallischen Gegenständen besser zurecht als LF- und HF-Systeme [Fin03]. Daneben sprichst Du die Probleme der Standardisierung und Skalierbarkeit an. Du hast Recht, dies sind noch große Herausforderungen, die auf dem Weg zur Realisierung der Vision zu meistern sind. Diese Probleme sind jedoch identifiziert, es wird daran geforscht [Est99, Aky04]. Und sind vorhandene technische Probleme nicht auch ein Argument für mehr Ubiquitous-Computing-Forschung?

Du behauptest außerdem, dass Ubiquitous-Computing-Technologien von der Gesellschaft abgelehnt würden, da sie das Potenzial hätten, zu einem Instrument der totalen Überwachung zu werden. Ich halte diese Debatte jedoch für ein rein akademisches Schreckgespenst. Die „Gesellschaft" geht mit neuen Technologien in der Regel viel entspannter um, als die Heerscharen von Bedenkenträgern in ihren Elfenbeintürmen es prophezeien. Nehmen wir das Beispiel Mobilfunk. Mit einem eingeschalteten Handy lässt sich jeder Mensch heute auf wenige hundert Meter genau orten. Zeichnet man diese Ortsinformationen über einen längeren Zeitraum auf, so lässt sich ein ziemlich genaues Bewegungsprofil erstellen. Ich denke, dass sich viele Menschen dessen bewusst sind und trotzdem ihr Handy jederzeit eingeschaltet haben, da sie ganz einfach das Gefährdungspotenzial anders, vielleicht sogar realistischer einschätzen. Oft werden jedoch nach dem Motto „only bad news are good news" Verunsicherung schürende Meldungen in den Massenmedien verbreitet, wie man am Beispiel der RFID-Technologie sehr gut feststellen kann: Im Februar 2004 versammelten sich vor dem METRO-Future-Store (einem Supermarkt, in dem einige Artikel mit RFID-Etiketten ausgestattet sind, die an der Kasse anstelle eines Strichcodes gescannt werden) 20-30 organisierte Aktivisten zu einer Demonstration gegen diese neue Technologie und skandierten auf Plakaten „Stop RFID" oder „peRFIDe".[20] Dieses kleine Häuflein löste ein weltweites Presseecho aus, sogar in den USA und Australien wurde über die Protestaktion berichtet. Als die Firmen Gillette und Benetton RFID-Tags an ihren Produkten testeten, riefen sofort „pressure groups" zum Boykott auf. Der WDR betitelte eine Sendung zum Thema RFID mit „Schnüffelchips im Joghurtbecher". Dass dieses Bewusstsein der Gefahren in der Bevölkerung noch nicht angekommen ist, liegt meines Erachtens weniger daran, dass zu wenig über diese Technik informiert wird, sondern an einer anderen Bewertung derselben. RFID-Etiketten im Supermarkt können erhebliche Effizienzgewinne für Unternehmen bewirken, auch ohne die Privatsphäre der Kundschaft zu gefährden. Zahlreiche Vorschläge, wie dies erreicht werden kann, wurden bereits unterbreitet [Sar02, Wei03, Jue03]. Andererseits ist der Kunde jedoch schon für eine minimale Preisersparnis bereit, auf seine Anonymität beim Einkaufen zu verzichten, wie die weite Verbreitung von Payback-Karten zeigt [Lan05].

Unter welchem Namen wir die Fortentwicklung der Informations- und Kommunikationstechnologien zusammenfassen, ist meines Erachtens nebensächlich.

---

[20] www.foebud.org/rfid/fotoalbum/rheinberg

Ob nun „Ubiquitous Computing", „Pervasive Computing" oder „Ambient Intelligence" – letztendlich ist es der Mensch, der eine Vision mit Leben füllt und es damit in begrenztem Maße selbst in der Hand hat, wie seine Zukunft aussieht. Weisers Vision war die einer Technik, die in den Hintergrund tritt und den Menschen bei der Verrichtung seiner alltäglichen Aktivitäten unterstützt, *ohne* dessen Aufmerksamkeit allzu stark auf sich zu ziehen. Vielleicht sind auch die eben genannten Begriffe mittlerweile schon zu verbraucht und für technische Entwicklungen missbraucht worden, die allesamt nur die ersten Schritte sind in Richtung der eigentlichen Vision. Bisherige Ubiquitous-Computing-Prototypen wirken oft wie der technische Overkill und nicht wie das „smarte" Pendant eines Gegenstandes oder eines Prozesses. Vielleicht sollten wir uns öfter dessen vergewissern, was Wade Roush unter dem neuen Schlagwort „Continuous Computing" kürzlich in einer Kolumne für das Magazin Technology Review schrieb [Rou05]: „Die Hardware und Software dahinter wird niemals unsichtbar werden, aber weniger aufdringlich, und sie erlaubt uns, die Aufmerksamkeit auf die tatsächliche Information zu konzentrieren. Letztlich wird das Leben in einer Welt des ‚Continuous Computing' sein wie das Tragen einer Brille: Der Rahmen ist eigentlich immer sichtbar, aber der Träger vergisst einfach, dass er eine Brille trägt – obwohl sie das Einzige ist, was die Welt klar erscheinen lässt."

Liebe Grüße, Du Grübler!

Matthias

Literatur

[Ada03] Adamowsky N (2003) Smarte Götter und magische Maschinen – zur Virulenz vormoderner Argumentationsmuster in Ubiquitous-Computing-Visionen. In: Mattern F (Hrsg.) Total vernetzt, Springer-Verlag, 231–247

[Aky02] Akyildiz IF, Su W, Sankarasubramaniam Y, Cayirci E (2002) Wireless sensor networks: a survey. Computer Networks 38, 393–422

[Aky04] Akyildiz IF, Kasimoglu IH (2004) Wireless sensor and actor networks: research challenges. Ad Hoc Networks 2, Elsevier, 351–367

[Ara95] Araya A (1995) Questioning ubiquitous computing. In: Proc. of the 23rd Annual Conference on Computer Science, ACM Press, 230–237

[Boh05] Bohn J, Coroama V, Langheinrich M, Mattern F, Rohs M (2005) Social, economic, and ethical implications of ambient intelligence and ubiquitous computing. In: Weber W, Rabaey J, Aarts E (eds.) Ambient intelligence, Springer-Verlag, 5–29

[Bry04] Bryant R, Seibel EJ, Lee CM, Schroder, KE (2004) Low-cost wearable low vision aid using a handmade retinal light scanning microdisplay. Journal of the Society for Information Display 12(4), 397–404

[Cho03] Chong CY, Kumar SP (2003) Sensor networks: evolution, opportunities, and challenges. Proc. of the IEEE 91(8), 1247–1256

[Con04] Consolvo S, Roessler P, Shelton BE (2004) The Carenet display: lessons learned from an in home evaluation of an ambient display. In: Proc. of the 6th International

Conference on Ubiquitous Computing: UbiComp 2004, Springer-Verlag, LNCS 3205, 1–17

[Cor03] Coroama V, Hähner J, Handy M, Rudolph-Kuhn P, Magerkurth C, Müller J, Strasser M, Zimmer T (2003) Leben in einer smarten Umgebung: Ubiquitous-Computing-Szenarien und -auswirkungen. Technical Report 431, ETH Zürich

[Cor04] Coroama V, Kapic T, Röthenbacher F (2004) Improving the reality perception of visually impaired through pervasive computing. In: Ferscha A, Hoertner H, Kotsis G (Hrsg.) Advances in Pervasive Computing, Oesterreichische Computer Gesellschaft, 369–376

[Cul04] Culler D, Estrin D, Srivastava M (2004) Overview of sensor networks. IEEE Computer 37(8), 41–49

[Est99] Estrin D, Govindan R, Heidemann J, Kumar S (1999) Next century challenges: scalable coordination in sensor networks. In: Proc. of ACM/IEEE MobiCom, Seattle, 263–270

[Est02] Estrin D, Culler D, Pister K, Sukhatme G (2002) Connecting the physical world with pervasive networks. IEEE Pervasive Computing 1(1), 59–69

[EuK02] Die Europäische Kommission (Hrsg.) (2002) The sixth framework programme in brief. http://europa.eu.int/comm/research/fp6/pdf/fp6-in-brief_en.pdf

[Fin03] Finkenzeller K (2003) RFID handbook: Fundamentals and applications in contactless smart cards and identification. Springer-Verlag

[Fle03] Fleisch E, Mattern F, Billinger S (2003) Betriebswirtschaftliche Applikationen des Ubiquitous Computing – Beispiele, Bausteine und Nutzenpotentiale. In: Sauerburger H (Hrsg.) Ubiquitous Computing, HMD 229 – Praxis der Wirtschaftsinformatik, dpunkt.verlag, 5–15

[Gel99] Gellersen H-W, Beigl M, Krull H (1999) The Mediacup: awareness technology embedded in an everyday object. In: Proceedings of the 1st International Symposium on Handheld and Ubiquitous Computing (HUC99), Springer-Verlag, LNCS 1707

[Hil03] Hilty L, Behrendt S, Binswanger M, Bruinink A, Erdmann L, Fröhlich J, Köhler A, Kuster N, Som C, Würtenberger F (2003) Das Vorsorgeprinzip in der Informationsgesellschaft. Auswirkungen des Pervasive Computing auf Gesundheit und Umwelt. Studie des Zentrums für Technologiefolgen-Abschätzung TA-SWISS, TA 46/2003

[IST01] Information Society Technologies Advisory Group (2001) Scenarios for ambient intelligence in 2010. www.cordis.lu/ist/istag-reports.htm

[Jue03] Juels A, Rivest R, Szydlo M (2003) The blocker tag: selective blocking of RFID tags for consumer privacy. In: Atluri V (Hrsg.) Proc. of the 8th ACM Conference on Computer and Communication Security, 103–111

[Kaw05] Kawsar F, Fujinami K, Nakajima T (2005) Augmenting everyday life with sentient artefacts. In: Proceedings of the joint sOc-EUSAI'2005 conference

[Kur01] Kurzweil R (2001) Fine living in virtual reality. In: Denning PJ (Hrsg.) The invisible future – the seamless integration of technology in everyday life. McGraw-Hill, 193–215

[Lam02] LaMarca A, Brunett W, Koizumi D, Lease M, Sigurdsson SB, Sikorski K, Fox D, Borriello G (2002) Making sensor networks practical with robots. In: Mattern F, Naghshineh M (Hrsg.) Pervasive Computing, Springer-Verlag, LNCS 2414, 152–166

[Lam05] Lampe M, Flörkemeier C, Haller S (2005) Einführung in die RFID-Technologie. In: Fleisch E, Mattern F (Hrsg.) Das Internet der Dinge – Ubiquitous Computing und RFID in der Praxis, Springer-Verlag, 69–86

[Lan05] Langheinrich M (2005) Die Privatsphäre im Ubiquitous Computing – Datenschutzaspekte der RFID-Technologie. In: Fleisch E, Mattern F (Hrsg.) Das Internet der Dinge – Ubiquitous Computing und RFID in der Praxis, Springer-Verlag, 329–362

[Lor04] Lorincz K, Malan D, Fulford-Jones TRF, Nawoj A, Clavel A, Shnayder V, Mainland G, Moulton S, Welsh M (2004) Sensor networks for emergency response: challenges and opportunities. IEEE Pervasive Computing 3(4), 16–23

[Lue02] Lueg C (2002) On the gap between vision and feasibility. In: Mattern F, Naghshineh M (Hrsg.) Pervasive Computing, Springer-Verlag, LNCS 2414, 45–57

[Mat05] Mattern F (2005) Die technische Basis für das Internet der Dinge. In: Fleisch E, Mattern F (Hrsg.) Das Internet der Dinge – Ubiquitous Computing und RFID in der Praxis, Springer-Verlag, 39–66

[Mic03] Michahelles F, Ahonen T, Schiele B (2003) A-life – increasing survival chances in avalanches by wearable sensors. 3rd International Workshop on Smart Appliances and Wearable Computing (IWSAWC 2003)

[Roe02] Römer K, Domnitcheva S (2002) Smart playing cards: a ubiquitous computing game. In: Journal for Personal and Ubiquitous Computing (PUC), Vol. 6, 371–378

[Rou05] Roush W (2005) Soziale Maschinen. In: Technology Review Deutschland, Ausgabe August 2005, Heise

[Sar02] Sarma SE, Weis SA, Engels DW (2002) RFID systems and security and privacy implications. Proc. of the 4th Workshop on Cryptographic Hardware and Embedded Systems, Springer-Verlag, LNCS 2523

[Sch01] Schubert K, Klein M (2001) Das Politiklexikon. Verlag J.H.W. Dietz

[Sch03] Schiller J (2003) Mobilkommunikation. 2. Auflage, Addison-Wesley

[Ver76] Verne J (1976) Von der Erde zum Mond. Diogenes

[Wei03] Weis SA, Sarma SE, Rivest RL, Engels DW (2003) Security and privacy aspects of low-cost radio frequency identification systems. In: Proc. of the 1st Int. Conference on Security in Pervasive Computing, Boppard, März 2003, Springer-Verlag, LNCS 2802, 201–212

[Wei91] Weiser M (1991) The computer for the 21st century. Scientific American 265(3), 66–75

Vlad Coroama studierte Informatik mit Nebenfach Volkswirtschaftslehre an der Technischen Universität Darmstadt, bevor er im Juli 2000 seine Tätigkeit als Wissenschaftlicher Mitarbeiter und Doktorand am Institut für Pervasive Computing der ETH Zürich aufnahm. Neben technischen Fragestellungen beschäftigt er sich mit den gesellschaftlichen (insbesondere sozialen und volkswirtschaftlichen) Auswirkungen des Ubiquitous Computing und ist (Mit-)Autor mehrerer Buchbeiträge und Artikel zu diesem Thema.

Matthias Handy studierte Wirtschaftsingenieurwesen an der Universität Rostock und ist seit Oktober 2001 als Wissenschaftlicher Mitarbeiter am Institut für Angewandte Mikroelektronik und Datentechnik an der Universität Rostock beschäftigt. Forschungsgebiete: Auswirkungen des Ubiquitous Computing, Sensornetze, drahtlose Kommunikationstechnologien.

Beide Autoren nahmen teil am Ladenburger Kolleg „Leben in einer smarten Umgebung", das in den Jahren 2002-2005 mögliche Auswirkungen des Ubiquitous Computing untersuchte und sind Mitautoren der im Dezember 2003 erschienenen Studie „Leben in einer smarten Umgebung: Ubiquitous-Computing-Szenarien und -Auswirkungen."

Hundert Jahre Zukunft –
Visionen zum Computer- und Informationszeitalter

Friedemann Mattern

Institut für Pervasive Computing, ETH Zürich

Le futur n'est plus ce qu'il était
Paul Valéry

Kurzfassung. Mit Vorhersagen ist es bekanntlich so eine Sache. Vor 100 Jahren wagte man einen vorsichtigen Blick in unsere Zeit und prognostizierte etwas Wunderbares: das Mobiltelefon. Damit würden dann nicht nur Kanzler und Monarchen ihre Geschäfte aus der Ferne erledigen können, sondern mit ihm würde auch die Glückszeit der Liebe eintreten – denn forthin wüssten die Ehepaare stets, was der Partner gerade tut. Die Technikprognosen vergangener Zeiten verhießen noch manch anderes Phantastisches – Lehrmaschinen ersetzen Pädagogen, Farbfaxgeräte und Bildtelefone finden sich in jeder Wohnung und Haushaltsroboter erledigen den Abwasch und servieren Kaffee. Nur das Web, E-Commerce, Suchmaschinen, SMS, Spielkonsolen, Blogs, Ebay, Fotohandys,… also all die Segnungen des Informationszeitalters, die vor 15 Jahren noch nicht existierten, deren Namen noch nicht einmal erfunden waren, aber ohne die wir heute kaum mehr auskommen können, die scheint praktisch niemand vorhergesehen zu haben! Oder gab es sie doch, die verkannten Propheten des digitalen Zeitalters?

Zukunftsspötteleien des Fin de Siècle

Zu Beginn des zwanzigsten Jahrhunderts, vor gut 100 Jahren, wurde es populär, sich das Jahr 2000 recht phantasievoll auszumalen – zum Beispiel auf bunten Sammelbildern, die als Werbemittel für Kaufhäuser oder teure Genussmittel dienten, oder auf Postkarten, die auf der Pariser Weltausstellung von 1900 zu haben waren. Es handelte sich dabei um meist eher naive Karikaturen, die dem Betrachter wundersame zukünftige Fluggeräte, merkwürdige Sportarten oder die Mechanisierung aller möglichen Tätigkeiten vor Augen führten. Natürlich spielten auch neuere technische Errungenschaften wie die Elektrizität, die Funktelegraphie, das Grammophon und das Telefon in diesen Zukunftsphantasien eine große Rolle. So entstand beispielsweise nicht nur ein Büro-Diktiergerät für den Direktor, sondern auch das „Cinema-Phono-Telescope" (vgl. Abb. 1), eine Mischung aus Bildtelefon und Virtual-Reality-Einrichtung, das von einem Operateur zu bedienen war und offenbar Videokonferenzen ermöglichen sollte. Die wundersame Verwendung der drahtlosen Telegraphie im Zukunftsalltag wurde 1906 in einer weiteren Karikatur nett und spöttisch so dargestellt (vgl. Abb. 2): Ein Mann und eine Frau im Park, die ihren persönlichen portablen und drahtlosen Telegraphenapparat (mit mobiler Antenne am Hut) etwa so nutzen, wie man heute seine SMS-Nachrichten liest. Die beiden kommunizieren übrigens nicht miteinander – sie empfängt gerade mit verzücktem Gesicht eine Nachricht von ihrem weit entfernten Liebsten, während er gespannt die Ergebnisse des Pferderennens verfolgt.

Abb. 1. Drei Zukunftsvisionen aus den Anfängen des 20. Jahrhunderts: Putzroboter mit Fernsteuerung, Büro der Zukunft und Bildtelefonie mit dem „Cinema-Phono-Telescope"

Abb. 2. Paar mit drahtlosen Telegraphenapparaten im Park (1906)

Interessant sind auch die teilweise provokativen Schriften von Albert Robida. Er veröffentlichte 1895 zusammen mit Octave Uzanne die *Contes pour les biblio-philes* [RoU95], worin er seinen Protagonisten an einer Stelle das Ende des Buches vorhersagen lässt: „Ich bekenne freimütig, dass ich nicht den geringsten Zweifel hege, die Gutenberg'sche Erfindung als Mittler unserer Denkergüsse könne nicht schon bald außer Gebrauch kommen – die Fortschritte der Elektrizität und der modernen Mechanik untersagen ja nachgerade jegliche Skepsis! Lasst Euch versichern – das Buch wird von allen Bewohnern des Erdballs aufgegeben werden." Statt morgens auf dem Weg zur Arbeit in der Pariser Metro oder im Omnibus die Zeitung oder ein Buch zu lesen, würde man in Zukunft alles, was bisher schriftlich existierte, auf akustische Weise, etwa per Telefon, aufnehmen (Abb. 3).

In seiner Geschichte lässt uns Robida dann an einem Streitgespräch zwischen seinem Protagonisten und dessen skeptischen Zuhörern teilhaben, die nicht recht an eine so weitreichende, das Buch ersetzende, technische Fortentwicklung von Phonograph und Telefon glauben wollen. Die Zweifler fragen: „Wie glaubt Ihr, dass es gelingen wird, Phonographen zu bauen, die zugleich leicht, fest und mühelos zu tragen sind, und mittelst derer man ohne Schaden lange Romane aufzeichnen kann, welche doch vier- oder gar fünfhundert Seiten enthalten mögen? Auf welcher Art gehärteter Wachszylinder tragt Ihr die journalistischen Artikel und Nachrichten auf? Und endlich – welcherlei Elemente treiben die elektrischen Motoren dieser künftigen Phonographen an? All dies bedarf einer Erläuterung!" Der technikoptimistische Erzähler glaubt an die Machbarkeit und erwidert: „Es wird Aufzeichnungszylinder leicht wie Zelluloid-Federhalter geben, die fünf- oder sechshundert Wörter fassen, auf ganz feinen Achsen laufen und alle Schwingungen der Stimme auf das Genaueste wiedergeben. Man wird bei den Apparaten eine Vollkommenheit erzielen, wie man sie in der Präzision auch bei den kleinsten und schmucksten Uhren erreicht hat; sie werden allen Belastungen standhalten. Was die Elektrizität betrifft – diese findet man vielfach bei den Individuen selbst, und jedermann wird künftighin seine Taschenapparate mühelos mittelst seines eigenen kunstvoll gefassten und kanalisierten Stromflusses betreiben."

Abb. 3. Hörbücher und Hörzeitungen in einem Pariser Omnibus

Die Wachszylinder eines portablen Phonographen sollten sich also, nach dem seinerzeitigen Vorbild von Taschenuhren, stark verkleinern und gleichzeitig in der Qualität verbessern lassen, und die Energie sollte vom Körper des Trägers abgegriffen werden – ein in unserer Zeit aktuelles und mit „energy harvesting" bezeichnetes Forschungsgebiet! Die tragbaren Kassettenrecorder der 1970er Jahre und die späteren „walkmen" waren gar nicht so sehr weit von den Phantasien Robidas entfernt, aber vermutlich konnte er sich keine magnetische Tonaufzeichnung vorstellen, auch wenn nur wenige Jahre später, auf der Pariser Weltausstellung von 1900, Valdemar Poulsen mit seinem „Telegraphon" ein System zur Tonspeicherung mit magnetisierten Stahldrähten vorführte. Digital komprimierte Sprache und Musik bitweise als elektrische Ladung auf memory sticks aus Halbleitermaterialien wäre aber wohl als Zumutung an die Phantasie empfunden worden und nicht einmal mehr als Science-Fiction durchgegangen. Dennoch klingt Robidas Beschreibung „man wird Taschen-Phono-Operagraphen herstellen, die während einer Tour in den Alpenbergen oder den Colorado-Schluchten genutzt werden" fast wie eine Vorwegnahme unseres medienmobilen MP3- und iPod-Zeitalters!

Abb. 4. Teleshopping als Vision des ausgehenden 19. Jahrhunderts

Auch das (damals noch lange nicht erfundene) Fernsehen beziehungsweise das Bildtelefon hat es Robida angetan: Das Téléphonoscope[1] dient dem Teleshopping (Abb. 4), aber auch dem Teleteaching. In *Le vingtième siècle – la vie électrique* [Rob92] wird dazu die phantastische Geschichte von Estelle Lacombe aus Lauterbrunnen in der Schweiz erzählt, Tochter eines zweitrangigen Beamten der alpinen Luftfahrtleuchtturmsinspektion, die seit ihrem zwölften Lebensjahr nicht mehr zur Schule geht, sondern statt dessen per Téléphonoscope Fernunterricht[2] bekommt, als Ingenieurs-Aspirantin später auch von der Universität Zürich und von der „Ecole centrale d'électricité" (Abb. 5). Das einzige Problem für Estelle ist, dass an der Universität Zürich noch keine Prüfungen per „Télé" zugelassen sind. So verzichtet sie letztendlich auf ihren Abschluss, lernt dann aber glücklicherweise beim Chatten über „Télé" ihren aus wohlhabenden Verhältnissen stammenden zukünftigen Ehemann kennen – Ende gut, alles gut! Wie „Télé" technisch funktionieren könnte, darüber schweigt sich Robida übrigens gänzlich aus. Aber es sollte im Wesentlichen ja auch nur eine Weiterentwicklung des Telefons sein und war damit ohne großes Risiko prognostizierbar. Zumindest schien es den Zeitgenossen nicht unvorstellbar (und vielleicht sogar wünschenswert) zu sein und eignete sich für Robida daher gut zu seinen phantasievollen Fin-de-Siècle-Spekulationen.

---

[1] Robida nennt es übrigens kurz „Télé", „abréviation habituelle du nom de l'instrument", ganz wie die heute im Französischen übliche saloppe Abkürzung für das Fernsehen.

[2] „Précieux avantage pour les familles éloignées de tout centre, qui ne sont plus forcées d'interner leurs enfants dans les lycées et collèges régionaux."

Abb. 5. „Wie die heutigen Laptops mit Internetanschluss thront Robidas Mischung aus Bildtelefon und Fernseher auf dem Studiertisch und ermöglicht es auch dem begabten Nachwuchs aus dem mittelständischen Bildungsbürgertum vom Land, via Fernkurs höhere Schulen zu besuchen" [Wol00]

Schwärmereien über die Welt in 100 Jahren

Vor knapp 100 Jahren, im Jahre 1910, erschien ein aus heutiger Sicht bemerkenswertes Buch mit dem Titel *Die Welt in 100 Jahren* [Bre10]. Zweiundzwanzig abendländische Geistesgrößen – seinerzeit bekannte Wissenschaftler und prominente Zeitzeugen – entwickelten darin ein breites Zukunftspanorama aus Technik, Wissenschaften und Kultur. Sie beschreiben „Wunder, denen wir entgegengehen" und prognostizieren eine Welt, in der wir heute eigentlich leben müssten – sollten die Vorhersagen über diesen langen Zeitraum einigermaßen zutreffend gewesen sein!

Wir beschränken uns hier auf das Kapitel *Das drahtlose Jahrhundert* [Slo10]. Was also hat man damals für die heutige Zeit prophezeit? Erstaunliches, wenn man sich der Tatsache bewusst ist, dass zu jener Zeit sowohl die Funk- als auch die Telefontechnik erst rudimentär entwickelt waren! Es heißt dort nämlich: „Es wird jedermann sein eigenes Taschentelephon haben, durch welches er sich, mit wem er will, wird verbinden können, einerlei, wo er auch ist, ob auf der See, ob in den Bergen, dem durch die Luft gleitenden Aeroplan oder dem in der Tiefe der See dahinfahrenden Unterseeboot." Zwar hat man das mit dem Unterseeboot heute noch nicht erreicht, ansonsten aber beschreibt dies unser Handy-Zeitalter doch recht genau!

Das Taschentelephon würde trotz seiner Kompliziertheit ein Wunder der Klein-mechanik sein, nicht größer als eine Pillenschachtel. Zwar sieht der Autor noch ein gewisses Problem darin, „die Empfangsapparate so empfindlich zu gestalten, dass sie alle Vibrationen aufnehmen können" und „den Sendungsimpuls so in der Gewalt zu haben, dass er direkt zu dem ihm entsprechenden Receiver geht", doch sollten sich diese Probleme in den kommenden 100 Jahren schließlich auch noch lösen lassen.

Abb. 6. „Die Stücke, die in London gespielt werden, werden selbst im ewigen Eis der Arktis oder Antarktis mittelst Fernseher und Fernsprecher auf einem Schirm reproduziert werden" [Bre10]

Weiter heißt es: „Die Bürger jener Zeit werden überall mit ihrem drahtlosen Empfänger herumgehen, der irgendwo, im Hut oder anderswo angebracht sein wird." Hüte sind etwas aus der Mode gekommen, daher scheidet diese Möglich-keit heutzutage aus – aber ein modernes Handy passt ja problemlos in die Jacken-tasche, Hosentasche oder Handtasche. Übrigens würde man, solange man die „bewohnten und zivilisierten Gegenden nicht verlässt" einen solchen Apparat gar nicht mitnehmen müssen, denn es würde einen solchen „auf jeder Straße, in jedem Omnibus, auf jedem Schiffe, Luftschiffe und jedem Eisenbahnzug geben, und natürlich wird der Apparat auch in keinem öffentlichen Lokale und in keiner Wohnung fehlen. Man wird also da nie in Verlegenheit kommen." Die Nutzung scheint fast einfacher zu sein als die Bedienung eines modernen Handys, denn

man muss nur den „Stimm-Zeiger" auf die Nummer einstellen, die man zu sprechen wünscht, und „der Gerufene wird sofort seinen Hörer vibrieren oder das
Signal geben können, wobei es in seinem Belieben stehen wird, ob er hören oder
die Verbindung abbrechen will."

Die Nutzungsmöglichkeiten eines drahtlosen Taschentelefons schienen damals
jedenfalls phantastisch und fast unbegrenzt: „Monarchen, Kanzler, Diplomaten,
Bankiers, Beamte und Direktoren werden ihre Geschäfte erledigen können, wo
immer sie sind. Direktoren ein und derselben Gesellschaft werden eine legale
Versammlung abhalten, wenn der eine auf der Spitze des Himalajas ist, der zweite
in einem Badeorte und der dritte sich auf einer Luftreise befindet. Sie werden sich
sehen, miteinander sprechen, ihre Akten austauschen und unterschreiben, als
wären sie zusammengekommen an einem Orte." Dass sich zwölfjährige Schul-
mädchen über zwei Meter Entfernung eine Textnachricht via SMS oder mit einem
Fotohandy sogar einen Schnappschuss zusenden, war seinerzeit allerdings wohl
doch jenseits des sinnvoll Vorstellbaren!

Abb. 7. Direktoren werden sich sehen, Akten austauschen und ihre Geschäfte erledigen
können, wo immer sie sind

Auch alltägliche Verrichtungen werden durch die zukünftige Kommunikationstechnik revolutioniert: „Überhaupt wird das Einkaufen zu jener Zeit ein noch viel
größeres Vergnügen sein, als jetzt. Man wird einfach von seinem Zimmer aus alle
Warenhäuser durchwandern können und in jeder Abteilung Halt machen, die man
eingehender zu besichtigen oder wo man etwas auszuwählen wünscht. [...] Alle
diese Wunder der drahtlosen Telegraphie werden das kommende Zeitalter zu
einem großartigen, unglaublichen machen." Fast meint man, die Melancholie des
Autors im letzten Satz zu spüren: Dass er dieses großartige Zeitalter nicht mehr
selbst wird erleben können!

Abb. 8. Auch auf die Ehe wird der Einfluss der drahtlosen Telegraphie ein außerordentlicher sein – es wird die Glückszeit der Liebe angebrochen sein

Und weiter: „Nirgends, wo man auch ist, ist man allein. Überall ist man in Verbindung mit allem und jedem. Auch auf die Ehe und die Liebe wird der Einfluss der drahtlosen Telegraphie ein außerordentlicher sein. Künftighin wird sich die leibliche Gattin stets davon überzeugen können, was ihr Herr Gemahl treibt; aber auch der Herr Gemahl wird ganz genau wissen, wie und ob seine Gattin nur an ihn denkt. Liebespaare und Ehepaare werden nie voneinander getrennt sein, selbst wenn sie Hunderte und Tausende Meilen voneinander entfernt sind. Sie werden sich immer sehen, immer sprechen, kurzum, es wird die Glückszeit der Liebe angebrochen sein." Aus heutiger Sicht lässt sich kaum noch feststellen, ob eine gewisse Ironie in diesen Textzeilen mitschwingt. Schien es denn wirklich erstrebenswert, dass der eine stets wissen kann, was der andere treibt?

Die Vision des Autors zum drahtlos umsorgten Menschen der Zukunft (Abb. 9) geht aber noch weiter: „Auf seinem Wege ins Geschäft wird er seine Augen nicht mehr durch Zeitunglesen anzustrengen brauchen, [...] er wird sich in der Untergrundbahn, oder auf der Stadtbahn, oder im Omnibus oder wo er grad' fährt, und wenn er geht, auch auf der Straße, nur mit der gesprochenen Zeitung in Verbindung zu setzen brauchen, und er wird alle Tagesneuigkeiten, alle politischen Ereignisse und alle Kurse erfahren, nach denen er verlangt." Eines jedenfalls schien gewiss: Wenn schließlich auch der „gewöhnliche Sterbliche" einen solchen Apparat nutzt, „dann werden dessen Lebensgewohnheiten dadurch noch weit mehr beeinflusst werden, als sie dies schon jetzt durch die Einführung unseres gewöhnlichen Telephones geworden sind."

Abb. 9. Ein drahtlos umsorgter Mensch auf seinem Weg ins Geschäft

Heimsender und drahtlose Privattelephone

Im Buch *Die Welt in 100 Jahren* wird nicht versucht, auf ernsthafter wissenschaftlicher Basis Prognosen über die längerfristige Zukunft abzugeben – es handelt sich bestenfalls um Ahnungen oder Projektionen vergangener Entwicklungen, wenn nicht gar nur um Wunschvorstellungen. Ein Beispiel für Ersteres sind auch die pathetischen Worte des britischen Physikers William Edward Ayrton aus dem Jahre 1889 zum „elektrischen Ohr" – Heinrich Hertz war es zwar gerade gelungen, elektromagnetische Wellen experimentell nachzuweisen, aber noch hatte niemand mit diesem „drahtlosen Medium" Signale übertragen. Ayrton schreibt: „Einst wird kommen der Tag, wenn wir alle vergessen sind, wenn Kupferdrähte […] nur noch im Dunkel der Museen ruhen, da wird das Menschenkind, das mit dem Freund zu sprechen wünscht und nicht weiß, wo er sich befindet, mit elektrischer Stimme rufen, die allein nur jener hört, der das gleichgestimmte elektrische Ohr besitzt. Er wird rufen: ‚Wo bist Du?' und die Antwort wird erklingen in sein Ohr: ‚Ich bin in der Tiefe des Bergwerks, auf dem Gipfel der Anden oder auf dem weiten Ozean'. Oder vielleicht wird auch keine Stimme antworten, und dann weiß er: Sein Freund ist tot."[3]

Abb. 10. Das Ehepaar wird sich jeden Morgen durch Fernseher begrüßen können

Einen der ersten Versuche, nicht rein spekulativ, sondern auf der Grundlage wissenschaftlicher Erkenntnisse in die Zukunft zu blicken, stellt das 1927 erschienene Buch *Technik und Mensch im Jahre 2000* [Lüb27] des Ingenieurs Anton Lübke dar. Neben zukünftigen Energieformen wird bei Lübke insbesondere der Kommunikationstechnik eine große Zukunft eingeräumt. So sollen „radioelektri-

---

[3] Zitiert nach *Das Neue Universum*, Band 49, 1928, S. 325.

sche Fernschreibeeinrichtungen" den Briefverkehr revolutionieren, vor allem aber ist er von den Möglichkeiten des Bildtelefons angetan: „Es werden elektrische Fernsehämter errichtet werden, durch die man nach kurzem Anruf irgendeinen Teil der Welt sich betrachten kann. Der Industrielle in Deutschland wird es nun nicht mehr nötig haben, sich morgens in den Zug oder in sein Auto zu setzen, um mit seinem Geschäftsfreunde zu verhandeln. Er wird ihn am Telephon mit aller Deutlichkeit auf einer weißen Mattscheibe sehen und aus seinen Gesichtszügen alles das sehen können, was er aus seinen Worten nicht herausfinden kann." Aber nicht nur die Geschäftswelt sollte von den neuen Kommunikationsmöglichkeiten profitieren (vgl. Abb. 10): „Das Liebespaar, das vielleicht durch Welten voneinander getrennt ist, wird nunmehr sich jeden Morgen durch Fernseher begrüßen können."

Zeitungen gibt es in Zukunft nicht mehr: „Die Verleger haben sich längst geholfen mit dem elektrischen Fernseher, den sie an ihre Abonnenten verleihen. Ein kleines Pult, das eine Milchglasscheibe bedeckt, erstrahlt im Licht. Man sieht Buchstaben, das Neueste vom Tage, Leitartikel, Feuilletons in reicher Auswahl, vielleicht auch bewegliche Bilder im Texte verstreut." Bibliotheken werden überflüssig sein, denn „man kann sich durch Radioanruf mit der Fernsehbibliothek verbinden und sich irgendein interessantes Buch einschalten lassen." Informationen von allgemeinem Interesse werden darüber hinaus auf öffentlichen Groß-Videowänden dargestellt (vgl. Abb. 11).

Abb. 11. Öffentliche Groß-Videowände für Informationen von allgemeinem Interesse

Die Nutzung weit höherer Sendefrequenzen als bis dahin üblich – heute als UKW bezeichnet –, die Lübke voraussieht, sollte „der Welt in Zukunft auf dem Gebiete der Nachrichtenübermittlung noch ungeahnte Überraschungen" bereiten, denn dann dürfte „auch der Tag nicht mehr fern sein, wo Frau Schultze auf der

Welle 1,2534 m ihres Heimsenders Frau Lehmann auf Welle 1,4283 m anruft und zum Kaffeekränzchen bittet. Die Möglichkeit besteht demnach, [...] eine größere Stadt in einem Wellenbereich von 70 cm bis 2 m vollkommen auf die drahtlose Nachrichtenübermittlung umzustellen und damit das veraltete System des Telephons zu beseitigen. In unseren Telephonadressbüchern werden wir dann neben den Namen der Anschlussteilnehmer nicht mehr die Telephonnummer, sondern die Nummer der betreffenden Welle, beispielsweise *Wilhelm Schulze, Gasthof, Welle 1,2680 m*, sehen."

Solch fabelhafte Zukunftsaussichten fanden auch Eingang in die zeitgenössische Werbung. So zeigt Abb. 12 etwa das Sammelbild „drahtloses Privattelefon und Fernsehen" [Wag29] aus der Serie *Zukunftsfantasien* der „Holsteinischen Pflanzenbutterfabriken Wagner & Co GmbH", die in das „schöne echte Wagner Album" eingeklebt werden konnten. Dazu erläutert das Sammelalbum: „Die Pferde sind längst ausgestorben und die Elektrischen sind zum alten Eisen geworden. Die Menschen tragen Einheitskleidung: Rock und Hose, beides mit Reißverschluss. Jeder hat nun sein eigenes Sende- und Empfangsgerät und kann sich auf einer bestimmten Welle mit Bekannten und Verwandten unterhalten. Aber auch die Fernseh-Technik hat sich so vervollkommnet, dass man dem Freunde gleichzeitig ins Angesicht schauen kann. Sende- und Empfangsgerät sind nicht mehr an den Ort gebunden, sondern werden in einem Kasten von der Größe eines Photoapparates immer mitgeführt."

Abb. 12. Fernsehtelefon der Zukunft: Sende- und Empfangsgerät werden in einem Kasten immer mitgeführt (1929)

Margarete Kranz liefert dazu eine charmante Bildbeschreibung und Interpretation [Kra00]: „Die Frau von morgen ist mit dem Flugzeug unterwegs und telefoniert bei der Zwischenlandung entspannt mit Mann und Kind. [...] Zukunftsmusik ist auch die Darstellung der Apparate: sie sind klein, handlich, formschön und transportabel und versprechen Unabhängigkeit – fern von den Lieben und doch telepräsent. Nicht ändern sollen sich in Zukunft die Rolle und die Aufgabe der Frau, im Gegenteil: familiäre Kontaktpflege, ständige Erreich- und Verfügbarkeit für Mann und Kinder, das macht die neue Technik möglich. [...] Glücklich ist die Frau von morgen offenbar nicht, weil sie in ihrem handspiegelgroßen Bildtelefon das glückliche Kind und den glücklichen Mann erblickt, sondern weil das Gerät als Medium des technisch vermittelten Rollenspie(ge)ls ihr den Umgang mit dem für sie zwar zweckentfremdeten, aber doch vertrauten Gegenstand spielerisch ermöglicht. So gesehen präsentiert sich das Bildtelefon als Werbeträger für Fortschritt, Tradition und Margarine."

Wie sich Technik auf das zukünftige Alltagsleben auswirken könnte, darüber spekulierte 1938 auch der Schriftsteller Arthur Train in der amerikanischen Zeitschrift *Harper's Magazine* [Tra38] – in einer 50-jährigen Vorausschau beschreibt er die Wohnung der Zukunft. Korrekt sagte er für 1988 Kabelfernsehen, ferngesteuerte Garagentüren, Farbfernseher, Radiowecker, synthetische Textilien, die allgemeine Verbreitung von Einbruch-Alarmsystemen, Klimaanlagen, Tiefkühlkost sowie ein „pocket radio" voraus, mit dem man jederzeit mit jedem wird kommunizieren können. Manches bereitete ihm in technischer Hinsicht allerdings doch Bauchschmerzen, so fügte er etwa beim prognostizierten Kabelfernsehen eine Fußnote hinzu, in der er anmerkte, dass er nicht sieht, wie so hohe Frequenzen über größere Entfernungen mit Kabeln transportiert werden können – Laser und Lichtwellenleiter waren ja noch nicht erfunden, und mit Koaxialkabeln wurden gerade erste Erfahrungen gesammelt, hauptsächlich zur Mehrfachübertragung von Telefongesprächen mittels Trägerfrequenztechnik. Fast im Sinne einer Vorahnung des PCs stellte er sich vor, dass man „photoelectric tabulating machines" besitzen würde – zu welchem Zweck, bleibt allerdings offen (und den zeitgenössischen Lesern sicherlich völlig rätselhaft).

Abb. 13. Homeshopping-Terminal in der Wohnung der Zukunft

Offensichtlich wird man bei so weit in die Zukunft reichenden Überlegungen leicht zu etwas wilderen Spekulationen angeregt, und da der Prognosekurs praktisch immer in eine schiefe Richtung zeigt, weicht die Wirklichkeit mit der Länge des Zeitraums auch zunehmend vom Vorhergesagten ab. Arthur Train stellt hier keine Ausnahme dar. Nach seiner Meinung sollte beispielsweise in den Wohnungen der Zukunft synthetische Luft zu erwarten sein (da die industrielle Luftverschmutzung laufend zunimmt), Bücher würden durch Filmrollen ersetzt, und die flachen Hausdächer würden genutzt als „landing field for the family's collection of airplanes of assorted sizes".

Memex – Der Wissenschaftlerarbeitsplatz der Zukunft

In den Jahren vor dem Zweiten Weltkrieg – und verständlicherweise während des Krieges – gibt es von einschlägigen Experten praktisch keine längerfristige Visionen zur Informations- und Kommunikationstechnik. Mit dem Ende des Krieges erschien dann aber in der Zeitschrift *Atlantic Monthly* der aufsehenerregende Artikel *As We May Think* von Vannevar Bush [Bus45]. Bush war vor dem Krieg Professor für Elektrotechnik am MIT, wo er u.a. den „Differential Analyzer", einen Analogrechner zur Lösung von Differentialgleichungen, entwickelte. Während des Krieges koordinierte er als Direktor des *Office of Scientific Research and Development* alle militärischen Forschungsprogramme der USA, darunter auch das Manhattan-Projekt.

Abb. 14. „Supersecretary of the coming age, the machine contemplated here would take dictation, type it automatically and even talk back if the author wanted to review what he just said" (Life Magazine, 19. Nov. 1945, Seite 114)

Bush stellt in seinem Beitrag fest, dass es Wissenschaftlern zunehmend schwerer fällt, mit der schnell wachsenden Informationsmenge umzugehen, und dass sich die entsprechenden Methoden (etwa im Bibliothekswesen) kaum weiterentwickelt hätten. Andererseits habe die Technik allgemein große Fortschritte gemacht: Fotozellen könnten „sehen", Kathodenstrahlröhren „zeichnen", Rechenmaschinen rechnen und automatische Telefonanlagen Verbindungen zwischen hunderttausenden von Kontakten herstellen. Und die Entwicklung würde weitergehen: Zu erwarten seien etwa Sofortbildkameras „nicht größer als eine Walnuss" mit Mikrofilmen für hunderte von Aufnahmen oder sogar Schreibmaschinen, die Diktate erkennen (Abb. 14).

Solche Techniken könnten in Zukunft eingesetzt werden, um Wissenschaftler an einem speziell ausgestatteten Arbeitsplatz zu unterstützen. Bush nennt seine hypothetische Maschine *Memex* (für memory extender): „Die Memex ist ein Gerät, in dem ein Individuum all seine Bücher, Akten sowie seine gesamte Kommunikation speichert und die so konstruiert ist, dass sie außerordentlich schnell und mit hoher Flexibilität benutzt werden kann. Sie stellt eine vergrößerte persönliche Ergänzung zu seinem Gedächtnis dar." Sie hat die Form eines Schreibtisches, ist aber zusätzlich mit elektromechanischen Steuerungsmöglichkeiten sowie einem Mikrofilmarchiv ausgestattet (vgl. Abb. 15). Auf zwei nebeneinanderliegenden Projektionsflächen werden Informationsinhalte dargestellt. Der Benutzer kann mit Hebeln vor- und zurückblättern sowie Dokumente abfotografieren, annotieren, speichern und wieder aufrufen. Da Bücher, Zeitschriften, Bilder, Geschäftsbriefe etc. im Mikrofilmspeicher um den Faktor 10 000 verkleinert würden, hätte selbst die Encyclopaedia Britannica in einer einzigen Streichholzschachtel Platz.

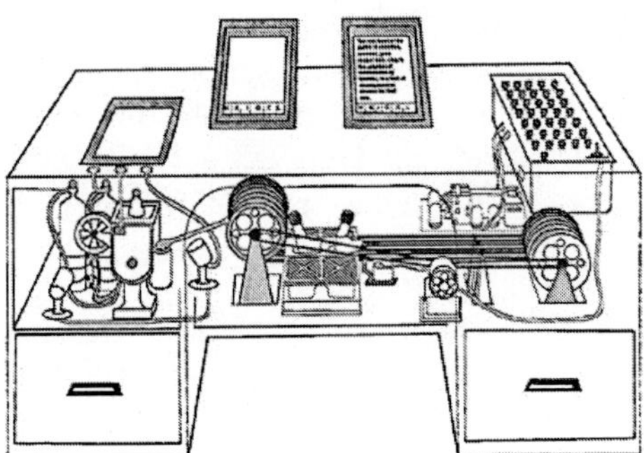

Abb. 15. „Memex in the form of a desk would instantly bring files and material on any subject to the operator's fingertips. Slanting translucent viewing screens magnify supermicrofilm filed by code numbers. At left is a mechanism which automatically photographs longhand notes, pictures and letters, then files them in the desk for future reference."

Bush liefert damit die wohl erste Beschreibung einer informationsverarbeitenden (oder zumindest „informationsverwaltenden") Maschine als persönliches Werkzeug; so gesehen stellt die Memex gewissermaßen einen mikrofilmbasierten Vorläufer des elektronischen PCs dar. „All dies ist konventionelle Technik, wenn man von einer Projektion heute bereits existierender Verfahren und Apparate in die Zukunft absieht" merkt Bush dazu jedoch selbstkritisch an. Denn im Wesentlichen geht es ihm um eine andere, innovativere Sache – der Unterstützung von Gedankenassoziationen durch etwas, das wir heute mit Hyperlink bezeichnen: „Die grundlegende Idee ist eine Vorrichtung, mit der ausgehend von einem beliebigen Informationsobjekt sofort und automatisch ein anderes ausgewählt werden kann. Dies ist es, was die Memex wirklich ausmacht: Der Vorgang, der zwei

Objekte miteinander verbindet, ist das Kernstück." Die abgelegten Informationen könnten auf diese Art auch zu längeren Pfaden verknüpft werden. Bush argumentiert, dass solche Assoziationspfade und -netze nicht nur für Wissenschaftler wie Historiker oder Chemiker, sondern beispielsweise auch für Patentanwälte außerordentlich nützlich seien – es könne jederzeit, wenn eine Informationseinheit auf einer der Projektionsflächen sichtbar ist, eine andere damit assoziierte abgerufen werden, indem ein Knopf unter dem entsprechenden „code space" mit dem Verweis gedrückt wird. Damit würden auch völlig neue Arten von Enzyklopädien entstehen, „bereits versehen mit einem Netz assoziativer Pfade", ferner können ganze Netze an andere Personen weitergegeben werden: Man „schaltet einfach die Reproduktionsvorrichtung ein, fotografiert den gesamten Pfad ab und überreicht ihn seinem Freund, der ihn in seine eigene Memex integrieren kann, um ihn dort einem allgemeineren Pfad hinzuzufügen".

Aus heutiger Sicht wird an dieser Stelle allerdings doch ein deutliches Manko des postulierten Systems sichtbar: Eine Memex ist ein isoliertes Gerät, das nicht direkt mit anderen in Verbindung treten kann – der Gedanke einer kommunikationstechnischen Vernetzung zum Informationsaustausch fehlt bei Bush völlig! In diesem Sinne merkt Brian Kernighan von der Princeton University an, dass höchstens die *Ideen* von Bush in Richtung eines heutigen PCs weisen,[4] jedoch keinesfalls die von ihm diskutierten Technologien. Erstaunlicherweise scheint Bush nämlich überhaupt nicht das enorme Potential des digitalen Computers als informationsverarbeitende Maschine zu erkennen (obwohl ihm als Fachmann und in seiner Rolle als Forschungsmanager der 1943 gebaute Digitalrechner „MARK I" sowie die kurz vor ihrer Fertigstellung befindliche ENIAC natürlich bekannt waren), vor allem entgeht ihm auch völlig die Universalität und Flexibilität einer Repräsentation von Daten in digitaler Form.

Es schien also auch für Experten, zumindest zu diesem Zeitpunkt, schwierig oder gar unmöglich zu sein, die Macht des Digitalen mit dem in ihm schlummernden Veränderungspotential vorherzusehen.

Ein Atomauto für Vati, einen Küchenroboter für Mutti

> *Nothing ages faster than yesterday's tomorrow.*
> *Stephen Michael Stirling*

Selten war Zukunft so unbeschwert genießbar wie in den 50er und 60er Jahren des zwanzigsten Jahrhunderts. Matthias Horx beschreibt in fast verklärter Weise die Kindheitserinnerungen der heute über 50-Jährigen an damalige Zukunftsbilder [Hor97]: „Schwebende Welten im Kosmos. Unterwasserstädte für jedermann. Raketen starteten von Bahnhöfen in ein von riesigen roten und blauen Monden beherrschtes Weltall. [...] Mutti kommandierte, mit kess-kurzer Schürze, in der Küche die Roboter [...] und ein frohgemutes Team weißbekittelter Männer und

---

[4] Siehe web.princeton.edu/sites/tigers07/readings.shtml, Kernighan bezeichnet die Memex ein wenig despektierlich auch als „mechanische Privatablage und -bibliothek".

Frauen sorgte mit Atomblitz und Hubschraubern dafür, dass es je nach Bedarf regnete oder die Sonne schien. [...] Ach, welch wunderbare Zukunft wir hatten!"

Abb. 16. Zukunftsbilder der 1950er Jahre: „Und sonntags fliegen wir zum Mond"

Auch Angela und Karlheinz Steinmüller charakterisieren diese Zeit aus einer geläuterten Perspektive heraus [Ste99]: „Wenn es denn einen zentralen Zukunftsmythos im 20. Jahrhundert gibt, dann ist es der, dass alle Probleme durch Technik lösbar sind. Gerade in den Jahren nach 1945 – im beginnenden Atom- und Weltraumzeitalter – sorgte dieser Mythos für ein vollautomatisches Jahr 2000. Ginge es nach den Vorhersagen aus jener Zeit, müssten wir heute nahezu wie im Paradies – oder doch wenigstens wie die Jetsons – leben. Wir bräuchten höchstens noch zehn Stunden in der Woche zu arbeiten, und am Sonntag flögen wir zum Mond, wo bereits die ersten außerhalb der Erde geborenen Kinder fast schwerelos herumtollen. Krebs wäre heilbar, Infektionskrankheiten ausgerottet, ein amputiertes Bein wüchse nach. In der Küche schufteten Haushaltroboter, im papierlosen Büro summten die Rechner vor sich hin, und das 3D-Fernsehen brächte verlässliche Langfrist-Wettervorhersagen. Vielleicht würden wir in schwimmenden Städten oder unter Wasser wohnen und uns von leckeren Algengerichten ernähren."

1950, pünktlich zur Jahrhundertmitte, erschien vom damaligen Wissenschaftsredakteur der New York Times, Waldemar Kaempffert, in der Zeitschrift *Popular Mechanics* ein Beitrag mit dem aufregenden Titel *Miracles You'll See in the Next Fifty Years* [Kae50]. Kaempffert glaubt an ein durch Technik ermöglichtes angenehmes Leben im Jahr 2000 – nur Traditionalismus, hinderliche Gesetze oder Interessensgruppen wie Gewerkschaften könnten sich auf dem Weg dahin als Barrieren erweisen. Mit optimistischem Grundton, und ohne ökonomische, soziale oder weltpolitische Aspekte zu thematisieren, beschreibt er in seinem Beitrag das technikunterstützte Leben der Familie Dobson im Jahr 2000. Umweltverschmutzung, Überbevölkerung, Arbeitslosigkeit, Pandemien, Hunger, Armut, Terrorismus, Überwachungsstaat, Globalisierung oder Klimaveränderung sind offenbar kein Thema im Jahr 2000, der Status der Frauen scheint sich seit den 1950er Jahren nicht wesentlich verändert zu haben, und Computer arbeiten noch immer mit Lochstreifen, Lochkarten und Elektronenröhren[5].

Abb. 17. Sprachferngesteuerter Rasenmäherroboter im vollautomatischen Jahr 2000

Die Dobsons leben in einer Stadt mit viel Grün, alles ist sauber und ruhig. Geheizt wird mit elektrischem Strom, der durch Solarkraftwerke erzeugt wird; Kernkraftwerke gibt es nur noch in Kanada und einigen anderen Gebieten, wo die Kraft der Sonne zur Energiegewinnung nicht ausreicht. Geschirrspülmaschinen sind überflüssig geworden, weil Einmalplastikgeschirr verwendet wird. Überhaupt Plastik: Die ganze Wohnungseinrichtung besteht daraus – ein Gartenschlauch und ein Heißlufttrockner ersetzen Putzlappen und Staubsauger (vgl. Abbildung 18). Die Kochkunst ist praktisch in Vergessenheit geraten, alles wird tiefgefroren angeliefert und in einem elektronischen Ofen in nur 75 Sekunden gegart. Sägemehl, Papiertischdecken und Unterwäsche aus Kunstseide werden zu Süßigkeiten recycelt.

Zwar hat man im Jahr 2000 den Mond noch nicht umrundet, aber die Vorstellung davon klingt nicht mehr lächerlich.[6] Immerhin gibt es dann Überschall-Passagierflugzeuge, ihre Nutzung ist aber teuer und die meisten Leute reisen daher mit normalen Jets – oder mit ihrem Familienhelikopter, den sie wie die Dobsons

---

[5] Der Transistor wurde zwar schon 1947 erfunden, aber niemand konnte seinerzeit ahnen, dass man damit einmal Rechner bauen würde, bei denen nicht andauernd eine Röhre durchbrennt. Weitblickend schrieb allerdings bereits 1948 die Zeitschrift *Natur und Technik* [Con97]: „Es besteht durchaus die Möglichkeit, dass der Rundfunkempfänger der Zukunft keine Röhren mehr aufweist. [...] Für Transistor-Elemente eigens entworfene Empfänger könnten außerordentlich klein sein, eine praktisch unbegrenzte Lebensdauer haben und vermutlich auch viel billiger werden." Erst 1963 überholten jedoch die Produktionszahlen für Transistoren die der Elektronenröhren.

[6] Bei Erscheinen des Artikels 1950 sollte es allerdings nur noch gut 10 Jahre dauern, bis ein amerikanischer Präsident die Eroberung des Mondes innerhalb des gleichen Jahrzehntes ankündigte!

auf dem Dach ihres Hauses parken. Autos, die übrigens mit Alkohol statt Benzin betrieben werden, verwendet man nur für Kurzstrecken. Natürlich hat in den 50 Jahren auch die Medizin gewaltige Fortschritte gemacht: Patienten werden mit Strahlen durchleuchtet, die mit Fotozellen detailliert analysiert und auf fluoreszierenden Schirmen dargestellt werden. Krebs ist noch nicht ganz heilbar, aber das Altern wurde als eine degenerative Krankheit erkannt, so dass nun 70-Jährige wie 40 aussehen.

Abb. 18. „Because everything in her home is waterproof, the housewife of 2000 can do her daily cleaning with a hose" [Kae50]

Und die Informations- und Kommunikationstechnik? Natürlich fehlt das Bildtelefon nicht! Jane Dobson nutzt es zum Teleshopping (vgl. Abb. 19), ihr Ehemann für berufsbedingte Videokonferenzen. Telegramme gibt es nicht mehr, dafür können nun Faxgeräte fünf Seiten pro Minute für nur fünf Cent übertragen – und das fehlerfrei! Die Industrieproduktion ist im Jahr 2000 hochgradig mechanisiert, gesteuert durch „automatic electronic inventions that seem to have something like intelligence", deren Wesen aber im Dunkeln bleibt. Elektronische Wettervorhersagemaschinen erstellen stündlich eine neue Prognose, dazu werden pro Minute tausende von Gleichungen mit 50 Variablen gelöst.

Abb. 19. „You'll eat food from sawdust and shop by picture-phone" [Kae50]

Wie das Beispiel der Wettervorhersage zeigt, hat Kaempffert die zukünftige Leistungsfähigkeit von Computern stark unterschätzt – allerdings stellte Gordon Moore sein „Gesetz" von der exponentiellen Leistungszunahme ja auch erst 1965 auf. Ebenso sah er die Wirkung des Transistors oder seine Weiterentwicklung zu hochintegrierten Mikrochips sowie die Erfindung des Lasers nicht voraus – aber auch hier kann man ihm (und anderen Zeitgenossen) keinen Vorwurf machen. Dadurch war natürlich vieles andere ebenfalls nicht absehbar: Nicht nur CD-Spieler und Digitalkameras, sondern generell die universelle Verbreitung miniaturisierter Computer (als PCs zuhause und im Büro oder als eingebettete Mikroprozessoren in allen möglichen Geräten), vor allem aber die Riesenmenge digitaler Daten und die globale Vernetzung durch das Internet – und eben alles, was daraus folgt und damit möglich wird und unser heutiges Leben so stark prägt. Aber wer hätte sich das 1950 auch denken können?

Von Zukunftswundern der Telekommunikation berichtet die Zeitschrift *Mechanix Illustrated* im Jahr 1956 unter dem Aufmacher „Future may bring push-button dialing, videophones, direct calls anywhere on earth and pocket-size sets" [Bea56]. Gerade war der Anrufbeantworter auf dem Markt erschienen, und ein neues Transatlantikkabel ermöglichte 36 gleichzeitige Telefongespräche. Neugierige Leser konnten erfahren, wie es weitergehen würde: In 15 Jahren Direktwahl in den ganzen USA und später sogar weltweit, sowie nach und nach Substitution der Telefonrelais durch Transistoren, was eine schnelle und bequeme Tastenwahl ermöglichen würde. Anstelle einer läutenden Telefonglocke würde es einen elektronischen „ring tone" geben, der ähnlich wie eine Oboe klingen würde. (Dass sich in der ferneren Zukunft „ring tones" zu einem einträglichen Geschäft entwickeln würden und sogar graphisch animiert sind, das hätte man sich damals sicher beim besten Willen nicht vorstellen können!) Ferner wurde ein bequemes „robot dialing" in Aussicht gestellt: „Pick up the receiver of your dial-less phone and simply speak the number wanted". Die Erkennung der gesprochenen Telefonnummer würde dabei durch „a mass of tubes, switches, condensers and other electronic paraphernalia" erfolgen.

Natürlich würde es in Zukunft auch Videotelefonie geben. Dies wäre zwar schon jetzt möglich, allerdings würde die Bildübertragung 1000 parallele Kanäle benötigen, was recht teuer käme: „A man might pay $375 just to tell his wife he'd be late for dinner". Der weitere technische Fortschritt würde aber schließlich zu einem drahtlosen „watch-size telephone-television instrument" führen und folgendes phantastische Szenario ermöglichen: „On some night in the future a young man walking along Market Street in San Francisco may suddenly think of a friend in Rome. Reaching into his pocket, he will pull out a watch-size disc with a set of buttons on one side. He will punch ten times. Turning the device over, he will hear his friend's voice and see his face on a tiny screen, in color and 3-D. At the same moment his friend in Rome will see and hear him." In Zukunft würde man gleich bei Geburt eine weltweit und lebenslang gültige Telefonnummer bekommen und wäre ständig erreichbar. Entsprechend wird das Szenario, fast wortgleich zur weiter oben zitierten Äußerung von Ayrton aus dem Jahr 1889, noch weitergesponnen: „If he does not see or hear him, he will know his friend is dead."

Die populäre Presse schreibt in jener Zeit auch Computern als „Elektronengehirnen" phantastische Eigenschaften zu. So meint etwa *Business Week* 1959 „there seems to be no limit to the possibilities that scientists see for computers" in einem Beitrag *Scientists see computers that will declare war* [Bus59]. Computer würden in Zukunft nicht nur politische Entscheidungen treffen, sondern beispielsweise auch gesprochene Sprache automatisch übersetzen oder den Diskontsatz in Realzeit den ökonomischen Bedingungen anpassen.

Abb. 20. Schnittige Zukunftsautos mit Heck-Atomantrieb und Klimaanlage auf der Titelseite von „hobby" im November 1955

Ein anderes Beispiel für den technischen Zukunftsoptimismus, den die Presse damals verbreitete, ist der Beitrag *So leben wir 1975* [Beh55] des deutschen Technik- und Freizeitmagazins *hobby*, in dem 1955 zwanzig Jahre in die Zukunft geblickt wird. Dort heißt es zunächst lakonisch: „Die Menschen von 1975 werden schneller reisen können als wir: sie werden rollendes Straßenpflaster haben und ein Leben führen, in dem elektrische und elektronische Geräte sie vor tausend Gefahren schützen. Maschinen werden ihnen mehr und mehr Arbeit abnehmen. Sie werden mehr und mehr Zeit haben." Ausführlicher, das ist man dem typischen hobby-Leser schuldig, wird dann auf die zukünftigen Autos eingegangen. Zu dem auf dem Titelbild (vgl. Abb. 20) unten dargestellten Modell heißt es beispielsweise: „Bei diesem besonders schnittigen Modell aus dem Jahr 1975 handelt es sich um einen eleganten Zweisitzer mit Heck-Atomantrieb; die Sitze befinden sich dicht hinter den Vorderrädern, und eine Kühlerhaube gibt es nicht mehr, so dass der Fahrer nahezu unbeschränkte Sicht hat. [...] Eine Klimaanlage ist selbstverständlich vorhanden. Die Antenne auf der Kuppel dient offensichtlich dem Rundfunkempfang, angeblich lässt sie sich aber auch leicht als Empfangsantenne für drahtlos übertragene elektrische Energie verwenden." Der Glaube an die Technik und die Ingenieure scheint 1955 noch fast unbegrenzt: „Alle Probleme, die einer Verwendung von Atomkraft für kleinere Fahrzeuge heute noch im Wege stehen, hofft man, bis 1975 zu überwinden." Und weiter (vgl. auch Abb. 30): „Es gibt Zukunftsmodelle, bei denen gar kein Steuerrad mehr vorhanden ist oder wo es nur in Notfällen benutzt zu werden braucht. Der Fahrer kümmert sich gar nicht um die Geschwindigkeit, er kann sich seinen Mitfahrern zuwenden und sich mit ihnen ganz ungeniert unterhalten."

Die gleiche optimistische und unbeschwerte Zukunftserwartung, wie sie im hobby-Beitrag oder bei Kaempffert zum Ausdruck kommt, herrscht auch noch 1962 in einer Broschüre[7] zur Weltausstellung von Seattle, der *Century 21*, vor. Im Stakkato-Stil werden die zu erwartenden Wunder genannt: „Your kitchen will be a miracle of push-button efficiency. Your telephone will be cordless. You'll see who you are talking to." Oder: „Cars with engines the size of a typewriter. Planes that fly to any spot in the world in an hour's time. Rocket belts that enable a man to stride thirty feet." Das Haus der Zukunft hat nicht nur einen Swimming-Pool, einen privaten Heliport und eine elektronische Hausbibliothek, sondern es richtet sich auch noch als Ganzes stets nach der Sonne aus, und seine Schränke pflegen die Kleider vollautomatisch. Man fährt mit der düsengetriebenen Monorail zur Arbeit, hat aber nur noch eine 24-Stunden Woche.

Und wie sieht es hier mit der Informations- und Kommunikationstechnik aus? Immerhin soll es in Zukunft einen „home computer" geben, dessen Zweck allerdings weitgehend unklar bleibt und nur lakonisch mit „shopping", „check-writing" und „record-keeping" angegeben wird. Die Klassenzimmer der Schulen sind mit „memory-retention machines" – was auch immer das ist – und Fernsehbildschirmen zur Wiedergabe der Unterrichtslektionen ausgestattet. In den Büros findet man nicht nur automatische Türöffner, Videotelefone und selbstkorrigierende Büromaschinen, sondern auch Computer, die als hörbaren Ausdruck ihres unermüdlichen Schaffens eine anhaltende metallene Kakophonie im Hintergrund erzeugen...

1971, kurz vor dem durch die Ölkrise und immer mehr Umweltskandale eingeleiteten allgemeinen Stimmungsumschwung beim Glaube an die Zukunft, erschien mit *Die 7 Weltwunder von morgen* [Sch71] nochmals ein zukunftsoptimistisches Buch, das mit seinen radikalen Vorhersagen zum Jahr 2000 gewissermaßen einen spätbarocken Höhepunkt der naiven Zukunftsgläubigkeit darstellt. In den noch verbleibenden knapp 30 Jahren sollte es nämlich möglich werden, dass „60-

---

[7] The 1962 Seattle World's Fair, siehe www.geocities.com/seattlescruff/index.htm.

Jährige sich auf 30 zurückverwandeln lassen, 100-Jährige wie in den besten Jahren aussehen und die durchschnittliche Lebenserwartung eines Menschen von 75 auf 150, auf 200, ja vielleicht sogar auf 300 Jahre emporschnellt." Angeblich würden bahnbrechende Experimente beweisen, dass dies geht.

Die Wohnung des Jahres 2000 ist natürlich vollautomatisiert: „Da drückt eine Hausfrau auf einen Knopf und schon reinigt sich die Wohnung von selber: Staubtücher werden von elektronischen Gittern ersetzt, die – versteckt in der Wohnung verteilt – alle Staubpartikel anziehen. Roboterähnliche Geräte werden die ganze Wohnung reinigen, indem sie sich wie Fledermäuse auf von ihnen ausgesandten Wellen entlangtasten, ohne irgendwo anzustoßen." Überhaupt die Hausfrau – sie profitiert am meisten von der vollautomatischen Zukunft: „Sie informiert sich per Fernseh-Telefon – im Jahr 2000 so weit in Gebrauch wie heute das Normaltelefon – über das Warenangebot der städtischen Läden; ihre Bestellung wird über das Rohrsystem blitzschnell in die hypermoderne Wohnung geschossen."

Abb. 21. Ein Fernseh-Telefon gehört zur Grundausstattung der hypermodernen Zukunftswohnung des Jahres 2000

1971 befinden wir uns schon mitten im Computerzeitalter – zwar sind Computer noch groß und teuer, aber der technische Trend ist klar erkennbar. Daher kommt in dem Buch natürlich auch dem Computer ein prominenter Platz bei den Weltwundern zu: „Eine andere revolutionierende Neuerung in der Wohnung 2000 ist der Heimcomputer." Er wird „zum gleichen Preis wie eine Waschmaschine" zu haben sein und wird „direkten Zugang zu einer zentralen Datenbank haben, die alle Angaben speichert, die für jemanden wichtig sind: Rechnungen, Konten, Versicherungen, Steuern, Renten, Mitgliedschaften, Briefe, Anschriften, Fernseh-Telefonnummern. Der Heimcomputer wird alle diese Angaben immer auf dem neuesten Stand parat haben und zu jeder gewünschten Zeit auf einem Bildschirm sichtbar machen."

Immerhin! Aber wirkte der Heimcomputer auf die zeitgenössischen Leser realistischer als die Aussichten auf eine Verdreifachung der Lebenserwartung, auf selbstreinigende Wohnungen oder auf Haushaltsroboter? Und hätten sie den Heimcomputer nicht vielleicht ganz unten auf ihre private Wunschliste der Weltwunder gesetzt? Denn auch wenn er einen ganz futuristischen Eindruck macht und vielleicht alleine deshalb in der Vision der Wohnung 2000 nicht fehlen darf, kann man den Nutzen eines solchen Computers doch anzweifeln. Schließlich dient er ja nur als eine Art elektronischer Aktenschrank, und wer weiß, wie umständlich seine Bedienung sein wird – Computermaus und Bildschirminteraktion mit Fenstern und Icons waren ja noch nicht erfunden! Würde man zumindest auch noch seine Plattensammlung und seine Kochrezepte in die Datenbank einspeichern können? Muss man dazu Programmiersprachen oder kryptische Betriebssystemkommandos lernen? Dass man mit dem tatsächlichen „Heimcomputer" des Jahres 2000, der dann längst zum „personal computer" mutiert sein wird und die ursprüngliche Bezeichnung antiquiert aussehen lässt, anstelle einer Schreibmaschine – und sogar noch viel einfacher und besser – auch Texte wird schreiben können, dass man weltweit elektronische Briefe versenden und empfangen kann, dass man ihn als Spielkonsole nutzen kann, Fotos und Videos damit betrachtet, Musik hört (und „tauscht"), sein Tagebuch öffentlich macht, chattet, interaktiv im Informationsangebot fremder Computer herumstöbert, in Sekundenschnelle Auskunft zu jedem Stichwort erhält und beliebige Gegenstände ersteigern kann – das alles war 1971 für den Heimcomputer der Zukunft offenbar nicht vorgesehen. Es hätte wohl doch zu sehr nach billiger Science-Fiction geklungen!

Alles in allem sieht die Welt heute ziemlich anders aus, als dies mehr oder weniger naive Prognosen vor 40 oder 50 Jahren vorhergesagt haben. Manch einer ist fast ein wenig enttäuscht darüber, dass die in seiner Jugend versprochene bunt ausgemalte Zukunft nicht eingetreten ist. Todd Rundgren drückt diese Ernüchterung in seinem Song *Future*[8] beispielsweise so aus:

I remember the world of tomorrow:
…
I'm supposed to drive a flying car
I'm supposed to have a house on Mars
I'm supposed to live 200 years
…
Where's the office buildings 2 miles high?
And the ocean liners 12 blocks wide?
Where's the supertrain that's solar powered?
Average speed 600 miles an hour?

---

[8] Von der CD *Liars,* Sanctuary Records, 2004.

Abb. 22. „I'm supposed to drive a flying car" – Illustration aus den 1950er Jahren

Die Voraussagen von Kahn und Wiener zum Jahr 2000

Das Wettrüsten und der Wettlauf zum Mond beeinflusste in den 60er Jahren des vorherigen Jahrhunderts nachhaltig die Technologiepolitik der USA. Zur Politikberatung und Entscheidungsfindung erstellten „think tanks" militärstrategische und ökonomische Analysen und Prognosen; dabei versuchte man, wissenschaftlich untermauert und mit neuen Methoden zu verlässlichen Ergebnissen zu kommen. Das Interesse an zumindest halbwegs gesicherten Vorhersagen erstarkte aber auch deswegen, weil immer deutlicher wurde, wie sehr die im zweiten Weltkrieg forcierten technisch-wissenschaftlichen Bemühungen (mit „großen" Errungenschaften wie Düsenflugzeugen, Raketen, Atomkraft, Computern, aber auch mit vielen Detailaspekten und vor allem auch neuen Planungs- und Managementprozessen) das wirtschaftliche Wachstum und den Lebensstandard bestimmen, und wie wichtig in diesem Zusammenhang eine weit vorausschauende Planung für Politik und die Wirtschaft sind. Basis für jede Langfristplanung ist jedoch ein einigermaßen gesichertes Wissen über zukünftige Rahmenbedingungen.

Aufgrund dieser Motivation entstand Mitte der 1960er Jahre bei der Rand Corporation die erste Delphi-Studie [GoH64], an der neben Wissenschaftlern auch Science-Fiction-Autoren, etwa Isaac Asimov oder Arthur C. Clarke, mitwirkten. Sie liest sich, so eine Online-Kritik aus unserem Internet-Zeitalter,[9] „für die wenig technikbegeisterten, ernüchternden[10] Enkel der Visionäre der sechziger Jahre ein wenig albern". Und tatsächlich: Nach der Studie hätte man um 1970 zwar eine effektive Geburtenkontrolle durch orale Kontrazeptiva, aber auch die automatische Sprachübersetzung, und Mitte der 1980er Jahre würden Wetteranlagen auf Knopfdruck für Regen, Sonnenschein und Wind sorgen. Hunger und Elend seien besiegt, Meeresfarmen und Städte am Grund des Ozeans zum neuen Habitat einer

---

[9] www.brandeins.de/home/
[10] Gemeint ist wohl „ernüchterten".

sich rasch ausbreitenden, aber grundsätzlich glücklichen Menschheit geworden. Wenig später wäre das Problem der kontrollierten Kernfusion gelöst, und bis zum Jahr 2000 gäbe es Bergwerke auf dem Mond, außerdem seien dann die Infektionskrankheiten durch eine allgemeine biochemische Immunisierung besiegt. Eine andere Delphi-Studie [Ber69] kam 1969 zum Ergebnis, dass schon sechs Jahre später, also 1975, Computer einfache gesprochene Sätze verstehen würden – ebenfalls eine kolossale Fehleinschätzung!

Abb. 23. Sputnik-Schock und Sorge um eine technologische Lücke führten ab 1960 in den USA zu wissenschaftlich fundierten Technologie- und Zukunftsstudien

Das zunehmende Interesse der Öffentlichkeit an der Zukunft, und speziell auch am Jahr 2000, hat in den 1960er Jahren sicherlich auch mit der durch die bevorstehende Mondlandung hervorgerufenen Technikbegeisterung zu tun, aber auch damit, dass nun die meisten Menschen erwarten durften, das Jahr 2000 selbst zu erleben. Die Zahl „2000" wurde zum Symbol für „modern" oder „zukünftig", und „2001" klang fast schon postmodern – wie in Stanley Kubricks Filmtitel *2001 – Odyssee im Weltraum* (1968). In dieser Stimmungslage rief die American Academy of Arts and Sciences 1965 die *Commission on the Year 2000* ins Leben. Sie sollte die verschiedenen Zukunftsaspekte strukturieren und damit eine Grundlage für Diskussionen und weitergehende Analysen legen. Im Rahmen dieser Arbeiten entstand auch der Bestseller *The Year 2000. A Framework for Speculation on the Next Thirty-Three Years* von Herman Kahn und Anthony Wiener [KaW68a], als deutsche Übersetzung erschienen unter dem Titel *Ihr werdet es erleben. Voraussagen der Wissenschaft bis zum Jahre 2000* [KaW68].

In ihrem Buch listen die beiden Autoren hundert technische Neuerungen auf, „welche im letzten Drittel des 20. Jahrhunderts sehr wahrscheinlich realisiert werden" und die „eine bedeutsame Veränderung bewirken können". Als „bedeutsam" gilt dabei etwas, das aufsehenerregend, überall verbreitet, vielseitig verwendbar, allgemein produktivitätssteigernd oder für einzelne Menschen ungeheuer wichtig ist – damit müsste sich das Internet gleich mehrfach qualifizieren, sollte man meinen. Hier zunächst eine Kostprobe aus der Top-100-Liste:

- Neue Energiequellen für Straßen- und Schienenverkehr (Brennstoffzellen, Magnetfeld-Antrieb)
- Extensive Anwendung von Cyborgmethoden
- Verwendung atomarer Sprengstoffe im Bergbau
- Menschlicher Winterschlaf über Monate oder Jahre
- Aufschub des Alterungsprozesses, teilweise Verjüngung
- Synthetische Nahrungsmittel
- Ständig bemannte Satelliten- und Mondstationen, interplanetarische Reisen
- Dauernd bewohnte Unterseestationen, vielleicht sogar Unterseekolonien
- Extensive Verwendung von Robotern als „Sklaven" der Menschen
- Chemische Methoden zur Verbesserung von Gedächtnis und Lernfähigkeit
- Persönliche Flugplattformen
- Neue Methoden zum schnellen Lernen von Fremdsprachen

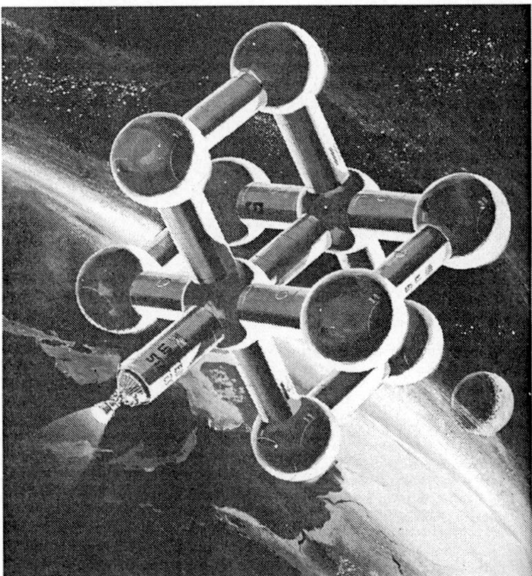

Abb. 24. „Spaceball", die Vision einer mit Dutzenden von Astronauten ständig bemannten Satellitenstation, und das Atomium der Brüsseler Weltausstellung von 1958, ein 100 m hohes Denkmal an das hoffnungsvoll erwartete Atomzeitalter

Immerhin sagen Kahn und Wiener aber auch, was sie bis zum Jahr 2000 für weniger wahrscheinlich, obschon eigentlich für bedeutsam halten. Unter anderem sind das:

- „Echte" künstliche Intelligenz
- Nachhaltige, praktisch nutzbare Kernfusion
- Supraleitung bei Zimmertemperatur
- Automatisierte Autobahnen

Matthias Horx [Hor97] meint dazu, dass nicht nur die Prognosen von Kahn und
Wiener schon früh der Lächerlichkeit preisgegeben waren, sondern dass so gut
wie alle Prophezeiungen der Futurologie der 1950er und 1960er Jahre (er nennt
noch: Bergbau auf dem Mond, Flugzeuge für 10 000 Passagiere, Privathubschrau-
ber, Haushaltsroboter, Weltraumfahrt für jedermann, Begrünen der Sahara) der
Realität nicht standhielten. Ein vernichtendes Urteil! Den seinerzeitigen Zukunfts-
skeptikern ging es aber auch nicht besser, wie er schreibt: „Die Mahner und War-
ner irrten nicht weniger als ihre Widersacher, die Zukunftseuphoriker. *Die Grenzen des Wachstums* liest sich heute ebenfalls wie ein Märchenbuch: Kaum eine
Verbrauchsannahme, vom Energieverbrauch über die Rohstoffpreise bis hin zu
den Bruttosozialprodukten, stimmt mit der heutigen Wirklichkeit überein."

Das im Zeitgeist des kalten Krieges mit konservativ geprägter Weltsicht verfasste Buch von Kahn und Wiener enthält auf über 450 Seiten noch einiges mehr,
das rückblickend kurios oder zumindest anachronistisch klingt: So wird etwa
vorhergesagt, dass Deutschland geteilt bleiben wird und Ostdeutschland mit jedem
Jahr legitimer und lebensfähiger wird, es rückt bis zum Jahr 2000 in der Weltrang-
liste des Pro-Kopf-BNP sogar auf den fünften Platz vor. Amerika blüht eine frei-
zeitorientiert-nachindustrielle Gesellschaft mit 4 Arbeitstagen pro Woche und 13
Urlaubswochen pro Jahr. Dank Informationsverarbeitung in einem nationalen
Datenzentrum könne in Zukunft die Regierung alle möglichen komplexen Beziehungen, Ursachen und Wirkungen ausfindig machen und daher das Wirtschafts-
und Gesellschaftssystem durch kurzfristige Eingriffe fast in derselben Weise
steuern wie ein Pilot sein Flugzeug.

In der Kommunikationstechnik erwarten die Autoren laut ihrer Top-100-Liste
bis zum Jahr 2000 Folgendes:

- Kommunikationslaser
- Preiswerte globale, regionale sowie lokale Hochleistungskommunikation (für
  private und geschäftliche Zwecke), vielleicht mit Hilfe von Satelliten, Lasern
  und lichtleitenden Röhren
- Praktisch verwendbare drahtgebundene Videoübertragung für Bildtelefon und
  Fernsehen (für private und geschäftliche Zwecke), möglicherweise mit Wieder-
  gabe von auf Band aufgenommenem Material aus Bibliotheken oder anderen
  Quellen
- Schnelle Übertragung von Fax (z.B. Nachrichtenmeldungen, Bibliotheksmate-
  rial, kommerzielle Ankündigungen, sofort zugestellte Briefe und sonstiges
  Druckmaterial)
- Persönliche Funkrufempfänger („Pager", vielleicht sogar bidirektionale Ta-
  schentelefone) sowie andere elektronische Vorrichtungen für individuelle Kom-
  munikation und Datenverarbeitung

Der erste Festkörperlaser, ein Rubinlaser, war erst 1960 für experimentelle Zwecke gebaut worden, dennoch ordnen die Autoren ihm eine wichtige Rolle in der
Kommunikation der Zukunft zu: Die Leistungsfähigkeit vom Kommunikations-
systemen würde durch den Übergang von der klassischen Breitbandtechnik zu

Lasern millionenfach gesteigert. Allerdings stelle die Dämpfung, z.B. durch die Atmosphäre, noch ein Problem dar. Eventuell könne man Vakuumrohre nutzen, spekulieren die Autoren, allerdings müssten dann zur Strahlenbündelung und für Biegungen geeignete Linsen in großer Zahl verwendet werden.

Man sieht daran, dass die Autoren nicht an Glasfaser als Lichtwellenleiter denken. Nun wurden die ersten Glasfaserexperimente zwar schon Mitte der 1950er Jahre durchgeführt, aber erst mit dem Laser konnte man geeignet modulierte Lichtstrahlen erzeugen, und erst 1966 wurde damit die Übermittlung von Telefongesprächen demonstriert. Praktisch genutzt werden Glasfaser-Kommunikationsleitungen erst seit 1977, die erste Transatlantik-Glasfaserverbindung nahm sogar erst 1988 ihren Betrieb auf. Insofern waren Glasfasern wohl einfach noch nicht ausgereift genug, als dass ihnen von Kahn und Wiener in Verbindung mit dem Laser die Bedeutung zuerkannt werden konnte, die sie hinterher bekamen (und ohne die die für das heutige Internet notwendige Bandbreite nicht erzielbar wäre). Trotz noch ungelöster technischer Probleme sind die Autoren in Hinblick auf die Kommunikationstechnologie des Jahres 2000 sehr optimistisch: Es „dürften sich die Kosten der Datenübertragung so sehr vermindern, dass sich die Informationsspeicherung und -wiedergabe in revolutionärer Weise wandeln wird".

Auch wenn im Buch von Kahn und Wiener die Informationstechnologie auf nur wenigen Seiten abgehandelt wird, wird ihr doch eine bedeutende Rolle unter den maßgeblichen Zukunftstechnologien eingeräumt. Der Klappentext der deutschen Ausgabe schreibt dazu etwas aufreißerisch: „Die Computer werden den Alltag beherrschen. Ihre Speicherkapazität wird millionenmal höher sein als die der heutigen Systeme: Das Gesamtwissen der Erde kann dann auf wenigen Kilogramm dünnster Metallfolie fixiert werden. Der Staat weiß über jeden seiner Bürger mehr als dessen engste Verwandte." Den ersten beiden Aussagen kann man rückblickend zustimmen. Das „Gesamtwissen der Erde" ist aber heute noch lange nicht digitalisiert, und das Gewicht aller Festplatten, CDs, DVDs, memory sticks, Magnetbänder etc. ist zusammen sicherlich höher als nur einige Kilogramm – selbst dann, wenn man alles nur ein einziges Mal speichern würde. Und vermutlich wissen im 21. Jahrhundert Google, Amazon oder die Kreditkartenfirmen viel mehr über die Bürger als der Staat – und oft auch als die Bürger selbst!

Zur allgemeinen Leistungssteigerung von Computern bis zum Jahr 2000 heißt es, dass sich „eine Gesamtverbesserung auf das Fünf- bis Zehnfache" ergeben dürfte. Hier ist man dann doch enttäuscht! Glücklicherweise entpuppt sich dies aber nur als ein Übersetzungsfehler der deutschen Ausgabe; im amerikanischen Original steht nämlich, dass in den nächsten 33 Jahren mit einem „overall improvement of some five to ten orders of magnitude" zu rechnen sei – und in dieser *Größenordnung* ist es ja dann auch wahr geworden. Vermutlich unwissentlich hat der Übersetzer die Geschwindigkeitssteigerung also einfach logarithmisch komprimiert und damit unser exponentiell leistungsfähiger werdendes Computerzeitalter ein klein wenig „entschleunigt"…

Für die Informationstechnologie wartet die Top-100-Liste mit einigen Innovationen auf. Da sich bei Zukunftstechnologien, und insbesondere deren potentiellen Anwendungen, die spezifische Terminologie noch nicht herausbilden konnte, die ja gerade im Computerbereich einen sich schnell wandelnden modischen Jargon darstellt, klingt der Originalton oft etwas hölzern – eben nach verflossener Zukunft. Wie aber hätten die Autoren (oder der Übersetzer) auch auf Begriffe wie „Server", „application service provider" oder „E-Learning" kommen sollen? An Neuerungen durfte man jedenfalls Folgendes erwarten:

- Extensive und intensive Zentralisation (oder automatische Zusammenschaltung) von persönlichen und geschäftlichen Informationen in Hochgeschwindigkeits-EDV-Anlagen
- Im kaufmännischen Bereich allgemeine Verwendung von Computern zum Speichern, Verarbeiten und Wiedergeben von Informationen
- Allgemeinzugängliche Datenverarbeitungsanlagen (vielleicht über ein öffentliches Verbundnetz), welche von vielen Teilnehmern im Timesharing-Betrieb von der Firma oder von zu Hause aus verwendet werden können und nach Nutzungszeit abgerechnet werden
- Verwendung von Computern als geistige und berufliche Hilfsmittel (für Übersetzungen, Unterricht, Literatursuche, medizinische Diagnosen etc.)
- Heimcomputer, welche den Haushalt führen und Verbindung mit der Außenwelt haben

Ob Computer stark zentralisiert werden und man nur über eine „Konsole" angeschlossen ist, oder ob verschiedene Computer über Rechnernetze zusammengeschaltet werden können, war also noch unklar, aber die allgemeine Bedeutung der Datenverarbeitung hat man richtig erkannt: „Individuelle Computer (oder zumindest Konsolen und andere entfernte Eingabegeräte) werden wichtige Einrichtungen für zu Hause, für Schulen, Betriebe und das allgemeine Berufsleben." Zum Nutzen der betrieblichen Datenverarbeitung heißt es: „Unmittelbare Analyse und Anzeige von Geschäftsdaten wie Produktverfügbarkeit, Preise, Verkaufsstatistiken, cash flow, Guthaben, Kontostände und Kapitalzinsen, Marktanalysen und Konsumentenvorlieben, Hochrechnungen und so weiter". Nun war 1967 aber vieles davon, zumindest in Ansätzen, auch schon vorhanden oder konkret geplant (schließlich war für den kaufmännischen Bereich bereits 1960 die Programmiersprache COBOL eingeführt worden), wenn auch nicht integriert, umfassend und interaktiv, so dass eine deutliche Zunahme und Ausweitung des „business computings" relativ risikolos zu prognostizieren war.

Etwas schwieriger stellt sich dies allerdings bei der privaten Computernutzung dar. Eine gewisse Vorstellung davon, was man mit einem Computeranschluss machen könne, existiert aber immerhin schon, Kahn und Wiener haben dies offenbar von Licklider ([Lic60, Lic67], siehe unten) übernommen: „Eines Tages wird es wahrscheinlich in jeder Wohnung Computerkonsolen geben, die vielleicht mit öffentlichen Versorgungscomputern verbunden sind, so dass jeder Nutzer auf einem Zentralrechner persönlichen Speicherplatz hat, um die Library of Congress zu nutzen, private Aufzeichnungen aufzubewahren, Einkommensteuererklärungen anhand der gespeicherten Belege zu machen, Verbraucherinformation zu erhalten und so weiter." Wie der zukünftige Heimcomputer jedoch konkret den Haushalt führt, darüber schweigen sich die Autoren aus. Abb. 25 illustriert die seinerzeitige Vorstellung einer Informationszentrale; die ursprüngliche Bildlegende aus dem

Buch *Kybernetik, die uns angeht* [Jur71], das 1971 erschienen ist, lautet: „Student, Schülerin, Wissenschaftler und Manager: sie werden in Zukunft zur Lösung ihrer Probleme bei einer Datenbank anfragen können, ohne viel Zeit für eine Sucharbeit aufwenden zu müssen".

Abb. 25. Allgemeine Nutzung einer Informationszentrale in einer Vision von 1971

Eine weitere wichtige zukünftige Anwendung von Computern sei ihre Verwendung zu Lehrzwecken, heißt es bei Kahn und Wiener: „Ein Computer kann Hunderte Schüler und Studenten gleichzeitig unterrichten – jeden an seiner eigenen Konsole zu einem spezifischen Thema; er ist für jede Schulstufe geeignet. Schließlich dürfte das System so gestaltet werden, dass es das Individuelle des Lernprozesses bestmöglich berücksichtigt." Der Informatik-Professor Philip Agre von der University of California in Los Angeles kommentiert dies so:[11] „The universal online university has been predicted in pretty much its currently hyped form for almost forty years. And we see here the characteristic shortcomings of these predictions: the lack of emphasis on education as socialization into a professional culture, the desire to automate teachers completely rather than providing teachers with advanced tools." Der Computer als Hilfslehrer war tatsächlich ein

---

[11] http://polaris.gseis.ucla.edu/pagre/notes/00-12-26.html

beliebtes Thema im „kybernetischen Zeitalter". So heißt es z.B. zu Abb. 26 in [Jur71]: „Angesichts weltweiten Lehrermangels bietet der programmierte Unterricht die Chance für eine wirksame Bekämpfung des Bildungsnotstandes. Der Lehrcomputer entlastet den Lehrer und gibt ihm so die Möglichkeit, sich vermehrt seiner eigentlichen pädagogischen Aufgabe zu widmen."

Abb. 26. Bekämpfung des Bildungsnotstandes durch Lehrcomputer

Ein bisschen bange werden kann einem bei der Vorstellung von Kahn und Wiener, dass es in Zukunft ein „single national information file" geben solle, „eine einzige nationale Informationsspeicheranlage mit allen Daten über steuerliche, rechtliche, sicherheitsrelevante, kreditbezogene, medizinische Aspekte sowie Ausbildungs- und Beschäftigungsdaten über jeden Bürger". Der Nutzen für den Staat sei offensichtlich. (In der deutschen Übersetzung des Buches wird in Klammern übrigens angemerkt, dass dabei „die Gefahr des Missbrauchs" gegeben sei.)

Ein wenig Spekulation auf Science-Fiction-Niveau bieten die Autoren auch beim Computer noch: „Bis zum Jahr 2000 werden Computer wahrscheinlich manche der ‚menschlichen' intellektuellen Fähigkeiten erreichen, simulieren oder übertreffen können. Sie werden vielleicht ästhetische und schöpferische Eigenschaften des Menschen nachahmen und zusätzliche Fähigkeiten besitzen, die der Mensch nicht hat." Das war eine totale Fehlprognose! Einer anderen Aussage kann man dagegen rückblickend unmittelbar zustimmen: „Die Fähigkeit, einen Computer geschickt zu bedienen und vielseitig anzuwenden, wird verbreiteter und vermutlich leichter sein, als Bridge zu spielen oder Auto zu fahren."

Kahn und Wiener beschleicht auch eine Ahnung, dass das Informationszeitalter generell gewaltige, aber im Voraus nicht genauer bestimmbare Auswirkungen haben könnte – den Teil des Buches über Elektronik, Computer, Informationsverarbeitung und Laser beschließen sie mit den Worten: „Die Kombination von ‚computer utilities', weitverbreiteten Computerkonsolen, Laserkommunikation und einer ungeheuren Informationsverarbeitungskapazität kann den westlichen Lebensstil bis zum Jahr 2000 völlig ändern." Nur den westlichen? Heute, 40 Jahre später und eingetaucht in das globalisierte Internetzeitalter, sehen wir, dass davon auch fast alle anderen Kulturen maßgeblich betroffen werden.

Wie präzise waren die Prognosen von Kahn und Wiener im Bereich der Informations- und Kommunikationstechnologie? Den PC für jedermann haben sie so nicht vorhergesehen, sie sprechen stattdessen von Computerkonsolen, also „Terminals", über die man von Zuhause aus mit einem zentralen Server verbunden ist. Vor allem die Nutzung eines PCs oder ähnlichen Apparates als interaktives und vernetztes Multimedia-Gerät kommt in den Zukunftsprojektionen nicht vor. Matthias Horx [Hor97] merkt zu diesen und anderen Vorhersagen an: „Die Visionen vom Computer gingen großteils in die falsche Richtung. Man träumte bis weit in die 80er von gigantischen Giga-Rechnern, von ‚Denkgehirnen' und Expertensystemen, die ganze Regierungen ersetzen konnten. Die Vernetzung vieler kleiner Homecomputer zu einer weltweiten Gemeinde von Freaks und Hackern, die Hochzeit zwischen Subkultur und Hochtechnologie, hat selbst nach der Erfindung des berühmten Apple-Computers niemand vorausgesehen." Horx zieht daraus den Schluss: „Zukunft wird nicht von Technologie alleine bestimmt".

Ist das Internet, so wie wir es heute kennen, also eher ein kulturelles, jedenfalls ein nicht-technisches Phänomen? War die „Hochzeit zwischen Subkultur und Hochtechnologie" eine der Voraussetzungen dafür? Hätten – trotz aller fortschrittlicher Technologie – denkverkrustete staatliche Institutionen, profitorientierte Medienriesen, schwerfällige Telekommunikationsfirmen oder phantasielose halböffentliche Versorgungsunternehmen das niemals hinbekommen? Spielten die Universitäten und Wissenschaftsinstitutionen mit ihrem spielerischen Freiraum für Ideen und Experimente, für die man weder Plan, Antrag noch Rechtfertigung benötigt, vielleicht eine wesentliche Rolle?

Abb. 27. Walkie-Talkie und Autotelefon um 1960

Jedenfalls war am Ende der 1960er Jahre das Internet mit seiner wirtschaftlichen und kulturellen Bedeutung auch für Kahn und Wiener noch nicht vorherzuahnen. Nicht einmal dem Mobiltelefon geben sie (gegenüber dem „Piepser"-Rufsystem) eine wirkliche Chance, nur in Klammern wird an einer Stelle ein „pocket phone" (in der deutschen Übersetzung mit „Taschensende- und Empfangsgerät" bezeichnet) als Möglichkeit erwähnt – thematisiert wird es im Buch nicht weiter. Dabei wäre dies als Verlängerung technischer Trends eigentlich prognostizierbar gewesen, denn nicht nur Walkie-Talkies für Militär und Polizei, sondern auch private Autotelefone (allerdings noch auf Analogtechnik basierend, 15 kg schwer und über 10 000 DM teuer) gab es seinerzeit ja schon lange: Das mobile A-Netz wurde beispielsweise in Deutschland bereits Mitte der 1950er Jahre eingerichtet. Natürlich waren 1967 die Basistechnologien (wie Pulsecode-modulation oder digitale Signal- und Informationsverarbeitung) für das Handy in seiner heutigen Ausprägung und Funktionalität noch nicht verbreitet, stellten für Experten aber auch kein Geheimnis dar. Es scheint eher so, dass man – im Unterschied zu den weiter oben erwähnten Amateurfuturologen zu Beginn des 20. Jahrhunderts – dem Mobiltelefon keine wirtschaftliche oder kulturelle Bedeutung beigemessen hatte.

Noch etwas anderes wird in der Rückschau deutlich: Auch der Einfluss von miniaturisierten Computern (der erste Mikroprozessor, der „4004", wird von Intel erst 1971 vorgestellt) auf die Industrie, die Digitalisierung der Maschinensteuerungen, die Vernetzung von Produktionsmitteln und die Ausstattung von allen möglichen Produkten und Geräten – Autos, Waschmaschinen, Fotoapparate etc. – mit eingebetteten Computern (sowie die dabei durch programmierte Steuerung ermöglichte Flexibilität und der durch Software erzielbare Produktmehrwert) werden von Kahn und Wiener nicht vorhergesehen. Dies, obwohl das Buch ein Kapitel *Automation and Cybernation* enthält, und obwohl die (analogbasierte) elektronische Steuerung und Regelung bei größeren technischen Einrichtungen schon länger verbreitet war; selbst Digitalrechner wurden – in der Form von Prozessleitrechnern – schon in den 1960er Jahren zur Steuerung und Regelung von Produktionsprozessen in der „automatischen Fabrik" eingesetzt. So schreibt z.B. Pollock 1964 [Pol64]: „Als erstes Chemieunternehmen Europas lässt die BASF einen ihrer großtechnischen Syntheseprozesse in vollautomatischer Arbeitstechnik durch einen elektronischen Digitalrechner steuern. Er berechnet aus den Zustandsgrößen des chemischen Prozesses automatisch die bestmögliche Betriebsweise und stellt die hierfür erforderlichen Änderungen der Synthesebedingungen direkt an den Regeleinrichtungen der Anlage ein." Aber offenbar war die Vorstellung, einen stark verkleinerten Computer in Maschinen und Geräte selbst einzubauen und diese in digitaler Form zu steuern, damals doch noch zu weit hergeholt. Von Kahn und Wiener wird zwar die „Large Scale Integration" (LSI) kurz angesprochen, damit realisierte integrierte Schaltkreise sollen aber vor allem der „Verbesserung der Computer" dienen, und nur vage wird erwähnt, dass bald militärische und kommerzielle Anwendungen mit LSI-Technik erscheinen sollten. Der sich aus der Fortentwicklung dieser Technik ergebende Mikroprozessor oder das „embedded system" wird nicht vorhergesehen.

Weitere Expertenmeinungen aus den 1960er Jahren

Im Jahr 1964 publizierte die britische Zeitschrift *New Scientist* unter dem Sammeltitel „1984" einhundert Artikel mit Zukunftsprognosen illustrer Experten – „Wissenschaftler, Schriftsteller und Publizisten aus fünf Kontinenten", wie es in der Ankündigung heißt. Bereits ein Jahr später erschienen die Aufsätze sorgfältig auf Deutsch übersetzt in der Reihe „Modelle für eine neue Welt", herausgegeben von Robert Jungk[12] und Hans Josef Mundt [JuM65].

Wie stellen sich nun die vom *New Scientist* angesprochenen Koryphäen die Zukunft, insbesondere bei der Informations- und Kommunikationstechnik, vor? Ein Aspekt, oder vielleicht eher Zukunftswunsch, der mehrfach angesprochen wird, ist E-Mail – auch wenn dies damals natürlich noch nicht so bezeichnet wurde. So schreibt z.B. J.D. Clare, Direktor der Standard Telecommunication Laboratories in Harlow [Cla64]: „Man könnte sich eine Anlage denken, die alle benötigten Briefe, Korrespondenzen usw. direkt in die Schreibmaschinen des Adressaten überträgt, wodurch alle noch heutzutage nötigen Arbeiten wie Kuvertieren, Frankieren und Versenden von Post wegfallen." Auch ein elektronischer Zugriff auf das Firmenarchiv wäre wünschenswert und denkbar: „Auf die gleiche Art könnte eine ganze dezentralisierte Firma oder sonstige Organisation von allen ihren einzelnen Büros aus elektronischen Zugang zu benötigten Archiven haben, die in Form von Informationsspeichern konstruiert sind und auf Abruf benötigte Informationen in Form von reproduzierten Dokumenten liefern oder nur als flüchtiges Bild auf einer Kathodenstrahlröhre." Auch J.R. Pierce, bekannter Wissenschaftler bei den Bell-Labs und Pionier der Satellitenkommunikation (Telstar), äußert sich ähnlich [Pie64]: „Ich könnte mir denken, dass man nicht nur denjenigen Teil der Geschäftskorrespondenz, der heutzutage per Luftpost geschickt wird, sondern darüber hinaus fast alle Geschäftsangelegenheiten durch ein solches elektronisches Sende- und Empfangssystem übermitteln wird. Darüber hinaus werden Übertragungen digitaler Art wesentlich gebräuchlicher sein als heute und vielleicht auch in den Privathaushalt vordringen zur Durchführung von Theater- oder Hotelreservierungen sowie zum Wareneinkauf auf elektronischem Wege."

Die Erwartungen an die Zukunft der Computer formuliert Arthur L. Samuel, KI-Pionier und seinerzeit tätig im Forschungsbereich der IBM, zuvor auch bei den Bell-Labs und später, ab 1966, als Professor in Stanford [Sam64], so: „Man kann mittels seines Rechneranschlusses in den zahllosen Romanen ‚schmökern', die in einer fernen Zentralbibliothek gesammelt sind, sich jeden Film ansehen, der jemals gedreht wurde – natürlich gegen eine gewisse Gebühr, denn die Filmindustrie kann ja nicht von der Luft leben. Oder man kann sich über die Fördermengen der bolivianischen Zinnbergwerke vom Vortag orientieren." Hier wird also eine Vision vom schnellen Zugriff auf beliebige Informationen dargelegt, wie wir sie heute mit Internet und WWW schon ein gutes Stück weit realisiert haben – auch wenn (trotz Google) der Weg zu einer umfassenden Digitalisierung der Bib-

---

[12] Der Wissenschaftspublizist Robert Jungk (1913-1994) war der seinerzeit wohl bedeutendste europäische Antagonist zu der eher regierungsnahen und technikoptimistischen amerikanischen Zukunftsforschung, wie sie beispielhaft von Herman Kahn vertreten wurde. Er veröffentlichte in der genannten Reihe Studien und Aufsätze, die nicht nur das „Blaue vom Himmel" versprachen, sondern auch die Schattenseiten der fortschreitenden Verwissenschaftlichung und Technisierung des Lebens aufzeigten (www.itas.fzk.de/ tatup/041/huen04a.htm). Bekannt wurde Jungk vor allem durch sein 1952 erschienenes Buch *Die Zukunft hat schon begonnen*, in dem er sich kritisch mit den Einflüssen der hochentwickelten Technik auf das Leben der modernen Gesellschaft auseinandersetzt.

liotheksinhalte noch lang ist. Im Unterschied zu vielen anderen Zukunftsschwärmern wird auch angesprochen, dass hierfür ein Geschäftsmodell notwendig ist.

Eine Illusion geblieben ist bisher allerdings folgende Prognose von Samuel: „Eine weitere bedeutende Funktion der Rechenanlagen ist die der Übersetzung von Fremdsprachen. Man kann nicht nur eine gewünschte Information in der Sprache seiner Wahl aus dem Zentralarchiv erhalten, sondern auch per Telefon automatische Übersetzungen anfertigen lassen. Zwar wird diese Anwendung nicht allgemein verbreitet sein, weil sie teuer ist und weil die Tendenz immer mehr zu einer gemeinsamen Weltsprache geht. Immerhin aber wird es möglich sein, in irgendeinem fremden Land anzurufen und sich mit jedermann in der eigenen Muttersprache zu unterhalten, wobei lediglich durch die automatische Übersetzung eine kleine Verzögerung eintritt, die durch die Verschiedenheit der Satzstruktur und Wortreihenfolge bedingt ist." Tatsächlich war der Glaube daran, dass man die automatische Sprachübersetzung in absehbarer Zeit fast perfekt hinbekommen würde, in den 1960er Jahren weit verbreitet. Ähnlich äußert sich zum Beispiel 1966 auch Karl Steinbuch, renommierter Professor an der Universität (bzw. damaligen Technischen Hochschule) Karlsruhe und einer der Pioniere der Informatik in Deutschland, in seinem vielbeachteten Buch *Die informierte Gesellschaft* [Ste66]. Er postuliert darin einen Automaten, „der gesprochene Sprache erkennt, übersetzt und dann in einer anderen Sprache wieder hörbar produziert. Ein solcher Automat könnte in den nächsten zwei oder drei Jahrzehnten gebaut werden."

Etwas rätselhaft bleibt, wieso Samuel meint, dass ein automatischer Übersetzungsdienst teuer sein würde. Vielleicht ist er voreingenommen durch die hohen Preise damaliger Großrechner (die nur „gebündelt" mit ihrer Software verkauft wurden) und kann sich einen Massenmarkt von PCs, Software und Netzdiensten mit anderen ökonomischen Gesetzen nicht vorstellen. Ebenso entspricht sein Glaube an den Lehrcomputer dem Zeitgeist, ähnlich wie wir es weiter oben bei Kahn und Wiener schon vernommen haben: „Auch die Frage der Lehrmaschinen ist in diesem Zusammenhang von Interesse. Diese Maschinen werden so hochgradig entwickelt und so weit verbreitet sein, dass es dann Meister-Computer geben wird, die eine Vielzahl von ‚untergebenen' Rechnern anleiten und steuern. Diese ‚Hauptgehirne' haben die Fähigkeit, aus Erfahrung zu lernen sowie den Lehrstoff und auch die vorherrschende Ideologie entsprechend den wissenschaftlichen Fortschritten und den sich wandelnden gesellschaftlichen Sitten zu verändern. Man kann auf diese Weise eine vollständige Ausbildung zu Hause mit Hilfe des eigenen Rechners durchlaufen."

Nett ist schließlich noch folgende Vorhersage von Samuel für das Jahr 1984: „Auch das Komponieren von Musik wird zumindest im Bereich der Unterhaltungsmusik zum Teil von Rechnern bewerkstelligt werden. Ein neues Hobby wird vielleicht darin bestehen, dass die Menschen miteinander wetteifern, wer mit Hilfe seines eigenen Rechners die beste Stimmungsmusik hervorbringt. Echte Literatur wird der Elektronenrechner nicht schaffen können, wohl aber wird er Unmassen von Kriminalromanen hervorbringen."

Auch die Haushaltsroboter fehlen natürlich in der 1960er-Jahre-Vorausschau nicht. M.W. Thring, Professor für Maschinenbau am Queen Mary College in

London, meint, dass man schon bald Roboter haben könnte, die alle Routinetätigkeiten im Haus erledigen und generell den Menschen von schwerer Arbeit befreien [Thr64]. Er prognostiziert einen „technischen Sklaven, der auf die Eigenheiten einer jeden Wohnung abgerichtet und so programmiert werden kann, dass er ein halbes Dutzend oder mehr Routinearbeiten automatisch auszuführen vermag, z.B. Bodenscheuern, Kehren, Abstauben, Geschirrspülen, Tischdecken und Bettenmachen", wenn er von der Hausfrau eingeschaltet wird. Der Roboter würde andere spezialisierte Maschinen bedienen, etwa einen Staubsauger oder eine Waschmaschine. Weiter schreibt Thring ganz optimistisch: „Für alle mit der Konstruktion eines solchen Roboters verbundenen Probleme liegen die Lösungen bereits heute in greifbarer Nähe. Ein intensives Forschungsprogramm vorausgesetzt, könnte ein solcher Roboter wahrscheinlich innerhalb von zehn Jahren entwickelt werden."

Abb. 28. Haushaltsroboter als Butler in einer Vision von 1929 sowie als Bettgefährte von Barbarella im Jahr 1964

Auch zum Akzeptanzproblem äußert er sich: „Bei einer Diskussion mit Hausfrauen über einen solchen Roboter zeigten sich 90 Prozent der befragten Frauen bereit, einen Roboter sofort zu kaufen, wenn es ihn gibt. Nur 10 Prozent äußerten eine gewisse Scheu, einen so unheimlichen Gesellen um sich zu haben. Diese Bedenken verflogen jedoch zumeist, wenn ihnen erklärt wurde, dass man ihn jederzeit abschalten oder sogar zwingen könne, in seinem Schrank zu verschwinden. Der Roboter wurde dann als sehr begehrenswert betrachtet."

Thring war, wie wir heute wissen, viel zu optimistisch. Zwar wurden die ersten Industrieroboter (Unimate) schon 1961 bei General Motors in der Automobilherstellung eingesetzt; die Gründe, die zu ihrem Erfolg beitrugen, lassen sich aber nicht direkt auf den häuslichen Bereich übertragen. Eine Wohnung ist viel weniger strukturiert als eine industrielle Produktionsstätte, und die Abläufe sind viel komplexer: Eine simple Programmierung auf eine bestimmte Aufgabe hin genügt daher nicht, ein Haushaltsroboter müsste schon ein gehöriges Maß an künstlicher Intelligenz besitzen, um so flexibel einsetzbar zu sein, wie Thring es sich vorstellt. Die Schwierigkeiten, die im Nachahmen intelligenzbehafteter menschlicher Tätigkeiten bestehen – auch wenn es sich um so „niedrige" Tätigkeiten wie Staubwischen oder Geschirrspülen handelt – hatte man in den 1960er Jahren jedoch generell deutlich unterschätzt.

Präziser sind die um die gleiche Zeit entstandenen Vorhersagen des bereits oben erwähnten Nachrichtentechnikers Karl Steinbuch. Er schreibt in seinem Buch *Die informierte Gesellschaft* [Ste66]: „Versucht man zu phantasieren, welches wohl der langfristige Endstand der Fernsprechtechnik sein könnte, so kommt man wohl zu folgender Vorstellung: Mit Hilfe eines so kleinen und leichten Gerätes, dass es nicht lästig ist, es dauernd bei sich zu führen [...] sollte es ermöglicht werden, jeden beliebigen anderen Menschen, wo immer er sich auch befinde, mühelos ansprechen und sich mit ihm unterhalten zu können. Es gibt keinen ernsthaften Grund, dass dieses Ziel in mehreren Jahrzehnten nicht erreicht werden könnte." Wie Recht er hatte! Ob die Nokias und Motorolas der Welt allerdings damit einverstanden sind, dass nunmehr, vier Jahrzehnte später, der „Endstand" der Entwicklung erreicht sei, das darf wohl bezweifelt werden!

Interessant sind auch entsprechende Äußerungen von Sir Leon Bagrit, Vorsitzender der britischen Elliott-Automation (die später in GEC und dann in ICL, der *International Computers Ltd*, aufging), einem Apologeten der Automatisierung. Er wurde 1964 von der BBC eingeladen, eine Reihe von Rundfunksendungen zum Thema *The Age of Automation* zu gestalten. Er äußerte darin seine Überzeugung, dass man sich für die Zukunft persönliche Computer vorstellen müsse, die so klein seien, dass man sie im Auto mitnehmen, ja sogar in die Tasche stecken könne. Ein solcher Computer könne ähnlich wie ein Radiogerät an ein landesweites Netz angeschlossen werden und „normalen Menschen" auf Abfrage beinahe beliebige Informationen liefern, die für sie nützlich wären. Ferienreisende könnten sich so beispielsweise über das Wetter informieren; Autofahrer würden bei Verkehrsstau alternative Fahrrouten erhalten.

Ähnlich, wenn auch etwas zurückhaltender, äußert sich fast zur gleichen Zeit in den USA Gordon Moore. Moore ist heute allseits wegen des nach ihm benannten „Gesetzes" bekannt, entsprechend dem sich die Computerleistung (bei weitgehend konstantem Preis) etwa alle

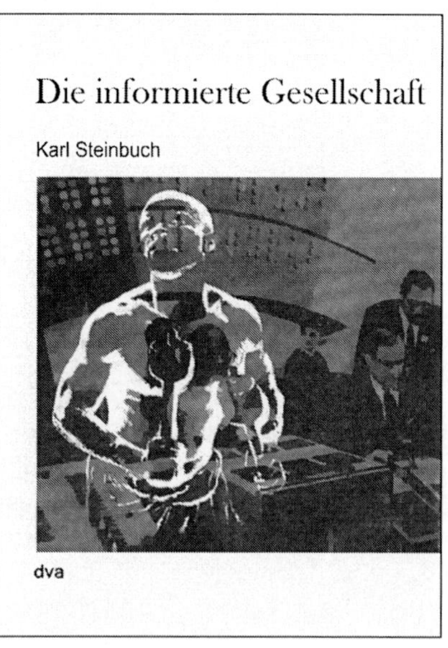

Abb. 29. *Die informierte Gesellschaft* von Karl Steinbuch [Ste66]

zwei Jahre verdoppelt. Er präsentierte diese These erstmalig 1965 in seinem auch heute noch lesenswerten Beitrag *Cramming more components onto integrated circuits* [Moo65] zum 35-jährigen Jubiläum der Fachzeitschrift *Electronics*. Fast untergegangen ist aber eine andere bemerkenswerte Aussage in dieser Veröffentlichung, mit der er andeutet, was durch eine exponentielle Leistungssteigerung schließlich möglich sein sollte: „Integrated circuits will lead to such wonders as home computers – or at least terminals connected to a central computer – automatic controls for automobiles, and personal portable communications equipment." Moore sagt also, wohlwollend interpretiert, nicht nur das Mobiltelefon voraus, sondern auch noch den PC zuhause – wenn er auch vor seiner eigenen Aussage zu einem Zeitpunkt, als noch nicht einmal elektronische Taschenrechner üblich waren, erschrickt und sich auch mit Terminals zufrieden geben würde. Die Herausgeber von *Electronics* fanden das anscheinend so absurd, dass sie eine Karikatur hinzufügten, in der ein Kaufhausverkäufer neben dem Kosmetikstand dem Publikum in einer Verkaufsaktion seine schuhkartongroßen „Handy Home Computers" anpreist.

Übrigens hat Moore selbst ganz vergessen, was er damals vorhergesagt hatte, gestand er 2005 in einem Interview – er habe sich erst neulich wieder daran erinnert, als er seinen Aufsatz nochmals gelesen habe. Tatsächlich hat er später, als CEO von Intel, nicht mehr recht an den Heimcomputer geglaubt [Nic05]: „An engineer came to me with an idea about a home computer", erinnert er sich. „I said, ‚Gee, that's fine but what would you use it for?' He could only think of a housewife using it to keep recipes on. I didn't think that would be a very powerful application, so I didn't think Intel should pursue a personal computer at that time."

Ähnliche Schwierigkeiten, sich den praktischen Alltagsnutzen persönlicher Computer vorzustellen, hatte 1962 auch John Mauchly, einer der ENIAC-Konstrukteure. In einem Zeitungsbeitrag der New York Times [NYT62] drückt er zunächst seine Erwartung in technischer Hinsicht aus: „The present emphasis on miniaturizing components of missiles and spacecraft will inevitably result in developing small, inexpensive computers within the reach of almost everyone." Bald würde jeder seinen eigenen Computer haben, und es gäbe keinen Grund anzunehmen, dass dann nicht jeder normale Jugendliche mit einem Computer im Westentaschenformat umgehen könne. Wozu aber sei dieser nütze? Mauchly fällt nur ein, dass die Hausfrau der Zukunft damit ihre Einkaufsliste zusammenstellen könne und ihr dann im Geschäft die bestellte Ware automatisch auf einer Rutsche entgegengeschlittert käme, gleichzeitig würde mit dem Taschencomputer der Bezahlvorgang vom computerisierten Bankkonto eingeleitet werden.

50 Jahre Zukunft – Kommunikation und Elektronik 2012

Aus Anlass seines 50-jährigen Bestehens unternahm 1962 der amerikanische Berufsverband *Institute of Radio Engineers* ein interessantes Unterfangen – prominente Mitglieder, Experten in ihrem jeweiligen Fach, sollten versuchen, 50 Jahre in die Zukunft, also in das Jahr 2012, zu blicken. Nicht immer ist alles in den Beiträgen so ganz ernst gemeint – angesichts der Aufgabenstellung fand mancher Autor offenbar Spaß am Fabulieren –, wir wollen hier aber einige Highlights der seriöser geschriebenen Artikel zusammenfassen [IRE62]:

Im Jahr 2012 sind miniaturisierte Computer so preiswert geworden, dass sich jeder Student seinen eigenen leisten wird, so wie 1962 jeder Student einen Rechenschieber besitzt. Elektrische Schreibmaschinen reproduzieren getippten Text über Kontinente hinweg, und Videokameras sind nur noch einen Zoll breit und zwei Zoll lang. Musik wird auf Molekularspeichern abgelegt, so dass mechanische Antriebe zur Musikwiedergabe (wie bei den Schallplattenspielern) überflüssig werden. Autos werden elektronisch gesteuert – „the driver is limited to push-buttoning his chosen exit".

Abb. 30. Ein automatisch gesteuertes Auto: „Der Fahrer kann sich seinen Mitfahrern zuwenden und sich mit ihnen ganz ungeniert unterhalten."

Natürlich wird es im Jahr 2012 einen (auch als Bildtelefon nutzbaren) „two-way three-dimensional color stereophonic TV set" in jeder Wohnung geben (mit einer Glanzmagazin-Bildqualität, ganz ohne die notorischen Interferenzen der 1962er Flimmerkisten), genauso wie ein Heimfax, um Bilder und Schriftmaterial zu empfangen – denn fast alle Briefe werden jetzt elektronisch übermittelt. Statt der normalen Zeitung abonniert man meistens die Telezeitung. Man hat elektronischen Zugang zu Bibliotheken und kann den Inhalt selbst der seltensten Bücher innerhalb weniger Minuten beim „neighborhood information service" verfügbar machen. Lexika werden Animationen enthalten, und Sprechbücher kann man jederzeit durch direktes Anwählen des Festkörperspeichers der Zentralbibliothek erhalten. Angesichts der vielen technischen Segnungen müsse man rückblickend aus der Zukunft den Menschen des Jahres 1962 eigentlich bedauern, heißt es: „He could not sit in his living room and study any area of any science he wished. If he became sick, his doctor had to rely on the contents of his own brain, rather than being able to dial Medical Diagnostics for assistance."

Abb. 31. Vision eines Bildtelefons der Zukunft

Die Zukunft des Jahres 2012 hat noch mehr zu bieten: Bargeld gibt es nicht mehr, höchstens noch Münzen für Verkaufsautomaten. Anstelle von Banknoten nutzt man eine kodierte Identifikationskarte; die Steuer wird bei jeder Geldtransaktion automatisch abgezogen. Seine Einkäufe erledigt man vorwiegend von Zuhause aus, indem man den Bestellkatalog in Form eines zigarettenschachtelgroßen „memory packs" (mit bis zu 10^{20} Bit) in den „home viewer" schiebt, der die Ware in ganz realistischer Weise darstellt. Der Bestellkatalog wird laufend aus der Ferne aktualisiert, hierzu werden unhörbare Signale benutzt, die über die Telefonleitung ins Haus geschickt werden. Produktwerbung ist übrigens eine Angelegenheit der Vergangenheit, da es keine Papierzeitungen und -zeitschriften mehr gibt und Konsumenten sich sowieso jederzeit auf Knopfdruck über Produkte informieren können. Auch Reservierungen von Hotelzimmern und Flügen macht man aus der Ferne: „In the future, we would step up to a telephone-like device and, after consulting something much like a telephone book, dial a reservation request. The instrument will respond by giving a red signal, meaning ‚no', [...]." Die Vorteile eines automatischen Reservierungssystems seien offensichtlich: Man vermeidet gegenüber dem klassischen manuellen Reservierungsprozess Fehler, Verwirrung, Unsicherheit und Enttäuschung.

Electronic Machine Speeds Flight Information to Area Offices

American Airlines has turned to an electronic machine to provide fast, accurate flight information to all its offices in the New York area. The machine, the Magnetronic Reservisor, is already in use, handling reservations automatically. In its new utilization, information on all flights, incoming and outgoing, is fed into the whirling drum that is the machine's "memory," and is then available at any airline office in the area. To obtain the information, an agent has only to push a simple combination of buttons on the branch-office keyboard. The answer is returned in flashing lights. Immediately available flight information allows the agent to answer queries at once instead of checking bulletin-board postings.

Abb. 32. „Magnetronic Reservisor" – ein Flugbuchungssystem von 1955

Interessant ist, wie vorsichtig die Experten die zukünftige Breitband-Kommunikationsinfrastruktur im Weitverkehrsbereich beurteilen. An Koaxialkabel wollen sie nicht recht glauben, dies sei bei Datenraten, die aufgrund von Bildtelefonie und anderen neuen Diensten zwischen den Städten 50 bis 100 GHz im Basisband erforderlich machen könnten (für den gesamten Transatlantikverkehr sollten übrigens 2 GHz ausreichen), nicht ökonomisch. Mikrowellen-Richtfunkstrecken seien für die erforderlichen Bandbreiten auch nicht geeignet und würden den Äther verstopfen. Denkbar wären vielleicht Kupfer-Hohlleiter oder noch zu entwickelnde optische Gas-Maser zusammen mit modulierten Lichtstrahlen in unterirdisch verlegten Vakuumrohren. Hier zeigt sich, dass zu diesem Zeitpunkt der Laser (bzw. Maser) gerade eben erst erforscht wurde und nicht klar war, inwieweit er sich für die Breitbandkommunikation eignen würde – insbesondere wusste man noch nicht, wie man das Multiplexen vieler Kanäle auf einem Laserstrahl erreichen kann. Glasfaser-Lichtwellenleiter sind – obwohl 1962 bereits seit einigen Jahren im Labor erprobt – noch kein Thema.

Erstaunlich ist, dass das Mobiltelefon (bzw. das Funkgerät am Armband) bei den „radio engineers" 1962 schlecht wegkommt; ähnlich wie Kahn und Wiener geben sie ihm keine baldige Zukunft. Offensichtlich können sie sich nicht vorstellen, dass schon weit vor dem Jahr 2012 viele Leute die ständige Erreichbarkeit als nützlich empfinden und es zum Lebensstil vieler gehört, auch Belangloses jederzeit seinen Lebenspartnern oder Schulfreundinnen mitteilen zu können: „What fraction of the ultimate tiny wrist set – which permits to seek voice communication with any other individual – will be realized in fifty years? Probably a very small fraction. The bulk of individual mobile communication will still be carried in automobiles. The tiny wrist set may only later emerge, designed for the amazement of stockholders at their annual meeting."

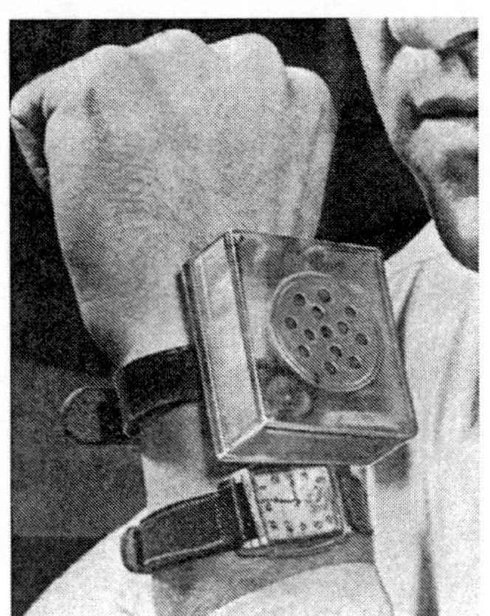

Abb. 33. Armband-Mobiltelefon: Prototyp von 1947 und Comic-Kultdetektiv Dick Tracy in Aktion

   Selbstverständlich denkt man bei der Computernutzung auch wieder an die automatische Sprachübersetzung: „Telegrams are simultaneously translated into, and typewritten by, the language of the receiver". Auch war klar, dass die Übersetzungsmaschine des Jahres 2012 portabel sein würde: „By hyper-miniaturization of electronic parts the translating machine is reduced to such an extent that it can easily be carried by hand". Der Nutzen der automatischen Sprachübersetzer sei enorm: Da dann nicht nur jeder mit jedem kommunizieren kann, sondern auch noch jeder jeden versteht, würde diese Technik „gradually bring about the development of mutual confidence and understanding among the peoples of the world, so that war will be outlawed."

   Auch Lehrcomputer wird es 2012 natürlich geben. Dank Timesharing der „intellektronischen Systeme" genügt ein einziger Computer für Millionen von Schülern, der zudem auf die individuellen Bedürfnisse jedes Einzelnen eingeht. „It will make available the best education in any subject, anywhere, any time, to any one". Überhaupt trägt die Hochtechnologie der Zukunft sehr zum Wohle der Menschheit bei: Da technisch unterstütztes Kommunizieren und Handeln über beliebige Entfernungen hinweg weit verbreitet und sehr bequem ist, sind Faulheit und Ignoranz, die Hauptfeinde der Demokratie, eliminiert. Statt im Parlament kann jetzt viel öfter durch die Bevölkerung direkt abgestimmt werden; die Mehrheitsmeinung wird auch automatisch sofort ermittelt und angezeigt.

Abb. 34. Schüler an den Konsolen eines Lehrcomputers

Den größten Nutzen zieht die Menschheit des Jahres 2012 allerdings aus den Denkmaschinen, die viel klüger als der schlauste Mensch sind. Es handelt sich um symbolisch arbeitende Computer, welche ihre Denkergebnisse in natürlicher Sprache kundtun. Nur mit ihrer Hilfe ist es noch möglich, die gewaltigen und drängenden sozialen Probleme zu analysieren und anzugehen, die die technologische Revolution nach sich zieht. Da solche Maschinen aber Tatbestände und Regeln in klarer und eindeutiger Art und Weise benötigen, hat dies noch einen weiteren Effekt: „They will create pressure for a common universal, completely logical and consistent kind of language. The technological period of the future may force on the world a new kind of language reform."

Wie kann man aus derzeitiger Sicht die Voraussagen und Spekulationen der Elektronik- und Kommunikationsexperten von 1962 beurteilen? Korrekt vorhergesehen haben sie beispielsweise kleine preiswerte Computer, Musik auf elektronischen Speichern anstelle von Schallplatten sowie Animationen im Lexikon (wenn man hierfür die heutigen digitalen Versionen auf DVDs zum Vergleich heranzieht). Ganz daneben gelegen haben sie aber mit vollautomatisch fahrenden Autos, der maschinellen Übersetzung gesprochener Sprache, den „intellektronischen Systemen" zu Lehrzwecken und den symbolisch arbeitenden Denkmaschinen zur Lösung schwieriger Probleme aus der Realität. Dies sind alles Anwendungen mit einem komplexen, vielschichtigen Kontext, den ein intelligenter Mensch relativ gut erfassen kann, eine Maschine aber nur dann, wenn sie „künstlich intelligent" ist. Wie schon Thring oder Kahn und Wiener unterliegen auch diese Experten aus den 1960er Jahren, vielleicht geblendet durch den rasanten hardwaretechnischen Fortschritt, dem Irrtum, dass sich das „KI-Problem" durch Steigerung der Rechenleistung und den normalen fortwährenden Erkenntnisgewinn der Wissenschaft nach und nach in natürlicher Weise lösen würde. Heute wissen wir, dass dieses Problem viel hartnäckiger und grundsätzlicher ist, als seinerzeit vermutet wurde, und dass die derzeitigen Methoden sowie der gegenwärtige Erkenntnisstand dafür vermutlich nicht ausreichen und auch keine wirklichen Lösungsansätze bieten.

Dass eine „disruptive" Technologie wie Lichtwellenleiter nicht wahrgenommen wurde und dass Kameras in heutigen Mobiltelefonen um einiges kleiner als 1×2 Zoll groß sind, man aber umgekehrt die Kapazität von „memory packs" (gegenüber heutigen memory sticks oder DVDs) um ein paar Größenordnungen überschätzt hat, ist eher nebensächlich. Dass aber der Wert persönlicher Mobilkommunikation nicht erkannt wurde und man Werbung im Online-Zeitalter für überflüssig hält, kommt uns heute – verwöhnt vom Handy einerseits und geplagt von SPAM-Mails und nervend-blinkender Bandenwerbung auf Web-Seiten andererseits – doch ein wenig kurzsichtig vor. An der etwas naiven Vorstellung von Hotel- und Flugreservierungen, wo man zunächst ein Telefonbuch konsultiert, eine Nummer wählt und als Ergebnis einfach eine rote oder grüne Lampe aufleuchten sieht, erkennt man, dass graphische Nutzungsschnittstellen, Mausklicks oder gar interaktive Web-Formulare offenbar jenseits des Vorstellungsvermögens selbst von Experten lagen – genauso wie persönliche digitale Assistenten (PDAs) oder Navigationssysteme.

Vor allem muss man aber konstatieren, dass die heutige Internet-„Kultur" als Konsequenz aus der Technikentwicklung praktisch nicht vorhergesehen wurde, sieht man einmal vom Homeshopping mit elektronischen Katalogen und von (wenig benutzungsfreundlichen) Geräten zur Buchung von Reisen ab. Dinge wie Blogs, Ebay, Fotosammlungen und Videos auf öffentlichen Servern, Suchmaschinen, Wikipedia, Live-Webcams, Diskussionsforen, Online-Kasinos, instant messaging, SMS, Computerpornographie, virtuelle Plattformen für das social networking etc. tauchen in den Vorhersagen zum Jahr 2012 nicht auf. Dass dann viele Leute beruflich oder privat fast ein Online-Leben führen würden, E-Mailgetrieben sind oder zumindest jederzeit und überall aktuelle Informationen abfragen möchten und erreichbar sein wollen – das alles konnte (oder wollte) man sich damals wohl nicht vorstellen.

In vielen Beiträgen des Jahr-2012-Themenheftes, das 1962 aus Anlass des 50-jährigen Bestehens des *Institute of Radio Engineers* erschien, wird das zukünftige 100-jährige Jubiläum im Jahr 2012 angesprochen – und mit etwas bangem Unterton gefragt, welche Prognosen sich dann, in fünfzig Jahren, wohl als wahr oder falsch herausstellen würden, und ob man damit beim zukünftigen Festakt – meist wohl leider nur posthum – eine gute Gestalt abgeben würde. Aber schon ein Jahr später, 1963, kam das jähe Ende des Berufverbands: Er ging zusammen mit anderen im neu gegründeten *Institute of Electrical and Electronics Engineers*, IEEE, auf. Manchmal entwickelt sich die Zukunft eben schneller als gedacht und ganz anders als erwartet!

Einen weiteren Versuch, über informationstechnische Möglichkeiten der folgenden Jahrzehnte zu spekulieren, unternahm dann IEEE dreizehn Jahre später, 1975, in der angesehenen Fachzeitschrift *IEEE Transactions on Communications* [Sch75]. Man war inzwischen, wie der Herausgeber im Editorial schrieb, überzeugt davon, eine wahre Revolution bei der Entwicklung und Nutzung von Kommunikations- und Informationstechnologien zu erleben. Satellitenkommunikation, Transistortechnik und zu „intelligenten" Datenendgeräten umfunktionierte Fernsehgeräte ließen für die nähere Zukunft ganz neue Anwendungen mit erheblichen Auswirkungen auf das tägliche Leben erahnen. Man versprach sich durch die generelle Informatisierung zum Beispiel eine bessere medizinische Versorgung, bessere Bildung, Verminderung des Verkehrsaufkommens durch Heimarbeit und damit einhergehend eine substantielle Reduktion des Energieverbrauchs.

In einem Beitrag dieses Themenhefts spekuliert Solomon Encel, studierter Physiker und Professor für Soziologie sowie Autor eines Buches *The Art of Anticipation* [Enc75a], über Kommunikationsmedien und -systeme des Jahres 2000 [Enc75b]. Er prophezeit mehr als 20 verschiedene Systeme, u.a. Telemail, Super-Telex, Farb-Fax und portable Computerterminals. Er erläutert Telemail nicht näher – wohlwollend mag man sich also so etwas Ähnliches wie die heutige E-Mail darunter vorstellen. Mit Super-Telex und Farb-Fax lag er allerdings daneben: Der Fernschreibdienst hat sich inzwischen überlebt,[13] und Farbe konnte sich bei Fax nie richtig durchsetzen, obwohl seit 1990 entsprechende Geräte zur Verfügung stehen – schließlich können wir heute über das Internet viel besser auf Farbbilder und bunte Dokumente zugreifen. Nicht ganz ernstgemeint und wohl eher zur Erheiterung des Lesers zitiert Encel einen ungenannten britischen Informatiker mit der Zukunftsvision „the terminal in the briefcase will replace the E-type Jaguar as a status symbol for the up-and-coming executive". Ironischerweise lag er damit allerdings gar nicht so ganz falsch, wenn wir an neueste PDAs, flache Smartphones oder „BlackBerries" denken, auch wenn diese „terminals in the briefcase" nicht ganz so exquisit, elitär und exklusiv wie ein Jaguar-Auto sind!

Interessanter ist indes, was sich Encel in seinem Artikel *Social Aspects of Communication* für das Jahr 2000 offenbar *nicht* vorstellen konnte: Es fehlt nämlich nicht nur so etwas wie das WWW mit allen seinen auch soziologisch interessanten Ausprägungen wie Diskussionsforen und Blogs, sondern es wird erstaunlicherweise auch das – als Vorläufer in Form des Autotelefons schon seit den 1950er Jahren existierende – Mobiltelefon überhaupt nicht erwähnt, obwohl gerade dies (natürlich aus heutiger Sicht) ein sozial außerordentlich relevantes Kommunikationsmedium darstellt!

Viel besser als die Elektronik- und IT-Experten hat übrigens ein Science-Fiction-Autor, Ray Bradbury, den sozialen Aspekt des Mobiltelefons vorausgesagt – und zwar bereits 1953 in der Kurzgeschichte „Der Mörder" [Bra53, Bra70]. Dort lebt man in smarten und gesprächigen Umgebungen – etwa in Häusern, die einen unter der Dusche mit Opernarien beglücken und einem im Schlaf flüsternd Spanisch beibringen, oder mit Öfen, die einen mit „Ich bin eine Aprikosentorte, und ich bin fertig" anquatschen. Das Telefon trägt man am Handgelenk, und seine schiere Existenz „fordert dich auf, jemand anzurufen, der gar nicht angerufen werden möchte". Etwa im Bus – da sitzen Leute „mit ihren Armbandsendern und sprechen mit ihren Frauen: ‚Jetzt bin ich an der dreiundvierzigsten, jetzt an der vierundvierzigsten, jetzt an der neunundvierzigsten, jetzt biegen wir in die einundsechzigste ein'." Oder: „He, Al, ich dachte, ich ruf dich mal eben vom Golfplatz

---

[13] Wie hätte der Autor dies 1975 aber auch ahnen sollen – hatte sich doch in Großbritannien gerade die Zahl der Telexanschlüsse drastisch erhöht: von ca. 30 000 im Jahr 1970 auf ca. 50 000 im Jahr 1974!

hier draußen in Green Hills an. Habe gerade mit einem erstklassigen Schlag ins Loch getroffen! Ich dachte, es würde dich interessieren, Al!" Dem Helden der Geschichte wird dies dann doch zuviel, „wenn innerhalb einer Minute meine Frau anruft, um zu sagen: ‚Wo bist du jetzt, mein Lieber?', und ein Freund anruft [...] und ein Unbekannter anruft und schreit: ‚Hier ist das Meinungsumfrage-Institut' [...]" und er ermordet „dieses Folterwerkzeug, den Armbandsender".

Die Vision von den Information Utilities

1964 verfasste Martin Greenberger, seinerzeit Professor an der School of Industrial Management des Massachusetts Institute of Technology (MIT), für die Zeitschrift *Atlantic Monthly* einen visionären Artikel mit dem Titel *The Computers of Tomorrow* [Gre64]. Wie viele andere Propheten der 1960er Jahre zielt auch er mit seinen Prognosen auf eine Zeit um das Jahr 2000. Obwohl im Amerika des Jahres 1964 bereits mehr als 20 000 Rechner installiert waren, sagt er dem Computer eine noch weit größere Verbreitung voraus: „Computing services and establishments will begin to spread throughout every sector of American life, reaching into homes, offices, classrooms, laboratories, factories, and businesses of all kinds." Er spekuliert, dass es eines Tages „information utilities" geben könne und vergleicht dazu den Dienst, den ein Computer bereitstellt, nämlich „automatic computation", mit dem elektrischen Strom, der von einem Energieversorger geliefert wird. Mit elektrischer Energie könne eine große Zahl verschiedener Geräte betrieben werden, und es könnten die unterschiedlichsten Aufgaben erledigt werden. Analog könne auch „computation" als ein universeller Service angesehen werden, der für die vielfältigsten Zwecke eingesetzt werden kann, wie etwa „numerical calculations, manipulation of textual data, automatic control of instrumentation, simulation of dynamic processes, statistical analyses, problem solving, game playing, information storage, retrieval, and display."

Zwar gäbe es auch prinzipielle Unterschiede zwischen Strom und Computerleistung, aber durch zunehmend billigere Rechner, den in Zukunft möglichen Timesharing-Betrieb und spezialisierte Terminals würde die Analogie immer besser greifen. Damit sei es gerechtfertigt, von „large utilities built around the service of computing systems" zu träumen. Greenberger bleibt etwas vage, was die Ausgestaltung der „information utilities"[14] betrifft, es seien aber jedenfalls Unternehmen von beträchtlicher Größe, die entweder öffentlich oder privatwirtschaftlich betrieben würden. Aus heutiger Sicht mag man sich darunter vielleicht eine Art Kombination aus Servicerechenzentren à la DATEV, Fachinformationszentren sowie Internet-Provider und Breitbandanbieter wie Yahoo oder AOL vorstellen. Zur Nutzung der Dienste denkt er an spezialisierte Endgeräte in Büros und Privathaushalten, die mit zentralen Timesharing-Computern der Informationsversorger verbunden sind – analog den Stromversorgungs- und Telefoninfrastrukturen. Er vermutet allerdings, dass größere Firmen, analog zu einer Telefon-

---

[14] Gelegentlich nennt er diese auch „information-processing utilities".

zentrale oder gar einem privaten Kraftwerk, eventuell eigene „in-house information utilities" betreiben würden – in heutiger Bezeichnung also so etwas wie ein Intranet.

Interessant sind vor allem die durch information utilities ermöglichten kommerziellen Anwendungen, die Greenberger diskutiert. Bargeld und Schecks würden in vielen Fällen obsolet werden: Einfache Terminals in Geschäften könnten mit einem zentralen Informationssystem verbunden sein und Geldtransaktionen sofort durchführen, wobei Kreditkarten als „money keys" fungieren würden. Man könne außerdem von einem privaten Terminal von Zuhause aus Geldüberweisungen vornehmen und den Kontostand überprüfen. Noch einen Vorteil spricht er an: Gelddiebstahl würde durch so ein System unattraktiv. Zwar würden sich dann einige der arbeitslosen Diebe auf Betrügereien bei der elektronischen Kontoverwaltung verlegen, aber Manipulationen am Abrechnungssystem könne man begegnen, da man einen Computer anweisen könne, seine eigene Ausführung zu überwachen.

Abb. 35. Informationsdienstleistungen für vielfältige Zwecke in Industrie und Wirtschaft

Weiter diskutiert er – ohne natürlich den heutigen Begriff vorwegzunehmen – „mass customization" am Beispiel von personalisierten Versicherungen, die jederzeit aus den online verfügbaren Daten zu den Lebensgewohnheiten und -umständen der jeweiligen Versicherten sowie den Unternehmensdaten zum momentanen Versichertenbestand generiert werden können. Die üblichen Risikoklassen zur Differenzierung würden entfallen, und die „guten Risiken" würden eine niedrigere, individuelle Prämie bezahlen. Die Automatisierung könne sogar noch weitergehen: „The computer may be able to sell its own insurance policies via persuasive discourse with the customer." Ferner könnten die Börse und ganze Märkte elektronisch verwaltet werden, was wirtschaftliche Vorteile brächte und die

Volkswirtschaft insgesamt stabilisieren würde. Medizinische Informationssysteme, aktuelle Verkehrsinformationen, „catalogue shopping from a convenience terminal at home", Zugriff vom Arbeitsplatz oder der Wohnung auf „automatische Bibliotheken", Lehrkonsolen in Schulen sowie Editierkonsolen in Verlagen wären weitere Möglichkeiten, die information utilities eröffnen würden.

Die Informationsversorger als Betreiber von information utilities würden nicht nur an ihren Informationsdiensten verdienen, sondern sie könnten außerdem die Daten, die bei der Nutzung der Dienste anfallen, zu Marketingzwecken verkaufen. Und fast meint man, dass Greenberger eine leise Vorahnung von Google & Co beschleicht, wenn er schreibt: „As more and more of these services are perfected, an increasing percentage of the day-to-day functioning of man, the economy, and society will become documented and mechanically recorded in easily accessible form." Insgesamt ist er sehr zuversichtlich: „An on-line interactive computer service, provided commercially by an information utility, may be as commonplace by 2000 AD as telephone service is today." Dies wäre dann, so beendet er seinen Artikel, der stärkste Intelligenzverstärker, den der Mensch je konstruiert hätte.

Wie kann man den *Atlantic Monthly*-Beitrag von 1964 aus heutiger Sicht beurteilen? Sicherlich spürt Greenberger weitaus besser als die meisten anderen Zeitgenossen das enorme ökonomische Potential, das in der ubiquitären Informationsverarbeitung liegt. Er sagt beispielsweise E-Banking und Online-Transaktionsautorisierung korrekt voraus, natürlich ohne es so beim jetzigen Namen zu nennen. Ebenso prognostiziert er die „mass customization" von Produkten und den Marktwert von Nutzungsprofilen elektronischer Dienste. E-Mail oder den multimedialen PC sieht er allerdings nicht, und damit auch nicht den persönlichen Gebrauch des Computers als Spielgerät, Fotosammlung oder Videoplayer. Aber auch im kommerziellen Bereich reicht Greenbergers Phantasie der Computernutzung nicht für alles aus, was uns heute wichtig erscheint: E-Commerce reduziert sich bei ihm auf den Katalogeinkauf, der sich insofern nicht wesentlich von einer telefonischen Bestellung unterscheidet, und E-Business zwischen Firmen lässt sich aus seinen Ausführungen bestenfalls als vage Möglichkeit heraushören. Er schreibt auch nichts zu Online-Werbung, zu digitaler Vernetzung von Produktionsmitteln, zu Produktaufwertung durch eingebettete Software oder zur Optimierung von Logistikketten durch Fernidentifikation und -lokalisierung.

Der Traum vom interaktiven und vernetzten Computer

Für die mit PCs und elektronischen Spielkonsolen aufgewachsene Generation scheint es heute kaum mehr vorstellbar, wie archaisch sich noch in den 1960er Jahren, als die Mondlandung schon ausgemachte Sache war, ein Computer darstellte. In fast nostalgischer Poesie beschreiben Angela und Karlheinz Steinmüller dies wie ein Märchen von gestern [Ste99]: „Es gab einmal eine Zeit, in der hatten Computer keinen Bildschirm und wurden in großen Schränken untergebracht. Ihre Aufgaben erhielten sie vom User in Gestalt dicker Stapel von Lochkarten in Eisenkästen, und nach zwei oder drei Tagen durfte er sich die Ergebnisse vom Re-

chenzentrum abholen: einen dicken Packen Endlospapier. Meist hatte er sich auf
der zehnten oder zwanzigsten Karte verlocht, dann ging das Warten von vorn los."

Abb. 36. Computer der 1960er Jahre: kein Bildschirm, große Schränke und Output auf
Endlospapier

War damals aber umgekehrt vorstellbar, dass 40 oder 50 Jahre später aus den
„großen Schränken"[15] individuelle, interaktiv bedienbare und miteinander vernetzte Multimediageräte werden würden? Wie wir gesehen haben, hatten selbst Com-
puterexperten bestenfalls vage Ahnungen davon. Allerdings gab es zumindest einen Pionier, der nicht nur eine diffuse Hoffnung oder einen phantastischen Traum
hatte, sondern auch Wesentliches zur Realisierung seiner Vision beitrug: J.C.R.
Licklider, ein promovierter Experimentalpsychologe, der zusätzlich auch noch
einen College-Abschluss in Mathematik und Physik besaß und von 1967 bis 1985
zunächst als Professor für Elektrotechnik, später dann für Informatik, am MIT
tätig war. Licklider übernahm in den 1950er Jahren den Aufbau einer Human-
Engineering-Gruppe am Lincoln Lab des MIT. Das Lincoln Lab befasste sich mit
Fragen der Luftabwehr; dort entstand auch das SAGE-System, welches die Daten
militärischer Radarstationen digital verarbeitete und den Operateuren in graphischer Form anzeigte, die – seinerzeit einzigartig – mit Datensichtgeräten und
Lichtgriffeln ausgestattet waren. SAGE war das wohl erste graphisch-interaktive
Echtzeitsystem und gab Licklider den Anstoß, elektronische Datenverarbeitung in

---

[15] „Computers in the future may have only 1000 vacuum tubes and perhaps weigh only 1½
tons." [Ham49]

einem völlig neuen Licht zu sehen und die Maschine als Dialogpartner des Menschen im Problemlösungsprozess zu verstehen.

Abb. 37. Computergestütztes Luftabwehrsystem der USA ca. 1960 – ein graphisch-interaktives System mit Radarbildschirm und Lichtgriffel

Während seiner Beschäftigung mit den experimentellen Rechnern des Lincoln Lab verfestigte sich bei Licklider der Eindruck, dass im Computer ein enormes, noch nicht ausgeschöpftes Potential steckt. Hafner und Lyon charakterisieren ihn diesbezüglich so [HaL96]: „Jahrelang war Licklider mit der radikalen und visionären Ansicht hausieren gegangen, dass Computer nicht einfach Addiermaschinen seien, sondern potentielle Erweiterungen des Menschen in seiner Gesamtheit, Werkzeuge, die die Reichweite der menschlichen Intelligenz und Erkenntnisfähigkeit erheblich ausdehnen konnten." 1960 veröffentlichte er seine Vorstellungen dazu schließlich in einem zukunftsweisenden Beitrag *Man-Computer Symbiosis* [Lic60] – übrigens als ersten Artikel des neu gegründeten Journals *Transactions on Human Factors in Electronics*. Neben interaktiven Systemen sah Licklider Einrichtungen voraus, die mittels Computer viele Funktionen von Bibliotheken übernehmen würden, aber auch elektronische Informationsspeicher- und Abfragefunktionen anbieten würden. Damit prägte er auch die Vorstellung späterer Zukunftsanalytiker wie z.B. Kahn und Wiener. Weitblickend schreibt er ferner: „The picture readily enlarges itself into a network of such centers, connected to one another by wide-band communication lines and to individual users".

1962 kam Licklider zur Advanced Research Projects Agency (ARPA)[16], der für die Forschungsförderung zuständigen Institution des Pentagons. Dort leitete er das „Information Processing Techniques Office" (IPTO) und hatte damit Mittel und Einfluss, Forschungsprogramme mit Universitäten (darunter vor allem Berkeley, CMU, MIT, UCLA und Stanford) und einigen anderen Wissenschaftseinrichtungen entsprechend seinen Ideen[17] zu gestalten [Kit03]. Neben interaktiven Systemen sah er vor allem im Timesharing-Prinzip einen Weg zur Realisierung seiner Vorstellungen, da damit jedem Benutzer die Illusion eines persönlichen Computers vermittelt wird, es aber gleichzeitig eine ökonomische Möglichkeit darstellt, „intellectual resource sharing" – eine der Lieblingsideen von Licklider als Psychologe – zu implementieren. Gegen den Widerstand des „Computer-Establishments" aus Experten von Rechnerherstellern und Rechnernutzern setzte er Forschungen im Bereich von Timesharing-Systemen durch und schuf damit zusammen mit anderen innovativen Forschungsthemen zugleich die Basis für eine Informatik-Forschungsstruktur an erstklassigen US-Universitäten, aus denen in der Folge viele einflussreiche Projekte und prominente Wissenschaftler hervorgingen.

Zunehmend gewann für Licklider die Vernetzung von Rechnern zur Realisierung seiner „intellektuellen Revolution" durch „on-line man-computer information processing" an Bedeutung. 1967 schrieb er beispielsweise in einem Konferenzbeitrag [Lic67]: „The effect of bringing geographically distributed users into network-mediated interaction seems likely to be greater than the effect that can be achieved through multi-access interaction in any local community." Und weiter: „The technologies of computation and communication are ripe for a fusion that would make it possible for geographically distributed computers to be able to talk to one another in such a way that would facilitate geographically distributed users being able to communicate and cooperate with one another."

1968 veröffentlichte er dann zusammen mit Robert Taylor, einem seiner Nachfolger bei der ARPA und einem der Haupttreiber hinter dem späteren ARPANET, dem Vorläufer des Internets, einen weiteren einflussreichen Artikel mit dem richtungsweisenden Titel *The Computer as a Communication Device* [LiT68]. Die Autoren propagieren darin ein Modell der interaktiven Rechnerverwendung, bei dem die Nutzer über Konsolen mit einem „multi access computer" verbunden sind. Damit dies für jedermann praktikabel sei, müsse nicht nur die Nutzung einfach sein, sondern die Reaktionszeiten sollten kurz und die Anbindung der Konsolen an die entfernten Rechner preisgünstig sein. Licklider und Taylor setzen sich dabei für das „Store-and-Forward"-Prinzip ein und beklagen, dass die Telekommunikationsdienstleister dies nicht anbieten und dass Kommunikationsleistung (vor allem aufgrund des fehlenden Wettbewerbs) generell zu teuer sei: Die Preise

---

[16] Die Gründung der ARPA Anfang 1958 war eine unmittelbare Folge des Sputnik-Schocks gewesen. Sie sollte dafür sorgen, dass in den USA keine technologische Lücke gegenüber der Sowjetunion entstand.

[17] „Das wichtigste Element des von Licklider geprägten Leitungsstils war das völlige Fehlen von Peer Reviews. Die Auswahl von Projekten erfolgte also nicht wie bei anderen Institutionen in der langwierigen Form von unabhängigen externen Gutachten. Über die gestellten Anträge wurde vielmehr relativ schnell direkt vom IPTO-Direktor und seinem Stellvertreter entschieden." [Fri00a]

für Konsolen dürften zwar schnell fallen, die Kommunikationskosten würden aber ein Hemmnis auf dem Weg zur allgemeinen Computernutzung darstellen. Die Autoren deuten auch die Pläne für einen experimentellen Netzverbund von 14 Rechnern an – den Kern des späteren ARPANET.

Abb. 38. Die ersten interaktiven Computerkonsolen ähneln noch eher Radarbildschirmen als Multimediageräten

Laut Licklider und Taylor soll ein solches vernetztes System nicht den klassischen Rechneranwendungen dienen, sondern es soll vor allem die Kommunikation – und damit die Kooperation und Gemeinschaft – von Personen, die weit voneinander entfernt sind, fördern. Weitblickend sehen die Autoren interaktive Online-Communities voraus, die Leute mit gemeinsamen Interessen, unabhängig vom geographischen Ort, zusammenführen. Sie erwarten ferner, dass es in Zukunft Netzdienste geben wird, wovon man einige abonnieren und andere nur nach Bedarf in Anspruch nehmen wird. Über das Netz würde dann ein Nutzer (bzw. sein lokal ausgeführtes Programm) mit einem entfernten Programm Information austauschen. Das System würde auch eine globale Informationsbasis darstellen, die – unter Beachtung von Sicherheits- und Privacy-Aspekten – jedem offen steht, der sich eine Konsole leisten kann. Dabei werfen die Autoren die Frage auf, ob in Zukunft „to be online" als ein Privileg oder eher als ein Recht angesehen werden würde und ob im ersteren Fall ein bestehendes soziales Ungleichgewicht nicht verstärkt werden würde. Vorausschauend wird hier also etwas angesprochen, das

Jahrzehnte später unter dem Begriff „digitale Spaltung" allgemein für Diskussion sorgen wird.

Über die technischen Möglichkeiten und Anwendungsszenarien eines solchen Systems geraten die Autoren fast ins Schwärmen. Beispielsweise würde man in Zukunft seine Arbeit weitgehend über das Netz erledigen – „each secretary's typewriter, each dictation microphone will feed into the network". Mit ihrer Vision, dass fast alles, was Information verarbeiten, erzeugen oder darstellen kann, ans Netz angeschlossen wird und damit das Netz gewissermaßen selbst ein großes Computersystem bilden wird, haben Licklider und Taylor die Internet-Realität, wie sie sich 40 Jahre später darstellt, erstaunlich gut vorausgeahnt. Dass es aber Schreibmaschinen praktisch nicht mehr geben würde (sondern diese selbst zu netzwerkfähigen Computern mutieren) und sogar Führungskräfte, statt mit Diktiergerät und Sekretärin einen Brief zu erstellen, viel öfter selbst mit ihrem „BlackBerry" oder Smartphone eine kurze formlose E-Mail ohne Rücksicht auf Tippfehler (und andere Besprechungsteilnehmer) zusammenhacken und sofort drahtlos versenden, das andererseits haben Licklider und Taylor so offenbar nicht erwartet! Dennoch – die Auswirkungen von vernetzten und allgemein interaktiv nutzbaren Computersystemen sowohl auf den Einzelnen als auch auf die Gesellschaft insgesamt wären gewaltig, schreiben die Autoren und bringen dies mit „life will be happier" auf den Punkt.

Man darf festhalten, dass Licklider und Taylor die zukünftige Rolle von Computern und Kommunikationstechnik weitaus treffender als andere zeitgenössische Experten beschreiben. Zu einem gewissen Anteil mag es sich dabei sogar um eine „self fulfilling prophecy" handeln; schließlich haben ja beide maßgeblich das ARPANET – und damit den historischen Kern des Internets – mitgeprägt. Obwohl viele Aussagen ihres Aufsatzes eher eine programmatische Wunschvorstellung als eine konkrete Vorhersage darstellen, erahnen beide Autoren aufgrund ihrer herausragenden Stellung, aber auch aufgrund ihres persönlichen Umgangs mit der seinerzeit modernsten Computer- und Informationstechnik, recht gut das enorme Potential, das in interaktiven vernetzten Systemen steckt. Ein Potential, das eben nicht nur eine ökonomische Facette hat, sondern vor allem auch einen stark sozial wirksamen Aspekt aufweist. Dies haben Licklider und Taylor nicht nur erkannt, sie fordern es geradezu ein.

Bezüglich der technischen Gestaltung ihrer Zukunftsvisionen bleiben Licklider und Taylor bewusst unscharf; sie beschreiben daher auch nichts, was tatsächlich dem PC oder dem WWW ähnelt, und natürlich konnten sie auch nicht Newsgroups, Web-Portale oder Blogs als konkrete Ausprägung ihrer prognostizierten „online interactive communities" vorausahnen. Interessant ist, dass aber, wie bei fast allen anderen Vordenkern, auch in der Zukunftsvision von Licklider und Taylor die drahtlose Netzanbindung kleinster persönlicher Computer – also PDAs, Mobiltelefone oder gar „wearables" – und damit die mobile und spontane Nutzung von Diensten in jeder Situation, nicht vorkommt. Offenbar war es seinerzeit nicht naheliegend, darin einen großen ökonomischen Nutzen oder sozialen Bedarf zu sehen und daher auch schwierig, sich eine solche mobil vernetzte Zukunft vorzustellen.

Die nächsten 100 Jahre

> *Aus der Vergangenheit kann jeder lernen.*
> *Heute kommt es darauf an, aus der Zukunft zu lernen.*
> *Herman Kahn*

Können wir es heute wagen, bei der Technikentwicklung 10, 50 oder gar 100 Jahre in die Ferne zu blicken, wo doch vergangene Prognosen über größere Zeiträume so oft ziemlich daneben lagen? José Corrales, der für die prominente ACM-Veranstaltung *Beyond Cyberspace: A Journey of Many Directions* um einen längerfristigen Zukunftsausblick im Bereich Vernetzung und Internet gebeten wurde, bezweifelt dies und begründet es so [Cor01]: „I doubt that anyone back in 1950 would have been able to anticipate what would take place in 2000 in the technology of communications." In Bezug auf das Internet wird er mit seiner Skepsis noch konkreter: „Could we have imagined 10 years ago the way things are today? In some respects, maybe yes, especially in matters concerning performance. But we certainly could not have imagined the new types of use that lay ahead." Wie wir an der kurzen aber sehr dynamischen Geschichte des Internets erkennen, scheint genau dies das Hauptproblem zu sein: Was auf Anwendungsebene aus dem enormen (durch Extrapolation eher prognostizierbaren) Leistungszuwachs der Hardware gemacht wird, ist völlig offen! Dazu nochmals Corrales im Jahr 2001: „Dynamic Web pages, videoconferencing, and radio and television reception on computers represent something utterly different from what we knew or could have imagined only a decade ago."

Trotz dieser Schwierigkeiten hat Hermann Maurer, Professor an der TU Graz und Autor mehrerer Science-Fiction-Romane, es gewagt, 2001 einen Aufsatz mit dem Titel *Die (Informatik-)Welt in 100 Jahren* [Mau01] zu veröffentlichen.[18] Zwar zitiert er darin Jacques Hebenstreit mit der Aussage „jede Vorhersage in der Informatik über mehr als 20 Jahre kann nur als Science-Fiction eingestuft werden", doch führt er dann einen Aspekt aus, von dem er überzeugt ist, dass er in spätestens 100 Jahren voll wirksam sein würde und der „das Leben aller Menschen und aller Regelsysteme der Gesellschaft und der Wirtschaft völlig verändern" sollte – mit neuen informationstechnischen Hilfsmitteln würde jeder Mensch jederzeit und an jedem Ort auf das Wissen anderer Menschen direkt zugreifen können und dies als Selbstverständlichkeit betrachten: „So wie traditionelle Werkzeuge unsere körperlichen Fähigkeiten vervielfacht haben, werden in Zukunft ‚Wissenswerkzeuge' unsere geistigen Fähigkeiten dramatisch vergrößern".

Vorboten dazu erkennt Maurer einerseits in den absehbaren technischen Entwicklungen des miniaturisierten und allgegenwärtigen Computers zusammen mit der Erwartung, dass zukünftige Handys etwa in Form von Brillen und versehen

---

[18] Schon 1985 machte Maurer Prognosen zum Jahr 2000 – es gäbe dann weitverbreitete Schreibmaschinen, in die man hineinspricht und nicht hineinschreibt, und Touristen, die im Ausland einen elektronischen Übersetzer mit Spracheingabe und -ausgabe benutzen [Mau00].

mit neuen intuitiven Interaktionsmöglichkeiten den Menschen als persönliche Assistenten ständig begleiten, andererseits in den Ansätzen von Wissensmanagement-Systemen, mit denen Wissen strukturiert und damit verarbeitungsfähig wird. Dies sollte langfristig eine „Wissensvernetzung" ermöglichen, deren Konsequenzen aber noch kaum absehbar wären: „Die Wissensvernetzung wird neue Phänomene mit sich bringen, die man heute genauso wenig vorhersehen kann wie früher die Folgen der Motorisierung: Wer hätte bei der Erfindung des Autos prognostizieren können, dass ein guter Teil der Wirtschaft einmal von Autos abhängen wird, dass Autos die Welt verschmutzen und das Klima ändern, dazu führen, dass riesige Flächen zuasphaltiert werden, dass Autos mehr Menschen töten, als selbst die größten Kriege das tun, usw. Die Menschen werden gegen die sicher auch auftretenden negativen Folgen der Wissensvernetzung so massiv ankämpfen müssen, wie wir heute z.B. für weltweiten Umweltschutz eintreten sollten."

Intelligente Brillen als persönliche Assistenten sind eine populäre Zukunftsvision – nicht nur bei Hermann Maurer. So schreibt zum Beispiel Mahadev Satyanarayanan von der Carnegie Mellon University mit leicht ironischem Unterton [Sat01]: „You could wear a pair of glasses with a small amount of face recognition built-in, look at a person, and his name would pop up in a balloon above his head. You could know instantly who the person is, even if you don't immediately recognize him. I look at my tree, and a little balloon pops up saying, ‚Water me,' I look at my dog, it says, ‚Take me out,' or I look at my wife, it says, ‚Don't forget my birthday!'" Noch radikaler formuliert es Ray Kurzweil, der für seine provokanten Zukunftsthesen bekannt ist [Kur02]: „Computers will disappear. Visual information will be written directly onto our retinas by devices in our eyeglasses and contact lenses." Kurzweil ist ein grenzenloser Optimist; er schrieb dies 2002 – und versah seine Voraussage mit der Jahreszahl 2009![19] An anderer Stelle [Kur00] führt er zu aktiven Kontaktlinsen aus: „These intimate displays will provide full-immersion visual virtual reality. We will have ubiquitous very high bandwidth wireless connection to the Internet at all times. ‚Going to a Website' will mean entering a virtual reality environment – at least for the visual and auditory senses – where we will meet other real people." Ian Pearson, selbst IT-Prophet, nennt spöttisch eine nicht ganz ernste Anwendung solcher Kontaktlinsen:[20] „When you walk down the street, you can digitally remove all the ugly people from your field of view and replace them with more attractive people."

Es ist nicht ganz einfach, die Vision vom persönlichen intelligenten Assistenten – sei er in der Brille, der Kontaktlinse oder sonstwo versteckt[21] – zu bewerten. Dass die Hardware einschließlich Energieversorgung letztendlich klein genug werden wird und dass man geeignete intuitive Interaktionsmöglichkeiten finden wird, dies ist aufgrund des anhaltenden technischen Fortschritts noch am ehesten „demnächst" zu erwarten. Wie viel künstliche Intelligenz benötigt aber ein solcher Assistent, um im jeweiligen Kontext unsere Intentionen und Bedürfnisse situati-

---

[19] Im Oktober 2006 ließ er sich zu folgender Äußerung hinreißen: „A simulated human brain will be possible by 2013 and cost only $1,000." [Dav06]

[20] www.btinternet.com/~ian.pearson/web/future/contactlens.htm

[21] „As for the location of the computer running your persona, that will be a strange question. It is like asking where is the air that enables you to breath." [PeW99]

onsgerecht zu erkennen und damit wirklich nützlich zu sein? Unterliegen wir hier einer ähnlichen Täuschung in Form einer reinen Wunschvorstellung wie frühere Experten, die die automatische Sprachübersetzung und den „begehrenswerten" Haushaltsroboter als (zu) leicht machbar eingeschätzt haben? Kommt der große Durchbruch der künstlichen Intelligenz vielleicht demnächst doch noch? Oder ist ein persönlicher Assistent auch schon oft nützlich, wenn er nicht wirklich „intelligent", sondern nur „smart" ist? Etwa so wie ein „schlaues" Auto, das uns mit seinem Navigationssystem den Weg weist, ja auch sehr nützlich ist, selbst wenn es nicht alleine fährt und der Mensch weiterhin das Steuern durch die komplexe Realität übernimmt.

Tatsächlich können wir uns leicht vorstellen, dass in Zukunft alle möglichen Dinge informationstechnisch aufgerüstet werden, ihre Umgebung mit Sensoren wahrnehmen und sogar miteinander kommunizieren können. Genügt dies jedoch, um die Träume einer „ambient intelligence" zu realisieren? Und werden damit so nützliche Funktionen und Dienstleistungen verbunden sein, dass die Leute dies haben möchten? Die langfristigen ökonomischen und sozialen Konsequenzen einer totalen Informatisierung der Welt können wir heute noch kaum vorausahnen [BCL04]. Was werden dann die entscheidenden Machtfaktoren sein? Wird statt um Arbeit und Kapital wie im Industriezeitalter dann vielleicht heftig um Wissensmonopole und Zugang zu Realweltdaten sowie die damit verbundene Interpretationshoheit gestritten werden? Jüngste Änderungen im Patentrecht und im Copyright, Streit um Gen-Datenbanken, Zensurvorwürfe an die Betreiber von Suchmaschinen, Diskussionen bei den Digitalisierungsprojekten ganzer Bibliotheken oder bei den Rechten auf das Saatgut genmanipulierter Pflanzen könnten möglicherweise die ersten Vorboten dafür sein.

Wenn informationstechnisch das 21. Jahrhundert wirklich charakterisiert werden sollte durch eine Verlängerung des Internets in die Realwelt hinein, durch smarte Brillen, intelligente persönliche Assistenten, Ambient Intelligence sowie schlaue Alltagsdinge, die Medien ihrer selbst sind, dann steht uns jedenfalls einiges bevor: Der historische Streit um Freiheit, Grundrechte, staatliche Gemeinwohlverpflichtung, Ressourcen, Monopole, Macht und korrekte Weltinterpretation könnte sich dann an ganz anderen Objekten entzünden und Strukturen festmachen, als wir es bisher gewohnt sind!

Interessant in Hinsicht darauf, was Informatik-Experten allgemein von der Zukunft ihres Gebietes erwarten, ist die Essay-Sammlung *Beyond Calculation – The Next Fifty Years of Computing* [DeM97], die 1997 der Berufsverband ACM[22] aus Anlass seines 50-jährigen Bestehens veröffentlicht hat. „Twenty-four of the world's leading experts tell us about the future of computers in business, in science, and in our lives" wird das Buch mit der Widmung „to our grandchildren" etwas vollmundig angekündigt. Eine inhaltliche Fortsetzung erfährt es 5 Jahre später mit dem Sammelband *The Invisible Future* [Den02].

Es wird im ACM-Jubiläumsband zunächst die Überzeugung ausgedrückt, dass die Computer-Revolution noch längst nicht beendet sei, sondern wir im Gegenteil

---

[22] ACM, die Association for Computing Machinery, wurde 1947, just im Jahr der Transistorerfindung, gegründet.

erst an ihrem Anfang stehen und demzufolge die nächsten 50 Jahre radikale Änderungen in fast allen Lebensaspekten bringen würden: „We approach what is likely to be the greatest acceleration in the rate of technological and social change since the advent of the printing press." Es wird dann aber auch zugegeben, dass die bisherige Entwicklung der Informations- und Kommunikationstechnik größtenteils unvorhersehbar war: „Much of what makes up our world of computing today could not have been predicted. Who thought that computers more powerful than the million-dollar mainframes of the 1950s would become so cheap and small that they would routinely be built into watches, cars, radios, CD players, and scientific instruments? Who thought that e-mail addresses would be a regular part of every business card and advertisement?" Selbst das World Wide Web schien 1992 „out of nowhere" zu kommen – ungeachtet der Tatsache, dass mit Techniken wie dem Internet, dem PC, den Mensch-Maschine-Interaktionsparadigmen sowie Hypertext der Boden dafür bereitet war.

Weitgehend risikolos scheint die Prognose der weiteren Hardwareentwicklung: Computer des Jahres 2047 würden zwischen hunderttausend und 10 Milliarden Mal leistungsfähiger als die des Jahres 1997 sein – letzteres dann, wenn das Gesetz von Moore über diesen langen Zeitraum hin weiter gültig bleibt. Erreicht wird die Leistungssteigerung durch Multicomputer aus tausenden von miteinander vernetzten Prozessoren auf einem einzigen Chip („System-on-Chip") – was die Umkehrung des klassischen Timesharing-Paradigmas darstellen würde, da sich dann viele Rechner einen einzigen Nutzer teilen. Kommunikationsfähige Mikrocomputer würden fast alles infiltrieren, „if a device can be cyberized, it will". Ferner könne in Zukunft aufgrund der zu erwartenden enormen Steigerung der Speicherkapazität jedes Bit, das unsere Sinne kreuzt, gespeichert und indexiert werden. Vielleicht wären somit auch „Schutzengel" als persönliche digitale Assistenten an unserem Körper selbst möglich, die uns alles, was wir jemals gelesen, gehört oder gesehen haben, wieder zugänglich machen können.

Man muss kein Prophet sein für die Vorhersage, dass das Telefonnetz und das Internet zusammenwachsen werden und dass das Internet allgegenwärtig sein wird: „Like electrical power, it is assumed to be available whenever and wherever needed." Jedes Haus würde per Glasfaser mit einer Bandbreite von mehreren Gigabits pro Sekunde angeschlossen sein. Dies würde auch eine Telepräsenz für die meisten Berufe und Arbeitstätigkeiten ermöglichen. Von der Integration des Internets mit drahtloser Kommunikationstechnologie sowie mit Sensoren der Realwelt – und damit der Brückenbildung zwischen physischer und virtueller Welt – ist auf den über 300 Seiten der zwanzig Zukunftsessays aus dem Jahr 1997 [DeM97] allerdings so gut wie nicht die Rede. Auch im Index des Buches findet man keinen Eintrag unter „wireless", „radio" oder „portable" – und bei „mobile" wird nur von „mobiler Software" im Sinne des automatischen Software-Downloads gesprochen. Das erstaunt. Nun war allerdings wireless LAN im Jahr 1997 noch nicht verbreitet, auch vom Mobiltelefon konnte man noch nicht auf das Internet zugreifen. Fehlte insofern die tägliche Anschauung, um die Phantasie in dieser Hinsicht anzuregen? War die Grundlage nicht vorhanden, um zumindest extrapolieren zu können?

Im Jahr 2001 wagte der bereits oben erwähnte José Corrales mit dem Vorbehalt „when trying to anticipate the future, we should bear in mind that it is possible the Internet will shift toward something we are unable to imagine today" dann doch noch ein paar Spekulationen über diejenigen Zeiten, wo dank sehr hoher Kommunikationsbandbreiten sowie billigen und einfachst zu benutzenden Endgeräten „überall auf dem Erdball jeder jedem jederzeit und nahezu sofort" beliebige multimediale Informationen zukommen lassen kann [Cor01]. Beispielsweise würde E-Commerce stark zunehmen und ganz andere Formen annehmen: „The human factors involved in online shopping for clothing may be solved through virtual models of our bodies we'll use – before buying – to view how the items we're interested in look on us." Und weiter: „We'll likely have specialized, customized software shopping agents designed to help us choose the things we like and that suit our bodies, complexions, and tastes. It will be possible to send the same software-based model to a hotel where we may soon be staying, enabling the hotel to provide our favorite brand of underwear or bathing suit."

Vielleicht doch ein wenig zu technokratisch kurz gedacht klingt allerdings die Erwartung von Corrales, dass dadurch, dass Arbeit von jedem Ort der Welt aus erledigt werden kann, immer mehr Leute in paradiesische, aber weit entfernte Gegenden ziehen werden, die man sonst nur als Tourist in den Ferien erleben darf.[23] Schließlich weist er noch auf Gefahren der durch das Internet ermöglichten Globalisierung hin, da mit der Überwindung der Distanz auch Schranken fallen und dies lokale Kulturen gefährden könnte. Allerdings glaubt er nicht, dass letztendlich die amerikanische Kultur dominieren würde – „the whole human population eating hamburgers, drinking cola, wearing jeans" –, sondern ist optimistisch, dass das Internet mit seinen Kommunikations- und Vernetzungsmöglichkeiten gerade auch diejenigen stärkt, die eine bedrohte lokale Kultur pflegen.

Ein weiteres prominentes Zukunftsthema ist die künstliche Intelligenz. Hierzu haben die Experten der ACM-Perspektivveranstaltungen ein gespaltenes Verhältnis. Gordon Bell und Jim Gray erwarten in ihrem Beitrag zumindest substantielle Fortschritte bei der Verarbeitung gesprochener Sprache, und zwar schon recht bald [BeG97]: „Many predict automatic natural language translation systems that take speech input in one language and translate it into another by 2010. [...] We can optimistically assume that by 2010, speech input and output will be ubiquitous and available for every system that has electronics." Für ein solches Sprach-

---

[23] Von Michael Friedewald stammt in anderem Zusammenhang, aber hierzu passend, der folgende Hinweis [Fri00b]: „Bereits 1964 hat Leo Marx in seinem Buch *The Machine in the Garden* [Mar64] gezeigt, dass schon während der Industrialisierung Amerikas im 19. Jahrhundert bestimmten Technologien die Fähigkeit zugesprochen wurde, die offensichtlichen Widersprüche zwischen pastoralem Ideal und industrieller Realität überwinden zu können. So hatte man etwa die Hoffnung, dass die Elektrifizierung der Verstädterung und Zentralisierung entgegenwirke und die Autonomie des Einzelnen wiederherstelle. Solche Vorstellungen tauchten seitdem regelmäßig auf, in Edward Bellamys vielgelesenem utopischen Roman *Looking Backward* [Bel88] ebenso wie im Zusammenhang mit der Massenmotorisierung der amerikanischen Gesellschaft in den zwanziger Jahren oder in den technikutopischen Schriften von Vannevar Bush. Gerade im Zusammenhang mit dem Internet hat dieser Mythos in den vergangenen Jahren viele neue Anhänger gefunden."

Interface führen Ian Pearson und Chris Winter in ihrem IT-Ausblick [PeW99] zunächst praktische Gründe an und schreiben dazu salopp: „Chips will be so cheap that it will be easier to build a toaster with a voice interface than to build it with buttons. Buttons will be considered as ‚retro' as wind-up watches are today." Dann werden sie etwas spekulativer und gleichzeitig sarkastischer: „It will become increasingly common to converse with your cuddy robot. [...] It will be the first step to a virtual friend. Much of the time we do not want great intelligence in our friends, just empathy, some bland advice and listening skills."

Auch Vinton Cerf, Internet-Pionier und derzeit Google-Evangelist, sieht in der Sprachtechnologie ein hohes Anwendungspotential [Cer02]: „Speech understanding will effectively speech-enable almost anything. A conversation with the refrigerator (*Do we have any milk? Is there enough orange juice for the weekend?*) will not seem out of place. Nor will it seem odd to discuss travel plans with the car." Viele andere Autoren beurteilen die künstliche Intelligenz jedoch recht skeptisch. So warnt z.B. Hamming [Ham97] davor, die schwierigen und bisher weitgehend ungelösten Aspekte im Zusammenhang mit „Bedeutung" und „Verstehen" umschiffen oder gar ignorieren zu wollen: „The history of Artificial Intelligence is a lesson in what happens when you try to evade them; you get some apparent success [...] with a continuing list of failures. Will the next fifty years produce the needed progress? I doubt it!" Und David Gelernter meint sogar [Gel97]: „AI's most important discovery over the next half century might turn out to be humility."

Natürlich taucht bei den Zukunftserwartungen der Informatik-Experten hin und wieder auch eher Spekulatives auf, etwa wenn es um die Steuerung implantierter „body sensors" geht oder um Aussagen des Robotik-Experten Rodney Brooks [Bro02] wie zum Beispiel „as soon as a direct wireless interface to the Internet, implanted in someone's brain, is possible, it will become very popular." Donald Norman greift in einem Aufsatz „Cyborgs" diesen Aspekt auf [Nor01]: „We are close to the point where video cameras and memory chips will be tiny enough to be implanted within our bodies. [...] Why not build a TV camera with zoom lens into our eyes, allowing magnification of distant scenes or vision through infrared, the better to see at night? Why not amplifiers in our ears? And why not recorders capable of saving all that we have heard, seen, or even felt for later recall?" Zunächst würden solche Implantate aus medizinischen Gründen entwickelt und eingesetzt werden, der Trend zur Verbesserung der Sinne auch ohne Indikation wäre dann aber nicht mehr zu bremsen: „The future promises major changes in humans, as technologies are embedded within our bodies".

Auch „stuff of science fiction" wird in den Essays über die nächsten 50 Jahre gelegentlich angesprochen, wie beispielsweise bionische Computer, die klassische Rechner bei der Mustererkennung und ähnlichen Problemen komplementieren könnten: „Perhaps within the next fifty years we can do [...] systems of neurons, grown biologically, shaped for the computing requirements of the system under construction." Vinton Cerf schließlich macht sich Sorgen um Zeitreisende, die uns aus der Zukunft in unserer wenig smarten Zeit besuchen und die sich hier sehr hilflos vorkommen müssen [Cer97]: „What would happen to a visitor from 2047 to our fair decade? Room lights would not automatically turn on upon entry. Car doors would not open at the press of a finger tip. Appliances would not respond to spoken commands."

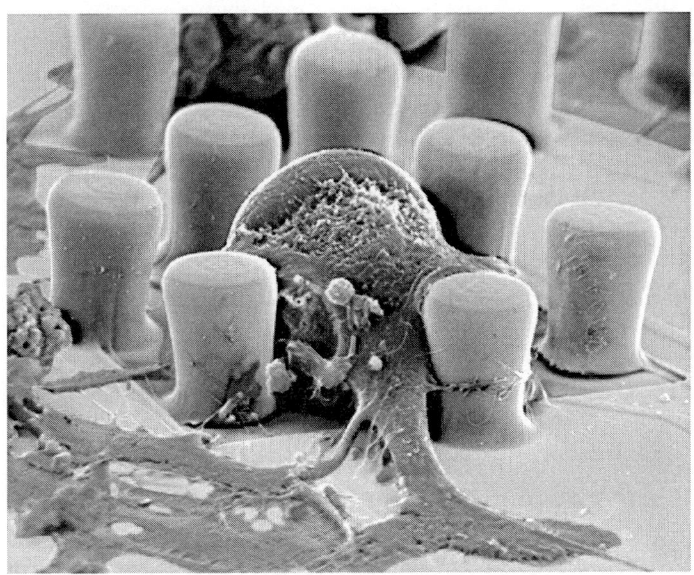

Abb. 39. Eine Nervenzelle dockt an einem Mikrochip an

In der neuesten Umfrage von IEEE zu den Erwartungen von über 700 „IEEE-Fellows" an die Technologieentwicklung der nächsten 10 bis 50 Jahre [GoP06] kommen nun plötzlich auch Themen zur Sprache, die man nur wenige Jahre zuvor, etwa in den Essays der ACM-Experten, noch vermisst hatte – smarte Alltagsobjekte, RFID, Sensornetze, Quantencomputer und synthetische Biologie werden jetzt z.B. angesprochen. Offenbar unterliegt auch die Zukunftserwartung einem schnellen Wandel und ist nicht frei von Gegenwartsmoden!

An was glaubt man, und an was nicht? Über 80% der Umfrageteilnehmer meinen, dass schon innerhalb der nächsten 10 Jahre globale Videokonferenzen üblich sind. Eine 99%-genaue Realzeit-Handschrifterkennung bzw. -Spracherkennung wird von einer Mehrheit in den nächsten 10-20 Jahren erwartet, gleiches gilt auch für einen kommerziell erhältlichen universellen Sprachübersetzer. Umgekehrt gibt es beim Quantencomputer, bei der Raumtemperatursupraleitung, beim Fusionsreaktor und beim holographischen Speicher deutlich mehr Pessimisten als Optimisten. Haushaltsroboter in den nächsten 10-20 Jahren halten 49% für wahrscheinlich, 18% für unwahrscheinlich (der Rest ist unentschieden); von humanoiden Pflegerobotern hält die Mehrheit allerdings nichts, genauso wenig wie von selbstfahrenden Autos. Behalten die Experten Recht, dann wird es in spätestens 20 Jahren aber jedenfalls Terabit-Netze, „smart dust", Mikroroboter und persönliche Genprofile durch schnelle DNA-Sequenzierung geben.

Fazit – war das digitale Zeitalter nicht vorhersehbar?

Die Technik mit ihren Auswirkungen verändert die Welt radikal – dies wurde im Industriezeitalter mit seinen Maschinen, Eisenbahnen, Telegraphie, elektrischem Strom und Automobilen jedem bewusst. Auch wenn die Folgen der Industrialisierung zu manchen sozialen Verwerfungen führten, sehnten sich damals doch Viele nach dem technischen Fortschritt und hofften auf ein dadurch ermöglichtes besseres Leben. Zukunftsromane von Jules Verne bis Hans Dominik, die in abenteuerlicher Weise von den zu erwartenden Technikwundern berichten, legen ein Zeugnis davon ab.

Vor 100 Jahren existierten natürlich weder die Bezeichnung „Informations- und Kommunikationstechnik" noch etwas, das dem heutigen Verständnis dieses Begriffs nahe kommt – auch wenn man mit Telegraph und Telefon schon Techniken für die Kommunikation entwickelt und „implementiert" hatte, kamen Computer und allgemeine Digitalisierung doch erst in der zweiten Hälfte des zwanzigsten Jahrhunderts auf. Offensichtlich vermisste seinerzeit aber auch kaum jemand die heutigen Segnungen des Informationszeitalters wie PCs, Spielkonsolen, digital vernetzte Produktionsanlagen, Data Mining, Blogs oder Suchmaschinen! War unser digitales Zeitalter also tatsächlich – auch beim besten Willen – nicht vorhersehbar?

Es scheint fast so, als ob bis zum tatsächlichen Erscheinen des Computers oder auch des Internets bzw. WWW kaum jemand diese Dinge (und vor allem ihr Anwendungspotential) für möglich oder auch nur für wünschenswert gehalten hätte. Ausnahmen, wie die Applikationen des Bildschirmtextsystems im Sinne einer frühen Vorwegnahme einiger Internetanwendungen oder die Ahnungen und Schwärmereien einiger weniger „wahrer Propheten", bestätigen eher die Regel – wie hätte man deren einsame Stimmen aus dem großen chaotischen Konzert von Zukunftsäußerungen auch heraushören sollen und als realistischer im Vergleich zu den anderen mit ihren Versprechungen von Haushaltsrobotern, kostenloser Energie, Freizeitparadiesen dank kurzen Arbeitszeiten, Unterwasserstädten, der Verwandlung von Polarregionen in eine Riviera, selbstreinigenden Wohnungen etc. einschätzen sollen?

Möglicherweise ist die erstaunliche „Kurzsichtigkeit" hinsichtlich zukünftiger Nutzung und Wirkung des Computers primär nicht nur auf dessen besonders schnelle technische Fortentwicklung zurückzuführen, sondern auch dem Umstand zuzuschreiben, dass sich – trotz weitgehend konstanter prinzipieller Funktionsweise und Systemarchitektur – innerhalb weniger Jahrzehnte gleich mehrfach die Erscheinungsform, und damit einhergehend das „Wesen" und die Verwendung des Computers, in radikaler Weise, und damit natürlich kaum vorhersagbar, geändert hat – vom „nutzlosen" Gerät zum universellen Medium.[24]

Anfangs, bis in die 1950er Jahre hinein, waren Computer im eigentlichen Sinne *Rechner*. Es handelte sich im Wesentlichen um das elektronische Analogon mechanischer Rechenmaschinen, allerdings programmierbar, um lange Folgen elementarer Berechnungen automatisieren und damit stark beschleunigen zu können.

---

[24] Zu den folgenden Ausführungen siehe auch [Dah96].

Computer waren als wissenschaftliche Werkzeuge wichtig im Ingenieurswesen und für alle Bereiche, in denen langwierige Berechnungen, etwa zur Optimierung technischer Artefakte, angestellt werden mussten, jedoch wäre der direkte Nutzen von Computern für die meisten Menschen und die Gesellschaft insgesamt wohl eher marginal geblieben, wenn die Entwicklung beim Anwendungsbereich „numerische Mathematik" stehen geblieben wäre. Aus ihrer etwas beschränkten Business-Perspektive heraus bezeichnen Steven Schnaars und Sergio Carvalho diese Frühform der Computer sogar als nahezu nutzlose Geräte, weil sie eher einem Partikelbeschleuniger als einer brauchbaren „business machine" glichen [ScC04]. Und weiter: „Expectations for computers before 1950 were almost totally blind to the broader role computers found in non-scientific applications".

Abb. 40. Magnetplattensystem von 1965 mit einer Kapazität von ca. 48 MB und einem Gewicht von über einer Tonne – sowohl Speicherkapazität als auch Gewicht verbesserten sich in den nachfolgenden 40 Jahren um ca. 5 Größenordnungen

Erst in den 1960er Jahren, als die Entwicklung von magnetischen Direktzugriffsspeichermedien höherer Kapazität eine automatische Verarbeitung größerer Datenmengen möglich machte, wurden Computer nicht mehr nur als „Rechenautomat", sondern zunehmend auch zu einem ganz anderen Zweck, nämlich als *Informationssystem,* verwendet. Diese „Umnutzung" war offenbar keineswegs selbstverständlich und damit auch schwer vorherzusehen. Howard Aiken von der Harvard University, der 1943 den 35 Tonnen schweren elektromechanischen MARK I-Computer entwickelte, meinte etwa noch 1956 [Aik56]: „If it should ever turn out that the basic logics of a machine designed for the numerical solution of differential equations coincide with the logics of a machine intended to make bills for a department store, I would regard this as the most amazing coincidence that I have ever encountered."

Mehr oder weniger ungeplant wurde so mit Computern ab den 1960er Jahren die EDV, also die *elektronische Datenverarbeitung*, mit der Anwendungsdomäne „Verwaltung" zum Zweck der Automatisierung administrativer Prozesse möglich. Zunehmend wuchsen sie damit auch in die Rolle von Management-Informationssystemen hinein. Um die gleiche Zeit, aber relativ unabhängig davon, wurden spezialisierte, realzeitfähige Computer in der Form von Prozessrechnern zur digitalen Steuerung immer komplexerer industrieller Vorgänge eingesetzt. In beiden Fällen wurden Computer mit ihren dedizierten Peripheriegeräten nun als ein (nicht ganz billiges und betreuungsintensives) *System* betrachtet, welches den „kontrollierenden" Teil eines umfassenden Verwaltungs- oder Industriebetriebes darstellte.

Abb. 41. Heimcomputer-Reklame von 1977

Eine weitere radikale Änderung der Nutzungsform von Computern setzte in den 1970er Jahren mit dem Aufkommen des Mikroprozessors ein. Nun wurde es sowohl technisch als auch finanziell möglich, den Computer in einer stark abgespeckten Hobbyausgabe vom klimatisierten Rechenzentrum ins traute Heim zu holen. Allerdings wurde mit diesem „Heimcomputer" ganz anders – viel direkter und damit interaktiv – umgegangen, als mit seinen großen Brüdern. Der Computer wurde damit zunehmend nutzungsfreundlicher und für ganz andere Anwendergruppen als bisher interessant und zugänglich. Auch wenn der Heimcomputer anfangs eher ein Spielzeug für Bastler und Enthusiasten war und ein effektiver Nutzen nicht richtig zu erkennen war,[25] wurde damit der Weg zum PC, dem persönlichen Computer, bereitet. Schnell wurde deutlich, dass der Hauptzweck eines

---

[25] „We were expected to build information systems for recipes, home economy, stamp collections, and so on on our home computers." [Dah96]

PC nun nicht mehr die EDV darstellt, sondern ein PC beispielsweise interaktive Spiele ermöglicht, aber vor allem auch mit Textverarbeitung im Sinne von „desktop publishing" und Tabellenkalkulation („spreadsheet") bei vielen Bürotätigkeiten hilft – ermöglicht durch die bahnbrechenden Erfindungen von graphischen Nutzungsschnittstellen, Computermaus und „Direktmanipulation". Zusammen mit den in den 1980er Jahren aufkommenden lokalen Netzen, die den Austausch von Dokumenten, den Zugriff auf lokale Ressourcen innerhalb einer Institution und (beispielsweise mit E-Mail) die Unterstützung kooperativer Projektarbeit ermöglichten, entwickelte sich der Computer zu einem persönlichen *Werkzeug* für Verwaltungs- und Geistesarbeiter.

Abb. 42. Der PC – anfangs noch ohne Maus, Fenstersystem, Farbe und Graphik

Im Verlaufe der letzten zehn Jahre kam es dann abermals zu einer ganz anderen und so nicht erwarteten Nutzungsform des Computers: Zum einen fand der PC breiten Einzug in den privaten Bereich und entwickelte sich nach und nach zu einer *Multimedia-Maschine*, mit der Fotos bearbeitet werden konnten, Musik abgespielt und später sogar Videos betrachtet werden konnten. Zum anderen wurde nun mit WWW-Browsern (sowie erschwinglichen Netzanschlüssen und Providergebühren) das Internet in einfacher und ansprechender Weise nutzbar. Damit ist nun die Computertechnologie (inklusive des Internet) zu einem *Kommunikationsmedium* für jeden geworden, mit Anwendungen wie E-Mail, E-Commerce, Blogs und Podcasts – welcome to the digital society! (Vgl. Abb. 43.)

Man kann wohl davon ausgehen, dass es nicht bei dieser Erscheinungsform des Computers bleiben wird, sondern dass die Evolution weitergeht. Auch wenn die Zukunftsentwicklung Spekulation bleibt, so zeichnen sich immerhin mögliche Tendenzen ab: Mobiltelefone beispielsweise gewinnen immer mehr „klassische"

Computerfunktionalität, ferner werden miniaturisierte und mit Sensoren und Funkmodulen umgebungsbewusst gemachte Computer in immer mehr Geräte oder gar Alltagsdinge eingebettet und verrichten dort still und heimlich als „disappearing computer" ihre nützlichen Dienste – ob nun aber das Wearable Computing oder die unsichtbare Hintergrundassistenz („Ambient Intelligence") oder etwas ganz anderes das nächste Paradigma der Computernutzung darstellen wird, das wird sich erst im Rückblick aus der Zukunft zeigen.

Abb. 43. „Welcome to the digital society" (Jim Avignon, 2003)

Literatur

[Aik56] Aiken H (1956) The Future of Automatic Computing Machinery. Elektronische Rechenmaschinen und Informationsverarbeitung, Nachrichtentechnische Fachberichte Nr. 4, Vieweg, Braunschweig, 32–34

[BCL04] Bohn J, Coroama V, Langheinrich M, Mattern F, Rohs M (2004) Living in a World of Smart Everyday Objects – Social, Economic, and Ethical Implications. Journal of Human and Ecological Risk Assessment, Vol 10 No 5, 763–786

[Bea56] Beason RG (1956) Your Telephone of Tomorrow. Mechanix Illustrated, Sep. 1956, 70–73, 160, 181

[BeG97] Bell G, Gray J (1997) The Revolution Yet to Happen. In: [DeM97], 5–32

[Beh55] Behrendt E (1955) So leben wir 1975. hobby 11/1955, EHAPA-Verlag, 39–45

[Bel88] Bellamy A (1888) Looking Backward: 2000-1887. Tichnor & Company, Boston

[Ber69] Bernstein GB (1969) A 15 Year Forecast of Information Processing Technology. Naval Supply Command, Report AD681752

[Bra53] Bradbury R (1953) The Murderer. Argosy (UK edition), Vol 14 No 6, 39–46

[Bra70] Bradbury R (1970) Der Mörder. In: Ray Bradbury: Geh nicht zu Fuß durch stille Straßen. Marion-von-Schröder-Verlag, Hamburg / Düsseldorf

[Bre10] Brehmer A (Hrsg.) (1910) Die Welt in 100 Jahren. Verlagsanstalt Buntdruck, Berlin

[Bro02] Brooks RA (2002) Flesh and Machines. In: [Den02], 57–63

[Bus45] Bush V (1945) As We May Think. Atlantic Monthly 176, July 1945, 101–108

[Bus59] Scientists see computers that will declare war, decide discount rate. Business Week, March 14, 1959

[Cer86] Ceruzzi PE (1986) An Unforeseen Revolution: Computers and Expectations, 1935–1985. In [Cor86] 188–201

[Cer97] Cerf V (1997) When They're Everywhere. In: [DeM97], 33–42

[Cer02] Cerf V (2002) One Is Glad to Be of Service. In: [Den02], 227–233

[Cla64] Clare JD (1964) Dezentralisierung durch neue Kommunikationsmöglichkeiten. In: [JuM65], 298–299

[Con97] Conrad W (1997) Geschichte der Technik in Schlaglichtern. Meyers Lexikonverlag, Mannheim

[Cor86] Corn JJ (Hrsg.) (1986) Imagining Tomorrow – History, Technology, and the American Future. MIT Press, Cambridge

[Cor01] Corrales J (2001) An Asturian View of Networking 2015. Communications of the ACM, Vol 44 No 9, 47–54

[Dah96] Dahlbom B (1996) The New Informatics. Scandinavian Journal of Information Systems, Vol 8 No 2, 9–48

[Dav06] Davis J (2006) Lots of Processors Inside Everything. Electronic News, Oct 5, 2006

[DeM97] Denning PJ, Metcalfe RM (Hrsg.) (1997) Beyond Calculation – The Next Fifty Years of Computing. Springer, Heidelberg Berlin New York

[Den02] Denning PJ (Hrsg.) (2002) The Invisible Future. McGraw-Hill, New York

[Enc75a] Encel S (1975) The Art of Anticipation: Values and Methods in Forecasting. Robertson, London

[Enc75b] Encel S (1975) Social Aspects of Communication. IEEE Transactions on Communications, Vol 23 No 10, 1012–1018

[Fri00a] Friedewald M (2000) Konzepte der Mensch-Computer-Kommunikation in den 1960er Jahren: J.C.R. Licklider, Douglas Engelbart und der Computer als Intelligenzverstärker. Technikgeschichte, Vol 67 No 1, 1–24

[Fri00b] Friedewald M (2000) Vom Experimentierfeld zum Massenmedium: Gestaltende Kräfte in der Entwicklung des Internet. Technikgeschichte, Vol 67 No 4, 331–364

[Gel97] Gelernter D (1997) The Logic of Dreams. In: [DeM97], 117–126

[GoH64] Gordon TJ, Helmer O (1964) Report on a Long Range Forecasting Study. RAND Corporation, Report P-2982, Santa Monica

[GoP06] Gorbis M, Pescovitz D (2006) Bursting Tech Bubbles Before They Balloon – IEEE Fellows Survey. IEEE Spectrum, Vol 43 No 9, 50 ff.

[Gre64] Greenberger M (1964) The Computers of Tomorrow. Atlantic Monthly, Vol 213 No 5, May, 63–67

[HaL96] Hafner K, Lyon M (1996) Where Wizards Stay Up Late. The Origins of the Internet. Simon & Schuster, New York

[Ham49] Hamilton A (1949) Brains that Click. Popular Mechanics, Vol 91 No 3, March 1949, 162–167, 256, 258

[Ham97] Hamming RW (1997) How to Think About Trends. In: [DeM97], 65–74

[Hor97] Horx M (1997) Das Zukunfts-Manifest. Econ, Düsseldorf / München

[IRE62] Institute of Radio Engineers (1962) Communications and Electronics 2012 A.D. A Predictive Symposium by Fellows of the IRE. Proceedings of the IRE, May 1962, 562–656

[JuM65] Jungk R, Mundt HJ (Hrsg.) (1965) Unsere Welt 1985. Verlag Kurt Desch, München

[Jur71] Jursa O (1971) Kybernetik, die uns angeht. Bertelsmann, Gütersloh

[Kae50] Kaempffert W (1950) Miracles You'll See in the Next Fifty Years. Popular Mechanics, February 1950, 112–118, 264–272

[KaW68a] Kahn H, Wiener AJ (1968) The Year 2000. A Framework for Speculation on the Next Thirty-Three Years. Macmillan, New York

[KaW68b] Kahn H, Wiener AJ (1968) Ihr werdet es erleben. Voraussagen der Wissenschaft bis zum Jahre 2000. Bertelsmann, Gütersloh

[Kit03] Kita CI (2003) J.C.R Licklider's Vision for the IPTO. IEEE Annals of the History of Computing, July-September 2003, 62–77

[Kra00] Kranz M (2000) Die Damen am Bildtelefon. In: [WoS00] 84

[Kur00] Kurzweil R (2000) Dear PC: R.I.P. Business2.com, September 9, 2000, www.kurzweilai.net/articles/art0020.html

[Kur02] Kurzweil R (2002) Fine Living in Virtual Reality. In: [Den02] 193–215

[Lic60] Licklider JCR (1960) Man-Computer Symbiosis. IRE Transactions on Human Factors in Electronics, Vol HFE-1, March 1960, 4–11

[Lic67] Licklider JCR (1967) Interactive Information Processing. In: Tou JT (Hrsg.), Computer and Information Sciences. Academic Press, New York, 1–13

[LiT68] Licklider JCR, Taylor RW (1968) The Computer as a Communication Device. Science and Technology, April 1968, 21–31

[Lüb27] Lübke A (1927) Technik und Mensch im Jahre 2000. Verlag Josef Kösel & Friedrich Pustet, München

[Mar64] Marx L (1964) The Machine in the Garden: Technology and the Pastoral Ideal in America. Oxford University Press, New York

[Mau00] Maurer H (2000) Prognosen und Thesen... Nicht nur zum Schmunzeln. Informatik-Spektrum, Vol 23 No 1, Februar 2000, 51–59

[Mau01] Maurer H (2001) Die (Informatik-)Welt in 100 Jahren. Informatik-Spektrum, Vol 24 No 2, April 2001, 65–70

[Moo65] Moore GE (1965) Cramming more components onto integrated circuits. Electronics, Vol 38 No 8, April 19, 1965

[Nic05] Niccolai J (2005) Gordon Moore looks back, and forward, 40 years. Computerworld, April 13, 2005, www.computerworld.com/hardwaretopics/hardware/story/0,10801,101052,00.html

[Nor01] Norman D (2001) Cyborgs. Communications of the ACM, Vol 44 No 3, March 2001, 36–37

[NYT62] Pocket computer may replace shopping list. New York Times, November 3, 1962, 27

[PeW99] Pearson I, Winter C (1999) Where's IT Going? Thames & Hudson, New York

[Pie64] Pierce JR (1964) Privates Fernsehen – statt Reisen? In: [JuM65], 293 ff

[Pol64] Pollock F (1964) Automation. Europäische Verlagsanstalt, Frankfurt a.M.

[Rob92] Robida A (1892) Le vingtième siècle – la vie électrique. Librairie illustrée, Paris

[RoU95] Robida A, Uzanne O (1895) Contes pour les bibliophiles. Ancienne Maison Quantin, Paris

[Sam64] Samuel AL (1964) Die Abschaffung des Papierwustes. In: [JuM65], 312–314 („Computers in 1984: The banishment of paper-work", New Scientist, Vol 21 No 380, Feb. 1964, 529–530)

[Sat01] Satyanarayanan M (2001) M. Satyanarayanan on Mobile and Pervasive Computing (Interview). IEEE Distributed Systems Online, Vol 2 No 6

[ScC04] Schnaars SP, Carvalho S (2004) Predicting the market evolution of computers: was the revolution really unforeseen? Technology in Society, Vol 26, 1–16

[Sch71] Schippke U (1971) Die 7 Weltwunder von morgen. Bertelsmann, Gütersloh

[Sch75] Schwartz M (1975) Special Issue on Social Implications of Telecommunications. IEEE Transactions on Communications, Vol 23 No 10

[Slo10] Sloss R (1910) Das drahtlose Jahrhundert. In: [Bre10], 27–48

[Ste66] Steinbuch K (1966) Die informierte Gesellschaft – Geschichte und Zukunft der Nachrichtentechnik. DVA, Stuttgart

[Ste99] Steinmüller A, Steinmüller K (1999) Visionen. Rogner und Bernhard / Zweitausendeins, Hamburg

[Thr64] Thring MW (1964) Ein Roboter im Haushalt. In: [JuM65], 198 ff. ("A Robot about the House", New Scientist, Vol 21, 1964)

[Tra38] Train A (1938) Catching up with the Inventors. Harper's Magazine 176, March 1938, 363–373

[Wag29] Holsteinische Pflanzenbutterfabriken Wagner&Co GmbH (1929) Drahtloses Privattelefon und Fernsehen. In: Das schöne echte Wagner Album Nr.3, Serie Nr.12, Bild Nr.4: Zukunftsfantasien, Elmshorn bei Hamburg

[Wol00] Wolfensberger R (2000) Telekurs. In: [WoS00], 60

[WoS00] Wolfensberger R, Stadelmann K (Hrsg.) (2000) Wunschwelten. Chronos, Zürich

Bildquellen: Bibliothèque nationale de France, Mary Evans Picture Library sowie Bücher und Zeitschriften, die bei der jeweiligen Abbildung genannt sind. Weitere Bilder stammen von diversen Web-Sites im Internet. Trotz Bemühen ließen sich oft die ursprünglichen Quellen bzw. die Rechteinhaber der meist jahrzehntealten Bilder nicht ermitteln – der Autor ist für entsprechende Hinweise an mattern@inf.ethz.ch dankbar. Abdruck des Bildes von Jim Avignon (Abb. 43) mit freundlicher Genehmigung des Verbrecher-Verlags Berlin.

Prof. Dr. Friedemann Mattern ist seit 1999 am Institut für Pervasive Computing der ETH Zürich tätig und leitet dort das Fachgebiet „Verteilte Systeme". Er studierte Informatik in Bonn und promovierte 1989 an der Universität Kaiserslautern, danach hatte er Professuren an der Universität des Saarlandes in Saarbrücken sowie an der Technischen Universität Darmstadt inne.

Mattern ist an mehreren Industriekooperationen und Forschungsprojekten zum Thema Ubiquitous und Pervasive Computing beteiligt. Er ist Mitbegründer des M-Lab, ein von der ETH Zürich und der Universität St. Gallen gemeinsam getragenes Kompetenzzentrum, das in Zusammenarbeit mit der Industrie die betriebswirtschaftlichen Auswirkungen des Ubiquitous Computing erforscht. Er ist im Technologiebeirat namhafter Konzerne vertreten, Mitglied verschiedener wissenschaftlicher Akademien, Mitherausgeber mehrerer Fachzeitschriften und Buchreihen (u.a. „Lecture Notes in Computer Science", LNCS) und initiierte eine Reihe internationaler Fachkonferenzen, darunter die PERVASIVE-Konferenzserie. Seine derzeitige Lehrtätigkeit umfasst die Gebiete verteilte Systeme und Algorithmen, Rechnernetze sowie Ubiquitous Computing.